# CAHIERS SECRETS DE LA Ve RÉPUBLIQUE

II

DU MÊME AUTEUR

*Cahiers secrets de la Ve République*, tome 1 : 1965-1977, Fayard, 2007.
*Politic Circus*, éditions de l'Archipel, 2004.
*Carnets secrets de la présidentielle*, Plon, 2002.
*Les Secrets d'une victoire*, Flammarion, 1995.
*Les Miroirs de Jupiter*, Fayard, 1986.
*La VIe République*, Flammarion, 1974.
*La Collaboration*, Armand Colin, 1964.

Michèle Cotta

# Cahiers secrets de la V$^{e}$ République

## 1977 - 1986

Fayard

ISBN : 978-2-213-63722-8

À Philippe Barret

# Avant-propos

Hybride… Ce tome 2 des *Carnets secrets de la V^e^ République* est hybride.

La première partie, qui va jusqu'en mai 1981, est entièrement consacrée aux stratégies des quatre « héros » de ce volume : Mitterrand, Giscard, Chirac, Marchais. À celles des personnages secondaires de la comédie du pouvoir, également. À leurs luttes, à leurs réconciliations toujours suivies de nouvelles escarmouches. Qui perd ? Qui gagne ? Comment ? Chirac préfère-t-il la victoire de Mitterrand à celle de Giscard, et pourquoi ? Giscard se sent-il une seule seconde menacé par le leader du PS avant l'échéance présidentielle ? La rupture entre communistes et socialistes avantage-t-elle finalement François Mitterrand ? À qui Georges Marchais a-t-il cédé en jouant la rupture ? Toutes questions que se posent les journalistes, ces historiens de l'immédiat.

La seconde partie de ce tome 2 commence après la victoire de la gauche en 1981. Nommée présidente de Radio France, puis, surtout, présidente de la Haute Autorité de la communication audiovisuelle en 1982, mon regard sur le monde politique change. Trop à droite pour la gauche, trop à gauche pour la droite : cette position, qui m'a servie tant que je commentais les événements de la vie politique, apparaît d'un coup comme un lourd handicap. Pourtant, il s'agissait bien *a priori* d'assurer, au-delà de « l'équilibre et de l'honnêteté de l'information », comme le mentionnait la loi, l'indépendance de celle-ci. François Mitterrand, le premier, avait compris l'importance d'une instance de régulation du monde audiovisuel dont il percevait intuitivement l'inéluctable expansion. Hélas, entre comprendre et accepter, il y a un abîme, celui auquel se heurta précisément la Haute Autorité.

Ainsi, pour la première – et unique – fois, ces *Carnets secrets* deviennent-ils plus personnels. Qu'on me le pardonne ! La vie ne se refait pas. C'eût été tricher que de faire comme si mes rapports avec les hommes politiques étaient restés, en ces années-là, ce qu'ils étaient auparavant, faits d'échanges, de vraies-fausses confidences, d'articles bien informés, de complicité parfois, d'intérêt toujours, de donnant donnant en somme.

Les médias, la télévision surtout, n'étaient pas, en 1981, ce qu'ils sont aujourd'hui. Pas encore de chaînes privées, pas de télévision par câble ou satellite, pas de chaînes régionales hormis les programmes de FR3, pas de chaînes d'information continues. En 1981, les hommes politiques, malgré ce qu'ils en disent, regardent peu, pour ne pas dire pas du tout la télévision. Plus exactement, ils ne regardent que les journaux télévisés de TF1 et d'Antenne 2, et, en province, les journaux régionaux de FR3. Ils pensent encore, quoique les études effectuées démontrent le contraire, que la télévision fabrique les élections, qu'elle fait et défait les gloires politiques. Ils sont sûrs – là, c'est partiellement vrai – que les majorités successives, gaulliste et giscardienne, ont su à point nommé mettre à la tête des télévisions et des radios nationales des présidents et des directeurs qu'ils croyaient à leur botte et qui ne l'ont pas toujours été.

Passer de l'autre côté du miroir est une expérience de choix, à défaut d'être nécessaire, pour un journaliste. Il y découvre qu'entre les deux camps opposés de la vie politique, il n'y a guère de place pour qui voudrait exercer son indépendance sans danger – même lorsqu'on l'a chargé de le faire. On ne ressort pas sans blessure d'une traversée de ce genre. J'ai pourtant essayé de garder, tout au long de cette période qui va de 1981 à 1986, l'œil de l'observateur non engagé, de continuer à remplir frénétiquement mes carnets sur la vie politique, comme si je n'y étais pas impliquée. Au point d'avoir tenu, dans le même laps de temps, deux sortes de cahier : les premiers, techniques en quelque sorte, sur l'audiovisuel en France ; les seconds, soigneusement distincts, sur ce que je percevais de la vie politique de ce pays.

À la lecture, parfois au déchiffrement de mes propres notes, je m'aperçois que cette période-là a bouleversé mes rapports avec ceux dont j'analysais les comportements, les tactiques, les discours depuis des années. Elle m'a donné l'absolue certitude que le pire aspect de ces hommes, de ces femmes, dont je disséquais les actes et les propos depuis des années, au-delà des sourires, des sous-entendus, des bonnes paroles, ce qui fait courir le monde politique, c'est le pouvoir. Le pouvoir uniquement. La rage de le conquérir quand on ne l'a pas, la peur de le perdre lorsqu'on l'a.

Ce deuxième tome commence immédiatement après la rupture de 1977 entre communistes et socialistes. Giscard est président de la République, Chirac a quitté le gouvernement un an auparavant, Raymond Barre l'a remplacé à Matignon. Tous les acteurs sont en place. Le spectacle commence...

# 1977

*29 septembre*

Chirac déserte pour quelques heures les journées parlementaires RPR qui ont lieu cet automne à Menton, pour assister à l'enterrement de Lucie Faure. Il m'invite à prendre la Caravelle qui le ramène à Paris. Dans l'avion, nous parlons à peine de Lucie Faure qui règne sur la vie politique parisienne depuis plusieurs décennies. Je ne sais pas comment elle a fait, mais, depuis la IV^e^ République, et bien qu'Edgar ait exercé maintes fois des fonctions ministérielles, elle a conservé une existence propre, indépendante de son mari : directrice d'une revue, *La Nef*[1], où écrivent ou ont écrit de nombreux intellectuels et journalistes de gauche – Hector de Galard, Gilles Martinet, Claude Bourdet –, elle est surtout l'amie intime depuis des années de Roger Stéphane. Par son intermédiaire, Edgar est resté proche de *France-Observateur*, puis du *Nouvel Observateur*. Je crois que, sans le connaître très bien, parce qu'il est beaucoup plus jeune qu'elle, Lucie aimait bien Chirac. Ou plutôt qu'elle se réjouissait de retrouver chez lui les qualités de l'animal politique qu'elle aurait souhaité que fût son mari et que Chirac est, au fil des années, devenu.

Depuis quelques mois, la maladie, dont elle ne parlait jamais, avait pris une grande place dans sa vie ; Roger Stéphane n'a pas cessé de la visiter, mais il était l'un des seuls : elle ne souhaitait pas qu'on la vît diminuée et soignait chacune de ses rares apparitions mondaines.

1. Lucie Faure, née en 1908, a créé, avec Robert Aron, la revue *La Nef* à Alger en 1943 : elle restera à sa direction jusqu'à sa mort. De nombreux numéros de *La Nef* ont marqué la vie politique de son temps, tels les numéros sur la guerre d'Algérie, la police, les libertés.

Dans l'avion, Chirac a quelques phrases gentilles sur elle, puis le naturel reprend le dessus. Nous parlons évidemment de la rupture encore toute fraîche entre socialistes et communistes.

Il fait semblant d'être serein et confiant, et peut-être d'ailleurs l'est-il réellement, me disant que, de toute façon, socialistes et communistes feront campagne sur le programme commun, et que donc, selon la formule désormais célèbre, c'est blanc bonnet et bonnet blanc. Le seul risque pour lui aurait été que Mitterrand tombât dans les bras de Giscard après avoir pris acte du divorce. Il ne croit pas un seul instant à cette éventualité, « quelle que soit, me dit-il, l'envie du Président.

– Les conseillers du Président, plutôt, lui dis-je, car il me semble que le Président, lui, reste prudent et observe la situation sans faire le moindre geste de séduction vers le Parti socialiste. »

Il en convient :

« Oui, disons que, pour une fois, et après avoir dit sur le sujet beaucoup de bêtises, le Président est prudent. »

Il ajoute quelques mots peu aimables sur Mitterrand, du genre : « Il se prend pour l'émanation des masses laborieuses. Personne ne l'en fera démordre, même s'il est en réalité un bourgeois. »

Aucune chance, à ses yeux, que Mitterrand change de cap aujourd'hui. Aucune inquiétude, donc, chez Chirac.

*Fin septembre*

Lettre de Michel Debré, très inquiet de la situation économique : « Nous ne savons pas, m'écrit-il, ou nous ne voulons pas savoir que nous sommes en guerre, car la guerre économique est une guerre. Les communiqués sur l'indice des prix me font souvenir des communiqués que l'on diffusait à la radio en 1939 à propos des petits raids de patrouille en avant de la ligne Maginot. Et, pendant ce temps-là, s'écroulaient la Pologne, les États baltes, se préparaient les plus grands chambardements et les plus grands drames de l'Histoire. La compétition des puissances ne se fait pas seulement sur les champs de bataille ni à coups de bombes. »

*30 septembre*

Dîner chez André Chambraud[1] où nous rencontrons – pour la première fois, en ce qui me concerne – le communiste Jean Elleinstein. Il a beau être agrégé d'histoire, critiquer avec aisance les dirigeants de son mouvement et habiter les beaux quartiers – boulevard du Montparnasse, entre le Dôme et la Coupole –, il a l'élocution lente et, sur le fond, la conviction des hiérarques communistes.

Nous ne le rencontrons pas par hasard : il est communiste, fier de l'être. Il veut aujourd'hui (est-il ou non mandaté par le Parti ? je ne sais) trouver avec les journalistes « bourgeois » un nouveau ton, plus moderne, expliquer en quelque sorte les communistes français au moment où ils ont choisi de rompre l'union de la gauche et de changer de stratégie. Il nous explique avec patience, comme on le fait en classe aux élèves retardataires, l'état d'esprit réel de ces communistes sur lesquels nous écrivons sans relâche depuis déjà des années.



Plusieurs causes, analyse-t-il, à la situation actuelle de la gauche, c'est-à-dire la rupture entre communistes et socialistes.

D'abord, l'évolution qualitative et quantitative du Parti socialiste. Quantitative, c'est évident : le PC ne s'attendait pas à ce que, de sondages en élections partielles, le PS devienne le premier parti de la gauche. Les communistes dominent la gauche depuis la Libération, ils n'acceptent pas de gaîté de cœur de se voir distancer par la gauche non communiste. Qualitative, l'évolution du PS est plus dangereuse encore. Il nous le dit comme il le pense avec certitude : le PS est en train de se « droitiser ».

La situation électorale du Parti communiste accentue les craintes de ses militants : car il ne le nie pas, le PC affronte de très graves difficultés auprès des électeurs. « Malgré tous nos efforts, constate-t-il, nous ne mordons pas. Il nous faudrait re-situer notre image, et nous ne parvenons pas à le faire, quelle que soit la stratégie suivie. En 1972-1973, nous n'avions aucun problème. En 1974, à la mort de Georges Pompidou, nous n'avons pas eu le temps de nous retourner, nous n'avons pas livré de combat. Nous avons continué dans la voie du rapprochement avec les socialistes. Comme nos dirigeants sont médiocres, cela a été mal fait ! »

Il insiste enfin sur la crise économique, qui, à l'en croire, menace à court terme les pays occidentaux : « Aller au pouvoir pour gérer la

1. Journaliste, alors chef du service politique et rédacteur en chef adjoint du magazine *Le Point*.

crise, s'interroge-t-il, ce n'est pas la mission du Parti communiste. Pour gérer l'inflation, merci bien ! Aucun intérêt ! »

Alors, que faire ? Au fond, il n'en sait pas plus que nous ! « L'union peut-elle encore se faire ? continue-t-il. Moi, je le souhaite, mais alors, il faut que les choses se fassent avant décembre. Est-ce probable ? Je ne le dirais pas. »

*1er octobre*

Michel Debré me raconte qu'il a profité des quelques heures que Chirac a passées à Menton pour le mettre en garde. « La mairie de Paris, lui a-t-il dit, la Corrèze, le RPR, vous ne pourrez pas tout faire. Quelque chose cassera, ou vous ou le RPR. Comme ce ne sera pas vous, je vous connais assez pour savoir cela, ce sera le RPR. »

Il reproche à Chirac, et le lui a dit, d'être incapable d'organiser son mouvement sans créer des factions rivales et sans opposer des hommes, Yves Guéna et Jérôme Monod, par exemple. « En grande partie par faiblesse, par démagogie, m'explique-t-il, par ennui de dire non, ce qui crée des tensions aussi insurmontables qu'inutiles. »

De Marie-France Garaud, il pense qu'elle est, pour Chirac, une collaboratrice épatante, une « formidable attachée parlementaire », insiste-t-il, mais qu'elle est tout à fait incapable de comprendre les grands courants politiques, courant gaulliste et courant communiste.

Il me raconte comment il l'a rencontrée pour la première fois. C'était en avril 1967, le jour où Georges Pompidou, alors Premier ministre, a mis fin aux fonctions de Jean Foyer, ministre de la Justice[1]. Marie-France Garaud, chargée de mission à son cabinet, s'est retrouvée sur le sable. Par l'intermédiaire de son amie Françoise Duléry, alors au cabinet de Michel Debré, elle a immédiatement demandé rendez-vous à celui-ci. Michel Debré, redevenu ministre de Pompidou, la reçoit séance tenante. Il a devant lui une très jolie jeune femme au bord des larmes : Georges Pompidou, dit-elle, vient de lui demander de le rejoindre à Matignon. Michel Debré croit qu'elle veut refuser par fidélité politique à Jean Foyer, et qu'elle lui demande,

1. Jean Foyer, professeur agrégé des facultés de droit de Paris, de Lille, puis d'Angers, est député gaulliste dans le département de Maine-et-Loire depuis le 7 mars 1959. Constamment réélu au Palais-Bourbon, il est ministre de Michel Debré en 1962, puis garde des Sceaux, ministre de la Justice dans le gouvernement Pompidou du 14 avril 1962 au 1er avril 1967.

à lui, ministre des Finances, d'expliquer son refus au Premier ministre. En fait, il comprend, après seulement quelques minutes de conversation, qu'elle veut accepter, au contraire, la proposition de Georges Pompidou et que c'est auprès de Jean Foyer qu'elle lui demande de l'excuser. « Il faut savoir ce que vous voulez, lui dit-il. Ou vous refusez la proposition de Georges Pompidou, et, dans ce cas, je veux bien lui expliquer pourquoi. Ou vous acceptez, et vous, vous vous expliquez avec Foyer. Je ne le ferai pas à votre place ! »

Il n'a pratiquement pas revu Marie-France en tête à tête depuis cette date.

« Assez rapidement, par la suite, se souvient-il, elle n'a plus eu d'autre idée que d'éliminer ceux qui pouvaient porter ombrage à Pompidou. »



La rupture entre communistes et socialistes ? Debré pense qu'elle était inscrite dans un double mouvement : celui de la diplomatie soviétique, dont il continue de penser qu'elle est déterminante dans la cassure du PC ; et, au moins autant, si pas davantage, dans l'évolution du socialisme européen, qui partout envisage de parvenir seul au pouvoir. Ce qui le dérangeait, c'était le mariage entre communistes et socialistes ; ce n'est pas la rupture, à laquelle il s'attendait.

*2 octobre*

L'inouï, c'est que, pendant que les états-majors n'en finissent pas de ressasser les causes de l'échec, à la base, comme on dit, les militants continuent de croire à la « dynamique de l'union », comme ils l'appellent. Les correspondants du *Point* en province m'envoient sur ce sujet des tonnes d'informations : « Pas possible qu'il n'y ait pas d'accord, dit un chômeur CGT de Villeurbanne, car sans accord, pas d'issue ! »

Même lorsque leaders socialistes et communistes se livrent devant eux à une surenchère politique, les militants ne veulent pas comprendre : à Nantes, par exemple, où le maire socialiste, André Chenard, rend visite sur le coup de 7 heures du matin aux 2 500 ouvriers des chantiers navals, et s'entend dire que le communiste Claude Poperen l'a précédé ; à Toulouse, à la porte d'une agence de produits chimiques, Claude Llabres, membre du comité central du PC et vice-président du conseil général de Haute-

Garonne, distribue des tracts aux camarades, tandis qu'à deux pas de lui, me raconte-t-on, des socialistes, moins nombreux, haranguent également leurs troupes, moins denses. Dans les deux cas, les ouvriers, décontenancés, passent d'un groupe à l'autre, d'un leader à l'autre, d'un tract à l'autre, comme s'ils ne voulaient pas prendre acte de la rupture. Ou, plus exactement, comme s'ils voulaient mettre en garde leurs leaders.

Citations recueillies par les informateurs du *Point* dans la France entière. Un ouvrier métallurgiste de Renault : « Moi, pendant cinq ans, j'y ai cru, au Programme commun. S'ils ne se remettent pas d'accord, je n'irai pas voter, voilà tout. » Un dirigeant confédéral de la CFDT : « Depuis quelques jours, le standard de la Confédération est bloqué. Les militants téléphonent de tous les coins pour dire leur désarroi et demander ce qu'ils doivent faire. » Un jeune communiste de Villeurbanne : « Avoir collé des affiches pendant tant d'années, avoir distribué des tracts, crié dans les manifs à se briser la voix, tout cela pour en arriver là ! Je ne peux pas y croire, pas possible qu'ils ne s'entendent pas ! » Un ajusteur de la SNIAS : « Que la rupture soit le fait de François Mitterrand ou de Georges Marchais, peu importe. Chez nous, lorsqu'on allait revendiquer quelque chose auprès du patron et qu'il le refusait, évidemment nous nous disions : en 1978, unis, on lui fera sa fête ! Maintenant, c'est moins sûr, voilà tout ! »

La lecture des notes que nos enquêteurs envoient d'une ville à l'autre est sidérante. Je n'en consigne ici ce soir que quelques lignes.

Pour nous, pour moi, pour le petit monde de la politique, pour Marchais et Mitterrand peut-être, ces textes, ces motions, ces paragraphes raturés, ces débats n'avaient pas de réalité matérielle. Pour tous ceux qui, aujourd'hui, clament leur incompréhension ou font mine de ne pas croire à la rupture, c'est un véritable déchirement.

Pitoyable !

Le plus intéressant est que, pendant ce temps-là – je n'ai pas couvert l'audience, j'étais à Menton avec les députés RPR –, le 29 septembre, Georges Marchais était à la barre, devant les juges de la 12e chambre correctionnelle du tribunal de Paris ; il a voulu apporter aux magistrats sa propre version dans le procès qui l'oppose pour faux et usage de faux à Auguste Lecœur et à l'hebdomadaire *Minute*. À l'origine du procès, la publication en mars 1973 d'un document tendant à démontrer que Georges Marchais avait été volontaire en 1942 pour aller travailler en Allemagne[1]. Comme le document avait été exhibé par ce torchon d'extrême droite, il n'avait guère fait de bruit dans les autres journaux. On m'a fait l'incroyable récit de la déposition de Georges Marchais à cette occasion : il paraît qu'il s'est interrompu à de nombreuses reprises, la voix brisée de sanglots. Dans la salle d'audience, c'était la stupeur. Eh quoi, ce grand fauve, ce carnassier de la politique, voilà qu'il pleure sur un événement vieux de trente-cinq ans ? Ce débatteur jamais à court d'arguments, voilà qu'il s'embarrasse, qu'il se reprend ? Est-ce parce qu'il apprend que rien n'est plus difficile à défendre que sa propre vérité ? Ne sont-ce pas plutôt les péripéties de ces derniers jours, la rupture avec les socialistes, qui marquent son propre échec, qui l'anéantissent ? La foule des grands jours, venue au Palais de Justice en quête de sensations fortes, s'émeut, les avocats s'interrogent du regard.



C'est l'épilogue inattendu de la plus dure semaine que la gauche ait vécue depuis 1965.

*4 octobre*

*L'Humanité* de ce matin donne un écho particulier aux dernières phrases échangées il y a quelques jours avec Michel Debré. Il évoquait avec moi l'attitude des partis socialistes européens, tous sur une autre ligne, plus sociale-démocrate que le parti français. Voici qu'une page entière de *L'Huma* est consacrée, sous le titre « La main de Bonn », aux pressions internationales qui, à en croire les communistes, ont amené les socialistes à reculer, à se « droitiser », comme disait Elleinstein.

Il s'agit d'une démonstration consciencieuse, signée Gérard Streiff, du changement de cap du PS. Selon lui, le Parti socialiste français, qui s'était progressivement éloigné de l'Internationale socialiste, a renoué des liens étroits avec elle à partir du congrès de Genève en 1976, congrès au cours duquel François Mitterrand a été élu à la vice-présidence de l'IS. Or, toujours selon l'auteur de l'article, les politiques prônées et suivies par les membres européens de cette

1. Marchais et son avocat, Jules Borker, plaident qu'il y a falsification du dossier publié dans *Minute*. Le certificat d'embauche de Georges Marchais était estampillé « direction des affaires de réquisition et d'occupation ». Sur la photocopie publiée par *Minute*, on lit la mention manuscrite « Vol. Ago-Bièvre », Ago-Bièvre étant l'entreprise dans laquelle travaillait Georges Marchais en 1942.

Internationale, tous dominés par le Parti social-démocrate allemand (SPD), ne sont pas compatibles avec les engagements du Programme commun de la gauche[1].

Le chroniqueur de *L'Humanité* prend tout son temps pour en arriver à l'estocade finale : François Mitterrand lui-même, et pas seulement Rocard, Delors ou Gilles Martinet, au lendemain des élections cantonales de 1976, a rencontré Willy Brandt[2]. Les deux hommes ont décidé la création de trois groupes de travail, « cela, note Gérard Streiff, alors que le SPD maintient la pratique des interdits conditionnels contre les communistes et autres démocrates, et alors que Schmidt a déclaré quelques jours plus tôt au président du Conseil italien : La présence de communistes dans les gouvernements des pays de la CEE est indésirable ».

Je ne recopie pas tout le texte, mais la cause est entendue : les communistes rejettent sur les socialistes la responsabilité de la rupture. Le problème est de savoir pourquoi ils dénoncent aujourd'hui, en octobre 1977, un rapprochement des socialistes français avec l'Internationale socialiste qui date de l'année précédente. S'ils pensaient que la situation était si grave, que ne l'ont-ils dit plus tôt ?

*5 octobre*

Je suis toujours abasourdie par cette rupture que je ne parviens pas à m'expliquer. J'ai à ce sujet une longue conversation avec un conseiller municipal communiste d'Antony. Pas n'importe lequel conseiller municipal : il s'agit de Guy Bois[3], historien, que j'ai connu lorsque j'avais dix-huit ans, à la Cité universitaire, au moment où, ambassa-

1. « À cet égard, dit l'article, il faut s'arrêter sur l'activité de l'Union des Partis socialistes de la CEE, qui est la filiale de l'Internationale socialiste au niveau du Marché commun. Naturellement, le PS est membre de cette union. Or on sait que cette Union dispose d'un "programme commun" en prévision de l'élection de l'Assemblée européenne... Ce programme auquel ont collaboré activement au printemps dernier, pour le PS, Michel Rocard, Jean-Pierre Cot, Jacques Delors et Robert Pontillon, vise à accélérer le processus d'intégration supranationale de la CEE. De façon générale, ce programme porte la marque du SPD. »

2. Président du Parti social-démocrate allemand (SPD) de 1964 à 1987, Willy Brandt a été chancelier fédéral de 1969 à 1974, le premier social-démocrate à diriger le gouvernement allemand depuis 1930.

3. Guy Bois deviendra professeur émérite à l'université Paris-VII (histoire médiévale).

deur de Roland Leroy dans les milieux universitaires, il s'efforçait, dans les années 1960, de juguler les incartades des jeunes Étudiants communistes.

Pour tous les étudiants, communistes ou pas, Guy Bois, porteur de la bonne parole de Leroy, était à ce moment-là un stalinien grand teint. Il n'empêche, j'étais sensible à son talent : doué d'un véritable art de la persuasion, il tenait des discours sur la nécessité de s'appuyer sur les masses laborieuses et pas sur les caprices d'une petite poignée d'intellectuels, bref, de refuser l'aventurisme de quelques-uns (Bernard Kouchner, de ce point de vue, figurait en filigrane derrière ses descriptions de jeunes bourgeois irresponsables). En fait, il condamnait les gauchistes de 1968 avant 1968 !

Aujourd'hui il a vieilli, mais n'a pas été atteint par le doute. Tout au plus me semble-t-il plus éloigné de Roland Leroy, donc de la direction du Parti communiste, qu'il l'était à l'époque.

Nous revenons ensemble sur les événements de septembre dernier. Il prend au préalable la précaution de préciser qu'il parle « à titre personnel » et qu'il n'a pas de « vision globale » sur ce qui est en train de se passer.

« La seule chose à laquelle je crois, me dit-il, c'est au changement socialiste. Même si tous les dirigeants socialistes, je l'accorde volontiers, n'en sont pas conscients. Je ne dirais pas qu'ils ont renoncé à la stratégie de l'union, mais l'objectif fondamental de François Mitterrand, celui qu'il affiche en permanence depuis plusieurs mois, sinon plusieurs années, a été acquis : il voulait le rééquilibrage de la gauche, il y est parvenu. Dès lors, la direction du PS s'efforce de réduire la portée transformatrice du Programme commun. Il s'oriente vers les modèles portugais ou allemand. »

Tels sont les termes exacts qu'il emploie et que je note au fur et à mesure avec hâte, tant il me semble que les communistes ont un vocabulaire à eux, des mots à eux, des façons de s'exprimer particulières, même lorsqu'ils sont agrégés d'histoire ou qu'ils sortent de l'École normale supérieure !

À cette analyse connue sur la tentation allemande ou portugaise, il ajoute tout de même une autre dimension : celle de la crise économique, qui, selon lui, s'annonce. « Face à cette crise, ce ne sont pas avec les procédés classiques à la Mitterrand qu'on s'en sortira. La solution passe par une profonde mutation économique et sociale qui va bien au-delà du programme commun. Cela implique une formule beaucoup plus draconienne : davantage de nationalisations, un éventail des salaires plus resserré, une panoplie nouvelle de mesures nécessaires. »

Cela ne l'empêche pas de trouver que le Parti communiste a perdu depuis 1971 une occasion historique de s'ouvrir, de se rénover : « Au lendemain d'Épinay, en 1971, je le répète, nous étions dans une gauche vierge, sur un terrain à conquérir : cela impliquait la mutation du Parti, son ouverture sur des couches non prolétariennes. Il fallait rejeter les dogmes, faire passer de l'air, changer profondément nos structures, en finir avec le centralisme démocratique, autoriser l'expression de points de vue divergents, multiplier les tribunes de libre discussion. J'ai dit tout cela, à l'époque. J'ai même parlé de régression après 1968, en soulignant notre perte d'influence sur les jeunes universitaires, sur les classes moyennes.

– Et qu'est-ce qu'a répondu la direction du Parti ?

– La direction m'a répliqué que j'étais pessimiste, que la classe ouvrière était aux anges, après la signature du Programme commun. Tout cela pour en arriver là ! »

Il me décrit Georges Marchais – qu'il ne porte pas dans son cœur – comme obsédé par le résultat électoral prévisible en mars 1978 ; il me parle d'un Roland Leroy « isolé et prisonnier » d'une direction qui ne prend son parti de rien et flotte au gré du vent : « J'ai l'impression, insiste-t-il, que si Georges Marchais n'obtient pas de concessions du Parti socialiste, c'est une catastrophe pour lui. J'ai le sentiment qu'il s'est fait piéger, qu'il a voulu faire fléchir le PS pour arranger son image personnelle dans le Parti communiste, qu'il voulait améliorer le score du PC aux élections législatives. Il a perdu sur tous les tableaux. Il n'a su faire ni la mutation du Parti, ni sa rénovation, pas plus qu'il n'a réussi l'union de la gauche. »

Il conclut par un sombre pronostic : « Je pense que, dans les années qui viennent, le Parti communiste tombera à 15 %. »

Tout cela l'a-t-il au moins rapproché du PS ? Pas le moins du monde, me répond-il : « Ses dirigeants font la démonstration de leur inefficacité dans la gestion municipale ; eux aussi ont leur centralisme démocratique, leur phénomène bureaucratique, eux aussi font preuve de carriérisme. Non, franchement, ils ne me tentent pas ! »

*5-6 octobre*

Pour une fois, place du Colonel-Fabien, la séance du comité central (CC) s'achève à midi et demi. Les membres du comité central ont mis fin à leurs délibérations assez tôt pour avoir le temps, avant de repartir pour la province, de prendre ensemble un solide déjeuner au sixième étage. Georges Marchais, lui, préfère se diriger vers l'équipe de télévision installée à côté de la salle marron et beige où le CC siège depuis la veille. Il y tient le même discours qu'il a tenu la veille, et qu'il tient d'ailleurs depuis la rupture du 21 septembre.

Ce qui est inouï, c'est que pendant les trente-six heures qu'a duré le comité central, aucun des trente orateurs inscrits n'a discuté l'analyse qu'il a faite, lui, pendant une heure et demie : personne pour critiquer la manière dont la direction communiste a conduit les négociations avec les socialistes, personne pour se demander si, vraiment, Mitterrand est seul responsable de la rupture. Pas un mot sur tout cela.



La « bande à Marchais » – Charles Fiterman, Jean Colpin, Claude Poperen – tient ses hommes au comité central. Ailleurs, ce que m'ont dit Elleinstein et Guy Bois le révèle assez clairement, il est largement contesté. Que personne n'ose même en dire un mot au comité central montre bien que le centralisme démocratique vit encore.

*6 octobre dans la nuit*

Raymond Barre à la télévision. Une charge contre François Mitterrand : le Premier ministre jusqu'ici si courtois se transforme sur le petit écran en procureur. À ses yeux, le premier secrétaire du Parti socialiste n'est que l'héritier ignorant de ces quarante-huitards qui, tout à leurs rêveries lyriques et lamartiniennes, ont, depuis le XIX<sup>e</sup> siècle, fait prendre des années de retard à l'économie française. J'y reviendrai, mais j'ai l'impression que Barre y reviendra aussi !

*7 octobre*

Georges Sarre me parle longuement de l'autogestion, nouveau dada du Ceres. Selon lui, chacun, à gauche, s'y est rallié ou est prêt à le faire. Ce n'est, à l'entendre, qu'une question de jours.

« L'autogestion, soutient-il, voit la convergence de plusieurs critiques, ce qui fait sa force et son originalité ! »

Il développe son plaidoyer : elle implique à la fois la critique du capitalisme et du marxisme, de toutes les idéologies autoritaires, des sociétés bureaucratiques. En réalité, elle est le seul moyen de réduire progressivement la distance entre gouvernants et gouvernés, entre dirigeants et dirigés. « Après l'échec de la révolution des soviets, celui des conseils ouvriers en Tchécoslovaquie et en Allemagne de l'Est, autre chose est possible : le PS a raison d'en faire une perspective ! »

Qui ça, je demande, au PS ? Je ne crois pas que François Mitterrand soit devenu un partisan de l'autogestion ! À en croire le porte-parole du Ceres, les applications du principe d'autogestion sont multiples. Région, ville, entreprise, l'essentiel est que les travailleurs mènent bataille pour le contrôle : « Le contrôle, c'est le pouvoir ! »



Suit une logorrhée : sur la planification démocratique, la Yougoslavie, la démocratie dans l'entreprise, le renforcement nécessaire des pouvoirs syndicaux, la création de cellules politiques dans l'entreprise, l'élaboration collective de la prise de décision... Si Mitterrand l'entendait !

*11 octobre*

Yves Guéna[1] évoque devant moi le délicat problème des investitures RPR pour les prochaines élections dans un contexte où les giscardiens entendent se tailler une place au soleil. Il trouve que les élus gaullistes, déjà en place ou espérant l'être, sont nerveux, que les difficultés surgissent à tous les coins de rue. Il a fallu en écarter certains, les persuader de laisser leur place à des nouveaux : ce n'est jamais facile. « Le principe posé, me résume-t-il, est somme toute assez simple : partout où nous tenons la circonscription, pas question que nous soyons absents. »

Il y aura donc des primaires, puisque le RPR aura 400 candidats. Très peu de femmes, qui, me dit-il avec sobriété, « n'affluent pas ».

Au passage, il conteste cette idée reçue, que je faisais d'ailleurs mienne sans y réfléchir, selon laquelle les « caïds » du RPR ne se verraient opposer aucun candidat giscardien, tandis que les candidats de « moindre envergure » en trouveraient en face d'eux dans des pri-

1. Yves Guéna est alors délégué politique du RPR. Député de Dordogne depuis 1962, il est maire de Périgueux depuis 1971.

maires. Faux, me dit-il. Exemple : Jean de Lipkowski (UDR) se verra opposer Dominique Bussereau en Charente-Maritime. Ce n'est d'ailleurs pas forcément de mauvais augure pour la majorité, puisque, ajoute Guéna, « nous restons persuadés que les candidatures multiples sont parfois préférables, pour labourer le terrain, à une candidature unique ».

Sauf, évidemment, si la gauche est trop forte, comme en Seine-Saint-Denis.

Rassembler tout le troupeau n'est quand même pas chose facile pour l'état-major de Jacques Chirac : même lorsque les deux partis de la majorité tombent d'accord sur une candidature unique, il restera, me dit-il, des candidatures marginales dans la majorité. Conclusion : il y aura des primaires à peu près partout. Le RPR annoncera ses candidats « par rafales et par secteur géographique ».



Chirac a demandé qu'on aide certains jeunes : Alain Juppé à Mont-de-Marsan, André Turcat, pilote d'essai de son état, à Toulouse, Michel Aurillac à Châteauroux, et François Kosciusko-Morizet à Reims.

Jean Taulelle, ancien préfet de Paris, se retrouve candidat désigné dans la 3e circonscription de Saône-et-Loire, au Creusot. Guéna me raconte comment il le lui a annoncé :

« Allô, Monsieur le préfet, la 3e circonscription de Saône-et-Loire est libre. Nous vous demandons d'y aller.

– Euh, c'est-à-dire, ma femme trouve que...

– Puisqu'elle m'en veut lorsque je ne lui donne pas d'investiture, peut-elle m'en vouloir quand je vous en donne une ? »

Voilà comment le tout dernier préfet de Paris, à qui l'élection de Jacques Chirac à la mairie de Paris a supprimé une partie, la plus grande, de ses prérogatives étatiques, se retrouvera sans doute au Creusot !

Claude Imbert[1] raconte son déjeuner avec Raymond Barre, qui l'a reçu aujourd'hui à Matignon. Les propos du Premier ministre à la télévision, la semaine dernière, n'étaient pas fortuits. Il a pris Mitterrand dans son collimateur politique, et compte bien continuer sur ce registre.

« L'analyse du président Giscard, a-t-il dit à son interlocuteur, est approximativement la mienne : mais il est plus réservé, plus prudent dans sa façon de la formuler. Moi, je peux me tromper du tout au

1. Directeur et fondateur du *Point*.

tout, certes, mais ma conviction profonde est que Monsieur Mitterrand [il dit toujours “Monsieur” quand il parle de Mitterrand, avec quelque chose de désapprobateur dans ce “Monsieur”] est un homme tout à fait nuisible à la France. C’est, oui, la dernière manifestation du lyrisme de 1848. Son rêve révolutionnaire est le plus vague, le plus creux possible. C’est de la pure rhétorique. »

Il a lu, a-t-il dit à Claude Imbert, le livre de Franz-Olivier Giesbert[1] sur Mitterrand. « Cela n’a fait que me renforcer dans cette idée. J’ai rencontré Monsieur Mitterrand quatre fois seulement, la dernière au cours du débat de la semaine dernière. Il ne donne jamais de chiffres, se limite à des appréciations romantiques, romanesques. C’est un auteur égaré dans la vie politique. »

Point de vue inattendu – et, je dirais, volontiers : franchement *1977* gonflé – de la part d’un professeur de sciences économiques dont tout le monde, en dehors ou au sein de la majorité, se demande ce qu’il est venu faire en politique. L’idée que Mitterrand serait un touriste de la vie politique est pour le moins originale, mais passons.

Il paraît que Barre a continué sur ce registre pendant près de dix minutes : « Je connais le point de vue de Monsieur Delors, je connais celui de Monsieur Rocard, a-t-il poursuivi. Tous deux pensent que Monsieur Mitterrand n’a que faire des promesses et des engagements qu’il prend. »

Sa conclusion sur ce point : « Quand François Mitterrand aura perdu les élections, le PS s’en débarrassera. Sur lui se repliera l’aile sombre de l’échec. »

Le PC ?

« Il en faut un en France, admet nonchalamment Raymond Barre, c’est un résidu gallican ! »

À ce propos, il ne résiste pas au plaisir de citer ce qu’il appelle une note de synthèse de la police[2] selon laquelle le problème de la rupture avec les socialistes aurait été posé pour la première fois en avril 1976 au cours d’un comité central où Georges Marchais aurait été mis en minorité sans qu’il y ait vote. Le secrétaire général du PC aurait alors demandé un sursis dans l’attente des municipales de mars 1977 : si se renforçait alors l’impression que le PS continuait sa progression (et le PC sa descente !), alors il ferait machine arrière. Ce qui a été le cas.

1. Alors grand reporter au *Nouvel Observateur*, auteur de *François Mitterrand ou la tentation de l’Histoire* (Seuil, 1977).

2. Autrement dit une note des Renseignements généraux.

« J'ai le sentiment, a dit Barre à ce sujet, que c'est l'explication la plus cohérente de la rupture ! »

Reste un autre gros morceau de la conversation avec Imbert : Chirac. Barre en parle, semble-t-il, avec une irritation croissante :

« Fébrilité, calcul, tout cela reposant sur une erreur fondamentale : le RPR se droitise, il le met sur un terrain en pente. Le terrain va glisser sous les pieds de Chirac, qui ne parviendra jamais à être un recours : il mise sur un clash que je n'aperçois pas. Je ne vois pas comment ni qui irait le chercher ! »

Dernière question posée par Claude Imbert – une figure imposée. Et lui, Barre, pense-t-il avoir un destin national ? Barre répond bien sûr qu'il n'a pas de problème avec le Président et que la question ne se pose pas.



*12 octobre*

Aujourd'hui, réunion de Pierre Juillet, Marie-France Garaud, Denis Baudoin, Xavier Marchetti, Jacques Toubon, sur l'image de Jacques Chirac. Cette réunion des principaux collaborateurs de Jacques Chirac va d'ailleurs devenir, en se tenant de façon plus régulière, une sorte d'état-major politique dont Juillet assurera la cohésion.

L'ensemble des participants tombe d'accord sur la nécessité pour lui de ne pas se laisser enfermer à la droite de l'échiquier politique national (cf. plus haut, les propos de Raymond Barre). Il est donc convenu qu'il fera un grand discours le 5 décembre prochain pour gauchiser son image. Pour avoir l'air, comme me le dit Toubon, d'un homme qui réfléchit et non d'une « force qui va ».

Il va néanmoins – c'est là que la « gauchisation » de Chirac devient plus difficile – continuer d'attaquer Mitterrand sur le thème : marxiste, dépassé, vieux, etc.

Tout cela révèle tout de même un véritable désarroi de ceux qui, dans son propre camp, ne savent pas « vendre » Chirac. L'analyse qu'ils font de Giscard, en revanche, ne change pas : il y a les hommes politiques qui bradent la France (suivez leur regard) et ceux qui ne la bradent pas, d'un côté les pétainistes, de l'autre les résistants. Air connu.

Je doute que cela suffise à changer l'image de Jacques Chirac.

*12 octobre dans la soirée*

Les anciens Premiers ministres de la Ve République, Debré, Couve, Messmer, Chirac, à l'exception de Chaban-Delmas, ont rencontré hier Raymond Barre. Ils avaient demandé à le voir à l'occasion de sa venue devant l'Assemblée nationale pour présenter le budget 1978, afin de lui demander s'il comptait revenir (comme ils croient que le souhaite Giscard) au mode de scrutin à la proportionnelle. « Tout cela, c'est de la magouille ! » s'est fâché Raymond Barre, égal à lui-même, tout en finissant par les rassurer : on ne changera pas de mode de scrutin pour les législatives de 1978.

*1977*

*13 octobre*

Georges Marchais, ce matin, à l'occasion du petit déjeuner de France Inter auquel je participe. Il paraît sincèrement convaincu – il l'est d'ailleurs sûrement – que les socialistes étaient prêts à le trahir. Il dit aujourd'hui non sans aplomb : « Ça ne m'étonne pas, j'en ai toujours été sûr ! Avez-vous relu mon discours au XXIIe Congrès [1] ? Je disais déjà les tentations auxquelles le PS allait être soumis ! »

Je ne résiste pas à lui dire : « Mais enfin, vous auriez pu vous en apercevoir avant ! »

Je cite *verbatim* sa réponse : « L'union de la gauche, il y a des moments où elle progresse et puis des moments où elle recule. Eh bien, nous sommes dans un moment où elle recule. Mais rien n'est terminé ! »

Tout cela accompagné, sur l'antenne et en dehors, hors antenne, d'une grande démonstration sur le poids de la social-démocratie européenne. La discussion qui suit l'émission prend la forme d'un duel entre lui et moi :

« Vous le savez bien, vous, Michèle Cotta (sous-entendu légèrement déplaisant : vous qui connaissez si bien Mitterrand), que les sociaux-démocrates européens sont intervenus pour démontrer à François Mitterrand qu'il ne fallait pas faire l'union avec les communistes !

– Ils le font depuis très longtemps sans que vous vous en soyez inquiété !

– Oui, et ils ont fini par gagner. Imaginez l'enjeu européen ! Si le

1. Qui a eu lieu du 4 au 8 février 1976.

Parti communiste était au pouvoir quelque part, ce serait toute la social-démocratie qui serait remise en cause ! Si je vous dis que ces sociaux-démocrates là ont mis le paquet pour convaincre Mitterrand, je sais ce que je dis !

– Et les Soviétiques, ils ne sont pour rien dans la rupture ?

– Ils ne l'ont jamais fait officiellement, en tout cas !

– On ne vous parle pas de la main de Moscou, mais vous, vous découvrez la main de Bonn ! »

Il ne m'en veut pas de cet échange un peu vif et poursuit, s'adressant cette fois à tous ceux qui sont dans le studio autour de nous, par une longue argumentation sur les nationalisations et la défense.

Les nationalisations : François Mitterrand, selon lui, savait très bien de quoi il s'agissait lorsque les communistes parlaient de nationalisations. La preuve, c'est que Jacques Attali, son conseiller le plus proche, avait, il y a quelques mois, dans une préface au livre d'un socialiste (je ne sais pas lequel), reconnu que les nationalisations des grandes entreprises touchaient forcément leurs filiales ! « D'ailleurs, continue-t-il, Mitterrand lui-même a parlé de 1 500 entreprises à nationaliser ; il envisageait donc bien lui aussi que des filiales, et pas seulement les grandes entreprises, seraient nationalisées ! »



Nous lui faisons remarquer que Mitterrand avait dit que les nationalisations « toucheraient » les entreprises, et non pas que les filiales seraient *toutes intégralement* nationalisées. Mauvaise querelle, nous répond Marchais. Querelle qui n'est pas seulement de vocabulaire, lui répondons-nous à notre tour.

Même acharnement contre les socialistes sur la politique de défense : Georges Marchais s'en prend à un article de Robert Pontillon dans *Le Point*. « Nous ne prétendons pas sortir de l'Alliance atlantique, assure-t-il. L'OTAN, c'est autre chose, c'est d'ailleurs pour cela que le général de Gaulle en était sorti. Le traité fait obligation à tout pays de faire la guerre si un des pays membres est attaqué. Cela, nous étions contre, bien sûr. Mais nous ne voulons pas pour autant sortir de l'Alliance atlantique.

« En revanche, ajoute-t-il, par le biais d'un référendum qu'il a proposé, Mitterrand, lui, envisagerait de mettre fin au nucléaire civil, alors que c'est le débouché le plus important, et de porter ainsi atteinte à l'indépendance nationale ! »

Je me frotte les yeux : de la construction du Programme commun, de ces heures de palabres, de discussions, de réunions, d'échanges, il ne reste vraiment plus rien. Ce qui n'empêche pas Marchais de conclure notre conversation, au moment de quitter le studio, par une plaisanterie gouailleuse : « La seule chose que les socialistes voudraient nationaliser, me dit-il, ou même socialiser, ce sont les radicaux de gauche ! »

*13 octobre, suite*

C'est la première fois que je revois Mitterrand chez lui, en fin d'après-midi, depuis la sinistre soirée de la place du Colonel-Fabien. Il affecte de ne plus y penser et vient de publier un gros recueil de ses écrits, *Politiques*[1].

Il s'agit de ses articles ou, plus largement, de textes prononcés en congrès ou à l'Assemblée nationale, tels qu'ils ont été retranscrits par les sténographes. « Je me suis retenu, me dit-il, de corriger les fautes de français : je m'en suis volontairement tenu aux sténographies officielles. »

« Vous relèverez très peu de contradictions dans ces textes dont les premiers datent de 1951 ! » me dit-il d'emblée.

Car, dans la publication de ce gros bouquin, ce qui lui tient le plus à cœur, c'est manifestement de dégager les constantes de son action politique. Il sait bien sûr que son passé « colonial » lié à la IV$^{e}$ République a été abondamment critiqué par l'extrême gauche, PSU compris. Il le conteste avec force devant moi, ce soir. C'est la première fois qu'il fait allusion à son attitude sur l'Algérie, dont ses adversaires à gauche n'ont retenu qu'une phrase, celle qu'il a prononcée en 1954 tout de suite après les premiers incidents violents qui marquèrent les débuts de la guerre. Que de fois n'a-t-il pas entendu, d'un meeting à l'autre, des militants de gauche lui lancer à la figure la formule – tronquée – qu'il avait employée alors : « L'Algérie, c'est la France ! »

« Il est facile de raisonner sur l'Algérie de 1953 avec l'œil de 1977. Il faut se replonger dans un pays qui était à l'époque à 90 % convaincu que la terre coloniale était bien une terre française. À l'époque où la droite et même le centre me condamnaient, j'ai passé pendant dix ans pour un bradeur d'Empire ! »

Et de me citer le texte du télégramme des élus blancs d'Afrique noire en 1951, qui accusaient le gouvernement français de livrer l'Afrique noire au communisme international sous prétexte qu'il

1. Fayard, 1977.

installait Houphouët-Boigny au pouvoir ! « J'ai toujours eu le même adversaire, insiste-t-il, la droite. »

Quant à son chemin vers le socialisme, il s'irrite devant ce qu'il appelle une « formidable déviation » : « Les socialistes de la SFIO pensaient qu'on n'avait droit au titre de socialiste que si on était dans l'Église socialiste ! Mais, moi, en 1952, j'étais plus socialiste que Guy Mollet ! Je n'avais pas, c'est vrai, jeune, le socialisme à la boutonnière ! »

Sa voix tremble légèrement, tant il s'énerve à l'évocation des camouflets que lui ont infligés tant d'hommes de gauche à l'idée qu'il n'était pas des leurs. Pense-t-il à ce moment, à ces années 1960 où son adhésion à je ne sais quelle union des forces de gauche lui fut refusée ? Je crois bien qu'il n'a pas oublié, mais je ne le lui rappelle pas : ce n'est manifestement pas le moment !



« Qu'est-ce que le socialisme ? continue-t-il. C'est, *petit a*, la conviction que l'action individuelle ne peut s'exercer sans le relais des masses. Et c'est, *petit b*, la conviction que ce mouvement est forcément composé des travailleurs et des producteurs. Conviction à laquelle vient s'ajouter cette évidence à laquelle je suis arrivé progressivement : qu'il n'y a pas de libération de l'homme qui ne passe d'abord par sa libération économique. Il est vrai que ni ma formation idéologique, ni mon milieu social, ni aucune de mes expériences ne m'auraient permis d'emblée d'adopter une explication rationnelle du socialisme. Il n'empêche : en trente et un ans de vie politique, je n'ai jamais voté avec la droite contre les socialistes ! »

Je le sens convaincu de ce qu'il dit, et, au-delà, blessé, même s'il ne le dit pas, par le procès que lui font aujourd'hui les communistes, et, dans une certaine mesure, quelques socialistes donneurs de leçons. Il admet avoir pendant longtemps davantage employé les mots de démocratie politique, de liberté, d'égalité que de socialisme. Mais il plaide qu'il a tout au long de sa vie été plus sensible à la justice qu'à toute autre valeur. « J'ai été élevé comme cela, sourit-il, dans ma petite province. » Il ajoute que ce à quoi il a été le plus sensible, depuis son adolescence, c'est à l'injustice de l'argent.

Il a longtemps placé plus haut que les autres valeurs le sens du droit. « Quelquefois trop, précise-t-il à mon intention, car la vie et l'Histoire sont sans doute plus anarchiques que cela. J'ai été néanmoins nourri dans le sentiment qu'il n'y avait pas de société sans droit. »

« Je ne vois pas là-dedans d'antinomie avec le socialisme », conclut-il.

Après tout, c'est son chemin, même si sa stratégie d'union de la gauche n'a pas été seulement le terme naturel de cette évolution. Elle lui a également été dictée par une évidence : l'accession au pouvoir par la droite lui était fermée. Il a donc résolu de passer par la gauche.

L'incursion dans son passé débouche tout naturellement sur l'évocation des législatives futures. Son objectif : que les socialistes obtiennent une victoire relative au premier tour – il sera satisfait si le PS atteint le chiffre de 7 à 8 millions de voix. Les communistes, distancés et solitaires, seraient, dans ce cas, responsables de l'échec : « C'est leur problème ! »

*1977*

« Moi, aujourd'hui, commente-t-il, je ne peux pas bouger, puisque je n'ai pas les clefs en main. »

Quel est son sentiment vis-à-vis des communistes, quelques jours après la rupture ?

« Ils sont sortis de ma pensée », me répond-il comme si je pouvais y croire.

Puis il reprend : « J'aurais échoué, en revanche, si le Parti socialiste ne recueille pas ces 7 à 8 millions. Mais si le PS les obtient, quelle situation ! Ce parti vainqueur, poignardé dans le dos publiquement devant la France entière par les communistes ! Et les autres, à droite, éculés, fatigués, pachydermiques ! Je leur souhaite bien du plaisir pour l'élection présidentielle de 1981. »

À ses yeux, le Parti communiste n'a pas seulement commis de faute politique, il a commis une erreur psychologique. « Car ils croyaient que le PS exploserait après cet échec : or il a été très solide, au contraire ! Après un tel bouleversement, je n'ai eu à exclure personne, à Trifouillis-les-Oies ou ailleurs. Et d'ailleurs, quand cela aurait été le cas, il aurait suffi de couper une branche, l'arbre aurait survécu !

« Non, finalement, le PC (auquel il m'a affirmé quelques minutes auparavant qu'il ne pensait plus !) ne peut nous abattre que si nous perdons la confiance en nous. »

Tout à l'heure, lorsqu'il a dit : « Je leur souhaite bien du plaisir *pour 1981* », je me suis dit : quel homme, il n'y a toujours pas renoncé ! Qu'il perde ou pas, le voici reparti pour trois ans !

*15 octobre*

Je reviens sur ma conversation de plusieurs heures avec François Mitterrand, puisque aujourd'hui je prends le train pour Nevers avec lui. J'y suis au moment où j'écris ces lignes. Il lit, commente le sondage, vraiment très compliqué, du *Nouvel Obs*, se réjouit de voir l'image du PS dans l'opinion publique (« Quel chemin, dit-il, et, en plus, dans une période épouvantable ! »), affecte de ne rien comprendre aux multiples hypothèses qu'évoque Jacques Julliard dans son éditorial[1]. Sourit en lisant un article de *L'Aurore* sur Roland Leroy, qui, hier, sur Antenne 2, a, selon le quotidien, « récité du Marchais » !

Je reviens, pendant qu'il se replonge dans sa lecture de la presse, sur ce qu'il m'a dit avant-hier. Il m'a parlé de Jean-Pierre Chevènement pour lequel il continue d'avoir des sentiments bizarres, comme s'il lui en voulait d'être aussi brillant, aussi drôle... et aussi indépendant d'esprit, et comme s'il le reconnaissait en même temps comme un des hommes les plus proches de lui, culturellement et littérairement plus que politiquement.



Bref, il paraît que Jean-Pierre Chevènement est venu, quelques jours seulement après la rupture avec les communistes, lui demander de convoquer sur le champ un congrès extraordinaire du PS. Mitterrand a refusé sans ménagements : « J'hésitais, lui a-t-il répondu. Mais, puisque vous me le demandez sur ce ton, je n'hésite plus : c'est non ! »

Sur le choc du 23 septembre, il m'a dit – à un ou deux mots près, je le cite intégralement :

« Le choc était certain, je ne l'imaginais peut-être pas ainsi à ce moment, mais j'étais sûr qu'il aurait lieu.

– Alors, pourquoi avoir attendu, pourquoi ne pas avoir devancé les choses ?

– J'estimais qu'il ne fallait pas faire un geste qui puisse me faire attribuer la responsabilité de la rupture. En me privant de satisfactions, je vous l'assure ! »

Un temps d'arrêt ; visiblement, il regrette de ne pas s'être « fait » Marchais ! Puis il poursuit :

« Nous n'étions pas responsables de la crise, nous ne devions pas en avoir la symbolique. Moi, disant en plein mois d'août : "Ça

1. Jacques Julliard, normalien et agrégé d'histoire, collaborateur de plusieurs revues, dont *Esprit*, est entré au *Nouvel Observateur* en 1969. Ses éditoriaux deviennent réguliers dans cet hebdomadaire à partir de 1973.

suffit !" ou quittant la réunion du sommet de la gauche en claquant la porte, comme l'a du reste fait Robert Fabre, j'aurais justement incarné cette symbolique... »

Nous voici dans la Nièvre à une réunion des élus socialistes du conseil général. Il est 11 h 15 du matin. Je me demande à quoi il pense pendant qu'il écoute évoquer les problèmes de crédits qui manquent, d'inondations qui menacent. Il est à la fois absent et présent. Pense-t-il à la préface qu'il doit écrire pour un livre d'Eugène Sue, qu'un éditeur attend pour lundi et qu'il n'a pas terminée ? Pense-t-il aux communistes ? Pense-t-il à une femme ou à plusieurs ?

On parle de subventions à la gendarmerie de La Charité-sur-Loire. Un conseiller général proteste : pas de subventions du conseil à une gendarmerie d'État. Mitterrand acquiesce : on refuse la subvention.

*1977*

Un moniteur d'enfants handicapés n'est plus payé par la Jeunesse et les Sports. Pour les routes nationales de la Nièvre, l'Équipement départemental n'a plus un sou. Sur quoi peut-on gagner 8 millions ? demande Mitterrand. Daniel Benoist[1] propose qu'on examine, subvention par subvention, où des économies peuvent être trouvées. S'ensuit un indescriptible brouhaha dans lequel je n'entends qu'une chose : c'est que Mitterrand trouve inutile la subvention à Jean Moulin (s'agit-il d'une école, d'un monument, d'un bâtiment ? je ne sais). En revanche, la maison de la culture aura bien son argent.

Alors que je trouvais que cette séance durait trop longtemps à mon goût, un échange me ramène à la crise entre communistes et socialistes. Il s'agit de la composition de la commission départementale. Il y a trois partants. Qui, pour les remplacer ? Qui, d'abord, pour remplacer Guillaume ? demande Daniel Benoist.

François Mitterrand : « Nous avons un engagement moral envers Bonnot, il me semble. »

Un conseiller présent : « Politiquement, ce n'est pas opportun ! »

Le dénommé Bonnot, évidemment, est communiste.

Un autre : « Il y a eu un changement assez important, il me semble, depuis que nous avions pris cet engagement moral ! Je ne vous apprends rien !

– Honnêtement, conclut Mitterrand, il ne faut pas changer de position parce que les circonstances nationales ont changé. Et puis, il ne peut pas faire grand mal jusqu'au mois de mars ! »

1. Alors député-maire socialiste de Nevers.

Un peu plus tard, en voiture entre Nevers et Château-Chinon. De quoi parle-t-il au bout d'un quart d'heure de silence dans les tournants ? Des communistes, évidemment.

« Il y a sans doute eu entre eux une divergence tactique. Les uns voulaient faire échouer les pourparlers tout de suite, avant ce qu'ils appelaient la réactualisation du Programme commun. Les autres, et c'est sans doute la position de Marchais, voulaient nous faire céder, c'est-à-dire nous casser en nous faisant céder. C'est ce qui explique l'angoisse de Marchais à la fin de la négociation, lorsqu'il a vu que je ne cédais pas !

– Son angoisse ? Vous voulez dire à la télévision, lorsqu'il y a été interrogé ?

– Non, je n'ai pas regardé cette fameuse émission avec cet appel solennel qu'il m'a adressé publiquement : "Je m'adresse à François Mitterrand, etc." Non, j'étais en train de dîner tranquillement chez moi, je ne regarde jamais la télévision à cette heure-là. Je fais allusion à son accablement, son angoisse quelques instants avant la rupture. *1977*

« L'essentiel, conclut-il, c'est qu'il y avait bien entre les deux [Marchais et Leroy] divergence tactique, mais la stratégie était la même : nous casser. »

Je lui demande si Marchais a pu croire que les pressions exercées par les sociaux-démocrates européens – par Helmut Schmidt notamment – aient eu une chance d'être entendues de lui, Mitterrand.

« Quel minable ! me dit-il. Et l'autre, le mesquin, l'autre minable, Roland Leroy, qui a laissé entendre hier, avec plein de sous-entendus, que je ménageais Giscard, que la collusion entre lui et moi était nette ! Ils mentent tout le temps avec un aplomb formidable ! »

Il revient sur son idée-clef : « La presse dit : François Mitterrand n'a plus la situation en main, etc. En fait, je n'ai jamais dit autre chose que ceci : mon but est de remonter le socialisme français. L'union de la gauche est un moyen. Eh bien, je suis à une étape de cette remontée du socialisme, voilà tout. Mais si j'ai 7 à 8 millions de voix aux prochaines élections, ce sera au PC de dire qu'il veut assassiner le parti vainqueur des élections. Et puis, entre les deux tours de scrutin, je mettrai le paquet. Je dirai aux Français : vous voulez la retraite à 60 ans la semaine prochaine ? Vous l'aurez, seulement les communistes n'en veulent pas ! Le SMIC à 1 200 francs ? Les communistes n'en veulent pas ! Je vois très bien ce que je dirai, ils vont voir la vie que je vais leur mener ! »

Le moins qu'on puisse dire est qu'il ne se laissera pas faire ! Il poursuit :

« Les chefs communistes ne le savent pas : leur électorat a changé. On ne lui fera plus jamais faire ce que Marchais a décidé qu'il fasse. Et puis, l'avantage du Parti communiste était sa force de communication avec le réseau de ses militants toujours mobilisables, toujours actifs. Au Parti socialiste, il nous faut toujours quinze jours pour envoyer une circulaire ! Ce qui a tout changé, ils n'en ont pas conscience, c'est la télévision. Maintenant, avec la télévision, je suis en mesure, en quelques minutes, de mobiliser tous mes militants ! Leur campagne visant à nous faire porter la responsabilité de la rupture s'est heurtée à la nôtre, qui disait le contraire : du coup, leurs effets se sont annulés.

1977 « Aujourd'hui, le grand choc passé, ils ne peuvent plus faire grand-chose, ils n'ont plus tellement d'armes. C'est pourquoi, dans un premier temps, j'avais donné aux socialistes le mot d'ordre de répondre coup par coup aux attaques des communistes. De ne rien laisser passer.

« Aujourd'hui, nous sommes entrés dans une autre phase : je donne au contraire aux socialistes la consigne de se taire, de ne pas alimenter la polémique. C'est eux que notre silence met dans une mauvaise situation par rapport à leur base unitaire. »

Nous déjeunons brièvement à l'hôtel du Vieux-Morvan dans la salle commune.

Un mot sur cet hôtel pendant que Mitterrand est remonté quelques minutes dans sa chambre, la fameuse chambre n° 15 dans laquelle il loge à peu près toutes les fins de semaine depuis ce soir de novembre 1946 où il est devenu député de la Nièvre. Un petit hôtel de petite ville, sis 8, place Gudin, avec 23 petites chambres – la sienne fait 10 mètres carrés. À Château-Chinon, depuis plus de trente ans, François Mitterrand ne possède rien, sauf un étang, que je n'ai jamais vu, dont il fait volontiers le tour à pied, en vareuse et casquette. Le Vieux-Morvan est devenu, surtout depuis 1965, l'hôtel de la Nièvre et autres lieux le plus fréquenté des journalistes. Pour ma part, j'y suis venue quelquefois, mais je n'y ai encore jamais séjourné. Je ne le ferai pas encore ce soir, puisque nous regagnons Paris dans la nuit après une visite à Montsauche où nous allons partir dans quelques minutes.

En voiture entre Château-Chinon et Montsauche *(16-17 heures)*, Mitterrand évoque le terrorisme en Allemagne[1]. Il me dit sa conviction que le terrorisme s'abattra un jour ou l'autre sur la France, comme il sévit déjà en Allemagne. Dans ce cas, évidemment, les problèmes qui se poseraient seront celui d'une police antiterroriste. « Hésiteriez-vous, vous, par exemple, me demande-t-il (en réalité, il se le demande à lui-même), à envisager la mise en place d'une police politique dont la tâche soit d'abattre les terroristes ? »

Je comprends ce qu'il veut dire : le terrorisme repousse ou risque de repousser les frontières du droit, les frontières de nos convictions – y compris sur la peine de mort à laquelle il est hostile. Les grands principes judiciaires républicains résisteraient-ils à une montée incontrôlable des terrorismes ? Il n'a pas de réponse, mais se pose la question.



Et nous revenons sur les communistes. Quand je pense qu'avant-hier il m'avait dit : « Ils sont chassés de mon esprit ! » Ce qui le ramène aux communistes, cette après-midi, ce sont les pins qui ont été replantés dans sa circonscription. Du coup, il pense à une revendication formulée par les communistes au cours d'une des dernières rencontres entre les deux partis, sur la nationalisation de la « Cellulose du Pin ». « Ce sont des jean-foutre ! explose-t-il. Ils voulaient nationaliser une entreprise de 23 ouvriers à Clermont-Ferrand, et pas Michelin ! »

Il me dit aussi de quelle patience il a fait preuve tout au long de ces séances de travail où il a entendu parler de nationalisations, entreprise par entreprise. Manifestement, il en a plus qu'assez !

Cela étant, il n'élude pas ma question sur la note que Michel Rocard lui a remise sur les nationalisations en décembre ou janvier dernier : « J'ai appris, répond-il avec le ton irrité qu'il a souvent lorsqu'il parle de Rocard, qu'il s'en prévalait, de cette note-là ! En réalité, il n'y avait rien de remarquable dans ce papier, sauf qu'il développait sa théorie, d'ailleurs inacceptable par les communistes, de la nationalisation des seules holdings ! »

1. François Mitterrand évoque l'action de la Bande à Baader dont le chef, Andreas Baader, est emprisonné en Allemagne depuis 1972, et dont des militants viennent de kidnapper, le 5 septembre 1977, le président du patronat allemand, Hans Martin Schleyer. Par ailleurs, le 13 octobre, avant-veille du jour où cette conversation a lieu, un avion de la Lufthansa a été détourné par un commando palestinien du nom de Martyr Halimeh, prenant en otages une centaine de passagers et détournant l'avion sur Mogadiscio, en Somalie.

*Plus tard (18 heures).* Cours d'autogestion après répartition des subventions aux maires des cantons de Montsauche. « Voilà, c'est la démocratie. Remarquez que nous sommes tous ici du même bord, mais s'il y avait parmi nous des maires RPR, et il y en aura sans doute un jour, les discussions se seraient passées de la même manière. »

Façon de rendre hommage à la démocratie locale quand la démocratie nationale est moins consensuelle.

*22 h 30.* Quelques lignes encore en fin de journée. Qui dira (moi, peut-être) qu'au moment où la plupart des observateurs de la presse française imaginent Mitterrand en proie à de graves tourments, je l'ai entendu, moi, ce soir, raconter autour d'une grande table, à Montsauche, devant une douzaine de maires hilares, à moitié sourds et pour la plupart cacochymes (qu'il appelle comme Chirac « mes amis »), des histoires drôles sur le Morvan : une chasse au loup qui a mal tourné, l'aventure de la princesse Ayoubi dans la profondeur des forêts de la région, que sais-je ?

Il éprouve un vrai bonheur devant cette assemblée, il rit en s'étouffant dans sa serviette, il tartine longuement son pain avec du pâté. Il est visiblement plus à l'aise avec ces maires qui ne sauraient peut-être épeler le mot « subvention » qu'avec tout le Ceres réuni !

Il parle de lui aussi avec un humour que je ne lui connaissais pas sur lui-même. Il ironise sur les courants au sein du Parti socialiste. Il n'est pas mécontent, finalement, d'être la cible de tout le monde, de la gauche à la droite, de Georges Marchais à Valéry Giscard d'Estaing.

« Je les embêterai encore », répond-il suavement lorsque je lui dis que les analyses de Georges Marchais et de Giscard passent par son élimination.

Il laisse encore tomber : « Moi, je n'ai rien !

– Vous n'avez que vous, lui dis-je, ce n'est pas si mal... »

Retour à Paris dans la nuit, directement de Montsauche. Arrivée à 2 heures du matin.

*18 octobre*

Convention du Parti républicain où je rencontre Jacques Douffiagues[1]. Il me semble préoccupé par la tournure actuelle du giscardisme : « Il faut revenir à l'esprit de 1974, insiste-t-il, c'est-à-dire redonner une coloration réformiste à notre action. »

Il ne cache pas qu'il y a beaucoup de points d'accrochage à l'intérieur du Parti républicain. Entre les vieux et les jeunes, cela va de soi : quels points communs entre les anciens Républicains indépendants et les jeunes giscardiens d'aujourd'hui ? À propos du service national, du salaire de la mère de famille, de la taxe sociale sur le chiffre d'affaires, tout a posé problème entre les anciens et les modernes – mais pas seulement : aussi entre les libéraux et les sociaux, les réformateurs et les réactionnaires. Le giscardisme n'est pas homogène, il faut bien que les uns et les autres en prennent leur parti.



Reste l'affaire de la représentation proportionnelle qui revient à tous les instants, parce que ce serait effectivement, pour les amis de Giscard, la seule façon de reprendre une autonomie complète vis-à-vis du RPR dont ils craignent tout. Aujourd'hui, le Parti républicain, convaincu de la nécessité de dédramatiser la situation entre giscardiens et chiraquiens, a adopté une position mi-chèvre, mi-chou : « Le PR souhaite une réforme électorale pour une plus juste représentativité de toutes les tendances de l'opinion, mais aussi la constitution de majorités basées sur des idées communes. »

Après lui, je rencontre un curieux personnage, Michel Pinton, responsable des études électorales. Je dis curieux personnage, car il détonne dans le milieu giscardien ambiant : il ne sourit pas, ne cherche pas à plaire, il arbore une mine toujours sombre. Il est là pour faire de la comptabilité électorale à six mois des législatives, et il joue avec ses petits chiffres, voilà tout. Selon la Sofres, Démocospie, l'institut Harris ou l'IFOP, me dit-il, les projections nationales donnent le RPR et les Républicains indépendants au coude à coude : 21 % pour les giscardiens, 20 % pour les chiraquiens. Mais il s'agit

1. Énarque (promotion Montesquieu), Jacques Douffiagues est en 1976 directeur de cabinet de Jean-Pierre Soisson, secrétaire d'État à la Formation professionnelle dans le gouvernement Chirac. Proche de François Léotard, il est membre du bureau politique du Parti républicain de 1976 à 1978, et sera élu député du Loiret en 1978 avant de devenir ministre délégué aux Transports dans le gouvernement de Jacques Chirac de 1986 à 1988.

là de projections nationales. Dans les circonscriptions, me dit-il, les équilibres ne seront peut-être pas ceux-là. En tout cas, l'essentiel est d'obtenir plus d'élus que le RPR. Sur ce point, sa démarche est claire, sans fioritures.

« Évidemment, convient-il, la prime aux sortants va aux députés RPR : face à eux, nous ne devons pas apparaître comme des diviseurs, mais incarner le renouvellement. »

Quant aux « primaires » entre RPR et giscardiens, il lui semble, comme à chacun, qu'il vaudrait mieux qu'elles ne soient pas « sauvages » : « Le pluralisme organisé, oui ; la cacophonie, non. »

Lorsque je lui demande s'il a des problèmes avec les centristes pour les investitures, il me répond qu'il n'y a de lutte entre le CDS et les giscardiens que dans des circonscriptions où le RPR est trop faible ou absent. Ailleurs, nécessité fait loi : lorsque le candidat gaulliste est fort, CDS et giscardiens s'accordent sans trop de difficulté.

Et les radicaux de droite ? Il est direct : « Pour l'instant, je n'ai pas vu de listes de candidats radicaux sérieux, j'entends : excédant la vingtaine. »

Sur 490 circonscriptions, évidemment, c'est peu. Pas assez pour menacer Chirac.

Propos recueillis auprès d'André Diligent[1], centriste s'il en est, quelques heures après la fin de la convention du Parti républicain. Carré, épais, avec cette élocution lente qu'ont les gens du Nord même lorsque – c'est son cas – ils sont avocats, il a une rondeur, une onction toute « catho ». Il paraît que, dans la vie publique locale, il est beaucoup plus agressif qu'il n'en a l'air contre les « socialo-communistes » ! (C'est Pierre Mauroy qui m'a dit ça à plusieurs reprises.)

« De Gaulle m'a appris une chose, me dit-il : c'est au moment où les autres vous croient faible qu'il faut crier le plus fort et faire preuve d'intransigeance ! »

Cela pour me dire que le CDS a beau être un petit, tout petit parti, il ne se fera « bouffer » par personne, y compris par le mouvement dont il est le plus proche, celui des giscardiens. Je remarque qu'une fois de plus, un tas de personnalités politiques préfèrent être

1. André Diligent, né à Roubaix en 1919, avocat et démocrate-chrétien de toujours, est une des figures du CDS, dont il est en 1977 le secrétaire général. Il sera député du Nord, député européen et sénateur. Également maire de Roubaix de 1983 à 1994.

les premiers dans leur petit village que les seconds ou les troisièmes à Rome. Il s'évertue à me démontrer que, tout en étant très proche de Giscard, il en est très éloigné, assez en tout cas pour militer au CDS sans vouloir rejoindre le Parti républicain.

« Il y a certes une très grande concordance entre les finalités du président de la République et notre mouvement, me dit-il. Nous sommes en réalité très différents. Je vous donne un exemple : lorsque j'écoute Jean-Pierre Soisson parler, j'entends un homme préoccupé uniquement du concret. Nous, nous mettons au contraire l'accent sur l'idéal. Nous croyons à certaines valeurs, même si on doit les appeler spirituelles. C'est pourquoi, dans cette majorité, nous sommes à part, parce que vigoureusement régionalistes, profondément européens, profondément sociaux. J'ajoute que nous avons une sensibilité écologique que n'ont pas nos partenaires giscardiens. »



Écologique ? Le mot n'est guère à la mode[1]. Je crois que c'est la première fois que j'entends un leader politique autre qu'Antoine Waechter ou René Dumont l'employer. Mitterrand aime bien parler des plantes et des arbres, auxquels je ne comprends rien, mais il n'emploie pas le mot écologie. Pas plus que Chirac, que cela ferait rigoler. Je n'avais notamment jamais entendu dire – sans doute est-ce là manque de culture ou défaut d'analyse – que les démocrates-chrétiens en France fissent une place à l'écologie. Il me détrompe. Il me cite saint François d'Assise et ses petits oiseaux, et, plus près de nous, le mouvement du Sillon de Marc Sangnier, avant guerre. « Il y a une véritable tradition écologique chez les chrétiens, m'assure-t-il : la nature a été voulue par le Créateur. Elle doit donc être conservée et non dégradée. »

« Nous sommes les seuls, ajoute-t-il, à faire dans notre plate-forme des propositions précises sur la défense de l'environnement, sur la culture biologique. Cherchez dans tous les autres textes de la majorité, vous verrez bien que nous sommes les seuls à aborder ce sujet qui laisse tout le monde politique de marbre. »

Après ce petit couplet, il reparle de ce qui différencie le CDS des autres mouvements de la majorité. Une paille ! « Je suis le seul secrétaire général d'un parti de la majorité qui ne soit pas énarque !

1. C'est Antoine Waechter qui a été le premier leader du mouvement écologiste de France en 1973. En 1974, le mouvement écologiste a été fondé à la suite de la candidature de René Dumont à l'élection présidentielle de 1974.

« Nous sommes dans la majorité, conclut-il, c'est un mariage de raison. Dans ce mariage, nous apportons un supplément d'âme. »

Et, plus prosaïquement, pour les investitures, comment cela se passe-t-il au sein de la majorité ? Le ton de mon interlocuteur change. La spiritualité s'éloigne : « Nous nous battons pied à pied, me répond-il. Nous n'entendons pas être considérés comme le citron pressé dont on jette l'écorce ! Et moins encore nous contenter d'être les soutiers sociaux de cette majorité. »

Plus que tout autre, l'homme dont le CDS en général et Diligent en particulier semblent se réclamer est Raymond Barre : « Il bénéficie chez nous d'un préjugé incontestablement favorable, avoue-t-il. Il nous apparaît comme étant un homme qui veut dire la vérité. Nous sommes actuellement très proches de lui. »

Raymond Barre, chef du CDS ? Sa position de Premier ministre semble l'exclure. Même s'il ne conduit pas, et pour cause, parce que Chirac est là, toute la majorité, il serait étonnant qu'il soit le chef de file du plus petit parti de la majorité présidentielle. Il n'en a sans doute pas non plus le goût, lui qui a tant de mal à sortir de son personnage professoral.

*19 octobre*

Michel Debré, que je rencontre dans l'après-midi, regrette que Chirac se soit donné comme unique image celle du pourfendeur du Programme commun et de la gauche tout entière. Il ne nie pas que cette posture présente un avantage, celui d'avoir fait passer Chirac et le RPR comme le meilleur rempart contre les dangers de la gauche. Mais il en souligne les inconvénients : il passe aujourd'hui pour l'homme politique le plus à droite sur l'échiquier politique français. « Ajoutez à cela, me dit-il, le ton impérieux qu'il emploie pour condamner instinctivement la gauche. Continuez à attaquer les hommes et les idées, lui avais-je dit à Menton, mais dissociez vos critiques : nous sommes contre les communistes parce que ce sont nos vrais adversaires ; et nous attaquons les socialistes parce qu'ils ont de mauvaises idées. Mais Pierre Juillet lui a dit : "Attaquez plutôt les socialistes, car c'est chez eux que vous trouverez vos nouveaux électeurs." Alors, évidemment, Chirac a écouté Juillet ! »

Il fait cette analyse : « Chirac et Barre ont tous deux des intérêts communs face à Giscard. Barre veut remporter une vraie victoire sur les socialistes, pour affirmer son autorité ; d'autant qu'il ne pourrait pas rester chef du gouvernement si le PS remportait un succès. Je ne pense pas qu'il ait la moindre envie d'être Premier ministre dans un gouvernement de troisième force[1] !

« Quant à Chirac, poursuit-il, son problème est de conquérir une image populaire. Il ne faut pas qu'il tombe dans la cassure droite-gauche ; il doit être populaire, c'est-à-dire au-dessus. »

Il n'empêche : pour Debré, il n'est pas exclu que Giscard finisse par tirer les marrons du feu si, au contraire, le PS gagne. « Dans ce cas, il gouvernera avec une majorité au coup par coup, dont il sera le maître, une fameuse "majorité d'idées" qui lui permettra de réintégrer les socialistes en prenant, s'il le faut, ses distances vis-à-vis du RPR. »

Vu Jean-Philippe Lecat[2] après Michel Debré. Contrairement à Chirac, qui fait comme si rien, dans l'opposition, n'avait changé, il pense, lui, que l'opposition d'aujourd'hui n'est plus la même : plus de volonté unitaire, le Programme commun a volé en éclats. La majorité a changé également : elle est en train de s'équilibrer (tiens, c'est le leitmotiv). Le RPR joue son rôle : border la majorité sur sa droite. « Mais la majorité plus libérale, plus centriste, me confie-t-il, n'a pas encore trouvé son expression politique : le Parti républicain est un trop jeune parti, les radicaux de droite sont une petite chose *(sic)*, le Centre démocrate est traversé de remous ! » *1977*

Alors, quoi ? « Alors, me répond-il, sûr de lui, avec le Premier ministre et le Président, la majorité va remporter les élections législatives de 1978. Et là, elle sera devant une responsabilité historique : il faudra qu'elle domine complètement sa victoire, qu'elle renonce à appliquer de vieilles recettes, il faudra changer et en revenir au thème de l'unité nationale. »

Giscard n'exclut donc pas, si j'écoute Jean-Philippe Lecat, d'ouvrir largement sa majorité, et peut-être de se débarrasser du RPR à cette occasion – ou au moins d'une partie des gaullistes – pour bâtir une nouvelle majorité, celle qu'il n'a pas pu trouver depuis son accession

1. En parlant de troisième force, Michel Debré fait allusion à un éventuel tripartisme, en cas de victoire des socialistes, entre les Républicains indépendants, le RPR et le Parti socialiste.

2. J.-P. Lecat, après avoir été brièvement secrétaire d'État à l'Économie et aux Finances en 1973, puis ministre de la Communication en 1974, est chargé de mission à l'Élysée de 1976 à 1978, avant de devenir ministre de la Culture et de la Communication de 1978 à 1981.

au pouvoir en 1974. Il ne s'est pas senti assez solide pour couper les ponts avec son ancien Premier ministre, Jacques Chirac, en 1976 ; il n'a pas osé faire adopter le scrutin à la proportionnelle, qui lui aurait peut-être permis de le faire plus facilement. Il a attendu pour mieux sauter : le scrutin de 1978 va lui permettre de parvenir à ses fins, d'autant plus que le PS est aujourd'hui libéré du communisme.

Pour que je comprenne bien, il insiste : « La victoire de la majorité en 1978 – dont il semble ne pas douter un instant – ne peut être conçue que comme une étape vers autre chose. Les Français ne supporteront pas qu'une chape de plomb s'abatte à nouveau sur la France à cette occasion. Le Président ne préconisera pas une substitution de l'actuelle majorité à une autre, il préconisera son élargissement. »

Je traduis sans peine : l'élargissement se fera vers les socialistes « repentis », au détriment des RPR récalcitrants.

Il s'interroge sur la stratégie de Jacques Chirac : peut-être choisira-t-il de faire « un coup abominable », ou, au contraire, il dressera sans états d'âme le bilan et décidera de jouer le jeu majoritaire de Giscard.

Sont-ce là les idées ou les souhaits du seul Jean-Philippe Lecat qui, en d'autres temps, m'a incitée à penser que Pompidou avait choisi comme successeur potentiel Giscard plus que Chaban-Delmas ? En tout cas, aujourd'hui, Lecat ne se pose plus de problème : il est à fond derrière Giscard. Selon lui, le Président a deux convictions essentielles. D'abord, la majorité présidentielle actuelle gagnera les élections de 1978. Parce que, le moment venu, il pèsera de tout son poids dans la bataille électorale en appelant les Français au « bon choix » pour la France. Il prononcera à cette occasion au moins deux discours publics et une intervention à la télévision. Il croit ensuite profondément à l'unité nationale. « Après mars, répète Lecat, il faudra affirmer l'unité nationale par de nouveaux desseins, par de grandes initiatives politiques. »

Un signe de l'actuel état d'esprit de Giscard : il a clôturé le Conseil des ministres de ce matin en pesant soigneusement ses mots : « Le peuple français, a-t-il dit avec un soupçon de solennité, aime le spectacle de son unité. »

Il a raconté aux ministres qu'il avait été impressionné par la cérémonie d'hommage au soldat inconnu de la guerre d'Algérie qui a réuni autour de lui, sur la colline de Lorette, dans le Pas-de-Calais, 20 000 personnes. Pas n'importe où : dans une terre d'opposition. Toutes les autorités locales, socialistes et communistes, étaient présentes. Giscard, visiblement ravi, insiste donc, à l'issue du Conseil :

dans quel pays au monde une telle cérémonie aurait-elle pu se tenir, demande-t-il autour de lui en balayant la table du Conseil du regard, dans quel autre pays aurait-on pu faire une célébration par quatre prêtres ou célébrants de quatre confessions différentes ?

Cette anecdote me convainc : je trouve cet aveu de Giscard au plus haut point significatif de son état d'esprit, pas seulement d'ailleurs parce que l'opposition de gauche affiche aujourd'hui ses divisions, mais de façon plus générale : en dépassant l'objet précis de la cérémonie du Pas-de-Calais, les ministres ont bien compris que le Président voulait souligner qu'il parlait là d'une manifestation d'unité nationale.

Même si VGE préfère se taire pour le moment – ne pas triompher trop vite, ni trop tôt –, je suis persuadée qu'il pense que les équations politiques sont en train de changer et de lui donner raison : les cartes sont bouleversées du côté de l'opposition, même si Mitterrand ne fait pas mouvement vers lui ; quant à lui, Giscard, il peut apparaître aujourd'hui comme la force la plus stable, la plus tranquille, en quelque sorte la plus naturelle.



Sa remontée dans les sondages, où il dépasse à nouveau les 50 % d'opinions favorables après être descendu au-dessous de 40 %, s'explique à mon sens de cette façon.

De ces grands préparatifs ou de ces grandes espérances, pour le moment rien ne filtre hors de l'Élysée. Le black-out est complet : pas de rencontre secrète avec les socialistes, pas de Jean François-Poncet venu assurer aux radicaux qu'ils auront, du côté de la majorité, toutes les investitures souhaitées, pas de Claude Pierre-Brossolette envoyé en mission de bons offices. Pas que je sache, en tout cas.

Jean François-Poncet, que je croise en quittant Lecat, me dit en des termes plus sibyllins la même chose :

« Valéry Giscard d'Estaing conduit sa barque comme il l'entend. C'est un coureur de fond, il a une capacité inouïe de traverser les orages. Ceux qui le disent fragile ne le connaissent pas ! Un seul homme peut ouvrir la majorité : lui. Et au moment où il aura décidé de le faire. »

*20 octobre*

Dans tout ce tohu-bohu, il me paraît aujourd'hui évident que Chirac peut être le perdant : les sondages montrent l'érosion constante du RPR depuis l'été. D'où la tournée qu'il vient d'effectuer en France : lorsqu'il sent le danger, il parcourt l'hexagone de fond en comble. Il en revient les mains gonflées à force d'avoir étreint celles de milliers d'inconnus.

Je ne l'ai pas suivi à Tulle ni à Metz cette semaine, pas plus qu'à Mazamet ou Grenoble la semaine dernière ; je l'ai, de façon plus banale, rencontré entre deux avions à la mairie de Paris. Non pas dans son grand bureau à l'étage, mais dans les salons du rez-de-chaussée. Effectivement, ses grandes mains avaient doublé de volume. Il me confie qu'il a parfois peur de plonger dans la foule dont il craint l'enthousiasme.

« Que faire ? dit-il. Les gaullistes, ce sont les gros bataillons, le RPR est le seul parti de la majorité qui peut rassembler les masses. Pas la peine de faire le tour de France si on ne leur dit pas bonjour ! »

En réalité, il y a autre chose dans l'intense activité qu'il déploie à cette occasion. Un tour de France, pour lui, c'est le meilleur rapport qualité-prix, si je peux dire : il n'a pas à élaborer de stratégie, pas de réflexion particulière, il se fait porter par ses militants, admirer par eux. Un bain de fraîcheur quand il se trouve dans un creux.

Les sondages d'opinion qui font état d'une chute du RPR ? Il répond avec un sourire un peu crispé : « C'est comme pendant la campagne de Paris au printemps dernier. En décembre, je serai assez bas, mais attendons le mois de mars, vous verrez ! »

De toute façon, il ne croit pas aux intentions de vote, ou plus exactement il croit à juste titre qu'elles reflètent une mode, une tendance du moment, et qu'elles peuvent à tout moment se retourner (en ce sens, il n'est pas loin de penser ce que m'a dit Mitterrand). Ce qui lui importe, c'est le nombre de députés RPR qui seront élus ou réélus dans six mois.

« Nous aurons entre 150 et 180 députés », me répète-t-il après l'avoir dit aux quatre coins de France.

Un temps. Et puis vient la minute, les quelques secondes de sincérité : « Pour l'instant, ajoute-t-il, c'est vrai, nous ne valons pas grand-chose, seulement le poids de nos coups de gueule. Mais, après les élections, nous aurons, j'aurai une nouvelle légitimité que nos partenaires devront bien reconnaître. »

Il me démontre point par point que le RPR est le parti le mieux placé pour 1978. D'abord parce que, dans les pourparlers d'investitures internes à la majorité, le RPR est le groupe parlementaire le plus important, et que les sortants bénéficient toujours d'une prime.

Qu'au surplus, au jeu des candidatures uniques, il est le plus favorisé : il y a, me dit-il, 108 candidats uniques de la majorité, donc bien placés pour être élus. Sur ces 108, le RPR en compte 65, dont 46 sortants.

« Et puis, me dit-il en rigolant, chez nous, pas de bagarres. » Il veut dire qu'entre ses chers partenaires, les républicains de Giscard et les centristes de Jean Lecanuet (voir *supra*), le climat se détériore au fur et à mesure qu'on approche de la distribution finale des investitures.

*25 octobre*



Dans la matinée, conférence de presse du PC. Roland Leroy, René Piquet, Pierre Juquin, Georges Gosnat (le puissant trésorier du Parti), Gisèle Moreau : tous sont présents pour les journalistes, à l'exception de Georges Marchais. « Chacun des 600 000 communistes, nous dit René Piquet (insistant sur le nombre de 600 000 !), est invité à un immense porte-à-porte. Ils s'adresseront d'abord aux pauvres. »

Nous voici revenus à Zola !

Il annonce aussi une réorganisation du secteur de propagande du comité central, comme si le problème du Parti communiste était là !

Et Leroy, dans tout cela ? Piquet insiste sur l'importance croissante de *L'Humanité* qui va déléguer à cette section Propagande un membre de sa rédaction en chef. À charge, pour ce nouveau centre collectif, de fournir de l'aide aux organisations du Parti qui le demanderont. Quant à l'argent, il ne manque pas : Piquet parle d'un budget de 10 millions de francs qui englobe celui des prochaines législatives. Le voici énumérant les fonds et leur provenance : 9 324 cellules ont versé 1 398 000 francs, des personnalités ont individuellement donné 314 000 francs, la Fête de *L'Humanité* a rapporté cette année 502 747 francs et 25 centimes (je n'invente pas, il a bien mentionné les 25 centimes !) et le meeting de Pantin, 81 825 francs. « À partir de maintenant, précise-t-il, chaque meeting, chaque réunion s'accompagneront d'un appel financier. Nous pensons que c'est cela, la démocratie ! »

Pendant qu'il parle, je suis surprise de l'attitude de Roland Leroy. Il a l'air de s'ennuyer à périr, lunettes sur le front, à peine coiffé. Il écoute sans broncher la liste des responsables politiques de la campagne : il s'agit de René Piquet lui-même et de Pierre Juquin, deux jeunes, donc, qui « montent » dans le Parti, assistés de Marcel Zaidner et de l'animateur de l'Institut Maurice-Thorez, Jean Burle.

Roland Leroy se satisfait-il de son rôle de directeur de *L'Huma*, en laissant les jeunes loups monter dans la hiérarchie ? Je ne sais. En tout cas, lorsqu'il prend la parole, il commence par ne parler que du quotidien communiste dont il a la responsabilité, et qui « se comportera à la fois, assure-t-il, comme un grand organe d'information et comme un organe de combat ».

Puis sa voix monte : en quelques minutes, voilà que Roland Leroy se transforme en grand inquisiteur, celui qu'il est devenu dans le Parti depuis la fin septembre.

Je pourrais écrire tout un roman sur le personnage de Roland Leroy – en partant de ce que j'imagine et de ce que me disent ses adversaires plus qu'avec ce que j'en sais vraiment. Directeur de *L'Humanité*, secrétaire du comité central, député de Seine-Maritime depuis 1956 avec une seule éclipse, il a été résistant à 14 ans, a adhéré au Parti à 16. C'est un être à part dans le PC. Cheveux fous, visage aigu et racé, volontiers persifleur, se moquant de tous et à l'occasion de lui-même, tour à tour souriant et charmeur, agressif et tendu, il a l'art de se fondre dans l'obscurité du Parti quand les choses ne tournent pas bien, et de se porter au front quand il lui semble que les faits lui donnent raison.

Son ascension a été, dans les années 1950, fulgurante : secrétaire fédéral de Seine-Maritime, élu au comité central et au Parlement à 30 ans, secrétaire du comité central, puis membre du bureau politique, il est devenu, avec l'aide d'Aragon, l'intellectuel du Parti. Il est aussi vif que Paul Laurent et Charles Fiterman sont lents. Aussi savant sur les dogmes du communisme que Georges Marchais paraît les ignorer.

Je reviens sur la conférence de presse où, après Piquet, il s'arrête de ricaner avec Georges Gosnat pour répondre aux questions des journalistes, ce qu'il fait avec vivacité, pour ne pas dire avec pugnacité.

On lui demande si, comme l'a dit Europe 1, certaines cellules, en désaccord avec la rupture, auraient refusé de distribuer *L'Huma-dimanche*.

Faux, répond-il, arguant qu'il a demandé au journaliste d'Europe 1 de venir un prochain dimanche assister sur le terrain à la vente de l'hebdomadaire communiste.

Le quotidien communiste ouvrira-t-il un débat interne sur la rupture ? Net refus de Leroy : pas question d'ouvrir un débat dans *L'Huma* remettant en cause le XXIIe Congrès. « Je comprends, persifle-t-il, que l'unité soit incompréhensible pour certains qui voudraient voir des tendances diviser le Parti communiste, mais c'est un fait politique auquel il faudra s'habituer. »

À bon entendeur, salut ! Le PC n'est pas le PS, les tendances ne s'y revendiquent pas. Mais elles existent bel et bien. Elles doivent être d'ailleurs plus nombreuses que je ne l'imagine : les divergences sur le Programme commun, sur l'unité de la gauche, doivent se doubler de solides inimitiés personnelles sur lesquelles, du reste, je ne sais rien. Que Leroy n'aime pas Marchais, c'est sûr, mais sur quels points sont-ils en désaccord ? Parfois c'est Marchais qui paraît stalinien, mais n'est-ce pas davantage une apparence, parce que c'est une grande gueule gouailleuse, alors que Leroy est tout le contraire, malgré son origine sociale au moins aussi populaire que celle de Marchais ? À d'autres moments – aujourd'hui, par exemple –, c'est Roland Leroy le stalinien, qui semble prendre son parti de la rupture de la gauche et même en avoir été le moteur. Comme lorsqu'il prend à partie Pierre Mauroy, accusé d'avoir prononcé à Versailles, à l'occasion d'une réunion « clôturée par le Premier ministre », un langage proeuropéen qui « tourne le dos au Programme commun ».



Quant au manifeste pour l'union de la gauche lancé par Jean Bruhat et Jean Elleinstein pour le PC, par Debray et Poulantzas du côté socialiste, et signé conjointement par des intellectuels communistes et socialistes, réponse de Leroy : la direction du Parti n'en savait rien, elle n'avait pas été informée, voilà tout. Les intellectuels sont libres, que va-t-on imaginer ?

Pourtant, il ne s'agit pas d'une petite chose, ni de signataires de second plan. Parmi les non-communistes, les écrivains René-Victor Pilhes, Marie Cardinal, Claude Mauriac, Jean-Pierre Faye et même le philosophe Jankélévitch l'ont signé. Ce sont les réalisateurs Stellio Lorenzi, Marcel Bluwal, l'écrivain Gilles Perrault qui sont en tête de la liste communiste.

Démonstration que Leroy était dans le coup, contrairement à ce qu'il nous dit lors de cette conférence de presse : c'est lui qui a ordonné aux intellectuels communistes hésitants de ne pas signer cette pétition.

*25 octobre, 13 heures*

Conversation entre Philippe Robrieux[1] et Jean Elleinstein au journal. Elleinstein revient sur la stratégie du Parti communiste en 1965 : « Waldeck Rochet a eu tort, dit-il, c'est en 1965 que nous aurions dû déstaliniser le Parti et l'ouvrir. Nous aurions construit un parti français sur le modèle du Parti communiste italien, c'est cela qu'il fallait faire !

– Peut-être, lui répond Robrieux. Le pauvre Waldeck a bien essayé de déstaliniser le Parti, mais il en a été empêché, car il a été bloqué de l'intérieur : c'est Waldeck lui-même qui me l'a dit, et son principal assistant, Charles Fiterman, me l'a confirmé. Je l'ai écrit dans mon livre qui vient de sortir. »

Curieux homme que ce Robrieux. Il n'a pas encore 40 ans et pourtant une grande connaissance des communistes : il paraît qu'il a été le « chouchou » de Thorez et de Jeannette Vermeersch (c'est le terme – désuet et enfantin – que j'ai entendu utiliser lorsque j'ai voulu savoir auprès de certains communistes qui il était). Il a donc eu un début de parcours en fanfare au PC, puisqu'il a été secrétaire général de l'Union des étudiants communistes en 1959, à 23 ans. Et puis, dès 1961, en désaccord avec la direction sur la conduite de la lutte contre la guerre en Algérie, il a été compromis dans l'affaire Servin-Casanova, dénoncé et remis à la base, selon l'expression cruelle qui a cours à la direction du PC.

Il a écrit dans le détail toute son aventure, ascension et dégringolade dans la sacro-sainte hiérarchie, en juillet dernier, dans un livre passionnant, *Notre génération communiste*. Il a fini par démissionner et il compte bien continuer à écrire sur ses anciens camarades, sur Marchais surtout, quelques pages, me dit-il, qui ne passeront pas inaperçues. Nous prenons rendez-vous pour qu'il me réserve, le moment venu, ses bonnes feuilles !

En attendant, Elleinstein et lui me font longuement le récit des rapports du couple Marchais-Leroy depuis qu'ils les connaissent, en les opposant systématiquement l'un à l'autre. L'antagonisme entre les

1. Philippe Robrieux, né en 1936, secrétaire général de l'Union des étudiants communistes, puis membre du comité central, a passé son agrégation d'histoire après avoir quitté le Parti communiste en 1968. *Notre génération communiste* a été publié chez Robert Laffont en 1977. Il est également l'auteur d'une biographie de Maurice Thorez (Fayard, 1975) et d'une monumentale *Histoire du Parti communiste français*.

deux hommes remonte à 1969. Ils sont alors, depuis 1965, les assistants silencieux de Waldeck Rochet qui a choisi, lui, de soutenir la candidature unique de François Mitterrand à la présidentielle. Qui a refusé, en mai 1968, l'aventurisme gauchiste. Qui est également allé supplier les Soviétiques, en juillet 1968, de ne pas envahir la Tchécoslovaquie.

Lorsque Waldeck Rochet, terrassé par ces combats, a sombré dans la maladie cérébrale, Leroy et Marchais se sont trouvés sur la même ligne pour la succession. À l'actif de Leroy, son intelligence, son passé de résistant. Marchais, lui, n'a jamais été résistant : au point qu'aujourd'hui encore, il est attaqué à propos d'une sombre histoire de STO sur laquelle, du reste, Robrieux me dit qu'il reviendra dans le livre qu'il prépare. Il a adhéré tardivement au PC où il a d'emblée bénéficié du soutien de Thorez et de Jeannette Vermeersch, et suivi un *cursus honorum* classique, plus lent que celui de Leroy.



Robrieux m'assure que la stratégie des deux hommes a été, dans les années 1970, radicalement différente. Leroy pensait à un parti déstalinisé, plus ouvert, aux structures dépoussiérées. À condition que cette ouverture se passe à son profit, après, s'il le fallait, cassure du Parti socialiste. C'était possible en 1970 : la SFIO sortait laminée de l'élection présidentielle de 1969.

Georges Marchais est moins imaginatif ; il se prononce cette année-là pour la stratégie plus classique de l'union de la gauche, qu'il juge sans risque : le PC reste lui-même en faisant un bout de chemin avec un partenaire qu'il pense devoir être moins puissant, et le rester.

Dans cette lutte, c'est Georges Marchais qui a gagné. Les deux hommes sont toujours parvenus à taire – en public, au moins – leurs divergences. Toujours, à une exception près : la seule fois où ils se sont affrontés en plein bureau politique, c'était en mai 1968, lorsque Georges Marchais écrit cet éditorial effroyable contre Cohn-Bendit, cet « anarchiste allemand ». Roland Leroy, alors responsable des intellectuels et des jeunes, a déclaré avoir trouvé « honteuse » cette prise de position de Marchais.

Il est donc naturel qu'aujourd'hui que l'union de la gauche est dans le trou, que le PC se retrouve en fait, selon lui, la première victime du Parti socialiste aux yeux des Français, Leroy remonte en première ligne.

*25 octobre, 17 heures*

Longue conversation téléphonique avec Jean-Jacques Servan-Schreiber. Une fois de plus, son analyse est lumineuse, même si son action politique est le plus souvent ambiguë. Il pense que Mitterrand n'est pas mort après la rupture de septembre. Et que Jacques Chirac ne l'est pas davantage. « C'est un formidable organisateur, me dit-il. Je l'ai vu faire en Meurthe-et-Moselle, en Moselle ; l'organisation du RPR est parfaite, Chirac est un véritable professionnel ; de ce point de vue, j'ai beaucoup d'admiration pour lui. »

Et Mitterrand ? Jean-Jacques pense, contrairement à l'ensemble de la classe politique, que la rupture avec le PC lui confère au contraire un statut particulier : « J'étais hostile au Programme commun, me dit-il, je trouve qu'en ce moment François Mitterrand, avec un Parti socialiste fort et libéré du PC, tient peut-être la victoire dans ses mains.

« Quant à Giscard, ajoute-t-il, de quoi se réjouirait-il ? Ce n'est pas lui qui a mis un terme à l'union de la gauche, c'est Marchais qui l'a assassinée. Il n'y a pas de quoi se vanter ! »

Il termine curieusement par : « Non, finalement, l'homme dont je me sens le plus proche, c'est Michel Debré. Je ne sais pas très bien ce qu'il veut faire, mais, en tout cas, il dit qu'il faut faire autre chose ! »

*26 octobre*

Dîner avec André Chadeau, devenu, après son passage au cabinet de Jacques Chaban-Delmas en 1969, préfet du Nord où il parvient, dans un territoire tenu par la gauche, à ne pas avoir trop de mal à entretenir des relations convenables, disons, avec Pierre Mauroy et les siens.

Il pense, et me le dit, que Pierre Mauroy est en train de trahir François Mitterrand. Trahir, diable ! Pourquoi ? Parce que, me dit-il, Mauroy aurait été choqué, pour ne pas dire meurtri par l'attitude de François Mitterrand à Nantes[1], lui interdisant de prononcer un discours en faveur d'une synthèse générale et d'un œcuménisme parfait. Je ne l'avais pas su, à l'époque, et Mauroy avait gardé pour lui ses états d'âme. Toujours est-il que son « unanimisme » (la volonté de synthèse entre des points de vue le plus souvent difficilement

1. Le congrès socialiste de Nantes a eu lieu les 17 et 18 juin 1977 (voir tome 1).

compatibles, dont Guy Mollet fut le maître à la SFIO pendant des années) a été heurté par le parti pris de François Mitterrand d'une franche cassure avec toute une partie de la gauche du PS, avec le Ceres au premier chef.

Depuis ce moment, Mauroy se sent en décalage constant avec Mitterrand : il pense que ce dernier, finalement, ne voulait pas de la signature d'un accord avec le Parti communiste, qu'il a autant provoqué la rupture qu'il l'a subie. Pierre Mauroy viserait-il la succession de Mitterrand à la tête du Parti socialiste après les élections de 1978 ?

Autre révélation : Raymond Barre avait dit à Chadeau, le 8 juillet – il a noté la date à l'époque : « Vous verrez, le Programme commun ne sera pas signé ! »



Il semblerait, précision ahurissante, que ce soit Edward Gierek[1], Premier ministre polonais, qui en ait parlé avec Giscard pendant son dernier voyage à Paris, et qu'il ait notamment assuré au Président – en juillet, donc – que le PC français allait se « durcir » et refuser *in extremis* de signer. Extraordinaire : c'est par le chef d'une démocratie populaire que Giscard aurait appris qu'il risquait de ne pas y avoir d'accord au sein de la gauche !

*3 novembre*

Dans le même ordre d'idées que la conversation avec André Chadeau sur Edward Gierek, Gennesseaux (le radical de gauche) raconte à Danièle Molho[2] qu'en voyage avec Maurice Faure à Moscou en juillet dernier, ils avaient rencontré le journaliste de *L'Humanité* Jean Le Lagadec. Celui-ci leur avait dit dans un accès de sincérité : « L'eurocommunisme, nous ne le supporterons jamais. S'il s'agit de définir un mode spécifique d'accession au socialisme, oui. S'il s'agit en revanche de faire partout une campagne pour les libertés et la démocratie en démontrant que ni les unes ni l'autre n'existent en Russie soviétique, alors non ! »

1. Premier secrétaire du Parti ouvrier unifié polonais de 1970 à 1980.
2. Journaliste politique au journal *Le Point*.

*5 novembre*

Au Palais des Congrès de Versailles, Michel Debré, Alexandre Sanguinetti, Burin des Roziers, l'ancien secrétaire général de l'Élysée du temps de De Gaulle, se retrouvent avec des hommes de gauche (Robert Dabezies, Georges Montaron de *Témoignage chrétien*) pour condamner le retour de la CED[1]. Pourquoi aujourd'hui ? Parce qu'il est question d'élire les députés de la future Assemblée européenne au suffrage universel. Michel Debré y voit la menace d'un Parlement supranational, régissant et organisant l'Europe à sa guise. Sa campagne commence aujourd'hui. Je ne sais jusqu'où elle ira.

*1977*

*5 novembre*

Coup de tonnerre à Moscou : à l'occasion du soixantième anniversaire de la révolution d'Octobre, Santiago Carrillo, le secrétaire général du Parti communiste espagnol, n'a pas eu le droit de prononcer le discours qu'il avait préparé. Brejnev l'a privé de parole, ce qui est d'autant plus incompréhensible qu'il a laissé parler Enrico Berlinguer et qu'il a même reçu le secrétaire général du Parti italien. On sait maintenant ce que Carrillo avait l'intention de dire : que la révolution de 1917 était capitale pour tous les communistes mais qu'il entendait continuer à développer ses conceptions d'un socialisme démocratique, pluraliste et indépendant. Le discours préparé était assez bref, il avait été élaboré après une entrevue à Moscou avec le directeur de la *Pravda*[2]. Cette censure est une façon de refuser définitivement l'eurocommunisme dont, finalement, les Soviétiques n'ont jamais voulu. La différence de traitement entre Berlinguer et Carrillo est évidemment volontaire : sans doute s'agit-il d'enfoncer à cette occasion un coin entre les communistes espagnols et italiens, de tenter de les désolidariser.

D'autant que le secrétaire général du parti français, Georges Marchais, n'a pas jugé utile, lui, de se rendre à Moscou. Sans doute n'a-

1. Il s'agit de la Communauté européenne de défense, traité d'intégration militaire qui avait été rejeté par le Parlement français en 1954. La loi portant élection des représentants à l'Assemblée européenne au suffrage universel direct date du 7 juillet 1977.

2. Il s'agit de M. Afanassief, membre du comité central du PC soviétique, alors directeur de la *Pravda*.

t-il pas voulu laisser croire qu'il se soumettait à Brejnev en ayant rompu avec les socialistes français.

*6 novembre, 19 h 45*

François Mitterrand au « Club de la presse » d'Europe 1, après la convention du PS de dimanche dernier. Sylvain Floirat, le puissant patron de Matra et d'Europe 1, est là avec Jean-Luc Lagardère et Étienne Mougeotte. Pensent-ils que François Mitterrand, débarrassé des communistes, est plus fort aujourd'hui qu'hier ?

Mitterrand porte un mauvais costume marron qui ne lui va pas du tout. Il est plutôt détendu, encore que les premières minutes de sa prestation soient interrompues par une sorte de clash avec Laurent Salini, éditorialiste de *L'Humanité*, qui l'interroge sur le montant du SMIC. Cela ne fait ni chaud ni froid à la foule des journalistes présents, car les clashes avec les communistes semblent désormais faire partie de la règle du jeu.



Mitterrand se paie Barre, « Tartarin des sondages », dont il raille les « spéculations philosophiques sur le poulet » – allusion à l'allocution du Premier ministre, jeudi dernier[1]. Puis il passe à Jean Lecanuet, « surgi de la fin du XIXe siècle ». Il fait une vibrante démonstration de la force du Parti socialiste, dont il veut faire comprendre qu'il peut fort bien gagner tout seul, en l'absence d'union de la gauche : « Le PS gagnera le premier tour des élections. À partir du moment où il aura réuni 7 millions de voix, voire davantage, j'estime que les socialistes auront créé une situation nouvelle. Il remettra alors ses suffrages à la disposition de la gauche. Que puis-je dire de plus ? Ce que je ne peux pas dire, c'est que l'union de la gauche l'emportera, puisque cela dépend des autres ! »

Je crois que c'est la première fois qu'il le dit en ces termes, car je sais qu'il y pense depuis longtemps, que c'est même sans doute aujourd'hui le seul sentiment qui l'habite : « Le PS, dit-il, en regardant Lagardère, doit agir pour l'Histoire, pour que le peuple français connaisse une société nouvelle. Nous ne supplierons pas les commu-

1. Face au risque d'inflation, le gouvernement a pris un certain nombre de décisions que Raymond Barre a commentées à la télévision le jeudi 3 novembre : blocage de certains prix (poulet, eaux minérales, pâtisseries) ; limitation de la marge commerciale sur le veau ; réduction des droits de douane sur les pommes et les agrumes...

nistes, nous ne négocierons pas de désistement avec eux : le PS fait confiance à la conscience civique de ses partenaires. S'il ne le veut pas, nous n'y pouvons rien. Ils n'ébranleront pas notre résolution. J'accepte toutes les conséquences de ce que je viens de dire. »

Il y a dans cette dernière phrase une force, une énergie dont je ne sais pas comment ni d'où il la tire après tous les revers qu'il a subis. Je le vois en regardant les journalistes présents, dont beaucoup sont hostiles à l'union de la gauche – je ne parle pas seulement d'Étienne Mougeotte, mais aussi de Roland Faure[1], qui demande à Mitterrand si, sérieusement, il peut croire que les communistes ont changé.

« Je pense, lui répond Mitterrand, que les électeurs communistes ont changé. L'appareil en a tenu compte, mais il est en retard sur cette évolution. Je suis convaincu qu'il existe dans ce parti assez de forces pour que je ne cesse pas d'espérer que la raison finisse par l'emporter ! »



Même dans l'adversité, son français est parfait. Et sa foi semble inaltérée.

*7 novembre (à l'ambassade soviétique à Paris)*

Hier, Roland Leroy et Pierre Bérégovoy[2] se rencontrent dans un des salons de l'ambassade.

« Alors, dit Pierre Bérégovoy sur un ton badin, on se revoit bientôt ?

– Certainement, répond prestement Roland Leroy. La délégation communiste ira sûrement en rampant à Château-Chinon, et c'est François Mitterrand lui-même qui désignera les représentants du Parti communiste ! »

1. Alors rédacteur en chef (politique étrangère) du quotidien *L'Aurore*, appartenant à Marcel Boussac jusqu'en 1978. Le journal passera rapidement sous le contrôle de Robert Hersant.

2. Pierre Bérégovoy a quitté le Parti socialiste SFIO en 1958 pour participer à la fondation du PSU. Il a rejoint le nouveau Parti socialiste en 1969 au congrès d'Alforville, puis participé au congrès d'Épinay. Il devient secrétaire national chargé des Affaires sociales en 1973, participe à la campagne présidentielle de François Mitterrand en 1974. Il est l'un des principaux négociateurs de la réactualisation du Programme commun en 1977. Il sera Premier ministre de François Mitterrand en 1992-1993.

Conversation, une de plus, avec Claude Estier. Il lui paraît évident que les militants communistes ne partagent pas les positions de leur hiérarchie. Dans le XVIIIe arrondissement où il fait déjà campagne dans la perspective de 1978, les communistes ne font rien. « Il y a bien quelques affiches sur les murs, me dit-il, mais leur activité est très loin de ce qu'elle a coutume d'être dans une période électorale normale. »

Il me signale même charitablement quelques « bides » de réunions communistes, ailleurs : il n'y avait pas grand monde au meeting d'Étienne Fajon à Perpignan, ces jours derniers. À Saint-Dié, les militants du PC fuient la discussion. Sa conclusion : dans les endroits où ils sont électoralement puissants, là où ils sont en force – La Seyne, Cherbourg, par exemple –, les communistes attaquent les socialistes. Ailleurs, ils font profil bas.



*8 novembre*

Ce matin, à la demande, paraît-il, de Michel Debré, Jacques Chirac, entouré de tout l'état-major du RPR, a tenu à réunir aux aurores, dès 8 heures du matin, au siège du RPR, rue de Lille, tous les ministres RPR du gouvernement qui sont, selon la définition cruelle que m'en a donnée récemment Debré, « à peine ministres, et à peine RPR, il faut bien le reconnaître ».

Pourquoi cette réunion matinale ? Parce que Chirac, me révèle Jacques Toubon, est aujourd'hui en proie à une double inquiétude. Il craint d'être en quelque sorte « grignoté » par Giscard : d'abord, il sait bien que le chant de sirène de Raymond Barre attire les ministres RPR et que son influence à lui, Chirac, sur les membres du gouvernement est sérieusement contrebalancée par le Premier ministre que beaucoup de gaullistes trouvent à leur goût. Et puis, il a l'impression de perdre chaque jour un peu de son pouvoir dans la majorité. Il aurait dû en être conscient en 1976, lorsqu'il a quitté le gouvernement. Mais il se sentait à l'époque le combattant numéro un, inévitable, incontournable, contre l'union de la gauche. Il n'a pas compris tout de suite que la rupture entre communistes et socialistes modifiait la donne également au sein de la majorité, et permettait à Giscard, donc à Barre, d'envisager plus sereinement leur avenir électoral et politique.

Donc, ce matin-là, Chirac n'a pas mâché ses mots : dans la perspective d'un dîner prochainement organisé par Raymond Barre avec tous les membres du gouvernement, dont le but est de mettre au point les objectifs d'action de la future campagne électorale, il a mis en garde solennellement les quatre ministres et les sept secrétaires d'État RPR : « On essaie de m'abattre, leur a-t-il dit. On essaie d'étouffer le RPR, d'éliminer, d'éloigner ou de prendre la place de nos candidats. Attention à ce que vous faites, attention à ce que vous allez accepter du Premier ministre !

« Ne voyez-vous pas, leur aurait-il dit, que, dès qu'il y a une bonne circonscription, on essaie de nous la prendre, même lorsqu'il a été convenu qu'elle nous appartenait ? Que le Parti républicain essaie partout de présenter des candidats (d'autant plus vrai qu'il en présente même à la Réunion dont Debré est l'élu) ? Que les ministres RPR sont contraints d'accepter des suppléants giscardiens ?

« Bref, conclut-il, il y a là un vrai désir de nous porter atteinte, que vous ne devriez pas supporter aussi facilement. »

Parmi les coups bas électoraux, Chirac a cité ce matin le fait que Michel de Bonnecorse, membre du cabinet de Barre, s'est vu recommander de ne pas prendre l'étiquette RPR. Même mise en garde au recteur de Clermont-Ferrand. Dans les Vosges où Philippe Séguin, jeune conseiller à la Cour des comptes[1], se présente dans la 1re circonscription, il voit débarquer en face de lui un membre du cabinet du giscardien Lionel Stoleru. *Last but not least*, le président de la République lui-même aurait demandé à Norbert Ségard, secrétaire d'État RPR, de prendre un suppléant qui n'appartienne pas à son parti.

« Tout cela, a martelé Jacques Chirac, est intolérable : vous devez le dire au Premier ministre et au Président ! »

Cela étant, il en est conscient lui-même, les choses ne peuvent pas aller très loin, car le seul atout qu'ait la majorité, c'est son union face

1. Philippe Séguin est né en 1943. Énarque (promotion Robespierre), il entre à la Cour des comptes comme auditeur (1970), puis conseiller référendaire en 1977. Ayant participé à la campagne du général de Gaulle en 1965, il devient chargé de mission de Georges Pompidou à la Présidence de la République de 1973 à 1974. Il soutient Jacques Chaban-Delmas en 1974, avant de devenir chargé de mission au cabinet de Christian Poncelet, alors secrétaire d'État chargé des relations avec le Parlement, puis d'entrer au cabinet de Raymond Barre de 1977 à 1978. Il sera élu sous l'étiquette RPR aux élections de 1978 avant de poursuivre sa carrière politique, non sans heurts, auprès de Jacques Chirac.

à la désunion de ses adversaires. Ce n'est évidemment pas le moment de se priver de cet avantage-là ! C'est ce qu'Alain Peyrefitte[1] ne lui a pas envoyé dire alors que la réunion était en passe de se terminer. D'un coup, Peyrefitte, me raconte Arlette de la Loyère, s'est énervé : « Tout cela arrive, a-t-il reproché à Jacques Chirac, parce que ici, rue de Lille, vous n'arrêtez pas de critiquer le gouvernement. Lorsque toi, Jacques, tu dis : dans ce gouvernement il n'y a qu'une bande de chiffes, figure-toi que je n'apprécie pas. Et le Premier ministre pas davantage ! Renonce à tes agressions, tu seras moins souvent agressé ! »

Coup de gueule de Chirac : « Alain, tais-toi ! » Mais il est évident qu'Alain, puisque c'est par son prénom que Chirac l'a appelé, n'a pas dit son dernier mot.



De fait, me dit Toubon, Chirac est nerveux. Il a conféré pendant tout le week-end rue Vaneau avec Pierre Juillet, Marie-France Garaud et quelques-uns de leurs acolytes habituels. Il cherche à sortir de la nasse, mais comment ?

À vrai dire, Chirac et Barre sont confrontés à des difficultés de même nature.

Barre hésite entre soutenir tous les candidats de la majorité ou quelques-uns seulement. Définir des objectifs d'action l'amènera à désigner les « bons » barristes et, par conséquent, les « mauvais ». Si le RPR est mauvais, pense-t-il sans doute, tant pis pour lui !

Chirac, lui, est devant un dilemme : refuser de soutenir les objectifs d'action définis par le Premier ministre, c'est risquer de gêner ses propres candidats, et donc d'être désavoué par eux. Les soutenir, c'est se lier à la majorité.

*9 novembre*

En même temps, raidissement fantastique des giscardiens contre les chiraquiens. Les directeurs de chaînes de télévision reçoivent l'ordre de ne plus parler des chiraquiens, et parce que TF1 a passé une séquence de trois minutes sur Chirac (en même temps d'ailleurs, samedi, qu'un quart d'heure sur la convention socialiste, et quatre

1. Alain Peyrefitte est alors garde des Sceaux, ministre de la Justice de Raymond Barre.

minutes sur Barre), Jean-Louis Guillaud[1] se voit pratiquement reprocher de faire partie de la garde rapprochée de Chirac, reproche qu'on lui avait déjà fait en 1976 !

La chasse aux chiraquiens est donc ouverte, d'autant plus que, comme la gauche est divisée et a moins de chances, aux yeux de Giscard, de gagner, les giscardiens se sentent moins menacés.

Robert Fabre, président des radicaux de gauche, que je rencontre aujourd'hui dans son bureau parisien, cheveux grisonnants et accent chantant de l'Aveyron, me parle de sa position, plus inconfortable qu'il y paraît : il est à la droite de la gauche, et à la gauche du centre. Il croyait qu'il lui serait facile de conclure des accords électoraux avec le PS. Il a dû au contraire batailler ferme pour tenter d'obtenir les coudées franches dans 34 circonscriptions, avec 34 candidats radicaux soutenus dès le premier tour par les socialistes, donc en position d'être élus ; et pour affronter les socialistes en primaires dans 210 autres circonscriptions.

Finalement, il est assez satisfait des accords électoraux qu'il a conclus avec les socialistes pour les futures élections. « Cela va donner à nos candidats l'occasion de se dépasser. Nous reconnaissons que les socialistes ont fait un effort, mais ils doivent comprendre que le nôtre est beaucoup plus grand : dans des départements entiers, il n'y aura pas de candidatures radicales. Enfin, ce n'est pas si mal : en 1973, nous n'avions même pas d'existence légale. Aujourd'hui, nous en avons une. Aujourd'hui, nous avons quelques points forts : le Sud-Ouest, bien sûr, mais aussi la Marne, la Haute-Marne, la Côte-d'Or et la Charente-Maritime. »

Il revient sur le clash avec les communistes : « C'est le PC qui a ouvert un nouveau chapitre, ce n'est pas nous qui avons tourné la page ! »

Localement, me dit-il, la gauche non communiste (radicaux et socialistes) a d'abord été la cible sur le terrain de certains militants en colère, du type : « Qu'est-ce que ces querelles ? » Puis ils ont compris que les responsabilités n'étaient pas du côté de leurs dirigeants. En revanche, assure-t-il, les militants communistes en veulent à leur direction.

Je lui demande s'il n'a pas pensé à un moment donné, après la rupture de septembre, à rejoindre la majorité : « Les ouvertures ont

1. Alors directeur général de TF1, avant d'en devenir président de 1978 à 1981.

été multiples, me répond-il. Si j'avais voulu négocier avec la majorité, je l'aurais fait. Je n'ai pas voulu jouer les Brousse[1] ! »

À 61 ans, voilà donc ce petit pharmacien de Villefranche-de-Rouergue devenu une sorte de sage de la gauche. Avec une espérance : celle de faire du Parti radical de gauche la formation d'appoint d'une éventuelle nouvelle majorité de gauche l'année prochaine.

*10 novembre*

Comité central du PC à Ivry. Partout des plantes vertes. Les sept secrétaires du comité central sont à la tribune et prennent la parole à tour de rôle : c'est le plus ancien dans le grade le plus élevé, Gaston Plissonnier, qui commence, mais c'est Paul Laurent, dans un rôle où je ne l'ai jamais vu, qui mène le combat contre les socialistes. Pauvre Paul Laurent ! Quand était-il sincère ? Lorsqu'il me parlait de l'unité nécessaire avec les socialistes ? ou lorsque, comme aujourd'hui, il dénonce le « tournant à droite » des socialistes ?



Il parle de la rencontre qui a eu lieu hier, il ne précise pas dans quel cadre, entre Pierre Bérégovoy, le radical François Loncle et le communiste Charles Fiterman. « Bérégovoy s'est cantonné dans son refus, sans faire un pas en avant. Seule une intervention populaire massive pour un vrai changement pourra faire bouger les choses. »

Là où les socialistes soulignent la désaffection des militants communistes, Paul Laurent, lui, affirme au contraire que « le déclin historique du PCF ne s'est pas produit. Des indications parcellaires, insiste-t-il, montrent bien que nous ne désespérons pas Billancourt ! ».

Il recommande aux secrétaires fédéraux du Parti d'accepter de « grand cœur » toutes les nouvelles adhésions, lesquelles, entre nous, ne doivent pas être considérables en ce moment.

J'écris cela, mais je me rappelle ce que m'a dit il y a quelques jours mon ancien camarade de la Fondation des sciences politiques Jean Ranger, un des premiers experts, avec Alain Lancelot, en géographie électorale. Je l'avais connu, dans les années 1960, membre du PC avec lequel il avait pris ses distances en 1965, au moment du soutien à Mitterrand, et je l'ai revu il y a quelques jours : il m'a assuré

1. Pierre Brousse, sénateur radical-socialiste de l'Hérault de 1968 à 1976, s'est rallié à la majorité pour devenir ministre du Commerce et de l'Artisanant du 29 août 1976 au 29 mars 1977.

qu'il était heureux de retrouver aujourd'hui un vrai Parti communiste, avec son identité, et qu'il allait sans doute reprendre sa carte. Si lui pense cela, il y en a peut-être beaucoup d'autres ?

En tout cas, la réaction de Ranger m'a révélé, ou plus exactement a confirmé ce que je pense : dans le rapprochement avec les socialistes, les communistes ont eu, à un moment, peur de perdre leur identité – le PS progressait, Mitterrand était de plus en plus le représentant de la gauche tout entière ; ils ont craint tout simplement de disparaître, de se fondre dans l'union de la gauche.

Je reprends le cours du discours de Paul Laurent : il a une phrase qui me fait réfléchir lorsqu'il parle des nouveaux adhérents du Parti. Il dit : « Rien ne doit retarder leur participation plus consciente et plus efficace à la lutte. Toute étroitesse doit être bannie, qui retarderait leur adhésion. »

Je conclus de cet appel solennel autant qu'inhabituel que beaucoup de secrétaires départementaux, dont l'ouverture d'esprit n'est pas l'apanage, freinent les adhésions parce qu'ils en ont peur, parce qu'ils ne savent pas si les nouveaux membres méritent leur confiance. Parce que, résistant sans doute par nature et par fonction à tout changement, ils restent sur leur quant-à-soi et comptent bien imposer aux nouveaux adhérents le parcours qui a été le leur : lent, lourd, long. Si l'école du Parti devient trop aisée pour tous, alors, pensent-ils, à quoi sert-elle ?

Je passe sur la suite du comité central : tous les orateurs déclinent les recommandations de Paul Laurent, doté sans doute d'une importance nouvelle au sein du Parti ; il faut intégrer, ne pas décourager les nouveaux adhérents. S'il y en a vraiment...

Je retiens aussi l'affirmation d'Alain Bocquet[1], secrétaire fédéral du Nord, sur Pierre Mauroy, devenu son rival : « Dans les faits, dit-il, j'ai pu juger du recul de Pierre Mauroy dans la lutte contre le capitalisme. »

Quelques réflexions finales avant que Georges Marchais ne prononce le discours de clôture de ce comité central. D'abord cette certitude : ce n'est manifestement pas ici que s'élabore la politique du Parti. C'est une chambre d'enregistrement. Au mieux, une chambre d'échos. Ensuite, cette constatation : oubliée toute la réflexion sur les couches nouvelles, sur la nécessité de dépasser la classe ouvrière, en

1. Alain Bocquet deviendra député communiste du Nord le 19 mars 1978.

régression sociologique, sur les appels aux techniciens, aux ingénieurs et aux cadres chers à Roland Leroy. Retour à Zola, au contraire, au misérabilisme, à l'ouvriérisme. Je voudrais tout de même qu'on m'explique comment ils vont longtemps concilier le développement du Parti communiste et le rétrécissement de sa base sociologique !

Georges Marchais commence par un constat apocalyptique sur la situation de la France : « En ce dernier quart du XX^e^ siècle, notre pays, la France, est plongé dans la régression. Au mieux, c'est la stagnation. On brade des secteurs économiques entiers, on casse les usines modernes, on sacrifie le développement scientifique et technologique, on détruit la nature et on aggrave la fragilité de la monnaie et la dépendance monétaire du pays. »

Ouf ! Pire que la « guerre économique » dont parle Michel Debré !

Puis il propose ses solutions, franchement sans commune mesure avec la situation dramatique qu'il dépeint : le socialisme « aux couleurs de la France », c'est-à-dire la démocratie sociale, économique et politique. Pour ce faire, l'unité de la gauche, oui, dans la ligne du XXII^e^ Congrès. Avec une nuance de taille : « Aller au gouvernement pour aider aux efforts d'adaptation du grand capital, c'est clair, nous ne le ferons pas. Il ne faut pas compter sur nous pour gérer la crise et imposer l'austérité ! »



Un déjeuner tardif, à 15 heures, réunit les journalistes autour de Marchais, accompagné de Charles Fiterman. À table, je suis à côté de ce dernier. J'apprends qu'il aime à se réveiller tard et qu'il a horreur du téléphone. Pendant que Georges Marchais répond aux questions d'un journaliste, la jeune femme qui nous sert, et qui naturellement est communiste, se penche en riant sur l'épaule de Fiterman. Désignant la presse d'un regard circulaire, elle lui demande, ironique : « Qu'est-ce que je fais ? Je leur distribue des bulletins d'adhésion ? » Je feins de ne pas avoir entendu, tant son ironie traduit de distance, pour ne pas dire de mépris vis-à-vis de la fameuse « presse bourgeoise ».

À une question que lui pose Ivan Levaï, Marchais répond sans l'ombre d'un doute : « J'ai la conviction que, maintenant, la conception juste du Parti a triomphé. »

Plus tard, à l'issue du déjeuner, il me dit : « Si ce n'est pas en mars que nous triompherons, ce sera le coup suivant. »

Il n'est certes pas pressé d'être victorieux. L'opposition dans laquelle il garderait son statut, son autonomie, la primauté du PC, lui paraît préférable à l'exercice du pouvoir avec les socialistes.

*15 novembre*

Jean-Pierre Soisson, à la tête du Parti républicain depuis le dernier congrès, déjeune avec Jean-Louis Guillaud. Il plaide auprès de Guillaud pour l'unité de la majorité. « Unité, unité, lui dit-il ; c'est pour la maintenir que je voudrais éviter le retour de Michel Poniatowski au Parti républicain[1]. Ponia, pour Jacques Chirac, c'est un chiffon rouge ! »

Il me paraît que c'est surtout pour Jean-Pierre Soisson lui-même que Ponia fait figure de chiffon rouge ! Si Ponia revient dans les instances du Parti républicain avec son aura d'ami intime de Giscard – l'est-il toujours, d'ailleurs ? – et d'ancien ministre de l'Intérieur, il ne fera qu'une bouchée de Soisson !



*16 novembre*

Hier mardi 15, comme prévu, dîner de tous les ministres chez Raymond Barre. Table carrée, tapis rouge, bougies vertes. Barre préside, évidemment ; Alain Peyrefitte lui fait face. Objectif : définir, comme l'a demandé le Président dans son discours de Carpentras, le 10 juillet dernier, les « objectifs d'action » pour les élections prochaines.

C'est Jacques Alexandre, directeur du service de presse du Premier ministre, qui m'en fait un récit laborieux. En matière de communication, où il n'excelle pas lui-même, Raymond Barre a choisi un homme gentil, un journaliste de renommée moyenne, qui n'est absolument, mais alors absolument pas fait pour ce métier difficile ! Je connais Alexandre depuis longtemps, mais jamais je ne lui aurais confié un poste aussi lourd où l'esprit politique, la force de conviction, la disponibilité et l'art du mensonge sont indispensables.

Raymond Barre a donc voulu faire participer ses ministres à la définition des objectifs, demandée par Giscard. En leur précisant qu'il ne s'agissait pas de dresser un catalogue, ni un contre-Programme commun, ni un programme de parti. Alors, qu'est-ce que c'est ? Un ensemble de propositions concrètes qui doivent être réalisées dans la prochaine législature. Et si le Premier ministre, les

1. Jean-Pierre Soisson a en effet succédé à Michel Poniatowski à la tête du parti giscardien (Républicains indépendants, devenus Parti républicain) en 1977.

ministres d'après mars 1978 ne sont pas les mêmes que ceux qui, aujourd'hui, établissent ces objectifs ? C'est une question qu'ont posée, semble-t-il, les ministres eux-mêmes. Réponse noble de Jacques Alexandre : le Président est garant de la permanence politique du pays.

Le problème, avec ces objectifs, poursuit tristement Alexandre, c'est qu'ils doivent pouvoir être réalisés, et doivent donc être autant de promesses tenues. Ils doivent par conséquent tenir compte des contraintes sociales, économiques et politiques du pays.

Sur ces bases, dont M. de La Palice ne serait pas éloigné, Alexandre suggère que rien, évidemment, n'est sorti du dîner du 15.

Robert Galley, je l'apprends par des ministres plus bavards que Jacques Alexandre, a pourtant dit que ce qu'il estimait essentiel, c'était d'assurer la sécurité des Français. Simone Veil a acquiescé. René Monory a dit qu'il fallait rétablir la liberté des prix.



Je demande à Alexandre si les ministres RPR ont fait savoir qu'ils n'étaient pas d'accord sur tout. Jacques Alexandre feint de sursauter : « Pas que je sache, me dit-il en s'étonnant de ma question. À aucun moment les ministres RPR n'ont élevé la voix ! »

Pourquoi l'auraient-ils fait ? m'interroge-t-il benoîtement. Jacques Chirac n'a jamais dit, à sa connaissance, qu'il était contre le président de la République ou contre le Premier ministre ?

« Et puis, insiste-t-il, les ministres ne dépendent pas des partis politiques, n'est-ce pas ? »

*16 novembre*

Avec Michel Debré, nous revenons sur l'algarade du 8 novembre entre Peyrefitte et Chirac. Debré n'éprouve pas une passion pour Chirac, mais il condamne la réaction de Peyrefitte – qu'il soupçonne d'agir pour son compte personnel – à son égard : « Il ne faut pas accabler Chirac, dit-il. C'est un homme de combat en même temps qu'il a des tripes nationales. Ce n'est pas un abdicateur-né. Comme un cheval lancé dans la course, il n'a pas vu qu'avec la rupture de l'union de la gauche, une certaine peur prenait fin à droite. Il n'a pas pris le tournant. »

Selon Debré, il le prend maintenant, ce tournant. Et voici les conseils qu'il lui donne : « D'abord, lui a-t-il dit, évitez toute personnalisation. Ne dites jamais "je", mais "nous". Ne parlez pas de vos projets, mais des nôtres !

« Ensuite – c'est toujours Debré qui parle –, il vous faut nourrir votre discours d'idées constructives, et enfin jouer l'unité de la majorité, qui a pour mérite d'exister et d'être unie. »

Pourtant, il juge en effet que l'offensive (contre Chirac) vient de l'Élysée, et que Chirac n'en est pas responsable. Il évoque, comme souvent dans l'histoire des relations entre Président et Premier ministre sous la Ve République, l'existence d'un « cabinet noir » à l'Élysée autour de Riolacci et de Jean François-Poncet. Le projet gouvernemental d'objectifs d'action est significatif : « Ou bien il est précis, dit Debré, et, dans ce cas, il n'est pas électoral. Ou il est imprécis, et tout le monde va en rigoler ! »



« C'est le Bas-Empire, ajoute-t-il. La vérité est que Raymond Barre craint Alain Peyrefitte, qu'il ne veut rien faire qui le mette en piste pour Matignon après les élections. Cela, ajoute-t-il, je le sais de source sûre.

– De la bouche du cheval ?

– Non, mais quand je dis que c'est de source sûre, vous devriez savoir que c'est de source sûre ! »

*17 novembre dans la nuit*

Chirac à la télévision dans l'émission « L'Événement ». Manifestement, il a suivi les conseils de modération qui lui ont été prodigués par son entourage : pas de mouvements de menton, pas de ruades dans les brancards majoritaires ; un Chirac assez aimable pour ne pas abattre d'un coup de poing l'équilibre fragile de la majorité, assez poli pour ne pas attaquer de front, une heure durant, le président de la République. Les éclats de voix à l'intérieur de la majorité ? Chirac minimise : la majorité a certes connu des rivalités, mais pas sur ses objectifs essentiels ; il s'est agi de « rivalités normales » en son sein. Giscardiens et chiraquiens sont néanmoins parvenus à la signature d'un pacte majoritaire qui n'est pas remis en question. « Je n'ai pas d'autre commentaire à faire. »

Sans agressivité, mais fermement, il a néanmoins redit tout ce qui l'a opposé et l'oppose encore à Raymond Barre, ce qui n'a sûrement pas échappé à l'actuel Premier ministre. D'abord, sur les « objectifs d'action » définis par Raymond Barre :

« De deux choses l'une, dit Chirac en faisant attention à maîtriser l'expression de son visage et à ne pas laisser paraître un soupçon d'irritation, ou bien le projet en préparation est un testament, ou il s'agit d'une opération politique. Si c'est un testament par lequel le gouvernement résume ses principales orientations politiques, très bien, rien à dire. Si, au contraire, il s'agit de distribuer des cartes d'entrée pour une nouvelle majorité, je dis que c'est courir un grand danger. Il y aurait en quelque sorte des "bons" et des "mauvais" membres de la majorité. Ce serait introduire de nouvelles divisions dans l'actuelle majorité, y créer crispation et perturbation. »

Son analyse de la situation à gauche est moins optimiste que celle de Giscard et de Barre : « Additionnés, le PS et le PC sont aussi dangereux qu'ils l'étaient lorsqu'ils étaient unis. »



Il est partisan de la liberté des prix, pas Barre. Barre prévoyait la fin de la crise pour décembre, on y est encore. Barre désigne les responsables de la vie chère : les commerçants, les agriculteurs. Chirac refuse de désigner des boucs émissaires dans une crise qui touche aux emplois, aux prix et à l'activité industrielle.

J'ai noté une formule pendant qu'il parlait : « La France est malade. Le malade ne progresse pas. Si grand que soit le respect pour le médecin, il faut proposer une nouvelle médecine. »

Si ce n'est pas attaquer Raymond Barre, ça !

Restent les phrases de la fin. Du pur Chirac, à la fois vrai et un peu trop grandiloquent, du moins à l'antenne :

« Mon moteur ? Ce qui me pousse ? C'est simplement l'ambition. Pas celle d'occuper un poste ! Je n'aurais pas démissionné en 1976 si cela était le cas. Non : j'ai une ambition qui consiste à maintenir la France à une certaine place dans le monde. »

*18 novembre*

La perspective, que je n'avais à aucun moment envisagée, et dont je ne suis d'ailleurs pas convaincue, d'une rivalité entre Barre et Peyrefitte pour Matignon m'a incitée aujourd'hui à demander rendez-vous à Arlette de la Loyère, sa collaboratrice fidèle, pour essayer d'en savoir davantage.

Le 8 au matin, me raconte-t-elle, Chirac n'a pas été le seul à admonester solennellement les ministres RPR. Debré y a ajouté sa voix en disant que l'optimisme de Raymond Barre était ridicule.

Couve de Murville a mis en cause la politique méditerranéenne de la France. Et ce n'est qu'après leurs mises en garde (faites d'autant plus librement qu'ils ne sont pas membres du gouvernement, même si ce n'est peut-être pas l'envie qui leur manque !) que Chirac a dit, prenant appui sur ce que Michel Debré venait d'énoncer : « Vous voyez bien qu'il y a autour de nous une tentative d'étouffement. Vous ne pouvez pas rester passifs, faites quelque chose, et pas dans quelques semaines ni dans quelques jours. Tout de suite ! »

Elle me cite les propos qui ont été alors ceux d'Alain Peyrefitte :

« Je n'ai jamais eu, ni de l'Élysée ni de Matignon, un coup de fil pour me demander de prendre un suppléant giscardien. J'ai poussé la curiosité jusqu'à poser la question aux autres ministres. Ils m'ont répondu qu'eux non plus. D'où vient donc cet écho ? De la rue de Lille[1] ! Même chose sur la politique étrangère : nous n'avons pas abandonné la politique méditerranéenne des gouvernements gaullistes précédents ! »

C'est alors qu'il a parlé de l'agressivité de Jacques Chirac à l'égard de Barre et de Giscard :

« Si tout cela est arrivé, c'est que vous, rue de Lille, vous n'arrêtez pas de dauber sur le gouvernement. Quand tu dis : le gouvernement est une bande de chiffes, ça revient aux oreilles du Premier ministre, et cela ne lui fait pas plaisir. »

Voilà donc une confirmation : l'expression « bande de chiffes » a été prononcée par Peyrefitte.

« En réalité – et, par la voix d'Arlette, je sens bien que s'exprime Alain Peyrefitte –, Chirac a fait le pronostic que Barre allait échouer et qu'il ne fallait pas lier son destin à lui. Face à la situation du moment, il flotte, il agit par coups de tête. Il devrait se taire et attendre que cela se passe, voilà tout ! »

*19 novembre*

Avec Jacques Toubon, nous évoquons l'émission de Jacques Chirac à la télévision, ce mardi. Il confirme qu'il s'agissait bien pour lui de se démarquer de Raymond Barre, et pas de Giscard. Au début de la semaine, il s'agissait, pour la petite équipe de Chirac, de trouver une certaine « distanciation » vis-à-vis du gouvernement. L'expression choisie après le séminaire de samedi a été « démarquage ». Nuance !

1. Siège du RPR.

Jérôme Monod a envoyé le 14 novembre aux ministres et aux secrétaires d'État RPR une de ces notes très sèches qu'il affectionne pour leur rappeler en quelque sorte les recommandations formulées par Chirac le 8 : « Les formations constituant la majorité pluraliste ont déterminé ensemble les principes d'organisation de cette majorité. Elles ont adopté un manifeste qui définit les valeurs et les orientations qui leur sont communes et ont signé le pacte majoritaire. La signature par les candidats de la majorité d'un programme de gouvernement reviendrait à recréer la confusion entre le rôle du gouvernement et celui des partis politiques. »

On sait ce qu'il est advenu des recommandations et du texte de Monod : les ministres RPR n'ont pas pipé mot lors du dîner autour de Raymond Barre !

De façon plus futile, Toubon me fournit la réponse à une question qui m'avait perturbée tout au long de l'interview de Chirac à la télévision. Je me demandais ce qu'il avait de changé dans son visage. Eh bien, tout simplement ses lunettes, moins épaisses, moins sévères, moins carrées...

Il me décrit le QG secret de Pierre Juillet, rue Vaneau, l'endroit où Jacques Chirac a préparé son émission avec ses conseillers : il s'agit d'un grand appartement, au 4e étage, avec trois belles salles de réception donnant sur les jardins de Matignon. Pierre Juillet a acquis ce lieu lorsque Jacques Chirac était à Matignon, de 1974 à 1976. Le tout est meublé, me dit drôlement Toubon, « dans un style ruralo-viril et anglo-écossais » : Pierre Juillet garde son côté gentilhomme campagnard à Paris.

Samedi, c'est avec Jérôme Monod, Marie-France Garaud, René de La Charrière[1] et bien sûr Pierre Juillet que Jacques Chirac a mis au point les thèmes de son émission.

Quelques mots sur ce conflit, car c'en est un, entre Matignon et la direction du RPR. Tout tourne évidemment autour d'une question : qui conduit la prochaine campagne électorale ? Raymond Barre ? Après tout, il n'y aurait là rien que de très naturel : il est Premier ministre et son rôle est de conduire la majorité dans ce combat. Seulement voilà : Jacques Chirac n'entend pas être conduit

1. Professeur agrégé de sciences économiques, René de La Charrière a été un proche collaborateur de Pierre Mendès France avant de rejoindre plus tard l'équipe de Jacques Chirac.

par quelqu'un d'autre que par lui-même ; il est hors de question qu'il place ses propres troupes sous le commandement de Barre. Alors ? Alors tout le monde est dans la nasse et lesdites troupes attendent l'arme au pied.

Jean-Pierre Soisson, visage bourbonien et verbe arrondi, y revient en quelques mots avant son « Club de la presse » d'Europe 1 : « Quiconque se séparerait du président de la République prendrait le risque grave de compromettre la majorité et aussi de mécontenter les Français. Je ne souhaite pas pour Chirac qu'il se sépare de la majorité. »

Il tente de se sortir de la difficulté, sans cesse évoquée par les interviewers, de devoir tenir compte des susceptibilités – et des équations politiques – de Jacques Chirac et de Raymond Barre :

« Aucun problème électoral avec le RPR, commence-t-il par affirmer, alors qu'il pense le contraire. Raymond Barre n'imposera rien. De toute façon, le groupe parlementaire RPR est légitimiste. »

Ce qui ne l'empêche pas d'enfoncer le coin – mine de rien, avec l'air patelin qui est le sien lorsqu'on ne prête pas attention à la dureté de son regard – entre Parti républicain et RPR :

« Il est vrai, ajoute-t-il, que le RPR est parcouru de courants divers. C'est Alain Peyrefitte, par exemple, qui rédige les objectifs d'action du gouvernement. Les signes d'énervement au sein du RPR viennent de là. Pour le reste, nous nous entendrons : nos électorats sont des vases communicants. Certes, le RPR a la tentation de s'exclure des institutions. Nous, nous ne jouons pas contre eux ; eux s'excluent du jeu. Je l'ai d'ailleurs dit à Jacques Chirac avant nos assises de Fréjus : il ne peut pas ne pas se placer derrière le Président, et pas davantage derrière Barre. »

Coup de pied de l'âne, à la fin :

« Je peux vous le dire : nombre de députés RPR désapprouvent Chirac, ils jugent qu'il a passé les bornes de la légitimité. Notre base est unitaire. Il ne pourrait l'oublier qu'à son détriment. »

*22 novembre*

Raymond Barre à Cruseilles.

Il neige sur Cruseilles : par –5 degrés, le Premier ministre est allé rencontrer les habitants de ce district montagnard de Haute-Savoie, invité par l'Association pour la démocratie dans ce lieu que le froid rend inhospitalier. Sur trois écrans, au fond de la salle, un spectacle diapo sur le thème : « Aimez-vous la France ? » Textes de Jean d'Ormesson lus de sa belle voix par Marie Laforêt, l'actrice aux yeux d'or.

Un texte lyrique pour lancer la réunion : « France du soleil, de l'atome, France du fond des mers, France qui sauve des vies humaines... »

Suivi d'une litanie sur la France libre. Je note à toute allure quelques phrases de Jean d'Ormesson sur ce thème : « Français, reconnaissez ceux qui sont morts pour vos idées ! Français, souvenez-vous de tous ceux qui ont fait la France libre : Vercingétorix, Bayard, Charles Martel, Jeanne d'Arc... » Couplet encore sur la France qui se bat pour la Justice, la Liberté : « Aimez la France quand elle s'appelle Liberté ! »

Gros plan sur Giscard, bouquet de fleurs bleu-blanc-rouge.

Fin du diaporama.

Les applaudissements, légers, se transforment en ovations quand Raymond Barre arrive de sa démarche lourde, pachydermique même, salué par la chorale de Cruseilles.

Il est accueilli par le maire, qui s'éclipse après quelques mots de bienvenue. C'est Alain Trampoglieri[1] qui joue le maître de cérémonie et distribue les questions. Curieux Trampo, toujours prêt à vous chuchoter des histoires à l'oreille, toujours secret, agité, souvent drôle, toujours dans les coulisses du pouvoir, aujourd'hui transformé en journaliste officiel.

Devant le Premier ministre, un auditoire majoritaire mais catégoriel. Depuis le représentant des artisans auprès du gouvernement jusqu'au responsable de la protection des sites, pas une question qui n'ait été soigneusement préparée avec les services de Matignon. Et puis il y a celles, inévitables dans ce genre d'exercice, auxquelles Raymond Barre répond doctement : « Est-ce la première fois que vous venez à Cruseilles ? » Comme si le Premier ministre avait d'autres raisons qu'électorales d'être venu dans ce trou ! Les écoliers de la petite ville ont confectionné des dessins pour les remettre à leur illustre visiteur, dessins que TF1 ne s'est pas privé de passer pendant son journal télévisé de 13 heures.

1. Journaliste politique à France Inter depuis 1974, il sera, en 1984, cofondateur, avec Edgar Faure, du concours national des Marianne d'or, dont il est secrétaire général depuis cette date.

Barre plaisante lui-même : est-il aussi gros ou moins gros que sur les dessins enfantins ?

La foule s'esclaffe.

Pourquoi donc est-il venu jusqu'ici ?

Barre répond, toujours dans un registre connu, qu'« il est bon que les responsables du pays discutent très librement avec des Français, qu'ils puissent avoir un contact direct avec les gens ».

Question : Beaucoup d'instituteurs gagnent ici près de 580 francs par mois. Peuvent-ils espérer mieux ? « Nous ferons un effort particulier », assure Barre, qui a tellement l'air de ne pas y croire qu'il ajoute aussitôt que les gestes qui seront consentis « seront limités à l'effort qu'on peut faire ».

Les artisans du bâtiment sont confrontés à la concurrence des tra-
*1977* vailleurs au noir, que faire ? Réponse : « La France a besoin de ses artisans, mais faire la preuve du travail au noir est très difficile. Je comprends vos réactions, mais comprenez les nôtres. »

Les licenciements chez CIT-Alcatel d'Annecy ? « Dans certains cas, affirme Barre, les allègements d'effectifs sont indispensables à la survie des entreprises. Par conséquent, nous devons déterminer si nous voulons qu'une entreprise survive ou non.

« Pourquoi vous cacher la vérité ? poursuit-il devant les 1 500 militants qui l'écoutent bouche bée. Nous savons que si nous voulons survivre dans la compétition de demain, nous devons restructurer les entreprises et accepter des sacrifices. C'est l'intérêt de tous, il faudra nous y plier ! »

Pourtant, interroge l'interviewer, Jacques Chirac propose un projet de société plus juste et plus humaniste ? Barre se contente de répondre qu'en période électorale, il y a toujours « une nervosité, une agressivité, une agitation » ; les Français, il le dit en substance, ne doivent pas se laisser avoir.

Quelques questions pour finir sur l'inflation : Pinay a, en son temps, proposé une baisse de 5 %, demande Trampoglieri, pourquoi pas vous ? Là, Raymond Barre prend un air estomaqué. « Je me bats assez pour que les prix ne montent pas de 5 %. On ne fait pas de baisses artificielles des prix ! »

Commentaire désappointé de Raymond Barre après la réunion : « Eh oui, c'est cela, la politique ! »

Je ne suis pas sûr qu'il imagine quel tollé il aurait rencontré chez son auditoire si la salle n'avait pas été composée avec un soin extrême ! Ses réponses ont été aussi peu politiques que possible. C'est peu de dire qu'il ne cherche pas à être démagogue.

À trois mois des législatives, il tente d'imposer son autorité politique. Face à Giscard et à Chirac, il n'a ni troupes, ni autorité. Alors il a fait ce qu'il a pu à Cruseilles. Mais Cruseilles n'est pas la France !

*23 novembre*

Michel Debré, que je rencontre à l'Assemblée, vêtu de son petit loden vert, me parle de la lettre qu'il a envoyée à Giscard. Très courtoise, mais ferme sur deux plans. Il lui a d'abord écrit que l'addition des mécontentements restait favorable au Parti socialiste, qui pourrait être vainqueur aux élections de mars prochain. Ensuite, que la France lui donnait l'impression d'être toujours aussi mal gouvernée.



Conclusion telle que Debré me la résume : « Je lui ai dit : dans ces conditions, empêchons l'un et l'autre que vos amis attaquent mes amis ! »

Je note au passage – mais ne le fais pas remarquer à mon interlocuteur – qu'il a dit « mes » amis, pas « les amis de Chirac ».

En réponse à cette lettre, Giscard a demandé à Michel Debré de venir le voir : rendez-vous a été pris pour la semaine prochaine.

Cela me rappelle – c'est une digression – que Jacques Chirac m'avait raconté un jour à quel point Georges Pompidou était parfois excédé d'entendre Michel Debré intervenir et mettre son grain de sel pendant tous les Conseils des ministres. Giscard doit avoir éprouvé la même irritation en recevant le poulet de Debré, même si, depuis le temps, il doit y être habitué.

Je demande à Debré s'il a parlé à Chirac (ou à Juillet) de l'initiative qu'il a prise d'écrire au Président. « Non, répond-il, mais il ne m'en voudra pas, il trouvera cela normal. Si je ne le fais pas, qui le fera ? »

Son rôle dans tout cela ? Sa réponse jaillit sans attendre : « Je suis là, me dit-il, parce que si je n'y étais pas, Guichard, Frey, Chaban et Peyrefitte ficheraient le camp ! Je suis là pour les empêcher de quitter le camp gaulliste ! »

Là encore, il n'a pas dit : le camp de Chirac, mais le camp gaulliste ; ce qui veut dire, je n'en doute pas un moment, qu'il ne se considère jamais comme un lieutenant ou un partisan de Jacques Chirac, même si c'est celui-ci qui conduit, en titre, la bataille. Mais qu'il veut rester, dans cet univers où le gaullisme n'a plus guère sa place, comme le combattant – le dernier, peut-être – du Général.

*27 novembre*

J'ai vu Mitterrand il y a trois jours, jeudi 24, à l'occasion d'un « petit déjeuner » de France Inter[1]. Après un début d'émission banal, il s'anime. Il ignore toujours ce que feront les communistes.

« Tout peut arriver, nous dit-il. Avec eux, j'ai souvent vécu des épisodes ahurissants. Rappelez-vous le fameux référendum sur l'Europe. Les discussions avaient été très dures entre nous, puisque nous avions décidé de nous abstenir et eux de voter contre. Et pourtant, au lendemain du scrutin, Georges Marchais lui-même m'a appelé. Nous avons immédiatement repris les négociations sur le Programme commun que nous avons du reste signé six mois plus tard. »

Il ajoute : « Pour ceux qui se demanderaient encore si, vraiment, le PS a viré à droite, je leur recommande de lire ou de relire le discours de Georges Marchais devant le comité central de juillet 1972. Quelques jours après la signature du Programme commun, il nous faisait déjà le même procès qu'aujourd'hui. Vous vous rappelez que le texte n'en a été publié par *Le Monde* qu'en 1975 ! »

Virage à droite ! Il ironise : « Je vous garantis qu'un virage à droite ne serait pas chose commode, car il faudrait trouver des partenaires ! »

C'est un biais pour parler longuement de ce qu'il entend par « compromis historique[2] ».

« Les partis communistes européens sont sur la ligne du compromis historique. Voyez l'Espagne : Santiago Carrillo est un ami, mais, franchement, il ouvre maintenant son parti à qui veut. Le Portugal, c'était peut-être un peu différent, parce que le Portugal était légèrement sous-développé, et que le PC portugais n'était donc pas exactement comparable au parti italien. Quoi qu'il en soit, la volonté a été partout d'ouvrir le Parti communiste. Mais il fallait l'ouvrir à quel-

1. Émission programmée le jeudi matin de 7 heures à 8 heures sur France Inter, dirigée par Jean Lefèvre, avec Joseph Paletou et Michèle Cotta.

2. Compromis historique ou *compresso storico* a été le nom donné en Italie, dans les années 1970, à un rapprochement entre la démocratie chrétienne italienne et le Parti communiste, visant à court terme à l'entrée du Parti communiste d'Enrico Berlinguer au gouvernement.

qu'un. À qui ? C'est parce qu'ils n'avaient pas d'autres partenaires que les communistes français ont adopté une attitude différente : ils ont ouvert en direction des socialistes à l'intérieur de l'union de la gauche. D'autant qu'ils pensaient ne rien avoir à craindre du PS, largement minoritaire par rapport à eux ! »

François Mitterrand avait, lors d'une émission précédente, fixé à 7 millions de voix le nombre de voix socialistes dont il se satisferait aux futures législatives.

« Tout de même, lui dit Joseph Paletou, vous avez fixé la barre très bas.

– Oh, répond Mitterrand, tous les journalistes ont dit que c'était beaucoup trop haut, que je péchais par orgueil ; alors, maintenant, tant pis pour vous ! »



*29 novembre*

À l'Élysée où il m'a donné rendez-vous, je rencontre Jean Serisé, conseiller le plus proche de VGE. Nous parlons de l'image de celui-ci. Il n'élude pas les questions sur sa fragilité : « Son image s'est améliorée pendant un certain temps, convient-il. Mais les attaques ont repris : sur le laitier [1], vous avez raison ; sur sa fragilité, qui n'est pas réelle ; sur le fait qu'il puisse être en psychanalyse, même. »

Il me parle de l'ambiguïté du rôle de président, à la fois arbitre et leader politique. C'est pour cette raison que Giscard a voulu se positionner à l'écart et au-dessus des partis. Résultat : c'est Raymond Barre qui « encaisse », qui est en première ligne, ce qui ne le rend pas très populaire.

Mais il n'en reste pas moins que le Président ne peut pas être absent :

« Les Français, me dit Serisé, n'aiment pas non plus les présidents qui inaugurent les chrysanthèmes ! Un président absent inquiète. »

Alors, quelle est la juste mesure entre le silence et l'intervention politique ?

« Le Président est constamment présent dans l'exercice de ses fonctions présidentielles. »

De ce point de vue, m'affirme-t-il, son champ d'action est illimité : le quotidien des Français, la politique extérieure, et, de temps en temps, une intervention solennelle sur tel ou tel problème. Exemple :

1. Allusion aux sorties nocturnes et peut-être aux rentrées matinales de VGE.

son discours à Carpentras. « Le Président n'y a pas dit de choses nouvelles, mais il les a dites sur un autre ton, plus autoritaire. Il est de temps en temps nécessaire de le faire ! »

*30 novembre*

Après Serisé, j'ai demandé rendez-vous à Riolacci, un des hommes les plus écoutés par Giscard. Je m'attendais à un conseiller politique à l'image de Pierre-Brossolette ou de Jean François-Poncet, élégant et élancé. Je tombe sur un Corse qui ressemble à tant d'autres insulaires, douaniers ou préfets – j'aurais dû m'en douter –, petit et râblé, presque chauve et rondouillard. Quelques phrases suffisent néanmoins pour que je me rende compte qu'il est avant tout un politique.

« Je considère qu'à l'heure actuelle, 4 à 5 % des électeurs sont traumatisés par la rupture de l'union de la gauche. Ces voix sont en l'air, en quelque sorte. Vont-elles y rester ? Ou sont-elles au contraire en attente, vont-elles se fixer ailleurs, sur notre électorat par exemple ? On ne peut envisager cela avant le mois de février. Disons que la rupture a été ressentie, chez les militants de la gauche, comme la rupture d'une espérance, mais que je ne crois pas à sa répercussion immédiate sur les intentions de vote.

« Au fond, me dit-il encore, en l'état actuel des choses, tous les partis de la majorité sont à la recherche de leur jeunesse. Le RPR ? Il est encore fait de vieux combattants de la rue de Solferino[1], qui revivent le gaullisme et le RPF[2]. La vie est courte, plaisante-t-il. Si on veut revivre sa jeunesse, il ne faut pas s'en priver. Mais faut-il en faire pour autant une stratégie électorale ?

« Le Parti républicain, de son côté, revit les jours de 1974 où Giscard a été élu. Même chose pour Lecanuet : il a obtenu 15 % des voix en 1965 ; il croit toujours les avoir, même si tous les faits lui démontrent ou devraient lui démontrer le contraire. Lorsqu'il vous explique que le CDS est une structure d'accueil pour les socialistes en transit, on croit rêver. Le Parti radical, lui, revit Wagram. Les seuls à ne pas revivre leur jeunesse, parce qu'ils ont trop grossi depuis, ce sont les socialistes ! »

---

1. Par référence avec le bureau du général de Gaulle, demeuré longtemps rue de Solferino à Paris.

2. Le Rassemblement du peuple français, créé en 1947 pour soutenir l'action du général de Gaulle qui venait d'abandonner la conduite des affaires.

Il y a du vrai, il me semble, dans ce qu'il me dit : l'étonnant est qu'il englobe les Républicains de Giscard dans la meute de ceux qui ressassent leur enfance. Il croit d'ailleurs utile de me préciser, mi-figue mi-raisin : « Ne dites pas que je vous ai dit cela, je serais révoqué sur l'heure ! »

Mais il va plus loin dans l'analyse spectrale de la France politique : « Deux idées me sont chères, poursuit-il. La France n'est pas divisée en deux familles, mais en quatre à peu près égales : le PC, le PS, les orléanistes et les bonapartistes. Suivant la conjoncture, ces familles peuvent se gonfler ou au contraire se dessécher. Nous avons donc devant nous deux possibilités. Ou bien créer artificiellement trois familles : la plus importante serait formée de la social-démocratie classique à laquelle s'allieraient le centre libéral et une partie des réformateurs : ce qui laisserait sur la droite les conservateurs et sur la gauche une partie des socialistes alliés aux communistes. Ou, deuxième possibilité, on peut "enfler" deux familles sur les quatre : 30 % aux socialistes, 30 % aux libéraux. Pour le moment, c'est plutôt vers ce schéma que je crois qu'il faut se diriger.



« J'ai une seconde idée. Dans ce système à quatre, être élu implique de répondre à l'une de ces deux conditions : être élu au premier tour, ou attractif au deuxième. Je suis convaincu que le RPR répond aujourd'hui à la première condition, mais pas à la seconde. Donc, pour gagner ces élections, j'en conclus qu'il faut placer le maximum de libéraux au premier tour, en étant persuadé qu'ils seront meilleurs que les conservateurs au deuxième. Dans toutes les circonscriptions tangentes, il nous faut un bon libéral. C'est d'ailleurs le même calcul que fait Mitterrand avec les communistes, moins bien placés que les socialistes pour battre la majorité au deuxième tour ! »

Il a sa façon à lui de présenter de façon benoîte sa stratégie d'élimination du RPR. D'ailleurs, il termine ainsi en me raccompagnant à la porte de son bureau :

« La situation qui serait la plus préjudiciable pour le Président serait l'élection de 140 députés RPR. Mais s'il y en a, mettons, 125, les libéraux auront le même nombre d'élus, la majorité sera alors rééquilibrée, et la situation politique sera débloquée ! Dans ce cas, nous imposerons un Premier ministre de centre gauche ! »

Une dernière phrase en forme de rire jaune : « Si la gauche est majoritaire, il est vrai que la situation sera également débloquée, mais d'une autre façon » – et je prends congé de lui.

*4 décembre*

Michel Debré a rencontré Giscard hier. Rencontre courtoise, sans chaleur mais sans animosité. Il a plaidé plusieurs dossiers. Le premier a trait à l'unité de la majorité. Celle-ci, a-t-il insisté, n'a pas intérêt à se désunir. Mais il faudrait trouver sur quels grands thèmes, sur quelles grandes idées elle serait en mesure de se retrouver. « Sur la défense, par exemple, a ponctué Michel Debré, je ne vois pas que cela lui soit possible ! »

Sur le Parti socialiste, Debré a tenu ce langage : « Ne vous faites pas d'illusions. Vous ne négocierez avec le PS que si vous gagnez les élections. Si vous les perdez, les socialistes feront monter les enchères. Ils seront odieux avec vous. »

Sur ce point, Debré a trouvé Giscard tout à fait convaincu.

C'est sur le plan Barre que le Président, en revanche, est resté intransigeant.

« Ne faites pas campagne sous la bannière du plan Barre, lui a dit Debré, vous perdriez. Dissociez la vie de la majorité du sort du plan Barre, sinon nous courons tous à la catastrophe ! »

« Une bûche, commente encore Michel Debré, une bûche ! Il ne veut rien entendre sur ce point. Il ne se rend compte de rien ! »

L'atmosphère entre les deux hommes était si tendue qu'en manière de conclusion, VGE a dit à Michel Debré : « S'il vous plaît, la seule chose que je vous demande, c'est de sourire aux photographes qui vous attendent dans la cour de l'Élysée à la sortie. »

Sourire : Michel Debré et Giscard vont avoir du mal à sourire dans les heures qui viennent ! Depuis avant-hier, nous avons eu connaissance, à la rédaction, des sondages IFOP que nous avions commandés il y a environ une dizaine de jours et qui vont être publiés après-demain. Ils sont catastrophiques pour la majorité, RPR et giscardiens confondus[1].

*5 décembre*

Les choses sont allées plus vite que je ne croyais. Dès que les sondages ont été mis sous presse, c'est-à-dire le 2 ou le 3, une sorte de panique a régné, pendant tout le week-end, dans les rangs de la

1. Voir *Le Point* du 5 décembre 1977.

majorité. Du coup, Chirac, qui était à Strasbourg samedi et dimanche, en est revenu précipitamment et a demandé audience à Giscard. Je ne suis pas sûre d'ailleurs que ce soit uniquement à cause des sondages. Car le RPR vient de subir, à Strasbourg précisément, un revers de taille : un des lieutenants les plus entreprenants, énergiques, remuants, comme on voudra, de Jacques Chirac, Robert Grossman, que je trouve pour ma part particulièrement épais, vient de se faire battre à une élection cantonale partielle par un socialiste.

Un socialiste ! Dans l'Est de la France ! Panique générale !

Giscard a dit oui, il recevra Chirac dans la semaine, mercredi prochain.

Tête-à-tête attendu et qui va valoir son pesant de cacahuètes.

Jacques Toubon plaisante : « Jacques Chirac a voulu dire à Giscard : Sire, voici l'état de la France ! »



À l'Élysée, on plaisante moins. Comme le dit Jean Riolacci, que je rappelle à cette occasion au téléphone après notre conversation de l'autre jour : « Chirac est assuré aujourd'hui d'être le plus fort au premier tour. Pour gagner au second, il lui faut s'assurer des bons reports des voix giscardiennes. Il a donc intérêt à venir faire des mamours au chef de l'État. »

Un autre conseiller de Giscard résume les choses ainsi pour André Chambraud, qui me le rapporte à son tour : « Nous le voyons venir, Chirac, avec ses gros sabots ! Il profite du moment pour dire à Giscard : Écoutez-moi, puisque vous voyez bien que je suis le plus fort ! »

*7 décembre*

Donc Giscard a reçu Chirac. Aujourd'hui, je n'ai pu en avoir aucun écho. J'y reviendrai.

*8 décembre*

Avec Yves Guéna, pendant que nous évoquons les élections prochaines, le pessimisme est de rigueur au RPR. Pourquoi ? D'abord, sans doute, mais il ne le dit pas, parce que ses rapports avec le couple Juillet-Garaud se dégradent de jour en jour : j'en suis sûre, sans avoir d'anecdote précise qui vienne à l'appui de ma conviction. Cela me semble tout simplement dans l'ordre des choses.

Mais aussi pour des raisons plus politiques et moins personnelles : parce qu'il pense que le report des voix ne sera pas sans accroc entre les candidats RPR et les giscardiens. Il faudrait établir une bonne entente au sein de la majorité, cesser les agressions souterraines entre les différents partis qui la composent. Dans l'idéal, pense-t-il, il faudrait également infléchir la politique économique.

On en revient au plan Barre, obstacle majeur, estime Guéna, dans la prochaine campagne électorale.

C'est ainsi qu'il m'explique la rencontre qui, après celle de Debré, s'est déroulée entre le président de la République et Jacques Chirac :

« Il n'est pas anormal que le chef du principal parti de la majorité aille faire part au président de la République de ses craintes sur tous ces sujets. Que le Président l'ait écouté et même entendu n'est pas négligeable. »

*1977*

Pas anormal, pas négligeable : tout cela traduit, même si mon interlocuteur ne s'en rend pas compte, une extraordinaire méfiance vis-à-vis de Giscard, un formidable manque d'enthousiasme à l'idée de se retrouver côte à côte avec les Républicains indépendants dans cette bataille décisive.

Je me dis que si la gauche n'avait pas rompu, la majorité RPR-PR aurait trouvé le moyen de s'unir contre un ennemi si dangereux. La rupture, au contraire, a contribué à desserrer les liens entre ses composantes. Et aussi le plan Barre, car Chirac a dit à Giscard, comme l'avait fait Debré : « Ne vous identifiez pas à un gouvernement qui n'a pas réussi. »

Ce qui était une façon de demander au Président de renoncer à faire définir – et donc à faire admettre aux ministres et aux secrétaires d'État RPR – les fameux « objectifs d'action » chers au Premier ministre.

À propos de Michel Debré, celui-ci vient de remettre de l'huile sur le feu avec Raymond Barre. Il a déclaré ce matin sur France Inter : « Je ne crois pas qu'il puisse conduire la majorité aux élections. » Tout simplement ! Chirac ne pouvait pas le dire ; il l'a fait.

Denis Baudoin[1], qui a rejoint l'équipe de Chirac à l'Hôtel de Ville, me donne davantage de détails sur la rencontre entre Giscard et son ancien Premier ministre, parti dans les conditions que l'on sait.

---

1. Denis Baudoin, conseiller technique à la Présidence de la République de 1970 à 1973 (voir tome 1), a été nommé à la présidence de la Sofirad où il demeure jusqu'en 1977, date à laquelle il rejoint Jacques Chirac comme chargé de la Communication à la mairie de Paris.

La rencontre a eu lieu, coïncidence ou attention délicate, dans l'ancien bureau du président Pompidou, pas dans le bureau qu'occupe actuellement Giscard : il ne me cache pas qu'au départ, les deux hommes étaient tendus. Tellement que, fait rare, Chirac s'était reposé une heure avant son entrevue avec le chef de l'État !

Cette fois-ci, contrairement à la précédente[1], ils étaient seuls : le secrétaire général de l'Élysée n'assistait pas à l'entretien.

Pour détendre l'atmosphère, Giscard a commencé par interroger Jacques Chirac sur ses voyages en province : « N'est-ce pas trop fatigant ? » s'est-il enquis courtoisement.

Puis on est passé aux choses sérieuses : la situation actuelle et l'inquiétude devant la désunion de la majorité. Comme il se doit, Chirac et Giscard ont déploré ensemble les malheureuses chamailleries entre leurs entourages, comme si bien sûr aucun des deux n'y était pour rien.

Au contraire, m'assure Baudoin, Chirac a tout à fait joué le jeu : il n'a pas mis en doute le fait qu'il faille mener la campagne *derrière* le président de la République ; bref, il a manifesté de plusieurs façons son respect envers Giscard.

« Les Français sont désorientés par la majorité, a dit Chirac. Si elle ne se resserre pas, si elle ne parvient pas à l'union, je pense qu'elle court, que nous courons de graves dangers. Il faut s'unir derrière le président de la République, c'est-à-dire derrière vous ! »

La phrase a dû lui écorcher les lèvres, mais il l'a dite, et c'est l'essentiel de l'entrevue.

Concernant Raymond Barre, Chirac a également rassuré Giscard : il ne va pas attaquer Barre de front, mais, de grâce, que le Président laisse chaque parti « libre de ses forces de proposition » ! Formule savamment choisie : c'est celle qu'a employée Giscard dans sa conférence de presse du 17 janvier dernier.

Il n'est pas allé plus loin dans son attaque contre Barre. Il ne lui a pas dit ce qu'il pense : c'est-à-dire la non-existence politique de Barre.

---

1. Depuis le départ de Chirac de l'hôtel Matignon, les deux hommes ne se sont revus que deux fois : une première fois en novembre 1976 (Jean François-Poncet assistait à la rencontre en témoin muet) ; la seconde rencontre a été encore moins chaleureuse : c'était le 29 mars 1977, après l'élection de Jacques Chirac à la mairie de Paris.

Giscard – c'est mon interlocuteur de l'Hôtel de Ville qui me le dit – a enregistré sans dire grand-chose lui-même les propos de Chirac. Les deux hommes ne sont pas convenus de se revoir, mais cette entrevue (telle est la conclusion de Baudoin) traduit tout de même une « amélioration de leurs rapports ».

Franchement, cela ne me paraît pas évident, mais, puisqu'il le dit, espérons qu'il le croit !

Après cela, Chirac est revenu à la mairie de Paris où l'attendaient Juillet, Marie-France Garaud, Monod et Baudoin, et leur a fait son compte rendu.

Par la suite, Chirac a téléphoné à Barre pour le voir pendant le week-end : mais celui-ci était alors à Lyon, Chirac, lui, devait conduire la discussion sur le budget de la Ville de Paris, lundi : les calendriers des deux hommes étaient incompatibles ! Bref, pas de réponse précise de Barre. L'actuel Premier ministre est moins accommodant que le Président.



Ce qui, entre nous, démontre que la rencontre Giscard-Chirac, si spectaculaire qu'elle soit, n'a levé aucune hypothèque entre les deux.

*18 décembre*

Je n'ai rien écrit d'une récente rencontre avec Giscard. Paisible et serein, refusant de parler de son entretien avec Chirac, mais plus prolixe (enfin, si l'on peut dire) sur Michel Debré. Il est sensible à la demande de celui-ci de ne pas diviser trop la majorité, mais, au fond, il ne trouve pas que les élections soient un véritable problème (avec lui, on s'en aperçoit depuis que nous le rencontrons, rien n'est jamais un véritable problème !), tout le monde s'agite pour pas grand-chose, les reports de voix entre les partis majoritaires se feront, comment ne se feraient-ils pas ? Tout cela, c'est manifeste, il trouve que c'est beaucoup de bruit pour rien.

Pour le reste, il parle de Jimmy Carter[1]. Il évoque en quelques phrases bien senties et ahurissantes son manque de métier politique : « Mitterrand, dit-il, voilà plus de trente ans qu'il fait de la politique, vingt ans qu'il est dans l'opposition. Mais Carter, comment voulez-vous qu'il y comprenne quelque chose ? »

1. Jimmy Carter a été élu président des États-Unis en novembre 1976.

*20 décembre*

Olivier Guichard, vu chez Roger Stéphane, parle avec distance de Raymond Barre qui « fait bien son boulot, mais qui, politiquement, est une vraie bûche » – c'est son mot –, et de Giscard qu'il n'a pratiquement pas revu.

« Mais, après tout, si les ministres politiques ont sauté, s'ils ont été vidés du deuxième gouvernement Barre (il fait allusion à sa propre éviction ainsi qu'à celle de Ponia et de Lecanuet), c'était pour que le gouvernement soit autonome vis-à-vis des partis, et que ceux-ci conduisent eux-mêmes leurs électeurs en dehors du gouvernement. Alors, pourquoi Barre irait-il maintenant conduire la campagne des législatives ? »

C'est un argument qui, après tout, ne manque pas de bon sens.



À noter que le livre-programme récemment publié par le RPR, préfacé et mis au point par Jérôme Monod, prend le contre-pied de la politique de Raymond Barre. Certes, Jacques Chirac n'a pas plaidé ce dossier devant Giscard, qui ne l'aurait au demeurant pas toléré. Mais il existe bel et bien, et toute la majorité, candidats ou électeurs, peut le lire.

# 1978

*6 janvier*

Hier, juste avant le séminaire gouvernemental prévu à Rambouillet vendredi et samedi, Barre avait fait remettre à tous les ministres, RPR et non RPR, le texte des propositions d'action gouvernementale rédigées avec le soin qu'on imagine par ses conseillers techniques sous la direction efficace de Jean-Claude Casanova[1]. Apparemment, rien qui fasse problème auprès des ministres RPR, qui, tous, depuis quelques jours, craignent que le texte ne les oblige à choisir entre Chirac et le gouvernement.

*7 janvier*

La gauche doit donc se le tenir pour dit : la dernière conférence de presse du Parti communiste ne laisse pas de doute – Georges Marchais n'envisage même plus de désistement entre communistes et socialistes au deuxième tour. Il y a bien une opposition au PC contre cette ligne dure, mais elle n'est pas structurée autour d'un homme ni d'un courant. Ils sont pourtant nombreux, ceux qui, depuis septembre, ont écrit à Georges Marchais et parfois directement au

1. Agrégé des facultés de droit et de sciences économiques, professeur à la faculté de droit et de sciences économiques de Nancy (1965-1968), puis directeur d'études et de recherches à la Fondation nationale des sciences politiques depuis 1969 et professeur à l'Institut d'études politiques de Paris. Il a en outre exercé des fonctions importantes au cabinet de Jean-Marcel Jeanneney (1959-1961), puis comme conseiller technique chez Joseph Fontanet, alors ministre de l'Éducation nationale (1972-1974), enfin comme conseiller de Raymond Barre (1976-1981).

comité central pour dire qu'ils n'y comprenaient plus rien. Je demande à Jean Elleinstein ce qu'ils attendent les uns et les autres, si tant est qu'ils le veuillent vraiment, pour crier plus fort leur opposition ? Pas avant le mois de mars, me répond-il. C'est-à-dire pas avant les élections. « Impossible d'intervenir avant, car si nous divisions le Parti avant la campagne, on nous ferait assumer son échec. C'est à Marchais de l'assumer tout seul. »

Diable, quel visage il a pris, ce Marchais ! Fermé, le sourcil plus noir que jamais, l'air de vouloir en découdre avec le monde entier. Ah, il est loin, l'eurocommunisme !

*8 janvier*

*1978*

Raymond Barre commence l'année en fanfare à Blois où je rejoins le cortège de la presse ministérielle avec ma propre voiture, bien décidée à regagner Paris une fois la dernière phrase prononcée. Dieu merci, l'autoroute n'était pas verglacée : je n'ai appris qu'à mon arrivée que les routes du département sont souvent impraticables. Du coup, Premier ministre et ministres ont rallié la ville par le train.

Immense chapiteau bleu, malgré tout trop petit pour contenir les 7 000 personnes qui, nous dit-on, se sont déplacées pour écouter le Premier ministre malgré le froid glacial. Rien ne manque à la mise en scène dans laquelle il garde cet air docte, costume croisé et lunettes épaisses, dont il ne se départ jamais. Curieusement, c'est une musique religieuse qui a été choisie par les organisateurs de ce meeting : elle s'arrête net au moment où Raymond Barre entre dans l'arène.

Il est assez content de lui, M. Barre, en ce moment : tous les chiffres sont plutôt meilleurs qu'avant, encore que l'inflation, par exemple, ralentisse bien peu : on a été à 9 % à la fin de l'année dernière, c'est encore beaucoup, mais moins que l'année précédente : 9,9 %. Il y a bien eu ces mouvements sociaux, à la fin de l'année, mais cela n'a pas l'air de l'avoir perturbé. Pas plus que le mécontentement des commerçants, pointés du doigt, à l'automne, par le Premier ministre comme les auteurs de l'inflation, boulangers et pâtissiers surtout, accusés de ne pas avoir répercuté sur leurs prix la baisse de la TVA les années précédentes : ils appartenaient à l'électorat majoritaire et sont loin de partager aujourd'hui la sérénité de M. Barre. Tout cela, pourtant, petits ou grands calculs électoraux, a glissé sur ses habits de professeur comme l'eau sur les plumes d'un canard.

Bref, à Blois, aujourd'hui, il était content de lui, cela s'est vu. Il avait eu le temps de peaufiner son discours pendant le séminaire de Rambouillet, le vendredi et le samedi, où il avait réuni ministres et conseillers. Un séminaire sans histoires, puisque les ministres RPR n'y ont rien trouvé à redire.

D'ailleurs, les 14 ministres, dont les 4 RPR, sont rangés derrière lui sur l'estrade par ordre protocolaire, Alain Peyrefitte en premier[1]. Devant eux, au premier rang du public, les secrétaires d'État et les élus du département et de la région. Derrière lui, dans le décor, on lit en lettres immenses : « Objectifs d'action pour les libertés et la justice. » Le défi à Chirac passe inaperçu pour la foule, mais le fait que Barre, donc Giscard, ait tenu à voir afficher les mots « Objectifs d'action », et que les ministres RPR aient laissé faire, traduit la difficulté d'être de Jacques Chirac, en ce moment, face au gouvernement de son successeur.



C'est peu de dire que cet homme n'est pas un orateur. On m'a toujours dit que ses élèves admiraient sa façon de leur faire cours : franchement, je trouve interminables les 25 feuillets qu'il nous lit en une heure environ, sans aucun effet de manches, sur un ton monocorde. Il s'agit d'une sorte de catalogue de l'action gouvernementale dans lequel j'ai noté au passage l'annonce d'exonérations des charges des entreprises en cas d'embauche de jeunes, l'accroissement de la participation, la prolongation du congé de maternité. Je lirai l'intégralité du discours demain, mais que tout cela était ennuyeux ! Et long... La phrase la plus applaudie, Dieu sait pourquoi, a trait – il faut l'entendre pour le croire ! – à la surveillance des feuilletons policiers à la télévision !

D'ailleurs, Raymond Barre ne s'est pas attardé à Blois, et moi pas davantage. Le discours a pourtant touché son but : il s'agit d'un honnête discours à la veille d'une élection, pas trop imaginatif mais pas trop démagogue. Qui ne suscite aucun enthousiasme tout en n'éveillant aucune agressivité.

*11 janvier*

Après Blois, voici venu le moment pour Raymond Barre de se « faire connaître », comme avait dit, je crois, de Gaulle à Pompidou. D'où un calendrier impeccablement monté : conférence de presse le

1. Alain Peyrefitte est alors garde des Sceaux, ministre de la Justice.

9, « Club de la Presse » d'Europe 1 le même jour, « Cartes sur table » à la télévision aujourd'hui. Le Premier ministre y est plus à l'aise, il faut le reconnaître, que devant son auditoire de Blois.

*11-13 janvier*

Un sondage IFOP pour *France-Soir* le confirme : Barre a plutôt réussi son entrée dans la politique active. Il a gagné en moins d'une semaine 5 % d'opinions positives. Giscard, qui a affecté tout au long de ces derniers jours d'être un simple consultant dans l'élaboration et la publication des options gouvernementales, en gagne 3.

Réussie, son entrée ? Oui, si l'on s'en tient aux chiffres mesurant sa popularité. Non, puisque la majorité entre aujourd'hui dans la crise. Pour de nombreuses raisons que l'approche des élections ne pouvait qu'accentuer. J'avais déjà, à Blois, craint que les « objectifs d'action » affichés devant la foule ne provoquent chez Jacques Chirac quelques démangeaisons. Cela a été le cas, bien sûr ! Mais, surtout, ce qui a provoqué la déflagration, ç'a été la signature, le 3, d'un accord électoral entre républicains, centristes et autres radicaux, accord que l'Élysée et Matignon préparaient dans le secret depuis l'automne[1]. C'est Jean Riolacci qui en était le chef d'orchestre, bien sûr – il ne m'en avait dit mot, lorsque je l'avais rencontré, l'année dernière –, accompagné du chef de cabinet du ministre de l'Intérieur, Jean Paolini, et de Daniel Doustin, directeur de cabinet du Premier ministre. Autour d'eux, tous les leaders des centristes et des giscardiens, et même Jean-Jacques Servan-Schreiber, comme toujours très actif et imaginatif, pour le Parti radical.

Les réunions de travail entre centristes, giscardiens et radicaux, au pavillon de musique – sorte de cabanon doré au fond du jardin de l'hôtel Matignon –, n'ont en réalité pas cessé depuis l'automne, semble-t-il, mais aucune n'avait été suivie d'une annonce de 300 candidats giscardo-centristes s'opposant dans 300 circonscriptions aux candidats RPR. Même si ces candidats acceptent éventuellement de se désister au deuxième tour pour le candidat du RPR si celui-ci

1. La loi électorale rendait obligatoire un accord de ce genre : pour se présenter au deuxième tour, un candidat doit avoir obtenu au premier tour 12,5 % du nombre des inscrits, soit, selon l'abstention, entre 16 et 18 % du nombre des votants. Face au RPR, les giscardiens risquaient d'être éliminés au deuxième tour si centristes, radicaux et républicains se présentaient en ordre dispersé.

arrive avant eux au premier tour, c'est l'annonce unilatérale de ces candidatures qui a précipité la rupture.

Chirac a hurlé, Yves Guéna a pris le relais au sein du comité de liaison de la majorité, mercredi après-midi, où il a accusé ses partenaires d'avoir rompu leurs accords avec le RPR. À vrai dire, depuis longtemps ils savaient l'un et l'autre que des réunions fractionnelles se tenaient ; ils ont été néanmoins pris de court. À moins qu'ils n'aient attendu ce moment pour crier au complot.

Résultat : dans la foulée, le RPR a désigné des candidats contre les leaders centristes et giscardiens[1]. C'est ce que Raymond Barre a minimisé, à « Cartes sur table », le 11, en disant : « C'est une péripétie préélectorale. Nous en verrons d'autres. »



*12 janvier*

Étonnante scène de roman que me raconte au téléphone Maurice Faure. Il a passé trente-six heures dans sa maison de Saint-Pierre-de-Chignac avec François Mitterrand, au début du mois. Promenades dans la forêt de Dordogne, plats copieux préparés par la vieille cuisinière. La discussion a porté pendant des heures sur... la meilleure façon d'échouer !

Pour Maurice Faure, « il y a une chance sur deux pour que, dans deux mois, après les élections, nous ayons le bébé sur les bras » (traduction : pour que nous ayons gagné !). Si la gauche gagne, donc, VGE sera obligé de faire appel à un Premier ministre appartenant à la nouvelle majorité. « Les communistes soutiendront le nouveau gouvernement issu de ces législatives, résume Maurice Faure, mais ils n'y participeront pas : ils voteront l'investiture avec un discours au picrate. Ils soutiendront les premières mesures : le salaire minimum à 2 400 francs, les nationalisations, la cinquième semaine de congés payés. Mais l'économie flanchera, il faudra donc envisager des mesures de rigueur, et là, les communistes laisseront tomber ! »

Maurice Faure continue à dérouler son scénario de politique fiction :

« Donc, poursuit-il, nouvelles élections. Et la droite l'emporte. Il est donc important de savoir et de mettre au point l'attitude de la

1. Contre Michel d'Ornano, Alain Griotteray, Jean-Pierre Soisson, André Rossi, Bernard Stasi notamment.

gauche, battue après avoir été victorieuse quelques semaines, que dis-je, quelques jours, auparavant ! »

Je rêve : ils ont parlé d'échec pendant près de deux jours ! J'ai peine à le croire. Tu parles d'une perspective réjouissante ! Si leurs propres électeurs savaient ça ! Maurice Faure et François Mitterrand pensent qu'il faudra changer le mode de scrutin, introduire la proportionnelle dans la foulée de la première élection, pour limiter les dégâts en cas de dissolution.

Entre Maurice Faure et Mitterrand, une divergence de taille : les nationalisations. D'où cette conversation qu'il me raconte :

« Vous ne pouvez pas tout faire, plaide Maurice Faure, vous ne pouvez pas tout mettre par terre. Contentez-vous de faire 20 ou 30 nationalisations, pas trop gênantes pour l'économie ! »

F. Mitterrand : « Impossible ! »

M. F. : « Mais alors, l'économie vacillera ! »

F. M. : « On verra ! »

« Bref, sur toutes les questions embarrassantes, me dit Maurice Faure, Mitterrand m'a répondu : "On verra, les choses ne se passent jamais aussi mal, nous briserons les vases, nous surprendrons tout le monde !" »

Ce qui est fascinant, c'est que les scenarii étudiés entre les deux n'ont jamais été ceux de la réussite de la gauche, toujours ceux de l'échec. Alors, à quoi bon ?

Pour Maurice Faure, en tout cas, c'est certain, Mitterrand est obsédé par l'image de Léon Blum qui n'a régné que six mois, dont l'image a pourtant dominé la première partie du XXe siècle. Je pense, moi, que Mitterrand pense aussi à Mendès France qui n'a été président du Conseil que sept mois et sept jours, et auquel la gauche non communiste ne cesse de tresser des couronnes !

*13 ou 14 janvier*

Yves Guéna me raconte le fameux comité de liaison de la majorité qui a précédé la rupture entre les chiraquiens et les autres. Cette fois, la réunion avait lieu rue de Lille, au siège du RPR dont c'était le tour de recevoir ses partenaires. Les délégations étaient conduites par Roger Chinaud pour le Parti républicain, André Diligent pour le CDS, Bertrand Motte pour le Centre national des indépendants, et Yves Guéna pour le RPR. D'entrée de jeu, Guéna a haussé le ton et chargé d'électricité cette réunion : à l'origine de cette tension, donc, la publication des candidatures giscardo-centristes.

« Je constate, dit Guéna, la constitution d'un front anti-RPR. J'attends vos explications. »

Roger Chinaud explique que le RPR a voulu ces primaires, que personne n'a jamais envisagé, sauf exception, de candidature unique, qu'il fallait éviter que chacun des mouvements de la majorité pousse en avant un candidat différent, que le chiffre optimal pour éviter l'anarchie paraît être deux candidats, et pas trente-six.

Yves Guéna a repris alors la parole : « Vous organisez un affrontement national, et non un réajustement au coup par coup, d'une circonscription à l'autre. Vous violez les accords que nous avions conclus en septembre ! »

André Diligent : « Violer ? Vous allez trop loin ! »



Charles Pasqua : « Parfaitement ! Violer ! »

La discussion ne va pas plus loin. Yves Guéna déclare caducs les accords de la majorité. Il maintient son accord pour les désistements du deuxième tour, mais le RPR présentera ses candidats contre les principaux leaders centristes.

« Deux courants ? me dit Jacques Toubon que j'interroge en sortant de chez Guéna. Pas seulement : notre combat n'est tout simplement pas celui du Président. »

*17 janvier*

Déjeuner avec Alain Peyrefitte à la Chancellerie : bar sauce hollandaise et selle de veau Orloff. La table de la place Vendôme ne passait pas, avant lui, pour être la meilleure. Mais c'est un gourmet : les cuisiniers font attention.

Il me raconte le dernier déjeuner des chefs de la majorité à l'Élysée qui a eu lieu la veille, le 16. Il le fait avec ce mélange d'intelligence et de rouerie politique qui le caractérise. Il y a en lui, je le sais depuis longtemps – et notamment depuis que, tout jeune élu, il avait été invité par Maurice Duverger devant la promotion de Sciences Po à laquelle j'appartenais –, un extraordinaire équilibre entre l'action et la réflexion, entre ses choix personnels et collectifs, une sorte de cynisme cultivé et distancié qui n'appartient qu'à lui.

Évidemment, d'emblée, quelque chose nous rapproche : il tient ses carnets tous les jours, et notamment, m'a-t-il dit, les comptes rendus de toutes ses conversations avec de Gaulle[1]. Je lui ai dit que je faisais de même avec l'actualité, peut-être moins glorieuse, d'aujourd'hui. Lorsqu'il me parle, il est l'un des seuls à savoir que ses propos laisseront quelque part des traces écrites, et il me demande, toutes les fois que je le rencontre, quand je compte les publier !

L'entrée des leaders de la majorité dans le palais présidentiel, me raconte Peyrefitte, a été manifestement très confuse : il y avait là, aux portes, des tas de gens qui ne se connaissaient pas. Avant le repas, Jacques Chirac, qui a accepté l'invitation malgré les éclats du comité de liaison de la majorité, sort un papier de sa poche, le lui montre et lui demande, façon de parler : « Tu crois que j'aurai le temps de lui lire mon petit poulet ? »

Peyrefitte répond qu'il pense que non, mais que l'on verra bien.

*1978*

Sitôt assis, les « chefs », placés au centre de la table (VGE, Edgar Faure, Jacques Chirac, Jacques Chaban-Delmas, Alain Peyrefitte, Simone Veil, et, leur faisant face, Raymond Barre, Michel Debré, Jean-Pierre Soisson et Jean-Jacques Servan-Schreiber), commencent la discussion sur la division (inespérée !) de la gauche, avec comme leitmotiv : « Pourquoi, nous, ne savons-nous pas en profiter davantage ? »

Entre le saint-pierre à la cherbourgeoise et le carré de veau landais, Chirac, d'un coup, attaque : « Tout cela, dit-il, est bel et bon, mais si nous parlions un peu de la majorité ? »

Des propos sont échangés, que Valéry Giscard d'Estaing fait le plus souvent mine de ne pas entendre. Il le dit d'ailleurs à plusieurs reprises, assez drôlement : « Je préfère ne pas écouter », ou bien : « Je vois bien que ces paroles ne s'adressent pas à moi ! »

Un peu après 14 heures, il lit son propre texte. Une allocution courte mais bien sentie, où il justifie les élections primaires entre RPR et non-RPR, gage de démocratie et non d'« un affrontement au sein de la majorité, qui serait fratricide et suicidaire ».

On pouvait croire que la cérémonie était finie. Erreur : ce n'était que la fin du premier acte.

Les huissiers de l'Élysée viennent quérir l'un après l'autre les personnalités, une quinzaine environ, avec lesquelles le Président prendra le café dans un salon voisin, baptisé salon Pompadour. Ils font quelques oublis, remarqués par les oubliés, comme Edgar qui ne rejoint pas la petite troupe. Jean-Jacques Servan-Schreiber serre la

1. Qui donneront matière aux trois tomes de son *C'était de Gaulle*.

main à tout le monde de sa main gauche (« Pourquoi diable de sa main gauche ? » se demande Alain Peyrefitte) et prend congé : il s'en va assister à un enterrement. André Rossi se propose pour le remplacer à la cérémonie du café, mais, honte, les huissiers, qui ont des ordres stricts, ne le laissent pas entrer.

Sitôt réunis dans la pièce où le café est servi, Jacques Chirac sort son texte – son « poulet », comme il l'avait dit à Peyrefitte – et le lit avec sa vigueur coutumière : il commence par quelques mots provocateurs dans le style du discours qu'il a prononcé à Vierzon, où il accuse de complot anti-RPR l'Élysée et Matignon[1].

Jean-Pierre Soisson intervient alors avec brutalité pour le contrer ; il refuse l'accusation de « complot » et s'irrite : « Un peu de décence ! Tu ferais mieux de te taire ! Je te l'avais toujours dit, que nous chercherions à unifier les courant non-RPR de la majorité !

*1978*

– Tu ne l'avais pas dit comme cela, réplique Chirac avec force, tu mens !

– C'est toi qui mens ! » insiste Jean-Pierre Soisson.

Tout cela sous le regard froid de Giscard, qui laisse faire son chevau-léger en ponctuant la scène de quelques phrases présidentielles : « Dois-je rappeler que la décence interdit de parler d'une certaine façon, ici, à l'Élysée ? Faites attention, vous êtes sur une mauvaise pente, vous allez perdre les élections ! »

Analyse de Peyrefitte sur cet échange un peu incongru, il faut le dire, chez le président de la République qui ne s'attendait pas à ce règlement de comptes : tout le monde est conscient que le déjeuner n'a pas apporté les résultats escomptés. Euphémisme : « On peut, précise Peyrefitte, parler de véritable catastrophe. »

Les autres invités, pendant ce temps, sont restés dans la salle des fêtes où ils font un potin terrible. Plusieurs fois, Valéry Giscard d'Estaing a demandé qu'ils fassent moins de bruit. Sans succès.

À 15 heures, un huissier galonné pousse la porte du salon où sont réunis les quinze chefs de la majorité, et, du regard, interroge le Président. Cela veut dire, tout le monde le comprend ainsi : Direz-vous un mot de congé à la soixantaine de personnes qui attendent, les malheureux, dans les grands salons ?

VGE répond non de la tête. L'huissier ressort et fiche tout le monde à la porte. Ne restent, empêtrés dans leurs malentendus et

1. « Il se peut que, dans peu de temps, chacun ait ici à prendre ses responsabilités et à rendre compte de ses actes. »

leurs accusations de complot, que les chefs de la majorité, qui finissent par se quitter.

Après m'avoir situé la scène, Peyrefitte parle avec moi du fond des choses :

« Lors du séminaire de Rambouillet[1], me dit-il, j'avais dit qu'il fallait faire un effort pour l'unité, et même envisager un meeting commun entre le RPR et les autres, vers la mi-février. Ma proposition est tombée à l'eau, personne n'a saisi la balle au bond, personne n'en a plus jamais parlé. Cent mille têtes sous le même hangar, tout de même, cela aurait eu de l'allure, et sans doute tout arrangé ! »

Bref, cela ne s'est pas fait. La liste de la majorité barriste, en revanche, s'est bel et bien faite. Il y en avait moins de 300 lors du discours de Blois, il y en a 363 aujourd'hui. Pourquoi pile 363 ? Il s'agit d'une allusion historique, insiste Peyrefitte en ancien élève de l'École normale supérieure, aux 363 candidats républicains opposés à Mac-Mahon[2] en 1877. Il doit être le seul parmi les quinze ténors de la majorité à savoir cela ; je doute même que Giscard et Barre aient pensé, en faisant leur liste, à Mac-Mahon !



Alain Peyrefitte a interrogé sur ce sujet une première fois le Premier ministre, jeudi dernier : Raymond Barre lui a assuré qu'il ne prendrait pas la tête de ces 363, qu'il n'y figurerait même pas, qu'il ne s'agissait même pas de faire des affiches communes ni d'élaborer un slogan commun. Aujourd'hui, juste avant notre déjeuner, il l'a rappelé et a redit qu'il n'était pour rien dans la constitution de cette liste, mais qu'il ne pouvait plus reculer après la sortie de Chirac à Vierzon.

Conclusion de Peyrefitte : « C'est une mécanique absurde qui poursuit son chemin. »

Il reste, hâtivement écrites sur le menu du déjeuner au ministère de la Justice, quelques phrases que je relis avec difficulté, ce soir : elles concernent Jacques Chirac. « Depuis août 1976, me dit Peyrefitte, Jacques Chirac oscille entre la stratégie de l'échec (après des élections législatives perdues par la majorité, Chirac pourra être le recours) et la stratégie du succès (on peut gagner, gagnons ensemble). Depuis la semaine dernière, j'en suis sûr, il a choisi la stratégie de

1. La veille et l'avant-veille, donc, du discours de Raymond Barre à Blois.

2. Le 20 mai 1877, Mac-Mahon, mis en minorité à plusieurs reprises, reçut de la part de 363 parlementaires ou candidats au Parlement un manifeste « contre la politique de réaction et d'aventure » qu'il avait menée jusque-là. Aux élections qui suivent, les républicains obtiennent 323 élus parmi les 363.

l'échec ! C'est la constitution, en grande partie pilotée par Jean-Jacques Servan-Schreiber, d'un front anti-RPR, qui a précipité Chirac dans cette stratégie de l'échec. »

« Giscard, me dit encore Peyrefitte, a trouvé son ton : son discours d'hier à l'Élysée était parfait. » Selon lui, le Président interviendra encore plusieurs fois avant le début de la campagne officielle.

Avec Jacques Douffiagues, dans l'après-midi, j'en sais un peu plus long sur ce déjeuner présidentiel de rupture. Entre Soisson et Chirac, il y a eu un dialogue de sourds, tandis que Giscard, tentant de prendre du recul, précisait que les problèmes des partis politiques ne le concernaient pas.

À un moment donné, Jean-Pierre Soisson a proposé une réunion au sommet de la majorité. « D'accord, a dit Chirac, à condition que vous renonciez à votre stratégie anti-RPR.



– D'accord, a répondu Soisson du tac au tac, à condition que vous renonciez à votre préalable. »

« Nous n'avons pas violé les accords, se défend avec moi Douffiagues aujourd'hui. Si quelqu'un les a violés, c'est Jacques Chirac avec son discours de Vierzon ! Le problème est de savoir jusqu'où ira l'escalade. »

Il me raconte qu'au déjeuner de l'Élysée, il se trouvait à côté de Jérôme Monod. Celui-ci, qui avait été quelques années auparavant son patron à la Datar[1], lui avait répété sur un ton courtois l'accusation de « viol » des accords majoritaires, puis annoncé que Chirac s'apprêtait, à l'Élysée, à faire un éclat : « Vous ne serez pas déçu », lui a-t-il dit en souriant quelques instants avant la fin du déjeuner c'est-à-dire avant que les 15 ne se réunissent dans le salon Pompadour pour le café.

*17 janvier en fin d'après-midi*

Michel Debré, qui prend tout à l'heure l'avion de nuit pour la Réunion, n'a pas l'air mécontent de planter là pour quelques jours le remue-ménage majoritaire. Il me raconte qu'hier matin, donc quelques heures avant le déjeuner de l'Élysée, Jacques Chirac lui a lu le texte de la déclaration qu'il comptait lire devant Giscard. « De ce que Pierre Juillet voulait qu'il dise, plutôt, ajoute-t-il sans gentillesse.

1. Délégation à l'Aménagement du territoire et à l'Action régionale, dont Jérôme Monod a été le délégué général de 1968 à 1975.

J'en ai été proprement effrayé, continue Debré. C'était un discours "fracasseur", même pas correct avec le président de la République ! J'ai commencé à reprendre le texte, à arrondir les angles. »

Il me confirme que Jacques Chirac est arrivé à l'Élysée préoccupé uniquement de savoir quand et comment il pourrait placer sa bombe.

Passe le déjeuner, arrive l'heure du café devant la tapisserie du Roi-Soleil. Michel Debré commence, tant il a peur que Chirac, visiblement très énervé, en fasse trop. Il demande à Giscard de lever les ambiguïtés, insiste sur son inquiétude, demande si vraiment quelqu'un ici veut liquider le RPR. Il aborde le cas de Jean-Jacques Servan-Schreiber, qui n'est pas là mais dont la présence parmi les conjurés du pavillon de musique donne des boutons au RPR. Après quelques échanges avec Jean-Pierre Soisson qui jure avoir respecté les accords majoritaires, Jacques Chirac prend la parole sur un ton que Michel Debré trouve « inadmissible », car il y a chez lui, même vis-à-vis de Giscard qu'il n'aime pas, un respect légitimiste de la fonction de président de la République. Tout y passe : le rôle du Premier ministre, l'« utilisation abusive » de Giscard qui intervient bien trop dans la campagne !

À partir de ce moment, la version de Michel Debré diverge de celle de Peyrefitte (ou bien est-ce moi qui ai mal noté ?). Debré me dit que le Président a fait le tour des différents leaders. Rossi, qui a fini par entrer dans le salon Pompadour, dit que les radicaux signeront le pacte majoritaire et qu'il se fait fort d'obtenir de J.-J. S.-S. qu'il ne présente pas de candidats contre les candidats uniques de la majorité, s'il y en a. Lecanuet dit la même chose. Christian Bonnet[1] se différencie en soulignant à quel point ces bagarres incessantes sont dangereuses pour la majorité : « Nos électeurs en ont ras-le-bol », dit-il. Poniatowski et Chinaud se taisent. Après que Christian Bonnet a achevé son propos, Jean-Pierre Soisson reprend la parole : il a bien, selon Michel Debré, eu cette phrase en direction de Chirac : « Je te l'ai dit depuis le mois de juin, que j'avais des conversations avec les autres partenaires de la majorité ! » Et c'est Chirac et non Soisson qui aurait proféré cette exclamation : « Un peu de décence ! Tais-toi ! »

À ces mots, me dit mon interlocuteur, la pupille de Giscard se dilate. Il laisse tomber quelques mots du genre : « J'ai entendu parler de décence ou d'indécence à l'égard du président de la République.

1. Ministre de l'Intérieur, giscardien.

Je ne sais pas où vous avez l'habitude de tenir ces discussions. Je vous rappelle que vous êtes ici à la Présidence de la République ! »

Raymond Barre intervient après un silence. « J'entends parler d'agression, dit-il, je suis surpris, il me semble que je pourrais être le seul à parler d'agression[1]. Là n'est pas le problème ! » Il termine par deux remarques ; la première, sur la fonction de président de la République : « Il déterminera lui-même ce qu'il a à faire. » La seconde, sur son rôle à lui, Raymond Barre : il redit qu'il est dans ses fonctions de conduire la majorité. « Si les partis s'étaient bien comportés, ajoute-t-il, ils auraient aujourd'hui une cote plus favorable. Vous ne réussirez que dans l'unité : faites attention, vous partez pour vous faire battre, vous êtes sur une pente dangereuse ! »

« Pendant tout ce temps, me dit Debré, j'ai eu peur que Jacques Chirac, d'une nervosité inouïe, ne casse son fauteuil !... »



« Ce qui me préoccupe aujourd'hui, ajoute-t-il après diverses considérations sur Barre ("Si la maîtrise politique des choses était à Matignon, cela se saurait !") ou sur Jean-Jacques Servan-Schreiber ("Il a fait le forcing sur ses candidats, mais c'était de l'agitation"), c'est le fonctionnement de Jacques Chirac. Guéna n'est pas un homme de négociation, Monod encore moins. Désormais, ce n'est plus la peine de mettre Soisson, Lecanuet et Chirac dans la même pièce ; il faudra bien pourtant reprendre contact : Ponia et moi, Chinaud aussi, peut-être, nous pourrons jouer les bons offices. »

Je le trouve effectivement très critique sur Jacques Chirac, en ce moment. Il me le décrit comme « enfermé dans une tour d'ivoire avec ses lieutenants qui le manipulent. Il ne discute plus, il n'entend plus personne. Au surplus, aucun homme ne peut résister au rythme qu'il mène. Il faut qu'il fasse attention : à Vierzon, il a donné de lui une image extrémiste. S'il continue, il ne sera jamais président de la République ».

*18 janvier*

Poitiers, à l'occasion d'une des dizaines de déplacements de Jacques Chirac. Naturellement, c'est son fief : Marie-France Garaud est là. Elle me fait penser à une très belle mère supérieure de Visitandines, condamnée par un tribunal révolutionnaire pour avoir

1. Raymond Barre fait ici allusion au discours que Jacques Chirac a prononcé à Vierzon.

comploté contre la Révolution, droite dans l'adversité, digne à la vue de l'échafaud.

« Oui, me dit-elle, nous agissons en réalité pour le président de la République ! »

Elle m'amuse : elle me disait le contraire au moment des élections municipales à Paris. Elle prépare, c'est naturel, sa position de repli. Je ne le lui reproche pas, mais pourquoi me prend-elle pour une idiote ?

Elle me fait tout un sac sur l'entourage du président de la République. « Tous les entourages, lui dis-je non sans ironie, ne se ressemblent pas. » Elle rit.

Pendant que j'écoute Jacques Chirac haranguer les foules de sa voix toujours trop mécanique, je prépare les questions que je vais lui poser sur les ondes, demain, à l'occasion de ce presque déjà fameux déjeuner de France Inter. Avec la nomination de 363 députés non RPR, y a-t-il eu complot organisé, délibéré contre le RPR ? Jean-Pierre Soisson a dit devant témoins, à l'occasion du dernier déjeuner de la majorité, qu'il était parfaitement au courant des réunions fractionnelles avec les giscardiens, les centristes et les radicaux. Est-ce vrai ? À quelles conditions accepterait-il, lui, Jacques Chirac, que Jean-Jacques Servan-Schreiber entre dans la majorité ? Met-il en doute la volonté de Giscard de lutter contre le Parti socialiste, ou bien le soupçonne-t-il de se préparer à composer avec lui ? Il me semble que c'est cela, la question la plus importante : Chirac craint-il un retournement d'alliance, en quelque sorte, un rapprochement entre Giscard et Mitterrand pour une nouvelle social-démocratie à la française ? Moi aussi, je me pose la question, même si Michel Poniatowski, hier, a condamné publiquement Mitterrand.

*19 janvier*

L'émission a lieu ce matin : Chirac répond à toutes les questions sans s'irriter. Assez bonne émission, il me semble. Le thème, qu'il décline de la manière la moins agressive qu'il peut : il faudra avoir du caractère pour affronter les difficultés. Et cette expression, hors antenne : « Un certain laisser-aller aimable n'est plus de mise dans les périodes difficiles. » Il vise Giscard, évidemment, mais je ne peux m'empêcher de penser que c'est lui, Chirac, qui rend surtout la période difficile !

*22-24 janvier*

Je commence par Lille mon mini-tour de France électoral, législatives obligent.

Deux problèmes dans le Nord : à droite, la personnalité de Norbert Segard, qui ne cesse de passer depuis des années des centristes aux gaullistes ; à gauche, celui des rapports entre communistes et socialistes, avec les deux leaders locaux que sont Gustave Ansart pour le PC et Pierre Mauroy pour le PS. Gustave Ansart, responsable communiste pour le Nord, membre du bureau politique, député de la 20e circonscription, cheveux gris, costume sobre, et Pierre Mauroy, massif, lunettes d'écaille carrées sur visage carré, forment en réalité un vieux couple : depuis des années, ils sont tour à tour adversaires et partenaires. Ils ont tout dit l'un sur l'autre dans la presse locale, ils se sont affrontés des dizaines de fois à la tribune municipale, se sont répondus de meeting en meeting. Ils n'ignorent rien l'un de l'autre. Le temps passant, ils ont fini par couler des jours paisibles selon un code tacite qu'ils ont mis au point dans la pratique quotidienne.



Voici que depuis le 20 janvier, un vendredi, rien ne va plus entre les deux hommes. Pierre Mauroy a ouvert volontairement les hostilités, me raconte-t-il lui-même, au conseil municipal de Lille dont il est le maire et qui compte 10 conseillers communistes. Contrairement à son habitude (« Vous le savez, me dit-il, je suis plutôt un homme d'équipe ! »), il n'avait prévenu personne de la sortie qu'il allait faire. Il a apostrophé d'entrée de jeu les communistes en leur mettant le marché en main dans la perspective des législatives prochaines. Il les a mis en garde : « Chacun sera jugé à ses propres œuvres sur des actions simples : le désistement au soir du premier tour, conformément à la vieille règle de la République et de la gauche. »

À juste titre, car c'en était une, les communistes ont vu dans cette entrée en matière une véritable menace, et ils ont compris qu'elle avait valeur nationale. Si les désistements n'ont pas lieu en mars selon la discipline républicaine, les maires socialistes en tireront les conclusions : ils enlèveront aux conseillers municipaux communistes, partout où il y en aura, les délégations fixant leur pouvoir sur le terrain municipal.

Les conseillers municipaux communistes ne s'attendaient pas à cette sortie, il leur a fallu quelques heures pour feindre de s'étonner de la mise en garde de Mauroy. Lequel, il me l'avoue, est ravi de son coup : « Ça ne leur a pas fait de mal », commente-t-il sobrement.

Deuxième round entre communistes et socialistes au conseil régional, à midi aujourd'hui. Voici venu le moment-clef, le moment-test : le vote du budget régional. Le voter ou pas ? Que vont faire les communistes ? Suspense.

Lorsque j'arrive dans la salle du conseil, quelque chose me frappe : au premier coup d'œil, je remarque la sorte de connivence qui existe entre Pierre Mauroy et le préfet du Nord, André Chadeau, qui siège à ses côtés sur l'estrade. Une connivence exceptionnelle entre un préfet nommé par une majorité de droite et un leader de gauche. Les deux hommes n'arrêtent pas de se parler, de rigoler ensemble, d'échanger des notes. Assis au dernier rang dans la salle, Augustin



Laurent, le vieux leader qui a laissé sa place à Pierre Mauroy à la tête de Lille, le regarde faire, pipe au bec. Après discussion dont je ne comprends pas tous les sous-entendus et méandres, Gustave Ansart signifie que les communistes ne voteront pas le budget que Mauroy leur présente. Ils s'abstiendront. Ni pour ni contre : au milieu. Pas de défi aux socialistes qui ont présenté leur budget ; en même temps, pas de soutien au maire de Lille.

Ce que je retiens de ce voyage, c'est ce que me dit Pierre Mauroy dans la voiture qui le ramène à la mairie. D'accord, entre communistes et socialistes, en ce moment, ça ne va pas fort. « Mais nous sommes de la même famille : nous sommes comme des fils d'une grande famille qui rêveraient d'avoir été fils unique. Qu'est-ce que la gauche peut faire sans le Parti communiste ?, continue-t-il. Si nous restons maîtres de nos perspectives, si nous persistons à vouloir l'union de la gauche, le PC sera bien obligé d'évoluer vers la démocratie ! »

C'est un acte de foi.

Retour à Paris. Quelques notes très rapides sur ce que m'a dit Mauroy, mardi après-midi :

1. Pas question, en gros, de garder Giscard à l'Élysée si celui-ci se réfugie, après une éventuelle défaite de la majorité actuelle, dans une attitude boudeuse et agressive du genre : les Français ont fait le mauvais choix, je reste pour sauvegarder la Constitution, je serai un otage du gouvernement de la gauche. Commentaire de Mauroy : « Nous n'avons pas attendu vingt ans le pouvoir pour accepter que Giscard nous tire dans les pattes ! Nous trouverons une astuce pour le chan-

ger. On changera de régime, s'il le faut ! » Dans la bouche du modéré que je connais, cette détermination me surprend.

2. Pas question de se laisser démobiliser par les considérations des économistes socialistes. « Ceux-ci considèrent que si la gauche gagne, s'indigne-t-il, rien ne changera, que ce sera simplement comme si, à la place de Raymond Barre, il y avait Mitterrand ! Ce ne sera pas le cas : il y aura une nouvelle légitimité, un nouvel élan, tout sera changé, tout sera possible ! »

3. Impossible, à ses yeux, de gouverner sans le PC. « On ne pourra pas se battre sur tous les fronts, me dit-il, contre Jacques Chirac, contre Valéry Giscard d'Estaing et contre les communistes à la fois. »

Il termine en faisant pour moi le calendrier de ce qui va, à son sens, se passer : après le premier tour, le Parti communiste appellera François Mitterrand à 8 heures du matin, dès le lendemain. Il fera du forcing sur la réactualisation du Programme commun. Le PS refusera et n'acceptera qu'une vague déclaration de volonté politique commune. « Ensuite, après le deuxième tour, assure Mauroy, nous signerons un pacte commun de gouvernement qui n'aura pas la même ambition que le Programme commun, qui sera plus modeste mais plus réaliste. »



À opposer à ce que m'a dit Pierre Bérégovoy qui assistait en observateur, je ne sais pourquoi, à la réunion du conseil régional : « C'est fini, maintenant, il faut que l'un des deux partis se couche, ou le PS ou le PC. Si le Parti socialiste est fort et ferme, il n'y aura pas de problème, et Mitterrand aura réussi son pari. »

Un silence. Et puis cette interrogation qui révèle que son optimisme n'est pas aussi solide que cela : « Vous le croyez, vous, qu'on gouvernera ensemble ? On va peut-être faire un pacte de gouvernement, oui, mais je suis sceptique... Si les communistes restent sur cette pente... »

*26 janvier*

Conversation avec Jean-Jacques Servan-Schreiber qui me parle de ce que va dire Giscard, demain, à Verdun-sur-le-Doubs dans le discours où l'on sait déjà qu'il appellera au « bon choix » pour la France. « Et d'ailleurs, me dit J.-J. S.-S., il n'a plus rien à dire : il a oscillé sans arrêt entre Chirac et moi. La stratégie que je lui proposais était simple ; il fallait dire : « Vingt ans de gaullisme, ça suffit ; voici quels sont mes candidats à moi, Giscard, pour la France. Votez pour eux ! »

Nous en revenons toujours là : Giscard n'a pas osé rompre avec Jacques Chirac et avec le RPR. Il n'a pas osé prendre ses distances, imposer sa propre majorité, tant pis pour lui[1] !

*1er février*

Question : pourquoi les communistes ne passent-ils pas un jour sans réclamer, sur l'air des lampions, la présence de ministres communistes dans le gouvernement de la gauche si celle-ci gagne les prochaines élections ? Lundi dernier, à l'issue du comité central, puis hier sur Antenne 2, Georges Marchais s'en donne à cœur joie. La

thèse officielle est celle-ci : en cas de gouvernement de la gauche, le PC ne soutiendra pas seulement le gouvernement, il y participera.

Il me semble d'abord que, pour qu'il y ait gouvernement de la gauche, il faudrait d'abord que la gauche gagne. Or Georges Marchais continue à ne pas s'engager : désistements ou pas ? Il lie bizarrement le deuxième tour au score obtenu par les communistes au premier : si le PC obtient un nombre de voix honorable, il acceptera que ses candidats se désistent pour les socialistes au second. Il refusera de le faire s'il est trop faible. Oui, c'est une attitude bizarre, car elle consiste à pénaliser son partenaire avant même de gagner.

Force est donc de convenir que si Marchais en fait trop sur les ministres communistes, c'est qu'il craint une victoire de la gauche et attise volontairement les peurs.

À rapprocher de ce que le secrétaire général du PC avait déjà laissé échapper en novembre dernier[2] : « Si la gauche ne l'emporte pas ce coup-ci, ce sera pour la prochaine fois ! »

Ah ça, il n'est pas pressé !

---

1. Valéry Giscard d'Estaing a ouvert la campagne politique à Verdun-sur-le-Doubs, le 27 janvier 1978 : « Je suis venu, a-t-il dit, vous demander de faire le bon choix pour la France... Le chef de l'État est à la fois arbitre et responsable. Sa circonscription, c'est la France. Son rôle, c'est la défense des intérêts supérieurs de la nation.

« L'application en France d'un programme d'inspiration collectiviste plongerait la France dans le désordre économique. »

2. Le 10 novembre 1977, lors d'un déjeuner de presse après le comité central.

Après Lille, Rouen où Roland Leroy doit tenir ce soir un meeting. Il ne me dit rien, si fatigué qu'à peine installé dans la voiture où il a accepté ma présence et celle du journaliste de *L'Humanité* Jean Le Lagadec, il s'endort. Il finit par se réveiller et me parle en langage quasiment codé. Si j'ai bien compris, ses attaques provocatrices contre le Parti socialiste signifient une mise en garde nette (ou une intox ?) : les candidats du Parti communiste ne se désisteront pas pour les socialistes, sauf si, au dernier moment, bien sûr, Mitterrand cède et accepte une négociation en trente-six heures sur le Programme commun. Ce qui me paraît totalement invraisemblable.

Hier soir, Leroy se déchaîne donc contre Mitterrand : Mitterrand a osé recevoir Willy Brandt[1] à Paris, deux jours avant la visite de Schmidt à Giscard : « Si nous avions fait ça, s'exclame-t-il, imaginez si nous avions reçu un dirigeant soviétique deux jours avant une rencontre Brejnev-Giscard ! »



Il prend une feuille de papier, trace une ligne dans le sens de la longueur et me demande : « Voulez-vous que nous fassions la liste des socialistes qui ont trahi ? » et il écrit : « Laval, Déat, Marquet, Montagnon[2]... »

Il s'interrompt. Long échange avec son compère Le Lagadec sur le fait de savoir si Robert Lacoste[3] a trahi son parti et sa cause. « Non, conclut Leroy après réflexion, il n'a fait qu'exécuter la politique de Guy Mollet en Algérie ! »

Et Léon Blum ? Moue de Leroy : « Blum ? Bof ! On ne sait pas trop. Il paraît qu'il n'a rien trahi parce qu'il n'avait rien à trahir ! »

Blum, traître ? Ciel ! Si Mitterrand entendait cela !

Au moment où je me fais cette réflexion, Leroy m'interroge non sans provocation : « Mitterrand ? C'est vrai qu'il se prend pour Léon Blum, qu'il veut l'imiter ? »

Il rit encore quand je lui parle de sa photo hilare, à la Fédération

---

1. Leader du Parti social-démocrate allemand, Helmut Kohl étant le leader du CDU depuis 1973.

2. Socialiste, Pierre Laval a été président du Conseil de la III$^{e}$ République. Il est à Vichy, aux côtés du maréchal Pétain, le symbole de la collaboration. Déat, Montagnon, Marquet, socialistes eux aussi, ont créé avant guerre un mouvement dissident et ont été entraînés dans la politique de collaboration.

3. Robert Lacoste, membre du Parti socialiste SFIO, député socialiste de Dordogne, a été ministre résident en Algérie dans le gouvernement de Guy Mollet de 1956 à 1957.

de la gauche, avec Waldeck Rochet, quand il se fichait ouvertement de la cour qu'entretenait Mitterrand autour de lui.

*7 février*

Tour de France, toujours : je suis en Vendée avec Hervé de Charrette. Il résume les deux inconvénients de la campagne : le combat entre giscardiens et chiraquiens ne cesse de se durcir à l'approche de l'échéance. Les notables, devant la double candidature, restent l'arme au pied en attendant le deuxième tour.

Aujourd'hui, me voici à Caen où Louis Mexandeau, socialiste, ne me parle que du problème communiste. Curieuse campagne dans laquelle le principal ennemi de la gauche dans l'opposition est la gauche, où le principal ennemi de la droite au pouvoir est la droite. C'est fou ! Lorsque je rencontre un socialiste, je ne l'entends parler que des communistes auxquels il espère piquer le maximum de voix. Lorsque je rencontre un giscardien, il ne me parle que de Jacques Chirac. Aujourd'hui, c'est au tour de Mexandeau de me parler de son principal adversaire communiste, Joe Metzger.

« Le PC, me dit-il, est très impopulaire ici. Metzger est un apparatchik autoritaire ! »

Les problèmes avec les communistes existaient ici, me dit-il, bien avant la rupture de septembre. Alors, après... !

Face à lui, qui ne m'enthousiasme pas, je trouve son adversaire de droite, Girault, sympathique et courageux. Il vient de lui arriver un drame : son fils a été publiquement convaincu d'usage de drogue. À quelques mois des élections, l'affaire avait évidemment de quoi le couler auprès de son électorat plutôt bourgeois. Il aurait pu nier, se débrouiller pour étouffer l'affaire, ou jeter l'éponge tout simplement. Eh bien non, il a contre-attaqué, il a dit qu'un tel drame était horrible pour un père. Il a retourné la situation et est devenu la victime de temps difficiles. Les Caennais ont partagé sa souffrance : loin de le condamner, ils l'ont soutenu avec émotivité et sensibilité. On me dit qu'il a dû, dans l'affaire, gagner 3 ou 4 % des voix. Je trouve que c'est une assez belle histoire.

Quant au fameux Joe Metzger, il me reçoit longuement, costume gris rayé, chemise bleue, cravate bordeaux. À son tour de mettre les embarras de la gauche sur le dos de Mexandeau : c'est la faute du socialiste si les accords n'ont pas pu être conclus. Mexandeau a voulu gagner sur le centre en gardant l'électorat populaire, il n'y est pas parvenu, tant pis pour lui ! Metzger voit un « très grand avenir » devant le Parti communiste. Sa théorie : « Caen est une ville où la classe ouvrière est très jeune, elle a été tentée un moment par la social-démocratie, mais elle va revenir vers le Parti communiste. Si ce n'est pas maintenant, ce sera plus tard ! »

Je parcours des yeux la pièce où il me reçoit. C'est un vrai professionnel de la politique ; toute la littérature de la campagne est sur son bureau : le Programme commun réactualisé (version PC), le programme de Blois, quelques textes de Giscard, sans oublier le programme du Parti socialiste. Curieux mélange, ce type : il est « leroyiste » sur une ligne dure, ultra-dure.

« Vous connaissez la théorie du coucou qui est celle de Roland Leroy, me dit-il. Les socialistes ont déposé des œufs dans notre nid et ils les ont fait grandir et prospérer. Il fallait au contraire que l'union nous profite à nous, et pas aux socialistes. Marchais l'avait bien compris lorsqu'il a fait ce rapport au comité central, en 1972, où il appelait à la méfiance vis-à-vis du PS ! Il fallait faire l'union sur une base de sévérité, sans trop de concessions au Parti socialiste. C'est ce qu'il disait, et il avait raison de le dire, mais ce n'est pas ce qu'il a fait. Maintenant, peut-être est-il trop tard. » *1978*

Je l'interroge sur les désistements éventuels entre les partis de gauche pour le deuxième tour.

« Si le Parti communiste est trop faible dans un mois, cela voudra dire que les Français ne sont pas assez mûrs pour le changement. De toute façon, pas de désistement sans accord sur le Programme commun. Pas question d'éviter les choses qui fâchent ! »

Bref, je n'en tire rien d'autre que ce constat : l'ennemi n° 1 est la social-démocratie. D'ailleurs, à ce qu'il m'en dit, c'est le maire de droite de Caen, Girault, qui a tout fait dans la ville, tandis que Mexandeau est dévalué, inutile, pour ne pas dire nul.

« Rien n'aurait été pire, appuie-t-il, que de participer à un pouvoir social-démocrate. À partir du moment où nous ne voulions pas participer à une politique d'austérité, de restrictions, il valait mieux casser tout de suite plutôt que plus tard ! »

Il me semble que derrière tous ces propos, plus directs et moins controuvés que ceux de Roland Leroy l'autre jour, on peut discerner une condamnation de Georges Marchais, accusé d'avoir « engraissé » le Parti socialiste au détriment du Parti communiste. Selon Metzger, Roland Leroy aurait été un bien meilleur secrétaire général du PC.

Ira-t-il jusqu'à condamner Marchais au prochain comité central ? Tous ces gens se tiennent par on ne sait combien de cadavres...

Il ne nie pas non plus qu'au moment où il aurait fallu au Parti un Togliatti, comme en Italie, les communistes français n'ont eu droit qu'à un Thorez vieillissant, presque gâteux, puis à Waldeck Rochet, malade.

*13 février*

Je n'ai pas eu le temps d'écrire sur le dernier dîner avec Mitterrand, il y a quelques jours. J'y reviens aujourd'hui dans ma chambre d'hôtel de Caen.

Cela s'est passé chez Dodin-Bouffant, le 9 février, à quelques centaines de mètres à peine du domicile de François Mitterrand. Il adore ce restaurant au décor anonyme, pas seulement à cause de sa proximité, mais parce qu'il y aime les huîtres qu'on lui sert. Dire que Mitterrand aime les huîtres est un euphémisme. Il les gruge goulûment, la douzaine vite épuisée. J'ajoute que chez Dodin-Bouffant, les huîtres ne ressemblent pas aux autres : elles sont d'une espèce particulière sur laquelle le patron s'étend devant nous, ce soir-là, avec volubilité – ce sont des coquillages monstrueux, sombres, presque ronds, hérissés de pointes comme des hérissons. Mitterrand s'en délecte. La petite troupe qui l'accompagne aussi : il y a là Georges Dayan, bien sûr, Claude Estier, Louis Mermaz, Charles Hernu, d'autres encore. Par un privilège inouï, et surtout parce que je devais rencontrer Mitterrand, auparavant, vers 19 heures, j'ai participé au dîner. Que dis-je, au dîner ? Au carnage de bourriches entières !

Une seule grande table au fond de la salle voûtée. Mitterrand au milieu, entouré, comme dans la Cène, de ses apôtres, distille sa pensée dans le recueillement de ses amis qui écoutent la vérité sortie de sa bouche. Pas la moindre remise en cause, jamais, de la pensée mitterrandienne. Peut-être y a-t-il des endroits où l'on s'interroge, mais en tout cas pas pendant ces pauses dînatoires.

Mitterrand se lance dans un long monologue pendant lequel il n'est pratiquement pas interrompu. Je n'ai pas pu écrire sur le moment. Je retrouve aujourd'hui ce que j'en ai noté au dos du menu :

« Que le PC retire ou non ses candidats, qu'il se désiste ou non pour nous, je suis incapable, dans l'état actuel des choses, de savoir ce qu'il va faire. Une chose est sûre : je me suis mis – le PS s'est mis – hors de sa portée. De deux choses l'une : il se désiste et, dans ce cas, la victoire de la gauche est pratiquement certaine. Nous signons au lendemain du premier tour un accord sur les principales réformes à mettre en œuvre. Et nous attendons de pied ferme le second. Ou bien le PC ne se désiste pas. Dans ce cas, pas de victoire de la gauche. Mais alors, dans quelle situation nous serions ! Parti préféré des électeurs, froidement assassiné par les communistes ! Peu importe le nombre de députés que nous aurions ! Le PS sera d'autant plus aimé qu'il n'assumera pas les responsabilités du pouvoir. Nous pouvons tranquillement attendre la suite des opérations. »

Un temps, et puis, au moment où reprend le bruit des fourchettes, il ajoute :

« Relisez *De l'amour* de Stendhal. Le PS sera comme un héros stendhalien, aimé parce que intouchable, adoré parce que lointain. »



*16 février*

Que retirer de ma rencontre avec Marchais, aujourd'hui, hormis que j'ai effectivement l'impression qu'il est beaucoup moins dur que Leroy avec les socialistes, notamment sur le problème des désistements, ainsi que sur un accord, qu'il dit toujours vouloir, avec François Mitterrand ?

C'est pourtant ma conversation avec Michel Cardoze[1], hier, le 20, qui est de loin la plus importante. Il ne nie pas qu'il y ait plusieurs courants dans le Parti communiste. Le premier courant (Leroy) est constitué de ceux qui pensent qu'il ne faut pas arriver au pouvoir dans les conditions actuelles. Ceux-là s'accommoderaient très bien d'une défaite de la gauche aux élections de mars, voire la préféreraient. Le second courant (Marchais) estime impossible de rester à l'écart d'une victoire populaire s'il apparaissait, à l'issue du premier tour, qu'elle soit possible. Entre les deux courants, les points communs : le désir de développer d'abord le Parti communiste, de borner les ambitions du Parti socialiste, bref, de ne pas se faire « bouffer » par lui. Donc, l'attitude du Parti communiste dépend des résultats du premier tour. Si le PC obtient plus de 20 % des voix au premier tour, le 12 mars, Georges Marchais dira qu'il est prêt à appliquer une plate-forme commune. Il appellera donc au « désistement

1. Chroniqueur politique et culturel au journal *L'Humanité.*

républicain ». S'il a moins de 20 %, s'il apparaît affaibli, aucun accord ne se fera à gauche.

Voilà qui a le mérite d'être clair.

*20 ou 21 février*

Chirac à Montpellier

Je commence à ne plus savoir où je suis, à force de filer de ville en ville. Comme les candidats que j'escorte, entre hôtels, trains, aéroports, je suis hors du temps...

Hier, Jacques Chirac n'a pas dit grand-chose dans l'avion qui l'emmenait à Montpellier, sauf cette phrase sur les communistes qu'il me chuchote au creux de l'oreille : « Ils jouent bien, les communistes, en ce moment : réclamer des ministres communistes au gouvernement, c'est un bon slogan pour nous ! » Il me cite les sondages en sa possession sur la gauche : le Parti communiste serait crédité de 21 % des intentions de vote, tandis que le PS obtiendrait un point de moins. Tout ce qui va dans le sens d'un affaiblissement des socialistes et de François Mitterrand lui convient à merveille. Il s'en délecte d'avance !

À son arrivée à l'hôtel de ville, il a reçu quelques journalistes et a lâché quelques petites phrases bien senties sur l'UDF, puisque s'appelle ainsi désormais le mouvement qui réunit giscardiens, centristes et radicaux (il paraît que c'est Jean-Jacques Servan-Schreiber qui en a trouvé le nom : Union pour la démocratie française).

« Cette histoire de l'UDF, dit-il, c'est une hérésie ! En en prenant la tête, le président de la République ne se rend pas compte qu'il commet une grave erreur : il devient le chef d'un certain nombre de députés élus pour lui et par lui. Ce qui sous-entend *a contrario* que les députés RPR ne seront pas élus avec lui, mais contre lui. Les miens, donc, disent à qui veut les entendre : "Ah oui, nous sommes élus contre Giscard, contre son gouvernement ? Eh bien, ils vont voir la vie qu'on va leur mener !" Du coup, la campagne que mène le RPR est beaucoup plus aigre, agressive à l'égard du Président et de son gouvernement. À l'issue du premier tour, Giscard aura fait la démonstration qu'il est le président de 18 % des Français seulement. Ce qui affaiblit la fonction présidentielle.

« Oh, ajoute-t-il, persifleur, il en fera alors un peu plus dans le libéralisme mondain ! »

Je lui demande si les bataillons RPR assistent aux réunions de

Raymond Barre. Il me répond, rigolard : « Ma consigne aux militants pour les meetings de Barre ? Envoyer mille militants de moins que pour mes propres meetings ! »

Là, j'en suis sûre, il ment comme un arracheur de dents. Je suis convaincue qu'il leur demande tout simplement de ne pas y assister !

Voici venue l'heure du meeting. Lorsqu'il parle, Chirac reste curieusement gauche, lève les bras en V de la victoire au-dessus de sa tête, avec ce curieux sourire qui est le sien, tantôt plaqué sur son visage à contretemps, tantôt reflétant au contraire une réelle gentillesse. À la tribune, il est tour à tour étranger et présent, hors du monde parfois, lorsqu'il ne se surveille pas et se laisse aller à penser à autre chose, et à d'autres moments, au contraire, proche des gens, tendant ses mains vers la foule. Je retiens de ce discours électoral prononcé sans éloquence excessive, c'est le moins qu'on puisse dire, une phrase : « Nous devons, à ces primaires, battre la droite au premier tour, pour battre la gauche au second ! » Autrement dit, l'adversaire du premier tour, c'est l'UDF : tout faire pour que le RPR devance, le 13 mars, le nouveau parti giscardien !



Je repense, pendant que le meeting de Chirac se déroule, à mes conversations d'il y a quelques jours, la première avec François Mitterrand (le 9 février), la seconde avec Marchais (le 16). Mitterrand m'a donc fait, le 9, la démonstration que le Parti socialiste, s'il ne parvient pas au pouvoir en 1978, sera un parti adoré parce que trahi, assassiné, poignardé dans le dos.

Je doute de sa placidité, car je commence à bien le connaître : je sais qu'il a toujours deux fers au feu, même quand il paraît le plus démuni. Il se peut qu'il envisage pour le PS, surtout si celui-ci était largement gagnant, une possibilité de se rapprocher de Giscard, ou plus exactement d'envisager de faire un bout de chemin à l'hôtel Matignon avec lui à l'Élysée – contrairement à ce que m'a dit Mauroy il y a deux jours, mais Mauroy ne dispose à mon sens que d'un seul pan de la pensée de Mitterrand.

Mais, dans l'hypothèse où le PC se désisterait, il me semble que François Mitterrand laisse la porte grandement ouverte. Dans ce cas, il est prévu que le 13, entre les deux tours, un accord politique puisse être signé entre PS et PC : « On pourra, m'a-t-il dit, toujours inscrire, si on le veut, une dizaine de grands objectifs communs entre nos deux partis. Les communistes pourront toujours dire : on n'a pas réactualisé le Programme commun, mais c'est tout comme. Quant aux socialistes, ils argueront qu'il n'y a pas eu de renégociation du Programme commun. »

Donc, il envisage toujours la possibilité de sauvegarder l'union de la gauche si la volonté politique existe de part et d'autre.

Je lui ai dit sans insister – car nous n'étions pas seuls lorsqu'il a développé ses arguments chez Dodin-Bouffant – que mon voyage en France d'une circonscription à l'autre m'incitait à croire le contraire – pour les élections qui viennent, en tout cas. Je n'oublie pas le tir de barrage des communistes, de tous côtés, contre les socialistes. François Mitterrand me dit ne pas avoir recueilli cette impression au cours de ses déplacements à lui, qui n'a pourtant pas chômé ces dernières semaines.

Pourtant, une semaine plus tard, Georges Marchais ne m'a pas dit



le contraire, parce qu'il me paraît, tout compte fait, plus souple que Leroy, plus aimable, plus ouvert avec le PS. On me cite ce duel avec Alain Peyrefitte, sur Antenne 2, que je n'ai pas pu regarder, et où, paraît-il, il a refusé de croiser le fer avec les socialistes, ce à quoi l'incitait fortement Peyrefitte, qui voyait le parti qu'il aurait pu en tirer. Roland Leroy, en revanche, opposé à Jean-Jacques Servan-Schreiber sur les antennes de la même station, ne s'était pas gêné, devant le président du Parti radical, pour accabler de ses railleries les socialistes.

Si Georges Marchais avait les coudées franches, je mettrais ma main à couper qu'il imposerait les désistements. Les a-t-il ?

Retour de Montpellier, dont je retiendrai essentiellement qu'après le meeting auquel nous avons assisté, une panne de courant a plongé dans l'obscurité l'hôtel où nous étions tous descendus, politiques et journalistes. Un sabotage ? Un moyen, pour les hommes, de gagner en toute sécurité les chambres des femmes ? On ne le saura pas. L'hôtel, plongé dans la nuit jusqu'aux aurores, est resté silencieux.

Déjeuner avec Michel Rocard *(sans date précise)*

Quelle hargne, quelle rogne contre le « monarque » (c'est le surnom qu'il a donné à François Mitterrand) ! Il l'accuse de tous les maux, et surtout de lui avoir retiré le dossier des nationalisations pour le confier à Pierre Joxe. Pourquoi à Pierre Joxe ? Parce que celui-ci est plus « dogmatique » que lui, me dit-il. Il accuse Mitterrand de n'être qu'un politique, de privilégier toujours ses desseins politiques par rapport aux nécessités économiques. Bref, de manquer de sérieux. Pour faire bonne mesure, il trace un tableau apocalyptique de ce qui nous attend : le drame dans les huit mois qui suivront la prise du pouvoir par les socialistes, l'inflation, les entreprises qui ferment. Alors, diable, qu'y fait-il, au Parti socialiste ? Il me répond : « Vous remarquerez que je ne dis rien depuis deux ans... De toute façon, Mitterrand m'a toujours donné tort : j'ai été le seul à recevoir une lettre pour m'interdire de mettre mon texte sur les nationalisations en discussion devant le comité directeur ! »

Son dégoût affiché lorsqu'il parle de tout cela, de la « lâcheté » – c'est son mot – des socialistes et des radicaux à l'égard des communistes.

Curieux personnage dont je n'arrive pas à cerner la personnalité. Sympathique, novateur, imaginatif : j'entends bien les mots qu'emploient pour en parler ceux qui l'aiment bien. Je le trouve animé, au contraire, par une volonté de revanche, comme si, n'ayant pas pu faire du PSU le plus grand parti de la gauche, il ne s'était rallié au PS que de mauvais gré, comme s'il ne voulait pas reconnaître le leadership de François Mitterrand. Contre Mitterrand, contre Mendès, qui n'est pas allé assez loin, personne ne trouve grâce à ses yeux : ni Chevènement, ni Motchane, évidemment, mais pas plus Gaston Defferre qu'il prend pour un imbécile, ni Pierre Mauroy qu'il aimait bien, dans le temps. Personne sauf peut-être Pisani et Jean-Pierre Cot.



Essayons de faire le bilan de tous les leaders interviewés par nous à France Inter tout au long du mois qui vient de s'écouler. Nous avons fait avant-hier, Joseph Paletou, Jean Lefèvre[1] et moi, le dernier de nos « petits déjeuners » de France Inter avant les élections. Qu'y a-t-il à retenir de ces heures passées ensemble ?

D'abord, comme au théâtre, il faut distinguer ce qui se passe en coulisse du spectacle offert aux spectateurs : les coulisses ont été pour moi aussi intéressantes, voire plus, que le devant de la scène. Nous avons vu Jacques Chirac à Poitiers, en pleine nuit, au lendemain du discours de Vierzon où, face au chef de l'État, il s'était défini lui-même comme le recours possible. Lorsque nous l'avons rencontré ce matin-là, sa colère contre Giscard n'était pas retombée : il nous a dit tout net ce qu'il pensait de l'UDF – qui, pourtant, n'était pas encore

---

1. Respectivement chef du service politique et directeur de la rédaction de France Inter.

officiellement créée – et des complots ourdis en douce contre lui dans les jardins de l'hôtel Matignon. Ce matin-là, je pense qu'il en a trop fait contre Giscard.

D'ailleurs, quelques jours plus tard, il s'est aperçu que sa colère – ou celle de ses conseillers, comme dirait Michel Debré – passait mal, et qu'il était en train d'apparaître comme un diviseur. Du coup, il a mis une sourdine à ses accusations, à ses plaintes, et a désigné ses candidats contre ceux de l'UDF, mais dans le silence et la discrétion.

Nous avons eu la chance d'aller trouver Jean-Jacques Servan-Schreiber à Nancy le lendemain de la création – officielle cette fois – de l'Union pour la démocratie française : nous faisant du charme, habile, politique, en un mot, pour une fois, il nous a expliqué à table, le soir, avant sa prestation du lendemain matin, quel rôle il y avait joué, et comment il s'était battu pour trouver un nom à ce qu'il appelle, sans se cacher derrière son petit doigt, un « front anti-RPR ».

François Mitterrand a été, de tous, le plus sibyllin, du moins à l'antenne. Il a parlé de mauvais gré des communistes. On le comprend : il a continué de dire qu'il ne parle que sur les événements sur lesquels il peut agir, et qu'il ne parle pas des choses sur lesquelles il ne peut rien. Et il a la conviction de ne rien pouvoir, de ne rien savoir sur le PC. De deux choses l'une : ou bien celui-ci accepte les désistements en faveur des socialistes au deuxième tour, et dans ce cas, dit-il, la gauche peut gagner tout de suite. Ou il n'y a pas de désistements : alors le PC sera accusé d'assassiner le PS, « et, dans ce cas, a-t-il conclu, je lui souhaite bien du plaisir ! ».

Puis on a vu Georges Marchais remonté comme une pendule, touchant à peine à la droite, tendu dans sa dénonciation des socialistes. Il faut dire que je ne comprends pas grand-chose – et nous sommes très nombreux dans ce cas – aux circonvolutions de la stratégie du PC depuis le mois de janvier. Les communistes ont essayé en deux mois tous les slogans, ils n'ont cessé de changer leur fusil d'épaule. Le 7 janvier, lors de leur conférence nationale, ils ne voulaient pas aborder la question des désistements avant le premier tour, ni reprendre à quelque niveau que ce soit le dialogue avec le Parti socialiste.

Deux semaines plus tard, le 23 janvier, devant les journalistes invités à déjeuner au siège du comité central (déjeuner pour une fois médiocre), Georges Marchais a changé de braquet et mis en avant la nécessité, au cas où la gauche gagnerait, de la présence des ministres communistes au gouvernement. Le 6 février, nouvelle conférence de presse du secrétaire général du PC : il reprend son antienne sur la réactualisation du Programme commun ! Le 7, devant le refus socialiste de « bâcler » une négociation sur le Programme commun, nouvel infléchissement : à Gentilly, il exige de reprendre « sans délai et sans préalable » la discussion, en oubliant la réactualisation. Appel confirmé le 16 février lors d'un meeting communiste à la porte de Versailles, pendant lequel Mitterrand a été copieusement hué. Bref, nous l'avons interrogé sur ces changements de ligne qui, nous a-t-il expliqué, n'en sont pas. CQFD !

Raymond Barre, enfin, a parlé le dernier, avant-hier : il a répondu à nos questions avec précision, de sa voix pointue, sans charisme, sans même chercher à en avoir. Il sera chef d'un parti politique quand je me ferai bonne sœur !



*22 février*

Sondage sur les élections : total droite 43 % (RPR, 21 % ; UDF, 20 % ; divers 2 %). Total gauche 53 % (PC, 21 % ; PS, 27,5 % ; radicaux, 2 % ; extrême gauche, 2 %).

Commentaire de Jean-Marc Lech, qui, désormais, fait, semble-t-il, la pluie et le beau temps dans la météo politique : l'écart se maintient entre l'opposition et la majorité, le PS est au plus haut, ce qui n'empêche pas le PC de gagner des points.

*28 février*

Rencontre avec Lionel Jospin. Très grand, sec comme un coup de trique. Grosses lunettes aux verres légèrement fumés. Crinière afro. Pas un sourire. Il me parle parce que Mitterrand le lui a demandé. Il n'est pas du genre à solliciter la presse, qu'il ne porte pas dans son cœur. Aucune excentricité dans ses déclarations, pas le moindre écart par rapport aux textes adoptés par le PS. Il parle des socialistes comme les communistes parlent d'eux : sans recul et sans distance. Non, le PS n'a pas infléchi son action au jour le jour. Oui, le 12 mars, jour du premier tour, on verra bien que le PS n'a pas viré à droite, malgré les déclarations diverses du PC. « Nous attendons le jugement des Français », me dit-il sans fioritures. « Il faut que le PC aille jusqu'au bout de sa logique, me dit-il encore. Nous attendons, sur ce point, le jugement des Français. Nous, nous ne sommes pas soumis à ses volte-face ! »

Nous évoquons le programme sorti opportunément par la CFDT, qui pourrait, vu sous un certain angle, donner l'occasion à la gauche socialiste de retrouver, autour de la plate-forme syndicale, les communistes. Il n'est pas négatif : « L'initiative de la CFDT démontre que l'on peut avoir des positions différentes de celles du PC sans tourner le dos au Programme commun. C'est ce que nous disons, nous, depuis le début. Dans la mesure où c'est un élément d'ouverture, nous l'acceptons évidemment ! Pour la première fois, pour certains des dirigeants socialistes qui disaient avoir fait au PC toutes les concessions possibles et imaginables, l'idée est suggérée que nous pouvons aujourd'hui négocier sur des positions qui ne sont pas directement celles du Parti communiste. D'ailleurs, ces propositions, nous les étudierons demain, sans prendre de décision. »

Il n'a pas l'air franchement gai, ce grand chevelu, avec ce je ne sais quoi de coupant, plus exactement de métallique dans la voix. Je comprends néanmoins, en l'écoutant, qu'il envisage une victoire de la gauche malgré cette funeste campagne. Le PS, selon lui, peut atteindre les 29 % : « Tout reste possible » – c'est par cette note optimiste qu'il termine tristement son propos.

*8 mars*

Je suis dans la salle d'attente au salon du Bourget où je dois prendre un avion pour Grenoble avec Pierre Mauroy. Comme d'habitude, il est en retard. J'en profite pour écrire mes impressions sur cette fin de campagne électorale.

Sur les gens rencontrés d'abord depuis le 20 février, date à partir de laquelle je n'ai plus guère noirci ce cahier :

Jacques Chirac qu'après Poitiers j'ai suivi à Montpellier, le 21 février. Remonté comme un ressort, obligeant le pilote de l'avion à décoller malgré la fermeture, pour cause de brouillard, de l'aéroport du Bourget. Pensant qu'il était capable de vaincre les éléments déchaînés – ils l'étaient vraiment, ce matin-là – comme si rien ne pouvait lui résister.

En dehors de cela, comment dire, il me paraît beaucoup moins sûr de sa victoire que la semaine précédente. Je suis incapable de savoir ce qui, en lui, me donne cette impression-là, ni sur quelles phrases exactement je base mon opinion. D'ailleurs, il ne dit rien, ou à peu près, sauf cette phrase que je l'ai déjà entendu proférer à l'occasion d'un autre meeting et qui révèle, comme toujours, sa volonté de montrer que les communistes sont des gens sérieux, incomparablement moins amateurs que les socialistes.

Je me demande, en le regardant, comment il aurait supporté ces mois à la mairie de Paris s'il n'avait pris la judicieuse décision (pour lui) de faire son tour de France. Non parce qu'il a récupéré des voix que je ne crois pas très nombreuses. Mais tout simplement parce que l'inaction l'aurait sans doute « désuni ». Sa position n'est pas facile, en effet, et je me dis que, passé l'euphorie de l'élection parisienne, il a eu le temps de mesurer la perte de pouvoir qui a été la sienne après son départ de l'hôtel Matignon. Il a choisi de se lancer dans la France comme d'autres se noient dans l'alcool. Comment ne pas le comprendre : il est à court, il a besoin de sa drogue sans laquelle il ne serait pas Chirac.



Je continue ces notes : dans l'intervalle, Pierre Mauroy est arrivé, épuisé. Il s'est endormi sur ses dossiers dès que l'avion a franchi la barre des nuages.

J'en arrive à André Chadeau, le 22 février, avec lequel j'ai déjeuné dans un restaurant des Champs-Élysées, je ne sais jamais si c'est le Doyen ou Chez Laurent. À l'heure où il m'a parlé, il m'a semblé, lui, beaucoup moins pessimiste sur l'avenir de la majorité qu'il l'était quinze jours plus tôt à Lille. Encore que je me rappelle qu'il m'a dit, au cours de ce déjeuner, que ses bagages étaient prêts, qu'il était sans doute temps pour lui de changer de vie et de gagner le privé : « De toute façon, je ne peux pas rester vingt ans préfet de Lille ! »

Je crois – tant pis pour cette intrusion dans sa vie privée, qui ne me concerne pas – que sa femme, l'ancienne épouse du bouillant et bruyant Alexandre Sanguinetti, aurait envie de retrouver la vie parisienne !

Lui, manifestement, pense que les affaires électorales ne sont pas bien conduites par la majorité. Il raconte avec une assez grande drôlerie comment, le dimanche précédent, lorsque deux ou trois nouvelles candidatures RPR ont été annoncées dans le Nord contre des candidats giscardiens – des secrétaires d'État –, il a appelé la permanence du ministère de l'Intérieur. Il a joint Paolini [1] chez lui pour lui parler

1. Jean Paolini est directeur de cabinet du ministre de l'Intérieur, Christian Bonnet.

des grandes manœuvres chiraquiennes dans le Nord : Paolini n'en savait rien et lui a fait savoir qu'au demeurant le Nord n'était pas le seul département où les choses se passaient de manière anarchique du côté de la majorité. « Il ne savait même pas, a plaisanté Chadeau, que Chirac avait annoncé de nouvelles candidatures à Paris ! »

Vendredi 3 mars, avec Guy Bois, mon ami historien communiste, et le maire, également communiste, d'Antony, nous avons dîné dans je ne sais quelle auberge du Cheval blanc, sur la route nationale 20 : plats copieux, sympathiques, la cuisine canaille chère à Jacques Chirac, et, autrefois, avant sa maladie, à Georges Pompidou. Ai-je affaire à une autre race de communistes, ou à des oppositionnels sophistiqués, toujours est-il que si j'essaie de résumer mes impressions, il me semble d'abord que le principe de désistement « républicain », quoi qu'en disent Marchais ou Leroy, est acquis, car, me disent-ils, le Parti communiste volerait en éclats s'il en était autrement : il n'a jamais été sérieusement question d'envisager autre chose, mais simplement de faire semblant de monnayer quelque chose d'en réalité non monnayable.

Il me paraît ensuite que la direction de Georges Marchais est sinon contestée, du moins regrettée par un grand nombre de communistes. Sans, m'assure Guy Bois, que les affrontements entre tendances du PC soient aussi figés que je le raconte dans mes articles : mes interlocuteurs regrettent apparemment que Roland Leroy soit trop fatigué, physiquement trop fragile, qu'il n'ait pas été en mesure, quand il le fallait, quand il le pouvait, de prendre le secrétariat général du Parti.

Pour le reste, ils n'ont pas de mots assez durs pour éreinter les autres, les partenaires – tu parles ! – de l'union de la gauche : à Antony, me disent-ils, il n'y a que des radicaux incultes et des socialistes droitiers !

Je m'arrête : nous atterrissons à Grenoble.

*11 mars*

Les sondages prédisent tous une victoire, plus ou moins large, de la gauche. Comme François Mitterrand a dit, il y a quelques semaines, qu'il « garderait Giscard », toutes les rumeurs vont dans le même sens : François Mitterrand, en cas de réussite en mars prochain, serait appelé à Matignon.

On me raconte (est-ce Estier, ou Dayan ? j'ai oublié) qu'il y a quelques jours, à Marseille, Gaston Defferre, accueillant François Mitterrand à l'occasion d'un meeting électoral, lui a dit publiquement qu'il espérait, la prochaine fois, le recevoir en l'appelant : « Monsieur le Premier ministre. »

François Mitterrand a attendu d'être seul avec lui pour lui dire qu'il se serait passé de ce genre de plaisanterie. Pour deux raisons au moins. D'abord, il déteste tenter le sort, vendre la peau de l'ours. Ensuite parce qu'il n'est pas sûr qu'hériter de Matignon dans ces circonstances soit si facile. Il me semble que s'il le voulait très fort, il aurait accru volontairement la distance avec les communistes. Il a fait le contraire tout au long de la campagne.

Il est vrai que je l'ai senti souvent convaincu que si le Parti socialiste dépassait les 7 millions de voix, il aurait fait la preuve de sa capacité à gouverner dans le sens d'une social-démocratie sans les communistes. Pour le moment, il n'est sûr de rien : la faconde de Defferre est tombée à plat.



*12 mars,* premier tour des élections législatives

Je le sentais bien, tout de même, que cette déchirure entre communistes et socialistes ne profiterait ni aux uns, ni aux autres. Les sondages ont été de bout en bout ridicules : l'ensemble des partis dits du Programme commun atteint 45,1 % des voix, la majorité les devance avec 46,5 % ! Apparemment, la dernière prise de position de Giscard, samedi soir, juste avant le scrutin, a eu une importance considérable, même si l'intrusion du Président après la clôture de la campagne officielle puisse, il me semble, faire problème.

Le Parti socialiste est le premier parti de gauche, mais loin des 26 ou 27 % de suffrages que lui attribuaient les sondages. Et je ne parle même pas des prévisions optimistes de Jospin la semaine dernière : avec 22,5 % des voix, il devance certes le Parti communiste, à 20,5 %, mais Mitterrand n'a pas réuni sur son nom les 7 millions de voix dont il était sûr et qu'il avait lui-même fixé comme étiage, persuadé dans son for intérieur qu'il serait beaucoup plus haut.

Du côté de la majorité, avec 22,6 % le RPR est le premier parti de droite, devançant l'UDF de plus de 1 % des suffrages.

Giscard était à Rambouillet, enfermé dans le château avec famille et enfants. Au bout du compte, il a eu raison contre tout le monde.

À Château-Chinon où je suis dimanche soir, j'entends Mitterrand demander tout bas : « C'est vraiment tout ? » à celui qui lui communique les chiffres du sondage « sortie des urnes », fiable, lui, contrairement aux précédents.

Mitterrand, au Vieux-Morvan, n'a pas, me semble-t-il, hésité une seconde. Il sait que la victoire est maintenant hors de sa portée. Il prend également conscience que les socialistes n'ont pas creusé l'écart qu'il espérait avec le PC. Pierre Bérégovoy dans le Nord, à Maubeuge, Gilles Martinet dans l'Oise, ont été distancés par les candidats du PC.

Pas trace d'abattement sur le visage de Mitterrand, pas de trop visible déception. Il se surveille, comme toujours. Quand sera-t-il las ?



Quant aux communistes, un coup de téléphone au journal m'apprend que les 21 membres du bureau politique du PC se sont réunis depuis 20 heures dans le bureau de Roland Leroy à *L'Humanité* : Georges Marchais un peu moins tonitruant, Paul Laurent le débonnaire, Fiterman l'énigmatique, Étienne Fajon et André Vieuguet, les vieux de la vieille. Ils sont restés longtemps enfermés, méditant sans doute leur déception : ils s'attendaient à voir leur parti friser les 23 % et devancer éventuellement le PS ; ils sont à 21 %, et derrière lui.

Tout en se félicitant – je les vois comme si j'y étais – que la victoire de la gauche soit aujourd'hui, sauf miracle, impossible.

*13 mars*

22 heures. François Mitterrand lit le texte de l'accord – du « bon accord », dit-il – entre le PS et le PC. Un accord qui, selon lui, ouvre « la perspective d'une majorité de gauche à l'Assemblée nationale ». Avec Gaston Defferre à sa gauche, Mauroy à sa droite, il fait face à Georges Marchais dont le visage est tardivement plus aimable. Demain, Pierre Bérégovoy rencontrera Charles Fiterman ; un radical et un PSU se joindront à eux.

Trois heures de retrouvailles qui n'effacent pas six mois d'empoignade.

En réalité, maintenant, peu importe le texte. Mauroy, presque furieux, dit tout haut : « Tout de même, on aurait dû faire tout cela en septembre dernier, aujourd'hui c'est bien tard ! »

Les communistes s'esclaffent. Sans vergogne, avec un cynisme total. C'est bien cela : ils voulaient l'échec de la gauche. Ils l'ont.

Pierre Mauroy ne me cache pas, dès que la meute des journalistes est partie, que la victoire de la gauche est bien compromise. Mais il a le temps devant lui, il est plus jeune que Mitterrand, je sens bien que cela le console.

*14 mars*

Coup de téléphone de Maurice Faure ce matin. Il me résume très clairement, à son habitude, la situation : « Le Parti communiste avait fait, me dit-il, quatre paris :

« 1. Ne pas arriver au pouvoir,

« 2. Réduire l'écart entre le PS et le PC,

« 3. Abattre Mitterrand,

« 4. Ne pas perdre de plumes.



« Eh bien, ils ont réussi leurs quatre paris, tandis que Mitterrand a perdu tous les siens ! »

Il ne jubile pas, car cela ne le surprend pas : il me dit une fois de plus ce qu'il pense vraiment (de ce côté, il a de la constance) : « Il y aura toujours au dernier moment des électeurs qui "lâcheront" la gauche, car ils ne veulent pas de ministres communistes au gouvernement. »

Il conclut : « Giscard ne gagne que dans la mesure où la gauche n'a pas gagné, mais il est, dans ce cas, et contrairement à ce qu'il espérait, condamné à gouverner avec Chirac. »

*19 mars*, deuxième tour

Ainsi donc, le deuxième tour s'est achevé en catastrophe pour la gauche[1] : François Mitterrand est le grand perdant. Il apparaît ce soir que les communistes, d'un bout à l'autre de la campagne, ont imposé leur loi. Et qu'il n'a rien fait pour les empêcher de le faire, sûr que le Parti socialiste les écraserait.

Il faut entendre le déchaînement des uns et des autres sur les plateaux de télévision et de radio, dès hier soir. Chacun, à gauche surtout, y est allé de son commentaire : « François Mitterrand n'est plus l'homme de la situation », a dit Gilles Martinet. Et comment Michel

1. Au deuxième tour, la majorité l'emporte avec 290 sièges contre 201 à l'opposition, qui gagne néanmoins 17 sièges sur la précédente Assemblée.

Rocard s'est débrouillé pour tirer dans l'instant même les marrons – pauvres marrons ! – du feu. Il a dit tout haut, dès 22 heures, dimanche, ce qu'il m'avait déclaré la semaine dernière. La gauche de Mitterrand, la gauche du Programme commun est « archaïque » ; c'est cela qu'elle paie aujourd'hui. « Il n'y a pas de fatalité de l'échec », a-t-il martelé, comme si Mitterrand était, avec sa stratégie d'union de la gauche, la seule fatalité dont la gauche devait se débarrasser !

Jacques Delors, le moraliste, a ce mot que me rapporte Danièle Molho, du *Point* : « Ceux qui ont fait cette union absurde devront rendre des comptes ! »

Une nouvelle fois, dix ans, DIX ANS après 1968, Mitterrand est au fond du trou. Je n'ai pas entendu, dans cette période, Rocard mettre en cause publiquement la stratégie du Programme commun : il a rallié le Parti socialiste en 1974[1] en toute connaissance de cause, il a suivi le mouvement tant qu'il croyait la victoire possible. Pourquoi tous n'ont-ils rien dit ? N'osaient-ils pas assassiner Mitterrand ? N'osaient-ils pas parce qu'ils en avaient peur, ou parce qu'ils en attendaient quelque chose ?



Tout de même, quel bouleversement politique ! La victoire de la gauche était attendue, sinon espérée. Tout le monde politique ne parlait que de cela depuis plusieurs semaines : comment Giscard ferait-il pour rester à l'Élysée, quelles seraient les relations entre le futur Premier ministre et le chef de l'État ? Combien de sondages n'ont-ils pas été dans ce sens ? Combien de lignes n'ont-elles pas été écrites ? Combien d'interviews des uns et des autres recueillies ?

*21 mars*

En fait, Pierre Mauroy me raconte qu'il est hors de question pour le moment de trouver un autre candidat que Mitterrand pour la présidentielle de 1981. Michel Rocard, c'est vrai, a pris date dès le 19 au soir. Il est loin cependant d'avoir la majorité du Parti socialiste derrière lui.

Pour la gauche, le coup est rude. La sentence paraît sans appel. Mauroy revient avec moi, en fin d'après-midi, sur cet échec. Il me rappelle qu'il a été un des premiers, avant le deuxième tour, à signer l'arrêt de mort du Programme commun devant la presse anglo-

1. À l'occasion des assises du socialisme en septembre 1974. Son parti, le PSU, ne l'avait alors pas suivi.

américaine dont il était l'invité. Il avait dit, il me le répète : « Il serait souhaitable que le Programme commun ne soit pas une sorte de carcan. » Il ajoute pour moi : « Nous avions signé un Programme commun en 1972, et puis voici que les communistes se sont mis à déchirer une à une les pages du livre pour en recoller d'autres à la place. Plus rien de tout cela n'était crédible. »

Tandis que chacun, au PS, se pose les sempiternels problèmes liés à la fatalité de l'alliance à gauche, Giscard, lui, ne peut que se féliciter du résultat : il est intervenu dans la campagne ni trop, ni trop peu, assez pour qu'il puisse faire remonter la victoire à son discours de Verdun-sur-le-Doubs, le 27 janvier dernier, sans s'attarder sur son intervention finale du samedi soir, avant le vote.

Chirac a fait une campagne d'enfer, le RPR devance certes l'UDF, mais le rééquilibrage a commencé. La victoire de Giscard est d'autant plus forte qu'il a été longtemps le seul (ou presque) à y croire.



*22 mars*

À peine connus les résultats qui lui ont donc donné raison, Giscard a repris la main. Il a décidé l'ouverture. Qu'est-ce que c'est, l'ouverture ? Pour le moment, il s'agit essentiellement de rencontrer tous les leaders de tous les partis politiques de droite ou de gauche. Pour leur proposer quoi ? Personne n'en sait trop rien. De toute façon, c'est une façon, pour le chef de l'État, de montrer qu'il a gagné, que son analyse a été la bonne.

Giscard et Mitterrand se sont donc rencontrés cette semaine. Comme de règle, le terrain a été préparé par Georges Dayan et Jean François-Poncet. François Mitterrand avait posé comme condition d'être le premier homme politique à être reçu par le chef de l'État et de garder sa liberté de parole sur le perron de l'Élysée à la sortie. À 17 h 30, ce mardi 21, il a donc gravi le premier les marches de l'Élysée pour répondre à l'invitation de Giscard victorieux. C'est une grande première sous la Ve République : depuis 1958, le chef de l'opposition n'avait pas mis les pieds dans le palais présidentiel[1]. Je

1. François Mitterrand a toujours refusé jusque-là les invitations de Valéry Giscard d'Estaing, se défiant des « parades mondaines » (septembre 1974) ou d'invitations « faites et transmises à la cantonade » (septembre 1975). « Cela peut se produire, avait-il ajouté le 1er juillet 1976, et cela se produira ; le jour où le Président estimera une rencontre nécessaire non pour la parade ou pour sa propagande, il

ne sais pas – et je ne saurai sans doute pas – ce qu'ils se sont dit. L'un a gagné, l'autre a perdu, voilà tout.

*23 mars*

Giscard pousse son avantage : il profite des bons résultats de ses partisans, qui talonnent le RPR, pour créer officiellement l'UDF. Un cartel électoral devenu aujourd'hui un vrai parti. Le nom de l'UDF, donc, a été trouvé par Jean-Jacques Servan-Schreiber. Un regroupement du CDS, du Parti républicain et des clubs giscardiens ainsi que du Parti radical. Jean Lecanuet en assure la présidence, flanqué de Jean-Pierre Soisson, Françoise Giroud et Jean-Pierre Fourcade[1].

Il y a un autre grand perdant dans ces élections, même si son échec est moins patent que celui de la gauche : c'est Jacques Chirac. Il n'est pas parvenu à écraser les giscardiens, et toute son action visait précisément à maintenir la citadelle RPR, à la rendre incontournable. Indispensable.

Lui aussi a perdu son pari.

*24 mars*

Bataille pour le perchoir. Coup de téléphone de Michel Debré. « Les élections, me dit-il, ont failli être un drame, mais la victoire de la majorité est une comédie ! »

Il fait allusion à cette bagarre stupide entre Edgar Faure et Jacques Chaban-Delmas pour le perchoir[2]. « Je comprends ce qui s'est passé, me dit-il. La vérité est que Jacques Chirac promet n'importe quoi à tout le monde : il a dû dire à Chaban qui se plaignait : "Bien sûr, vous aurez mon soutien dès que vous serez désigné par le groupe RPR." Tout en promettant le même soutien à Edgar Faure ! »

Reste que chacun s'attend maintenant à un coup de tabac entre le RPR et l'UDF. Paul Granet me raconte par exemple que Serisé lui a demandé de ne pas s'inscrire tout de suite à l'UDF. Je m'étonne. « Simple, m'explique-t-il. Le futur gouvernement sera composé pour un tiers d'UDF, pour un second tiers de RPR, pour le troisième de non-inscrits. Serisé a donc besoin de non-inscrits pour son troisième

nous le fera savoir. Il est bon que le président de la République et les responsables de l'opposition se rencontrent si l'intérêt des Français est vraiment en jeu. »

1. Alors président des clubs Perspectives et Réalités.
2. C'est-à-dire pour la présidence de l'Assemblée nationale.

tiers. Des non-inscrits plutôt giscardiens feraient à merveille l'affaire. À condition qu'ils restent des "sous-marins", qu'ils ne déclarent pas leur préférence avant le moment où Giscard les appellera au gouvernement ! »

*29 mars*

« Amère victoire », me dit Yves Guéna ce matin. « Ça va se durcir entre Giscard et nous », m'a dit Debré hier soir. « On en a pour dix ans », me dit ce matin Pierre Mauroy, qui ajoute : « C'est fini pour l'élection présidentielle prochaine. »

C'est vrai : j'ai l'impression, tardive, que le règne Giscard ne fait que commencer depuis les législatives. Avant, de 1974 à mars 1978, c'était une sorte d'interrègne, pas davantage. Curieux !



« Dix ans », dit Mauroy : son calcul est simple. Il additionne les trois ans à courir d'ici à l'élection présidentielle de 1981, plus sept ans d'un second septennat Giscard.

« Dix ans » : c'est aussi, m'assure Michel Debré, le terme que Valéry Giscard d'Estaing s'est fixé lorsqu'il a reçu Jacques Chirac dans le cadre de ses rencontres élyséennes.

*4 avril*

Résumé de la semaine précédente : vu Roland Leroy qui prend volontiers son parti de l'échec. « Eh oui, me dit-il, la meilleure des solutions aurait été de gagner les élections, mais sans écart excessif entre le PS et le PC. Jusqu'au bout nous avons espéré que le PC atteindrait les 23 %. Ce que nous avons craint par-dessus tout était d'arriver au pouvoir avec 30 % de socialistes et 20 % de communistes. Parce que, cela, c'était la "portugalisation" immédiate[1]. Oui, c'est vrai, nous voulions affaiblir le Parti socialiste par rapport à nous.

– Même si cela devait passer par la victoire de la majorité ? »

Sourire sans réponse.

Je lui dis que les oppositionnels, au sein du PC, vont s'agiter, et qu'en plus ils vont le faire en son nom, en réclamant pour lui le secrétariat général du Parti. Il me dit : « Ils ont tort : c'est à l'intérieur

1. Allusion à la prise de pouvoir au Portugal par le socialiste Soares dont le parti avait devancé celui du communiste Alvaro Cunhal.

qu'ils doivent mener leur combat, sans essayer de nous opposer, Marchais et moi ! »

À peine l'ai-je quitté que le débat s'ouvre à l'intérieur du PC.

« Le Parti n'a pas toujours raison », a osé dire pour la première fois dans *Le Monde* du 31 mars Raymond Jean, écrivain et membre du PC[1].

La bataille Chaban-Faure pour le perchoir : il a été d'emblée évident que Jacques Chirac mobilisait toutes ses forces en faveur d'Edgar Faure. À peine débarqué de leur week-end pascal, la « bande à Chirac » a pris les députés RPR en main. En échange d'un vote assuré à Edgar, les lieutenants de Jacques Chirac promettent à l'un un siège dans une « bonne » commission, à l'autre une aide financière pour payer le solde de ses dépenses électorales, au troisième un coup de pouce pour entrer au gouvernement dans le contingent du RPR.

Quelle est la part prise par Marie-France Garaud dans cette campagne fauriste ? Sans doute essentielle : elle continue, me dit Yves Guéna, à penser que Jacques Chaban-Delmas serait catastrophique à ce poste, comme, selon elle, il l'a été à Matignon. Quel acharnement de la part de cette femme ! Je comprends assez bien sa position avant la présidentielle de 1974, mais le perchoir, franchement, il me semble qu'on aurait pu, ne serait-ce qu'à titre de compensation, l'accorder sans difficulté à Chaban ! Il paraît qu'elle redoute qu'une fois au perchoir, Chaban soit un obstacle à la future carrière (présidentielle ?) de Jacques Chirac.

Mais Chaban, cette fois, n'est pas resté sans réaction. Lui aussi a mené campagne, lui aussi a « travaillé » le député de base, lui démontrant point par point qu'il n'était pas le candidat de l'Élysée, mais celui des vrais gaullistes[2]. En même temps, il était soutenu en sous-main par l'Élysée, pas fâché de contrer Chirac sur ce point.

C'est lui qui a fini par gagner : même si la campagne menée par Chirac en faveur d'Edgar Faure a bien sûr fini par entraîner les votes de certains députés RPR, les défections dans ses rangs ont été suffisantes pour, cette fois, faire élire Chaban.

Edgar Faure voulait se maintenir après un premier tour de scrutin assez catastrophique. Chirac s'est déclaré favorable à son maintien. Mais le groupe RPR ne l'a pas entendu de cette oreille et a manifesté

1. Membre du comité de section du PCF d'Aix-en-Provence.

2. Jacques Chaban-Delmas a été élu président de l'Assemblée nationale avec 276 voix.

violemment sa mauvaise humeur contre Edgar Faure. Ce qui, entre nous, était prévisible : le groupe RPR a une sorte de mauvaise conscience, depuis 1974, à l'égard de Chaban que certains d'entre eux ont contribué à faire battre, sa nomination au perchoir était un moyen de se déculpabiliser. « D'autant, me confie Guéna, toujours lucide, entre Chaban, compagnon de la Libération, et Edgar, comment hésiter ? »

Alors, Edgar, réaliste, s'est retiré sans demander son reste, en omettant de prévenir Chirac qui est resté seul à le soutenir !

Chaban a donc été élu, contre l'avis du chef de son mouvement.

C'est un premier avertissement, en forme de tape sur la main, donné par son groupe à Chirac : 1) parce qu'il a choisi un mauvais candidat, Edgar Faure, en cédant à son penchant de ne promouvoir que des gens qui lui doivent tout ; 2) parce qu'il devait éviter de livrer si tôt un premier combat contre son propre groupe ; d'autant que la candidature Chaban, qui a été trop humilié par Jacques Chirac depuis 1974, pouvait séduire les gaullistes ; 3) parce qu'il a défié la mécanique présidentielle au moment où elle était confortée par le corps électoral. Giscard ne voyait pas d'obstacle à l'élection de Chaban-Delmas ; il ne voulait pas d'Edgar, trop inféodé selon lui à Jacques Chirac. Après le succès de Giscard aux législatives, il était trop tôt pour se mesurer à lui. « Le premier échec de Jacques Chirac », c'est ainsi qu'a titré *Le Point* cette semaine.



*5 avril*

Pierre Mauroy me raconte que François Mitterrand, ce matin, pendant la réunion du secrétariat du Parti socialiste, s'est lancé dans une longue diatribe contre la presse, le Ceres et Michel Rocard – contre ses ennemis. Il refusait de terminer sa lettre aux militants, commencée la veille, qu'il avait interrompue. Michel Rocard aurait pris alors la parole – *dixit* Mauroy – pour faire acte d'allégeance à Mitterrand : il n'a rien voulu, rien fait, rien demandé. Si *Le Matin de Paris* et le *Nouvel Observateur* ont parlé de lui, ce n'était pas sa faute.

L'essentiel est que, selon Mauroy, Mitterrand est beaucoup plus affecté par la défaite qu'il ne le laissait paraître jusqu'à présent. Il est exaspéré à l'idée que cette victoire si proche ait été perdue.

*6 avril*

Georges Marchais à France Inter : il passe deux heures et quart, dont une heure d'antenne, à parler du PS. Voici, reclassés, les thèmes qu'il a abordés :

1) Mitterrand, en refusant de l'actualiser, a pris, en fait, la décision de se débarrasser du Programme commun. Il avait déjà écrit que les nationalisations mettraient en cause mille entreprises (dans un texte public, dit Marchais, je ne sais pas lequel). Feindre, comme il l'a fait, de redécouvrir le problème des nationalisations est le signe de son refus profond.

2) Il a changé de tactique après les dernières municipales, l'année dernière, sous l'influence des sociaux-démocrates allemands (voir, paraît-il, les derniers textes de l'Internationale socialiste) et aussi de la Confédération européenne des syndicats : d'où le texte de la CFDT, en retrait par rapport au Programme commun. Bref, il a obéi aux chrétiens et aux socialistes allemands.

3) Les preuves de ce changement ?

a. – D'abord, l'attitude de Gaston Defferre aux élections municipales à Marseille en 1977. Il avait refusé tout projet de liste commune. « Defferre appliquait en fait les consignes réelles de Mitterrand.

– Mais, lui dis-je, au congrès de Dijon, c'est Mitterrand qui a obligé le Parti socialiste à faire entrer les communistes dans les municipalités !

– Vous confondez le discours public et le discours privé, me répond Marchais. Moi, je vous dis que lors d'un comité directeur, Mitterrand a engueulé les militants socialistes qui avaient donné la tête de liste à un communiste à Reims !

– C'était parce que le rapport de force entre les deux partis n'allait pas dans ce sens-là : il pensait qu'à Reims les socialistes étaient plus forts et n'auraient pas dû concéder la première place !

– Faux ! En 1974, les communistes avaient été les plus forts ! »

b. – La certitude dans laquelle aurait été Mitterrand que le PS obtiendrait plus de 30 % des voix au premier tour, et qu'il pourrait donc se passer des communistes.

c. – L'attitude de Robert Fabre, président des radicaux de gauche. D'abord, à la fameuse séance de septembre où il a claqué la porte, Robert Fabre et Mitterrand étaient arrivés ensemble et en retard, ce qui prouve leur collusion. Ensuite, dès l'ouverture de la séance, Robert Fabre a demandé, contrairement à ce qui avait été prévu par le groupe de liaison, qu'on mette sur le tapis le problème des nationalisations. François Mitterrand l'a laissé faire. Le PC a refusé. Lors de la séance de l'après-midi, il a remis ça et Mitterrand l'a encore laissé faire. Même absence de réaction de Mitterrand quand Robert Fabre a interrompu la négociation. « Donc, il était au courant ! Et, ajoute Marchais, je dois dire que les autres dirigeants socialistes avaient, eux, l'air surpris. Pas Mitterrand ! » Il précise avec raison, me regardant : « J'y étais, pas vous ! »

d. – Michel Rocard a donné un coup de main inattendu à Raymond Barre en critiquant notre proposition de SMIC à 2 400 francs et en lui fournissant des arguments.

Arrive enfin le thème des oppositionnels communistes et de la discussion interne au Parti communiste : « Il n'y aura pas de discussion dans *L'Humanité* parce que nos statuts ne le prévoient pas. Il faudra changer de statuts pour cela. Nous le ferons pour le XXIIIe Congrès. En attendant, Louis Althusser ne publiera pas son texte dans le quotidien communiste. » *1978*

Sur la discussion interne, d'ailleurs, il se laisse aller, et après m'avoir dit que la discussion était, sur le fond, une bonne chose et qu'il s'en réjouissait, il la clôt sur cette phrase : « Il n'y aura pas de discussion sur le fait que le PS soit le seul responsable de la défaite ! »

5) La collusion actuelle entre la grande bourgeoisie et le PS est enfin, selon lui, « entière et totale ». Le Parti socialiste dispose de fric et de moyens énormes à la télé et à la radio. Pas le PC qui d'ailleurs, toujours selon Georges Marchais, est et a été, pendant la campagne électorale, beaucoup plus attaqué que les socialistes. Mitterrand a été ménagé par la presse.

Quant à Pierre Mauroy, il le met violemment en cause à l'occasion de sa dernière déclaration au « Club de la presse » d'Europe 1. Mauroy a dit : « Nous ne pouvons pas renoncer à la politique d'union de la gauche, car le PS déclinerait et le Parti communiste redeviendrait prédominant. » Georges Marchais retourne la phrase et dit : « Vous voyez bien que les socialistes ne pensent qu'à leur intérêt de parti, et pas à l'intérêt de la France ! »

Au bout de cette charge, lui aussi convient que le Programme commun est mort, puisque les socialistes le disent, mais qu'il accepterait peut-être, désormais, un accord sur quelques grands thèmes, comme en 1965, tout en confirmant qu'il y aura bien un candidat communiste à la présidentielle de 1981.

Il n'y a qu'un seul point, dans le discours rageur de Georges Marchais, qui me donne à réfléchir. Lorsqu'il a dit que Mitterrand s'attendait à ce que le PS obtienne 30 % des voix et que, dans ce cas, il n'aurait pas eu besoin des voix du PC pour gouverner, il a fait naître un doute dans mon esprit. Je me dis qu'il a peut-être raison sur ce point : si le PS avait été aussi fort, Giscard aurait pu procéder immédiatement à son ouverture et appeler à Matignon un Mitterrand en rupture depuis plusieurs mois avec le PC.

*Sans date, début avril*

*1978* Communistes, suite. Autour de Louis Althusser, visage torturé, cigarette vissée aux lèvres, professeur de philosophie de tant de générations de normaliens, un collectif s'est organisé, composé essentiellement d'intellectuels du Parti[1]. Le résultat est un texte signé Althusser, qui a été publié par *Le Monde* mercredi, après avoir été refusé par *L'Humanité*, comme me l'a dit il y a quelques jours Georges Marchais. Il critique l'incohérence de la direction, ses volte-face[2], et demande que s'ouvre une discussion interne au Parti.

Fin de non-recevoir de Marchais, quarante-huit heures plus tard, avec cette phrase inouïe : « Les statuts démocratiques du PC ne nous permettent pas d'ouvrir cette discussion en dehors de la préparation du XXIIIe Congrès » – lequel, bien sûr, n'est pas à l'ordre du jour.

Heureusement que la gauche n'a pas gagné, me dis-je (je ne dois pas être la seule) !

*9 avril*

Congrès extraordinaire du RPR.

Dans une sorte de frénésie, Chirac et Marie-France, toujours au front, ont décidé de faire exclure des instances dirigeantes du RPR les membres RPR du gouvernement, et les présidents des assemblées.

Je n'ai pas assisté aux échanges, mais l'idée même de l'exclusion

1. Dont Georges Labica et Étienne Balibar.

2. « Nous ne pouvons accepter, écrit Althusser, l'affirmation autoritaire du bureau politique, avant toute analyse véritable, que la ligne suivie par le Parti a été juste. »

des ministres et de Chaban me paraît ahurissante. Qu'est-ce qui leur prend ? Dans quel état est Jacques Chirac, que je n'ai pas vu depuis la campagne ? Perd-il les pédales[1] ?

*11 avril*

Dîné avec Olivier Guichard chez Roger Stéphane. Il est accablé, littéralement, par la dérive du RPR chiraquien. Au fond, il n'a jamais aimé Chirac, dont tout le sépare. Pas seulement la conception du gaullisme, mais la conception de la politique elle-même. L'activisme de Chirac l'exaspère, ses conseillers aussi, et surtout le ton personnel, revanchard, sur lequel se passe ce règlement de comptes, qu'il juge inutile, entre Chirac et Chaban. Encore qu'il soit tenté de minimiser le rôle de Chirac là-dedans. Lui aussi souligne le rôle de Marie-France Garaud et de Pierre Juillet dans cette affaire. C'est presque pire : Chirac est-il à ce point déterminé par ses conseillers ?



*17 avril*

Rencontre avec Philippe Robrieux, devenu, après son exclusion ou son départ du PC en 1968, historien du communisme. J'éprouve à son sujet une curieuse impression. D'un côté, j'aime son énergie, sa résistance : il n'a pas été, comme tant d'autres anciens du Parti, anéanti par l'exclusion dont il a fait l'objet. De l'autre, je me demande comment cet homme encore jeune peut consacrer toute sa force à lutter contre le parti qui a été le sien. Ne peut-il tourner la page ?

De la difficulté d'être renégat...

D'ailleurs, je suis injuste : je trouve insupportables ceux qui acceptent les oukases du Parti sans les remettre en cause ; et suis circonspecte avec ceux qui les refusent...

Toujours est-il qu'il m'a décrit longuement, à son domicile, quelque part sur les Hauts de Suresnes où je le rencontre, ce qui est selon lui la caractéristique essentielle du Parti communiste : la profonde différence qui existe entre les professionnels du Parti, réseau

1. Au cours de ce congrès extraordinaire, Chaban se contente d'écrire une lettre pour marquer sa désapprobation. Seul Olivier Guichard s'est élevé contre l'amendement déposé et a pris la défense du président de l'Assemblée nationale. Chirac, pour sa part, lui a répondu que Chaban, élu avec des voix giscardiennes, avait choisi « de se mettre au-dessus des partis, et notamment au-dessus du nôtre. »

monolithique, unifié, placé sous la dépendance du secrétaire général, et sa base, souvent plus jeune et néophyte. Si la discussion est si dure au sein du PC, c'est que les professionnels, les permanents, doivent tout au Parti qui les emploie, ce qui limite singulièrement leur indépendance d'esprit. Robrieux pense que la crise que traverse en ce moment le Parti est particulièrement grave, parce que les deux catégories de communistes, ceux de la base et ceux du sommet, sont en train de faire leur examen critique – et celui de la direction du Parti.

« Quand on regarde les permanents, me dit-il, une comparaison vient à l'esprit : c'est la comparaison avec la société médiévale, celle des constructeurs de cathédrales, où il n'y avait pas de place pour l'athéisme, pour le doute critique vis-à-vis des dogmes fondamentaux de la chrétienté. »

Jusqu'où ira la crise ? C'est là que sa réponse me surprend : il me dit que si l'appareil se disloque, elle peut aller jusqu'à la remise en cause de Georges Marchais, lequel – c'est son expression – n'a jamais été « accepté » par le Parti. Pourquoi ? Parce qu'il y a rétabli, après l'ère du modeste Waldeck Rochet, le culte de la personnalité. Et puis aussi parce que son marxisme laisse à désirer : « Vous n'arriverez jamais à faire passer Marchais pour un marxiste aux yeux d'hommes comme Althusser ou Jean Elleinstein ! »

*19 avril*

Rentrée parlementaire et premier discours de Raymond Barre, renommé à son poste, devant la nouvelle Assemblée nationale. Les différents orateurs ont appris à parler pour la télévision : Barre, Debré, Mitterrand, ils ont tous mis une chemise bleue, pas blanche, comme on le leur a recommandé à l'occasion de la dernière campagne législative.

Curieuse atmosphère où chacun, si j'ose dire, parle sous lui, sans écouter les autres. Il s'agit d'une sorte de succession de monologues. Chacun enfourche ses dadas favoris.

Raymond Barre lit de sa voix monocorde un discours qui n'en finit pas. Dans la forme, il est assez terne ; sur le fond, le discours de Blois reste sa référence. Ce qui a changé, c'est la victoire aux législatives dont il est sûr d'avoir été le principal artisan. Il ne cache pas son contentement devant ce qu'il a appelé la « maturité » des Français qui ont préféré la majorité à l'aventure.

Jacques Chirac, lui, est hérissé, d'une nervosité évidente depuis que son homme, Edgar Faure, a été battu au perchoir. La victoire de la majorité, il croit être le premier à avoir contribué à l'obtenir. Pourtant, dès le premier enjeu, celui de la présidence de l'Assemblée nationale, il a été le premier à perdre. D'autant que les ministres RPR n'ont pas été choisis parmi ses amis. Voilà l'« amère victoire » dont me parlait Guéna la semaine dernière.

Les députés socialistes sont plus nombreux que dans l'Assemblée précédente, mais ils sont frustrés de leur victoire.

Les communistes, pendant ce temps, parlent entre eux : Roland Leroy avec Charles Fiterman et Maxime Gremetz, courtaud sur pattes et grande gueule.

Pierre Joxe et Michel Rocard lisent ostensiblement *Le Canard enchaîné* pendant que Mitterrand, qui s'apprête à parler, griffonne des notes de son écriture irrégulière.



Lorsqu'il monte à la tribune, il attaque de peur d'être attaqué : « Les élections étaient devant vous et vous étiez perdus. Elles sont derrière vous et vous êtes sauvés ! »

Je retiens sa phrase presque en forme d'autocritique : « La gauche n'ayant pas su dominer ses contradictions, elle laisse à la droite le soin de gouverner avec les siennes. »

En réalité, je m'en aperçois, lorsqu'il s'adresse aux députés, les travées occupées par les parlementaires de la majorité se vident. Comme si la cause était entendue, comme si, désormais, il comptait « pour du beurre » dans la vie politique. Il fait semblant de ne pas voir le départ massif de ses adversaires. Rude, rude, le combat !

En marge de la séance, Michel Debré me confie qu'il aurait bien voulu être président de l'Assemblée nationale. À peine l'avait-il fait savoir à Jacques Chirac que Marie-France Garaud et Pierre Juillet l'ont bloqué. Jacques Chirac est venu chez lui, rue Spontini, lui demander de renoncer à ce projet : « Je ne peux pas retirer Edgar devant vous. » Quant à Chaban, il a dit à Debré, les yeux dans les yeux : « Je ne veux pas me retirer devant toi[1] ! » Avec le retrait de Debré et la victoire de Chaban-Delmas, Jacques Chirac a perdu sur les deux tableaux.

1. D'autant que Jacques Chaban-Delmas s'était précédemment retiré de la bataille du perchoir, en 1974.

*25 avril*

On mesure l'état d'esprit de François Mitterrand à l'aune de la conversation que Pierre Mauroy me rapporte aujourd'hui. Il a évoqué avec lui, jeudi dernier, les changements nécessaires dans les instances de direction du PS. Mauroy demande le retrait de Jean Poperen au nom de je ne sais quelle règle fixant à moins de 20 % le nombre de parlementaires à l'intérieur du secrétariat. Mitterrand n'est pas d'accord, il veut garder Poperen. Il s'emporte brutalement : « Alors, dit-il à Mauroy, si je comprends bien, après ces élections, je n'ai plus le droit de dire qui je veux au secrétariat du Parti, ou qui je ne veux pas ? C'est clair, mais il faut qu'on me le dise. » Mauroy répond simplement après un bref mais lourd silence : « Parlons d'autre chose... »

Le reste de la conversation se déroule sans incident.

Gilles Martinet me raconte de son côté que les choses se sont mal passées, lors de la dernière convention nationale du PS, avec Didier Motchane et Jean-Pierre Chevènement. Hier, Motchane a accusé Mitterrand tout simplement, pour je ne sais quoi, de violer les statuts. Mitterrand a quitté la séance, laissant Dayan et Estier seuls avec tous les autres.

*26 avril*

Conversation avec François Mitterrand, ce matin.

Lorsque j'arrive chez lui, il est en train de deviser avec son frère Robert sur leurs premiers souvenirs d'enfance. Pour Robert (un an de plus que lui), ce sont les locomotives de la gare d'Angoulême. Pour François, le bureau d'un grand-oncle, vers l'âge de quatre, cinq ans. Il rappelle longuement les cinq petites maisons habitées par sa famille, avec le chais de cognac, les voitures à cheval sous un hangar, l'odeur de la poussière, de l'écurie.

Nous passons au premier étage où, tandis qu'il se rase – eh oui, quel honneur d'assister au lever du roi, privilège sans égal ! – avec un rasoir électrique qui ressemble à un revolver, il consent à parler du PS, et surtout des attaques – celles de Michel Rocard, essentiellement – dont il a été l'objet au soir du deuxième tour.

« Quoi de plus normal que certains se disent : à mon tour ! Mais j'ai gardé assez de poids au PS pour que personne ne puisse faire un mouvement sans moi. » Il continue : « À vrai dire, les gens qui me critiquent maintenant n'ont jamais été avec moi. Je veux dire : je n'ai jamais été leur homme. Je n'ai pas dit qu'ils étaient *contre* moi, mais qu'ils n'étaient pas *avec* moi. Ni Jean Daniel, ni Michel Rocard, bien sûr, ni les chrétiens qui font mine maintenant de gommer les cinq ans de Programme commun, de ne les avoir jamais voulues, ces cinq années-là, aucun de ceux-là n'a jamais été proche de moi. J'ai contre moi la gauche intellectuelle, je l'ai toujours eue. Rappelez-vous la présidentielle de 1965 : les mêmes étaient déjà à l'écart, critiques.

« Bien sûr, ils rêvent d'une social-démocratie à la sous-Schmidt, mais ce projet-là est précisément celui qui va dans le sens de Giscard : il ne peut pas être retenu par la gauche. »

Je lui demande s'il ne finit pas par être las de cette opposition, de ces défaites.

« Oh, ça me lasserait si je ne faisais que cela ! Mais j'ai d'autres sujets de préoccupation pour l'esprit. J'ai commencé à écrire mon prochain livre. »



Une pause. Comme toujours quand il sent venir la solitude, il se met donc à écrire. Il me lit les quatre pages qu'il a rédigées hier dans le train sur sa dernière visite en URSS et sa rencontre avec Souslov qui lui avait dit à Moscou : « Le PC français est libre de toute directive internationale. »

« La gauche finira par gagner, murmure-t-il presque pour lui-même, mais elle gagne plus lentement, voilà tout ! »

Il me reparle du PC, pour dire à quel point ceux qui expriment aujourd'hui leur hostilité à son égard sont en fait profondément anticommunistes. Ce qui ne l'empêche pas de me redire en ces termes ce qu'il m'avait dit l'autre jour : « C'est un crime, ils nous ont assassinés, c'est le plus grand crime communiste depuis la guerre ! »

Bon. Le voilà reparti à l'horizon 1981. Sans l'ombre, je crois, d'une autocritique. Se contente de me dire : « Les articles d'Arthur Conte sont imbéciles : j'aurais, selon lui, été dupe des communistes, moi qui ai toujours dit que les communistes n'avaient pas changé ! Depuis des années, je dis que la crise avec les communistes éclaterait tôt ou tard, je ne savais pas quand, avant ou après les élections, mais que, de toute façon, il fallait qu'elle éclate ! »

Quoi qu'il en dise, je le sens écorché vif par la défaite.

Il termine en me posant une question que je n'attendais pas. Je viens de déménager et il me demande mon adresse. Je la lui donne : j'habite rue de Verneuil. Il me dit innocemment : « Ah oui, c'est le quartier, quoi... » Il veut dire : le quartier d'Anne Pingeot, que je sais habiter rue Jacob, ou par là, et dont Danièle Molho m'a dit qu'elle avait une fille qui ressemblait à Mitterrand.

Danièle Molho l'a rencontrée un jour, récemment, à Saint-Germain, en sa compagnie. Les deux suivaient une petite fille sur une bicyclette à quatre roues. C'est la première fois que j'ai entendu parler d'une enfant de Mitterrand. J'ai tellement vu de femmes autour de lui depuis plus de quinze ans que je ne sais plus discerner le vrai du faux.

Si je repasse dans ma tête les dernières séquences, je me dis que, bien sûr, sa présence répétée à Saint-Germain-des-Prés n'est pas due au hasard. Après le petit déjeuner de France Inter, je m'en souviens maintenant, Mitterrand avait voulu que je le raccompagne en voiture, alors que son chauffeur nous suivait. Je l'avais fait souvent, à d'autres périodes de ma vie. Je me souviens, dans les années 1970, de l'avoir souvent, après des réunions politiques, déposé en bas de la rue Lepic. Je n'ai appris que plus tard qu'une chanteuse célèbre l'attendait en haut de la butte Montmartre.

La dernière fois, fin février, après l'émission d'Inter, il m'a demandé de le laisser devant les Deux Magots. Près de la rue Jacob, donc, où il se rendait, je le sais maintenant.

L'idée de le laisser seul, en pleine campagne électorale, au milieu de la rue, m'a fait peur. Je lui ai dit que je ne voulais pas prendre cette responsabilité : je me suis donc arrêtée à sa demande, mais j'ai reculé jusqu'à la voiture de son chauffeur, qui, nous suivant, s'était arrêtée également.

Il a piqué une sorte de colère brève à l'idée que je contrecarrais ses projets, n'a pas attendu et est parti à pied vers la place Saint-Germain, nous semant du même coup, le chauffeur et moi. Et peut-être la voiture banalisée des flics qui nous suivaient...

*3 mai*

Conférence de presse de Georges Marchais. Interrogé sur le débat démocratique, il répond qu'il s'en félicite, qu'il s'en réjouit à l'avance. Il apostrophe les journalistes à sa manière gouailleuse :

« Vous, nous dit-il non sans un certain culot, vous appelez contestation le fait que quelques camarades aient publié un article dans un journal. Moi, j'appelle ça une petite discussion marginale sans intérêt pour le Parti. »

Althusser, Elleinstein, sans intérêt ? Il ne manque pas d'air ! Son argument est qu'il faut attendre que soit ouverte officiellement la discussion en vue du XXIIIe Congrès pour que les questions soient posées à l'intérieur du PC.

Et quels rapports avec les socialistes, à partir de maintenant ? Même rengaine que précédemment sur le PS qui a abandonné le Programme commun.

Je note, la conférence de presse terminée, que Marchais, interrogé sur Jean Elleinstein qui mène la contestation aux côtés d'Althusser, répond avec mépris : « Je formule le souhait que, dans les situations difficiles, il tienne mieux le coup. »

Déjeuner avec Jacques Chirac dans la grande salle à manger de l'Hôtel de Ville, tout de suite après la conférence de presse Marchais.



Outre sa position en politique étrangère, sur laquelle je reviendrai, il me raconte son entrevue avec Valéry Giscard d'Estaing après les législatives. Il a commencé son speech à Giscard en énumérant les différents points sur lesquels il n'était pas d'accord avec lui : la politique extérieure, l'Europe, etc. Cela a duré vingt-cinq minutes pendant lesquelles Giscard a pris des notes en se taisant.

Lorsque Chirac s'est arrêté, il a pris la parole. Il a répondu point par point à Chirac et terminé par une phrase du genre : « La France, lui a-t-il dit, n'est pas gouvernable sans l'accord, même tacite, des socialistes. C'est ce que je vais m'attacher à rechercher. »

Les phrases n'étaient pas aussi claires, mais Chirac m'assure en avoir bien compris le sens. L'exposé de VGE a duré vingt minutes, à la suite desquelles il s'est levé, a raccompagné Chirac à la porte en lui disant de façon mystérieuse : « Il est l'heure ! »

*9 mai*

Giscard recherche-t-il donc un accord avec les socialistes ? Chirac a-t-il bien compris ? Je le demande à Michel Pinton qui m'explique le dessein de Giscard : il s'agit pour lui, en réalité, de jouer maintenant en direction d'une frange de 2 à 3 % de socialistes déçus, marginaux, avec lesquels il sait qu'il pourrait gouverner.

VGE a fait cette confidence à Michel Debré qu'il a également reçu à l'Élysée dans le cadre de la « décrispation », en même temps que les autres leaders des partis : « Dans le fauteuil où vous êtes,

Mitterrand lui-même m'a dit que j'étais le seul à pouvoir le battre. Que Chirac n'aurait jamais pu le faire. Là, il me l'a dit. À l'endroit où vous êtes, parfaitement ! »

Il le répète, me dit Debré, trois fois pendant leur conversation. Étrange fascination mutuelle de ces deux personnages ! VGE tire presque une sorte de légitimité de cette phrase de son ennemi !

Limogeage du patron d'Havas, Jean Méo, ancien collaborateur du général de Gaulle. Il est entré dans le bureau de Raymond Barre le 2 mai sans savoir pourquoi il était convoqué. Il a vite compris. Barre lui a dit qu'il allait être remplacé par Yves Cannac. Son bilan est bon : 24 millions de bénéfices nets après impôts en 1977. Pas d'autre raison à son éviction que le fait qu'il a été mis à ce poste il y a quatre ans par Jacques Chirac. On ne peut même pas lui reprocher d'avoir favorisé la campagne législative du RPR : il a certes organisé l'affichage classique de Chirac, mais au même tarif que celui de François Mitterrand.



Il faut voir plus loin : Giscard est déjà englué, depuis son élection, dans son obligation de faire route commune avec le RPR ; il lui faut, dans les milieux d'affaires de la presse ou de la publicité, ses propres réseaux. Il n'a pas cherché à les organiser avant 1978. Aujourd'hui, cela a l'air d'être sa priorité : comment se débarrasser des gaullistes, feuilleton à plusieurs épisodes. Voilà l'un des premiers.

Paul-Marie de la Gorce, toujours fidèle à Pierre Messmer, me raconte une anecdote que je ne connaissais pas pour me montrer à quel point cet homme méconnu, maltraité par la presse, ou, plus exactement, pris pour un imbécile, était en réalité sinon un visionnaire, du moins quelqu'un qui voyait clair et loin. Bien avant la crise du pétrole de 1973, Pierre Messmer convoque un de ses collaborateurs et lui demande de rédiger une lettre à l'attention de Georges Pompidou sur la hausse prévisible – et dommageable – du pétrole. Pompidou la lit, s'exaspère et dit au Premier ministre d'arrêter de l'emm... en versant dans le catastrophisme. Deux mois plus tard éclate la crise des pays producteurs de pétrole.

*16 mai*

Je note vite ce que me raconte Jean Elleinstein au téléphone, ce matin.

Il a vu Marchais pendant près de trois heures, vendredi dernier, le 12, juste avant son départ pour le Mexique et donc après le dernier comité central et le discours fleuve du secrétaire général. La rencontre, discrète, s'est passée au 5e étage de la place du Colonel-Fabien.

« Je ne veux pas abîmer le Parti, lui a répété Marchais, résolument hostile à l'ouverture de toute discussion publique interne.

– Comment ne comprends-tu pas que c'est ainsi que tu l'abîmes le plus ! » lui réplique Elleinstein.

Il lui a dit aussi :

« Tu as voulu répondre par des moyens classiques à une crise qui ne l'est pas ! »

Il a trouvé Marchais « fermé comme une huître », se contentant de lui donner l'assurance de n'exclure personne. « C'est qu'il n'en a pas même les moyens », commente Elleinstein.



Mais alors, comment interpréter le communiqué du bureau politique estimant que le comportement de quelques membres du Parti est « injustifié et injustifiable [1] » ?

*20 mai*

J'ai rencontré Louis Althusser. Pas n'importe où : à l'École normale supérieure, rue d'Ulm, où il occupe une chambre d'étudiant ou presque, avec des livres jusqu'au plafond. Formidable visage, front immense, cheveux en arrière, yeux soulignés de poches profondes. Regard intense, yeux presque obliques. L'image même, à mes yeux, du philosophe et du normalien.

Il a donc pris position dans *Le Monde*, voici près d'une quinzaine de jours, en écrivant, plus clairement qu'il ne me le déclare aujourd'hui, qu'il y a des choses qui ne peuvent pas durer au Parti, et qui ne dureront pas.

Je ne comprends pas tout ce qu'il me dit pendant l'heure entière que je passe avec lui : « Mon objectif, me dit-il, est de ne pas avoir d'influence sur le Parti. Je suis donc dans une contradiction objective. »

Allons bon, pour quelqu'un qui ne veut pas avoir d'influence !

La raison pour laquelle il a signé le manifeste dont il est, depuis,

1. « Il est impensable, dit ce communiqué du bureau politique en forme de menace, que des activités mettant en cause la politique et les règles de vie du Parti se développent sans entraîner la riposte politique qui s'impose. »

la figure la plus emblématique : « Elleinstein a été convoqué par Marchais qui lui a assuré vouloir tous nous détruire. J'ai voulu être solidaire, voilà tout. Je n'ai rien appris à personne. Je suis l'alibi. »

Et puis, cette phrase mystérieuse. Il m'explique qu'il ne faut pas se tromper, qu'il n'est pas favorable à une sorte d'évolution du PC vers le centre. Pas du tout ! Au contraire, même. Il se décrit comme un intégriste, pas du tout comme quelqu'un de favorable à l'ouverture au Parti socialiste de François Mitterrand. « Le type qui voudrait s'installer au centre, me dit-il, il faudra le descendre à bout portant. Ce sera moi : je le descendrai moi-même ! »

Quelle violence, et aussi quel boulot de suivre les méandres de ses réflexions ! Il me parle par antiphrases, contre-phrases, bouts de phrase, pans de phrase. Chats, entrechats, une heure durant ! En fait, derrière les mots, il me parle de tout ce que je sais déjà. D'ailleurs, il l'a reconnu lui-même assez modestement, somme toute, lorsqu'il m'a dit qu'il n'avait rien écrit dans *Le Monde* que ce que chacun savait déjà.

*1978*

Ce qui est nouveau, c'est que les militants, aujourd'hui, et pas seulement les intellectuels, critiquent le fonctionnement du Parti [1]. Pour la première fois, échappant au principe du « cloisonnement vertical », des relations « horizontales » sont établies de cellule à cellule entre les contestataires. Les textes circulent, s'enrichissent d'ajouts et de réflexions. Le fonctionnement du centralisme démocratique est ici ridiculisé.

Je n'ai pas connu et ne sais comment se sont déroulées les autres crises à l'intérieur du Parti depuis la guerre ; je pense néanmoins que la crise Auguste Lecœur [2], le départ de Roger Vaillant ou l'affaire Casanova-Servin [3] ou encore le départ de Garaudy [4] n'ont jamais eu le même impact : encore une fois, il ne s'agit pas seulement des intellectuels du Parti.

Encore qu'il me semble que, même s'ils sont solidaires aujourd'hui, il n'y a aucune ligne politique commune entre Jean Elleinstein, ouvert à la gauche non communiste, et Louis Althusser, qui la condamne.

---

1. « Déclaration de cent militants de Paris et de la région parisienne, publiée dans *Le Monde* le 16 mai 1978, pour réclamer que toutes les contradictions et les désaccords puissent s'exprimer lors du 23e Congrès. » Manifeste signé par 300 noms publié à nouveau par *Le Monde* le vendredi 19 mai.
2. En 1955.
3. En 1961.
4. En 1970. Roger Garaudy a été condamné lors du congrès de Nanterre sans qu'aucun représentant du Parti ne bronche. Sa dernière intervention à la tribune fut suivie d'un pesant silence annonçant son exclusion.

*21 mai*

Maurice Faure sort du congrès radical. Je lui demande comment résumer la dernière séance. « Mélange de jalousies et de médiocrité », dit-il sans ajouter un mot.

*25 mai*

Alain Trampoglieri me parle de la bagarre entre Jean-Pierre Soisson et Jacques Blanc (des titans, ces deux-là !).

Dîner chez Paule de Baumont où je suis assise à côté d'André Bettencourt qui me parle longuement de l'Afghanistan et de l'Iran qui, dit-il, va tomber à son tour. C'est un ami d'avant guerre de Mitterrand : il est pourtant critique et gentil pour VGE, qu'il a l'air de connaître mieux que personne, et féroce sur François Mitterrand : « Je le connais très bien, il n'est pas social-démocrate et il ne le deviendra jamais ! » Tout de même, il était en train de préparer l'entrée des communistes au gouvernement français, non ? Il n'en revient pas.



Michel Debré : Jacques Chirac lui prépare, pense-t-il, le pire traitement. Il n'en veut pas, c'est sûr, comme tête de liste aux futures élections européennes[1]. Debré le sait et il est décidé à foncer sans attendre. Vers quoi ? Il veut l'Europe des patries, mais, quoi qu'il fasse, il passera pour antieuropéen. Ce qui est d'ailleurs, en France, une position capable de « faire des voix ».

*1er juin*

Conversation avec François Mitterrand après qu'il a annoncé, lors d'une émission de France Inter, que « le Programme commun était forclos ! ».

Voici en substance, et parfois au mot près, ce qu'il m'a dit :

« Les communistes se sont cassé la figure en entamant une campagne sur le virage à droite des socialistes. Ils l'ont fait alors que toute la France s'en fichait éperdument. Ils ont été contraints d'en arriver à montrer qu'eux-mêmes pouvaient faire peur. Le discours que Marchais me contraignait à tenir, c'était : “Ils sont avec moi, vous n'allez tout de même pas voter pour eux !”

1. Prévues pour 1979.

« J'aurais été dans mon village que je n'aurais pas voté pour ces gens-là !" »

Il passe à son entrevue avec Giscard, immédiatement après les élections. La conversation commence (pendant une demi-heure) par des considérations générales :

VGE : « Au XIXe siècle, le choc de la société industrielle a provoqué une grande instabilité : les régimes qui se sont succédé n'ont pas su dissoudre leur contentieux : aucun n'a donc dépassé vingt ans, jusqu'à la IIIe République. Et encore, à l'intérieur de ces vingt ans, les différentes périodes ont été remplies d'accidents.

« Personne, a-t-il ajouté, n'a résolu les contentieux de la société moderne. Moi, c'est ce que je m'applique à faire. Ce qui explique que j'aie gagné. J'évite l'accumulation des contentieux ! »

1978 François Mitterrand : « C'est une analyse que j'approuve à peu près entièrement, à cette différence près que vous aviez perdu ! Vous êtes dans la situation de Louis-Philippe en 1847. Si vous êtes encore là, vous ne le devez pas à votre analyse des contentieux ni à votre capacité de les résoudre ! Vous le devez à la division de la gauche. Vous n'avez pas les moyens politiques de votre compréhension de l'Histoire. La vérité est que vous ne disposez pas des forces sociales suffisantes. Vous me rassurez parce que, dans trois ans, vous serez dans la même situation qu'en 1978. »

VGE : « Mais j'avais prévu, moi, l'évolution du Parti communiste ! »

François Mitterrand : « Peut-être, mais vous me donnez là une explication tactique : vous comptez sur les erreurs de vos adversaires ! Cela n'a rien à voir avec votre théorie des contentieux ! »

Dans une autre partie de la conversation, VGE dit : « Je ne suis pas socialiste, je ne suis pas social-démocrate et je n'essaierai pas de l'être. Mais je laisserais, s'il le fallait, se dérouler une opération sociale-démocrate, car, dans ce cas, la France pourrait vivre. C'est l'hypothèse que vous représentiez qui était inacceptable ! »

Abordant un de ses thèmes favoris, Mitterrand parle maintenant du temps. Je ne l'interromps pas : « Je n'ai pas le temps des autres, c'est certain. J'ai 61 ans, et tous les problèmes au sein du Parti socialiste viennent de mon âge. Si j'avais 45 ans, le Parti aurait très bien digéré son échec aux dernières législatives et ne se poserait pas de problèmes sur son avenir.

« Mais si je n'ai pas le temps des autres, j'ai mon temps à moi, mon temps mental. Un homme de 45 ans est obsédé par l'échec du lendemain matin. Pas à 60 ans ! » Il dit aussi : « Si l'Histoire veut vous sourire, elle finit par vous sourire. »

Il se lance enfin dans une grande fresque sur le socialisme. Selon lui, la gauche qui le condamne aujourd'hui vient directement du courant démocrate-chrétien. Ce n'est pas la première fois qu'il me dit cela, mais, aujourd'hui, il est encore plus clair : « Au fond, me dit-il, une expérience sociale-démocrate arrangerait bien tout le monde : l'UDF, cela va sans dire ; les communistes, n'en parlons pas ! La gauche du *Matin* et du *Nouvel Observateur* est née de l'évolution de l'Église. Tout vient, dans ce courant, de la tentation de l'Église de s'arroger le monopole de la gauche, mais à une condition : que le socialisme se purge de son matérialisme historique. En réalité, cette volonté se réveille à la moindre défaillance du socialisme historique. Le réflexe est alors : "Ouf, passons à une autre gauche !"



« Ce qui explique, poursuit-il, que le socialisme d'aujourd'hui soit sur la défensive. Il n'y a que moi qui ne le suis pas. Les gens qui reprochent au Parti socialiste son absence de démocratie mentent. Si vous connaissez un parti plus démocratique que le PS, où tout le monde dit n'importe quoi, faites-le-moi savoir ! La réalité, c'est que le socialisme historique se trouve combattu de toutes parts par une aspiration plus individuelle, une aspiration au salut ! »

Dans ce contexte, le succès actuel de Michel Rocard ne lui paraît pas dû au hasard : « Les hommes expriment des courants idéologiques : Rocard s'identifie à une autre forme de socialisme. »

« Je ne crois pas, ajoute-t-il enfin, à la gratuité d'un homme de talent ! »

Je demande là-dessus des explications. Il veut dire que Rocard est sous-tendu par une idée, et conclut enfin : « L'Histoire s'explique par l'alliance des orthodoxies : il y a toujours alliance des orthodoxes contre les hérétiques. Regardez Moscou-Washington ! »

Je ne suis pas sûre d'avoir compris ce qu'il veut dire : se sent-il hérétique, se sent-il orthodoxe ?

*Début juin*

Roland Leroy, vendredi dernier. Comment écrire cette espèce de sentiment ambigu qu'il me donne ? Il est tout à fait intransigeant et, à ce titre, il me déplaît. Mais il est aussi tellement intelligent et doué, tellement plus que Marchais !

Qu'est-ce que je tire de notre conversation ? À vrai dire, des impressions plus que des certitudes.

D'abord, celle que la direction, contrairement à ce que je pensais ces derniers jours, est en passe de juguler les contestataires : l'un d'entre eux (dont j'oublie le nom en écrivant ce soir) semble avoir commis une erreur en donnant une interview à *L'Express*, ce qui a permis à Leroy de foncer contre les « fractionnistes ». Il a senti, me dit Leroy, qu'il allait trop loin. Il m'a téléphoné le dimanche qui a suivi la parution de son interview et, sous d'amicales pressions, il a lui-même décidé de remettre à plus tard la publication d'une autre liste de contestataires. »

Ce point de vue est vérifié par Roger Ardouin, notre correspondant à Marseille, qui me fait part du flottement autour de la cellule d'Aix-en-Provence et du déchaînement, à la base, des communistes orthodoxes contre les fractionnistes : Leroy s'en est d'ailleurs occupé personnellement, de la cellule d'Aix, après son retour de Cuba.



Je lui demande, à propos de ce voyage à Cuba, s'il a volontairement quitté le sol français, si c'était pour faire la démonstration que, sans lui, la direction était incapable de se débrouiller seule. Réponse : un sourire. Puis : « Il y a un peu de cela, et, en plus, j'aime beaucoup Fidel Castro ! »

La direction du Parti : il ne profère pas un mot quand je lui dis que je trouve incompréhensible le comportement de Marchais, qui a flotté, hésité ou donné le sentiment d'hésiter. Il le pense aussi, sans doute, puisqu'il ne m'interrompt pas. « Quel sacré bonhomme, me dit-il à un moment, tout de même ; il a un de ces talents de communication ! »

Il juge que s'est engagée une sorte de course de lenteur entre les contestataires et la direction du Parti : la direction veut vider l'abcès tout de suite pour avoir un bon XXIIIe Congrès. Les contestataires veulent au contraire faire durer les choses jusqu'au congrès.

Pendant ce temps-là, s'est déroulée l'intervention au Zaïre[1]. À la demande du général Bokassa, Giscard à donc décidé d'envoyer les

1. Le 17 mai 1978, le président Giscard d'Estaing, à la demande du général Mobutu, président du Zaïre, et avec le feu vert des États-Unis, lance une intervention militaire en solo, la Belgique étant hésitante sur l'opération. Le 17 mai, 600 légionnaires sautent sur la capitale du Zaïre, Kolwezi (province de Shaba, ex-Katanga), pour secourir des milliers d'Africains et d'Européens en butte aux exactions des rebelles katangais. Il s'agit de la plus grande opération aéroportée depuis Suez, en octobre 1956.

parachutistes français sur Kolwezi contre les Katangais. Tout cela dans un contexte plus large, celui de la sécurité de tout le continent africain, me dit-on à l'Élysée, où l'Éthiopie menace la Mauritanie et le Tchad : le gouvernement a jugé qu'il y avait là un grave danger de déstabilisation du Zaïre, et au-delà, sans doute la conquête prévue par l'Éthiopie de l'Érythrée, « dernier obstacle à la poussée soviétique vers la mer Rouge ».

« Moscou, ajoute mon informateur élyséen, a donné le feu vert à ses alliés éthiopiens pour envahir l'Érythrée. L'opération va ouvrir les voies de l'océan Indien et de l'Atlantique sud, créant une ceinture rouge de l'Angola à la Rhodésie. »

Dans les faits, l'opération de Kolwezi, décidée par Giscard, a comporté des risques militaires et diplomatiques, mais elle a été une réussite, selon l'Élysée, même si la France, en l'occurrence, s'est retrouvée isolée.



Aujourd'hui, débat à l'Assemblée nationale sur la politique extérieure de la France.

« Pourquoi intervenons-nous ? demande Mitterrand, qui reste le porte-parole du PS, même si beaucoup continuent de lui reprocher l'échec de la gauche aux législatives. Ce ne sont pas les accords de coopération qui expliquent la présence de l'armée française dans les opérations en cours. S'agit-il d'une action humanitaire ? Oui, mais ce ne sont pas les premiers arguments donnés par le Conseil des ministres le 17 mai dernier. Il s'agit de défendre qui contre qui ? poursuit-il. Les pouvoirs établis. Contre qui ? Qui combattons-nous au Tchad ? Nous n'en savons rien. Faisons des hypothèses : Hissène Habré ? On se bat contre la Libye, elle-même considérée comme agent de l'URSS ? Disons-le ! Au Zaïre, qui combattons-nous ? Les Cubains, agents de l'impérialisme soviétique ? Les Katangais ? Au nom de qui, pour qui et avec qui ? »

*14 juin*

Conférence de presse de Valéry Giscard d'Estaing. Son premier objet est de se féliciter de ce que les Français aient fait le « bon choix », comme il l'avait dit à Verdun. Sa démonstration est sans appel : la France entre dans une période où il n'y a plus d'élection avant longtemps. Le Président peut désormais « poursuivre ses efforts en direction de l'ouverture politique et créer les conditions d'une cohabitation raisonnable ».

Les rencontres avec les leaders politiques ? « Ces rencontres, à mes yeux, étaient normales. C'est le départ d'une pratique nouvelle qui sera poursuivie. »

Au fond, tout cela, il l'avait déjà dit à ses interlocuteurs, de gauche ou de droite, puisque Mitterrand m'en avait fait le récit. Pourtant, entendre le président de la République confirmer son intention de continuer l'ouverture marque un véritable tournant dans la vie politique du pays. Voilà qui change considérablement l'atmosphère !

Parmi les autres annonces de la conférence de presse, la proposition de limiter à deux le nombre des mandats politiques nationaux, de moraliser le financement des partis politiques. Réformer la société ? « Je m'y efforcerai », répond-il sobrement.



Gérard Carreyrou[1] lui demande comment il envisage la campagne présidentielle de 1981. « Les élections de mars ont mis fin à cinq ans de campagne électorale ininterrompue. Ne comptez pas sur moi pour la faire commencer à nouveau. »

Gilbert Mathieu, du *Monde*, essaie d'opposer la politique économique de Barre à celle de Giscard. « Il n'y a pas deux politiques économiques, il n'y en a qu'une ; celle que conduit Raymond Barre est celle que je lui ai demandé de conduire. »

L'objectif essentiel est le plein-emploi, la reprise de la croissance, le recul de l'injustice sociale. Programme social-démocrate, en effet : François Mitterrand l'avait bien compris, après sa conversation de l'autre jour en tête à tête avec lui. Il est évident que Giscard aujourd'hui se sent très à l'aise, après la victoire de mars et malgré les opérations en terre étrangère dont, au demeurant, il est fier.

Il termine avec brio sur sa volonté de « faire entrer la France dans le troisième millénaire ».

Franchement, je ne l'ai jamais entendu aussi bon. La victoire lui a donné des ailes.

*20 juin*

Pierre Hunt, devenu un des hommes du Président – après avoir été un des hommes de Chaban-Delmas à Matignon –, me parle de

1. Alors journaliste politique à Europe 1.

la volonté européenne de Giscard, fondée en grande partie sur son amitié et ses fréquentes rencontres avec Helmut Schmidt.

Il m'en dit un peu plus sur le fonctionnement des institutions. La répartition des rôles entre Matignon et l'Élysée est bien huilée. L'Élysée a gardé son rôle d'impulsion, Barre n'a pas d'autre responsabilité politique, me dit-il, que celle – et ce n'est pas rien – de présenter un programme de gouvernement. Le Premier ministre, semble-t-il, « accepte très bien la règle du jeu présidentiel ».

Il convient que le régime est hybride, pas vraiment présidentiel, pas vraiment parlementaire. « Dans ce sens, depuis le discours du 16 septembre prononcé par Chaban en 1969 (à la rédaction duquel il avait d'ailleurs participé), le régime a évolué de façon présidentielle. » Pour toute décision, il semble donc qu'il y ait, selon sa formule, « un double agrément ».



*Fin juin*

La victoire de Giscard aux élections a véritablement changé la donne de la vie politique. On a l'impression que rien ne le menace plus : Mitterrand et le Programme commun à terre, Chirac tour à tour agité et silencieux.

J'ai une longue conversation aujourd'hui avec Michel Poniatowski à qui je souhaite demander les « clefs » de Giscard, son moteur, ce qui le fait courir. Ponia marque un temps puis me livre son analyse. Il le fait plus en historien qu'en ami (d'ailleurs je ne sais même pas s'il a pardonné à Giscard son éviction du gouvernement en 1976). Il parle assez lentement, comme s'il se répondait à lui-même :

« Pas de démagogie du tout chez Giscard, il est resté ministre des Finances. Il préfère mettre le temps de son côté : c'est ainsi qu'il prévoit ses actions longuement à l'avance, tournant dans sa tête les schémas, les modèles, les hypothèses. Il est attentif à laisser ouvertes les solutions aux problèmes, à ne pas se laisser enfermer dans telle ou telle stratégie dont il ne démordrait pas. »

Je le laisse parler sans rien dire, à son rythme réflexif.

« Son pouvoir de concentration sur un objectif est puissant. Il est peu sensible aux avis, et pourtant il en prend beaucoup : ils servent à nourrir son ordinateur personnel. Cela a été le cas, par exemple, lorsqu'il a pris la décision d'intervenir dans la campagne législative avant le premier tour. J'avais plaidé en ce sens. Là, tout récemment, le 18 juin dernier, il m'a montré la liste de ceux qui lui avaient conseillé de le faire, composée de trois noms, et la liste, beaucoup plus longue, de ceux, une quarantaine, qui étaient hostiles à toute intervention. » Il ne peut manquer d'ajouter en confidence : « Le Premier ministre était de ceux-là ! »

« Il est vrai que sa décision est solitaire, certes, mais elle ne se mûrit pas sans concertation. Ce n'est pas pour lui le poids des hommes qui compte. »

Nous passons à une autre qualité politique qu'il prête à Giscard : la persévérance.

« Il est accroché comme une teigne une fois qu'il est convaincu de la nécessité de son action. Cela a été le cas au moment où il a lancé l'idée de la "société décrispée", ou lorsqu'il parle de la social-démocratie. Ses grands thèmes viennent de loin, il ne se laisse jamais aller à lancer une idée nouvelle sans avoir beaucoup médité. Par exemple, les travaux des clubs Perspectives et Réalités, de 1968 à 1971, l'ont beaucoup alimenté. La plupart des lois des premiers mois du septennat correspondent aux travaux de 1972. Il veut une politique moderne pour la France, plus égalitaire, plus juste. Il regrette que les socialistes n'aient pas compris quel était son état d'esprit. Cela ne change rien à sa détermination : il ira son chemin, même si les socialistes continuent à ne pas l'entendre. »

*1978*

Est-il parfois indécis ?

« Il montre une vraie tolérance à l'égard des attitudes, des réactions des gens. Cette tolérance ne signifie pas absence de volonté. Ce que Françoise Giroud appelle indécision est en réalité un stade de sa réflexion. Au contraire, poursuit-il, on peut cracher en l'air, quand il a décidé de faire quelque chose, il le fera ! Cela a été le cas, dernièrement, pour le raid de Kolwezi : Robert Galley était contre, les militaires estimaient l'opération trop risquée, Guiringuaud[1] était également contre. Eh bien, c'est Giscard qui a dirigé personnellement les opérations : penché sur la carte de la ville zaïroise qu'il avait fait installer dans son bureau par le général Vandermeersch, il a pointé du doigt le quartier où les soldats français devaient être parachutés !

« Au fond, il n'hésite pas à prendre des risques. Il s'est engagé à dix-huit ans dans la 2e DB ; en 1962, il a pris le parti du général de

1. Robert Galley était à l'époque ministre de la Défense, Guiringuaud, ministre des Affaires étrangères.

Gaulle alors que tout le groupe des Républicains indépendants avait basculé contre. En 1969, il a pris le risque de ne pas suivre le Général, en refusant d'approuver le référendum sur la décentralisation et le Sénat. Le "oui mais", de ce point de vue, a été une prise de risques ! Les choix politiques, pour lui, supposent la prise de risques. »

Nous revenons un instant sur ce qui a été, dans la vie politique de Giscard, son seul vrai traumatisme jusqu'à aujourd'hui : son éviction du gouvernement Pompidou sous de Gaulle en 1966.

« Le choc de 1966, confirme-t-il, a été capital dans sa tactique politique : le "oui mais", la condamnation de l'"exercice solitaire du pouvoir" ne lui ont rien appris sur le plan du caractère, mais cela lui a servi sur un plan tactique ; cela l'a fait exister. Il aurait eu très peu de marge de manœuvre s'il était resté au gouvernement. Sa chance a finalement été cette éviction qui lui a été si douloureuse ! »



*27 juin*

Depuis cette longue conversation avec Ponia, je n'ai rien écrit sur ce carnet. Je repense à ce que Yves Guéna m'a raconté il y a quelques jours : Giscard a reçu à déjeuner récemment les membres des bureaux des groupes parlementaires. L'ordonnance de la table élyséenne les a tous laissés sans voix : « Face au chef de l'État, m'a raconté Guéna, un trou. Comme si personne n'avait le poids suffisant, ne devait avoir l'honneur de se trouver face à lui. Je me trouvais donc à droite du trou, légèrement décalé par rapport au Président. »

Ce protocole, à certains égards ridicule, traduit exactement ce que Giscard pense de lui-même : pas un domaine qui lui échappe ! C'est son ambassadeur personnel, Ponia, qu'il envoie en Iran la semaine dernière pour recueillir le sentiment du chah sur les périls qui l'entourent. C'est lui, et lui seul, qui a imaginé la distribution aux salariés d'actions représentant jusqu'à 5 % du capital des entreprises, et qui en a fait la proposition lors de sa dernière conférence de presse : les ministres intéressés, dont le Premier ministre, en avaient été simplement avisés.

Où en sont donc les relations avec Raymond Barre ? Il me semble qu'il y a entre eux le seul partage des tâches auquel consente Giscard. Qui a condamné l'« exercice solitaire du pouvoir » ? Il me semble que, de jour en jour, depuis mars dernier, Giscard intervient de plus en plus.

Peut-être faut-il également raconter l'entrevue entre Giscard et

Maurice Faure, que celui-ci m'a racontée hier. Ils ont donc parlé essentiellement de l'Europe, sur laquelle VGE sollicitait l'avis de Maurice Faure. La première question de VGE porte sur l'Espagne qui n'a aucun problème, contrairement à la France, avec la distribution des fruits et légumes. « Pourquoi ? », demande le Président. Maurice Faure répond comme il le peut : que les Espagnols se sont dotés d'une distribution décentralisée, plus adéquate à la circulation des denrées alimentaires.

Du coup, le Président lui a demandé de manière informelle de rechercher les moyens d'éviter les trop fortes distorsions entre l'Europe du Nord et l'Europe du Midi.

Puis ils passent aux affaires intérieures : « Vous n'êtes pas à votre place dans l'échiquier politique, dit Giscard à son interlocuteur. Mais c'est vous-même qui n'avez pas voulu changer de situation ! »



Maurice Faure prend acte, effectivement, de l'ouverture que vient de lui proposer le chef de l'État. Il ne croit plus possible une victoire de François Mitterrand dans l'avenir, tout en pensant que la fin de l'union de la gauche n'est pas encore certaine. Il me dit, non sans philosophie : « Ça ne tient peut-être plus debout, mais, à la base, ça marche encore ! »

Et comme la base, ce sont ses électeurs...

Il accepterait éventuellement un poste non politique, une grande ambassade, par exemple, qui lui permettrait de continuer à pouvoir entrer la tête haute dans ses villages du Lot, sans avoir donné aux autres ni à lui-même l'impression d'abandonner Mitterrand à son sort.

Georges Dayan est très malade. Je l'apprends aujourd'hui. Rupture d'anévrisme, dimanche 25, à 6 heures du matin, chez André Rousselet, près de Paris, où il passait le week-end. Le médecin, appelé, diagnostique une colique néphrétique. Dieu merci, il l'a expédié à l'Hôpital américain, car il n'avait rien d'assez puissant pour soulager sa douleur. C'est à Neuilly, donc, que la rupture d'anévrisme a été détectée.

On pourra le sauver, mais Rousselet est dans tous ses états.

*28 juin*

Conférence de presse de Michel Rocard.

« Êtes-vous le spectre qui hante les socialistes ? » lui demande André Chambraud.

Michel Rocard tente la plaisanterie : « Je me voyais, dit-il, vêtu moins de squelette et plus de chair. » Il refuse de résumer la vie du Parti aux « remous de sa direction ».

Le Parti est-il nécessaire pour prendre et assurer le pouvoir ?

« Interrogation fondamentale, répond Rocard, qui ne perd pas une occasion de théoriser. Il n'y a pas de société humaine gouvernée sans structures intermédiaires. Le rejet de la notion de parti est la menace la plus grave qui pèse sur l'avenir de la société française. » Plus prosaïquement, il ajoute : « Ce sont les partis politiques qui donnent les investitures pour les élections. Un point, c'est tout. Ce sera le cas tant qu'on n'aura pas trouvé un substitut aux partis politiques. Le problème du PS tourne autour de l'exercice du pouvoir au sein du Parti. »

Mais Rocard ne veut pas se laisser enfermer dans la discussion interne au PS. Dans son langage inimitable, parce que en plus de son débit rapide et saccadé, il parle le plus souvent par métaphores, sous-entendus, avec des références permanentes et souvent difficilement compréhensibles à l'histoire du socialisme, il parle de l'expérience Barre :

« Il faut remonter, dit-il, à Tardieu, avant guerre, pour avoir une expérience aussi cohérente de gestion économique sous l'égide des lois du capitalisme. La France, avec lui, est aux premières loges d'une expérience unique dans le monde aujourd'hui : le libéralisme absolu. »

Il n'y a pas, selon lui, de plus bel enjeu, de plus beau combat pour la gauche. Mais ce combat-là, selon lui, est rendu impossible par « les conditions de fonctionnement internes au Parti socialiste » ! Cela veut dire en clair qu'il souhaite un débat au sein du Parti socialiste, mais qu'il juge que cette discussion est difficile pour lui et les siens. Comme il reste très prudent avec Mitterrand, il commence par souligner que, par rapport à Guy Mollet qui l'a précédé, Mitterrand a accompli quelque progrès dans le sens de la démocratie. Il le fait du bout des lèvres, car la phrase qui suit cet éloge est, pour le coup, assez claire : « La structure du pouvoir au sein du PS, ajoute-t-il, doit être en mesure de trancher les conflits et les successions. »

Succession : le mot est lâché, celui que nous attendions tous depuis le début de la conférence de presse !

D'un coup, il se montre plus prolixe sur la vie interne au Parti. Il le fait avec une bonhomie apparente et une vacherie inouïe : « Il est clair que l'union fait la force, mais il est certain aussi que l'unanimisme est sclérosant. »

Puis il énumère les opacités internes au Parti. La première est due à ce que « l'autorité nécessaire de François Mitterrand a occulté depuis des années les débats internes ». La seconde tient aux courants historiques du socialisme en France, scindé en deux traditions : celle du Parti socialiste institutionnel, et celle, à laquelle il ne se cache pas d'appartenir, de l'union des forces anti-étatiques, coopératives, communautaires, proudhoniennes, décentralisatrices. « Ceux qui ont de l'autorité sur le Parti n'ont pas cette sensibilité-là. »

Rocard tient ainsi des propos rigoureusement analogues à ceux de François Mitterrand : deux courants dans le socialisme, et celui de Mitterrand n'est pas celui de Rocard.

Faut-il vraiment un programme à la gauche ? lui demande-t-on.

« Oui et non, répond-il. Pour conserver, il n'y a pas besoin de programme. Pour changer, en revanche, la gauche a besoin d'annoncer ses intentions. » Il ne se déclare pas ainsi totalement hostile à l'idée d'un programme commun, même s'il juge qu'il faut davantage essayer de faire la synthèse entre le moyen et le plus long terme. Dans ce projet, manquaient selon lui une vraie description de la « rupture » avec le capitalisme (« Elle sera faite le jour où l'argent aura moins de place ») et la prise en charge réelle des conditions de la vie quotidienne.

« Je suis frappé de deux choses, ajoute-t-il. La gauche s'est laissée aller à confondre les fins et les moyens. Les nationalisations sont un moyen nécessaire, mais c'est un moyen, et non une fin. »

C'est la première fois que Michel Rocard prend clairement position : il parle de succession, il se définit comme opposant à Mitterrand au sein du Parti socialiste. La guerre est ouverte entre les deux, en réalité, depuis le soir du deuxième tour des législatives. Aujourd'hui, elle prend un tour nouveau.

Conversation capitale, ce matin, avec Pierre Mauroy, sur le coup de 10 heures du matin.

Ainsi donc, comme les choses sont curieuses ! Voici Pierre Mauroy devant moi m'expliquant comment il a été « eu » par Mitterrand ! Après que, vendredi, il a conclu un accord avec lui, le texte en a été publié cinq jours plus tard, mais sans que Mitterrand ait fait la moindre allusion à lui ! Il me dit sans détour, avec une franchise dont je ne l'aurais pas cru capable et qui s'explique par une exaspération mûrie depuis plusieurs semaines, qu'il ne se sent plus capable de travailler avec Mitterrand : « Parce qu'il me propose un accord et qu'il le dénonce aussitôt. Parce qu'il me traite bien, mais exige que j'abandonne tous mes copains ; et une fois que je les aurai abandonnés, il me liquidera de la même façon. J'ai trop vu cela avec Guy Mollet, je ne le revivrai pas avec lui ! »

Une rupture entre Mauroy et Mitterrand ? Je ne pensais pas cela possible depuis Épinay. Il faut dire que la montée de Michel Rocard à l'intérieur du Parti – un des « copains » que Mitterrand lui demande précisément de laisser tomber – n'y est pas pour rien...

*4 juillet*

Re-Mauroy.

Donc, il a pris sa décision. Demain, il attaquera à la réunion du secrétariat du Parti dans un discours qu'il pense construire ainsi : « Je rends hommage à François Mitterrand qui, que, et donc, etc. Mais le problème est celui-ci : le courant 1[1] existe-t-il toujours ? Si oui, alors que veut dire le texte des 30[2] ? Je le dis tout net : ce texte des 30, je n'en ai pas eu connaissance avant le matin même du jour où il a été rendu public. Et encore, j'ai eu droit à une lecture cursive qui m'en a été faite par Louis Mermaz. Il est hors de question pour moi de me rallier à ce texte. J'ajoute qu'il ne sera pas sur ma table le jour où sera élaborée la motion pour le futur congrès.



« Si le courant 1 n'existe plus, compte-t-il continuer, alors je réclame du comité directeur la réunion d'un congrès en décembre. »

Il rencontrera donc, en ce sens, Michel Rocard demain à 9 heures, trois quarts d'heure avant la réunion du secrétariat, pour lui faire savoir sa position.

De deux choses l'une : ou bien le premier secrétaire accepte de le prendre en considération, et alors Mauroy m'assure qu'il jouera le jeu de Mitterrand – au moins jusqu'à la prochaine fois.

Si Mitterrand n'accepte pas un rapprochement avec Mauroy, celui-ci rejoindra Michel Rocard, quitte à faire exploser une bonne fois le sacro-saint courant 1.

Je ne crois pas qu'il calera, tant les conventionnels mitterrandistes lui ont échauffé les oreilles.

Reste à savoir, après ces confidences, ce que j'en pense moi-même. Essayons :

---

1. Le courant 1 unit les partisans de Mitterrand et ceux de Mauroy.
2. Celui dans lequel Mitterrand (voir *supra*) avait « oublié » de mentionner Mauroy.

Je ne crois plus au Programme commun ni à l'alliance avec les communistes, ni non plus aux communistes.

L'évolution de Mitterrand, sa gauchisation actuelle, son irritation – sûrement due à son échec récent et renouvelé – sont insupportables à beaucoup de gens qui l'entourent.

Je ne comprends plus ce qu'il fait ni ce qu'il cherche. Même si j'ai le plus souvent jusqu'à présent voté socialiste, les nationalisations m'ont toujours fait peur. Et aussi la façon qu'a Mitterrand de penser que l'économie n'a aucune importance, qu'on peut tout dire dans un programme et que cela ne porte pas à conséquence (Jean-Pierre Chevènement, je m'en souviens, m'a raconté un jour qu'il n'avait lu que vaguement la partie économique du Programme commun !).

*1978*

*5 juillet*

Vu Chaban-Delmas à l'hôtel de Lassay[1], remonté comme une pendule, avec, de temps en temps, une curieuse inflexion de sa voix dans les aigus, quelques rugissements sonores étonnants. Il fait mine de s'apitoyer sur la haine qui oppose Chirac à Giscard. Si on se fie à lui, il n'y a apparemment aucune chance qu'elle disparaisse.

Il parle de la prochaine élection de l'Assemblée européenne, prévue pour 1979 : « Je suis sûr qu'il faudrait que les gaullistes fassent campagne en disant : nous sommes les premiers Européens, les seuls, les vrais. Mais cela exclut la possibilité de laisser Michel Debré prendre la tête de la liste RPR ! »

Je lui demande si c'est ce que Jacques Chirac a laissé entendre à Debré : lui a-t-il dit qu'il n'était plus l'homme idéal pour être le chef de file pour l'élection à Strasbourg ?

Chaban ne me répond pas. Manifestement, il déteste tellement Chirac qu'il ne veut même pas en entendre parler.

Dans l'après-midi, Claude Labbé me raconte la rencontre que Chirac et lui, en tant que président du groupe parlementaire, ont eue le mardi 5 avec Giscard. Il se demandait comment les choses allaient se passer alors que Chirac, par trois fois, la semaine précédente, avait dit non à Giscard[2].

1. Résidence du président de l'Assemblée nationale.

2. Non définitif à la représentation proportionnelle dans les villes de plus de 30 000 habitants, non conditionnel au contrôle financier des partis politiques, non tout court à l'interdiction de cumuler les mandats électoraux.

Au surplus, trois jours avant, au moment où l'avion de Giscard d'Estaing quittait l'Espagne, Chirac, depuis Castelnaudary où il haranguait ses troupes, parmi lesquelles de très nombreux paysans, a condamné l'entrée de l'Espagne dans le Marché commun alors même que le président de la République venait de dire tout le bien qu'il en pensait[1].

On imagine que Labbé était dans ses petits souliers lorsqu'ils sont entrés tous les deux dans le bureau de Giscard. Mais ces grands animaux politiques sont imprévisibles : Giscard était, paraît-il, souriant derrière son bureau, et Chirac moins nerveux que d'habitude.

Pendant le premier quart d'heure, Valéry Giscard d'Estaing a parlé de politique étrangère, des États-Unis, du Japon, du tiers-monde. Puis, à la demande de Chirac, il parle économie. Jacques Chirac se déclare partisan d'une relance. C'est ce qu'avait fait, dit-il, Giscard en 1975 ; il n'avait pas eu à s'en plaindre. Giscard répond que cela ne lui paraît pas la bonne chose à faire. « Ce qui est important, dit-il, est la tenue de la monnaie. »



Jacques Chirac : « Les Français s'en moquent, du franc ! En revanche, ils ne se moquent pas du chômage !

– Mais non, les Français ne se moquent pas du franc ! » répond Giscard avec une pointe d'irritation.

Claude Labbé a fait alors remarquer que les députés de la majorité lui paraissaient très sensibles non seulement à la crise de Boussac-Textile, mais aussi aux difficultés des petites entreprises, qu'il décrit comme à bout de souffle.

Giscard écoute, acquiesce parfois. Pendant les quarante-cinq minutes que dure l'entrevue, le climat, selon Labbé, a été aimable, serein, courtois, mais rempli d'irréalité. Comme si Jacques Chirac, fourbu par la bataille, avait décidé de ne pas ouvrir les hostilités.

En réalité, l'essentiel de ce que voulait me dire Claude Labbé a trait à Chirac. Il se plaint de ce que celui-ci apparaisse trop souvent comme l'« homme du non » : « Non à tout, non à l'Espagne, au Portugal et l'Europe ! Je l'ai dit à Chirac, l'autre jour, à l'occasion de la réunion du bureau politique du RPR ! »

1. L'Europe compte alors 9 membres et envisage d'intégrer la Grèce, l'Espagne et le Portugal. Jacques Chirac prend position en disant : « Nous ne sommes pas du tout favorables à l'élargissement du Marché commun pour deux raisons : plus cette Europe s'élargit, plus ses contradictions internes s'accroissent, et moins nous avons de chances de réaliser une Europe unie. »

Il m'assure qu'il ne veut pas s'opposer à Chirac, ni paraître s'opposer à lui, mais que, tout de même, les parlementaires RPR sortent d'une période électorale difficile. « Or, que se passe-t-il ? Ils se font engueuler par leurs électeurs qui leur demandent ce que fait Chirac, ce qu'il veut, et le trouvent inutilement brutal. Oui, conclut-il, les députés gaullistes sont aujourd'hui perturbés ! »

Alors, sont-ils prêts à passer à l'UDF ? Non, Labbé, qui les connaît bien, ne le croit pas. Il ne décèle aucune tentation vers l'UDF. « Non, tout simplement, les députés souhaiteraient que le président du RPR soit plus habile, plus nuancé, qu'il ne donne pas le sentiment d'être une sorte de don Quichotte ! »

Et puis – il insiste là-dessus, et je pense en effet qu'il a raison – les troupes RPR sont unitaires. Elles ne veulent pas que les relations internes à la majorité se détériorent : avec l'UDF, certes, mais aussi avec le CDS et les réformateurs. Ils ne comprennent pas qu'on les oppose par déclarations interposées.



Je comprends à ces propos que le RPR traverse, à sa manière, la même crise postélectorale que le Parti socialiste. Ceux qui, des deux côtés, ont conduit la bataille et l'ont perdue sont remis en question par leurs troupes. Chirac à peine moins que Mitterrand.

Comme on le murmure avec plaisir à l'UDF et surtout à Matignon où Barre en a plus qu'assez, paraît-il, des recommandations du président du RPR en faveur de la relance, Jacques Chirac ne serait-il plus qu'un rat dans une lessiveuse ? Qu'un animal enfermé trottant inlassablement dans sa cage ?

Mauroy et Labbé, les éternels seconds, même combat ?

*5 juillet, toujours*

Jacques Chirac insiste auprès de Bernard Lefort[1], qui me le raconte, sur son sentiment ambigu vis-à-vis de l'Europe. Il est hostile à l'entrée de l'Espagne dans le Marché commun : « Je suis contre, je l'ai toujours dit ! » D'où son embarras face aux futures élections à l'Assemblée européenne. Son leitmotiv est : « Trop d'Europe tue l'Europe. »

Il souhaite donc être vigilant pour que le pouvoir ne dérape pas. Le problème est de savoir jusqu'où il peut aller.

C'est d'ailleurs plus largement l'équation qu'il a à résoudre depuis

1. Bernard Lefort est éditorialiste à RTL.

la victoire de la majorité il y a trois mois. Il tourne en rond, persuadé que, sans lui, Giscard n'aurait pas gagné, que lui, Chirac, ne profite pas de la victoire qu'il lui a apportée sur un plateau, et qu'il fait du surplace. Il piaffe, donc, rendant tour à tour responsables ses conseillers – y compris, me dit-on, Marie-France Garaud et Pierre Juillet – et les parlementaires et autres militants RPR, bien capables de se rallier à Giscard vainqueur.

*6 juillet*

Rencontre entre Jean de Lipkowski, proche de Chirac, et François Mitterrand, chez Édith Cresson qui sert d'intermédiaire. Chirac y était-il ? C'est ce qu'on murmure. Jean et Édith démentent avec la plus grande vigueur. Je ne suis pas en mesure de connaître la vérité.



*17 juillet*

Rencontré une nouvelle fois Pierre Mauroy. L'accord auquel il est parvenu avec Mitterrand samedi dernier (il y a plus de dix jours, après sa sortie au secrétariat du Parti) lui paraît très problématique et peu durable. Même si Mitterrand n'a pas voulu déclencher la lutte contre lui, que de sujets de conflits prévisibles dans les mois qui viennent ! Il les énumère : la représentation au comité directeur doit-elle être régionale, ce qui couperait le PS en autant de baronnies régionales ? Mauroy n'est pas chaud.

Plus grave lui paraît la façon dont il est traité par la « bande » à Mitterrand, comme il dit maintenant : lors de la réunion de la commission interne sur le règlement intérieur, que préside Mauroy, tous les conventionnels amis de Mitterrand se sont fait remplacer par leur suppléant. Pourquoi ? Pour ne pas être là, tout simplement, pour ne pas être liés par une discussion avec Mauroy.

Plus il en parle, plus il s'énerve. Lorsqu'il est revenu à Lille, après le samedi où avait eu lieu l'affrontement avec François Mitterrand, il a trouvé, m'assure-t-il, des militants de sa fédération pour lui dire : « Pourquoi n'as-tu pas été plus loin ? Pourquoi ne pas te débarrasser de lui ? »

Curieux destin que celui de Mitterrand. Pourquoi ne prend-il pas du recul ? Pourquoi ne prépare-t-il pas son départ ? Faut-il y voir, comme le suppose Maurice Faure, le réflexe qui a amené Napoléon à Waterloo, de Gaulle au référendum fatal, et peut-être Hitler en Russie ?

Il reste que – Mauroy ne le conteste d'ailleurs pas – Mitterrand a raison lorsqu'il dit que *tout le monde* a été d'accord, au PS, pour signer, entre les deux tours des élections législatives, l'accord avec le Parti communiste, le 13 mars dernier. Et que ceux qui le lui reprochent aujourd'hui sont donc malvenus de le faire.

*Fin juillet*

J'ai décidé de me changer les idées et de quitter pour quelques semaines la vie politique intérieure. Puisque tout le monde fait du surplace, inutile que j'en fasse, moi aussi ! Le coup d'État à Nouakchott m'amène à partir pour Rabat.



*Fin août*

Désagréable, très désagréable sondage pour François Mitterrand en cette fin d'été. L'image d'un Mitterrand trop atteint pour défendre les intérêts du Parti socialiste et, en même temps, d'un Parti socialiste, toujours fort dans l'opinion publique, qui lorgne vers Michel Rocard.

Ainsi Mitterrand apparaît-il aujourd'hui, en dépit de tous ses efforts, comme un leader usé, qui a derrière lui trop de campagnes perdues, trop de grandes marches. Un leader dont la ligne politique est remise en cause, une partie des socialistes commençant à envisager une ligne sociale-démocrate. Il reste le premier secrétaire du PS, mais il n'est question que de sa succession. Oh, peut-être pas pour tout de suite : pour dans quelques mois. En tout cas, pour la future élection présidentielle prévue en 1981. Lui-même, paraît-il, lors du séminaire qui a réuni la direction du Parti à Suresnes, avant l'été, avait parié publiquement, en défiant ses troupes, sur le nom de son successeur : « Deux sont possibles, a-t-il dit, Mauroy ou Rocard. »

Pour Georges Marchais et le Parti communiste, évidemment, le verdict est encore plus noir. La moitié des communistes pense que le PC est encore plus touché par sa défaite aux élections que le PS. L'avantage de Marchais sur Mitterrand : personne ne prononce le nom de son successeur. Et les communistes ont, comme toujours, le réflexe de se serrer les coudes lorsqu'ils sont menacés, contrairement aux socialistes qui en profitent pour se diviser davantage.

Tout le temps que j'écris mon article, je pense à la façon dont Mitterrand prendra mon analyse féroce lorsqu'il lira le journal.

C'est mon métier[1].

*8 septembre*

Comme toujours lorsqu'il est sur le bord de la route, qu'il y soit contraint ou qu'il l'ait choisi, Mitterrand publie *L'Abeille et l'architecte*, qui sort la semaine prochaine. Une somme de ses réflexions quotidiennes de 1975 à 1978, dont la plupart ont été publiées dans *L'Unité* et dont quelques-unes, les dernières, sont inédites.



À ce propos, je me rappelle le nombre de fois où Claude Estier[2] s'est arraché les cheveux lorsque Mitterrand, dont il attendait la copie, tardait ou corrigeait interminablement son texte, inaccessible aux supplications de rédacteurs en chef qui craignaient un bouclage trop tardif pour que le journal puisse être distribué dans les kiosques. Certes, les lecteurs sont toujours trop rares, encore faut-il qu'ils ne se cassent pas le nez au moment d'acheter leur journal !

Le Mitterrand de *L'Abeille et l'architecte* est moins serein, on l'imagine, que celui qui avait écrit, il y a déjà trois ans, *La Paille et le grain*. Il faut dire qu'entre-temps, il y a eu l'éclatement de 1977 et la défaite de 1978. Il l'explique essentiellement par le rapport des forces : le PC ne voulait pas d'un PS plus puissant que lui. Il s'y décrit comme « incapable de s'arrêter sans avoir épuisé les réserves de [sa] volonté », n'abandonnant « au hasard que la part qui lui revient ».

« Est-ce jouer encore ? » s'interroge-t-il.

*12 septembre*

Giscard reçoit une fois de plus quelques journalistes à 18 h 30, détendu et serein. Extraordinaire tour d'horizon de quelqu'un qui n'est plus seulement « gadgétisé » mais qui atteint enfin une autre dimension.

---

1. L'article du *Point* est titré, le 4 septembre 1978 : « Marchais-Mitterrand : deux déclins. »

2. À l'époque directeur de l'hebdomadaire socialiste *L'Unité*.

Il parle d'abord de Jimmy Carter : le président américain s'est, selon lui, lancé dans une impossible affaire, celle de Camp David, d'où sa popularité sortira en guenilles. Après tout, dit-il, c'est normal. « Il m'a fallu onze ans avant d'être président de la République. Encore en savais-je à peine assez ! Le système politique américain crée des hommes politiques médiocres, et cela ne changera pas dans les prochaines années ! »

Il dessine deux zones de guerre dans le monde : non pas l'URSS, mais l'Asie du Sud-Est, et la zone des produits pétroliers. L'URSS a intérêt à mettre les pouces avec l'Europe, car le plus gros de ses troupes campe sur la frontière chinoise, et Brejnev désire qu'il y reste.

Sur l'Europe : l'Angleterre, affirme-t-il, est définitivement dans la zone d'attraction américaine. « Avez-vous déjà vu, interroge-t-il, un Premier ministre, Callaghan, aller en week-end à Washington et s'y promener sans se faire connaître ? Eh bien, c'est ce qui vient de se passer ! »

« En revanche, assure-t-il, l'Allemagne est tout à fait décollée de l'Amérique. Deux faits l'en ont considérablement éloignée. Le premier touche à la bombe à neutrons : Helmut Schmidt a été prévenu la veille qu'elle ne serait pas entreposée en Allemagne. Difficile à pardonner. Et puis, l'Allemagne sait aujourd'hui qu'elle a, avec la France, le leadership européen. La Grande-Bretagne aurait pu l'avoir, elle ne l'a pas. »

L'Afrique, maintenant. Les années 1977-1978, bon an mal an, ne se sont pas trop mal passées : l'intervention française au Zaïre, quoi qu'on en ait dit, a bel et bien empêché l'effondrement de l'Empire centre-africain. Et c'est une bonne chose, d'autant plus que Mobutu a pu se réconcilier avec Agostino Neto, le président angolais, ou du moins le rencontrer et négocier sur la poursuite de la construction du chemin de fer et l'extradition des gendarmes katangais.

Même chose, selon lui, au Tchad : la France a aidé à la réconciliation nationale. Reste la Mauritanie, « problème que nous traînerons pendant des années ».

Voilà qu'il passe maintenant au budget sur lequel il est assez drôle, car il n'épargne pas le ministre des Finances qui lui a succédé[1]. Giscard ne cache pas ses critiques : « Il a été mal présenté, mais, nous dit-il drôlement, quand on ne fait pas les choses soi-même, on ne peut pas se plaindre qu'elles soient mal faites. » On sent presque qu'il a souffert de ne pas l'avoir fait lui-même !

1. René Monory.

Il ajoute son analyse – déconcertante, parce qu'il l'émet comme s'il était étranger aux propositions de sa propre majorité – concernant l'institution d'un impôt sur le capital : « Je n'y crois pas, dit-il. Regardez l'impôt sur les plus-values [1]. Il a été vidé de toute substance après que des tas de gens en ont accepté le principe. L'impôt sur le capital, ce serait la même chose ! »

Sur ce sujet, il est vraiment très drôle : « On commencerait par exonérer les résidences principales, dit-il, puis le patrimoine agricole, évidemment. Resteraient au hasard quelques catégories sociales non représentées et sans lobbying, dont la taxation du capital ne rapporterait rien ! »

Un mot sur l'opposition, surtout sur le Parti communiste : le PC est pour lui l'incarnation politique du retard de nos structures. « Il disparaîtra, assure-t-il, quand la France aura rattrapé ses retards. »



Le seul moment où il s'irrite, ou plus exactement où il bronche : lorsque Olivier Chevrillon lui pose une question sur ses ressemblances avec Michel Rocard. Manifestement, Giscard n'aime pas qu'on le compare à qui que ce soit.

*13 septembre*

Conversation avec Gilles Martinet. Je le connais depuis très longtemps, et pourtant sa mécanique intellectuelle me fascine toujours : voilà un journaliste, devenu un des hommes politiques les plus brillants, les plus intelligents de la gauche, qui n'est jamais parvenu à devenir un leader ni de parti (il a perdu le PSU il y a près de dix ans), ni de mouvement, ni même de tendance. Je me demande souvent pourquoi. Sans doute est-il trop critique avec sa propre action, moins acteur qu'observateur du monde dans lequel il vit.

Il n'aime pas Mitterrand, qui ne fait pas partie de son univers. Il s'est donc rapproché de Michel Rocard qu'il ne se gêne pas pour assaisonner de quelques bons mots. Aujourd'hui, parmi les responsables de l'échec du PS, il cite Rocard lui-même auquel il reproche – tout en continuant de le soutenir – de ne pas avoir suivi ses dossiers au moment de la réactualisation de l'année dernière.

1. Qui avait valu une passe d'armes avec Jacques Chirac, alors Premier ministre, en 1975-1976.

Il en voit un second : Jacques Attali, qui joue au « petit génie » de François Mitterrand. Celui-ci a toujours été convaincu qu'il n'existe pas de problème économique qu'une volonté politique ne puisse pas résoudre. Attali, lui, savait que ce n'était pas possible. Il s'est tu au lieu de parler.

Gilles Martinet me raconte longuement la conversation qu'il a eue avec Mitterrand un jour du printemps 1977, sur le boulevard Saint-Germain :

« Nous ne pouvons pas ne pas trancher les problèmes importants, lui disait Martinet, comme les nationalisations, la force de frappe !

– Ne me demandez pas, lui aurait répondu Mitterrand, de raisonner aujourd'hui en homme d'État. Car si je ne raisonnais pas aujourd'hui en homme politique, je n'aurais aucune chance de raisonner un jour en homme d'État ! »

## *1978*

*25 septembre*

Journées parlementaires de l'UDF dans le beau site de Châteauvallon, au-dessus de la mer, près de Toulon. L'atmosphère extérieure est, disons, fraîche : les ouvriers des chantiers navals de La Ciotat, plutôt des durs, sont venus, dès l'ouverture des journées, manifester leur hostilité à la majorité. Jean Lecanuet, aujourd'hui président de l'UDF, est le premier à en faire les frais : sur la route qui l'amène à Châteauvallon, sa voiture se trouve un moment encerclée par la foule ; pare-brise et carrosserie défoncés à coups de pied, elle finit piteusement sa course. Le président de l'UDF, conduit par un chauffeur aux mains ensanglantées, fait une entrée remarquée.

Raymond Barre, lui, arrive en hélicoptère. Pour ces premières réunions des élus du parti dernier-né de la majorité, il est résolu à employer un langage de vérité. Dès son entrée en scène, égal à lui-même, il confie à quelques-uns d'entre nous : « Ne comptez pas sur moi pour faire le joli cœur. Corneille, c'est bien, mais moi, je préfère Racine ! »

Il prononce un discours d'une brutalité inouïe, qui laisse sans voix les pauvres députés UDF que son langage stupéfie. Pas question d'augmenter le SMIC plus que ne le veut la loi. En revanche, il est question de revenir sur le taux d'indemnisation des chômeurs. À ceux qui lui parlent problèmes des petites entreprises, crédits bancaires trop difficilement accordés, il répond rigueur nécessaire, assainissement, stabilité, compétitivité ! Il répète avec une évidente satisfaction : « Je ne laisserai pas les choses aller, je serai inflexible ; pas question de laisser un jour à mon successeur une situation catastrophique ! »

Florilège du Premier ministre :

« La France est économiquement sous-développée et socialement sur-protégée. »

« Bien sûr, il y a des problèmes de société, mais il faut éviter d'abord l'effondrement ! »

« Il ne s'agit pas de vivre mieux, de gagner plus. Il s'agit de sauvegarder ce que nous avons acquis en trente ans ; ce dont il s'agit, c'est la survie du pays ! »

« Il n'y aura pas de dynamique de l'assistanat pour les chefs d'entreprise : ceux-ci doivent assumer les charges qui sont les leurs, démontrer leur capacité à bien gérer leurs affaires ! »



Sur l'emploi : « Je garde, dit-il, le cœur de glace et le tempérament d'acier ! Je n'ai pas l'intention de pérorer sur l'emploi ; nous aurons à traverser une période difficile en matière d'emploi. Mieux vaut le dire ! Pas de politique de l'emploi qui ne soit d'abord une politique de vérité économique. »

Les élus sont sans voix devant ce message d'une brutalité excessive. Jean Lecanuet reprend la parole après lui et tente de rassurer l'auditoire abasourdi : « Nous devons être fiers, dit-il, d'avoir un Premier ministre courageux et lucide... »

Ayant eu dans la même journée les ouvriers de La Ciotat pour commencer, puis Raymond Barre après eux, les parlementaires présents sortent péniblement de la salle de réunion pour retrouver un soleil qui les éblouit.

Pendant ce temps-là, devant les députés RPR réunis à Biarritz, Jacques Chirac fait un étonnant tour de passe-passe. D'abord, un discours violent contre le gouvernement dont il dit qu'il fait une politique qui n'a jamais été aussi à droite sous la Ve République. Veut-il la rupture ? Eh bien, pas du tout ! Il espère, dit-il, tout simplement un redressement de cette politique qu'il condamne.

### *Anniversaire de la Ve République au début du mois*

Nous nous demandons avec Alexandre Sanguinetti quels sont les changements essentiels de la Ve République intervenus en vingt ans.

C'est d'abord l'élection du président de la République au suffrage universel. Et aussi, me fait remarquer Sanguinetti, les médias (il dit les mass media). « Auparavant, me dit-il, lorsqu'un député arrivait dans sa circonscription, ses électeurs lui demandaient : que se passe-t-il à Paris ? Aujourd'hui, lorsque le député arrive chez lui, c'est lui qui demande : qu'est-ce qu'on a dit à la télé ? »

*4-8 octobre : Voyage présidentiel de Giscard au Brésil*



Plusieurs ministres accompagnent VGE, en l'absence du ministre des Affaires étrangères retenu à Washington. Les plus importants dans le grade le plus élevé sont Alain Peyrefitte, pour amorcer des entretiens sur la coopération judiciaire, et Simone Veil, pour la coopération en matière de santé et de fabrication de médicaments, ainsi que Jean-François Deniau. Journalistes et politiques, nous sommes tous dans un grand hôtel de Brasilia, la ville qui existe grâce à Niemeyer et qui nous surprend par son côté moderne et déstructuré. Rien à voir avec une ville française : rues, maisons, hôpitaux, églises s'enchevêtrent.

En arrivant, avant le premier dîner officiel au Palacio Hamaraty (« comte » en indien, m'explique-t-on), Alain Peyrefitte, qui me reçoit à l'étage réservé aux ministres, abondamment sécurisé et surveillé, me dit que « Giscard vient ici pour montrer la voie. Les Français ne s'expatrient pas, les hommes d'affaires ne font pas assez d'efforts. Vous savez ce que me disait Zhou Enlai ? Pourquoi, m'a-t-il demandé, vos hommes d'affaires ne fréquentent-ils en Chine que les antiquaires ? Je lui ai répondu : eh oui, c'est aussi cela, le mal français ! ».

Pendant le dîner, l'orchestre a joué du Mozart et du Villa-Lobos, du Haydn et du Guerra-Peixe : façon de réaliser le mariage des styles musicaux.

Giscard, reçu à l'Assemblée nationale brésilienne le 5 au matin, a d'ailleurs quelques phrases bienvenues sur la diversité brésilienne. Il dit : « Dans un monde où l'hostilité et parfois la haine raciale constituent une tare encore trop répandue, l'harmonie fraternelle de la société brésilienne constitue un exemple. »

Saõ Paulo, Rio de Janeiro, Copacabana, Manaus avec son opéra en pleine forêt amazonienne. Le voyage s'achève : Giscard donne sa conférence de presse alors que nous sommes presque sur le départ. Il tient des propos assez convenus sur la démocratie, les grands équilibres mondiaux, puis, interrogé sur les événements du Liban[1], il devient plus grave : il fait part de sa profonde émotion à ce sujet et juge que la communauté internationale doit mettre à profit la courte pause qui s'annonce après le cessez-le-feu pour ramener l'ordre et la cohésion au Liban.

*10 octobre*

Que je revienne vite sur les quelques révélations de plus ou moins d'importance que m'a faites Peyrefitte pendant ce voyage.

Son ton à l'égard de Giscard : il est très admiratif, de son talent, de son éloquence, mais ne l'aime pas. Il raille devant moi son côté Louis XV, etc.



Sur de Gaulle et la pilule : le Général a longtemps refusé la « pilule » : « Peyrefitte, lui avait-il dit lorsque ce dernier avait pour la première fois évoqué le sujet devant lui, il faut réfléchir avant de parler ! » Puis il l'a acceptée : « On ne peut pas lutter contre son temps ! », tout en refusant un éventuel remboursement par la Sécurité sociale : « Pourquoi pas les voitures ? » avait-il gouaillé.

Il n'est ni tendre ni critique vis-à-vis de Barre : il n'en dit pas un mot.

Il me parle plus longuement, en revanche, de l'espèce de consanguinité qui existe entre la classe politique et les journalistes : « Regardez, me dit-il ; il s'agit d'une toute petite sphère de dirigeants : vous, je vous connais depuis quinze ans ; Simone Veil et Jean-François Deniau se connaissent depuis Sciences Po ! »

Curieux homme qui sait tout, a tout vu et beaucoup lu. Il écrit sur tout, inlassablement, d'une petite écriture fine, sur les menus, les programmes de spectacles, les papiers qui traînent.

Du coup, je lui reparle de mes cahiers et de ma manie d'y consigner chaque soir les événements de la journée. Il réalise que je vais, ce soir, rédiger quelques lignes sur lui. Cela lui fait peur. Il ne me dit plus rien.

1. Les forces israéliennes ont envahi le sud du Liban en mars 1978, et la suite d'un raid effectué par un commando palestinien en Israël. Malgré la création de la FINUL (Force intérimaire des Nations unies au Liban), le sud du Liban est demeuré très instable, avec de fréquents accrochages entre les milices chrétiennes et les forces israéliennes d'un cité, et les éléments armés de l'OLP de l'autre.

*11 octobre*

Importante rencontre avec Pierre Hunt. Il ne cache pas que le style de Raymond Barre, celui des journées parlementaires UDF surtout, déconcerte un peu tout le monde, y compris ses proches collaborateurs, et d'abord Philippe Mestre[1] lui-même qui est venu, hier, l'interroger sur la conduite à tenir.

L'impression de Pierre Hunt est que Barre est en observation, que le Président lui a demandé d'assouplir un peu sa façon de présenter les choses : il ne parle pas à des économistes, mais à des gens qui n'ont que peu de connaissances en économie politique. « Je pense, dit Hunt, que cette mise en garde a été entendue ! »

« Pourtant, poursuit-il, il y a une quinzaine de jours, lors d'un Conseil des ministres, Barre a été pris d'une colère subite, comme quelqu'un de très fatigué ; il a fait une scène inouïe sur un sujet que je ne peux pas vous révéler. Ce n'était pas le sujet qui posait problème, mais sa façon d'en parler. Mais, chose curieuse, j'ai surpris dans les yeux de Giscard une lueur d'attendrissement, comme on peut en avoir à l'égard de quelqu'un que l'on sait crevé et qui se met à délirer. » Il conclut assez drôlement : « On ne croit jamais que les gros aussi ont leurs nerfs ! »

Il n'éprouve pas pour Giscard la sorte d'affection qu'il avait pour Chaban-Delmas il y a quelques années. « Chaban, explique-t-il, aurait eu la capacité de fédérer une équipe, d'écouter les avis de l'un ou de l'autre de ses proches en leur disant : Oui, vous avez raison, c'est ce qu'il faut faire ! Au contraire, Giscard ne rend jamais hommage à un collaborateur pour ce qu'il dit, écrit ou fait : il récupère pour son profit personnel exclusif les idées que celui-ci a exprimées ou mises en avant le premier. » Il réfléchit un peu : « D'ailleurs, ajoute-t-il, personne ne l'aime. Pas plus Jean François-Poncet, toujours impeccable, que moi. »

Enfin, dernière salve : « Giscard fait des erreurs. Ce ne sont pas des erreurs de générosité ; ce sont les erreurs de ses défauts. Disons que, depuis quelques mois, la distance entre l'erreur qu'il commet et la récupération de l'erreur est plus réduite ! »

1. Préfet, directeur de cabinet de Raymond Barre à l'hôtel Matignon.

*11 octobre*

Yves Guéna m'affirme que le langage du Premier ministre crée un grave malaise au RPR. Au conseil politique du mouvement, ces derniers jours, certains, dont Michel Debré (sur le problème européen, notamment), ont envisagé la rupture. Et puis des éléments plus modérés, dont était Yves Guéna, ont conseillé une solution intermédiaire : une sorte de mise en garde au gouvernement. C'est donc lui qui, sur un ton courtois, s'est adressé à Raymond Barre, lors d'une réunion, lundi dernier, pour faire part des inquiétudes du RPR sur l'emploi, sur la place de la France dans la construction européenne, et sur la place du RPR dans la majorité. Au nom de tout le groupe, il a demandé des garanties au chef du gouvernement. Lesquelles ?



« Eh bien, par exemple, qu'après le vote du budget, on ne nous enfile pas des textes dont nous ne voudrions pas : la proportionnelle aux municipales, le non-cumul des mandats. La réponse apportée par Barre a été claire : ces deux textes ne seront pas à l'ordre du jour de la session parlementaire. Après cela, au comité central du RPR, c'est Chirac qui a tiré les conclusions de ce qui venait de se passer en définissant la ligne du mouvement : trêve au groupe parlementaire, sursis pour le gouvernement. »

Commentaire final de Guéna sur Barre : « Le RPR a contribué à ouvrir les yeux de tout le monde sur les défauts de Barre. Nous sortirons grandis de l'insuffisance et de la suffisance de ce gouvernement ! »

Même jour, 11 octobre, Mauroy, hier au téléphone. Il me raconte que la réunion du bureau socialiste a été franchement épouvantable. À l'ordre du jour, les statuts et la réforme du règlement intérieur. Mais, désormais, tout dépasse les querelles de détail et les points subsidiaires. Il me dit avoir assisté, hier, à toutes les combinaisons : Mitterrand-Mauroy contre Rocard, Rocard-Mauroy contre Mitterrand, Mitterrand-Rocard contre Mauroy. Avec quelques échanges du genre :

Mauroy : « Bon, eh bien, dans ces conditions, il n'y a plus de majorité, chacun de nous présentera son texte au congrès. »

Mitterrand : « Et qu'est-ce que ça change ? »

Mauroy : « Tout, peut-être ! »

Mitterrand comprend très bien le message. Ce que Mauroy n'ose pas lui dire tout en le lui laissant envisager, c'est : « Ce qui change, c'est que je vais m'allier à Michel Rocard, et qu'on va vous foutre en l'air ! »

Résultat : la trêve entre les combattants, comme entre Chirac et le gouvernement.

*12 octobre*

Réunion informelle de Mitterrand avec les journalistes. Il est drôle, détendu, sans faire aucune allusion aux problèmes internes dont m'a parlé Mauroy.

Le règlement intérieur ? « Sujet peu intéressant, mais clair. Finalement, comme il n'y avait pas accord entre nous sur le règlement et la réforme des statuts qu'il impliquait, j'ai dit : pas question d'imposer cela si quelqu'un s'y oppose ! Je note donc que le projet d'une réforme profonde n'est pas possible aujourd'hui. »



La rencontre des socialistes avec Raymond Barre, que ce dernier lui propose entre le 30 octobre et le 9 novembre : Mitterrand n'ira pas. « Je ne suis pas mondain de nature, ironise-t-il. Je ne peux pas aller à tout bout de champ dans les palais officiels pour y entrer et en ressortir aussitôt ! »

Même ironie sur le RPR, qui est « en train de connaître les inconvénients cumulés de la majorité et de l'opposition ! ».

Le rêve social-démocrate de Giscard ? « Présenter la social-démocratie comme quelque chose d'un peu sucré, qui pourrait bien lui convenir, est une plaisanterie : les sociaux-démocrates, en Allemagne, en Suède, au Portugal, sont les héritiers des mouvements ouvriers, et plus encore qu'en France ils sont l'expression des syndicats. L'adversaire du socialisme, de la social-démocratie, c'est le capitalisme, voilà tout. »

Et une pique sur Rocard : « Je trouve normal que les autres socialistes soient reconnus pour ce qu'ils valent. À partir de là, ne plaidons pas l'innocence ! »

*20 octobre*

Nous sommes un certain nombre de journalistes à suivre Michel Debré à Strasbourg où il prépare la campagne pour l'élection à l'Assemblée européenne. Il nous reçoit, le visage presque enfantin, dans une salle où il est flanqué de chaque côté de deux plantes vertes et de quelques immenses palmiers. Drôle d'endroit. Très hostile à la façon dont Giscard présente l'élection de l'Assemblée des communautés européennes qu'il appelle à tort le Parlement européen, « il sera, nous dit-il, tête de liste du RPR pour ces élections, ou rien ! ».

« Avez-vous convaincu le RPR ? » lui demandons-nous.

Il ne se fait pas d'illusions :

« À Amboise, répond-il, j'ai convaincu un sacré nombre de militants ! Il m'est arrivé d'être tout seul. Être seul ne veut pas forcément dire avoir tort ! »

Je lui demande s'il peut faire acte d'indiscipline.

« Ce ne serait pas la première fois », me répond-il.

J'insiste : « Cela veut dire : si on me suit, tant mieux ; si on ne me suit pas, tant pis pour eux ? »

Il sourit et me dit à voix presque basse : « Vous avez parfaitement résumé la situation ! » *1978*

*31 octobre*

Dommage qu'en France il y ait tant de Français ! Des Français que le Premier ministre, et d'autres ministres avec lui, trouve vraiment des empêcheurs de tourner en rond. Tel est, en gros, le jugement de Raymond Barre tel qu'il nous le livre, sans trop d'embarras, au cours de ce déjeuner à Matignon.

« Il y avait, affirme Barre, trois solutions au moment où je suis arrivé à Matignon. Ou bien faire de l'inflation : c'était impossible, le général de Gaulle lui-même ne l'a pas fait. (Que veut dire : le Général lui-même ne l'a pas fait ? Est-ce à dire que Barre le trouvait démagogue ?) Ou alors il fallait bloquer les rémunérations : c'était difficile. Je l'ai fait trois ans, pour les hauts salaires. Je suis obligé de mettre les pouces, parce que trois ans plus tard, ces blocages créent des tensions insupportables dans les entreprises. Reste la lutte contre l'inflation. Ce que je fais, il me semble, avec bonheur *(sic)* ! »

Il n'est donc pas mécontent de lui. À son avis, la tendance inflationniste est autour de 7,5 à 8 %. « Lorsque je suis arrivé, souligne-t-il, elle était à 13-14 %. » L'indice des prix de septembre, il s'en fiche un peu. Il ne se préoccupe que de ceux d'octobre et de novembre.

Les Français qui, les Français dont, mais qu'est-ce qu'ils ont donc, les Français ? D'abord, ils ne comprennent rien aux affaires économiques. Ce n'est pourtant pas faute de leur expliquer !

Ce qu'ils ne comprennent pas non plus, c'est que la catastrophe les menace et que, face à ce monstre grimaçant, ils réagissent avec leur petit système D.

Barre, qui n'a au reste pas l'air de considérer qu'en matière d'économie les journalistes que nous sommes soient supérieurs aux Français dont il parle, prend un exemple : « Regardez le dollar. Eh oui, ça va mal. Encore plus mal que ça. On ne peut rien y faire. Les États-Unis paient et continuent de payer pour le Watergate, et aussi pour leur refus, en 1962, de financer la guerre du Vietnam par l'impôt. L'endettement vient de là. Par leur irresponsabilité ou leur incapacité à lever les obstacles politiques, les dirigeants américains ont compromis l'équilibre mondial. Pour la France, c'est, en matière d'exportations à destination de l'Amérique, une catastrophe. Oui, en théorie, continue-t-il, on pourrait concevoir que cela arrange la France. Mais, comme le prix du pétrole va du coup être multiplié à la fin de l'année, la joie sera de courte durée ! »

Le voici qui parle maintenant de l'archaïsme des structures : « Je vous garantis, moi, que si on continue à engloutir des milliards de francs dans des secteurs entièrement désorganisés, ce n'est pas 1,2 million de chômeurs que nous aurons l'année prochaine, mais deux ! Alors, je veux bien continuer, mais sans y croire. »

Passons à l'archaïsme des comportements : « À La Ciotat, par exemple, on ne peut pas changer d'industrie. On pourrait le faire à Aubagne, mais les ouvriers n'acceptent pas d'aller travailler à Marseille : ils crient à la déportation ! »

Un prélèvement conjoncturel sur les fortunes est-il envisageable ? Il n'y croit pas. « Et, par définition, précise un de ses conseillers, Francis Gavois, qui assiste au déjeuner, il faudrait le renouveler ! » « D'ailleurs, ajoute Barre, les députés rogneraient les ailes de tout projet dans ce sens. Bien sûr, on exonérerait les résidences principales, et aussi la première résidence secondaire ! Le calcul des fortunes commencerait à la deuxième résidence secondaire ! »

Bref, les Français sont des veaux. Même pour la peine de mort, il n'y a pas de majorité dans le pays : « L'opinion publique est contre, alors ne posons pas la question : elle est incongrue. »

Bref, il faut faire avec. Ce qui veut dire : ne pas proposer de réformes trop brutales, « sinon ce sera l'explosion ! ».

« Réduire le niveau de vie ? C'est insupportable aux Français. Et avec une opposition qui ferait de la démagogie, ce serait faire basculer les Français dans l'opposition. Donc, aboutir à l'inverse du but recherché. »

À propos d'opposition, que pense-t-il de Rocard ? « Il a de bons réflexes, comme sur le SMIC à 2 400 francs, qu'il a tout de suite dénoncé. » Sur le reste, il trouve que Mauroy serait un meilleur candidat de gauche à la future présidentielle.

Et Giscard, dans tout cela ? Il va bien, merci.

Conclusion de Raymond Barre : « Que ce soit moi ou quelqu'un d'autre, on y passera. L'austérité sera pour tous si mon plan ne marche pas ! »

Nous sortons du déjeuner prostrés !

*2 novembre* *1978*

Voyage de Raymond Barre à la Réunion. Il parle du lycée qui porte le nom d'un de ses poètes préférés, Leconte de Lisle, natif de l'île, qu'il cite : « À quoi bon se troubler de choses éphémères, / à quoi bon le souci d'être ou de n'être pas !... »

Puis il évoque sa jeunesse : il est resté à la Réunion jusqu'en 1943, année où il s'est engagé dans la France libre. « Nous vivions alors sur l'île avec quarante ans de retard sur la métropole ; aujourd'hui, il n'y a plus que vingt ans de décalage ! »

Il a été au lycée avec le maire de Saint-Denis de la Réunion. Nostalgie : « Nous avons passé notre jeunesse à arpenter les sentiers ! » Le maire avait trois ans de plus que lui, il allait donc au grand lycée, tandis que le petit Barre, lui, était au petit lycée : « Un établissement napoléonien où l'on portait l'uniforme avec des palmes sur les revers. Culottes courtes pour les petits, pantalons longs et blancs pour les grands. »

Il a fait son service militaire comme artilleur : il a failli mourir parce qu'un de ses camarades n'a pas compris un ordre et qu'il a visé à 180° de la cible. Il dit sans sourire : « Il a failli priver la France d'un de ses futurs Premiers ministres ! »

Nous voici donc à la Réunion. Étonnant Barre. À peine arrivé dans l'aéroport, il lance à un pauvre producteur de sucre qui n'en peut mais : « Je vous dis que cela va saigner, et cela saignera ! » – et il réclame silence, sur quel ton, à ceux qui l'acclament dans le salon d'accueil !

Drôle de voyage. J'y découvre, comme tous mes confrères, deux

Raymond Barre bien différents. Le premier Barre, nous, les Français de métropole, nous ne le connaissions pas. Et ce n'est pas ma dernière conversation avec lui à l'hôtel Matignon qui m'a donné l'occasion de le connaître. Il est chaleureux, gai, saluant ses anciens camarades de lycée en disant : « Salut, mon vieux, comment ça va ? », se jetant dans la foule, à Saint-Denis de la Réunion, pour serrer quelques mains sous un soleil éclatant.

Celui-là, je le découvre. Il n'était jamais revenu dans son île natale depuis qu'il est Premier ministre, et manifestement il se sent ici chez lui. Embrassé par sa mère, sa sœur, des tas de neveux et nièces qui n'ont jamais quitté la Réunion.

Mais je vois également, depuis que je suis ici, un deuxième Raymond Barre auquel nous sommes davantage habitués, il faut bien le dire. C'est celui qui a commencé hier la campagne pour l'élection à l'Assemblée européenne au suffrage universel, sur les écrans de la télévision réunionnaise, en mettant en garde la majorité contre ses divisions. L'unité de la construction européenne, oui. « Ce qui ne veut en aucune façon dire qu'il s'agit de dissoudre la France dans l'ensemble européen », ni « de renoncer à son indépendance », a-t-il ajouté.

Inutile de dire que ces propos ont pris une coloration particulière parce qu'ils ont été prononcés dans le fief électoral de Michel Debré, bien obligé d'être là, puisque député de l'île, au supplice devant les propos du Premier ministre.

Deux Barre, donc : le patelin, le local, et l'autre, le dogmatique, qui n'a pas hésité à infliger inutile camouflet sur désaveu brutal à l'un de ses prédécesseurs à Matignon et pas n'importe lequel, Michel Debré, le père de la Constitution de la Ve République, le premier Premier ministre du général de Gaulle. Une poignée de main hâtive, visage détourné, sourire contraint, à l'école de Sainte-Marie, le samedi à 8 heures du matin. Une heure plus tard, à Saint-André, il lui a demandé, montrant de la main les constructions ébranlées du village : « Eh bien, c'est votre œuvre, tous ces bidonvilles ? »

Il est certain que le contentieux entre les deux hommes ne date pas d'hier. Le 26 octobre, Raymond Barre a pris violemment parti contre Michel Debré dans les colonnes du *Progrès de Lyon*[1], et Debré lui a répondu vertement.

1. « Quand j'entends la dénonciation des périls que ferait courir à la France l'élection de l'Assemblée de Strasbourg, j'ai tendance à évoquer le conte pour enfants où le petit Chaperon rouge est menacé par le grand méchant loup ! »

Et puis, entre les deux hommes, il y a bizarrement une divergence économique que je n'attendais pas, tant tous deux prônent depuis des années la rigueur et l'effort.

Je rencontre Michel Debré dans la grande salle de l'hôtel de Saint-Denis, au bord de la plage, pendant que Raymond Barre, à une centaine de mètres de là, est reçu en préfecture. Pauvre préfet, d'ailleurs : je l'ai vu ce matin, il m'a laissé comprendre que rien n'était pire pour un préfet que d'être déchiré entre le Premier ministre et l'élu de son département. Il s'en souviendra longtemps, lui, de ce voyage !

Je demande à Debré ce qui véritablement aujourd'hui le sépare de Barre. Presque tout. Debré réclame le retour à l'équilibre des finances publiques, la relance de l'investissement par un prélèvement conjoncturel sur les fortunes. Raymond Barre, en réalité, ne supporte pas d'être contesté dans le domaine où il a la certitude d'être le meilleur. Et puis, en arrière-fond, il y a surtout le sentiment hostile que nourrit Barre non pas contre Debré, mais contre Jacques Chirac lui-même. Ce n'est pas en pensant à Michel Debré, en effet, qu'il a dénoncé, devant la foule bigarrée de Saint-Joseph, « ceux qui s'en vont à la pêche aux voix comme d'autres vont à la pêche aux moules » !



*12 novembre*

Congrès extraordinaire du RPR.

La réunion du congrès a été précédée de multiples conciliabules au sein du RPR. Cela a commencé le mercredi 8 entre Couve, Debré, Chirac, qui, ensemble, ont refusé une motion, apparemment conciliante, d'Yves Guéna. Chirac s'engage à rédiger le mercredi une nouvelle motion que conteste alors Michel Debré avant de tomber d'accord, en fin de journée du samedi, avec le texte et le discours préparés par Chirac. Tout a donc été réglé entre eux avant la première journée.

Dans la salle, le chanteur Philippe Clay, le comédien Pierre Dux, mêlés à Maurice Couve de Murville, Maurice Schumann, Maurice Druon, Jean Foyer, Jean de Lipkowski, etc. Lorsque j'arrive, Michel Debré est en train de parler en opposant l'Europe-alibi, celle d'une

---

La réponse indignée de Michel Debré n'a pas tardé : « L'argumentation que je présente, loin d'être un conte pour enfants, exprime une réalité. Elle exige en réponse autre chose que des affirmations, péremptoires peut-être, mais que ne justifient ni les textes, ni l'expérience. »

construction technocratique, en d'autres temps, celle de la Communauté européenne de défense[1], et l'Europe des grands desseins, celle des grands projets, des grands exploits, des grandes ambitions.

Olivier Guichard lui succède, suscitant, dans cette atmosphère chauffée à blanc contre l'Assemblée européenne, un beau chahut. Il ne craint pas de donner des verges pour se faire battre et propose à la salle un protocole européen de toute la majorité. Dans la salle, j'entends un « Ta gueule ! » hurlé depuis le vingtième rang. C'est le premier – et d'ailleurs le seul – orateur hué.

Le discours de Jacques Chirac, dimanche matin, est au contraire très applaudi. Quelques belles phrases ciselées, qu'il lit comme d'habitude avec gaucherie, rendent compte à mon avis assez bien de ce que pensent la plupart, sinon la totalité des congressistes.



Je résume vite le discours de 48 pages qu'il prononce à la tribune : un texte très réticent sur la construction européenne proposée par le chef de l'État. L'Europe existe, mais une étude approfondie du débat européen fait apparaître trois types de contradictions « de nature à compromettre la pérennité de l'œuvre entreprise ». Bref, un diagnostic sans indulgence, car il souligne, comme Michel Debré le dit le plus souvent : « Qui peut vraiment douter que l'Assemblée investie de l'autorité que confère inévitablement l'élection au suffrage universel direct ne tentera pas de s'arroger les droits et prérogatives d'un Parlement de plein exercice anticipant en somme sur l'Europe fédérale ? »

Tout est dit. Je suis incapable de connaître l'intime conviction de Chirac sur les questions européennes. Certes, il n'est pas fédéraliste, il souhaite limiter l'entrée de nouveaux pays européens, il est hostile à une organisation supranationale. Mais il a aussi une raison beaucoup plus politique de traîner les pieds devant les propositions européennes de Giscard : c'est que, là-dessus, le RPR est profondément divisé. Il doit surtout tenir compte de la position de Michel Debré qui galvanise autour de lui le clan des gaullistes hostiles à tout ce qui peut empiéter sur les droits des États-nations.

1. Adopté par le gouvernement français en 1952, le projet de Communauté européenne de défense a finalement été repoussé par le Parlement français en 1954 en raison de l'opposition des gaullistes et des communistes.

*13 novembre*

J'essaie, en terminant ce cahier, de noter les événements de cet automne que j'aurais oublié de consigner.

Concernant le PS, d'abord. Pierre Mauroy m'a raconté jeudi après-midi l'histoire de la lettre de Mitterrand aux militants. Il s'agit de cette missive demandant aux militants s'ils approuvent la création d'un quotidien socialiste. Pour Mauroy, il s'agit de bien autre chose : d'un plébiscite. Il pense que cette lettre a été imaginée pour emmerder Rocard et lui, Mauroy. Mais Mauroy, lorsqu'il en prend par hasard connaissance alors que Mitterrand ne lui en a pas parlé, s'y oppose, car il pense que le PS a mieux à faire que lancer un quotidien, et qu'il vaut mieux faire avec ce qu'on a : l'hebdomadaire *L'Unité*. Accrochage très vif, donc, le mardi 7 novembre, au bureau politique réuni exceptionnellement à Lille. « Si vous voulez un système présidentiel dans le parti, dit Mauroy, entourez-vous d'un cabinet et gouvernez par ordonnances ! »



Jamais je n'aurais pensé que les relations entre Mitterrand et Mauroy se dégraderaient à ce point-là. Cela ne me paraissait pas possible depuis 1971. Qu'il y ait chez Mauroy tant d'indignation, qu'il soit capable de tant de détermination, c'est à vrai dire ce qui m'étonne le plus.

Ce que je n'ai pas noté sur Raymond Barre (c'est Philippe Mestre qui me le raconte) : lorsque Barre est venu l'autre jour salle Colbert devant le groupe, les députés RPR lui ont fait une ovation que Chirac a fait mine de ne pas remarquer, feuilletant son journal tout le temps que le Premier ministre a fait un tabac.

De la même façon, au déjeuner du bureau du groupe RPR, le 9 novembre, Barre a émis une vigoureuse protestation : « Vous faites deux poids, deux mesures, a-t-il dit. Lorsque Chirac dit n'importe quoi contre moi, lorsque Michel Debré publie des articles dans *Le Figaro*, alors je dois encaisser. Mais lorsque c'est moi qui proteste, tout le monde crie. Exemple : Pierre Charpy[1] m'éreinte tous les matins, et personne ne trouve à y redire. »

Et les députés RPR de protester : « Nous ne sommes pas d'accord avec Charpy, il ne nous représente pas du tout ! Mais on ne peut rien faire contre lui ! »

Lâcheté des parlementaires RPR, réelle gêne devant la façon dont

1. Éditorialiste du quotidien du RPR *La Nation*.

Chirac combat le Premier ministre, désaveu de la position européenne de Debré : les choses sont bien compliquées.

*21 novembre*

Nouvelle conférence de presse de Valéry Giscard d'Estaing. Est-ce parce que le RPR est divisé qu'il se présente, lui, comme recherchant l'unité de la France « forte et paisible » ? La France, c'est l'argument qu'il développe aujourd'hui, n'est pas coupée en quatre : la cassure de la gauche est approfondie ; en revanche, les deux formations de la majorité, insiste-t-il, sont l'une et l'autre nécessaires à la majorité.

Il soutient fortement Raymond Barre avec cette phrase que je n'ai jamais entendue dans sa bouche et qu'il me paraissait incapable

*1978* de prononcer : « M. Raymond Barre est certainement un des meilleurs Premiers ministres que la France ait eus depuis longtemps. Son nom restera au nombre de ceux qui ont rendu service à la France. »

L'assistance prend comme il convient cet hommage présidentiel.

Pour le reste, l'Europe est le plus gros morceau. Giscard annonce qu'il rencontrera les dirigeants de la majorité et de l'opposition sur la construction européenne. Il souhaite pour sa part que l'organisation de l'Europe soit confédérale – « dans laquelle personne ne puisse imposer sa volonté à personne ! » –, que la France soit la première à soutenir l'élargissement à l'Espagne, au Portugal et à la Grèce. Mais il se gardera, dit-il, d'indiquer le « bon choix » pour l'Europe.

Évidemment, sa position est en complète contradiction avec celle de Chirac, même s'il fait mine de considérer que la majorité est unie et non pas divisée.

Déjeuner, tout de suite après, le 21, avec Pierre-Christian Taittinger. Passons sur l'homme, assez irrésistible. Je m'étonnerai toujours que les milieux parisiens trouvent snob et mondain – et même, disons-le, limité – un homme qui l'est largement moins que d'autres. Sous prétexte, sans doute, qu'il est gentil, moins préoccupé que les autres par sa carrière politique, et parce qu'il a familialement l'argent et la sécurité matérielle. Dans un monde de parvenus (j'en suis, moi aussi !), la classe et la naissance confèrent, sauf exception, un brevet de sottise *a priori*.

*22 novembre*

Revu Giscard à l'Élysée, le lendemain de sa conférence de presse, avec notre petite bande habituelle. Manifestement, il n'est pas content de l'aspect qu'a revêtu cette conférence. Mais il ne voit pas comment améliorer la formule. Pour ma part, je l'ai trouvé plus figé que jamais dans cet exercice : aucune question spontanée n'est possible ; Jean-François Kahn a levé la main pour poser une question pendant une demi-heure sans arriver à attirer l'attention ni du Président, ni du porteur de micro.

Alors, interroge-t-il, faut-il faire des conférences de presse par thèmes ? « Impossible, répond-il. Admettez que je parle de politique intérieure, on me dirait : et les problèmes sociaux ? Que je parle de politique étrangère, on me dirait : et la politique intérieure ? »

Alors, lui faut-il répondre de façon plus brève à des questions plus brèves ? « Peut-être, admet-il, mais alors il faudrait que je fasse une déclaration liminaire. » 

Sur le fond, qu'a dit Giscard ? Le référendum européen ? Il n'a pas annoncé qu'il *fallait* un référendum, il a dit qu'il en *faudrait* un si on envisageait de modifier les compétences de l'Assemblée européenne. « Il ne s'agit pas de tout prévoir pour des centaines d'années, dit-il. Si les gens qui nous suivent aujourd'hui changent d'avis, il faut qu'ils puissent le faire ! Aujourd'hui, il faut trancher et considérer les choses à hauteur d'homme, à la distance d'une génération. »

La liste unique de la majorité ? Il est resté flou, mais c'est volontairement. Il envisage tout à fait une liste commune à tous ceux qui, à l'intérieur de la majorité, sont favorables à une Europe confédérale. Il voit, pour conduire une telle liste, un homme qu'il a nettement en tête, dont il ne veut cependant pas nous dire le nom, qui soit « assez au courant des choses européennes, mais pas complètement dans le bain européen depuis le début – ce qui exclut, dit-il, Robert Marjolin – et qui ait en même temps une notoriété devant le pays ».

Qui cela ? Nous ne trouvons pas : « Je ne peux tout de même pas vous le dire et espérer que vous le garderez pour vous ! » nous dit-il.

Suit, comme à l'accoutumée, une vaste fresque (sorte de Café du commerce ultra-brillant) de la politique internationale, des événements du Liban, du rapprochement entre la Chine et le Japon, etc.

*23 novembre*

La seule phrase un peu drôle de cette conférence de presse, c'est, pour tout ce qu'elle englobe : « La conjuration des myopes. » Je crains que VGE ne désigne par ces termes tous ses ennemis, et l'ensemble des incrédules. Tous ceux qui ont ri, par exemple, lorsqu'il a parlé du troisième millénaire comme s'il y était déjà. Tous les RPR, Chirac en tête, qu'il doit accuser de vivre dans le passé, ou, au mieux, dans l'instant, et de refuser l'Europe de l'avenir. Tous les socialistes auxquels il fait le même reproche d'archaïsme. Les communistes, n'en parlons pas !

*26 novembre*

*1978*

Jacques Chirac a eu un accident de voiture terrible sur les routes de Corrèze. Nous sommes, ce week-end-là, avec nombre de confrères et de consœurs[1], reçus par Michel Debré qui a insisté pour que nous soit conférée, dans la nuit de samedi à dimanche, une distinction très importante dans sa circonscription : celle de chevaliers des vins d'Amboise !

Au petit matin, après une nuit arrosée, il nous fait dire que la voiture de Jacques Chirac a dérapé à vive allure sur le verglas ou la neige, qu'il est très touché et qu'il vient d'être transporté à l'hôpital. Impressionnés, sans savoir si sa vie est en danger, nous regagnons nos rédactions, sauf ceux d'entre nous – je ne citerai pas de noms – qui ont trop bu la veille.

Chemin faisant, nous apprenons les uns et les autres que Chirac a la jambe cassée en plusieurs endroits. Ses jours ne sont, paraît-il, pas en danger, mais il a sûrement devant lui plusieurs semaines d'immobilisation.

Je me demande comment cette force de la nature, car c'en est une, résistera à l'inactivité forcée. Je me demande aussi, en repensant au congrès du RPR de novembre, comment et si même il sera présent dans le combat des élections européennes : sur la position assez restrictive, pour ne pas dire hostile, qu'il a défendue jusqu'ici ?

1. Dont Étienne Mougeotte (Europe 1), Roger Gicquel (TF1), Michèle Ferniot (*France-Soir*), etc.

*29 novembre*

Ça n'arrête pas : aujourd'hui, après celle de Giscard, conférence de presse de Raymond Barre.

Il parle essentiellement du rôle du Premier ministre, en s'abritant derrière les définitions qu'en donnait le général de Gaulle : « Il faut qu'il dure et qu'il endure ! »

Loyauté du Premier ministre, confiance du président de la République : ces conditions doivent être remplies pour la cohérence des institutions. Sur l'Europe, aucune divergence avec Giscard.

La nomination, aujourd'hui, de Jean François-Poncet au ministère des Affaires étrangères, en remplacement de Louis de Guiringaud, est un indice fort. Un Européen de toujours, qui fut, au cabinet de Maurice Faure, dans les derniers moments de la IV^e^ République, le principal artisan du traité de Rome ; un homme proche de Giscard, secrétaire général de l'Élysée depuis à peine un an, s'empare donc du bastion du Quai d'Orsay. Cela me semble éminemment et évidemment symbolique : c'est sur le combat européen que la majorité va se diviser ! (L'opposition aussi, d'ailleurs : j'y reviendrai.)



Je pense que si l'affaire n'a pas entraîné de remous du côté du RPR, c'est que Jacques Chirac a le fémur brisé sur son lit d'hôpital. On prétend qu'il souffre beaucoup, la fracture étant plus grave qu'on ne l'a dit.

*6 décembre*

Une fois de plus, atmosphère inouïe à l'Assemblée nationale. Et voilà que Chirac, sur son lit d'hôpital de la chambre 119, au premier étage du pavillon Ollier, à l'hôpital Cochin, a vu Pierre Juillet (qui, du reste, était en Corrèze avec lui, le week-end où il a eu son accident) le dimanche, puis Marie-France Garaud le mardi. De sa chambre il se dit sans doute (la nomination de Jean François-Poncet au Quai n'y est peut-être pas pour rien) que c'est le moment ou jamais de prendre le départ du combat européen. D'où la publication du texte d'un appel rendu public depuis Cochin, dont la teneur et le ton font un bruit du tonnerre.

Explication de Marie-France Garaud, tout à l'heure, à André Chambraud :

« J'étais inquiète pour Jacques Chirac, et puis je me suis aperçue que cette halte forcée lui a été bénéfique. Il a désormais décidé de prendre du champ et de mourir debout, s'il le faut, sur cette question européenne. Nous avons l'impression, a-t-elle poursuivi, qu'un nouveau Munich se prépare. Et, face à l'Histoire, il est bon que quelqu'un maintenant se lève et dise : c'est Munich ! »

Elle ajoute une phrase sur laquelle elle prend son interlocuteur sinon pour un imbécile, du moins pour un naïf (il n'est ni l'un ni l'autre) : « Nous n'affaiblissons pas, ce faisant, la position de Giscard. Au contraire, dans la mesure où il est sincère, nous le renforçons : face à ses partenaires, il peut arguer d'une certaine résistance d'une partie de la majorité ! »

Sûr que Giscard va être ravi !

Reste à savoir la réaction du groupe parlementaire : il paraît que Jacques Chirac lui a envoyé une lettre.

Voici Claude Labbé qui, pendant que je me prépare à noter, un peu en vrac, les propos des uns et des autres, vient ajouter sa voix au chœur général. Il reconnaît qu'il a lu à Raymond Barre, reçu par le groupe en début d'après-midi, la lettre de Chirac. Il ne s'y attarde pourtant pas et se hâte de souligner que le président du RPR a insisté sur le fait que la trêve entre les composantes de la majorité n'est pas rompue. À preuve, il rend compte longuement d'une explication qui vient d'avoir lieu entre le groupe parlementaire RPR et Raymond Barre sur je ne sais quel projet de loi que le Premier ministre, au demeurant, a aujourd'hui accepté de modifier.

Je m'étonne : quelle est la teneur de la lettre de Jacques Chirac dont tout le monde parle avec tant d'émotion et dont il nous dit au passage qu'elle a été applaudie – en présence de Barre, donc – par le groupe RPR ?

Pressé de questions, il finit par nous dire que, oui, Jacques Chirac a bien rendu public un appel qui est un véritable brûlot : un triple « non » à l'élection de l'Assemblée européenne au suffrage universel, un triple « non », donc, à la politique européenne de Giscard. À vrai dire, vu ce que j'avais entendu au congrès du RPR, cela ne me surprend pas.

Ce qui m'étonne davantage, c'est d'abord le calendrier. Il est vrai que juste avant son accident de voiture en Corrèze, Jacques Chirac avait rendez-vous avec Juillet pour mettre précisément au point ce texte, mais pourquoi le rendre public depuis sa chambre d'hôpital ? Était-ce à la minute près ?

Et puis, surtout, c'est la virulence du ton. Diable, il n'y va pas par quatre chemins. C'est un pamphlet antieuropéen et antigiscardien plus qu'un texte strictement politique. Une phrase-clef, dans ces cinq feuillets, que chacun cite avec stupeur : « Comme toujours quand il s'agit de l'abaissement de la France, le parti de l'étranger est à l'œuvre avec sa voix paisible et rassurante[1]. »

Parti de l'étranger, l'UDF, tenue sur les fonts baptismaux il y a quelques mois par Giscard ? Le texte aurait été rédigé par Michel Debré que je n'aurais pas été autrement étonnée. Car les mots employés sont plus proches de son vocabulaire (« abaissement », par exemple).

L'Assemblée nationale s'est transformée en volière. Tous caquètent.

*7 décembre*

Alors que l'appel est dans tous les journaux du matin, Claude Labbé m'avoue aujourd'hui que le groupe parlementaire est à fond derrière Chirac après l'appel de Cochin, et qu'il dissocie très bien la trêve parlementaire et ce qui, dit-il, dépasse la vie parlementaire. « D'ailleurs, ajoute-t-il, Chirac a pris la précaution de signer ce texte à titre personnel ! »



Comme s'il était possible que le président du RPR s'exprime à titre personnel !

Je lui demande quand même si les députés RPR ont été surpris par cet appel. Il lève les bras au ciel : « Comment voulez-vous qu'il en soit autrement ! » Ils n'avaient évidemment pas été consultés.

Commentaire de Paul Granet, transfuge du RPR passé à l'UDF en début d'année : « Drôle de jeu. Jeudi, le RPR refuse un texte gouvernemental ; le mercredi d'après, il s'écrase ; et après qu'il s'est écrasé, Chirac casse tout ! »

1. L'appel se termine ainsi : « Nous disons non à une Europe vassale dans un empire de marchands, non à une France qui démissionne aujourd'hui pour s'effacer demain... Comme toujours lorsqu'il s'agit de l'abaissement de la France, le parti de l'étranger est à l'œuvre avec sa voix paisible et rassurante. Français, ne l'écoutez pas ! C'est l'engourdissement qui précède la paix de la mort.

« Mais, comme toujours lorsqu'il s'agit de l'honneur de la France, partout des hommes vont se lever pour combattre les partisans du renoncement et les auxiliaires de la décadence. Avec gravité et résolution, je vous appelle au grand rassemblement de l'espérance, à un nouveau combat, celui pour la France de toujours et la France de demain ! »

*12 décembre*

Jean-François Deniau rend public le rapport qu'il a élaboré pour l'UDF sur le programme européen en vue de la prochaine élection du Parlement. Non, pas du Parlement, me dirait Debré, mais de l'Assemblée européenne !

Il en profite pour se distancier de la position de Chirac en plaidant que « le génie de l'Europe, c'est sa diversité et son pluralisme », que sa prospérité économique est sa justification, qu'elle n'est « ni satellite du monde soviétique, ni annexe du monde américain ».

J'essaie de débrouiller cette affaire de l'appel de Cochin et de dire ce que je pense aujourd'hui – quelques jours plus tard, donc – de cet imbroglio.

1) Chirac n'a jamais été européen. Et s'il a laissé faire les choses pendant qu'il était Premier ministre, c'est à coup sûr dans le désir de gagner du temps. Il s'agissait, m'a-t-il semblé, d'un antieuropéanisme vague, sentimental, pas argumenté comme celui de Michel Debré. D'où la grande sérénité qu'il a manifestée depuis déjà plusieurs mois. Michel Debré m'assure qu'il lui a entendu dire (lui dire) en 1974 qu'il était favorable à l'élection de l'Assemblée européenne au suffrage universel. Il me rappelle aussi qu'en 1976, aux journées parlementaires du RPR à Saint-Jean-de-Luz, un clash l'avait opposé à Chirac qui lui avait reproché de le mettre, sur ce terrain, en difficulté avec Giscard !

2) À ajouter qu'il y a quelques mois seulement, Chirac a reproché à Michel Debré de porter atteinte à la cohésion du mouvement par ses prises de position excessives.

3) Il reste que Chirac, je m'en souviens très bien, m'avait dit en 1976 que Giscard en faisait beaucoup trop sur l'Europe, et que, pour sauvegarder la cohésion du RPR, il n'avait pas été « fâché », de ce point de vue-là, de quitter Matignon.

Donc, il me semble honnête de dire que Chirac n'a jamais été pro, mais jamais non plus violemment antieuropéen. Et que, s'il a pris cette position, c'est qu'elle lui paraît la meilleure pour son mouvement, sinon pour le groupe parlementaire, et la plus susceptible de lui rapporter des voix. D'autant qu'avec Giscard, il est dans une seringue, et il veut en sortir par la fuite en avant.

4) Les réactions : impossible de connaître celles des électeurs. Au RPR, *grosso modo*, ça marche. Dans le groupe, double démarche : tout

un groupe de députés critiquent l'autoritarisme et l'absence totale de démocratie de Chirac ; mais ils semblent (ou bien préfèrent) en tenir rigueur à Marie-France Garaud, à Pasqua et à Juillet. Pour le moment, cette critique ne touche pas directement Chirac. Une autre fraction des députés est au contraire très contente d'un langage qu'ils attendaient sans l'espérer.

Déjeuner avec Jacques Chaban-Delmas à l'hôtel de Lassay. Il a une vision apocalyptique de Jacques Chirac. « Je le *sais*, dit-il, et non je le *crois* : Chirac ne poursuit désormais qu'un seul but, faire tomber le gouvernement et imposer Debré, ou lui-même, à Matignon comme chef d'un gouvernement de salut public ! »

Quant à Michel Debré, sa volonté profonde serait que les élections européennes n'aient pas lieu. Tout lui paraît préférable à cela : élections anticipées ou motion de censure. Par conséquent, pour le moment, l'alliance Chirac-Debré est acquise : « Elle est, dit Chaban, terrifiante pour qui les trouve en face de soi ! »



Il me semble (là encore, je continue d'essayer d'être honnête) qu'il y a un peu de vrai dans tout cela, mais que tout n'est pas vrai.

Ce qui me paraît vraisemblable, c'est que Chirac a été stupéfait de la victoire de la majorité en mars dernier – on en revient toujours là – et qu'il a senti tout de suite que cette victoire ne serait pas portée à son crédit, mais à celui de Giscard. Chaban le décrit donc tiraillé par l'envie de foutre en l'air le gouvernement, donc, quitte à favoriser la victoire de la gauche, de provoquer une crise dans laquelle il puisse apparaître comme un recours. « C'est ce qu'il a dit le 20 décembre à quelques intimes au RPR, dont je ne suis pas », assure Chaban.

À d'autres moments, peut-être cette perspective l'angoisse-t-elle. On ne m'ôtera pas de l'idée qu'un Pierre Juillet est plus hostile à la gauche qu'à Giscard.

# 1979

# 1979

*1er janvier*

Pierre Mauroy m'a longuement raconté, le 29 décembre, à Lille où je suis allée le voir (j'ai eu droit au beffroi, à la vieille ville en cours de restauration), ce qui s'est passé et pourquoi il a semblé se rapprocher de François Mitterrand à qui l'appel de Cochin m'a empêchée de penser ces dernières semaines. Il est en même temps furieux que les conventionnels en aient immédiatement profité pour pavoiser.

En fait, il a accepté de négocier avec Mitterrand sur une partie du discours que celui-ci doit prononcer au prochain congrès de Metz, en avril prochain, et qui est dès à présent en discussion, mais pas sur l'intégralité. En outre, les quatre textes que Mauroy avait préparés avec Michel Rocard restent sur la table.

Il dira donc mercredi au bureau exécutif que la synthèse lui semble possible : « Si vous n'en voulez pas, ajoutera-t-il, je ferai, moi, ma propre contribution. »

Apparemment, aujourd'hui, il n'a pas très envie, malgré l'irritation récente qu'il éprouve parfois vis-à-vis de François Mitterrand, d'aller à la bataille contre lui.

Michel Delebarre, son tout jeune directeur de cabinet, qui vient du Midi, et moi, nous lui conseillons de ne pas parler de synthèse. Sans trahir Mitterrand, je sais en effet qu'il a dit à Maurice Faure, hier ou avant-hier, ironique : « Mauroy veut la synthèse parce qu'il ne sait pas choisir ! »

Puis je comprends, à un membre de phrase, qu'en réalité Pierre Mauroy, quoi qu'il en dise, a été eu, sentimentalement « eu », par

Mitterrand. Comment cela ? Il a suffi à Mitterrand de lui dire simplement, en pleine discussion entre eux deux : « Écoutez, comprenez-moi, je ne peux pas reprendre mes textes, je suis le premier secrétaire du Parti. Alors, aidez-moi ! » Mauroy en a été, convient-il, ému.

Cette émotion n'a pas été perdue pour tout le monde, notamment pas pour Mitterrand et les conventionnels.

Mauroy fait tout de même une analyse un peu plus politique, moins personnelle, de son rapprochement avec Mitterrand : « Je ne peux tout de même pas me désolidariser, finit-il par me dire, de cette politique d'union de la gauche que j'ai suivie pendant sept ans. Ce serait me fusiller ! Michel Rocard le peut, moi pas. »

*1979* *2 janvier*

Vu Gilles Martinet, qui m'en dit plus long sur le rapprochement Rocard-Mauroy. Il est, lui, plus proche de Rocard que de Mauroy, et se lance dans un récit jour après jour de leurs contacts, qui existent en réalité depuis plus d'un mois. Je résume : c'est le 12 décembre que Le Pensec, Dominique Taddéi et Gilles Martinet ont rencontré Mauroy officiellement pour la première fois.

Le 19, rencontre Rocard-Mauroy, qui tombent d'accord sur quatre textes, différents, donc, de ceux de Mitterrand. Ces textes sont tapés dans la nuit de sorte que le 20 ils sont soumis au nouveau bureau exécutif.

D'entrée de jeu, au bureau politique, Gaston Defferre, qui n'a été tenu au courant de rien par les deux conjurés, s'inquiète : « Je demande, dit-il, les noms des camarades qui ont rédigé ces textes. »

On lui donne les noms.

Le maire de Marseille reprend la parole : « C'est un fait politique grave. Nous devons faire un effort pour maintenir l'unité de la majorité du PS. Cet effort doit se faire autour du premier secrétaire.

– Je ne demande rien », lâche Mitterrand, laconique.

On se sépare. Déjeuner fractionnel au premier étage du 98, rue de l'Université, où les rocardiens ont élu permanence : autour de Michel Rocard et de Mauroy, il y a là la plupart de leurs proches, du très rocardien Christian Blanc à la plus proche collaboratrice de Pierre Mauroy, Marie-Jo Pontillon. Mauroy dit qu'il est résolu à accepter certaines parties du texte de Mitterrand qui datent du mois de juillet précédent, mais pas les plus récentes qui datent du 25 novembre.

Les rocardiens se rangent à son avis.

La séance reprend dans l'après-midi, sans Michel Rocard qui laisse ses lieutenants mener la charge. Mitterrand prend les devants en retirant la première partie de son texte comme étant, il veut bien en convenir, trop polémique.

C'est Gilles Martinet qui attaque alors sur la seconde partie : « Ce qui me gêne dans cette seconde partie, dit-il, c'est que vous ne réaffirmiez que des principes généraux. Vous ne prenez pas en compte les éléments du changement important qui s'est produit dans le parti depuis mars dernier. Nous ne pouvons pas nous contenter de vous entendre réciter les Tables de la Loi ! »

Pour le coup, François Mitterrand commence à s'énerver : « Je ne peux pas accepter, dit-il, et je n'accepterai pas que mes textes soient mis sur le même plan que les autres. Je ne suis pas demandeur d'une synthèse, et si vous acceptez de prendre en considération mes textes, les autres – dont les vôtres – doivent être retirés. »



Tour de table. Mauroy dit qu'il est d'accord sur ce point avec Mitterrand (c'est ce qu'il m'a dit à Lille et qui est ainsi confirmé à ce moment-là de la discussion), tandis que tous les rocardiens votent contre. Mauroyistes et rocardiens prennent acte de leurs divergences, mais il se trouve, raconte Gilles Martinet, que, dans la soirée, Mauroy se rend à une réunion d'une partie de ses partisans et se fait engueuler parce qu'il est accusé d'avoir « calé » devant Mitterrand. Il se défend en disant qu'il ne pouvait tout de même pas rompre avec sept ans de mitterrandisme pour une question de procédure. Bref, Mauroy et Rocard décident de se revoir le lendemain pour déboucher, malgré tout, sur une position commune. Tandis que, de l'autre côté, Mitterrand, Jean-Pierre Chevènement et Gaston Defferre réaffirment leur alliance.

Dans l'entourage de Rocard, beaucoup souhaitent la bagarre avec Mitterrand, Christian Blanc en tête, en même temps que tous ceux qui commandent, lisent et analysent les sondages qui placent Michel Rocard au plus haut.

Le problème est qu'ils ont besoin de Pierre Mauroy pour obtenir une majorité au futur congrès de Metz. Même dans ce cas, ils ne sont pas sûrs de l'avoir. Et si personne n'a de majorité, le risque est la déstabilisation complète du Parti, sans solution de rechange.

Après la stratégie, fluctuante et difficile, il faut aborder maintenant le phénomène Rocard. La large réussite de ce dernier dans l'opinion publique est incontestable[1]. Au sein du Parti socialiste, c'est différent. « Les adhérents ne veulent pas tuer le père, convient Gilles Martinet, même s'ils ne veulent pas forcément qu'il soit candidat à l'élection présidentielle de 1981. C'est tout le problème. Rocard candidat à la Présidence de la République, pourquoi pas ? Rocard mettant dehors Mitterrand, non ! »

À cela s'ajoute, selon lui, une certaine allergie, toujours réelle, des militants et des cadres socialistes envers l'ancien PSU. Michel Rocard a certes rejoint le PS en 1974 ; nombre de ses lieutenants ne l'ont fait que beaucoup plus tard. La cassure entre les deux mouvements n'est pas oubliée. La sensibilité chrétienne est très présente chez les amis de Michel Rocard qui supportent mal, en outre, le côté monarque de Mitterrand, son style présidentiel.



Il ajoute – car il garde, en toutes circonstances et surtout vis-à-vis de ses amis les plus proches, un esprit critique aiguisé – que Michel Rocard, dans ce défi à Mitterrand, a commis beaucoup d'erreurs tactiques. Il a cherché l'accord avec Mauroy tout en disant qu'il était le seul clairvoyant, dans toute la bande, avec son refus du SMIC à 2 400 francs.

Christian Blanc le pousse à la bagarre. Il entretient les journalistes dans ce sentiment permanent de rupture avec Mitterrand. Du coup, ceux-ci n'arrêtent pas d'écrire que Rocard déposera une motion au prochain congrès, alors que sa décision n'est pas prise.

« La presse dit ce qu'elle veut, a répondu Rocard, interrogé sur ce point au cours du comité directeur.

– Fais-tu une motion ou pas ?

– Une contribution ! » a bredouillé Rocard.

La conclusion est que, comme tous les candidats à la Présidence de la République, il soigne son image plus que son programme. Son image est celle d'un homme de gauche enfin compétent. Il se sent plus proche d'un leader comme le Suédois Olaf Palme que d'un Salvador Allende. « Le *hic* est que cette image qu'il traîne ne plaît pas au Parti socialiste ! En fait, continue Martinet, le vrai problème est peut-être ailleurs : Mauroy, et Rocard aussi dans une certaine mesure, sont des hommes de parti, des hommes de gauche. Un

1. Michel Rocard connaît alors une impressionnante progression de sa cote de popularité. En janvier 1977, 34 % seulement des Français, contre 50 % à François Mitterrand, souhaitaient lui voir jouer un rôle important dans les mois ou les années à venir. En décembre, le score s'est spectaculairement inversé : 48 à Rocard, 40 à Mitterrand.

candidat à la présidentielle doit au contraire dépasser les partis : il y a là tout un mode d'emploi que nous n'avons pas ! »

Mode d'emploi naturel, au contraire, à Mitterrand !

Quant au mode interne au PS, les rocardiens semblent l'avoir moins encore : le candidat sera élu au suffrage universel de ses membres entre 1979 et 1980, et Rocard ne dispose pas de secrétaires fédéraux : deux ou trois, tout au plus. Mitterrand en compte entre 30 et 35, le Ceres de Chevènement, une quinzaine, le reste est pour Mauroy.

*3 janvier*



Mauroy, suite. Il est donc furieux que les amis de Mitterrand aient raconté partout – et ceux de Rocard également – qu'il avait « calé » devant le premier secrétaire. Donc, aujourd'hui, mercredi à 15 heures – en l'absence de François Mitterrand qui ne veut pas se mêler aux péripéties immédiates de la lutte interne –, il a voulu préciser les choses au bureau exécutif. Et surtout définir sa position, si tant est qu'il le puisse : il lui faut rompre sans rompre avec la majorité sortante, et rejoindre Rocard sans avoir l'air de le faire. Quoi qu'il en dise, je ne le trouve pas dans une position très commode.

Il a pris la parole en premier, sur un ton inhabituel dont, je pense, les membres présents ne le croyaient pas capable. Lorsqu'il m'en parle, je m'aperçois que je ne le lui connaissais pas moi-même, et pourtant, je l'approche, lui, depuis près de dix ans.

« Je n'ai pas du tout apprécié la façon dont les choses ont été répercutées à l'extérieur, a-t-il dit avec une certaine solennité. Je souhaite certes la synthèse entre nos textes. Dans ces conditions, François Mitterrand avait apporté ses textes, et j'avais accepté qu'ils aient la préséance, puisqu'il est premier secrétaire. Mes documents restent néanmoins sur la table, je ne les ai pas retirés. Cette affaire a été faite pour que j'en sois la victime. Peu importe, j'en prends néanmoins acte. »

Il a continué sur la reconduction de la majorité actuelle. Il se déclare hostile au retour du Ceres dans cette majorité, d'où le mouvement de Jean-Pierre Chevènement est sorti après les congrès de Pau et de Nantes : « Le Ceres a porté pendant trois mois des attaques contre la direction du Parti. Il n'est pas pensable qu'on puisse faire une majorité avec ceux qui ne portent pas le même jugement sur les choses. » Il fait allusion notamment aux positions trop antieuropéennes du Ceres, qui est aujourd'hui sur « une ligne plus nationaliste que jamais », dit-il.

Autrement dit, il souhaite que soit reconduite la majorité d'Épinay sans une de ses composantes fondatrices. Il faut dire que Mitterrand a assez fait pour contrer le Ceres pour ne pas avoir été entendu.

Mauroy revient en fin d'intervention sur la ligne d'Épinay : « C'est, dit-il, une page que je ne remets pas en cause. Je ne m'associerai jamais à une ligne qui remette en cause ce que nous avons fait depuis sept ans. Mais, de la même façon, personne n'est propriétaire de la ligne d'Épinay. Il faut faire l'analyse de ce qui s'est passé depuis mars dernier. Michel Rocard a finalement gagné dans l'opinion publique parce qu'il a posé et parce qu'il s'est posé des questions que tout le monde se posait. Nous ne pouvons pas faire l'économie de débattre de la possibilité de refaire aujourd'hui un programme commun avec les communistes, de la politique européenne, du fonctionnement du PS. Et puis il faudra aussi aborder le problème du socialisme lui-même et de la rupture avec le capitalisme. »

Succès pour Michel Rocard : autour d'une contribution commune pour le futur congrès d'avril, il a rallié à sa cause Mauroy, le seigneur du Nord, n° 2 du PS. La majorité, telle qu'elle avait été dessinée à Nantes l'année dernière, a volé en éclats.

*4 janvier*

Claude Estier me le redit : 49 secrétaires fédéraux du PS sont favorables à Mitterrand, le Ceres en a une quinzaine ; le reste, c'est-à-dire finalement peu (moins, en tout cas, que ce que me disait Martinet), est à Mauroy. « Mauroy dispose des grosses fédérations, comme le Nord et le Pas-de-Calais, mais la Gironde, par exemple, ne marchera pas contre François Mitterrand. Pour la première fois, me dit-il avec tristesse, nous en sommes là : le Parti devra choisir entre Mitterrand et Rocard. »

Je sens que, pour lui, c'est un tournant douloureux.

Je vais précisément au siège de Michel Rocard, rue de l'Université, dans l'après-midi. Dans un coin de la salle de conférences, devant les tables de travail en verre fumé, une pancarte : « Bonne année 79 ! »

À ces vœux assez banals, quelqu'un a ajouté au feutre rouge : « Bonne année 81 ! »

Tout est dit. C'est bien de l'élection présidentielle de 1981 qu'il est d'abord question ici. Il n'est même question que de cela.

Je rencontre Christian Blanc[1] pendant que, dans la pièce à côté, Michel Rocard vient de prendre connaissance du dernier numéro de *Paris Match* où il apparaît dans les jardins de l'hôtel à la mode de Marrakech, la Mamounia. Grand, l'élocution facile, avec un poil d'accent méridional qui n'est pas pour me déplaire, Christian Blanc nourrit, manifestement, beaucoup d'ambitions pour Rocard. Il n'a aucun état d'âme vis-à-vis de François Mitterrand dont il ne s'est jamais senti proche. Il n'a pas non plus les scrupules de Mauroy qui doit assumer les sept ans passés au Parti depuis Épinay. Bref, il est franchement réjoui de la situation dans laquelle il voit, il me le dit d'entrée de jeu, « un premier pas vers la clarification ». *1979*

Le fait essentiel, pour lui, est que Rocard grimpe dans les sondages. Qu'il est le premier homme politique à gauche. Que les Français le classent immédiatement après Giscard et Barre dans les indices de popularité. Il dispose des analyses d'opinion d'un jeune chercheur, Jérôme Jaffré, qui, selon lui, pense que Michel Rocard est aujourd'hui le candidat le plus dangereux pour la droite : en effet, il « tient » l'électorat de la gauche classique, et, en même temps, il rencontre une large audience dans les couches non politiques : ce que Blanc et sans doute Jaffré appellent le « phénomène Rocard » crée donc une nouvelle situation à gauche et dans tout le pays.

Il me parle maintenant du Parti socialiste. Il ne sait pas bien où il en est : ce qu'il sait, en revanche, c'est que beaucoup de militants sont venus à la réunion convoquée par Rocard : « Il y a à peine dix jours, m'explique-t-il, nous avons lancé une réunion, un débat sur nos propositions : nous avions prévenu par téléphone 20 personnes environ, choisies en fonction des 200 meetings tenus par Rocard depuis trois ans. Nous attendions 2 ou 3 personnes par fédération, pas plus, c'est-à-dire en tout 200, pas plus. Il en est venu 430 : des militants que nous n'avions jamais rencontrés. C'est donc que notre

1. Faisant fonction de directeur de cabinet de Michel Rocard, Christian Blanc a été président de la Mutuelle des étudiants de France de 1964 à 1965. Animateur de la base de loisirs de Saint-Quentin-en-Yvelines, il rejoint l'équipe de Michel Rocard dans les années 1970, avant de participer activement à la campagne municipale qui, en 1977, fait de celui-ci le maire de Conflans-Sainte-Honorine.

capacité de mobilisation est grande, même si notre courant n'est pas structuré ! »

L'objectif de cette réunion était de savoir si Michel Rocard devait déposer une contribution pour le futur congrès d'avril tout seul ou bien avec Pierre Mauroy. Si oui, autour de quels thèmes politiques. « De l'avis général, il valait mieux envisager, si possible, une contribution commune avec Pierre Mauroy, car tous les militants sont très conscients qu'entre les deux hommes, il existe une identité culturelle : les militants de Mauroy sont peut-être plus âgés, mais, dans le Nord, le Pas-de-Calais, le Puy-de-Dôme, ils gardent une tradition ouvrière et mutualiste dans laquelle se retrouvent nos propres militants syndicaux et associatifs. Les lignes d'une force nouvelle, selon nous, passent donc par Rocard et Mauroy. »

Autre signe du courant qui traverse le PS : la rupture, dans les Bouches-du-Rhône, entre Gaston Defferre et sa fédération. « Elle se fait sur nos thèmes politiques, insiste-t-il. Sur la démocratie dans le parti. Gaston va garder Marseille avec deux tiers des mandats. Mais le tiers restant est avec nous. »

La bataille est donc lancée. Je savais que, depuis mars dernier, Rocard était en piste : il ne s'en était pas caché, au soir du deuxième tour, sur les écrans de télévision. Je savais également Mauroy plus qu'énervé par François Mitterrand, mais – comment l'écrire ? – j'éprouve un drôle de sentiment à entendre Christian Blanc, ce jeune homme, parler de cette manière-là de Mitterrand. Fini, balayé, vieux, « passé d'un discours de 1789 à un discours plus moderne... disons de 1848 » !

Rude, rude !

Reste, pour Rocard, le problème avec le Parti communiste. À entendre Christian Blanc, ce n'est pas un problème réel : « Mitterrand a scandalisé Fiterman au congrès de Nantes : il n'y aura plus jamais de confiance entre le Parti communiste et lui. C'est différent avec Michel Rocard : les communistes pensent que Rocard est dangereux, car il connaît mieux leur patois. Ils nous voient vivre les uns et les autres, et ne feront pas à Michel Rocard le procès d'une alliance potentielle avec Giscard. Et puis ils savent très bien que, dans le Nord ou dans les Yvelines, nous sommes des militants qui travaillons à la dure, à la cogne ! »

Tout est du non-dit dans ses propos : Mitterrand n'a jamais été ni militant, ni socialiste, c'est un notable ; Rocard, lui, ne l'est pas, il est bien d'un parti populaire et ouvrier, etc.

Quoi qu'il en soit, je ne suis pas sûre, pour ma part, que les communistes ne puissent pas faire à Rocard un procès en social-démocratie. D'ailleurs, il me semble que Christian Blanc connaît moins bien que moi les communistes : l'ouvriérisme à la Serge Mallet, l'autogestion, je donnerais ma main à couper que cela leur fait davantage peur que Mitterrand et son socialisme humaniste !

Comme s'il avait deviné ce que je pense, Christian Blanc, juste avant que Michel Rocard ne nous rejoigne, insiste sur les relations avec le PC : « Il faut parvenir à affirmer notre identité et à trouver une articulation avec l'ensemble du mouvement social pour arriver à négocier en force avec les communistes, le moment venu. »

Michel Rocard arrive donc sur ces entrefaites avec des chocolats qu'il nous offre gentiment : il est léger comme une plume, papillonne, me parle de sa longue amitié pour Mauroy (« L'amitié, ça compte ! ») et d'un « vrai accord » avec lui : « Jamais un coup bas, jamais un mensonge en vingt-cinq ans. »



Les mots se bousculent dans la bouche de ce boy-scout sympathique, et en sortent à toute vitesse. Il ne s'attarde pas à faire l'analyse de la situation dont il sait que Christian Blanc vient de me parler. Il me parle de son image dans les sondages : honnêteté, rigueur économique, voilà ce que les Français lui reconnaissent. Il se lance dans une comparaison avec la voile, son sport préféré, la passion de toutes ses vacances : « En matière de parti, comme en matière maritime, ce sont les tempêtes qui font les marins. Et les tempêtes, je connais ça ! » dit-il, pensant au parti dont il vient, le PSU, naguère régulièrement balayé par des vents déchaînés...

*9 janvier*

Conférence de Michel Debré par un froid polaire, où chacun arrive en glissant sur les trottoirs verglacés. Il est là, comme un novice, costume gris rayé, chemise bleue. Le ton est trop incantatoire, le propos ambitieux. Je le résume : « Il existe, dit-il, une théorie absurde qui voudrait nous faire croire que l'idée de nation est périmée ! » Et cela, au moment où « l'Allemagne réaffirme son nationalisme et sa volonté que la France disparaisse en tant que personne » !

Dans la foulée, il annonce la création de comités pour défendre l'État-nation et la République, avec pour objectif d'obtenir la révision de tous les traités supranationaux. Rien que cela ! Commission, Cour de justice, Euratom : « Le combat va être vif, dit-il. Nous avons été modérés, et donc nous n'avons pas été entendus. Nous mettons maintenant les choses au plus haut. On me dira : que cherchez-vous ? Je n'ai d'autre objet que celui de mettre nos dirigeants en garde contre une aberration. »

Les comités de Michel Debré, il l'affirme également, seront présents dans les élections nationales, législatives et présidentielles. Il est évident qu'il prend position, sans savoir exactement où en est Chirac, pour le combat dont il pense qu'il lui appartient. Est-ce à dire qu'il se présenterait contre le président du RPR à la future présidentielle ? Ou qu'il fait du forcing pour conduire la liste RPR aux élections européennes ? Je n'en sais rien. Je sais sa conviction, je m'interroge sur ses moyens.

Je recueille dans l'après-midi son interview pour *Le Point*. Il énumère, plus gravement encore que le matin, ses trois « J'accuse » :

D'abord la CECA : « Par ce traité, la France a transféré sa souveraineté en matière de sidérurgie. Les garanties théoriques, je veux parler des promesses de décartellisation, n'ont pas été tenues, moyennant quoi les cartels allemands se sont reconstitués, empêchant aujourd'hui toute protection de la sidérurgie française. »

Ensuite, il accuse la Cour de justice qui, « comme Carthage, doit être détruite ! », et Euratom : « On pourrait, au vu de ce traité, croire que les matières fissiles sont considérées comme des pommes de terre, d'où l'idée que la livraison doit être libérée de tout contrôle national. »

Dernière accusée, la politique de défense : « On voit de nouveau percer la volonté de l'intégration de la politique militaire française dans une politique européenne, reflet de la politique américaine. »

La différence avec l'appel de Cochin, c'est que Debré argumente là où Chirac se contente d'ameuter.

*10 janvier*

Jean Bernard[1], professeur de médecine, me raconte, après une émission sur France Inter, ce qu'il peut dire aujourd'hui de la maladie

1. Né à Paris en 1907, Jean Bernard, professeur agrégé à la faculté de médecine, est professeur de cancérologie (1956), médecin-chef à l'hôpital Saint-Louis (1957), professeur de clinique des maladies du sang. Il sera enfin président du Comité consultatif national d'éthique des sciences de la vie et de la santé (1983). Membre de l'Académie de médecine et de l'Académie française, il est mort en 2006.

de Georges Pompidou : Pompidou était frappé depuis 1968 par la maladie de Waldenström. Lorsqu'il s'est présenté en 1969, il se savait très probablement atteint. Sans doute, n'aurait-il pas été président de la République, eût-il pu se soigner davantage, ou mieux. Un an avant sa mort à peu près, Jean Bernard a eu une conversation avec lui : il pensait que le Président devait se soigner, passer la main. Pompidou lui aurait dit qu'il était d'accord, et puis il n'en a rien fait, naturellement !

Il s'agit donc d'une maladie du sang. Il me dit que, dans le dernier communiqué qui annonçait la mort de Georges Pompidou, c'est M^me^ Pompidou elle-même qui avait tenu à ce que soit enlevée la mention de « maladie de Waldenström ».



*10 janvier*

*Le Matin* publie sur quatre colonnes les noms de 400 soutiens socialistes au tandem Mauroy-Rocard. Les « conjurés » n'ont prévenu personne dans l'entourage de Mitterrand.

Claude Estier me raconte qu'au cours des jours précédents, Mauroy avait assuré qu'il ne voulait pas « faire le Bottin », c'est-à-dire pas de listes fractionnelles.

Mitterrand se déclare trahi. Il s'attendait à une offensive, mais pas si tôt. Il va réagir, mais comment ?

Ça chauffe !

*11 janvier*

Réunion du RPR. Les plus fervents soutiens de Jacques Chirac dans ce qu'on peut appeler la bataille de Cochin ont été – c'est Jean-Marie Dedeyan, collaborateur de Michel Debré, jeune homme rapide et affûté, qui m'en fait le récit – Yves Guéna, Jean Tiberi, Pierre Messmer et Alain Devaquet.

Lucien Neuwirth a posé la question de savoir si la condamnation du « parti de l'étranger » était ou non compatible avec le fait de continuer de faire partie de la majorité. Les ministres RPR sont restés silencieux, à l'exception d'Yvon Bourges, qui, pincé, a tenu à affirmer qu'en matière de défense, il n'avait rien trahi.

Michel Debré, qui a parlé dans l'après-midi, trouve, il me le dit, que le débat a été d'un « bon niveau », à l'exception, précise-t-il, des accrochages entre ceux qui avaient soutenu Chirac et ceux que l'appel de Cochin laissait encore pantois. Il est manifestement content de l'écho qu'ont ses idées à l'intérieur du mouvement gaulliste. Chaban lui a dit qu'il avait raison sur Euratom ; Olivier Guichard, qu'« il serait toujours derrière lui contre la supranationalité ». En revanche, il ne peut pas cacher son irritation à l'idée qu'Yves Guéna ait fait un long topo de vingt minutes sans le citer !

En réalité, le fossé entre la plupart des membres du RPR et les giscardiens n'est pas seulement européen : députés, cadres et militants chiraquiens en « ont plein le dos de l'Élysée » qui ne cesse, disent-ils, de les « matraquer ».

Pour le reste, Debré pense que l'équipe Chirac, c'est-à-dire celle de ses conseillers, à laquelle se joint volontiers Alain Devaquet, est très maladroite. Ce qui donne, dans la séance d'aujourd'hui, une sorte de contradiction : sur le fond, les membres des instances du mouvement ne remettent pas en cause la présidence de Chirac ; ils jugent en revanche que, cette fois-ci, ses méthodes sont condamnables.

*11 janvier au soir*

Pendant que je suis restée à Paris pour juger de l'état du RPR après l'appel de Cochin, un spectacle inédit s'est déroulé à Bruxelles, spectacle que mon amie et consœur du *Point*, Danièle Molho, qui y était, m'a rapporté au téléphone, tout à l'heure, par le menu.

Les partis socialistes européens se réunissent pour leur dixième session. La délégation française, composée de 23 membres, est conduite par Mitterrand, Rocard et Mauroy, entourés, comme des loups, des membres de leur meute. Tandis que les autres socialistes européens défilent à la tribune, on voit, de loin, les trois chefs parler à mi-voix à leurs proches, leur envoyer des plis et attendre leur réponse.

Extraordinaire : ils ne se regardent pas ! Et ce, devant tous les militants socialistes européens qui font semblant de ne s'apercevoir de rien. Le premier des trois, Mitterrand, a l'air plutôt satisfait. Pourquoi ?

Parce que – on l'apprend dans l'après-midi – a été publié l'appel de ses partisans, réponse du berger à la bergère Mauroy. Cet appel du 10 janvier, rédigé par la vieille garde de Mitterrand – Estier, Dayan, Fillioud, Charles Hernu –, a été signé par de plus jeunes : Jacques Attali, Lionel Jospin, Paul Quilès [1]. Les partisans de Mitterrand dénoncent le risque de balkanisation du Parti socialiste.

Tous, donc, comptent leurs troupes au lieu de taire leurs contradictions ou d'essayer éventuellement de les résorber. Autant qu'on puisse savoir – cela varie d'un « expert » à l'autre selon qu'il se situe chez Mitterrand, chez Rocard ou chez Mauroy –, Mitterrand a l'avantage chez les parlementaires et parmi les secrétaires fédéraux. Mais il y a égalité au comité directeur entre Mitterrand, d'un côté, et le tandem Mauroy-Rocard, de l'autre.

Quelques phrases des uns et des autres recueillies sur place. Rocard : « Il est insupportable que ce parti soit gouverné comme une monarchie ! » Puis Mitterrand, caustique : « C'est cela, la IV^e^ République ! Des hommes intelligents et des institutions qu'ils détruisent ! »



*15 janvier*

Rencontré à Marseille le couple Jean-Nina Kéhayan. Tous deux membres du Parti communiste français, ils viennent de faire paraître un livre, *Rue du Prolétaire rouge* [2], ouvrage critique, plus que critique, sur l'URSS, et me racontent tout simplement leur histoire, qui fait scandale au PC.

Une histoire pas banale. Car des communistes oppositionnels, j'en connais maintenant beaucoup. Des comme eux, non. Ils ont une expérience que les autres n'ont pas : communistes français, partis travailler avec allégresse comme correspondants à Moscou à l'agence de presse Novosti, ils ont vécu deux ans en Russie. Ils y ont découvert, sans oser le dire pendant longtemps, un monde bureaucratisé, moyenâgeux, obscurantiste, terrifiant.

Revenus à Marseille en 1974, ça leur trotte dans la tête, dit Nina : il n'était pas possible de se taire, pas possible de ne pas raconter la vie *là-bas*. Mais ils étaient communistes, dans un environnement social et professionnel qui l'était aussi. Ils ont hésité à bousculer leurs amitiés, leurs camaraderies, la vie en commun, quoi.

« Lorsque l'union de la gauche était au sommet, témoigne Jean, je

1. Nouveau député socialiste de Paris depuis le 3 avril 1978.
2. Seuil, 1979.

disais dans les réunions : c'est formidable, c'est très intéressant, mais il reste beaucoup de problèmes à résoudre en URSS. Les camarades nous répondaient sans nous entendre que nous étions des intellectuels prompts à critiquer tout ! »

Et puis, *L'Archipel du goulag* de Soljénitsyne[1] a été publié en France. Jean se sent libéré, il choisit *Libération* pour livrer sa première interview, car il connaît bien le correspondant du quotidien à Marseille.

Il lui semble maintenant qu'il lui faut aller plus loin qu'un simple entretien : « Coup de téléphone aux éditions Grasset où on tombe sur une standardiste stupide, puis au Seuil. Quarante-huit heures après, l'éditeur avait envoyé un de ses directeurs littéraires nous rencontrer à Marseille. Nous nous sommes mis à écrire. »

*1979*

En septembre 1977, c'est la rupture de l'union de la gauche. « On ne l'a pas trop ressentie, car nous étions loin de Paris, dit Jean. Et nous continuions de penser que, dans les urnes, l'union se ferait, au moins par les désistements. Et puis est venu l'échec aux législatives de mars 1978. Nous nous sommes dits alors que le Parti communiste portait une lourde responsabilité dans cette défaite. Nous avons signé le premier appel avec 300 autres contestataires. »

Ils sont indignés des attaques qu'ils subissent : « Ce que nous vivons en ce moment, me disent-ils, c'est ce que nous vivions à Moscou pendant l'affaire Soljénitsyne ! »

Ils sont en vacances en Bretagne, au mois de juillet, lorsque se déroulent en Russie les procès d'Anatole Charantsky et d'Alexandre Guinzbourg. « Le matin du verdict, les enfants sont partis à la plage, Nina aussi. Quand ils sont revenus, vers 16 heures, j'avais terminé la préface du livre. »

Août : les enfants sont en colonie. « Nous avons travaillé à en perdre le souffle, comme si nous faisions un troisième enfant ! »

Leur livre sort à l'automne. Il s'intitule *Rue du Prolétaire rouge*. C'est un succès, Bernard Pivot les invite à « Apostrophes » avec des intellectuels communistes moins indociles : Alexandre Adler et Claude Frioux, coauteurs de *L'URSS et nous*. Invité également sur le plateau, le dissident soviétique Vladimir Boukovski.

Kéhayan me raconte : « C'est Pivot qui a tout déclenché. Notre

1. Le livre a été publié en version russe à Paris en décembre 1973. Soljénitsyne avait obtenu dès 1970 le Prix Nobel de littérature. Il a été banni d'URSS en février 1974.

malhonnêteté intellectuelle a été dénoncée par *La Nouvelle Critique* et par *L'Humanité*. Nous avions fait une brèche dans le Parti. Nous sommes rentrés à Marseille après l'émission. Le lundi, la fédération communiste des Bouches-du-Rhône a publié un premier communiqué "condamnant l'attitude de deux adhérents de sa fédération". Le lendemain mardi, réponse dans *Le Méridional* sous le titre : "Compliments pour une leçon de courage." »

J'insiste, en écrivant ce soir, dans l'hôtel de Marseille où je passe la nuit, sur le côté romantique de leur démarche. Mais je suis tout de même sidérée : je ne croyais pas que, dans le Parti communiste, aujourd'hui, en France, dans des provinces pas tellement reculées, on ne puisse pas critiquer l'URSS sans se faire jeter au cachot !

Ils me citent quelques phrases des lettres qu'ils reçoivent au milieu des injures. Il y a un message d'Hélène Parmelin : « Surtout, ne soyez pas découragés par la bassesse des attaques et par la virulence du stalinisme français. On est tous avec vous, on est beaucoup ! »



Et aussi beaucoup d'encouragements d'inconnus : « Soixante et un ans après Octobre 17, écrit l'un, reconnaître que le socialisme reste à inventer, cela est difficile pour un communiste ; pourtant, toute la crédibilité de notre socialisme aux couleurs de la France passe par cette prise de conscience. »

« Nous n'avons qu'une seule inquiétude pour vous, écrit l'autre, que vous vous laissiez prendre dans un mécanisme qui vous amène à vous exclure vous-même du Parti par dégoût de ce que l'on ne manquera pas de baver dans votre dos. »

« Il est dommage, conclut un bibliothécaire de Pontivy, qu'il faille de telles expériences amères pour que la solidarité s'exprime avec évidence. »

*17 janvier*

Pierre Mauroy me raconte sa rencontre avec Valéry Giscard d'Estaing. Il est donc allé parler du Nord au président de la République. Il a trouvé un interlocuteur attentif, qui voulait d'abord lui parler politique.

« Je sais bien, lui a dit d'emblée Giscard, que dans le Nord, tout est plus facile ! »

Mauroy traduit : « Sous-entendu : les sociaux-démocrates du Nord de l'Europe sont des démocrates convenables, contrairement aux socialistes français ! »

Le voyant venir, et ne souhaitant pas avoir avec Giscard une conversation sur la social-démocratie européenne, Mauroy met les points sur les i : « Certes, mais la tradition de la France n'est pas celle du Nord de l'Europe ! La France est largement latine. Nous ne pouvons pas être des Anglo-Saxons. »

Bon. Giscard a compris. On oublie le socialisme et on passe aux problèmes industriels du Nord.

Mauroy plaide pour sa province : « Telle usine, dit-il, vous la fermez. C'est une erreur. Dans quelques années, vous allez être obligé de demander qu'on rouvre les mines ! »



Mauroy ne s'attendait pas à ce que le Président lui prête à ce point l'oreille. « Il se met dans la position de l'homme qui écoute, genoux à demi repliés, yeux fermés, attitude fœtale. Il risque une phrase de temps en temps, toujours à propos, avec une connaissance inattendue des corons et des cours. Bref, une heure et quart de vrai dialogue ! »

À propos de Giscard, toujours, un tout autre son de cloche, beaucoup moins sympathique, qui me vient de Monique Pelletier. Cela se passe au dernier Conseil des ministres, mercredi 17, donc, quelques instants seulement avant l'entretien Giscard-Mauroy. Christian Bonnet, le ministre de l'Intérieur, raconte l'histoire d'un conseil municipal du Lot-et-Garonne. Giscard l'interrompt : « Où cela, dans le Lot-et-Garonne ? » Bonnet cherche désespérément le nom de la localité dont il parle. « Bon, dit Giscard, grinçant, au bout de quelques minutes, je vois qu'il est inutile de pousser plus loin mon enquête ! »

Les ministres en ont eu froid dans le dos : ils ont intérêt à apprendre leur leçon avant de s'exprimer en Conseil.

*1er février*

Michel Rocard me raconte qu'Helmut Schmidt l'a soumis à un véritable examen de passage. Cela s'est passé au cours du congrès des socialistes européens à Oslo. Schmidt l'attire d'un geste, le prend à part et lui demande : « Pourquoi l'alliance avec le Parti communiste, pourquoi les nationalisations ? »

Pour le reste, il me raconte les « humiliations répétées », selon lui, que lui a fait subir Mitterrand pendant des années.

Je m'étonne : pourquoi n'en a-t-il rien dit, tout ce temps-là ?

*2 février*

Giscard reçoit Jacqueline Baudrier[1] et toute l'équipe politique associée de près ou de loin à France Inter. Ce qui est mon cas. Nous sommes une douzaine au premier étage de l'Élysée, et Giscard nous parle d'abord sidérurgie. Est-ce la visite de Mauroy qui l'a alerté sur le charbon et l'acier ? Il nous parle longuement de la Lorraine et de Longwy, de Valenciennes où il est, selon lui, essentiel de disposer d'une implantation industrielle. Même inquiétude sur le plan européen : le marché est déprimé, instable, une sidérurgie compétitive est difficile.



C'est sur l'Europe qu'au bout de quelques minutes il centre son propos : il ne peut pas faire autrement à partir du moment où la moitié de sa majorité renâcle, dénonce, comme Chirac, le « parti de l'étranger », ou bien encore accuse, comme Michel Debré, toutes les institutions fondatrices de l'Europe. Il commence par soupirer sur les « vieux démons, ceux du nationalisme, de la xénophobie, qui tirent la France vers l'arrière ». Dieu merci, pour lui, les Français ne sont pas sur cette position-là. La France a des atouts, et ils le savent. Giscard les énumère devant nous : le franc est stable, la hausse des prix est finalement limitée à moins de 10 %, l'activité économique reprend, les perspectives à moyen terme sont bonnes. La France a donc intérêt à s'ouvrir vers l'extérieur.

Quant à l'Europe, il résume pragmatiquement les choses : « L'Europe n'a pas réglé tous les problèmes, mais son existence a évité que ceux-ci deviennent catastrophiques. »

Il fera une conférence de presse dans ce sens à la mi-février, il en reparlera en Alsace à la fin mai, tout cela conclu par une grande réunion publique, sur l'Europe toujours, près de Strasbourg.

Ses prévisions sur les forces politiques au cours des prochaines élections : recul du vote communiste ; avancée, au contraire, du Parti socialiste. Il ne nie pas qu'en ce qui concerne la majorité, le RPR adoptera « un ton antieuropéen sur la défense des intérêts nationaux », et qu'il y aura donc, pour le moins, une divergence entre

1. Alors présidente de Radio France.

gaullistes et giscardiens. Comme il est optimiste, il juge néanmoins que cela n'aura pas beaucoup d'incidence sur la politique intérieure. Quant aux communistes et aux socialistes, « leur coupure idéologique sera de ce fait renforcée ».

Nous parlons ensuite de l'Iran et de l'ayatollah Khomeyni : il s'explique longuement sur les conditions de l'arrivée en France de celui-ci après son expulsion d'Iran par le chah en 1978. Point sur lequel il conclut comme souvent : « Au total, il fallait faire ce qu'on a fait. »

Sur l'évolution de la situation, il ne se fait guère d'illusions : « J'ai toujours pensé qu'existaient deux forces en Iran, l'armée et les religieux ; la solution souhaitable était une entente entre les deux. À l'heure actuelle, nous avons au contraire une épreuve de force. »

Bon, nous avons fait le tour : une heure s'est écoulée depuis que nous sommes entrés dans ce salon. Il déplie son corps, se lève, nous raccompagne avec courtoisie.

Même jour : Jacques Chirac, sur les écrans, fatigué, maigre, énervé. Sur la critique du plan économique de Raymond Barre, il est, je trouve, beaucoup plus convaincant aujourd'hui qu'auparavant, maintenant que la crise de la sidérurgie lorraine et le chômage rendent ses résultats plus aléatoires.

VGE, j'y reviens après avoir entendu Chirac, comment dire, m'est de plus en plus transparent. Je n'ai pas besoin d'attendre longtemps pour deviner que Jacqueline Baudrier, je ne sais pourquoi, mais je le sais, lui est insupportable, qu'il est intéressé au contraire par l'humour et l'acuité de Pierre Wiehn[1], que, me reconnaissant dans ce groupe, il a affiché à mon endroit un air de connivence, sinon de familiarité. Un indice amusant. « Quelle est votre formation ? », demande-t-il à Pierre Wiehn, après avoir entendu celui-ci présenter France Inter. « Journaliste », répond Wiehn. Giscard se détourne presque aussitôt, ne pouvant cacher sa surprise à l'idée qu'un journaliste puisse être aussi brillant dans un exposé oral !

Quelques mots supplémentaires sur ce qu'il a dit : il reste hostile au processus de Camp David et n'a pas changé d'avis là-dessus : « Nous étions contre, résume-t-il, mais je n'ai pas jugé bon de le dire alors que les choses étaient assez compliquées comme cela ! » Il pense que cette paix n'avait aucune chance de tenir, que c'était du toc.

1. Alors directeur de France Inter.

Pierre Mauroy, enfin, le même jour, me parle de ce qui va se passer, dans la perspective du congrès de Metz, à la réunion préparatoire du 11 février. Sans doute, comme je m'y attendais, François Mitterrand n'acceptera-t-il pas de synthèse et préférera-t-il obliger ceux qui le veulent à déposer, d'ici à mardi, leurs textes. Il y en aura donc sans doute trois : Mitterrand, Rocard et Mauroy. Sans oublier le Ceres, ce qui ferait quatre.

Je demande à Mauroy pourquoi il ne fait pas motion commune avec Rocard. Quel est l'avantage d'une motion séparée ? Il y voit d'abord un avantage idéologique : il a toujours réclamé une synthèse (dont n'a pas voulu Mitterrand), il veut revendiquer aujourd'hui, dans une motion à lui, donc, son côté, me dit-il, « donneur de sang universel ». Mais, fine mouche, il y voit aussi un avantage arithmétique : si deux motions seulement sont déposées, il est évident que l'une sera automatiquement majoritaire par rapport à l'autre. En comptant que le Ceres subisse une légère érosion et atteigne 22 % des voix, restent 78 % à se partager à trois. Les chiffres prévus donnent 28 % à Mauroy, après un pointage fait samedi auprès des fédérations qui lui sont proches. Resteraient donc 50 %, Mitterrand tournant autour de 30 % et Rocard au-dessus de 20. Si Mitterrand est premier, il peut alors demander au congrès la synthèse. S'il est numéro 2 derrière Mauroy, il peut donc être battu, se soumettre ou se démettre. En tout état de cause, Mauroy ne voit pas comment François Mitterrand peut avoir plus de 32 % ou moins de 25 %.



J'ai vraiment l'impression d'entrer dans les arcanes les plus sombres du congrès socialiste. Il faut sans doute avoir grandi avec Guy Mollet pour jongler ainsi avec les chiffres. Les pointages, du côté de Mauroy, c'est Roger Fajardie qui en est l'expert. Mauroy a l'air de l'aimer beaucoup, ce franc-maçon tout rond qui passe ses journées à décortiquer le vote des fédérations : il paraît qu'il est le meilleur connaisseur non seulement des fédérations du PS, mais aussi de la carte électorale. Il faut le voir, avant les élections et les congrès, objet des soins constants des congressistes ou de ceux qui veulent être élus, courtisé par les journalistes comme une pythie !

À partir de mardi, chacun des trois – Mitterrand, Mauroy et Rocard – se considérera donc comme en campagne électorale. Voici revenu le temps des petits avions à moteur dans le ciel de l'hexagone : Piper, Apache et autres Navajo, Comanche ou Aztec en voyage. Chouette !

Pour le socialisme, on verra après...

Je trouve cela vraiment très dur pour Mitterrand. Pierre Mauroy proteste : que chacun ait le droit de se poser et de poser des questions sur l'échec de la gauche n'est pas sacrilège, tout de même ! « Sur le fond, le problème de notre époque, c'est comment régler la production en régime socialiste sans tomber dans les défauts de l'État policier. »

Je me dis que ce sera peut-être à une prochaine génération de trouver la solution, n'est-ce pas, Jean Kéhayan ?

Le colonel Flohic, l'ancien aide de camp du général de Gaulle [1], raconte, paraît-il, dans le manuscrit qu'il vient de remettre à Michel Droit pour Plon, que c'est en 1963, pour la première fois, que Georges Pompidou et le général de Gaulle ont commencé leur fâcherie. Au congrès de l'UNR, fin novembre 1963, à Nice [2], Georges Pompidou a parlé de la succession du Général.

« De quoi se mêle-t-il, celui-là ? » a demandé de Gaulle, furieux, à Flohic.

C'est aussi la version de Jacques Vendroux [3].

*4 février*

J'ai lu pendant le week-end le drôle de livre d'un jeune oppositionnel communiste, Guy Konopnicki, qui a le mérite d'utiliser l'arme de l'humour contre les communistes. Sous le titre *Vive le centenaire du PCF !*, on retrouve en 2020 l'auteur du pamphlet, devenu vieux, qui attend encore, après des décennies de lutte au service de la classe ouvrière, la France démocratique selon son cœur. Livre à clef, évidemment : Roland Lempereur est Roland Leroy, le directeur de *L'Humanité*, Louis Ellenster et Jean Althussein [4] sont les ennemis jurés du comité central et de la hiérarchie du Parti.

Curieux, tout de même, ces communistes : alors qu'il publie ce livre rude sur le PC, j'ai appris que Konop [5], comme on l'appelle, a demandé sa réintégration dans le Parti dont il avait démissionné il y

1. Jusqu'à la mort du Général en 1970.
2. Le jour de l'assassinat de John Fitzgerald Kennedy.
3. Beau-frère du général de Gaulle.
4. Pour Jean Elleinstein et Louis Althusser.
5. Ancien membre du bureau national de l'Union des étudiants communistes, ancien président de l'UNEF, Guy Konopnicki a été longtemps collaborateur de l'organe du comité central du PC, *France nouvelle*.

a quelques mois. Pourquoi ? Il me l'explique : il pense que, pour agir sur la ligne du Parti, il vaut mieux le faire de l'intérieur plutôt que de l'extérieur. N'empêche que sa réintégration lui a été refusée.

Cela étant, les contestataires s'organisent : les uns choisissent de rester, les autres de quitter le Parti ; tous se rencontrent, sortant du cloisonnement des cellules et des fédérations locales. Ils disposent d'un nouvel organe de presse, *Luttes et débats*. On me parle d'une future revue de Jean Elleinstein qui s'appellera *Maintenant* et dont le premier numéro doit paraître la semaine prochaine.

La direction du PC essaie de parer les coups. Son adversaire principal en ce moment, c'est Henri Fiszbin[1], accusé d'avoir laissé la contestation grandir dans le Parti.

On a l'impression – qu'aucun des dirigeants de la hiérarchie du PC ne cherche à contester – d'assister à une nouvelle glaciation ! Autant d'ailleurs dans son jugement porté sur l'Union soviétique, qui reste à leurs yeux le paradis du socialisme et des ouvriers, que dans le coup d'arrêt donné à la démocratisation dans le Parti. Et je ne parle pas des multiples condamnations contre ces socialistes qu'ils décrivent comme fascinés par Giscard !



Pressions internationales ou peur de perdre leur âme ? Le saura-t-on un jour ? En tout cas, ce qui reste le plus surprenant, c'est la brutalité des à-coups.

*11 février*

Les choses se sont très mal passées au comité directeur du Parti socialiste. Il est très tard, ce 11 au soir, quand je retrouve au bistrot Pierre Mauroy, tout juste sorti du comité, accompagné de Michel Delebarre et de Jean Deflassieux. L'équipe de Michel Rocard est à une table voisine avec Gilles Martinet et Christian Pierret. Les deux groupes fusionnent. Ce qu'ils racontent est d'une violence inouïe : ils décrivent un Mitterrand exaspéré, furieux surtout contre Mauroy : « Je vous briserai ! » lui a-t-il lancé.

J'apprends aujourd'hui, de la bouche même de Pierre Mauroy, que François Mitterrand avait auparavant – dès le 19 décembre – tenté de négocier avec lui : la chose s'est passée chez Gaston Defferre, à Aix-en-Provence, dans la merveilleuse maison qu'il partage avec

1. Député communiste de Paris, il a été exclu du bureau fédéral du PC parisien quelques mois plus tard, en 1980.

Edmonde Charles-Roux, au pied de la montagne de la Sainte-Victoire. Sans comprendre quelle serait exactement la stratégie adoptée par Mitterrand pour le prochain congrès d'avril, Mauroy a retenu de cette rencontre informelle l'impression que Mitterrand et surtout Defferre voulaient faire le maximum pour se débarrasser de Michel Rocard sans toucher à lui, Mauroy.

Hier soir, il n'était plus question de sauvegarder l'un et de passer l'autre par pertes et profits ! Mitterrand a présenté au dernier moment, pour que personne n'ait eu le temps de s'y préparer ni de l'étudier, sa motion à lui, dans laquelle, m'assure-t-on, figure 90 fois le mot rupture !

Paradoxalement, ce n'est pas tant à Rocard et à son équipe qu'en veut Mitterrand : il s'attendait à la bagarre avec lui, Rocard, il l'a et ne s'en étonne pas. C'est à Mauroy qu'il ne pardonne pas. « Dégonflé ! » lui ont crié en plein comité directeur les proches de Mitterrand.



*15 février*

Conférence de presse de Valéry Giscard d'Estaing sur la politique étrangère, comme il nous l'avait annoncé il y a quelques jours. Un propos liminaire sur son rôle : « Le monde change, j'assume complètement la responsabilité de l'action extérieure de la France. »

On le comprend tout de suite : l'Europe sera, dans les prochains mois, son domaine privilégié. D'où sa première sortie lorsqu'on lui pose une question sur Euratom, sujet des attaques répétées de Michel Debré : « Cette campagne a un caractère insupportable. Euratom, ce n'est pas moi qui l'ai signé, il a été administré par des gouvernements successifs ! »

On passe par l'URSS et la Chine (« reconnaître la réalité chinoise n'est pas un facteur de déstabilisation des réalités nationales », « la Chine a un droit naturel à la sécurité » : traduire que les Soviétiques ont intérêt à mesurer leurs mouvements) ; par un « appel au bon sens » au Tchad entre Hissène Habré et Malloum ; par le désarmement (Salt II et Salt III), pour en arriver finalement à la sidérurgie française. Hymne à « l'imagination, à la générosité sociale », et c'est fini.

Je ne suis pas emballée par la prestation de l'artiste. Il a été bon, sans plus. On retiendra son implication personnelle en politique étrangère, dans le droit-fil de la Ve République, et ses belles phrases sur la sidérurgie.

*16 février*

J'avais raison : Georges Marchais, au siège du Parti communiste, est le premier à réagir aux propos de Valéry Giscard d'Estaing dans une conférence de presse plus ou moins informelle qu'il donne dès le lendemain. Il trouve ses propos « quasiment insupportables » de la part d'un président de la République. Lorsqu'il parle de Giscard, il prend manifestement plaisir à accentuer ses accents populaires, comme par contraste. L'œil bleu sous ses gros sourcils, massif, tour à tour enragé et rigolard, il est tout le contraire de Giscard : aussi populaire que l'autre est mondain, aussi gouailleur que l'autre est peu commun. Entendre Marchais évoquer Giscard, le mimant éventuellement, est pour moi un spectacle réjouissant : « Giscard nous dit : la sidérurgie, c'est dur, difficile, dramatique. Au fond, M. Giscard d'Estaing en était presque à partager la tragédie que connaît le Nord et d'autres régions de France. Comme si cela n'était pas le résultat de sa politique... D'autant qu'il n'est pas un nouveau-né dans la vie politique. Il a été ministre des Finances, il est président de la République depuis cinq ans ! »



*19 février*

Rien écrit pendant deux jours après Marchais. Vu Michel Debré avant-hier, qui n'arrive vraiment pas à se mettre d'accord avec Jacques Chirac à propos de la conduite de la campagne européenne. De deux choses l'une : ou il y parvient, et, dans ce cas, la liste du RPR sera conduite par Chirac avec Debré en numéro 2 ; celui-ci aura alors le droit de désigner un certain nombre de ses partisans sur la liste, et Chirac lui fera obligation de quitter le Parlement européen au bout de cinq années de mandat. Ou il ne parvient pas à un accord, et il se retire de la liste conduite par Chirac sans être en mesure d'en faire une autre. La situation l'irrite au plus haut point.

*25 février*
*Congrès UDF samedi et dimanche.*

On me rapporte cette confidence de Jean-François Deniau qui n'a rien à voir avec le congrès lui-même, mais qu'il vient de faire à quelques journalistes au moment où j'arrive : « Depuis que Jimmy Carter est président des États-Unis, onze pays sont passés dans le camp adverse. C'est un vrai problème de voir le monde occidental dirigé par un incapable ! »

Diable ! La situation est grave, en effet.

Quant à Roger Chinaud, il nous avoue dans les couloirs, sans faire de phrases : « Notre but est de déstabiliser le RPR. »

Je persiste à penser que la paralysie politique – celle de Giscard, s'entend – tient au fait qu'il n'a pas de majorité à lui seul. Je peux comprendre qu'en 1974, après son élection, il n'ait pas pu procéder à la dissolution, puisqu'il devait, en partie au moins, sa victoire à Jacques Chirac et à l'UDR. Le meilleur moment pour y procéder aurait évidemment été le départ de Chirac, en 1976. À ce moment-là, il n'a pas osé, il s'est contenté de penser que Guichard, Peyrefitte et les autres ministres RPR, trop ravis d'être au gouvernement, allaient faire le ménage pour lui dans le camp chiraquien. Et maintenant, au bout de près de cinq années de pouvoir, l'UDF, le parti présidentiel, en est encore à vouloir déstabiliser le RPR !

*4 mars*

Que dire de ces quelques jours au Mexique où j'ai suivi Giscard en voyage officiel, du vendredi 2 à ce dimanche 4, jour du retour de la caravane présidentielle ? Pas grand-chose, sauf que le musée de Mexico contient les plus belles choses du monde, que c'est un spécialiste des Aztèques, aujourd'hui bien oublié en France, Jacques Soustelle, qui nous l'a fait visiter, ainsi qu'à Giscard (lequel, je dois dire, avait l'air de se ficher complètement des Aztèques !), que j'ai aimé les déesses de la pluie et les serpents emplumés des cultes indiens, adoré Pueblo et ses marchés. Mais je n'ai pas vu Giscard sous le même jour qu'au Brésil, je ne sais pourquoi. Son discours aux économistes était pourtant très bon, mais j'ai moins aimé celui qu'il a adressé aux intellectuels, car j'ai trouvé qu'il prononçait des phrases banales sur un ton pompeux. Il est inestimable dans le Café du commerce de luxe !

Sur le plan intérieur, le voyage a été dominé, paradoxalement, par Jacques Chirac. Pourquoi ? Parce que, profitant de ce que Giscard avait le dos tourné, il a réclamé la convocation du Parlement en session extraordinaire pour un débat sur les problèmes industriels et sociaux. A suivi un flottement inouï de la part de Giscard : dans un premier temps, il a pratiquement accepté l'initiative de Chirac – si les conditions sont requises, pas de problème pour la réunion ! Dans un deuxième temps, il s'est ravisé. Il a estimé qu'il n'était pas convenable de répondre à la proposition de Chirac depuis le Mexique. Quelques instants plus tard, Pierre Hunt a donc rendu public le communiqué élyséen, assorti d'un commentaire qui – contrairement à ce même communiqué, qui dit qu'il ne dira rien – rappelle que la tradition républicaine interdit à la Chambre de se réunir pendant la campagne électorale, donc jusqu'après le deuxième tour des cantonales.



Nous sommes alors le jeudi. L'étonnant est que, rentrant à Paris le dimanche, Giscard ne dira plus un mot de la tradition républicaine. (Ni Pierre Hunt, d'ailleurs, le lundi. Allez savoir...) L'Assemblée sera donc convoquée en session extraordinaire.

Alain Peyrefitte, qui était du voyage au Mexique, analyse pour moi le comportement de Jacques Chirac dans cette affaire de convocation extraordinaire du Parlement, comme en d'autres. Depuis qu'il a dénoncé l'appel de Cochin dans une lettre aux parlementaires gaullistes, Peyrefitte est la cible de toutes les attaques de Pierre Juillet et de Marie-France Garaud[1]. Et il ne doit pas être non plus dans le cœur de Chirac. Cela l'incite à prendre ses distances vis-à-vis de lui.

« Chirac, dit-il, s'arroge toujours l'initiative : il est le plus opérationnel, parce qu'il a les gens par surprise. C'est Bonaparte au combat ! Son comportement présente des avantages, notamment celui du contre-pied. Il a toujours un instant d'avance. Cela produit

1. Dans cette lettre, le numéro 2 du gouvernement Barre écrit : « Je veux croire que ces démarches surprenantes s'expliquent par l'absence momentanée de Jacques Chirac. Je veux croire qu'elles ont été prises par certains personnages occultes qui semblent s'être emparé de l'appareil de notre mouvement. »

Alain Peyrefitte, qui s'est vu alors menacé d'une exclusion du RPR, a ainsi lancé un véritable débat. Chirac aurait-il été « manipulé » par ses conseillers ? Quelle est sa part de responsabilité dans le texte de l'appel de Cochin ? Une chose est certaine : l'accident de Jacques Chirac a eu lieu en Corrèze où il avait conféré avec Pierre Juillet sur la teneur d'un texte du RPR sur la politique européenne de la France. Même s'il a été publié après l'accident, le texte en tout cas était bien en cours d'élaboration avant l'accident de décembre.

quelques jolis effets », ajoute Peyrefitte. Pour lui, évidemment, ces effets sont néanmoins dommageables au plus haut point pour le RPR.

Dans l'avion où il était assis aux côtés du Président, Alain Peyrefitte a confié à Giscard qu'il risquait d'être exclu du RPR pour avoir envoyé aux parlementaires gaullistes, en décembre dernier, cette lettre où il désavouait l'appel de Cochin. Exclu ? Oui, car il vient d'être convoqué par le président de la commission des conflits du RPR, a indiqué Peyrefitte. Pourquoi maintenant ? Selon lui, la brusque aggravation de la situation sociale en France a fait craindre à Jacques Chirac que Raymond Barre ne soit contraint de partir et que ce soit lui, Peyrefitte, qui le remplace à Matignon. D'où la nécessité de l'exclure – ou de menacer de l'exclure – avant son éventuelle nomination. « Il fallait me faire sauter avant, conclut-il, et donc réactiver la procédure de la commission des conflits. »

Pendant ce temps-là, Chirac a rameuté sur les problèmes industriels français les communistes et les socialistes. Tout cela dans un climat social lourd où les problèmes de la métallurgie – « les hauts fourneaux de la colère » – lancent un peu partout des milliers de personnes dans les rues, dans l'Est et le Nord. Le spectre de Longwy est obsédant pour tous, à droite comme à gauche où l'on sait bien que l'avenir économique de la France ne passera pas par les mines.

*5 mars*

Lundi soir, Raymond Barre, sur Antenne 2, a fait front : attaqué pour son immodestie, présenté même comme un Premier ministre en sursis, il est dénoncé par les uns pour sa « fausse rigueur », par les autres pour sa « superbe indifférence ». À le voir à l'écran, on devine qu'il aime l'adversité, Raymond Barre : il en est tout ragaillardi. Il ne s'est pas trop mal défendu, en bon professeur s'adressant du haut de la tribune à des élèves turbulents. Il comprend la fureur et le désarroi des sidérurgistes tout en stigmatisant ceux qui, politiquement, exploitent la situation : selon lui, les problèmes sociaux sont essentiellement dus à l'« agitation conjointe de ceux qui n'étaient pas d'accord sur l'Europe avec le chef de l'État ». Traduisez : les communistes et les chiraquiens.

Ce qui est formidable à voir, c'est à quel point la demande de convocation extraordinaire du Parlement, déclenchée par Jacques Chirac, fait des vagues de tous côtés, y compris au sein de son propre mouvement.

Je vais vite : dans l'opposition, quelques socialistes ont fait grise mine à l'idée d'emboîter le pas à Chirac, mais Gaston Defferre, me dit-on, les a calmés en leur disant :

« En amour déjà, je trouve l'amour-propre imbécile, mais en politique ! » Les députés socialistes ont donc fini par signer la convocation de l'Assemblée en session extraordinaire, tout en trouvant le moyen d'ajouter dans leur communiqué quelques phrases bien senties sur la responsabilité de Chirac, alors Premier ministre, dans la crise de la sidérurgie.



Les communistes, eux, ont poussé le bouchon plus loin : ils ont demandé une réunion œcuménique PC-PS-RPR. Inutile de dire que Claude Labbé, avec l'aval de Chirac, la leur a refusée illico, trouvant que les choses prenaient un tour imprévu.

Dans la majorité, les parlementaires UDF sont furieux parce qu'ils se sentent – une fois de plus – pris à contre-pied par le RPR. Mais ce qui est plus nouveau, et, à mon avis, beaucoup plus révélateur, c'est que l'initiative de Jacques Chirac fait des remous inattendus – de lui, en tout cas – dans son propre mouvement.

Yves Guéna, lui qui, depuis de longues semaines, en a marre de supporter les oukases des conseillers et les faits accomplis de Chirac, a décidé d'abandonner son poste de délégué politique du RPR. Lundi soir, il me dit au téléphone qu'il n'a appris la demande de convocation du Parlement que par la presse. Il se sent de plus en plus isolé, obligé de porter le poids de responsabilités qu'en réalité il n'exerce pas. Il est dans un état de colère avancée : il boucle ses dossiers, fait ses valises et m'assure qu'il ne refoutra plus jamais les pieds rue de Lille, et qu'il ne reverra de sa vie ni Pierre Juillet, ni Marie-France Garaud.

En dehors de Guéna, ils sont une quarantaine de parlementaires, comme Olivier Guichard, qui renâclent à l'idée de suivre un mouvement dans lequel ils comptent pour du beurre.

Il me semble que Chirac ne s'attendait pas à ces réticences. En tout cas, le débat est ouvert – ce mardi, dans les couloirs du Parlement, on ne parlait que de cela –, au sein du RPR, par ses membres eux-mêmes et pas seulement par les journalistes : Juillet et Marie-France sont-ils tout-puissants dans l'état-major du RPR ? Qui les contrôle ? L'immobilisation, puis la convalescence de Jacques Chirac expliquent-elles leur prise de pouvoir au sein du mouvement gaulliste ?

*7 mars*

Valéry Giscard d'Estaing nous reçoit, dans notre formation habituelle, à l'Élysée. Même salon, même table basse, mêmes boissons. Sans doute est-ce la conversation la plus intéressante que nous avons eue avec lui depuis quelques mois.

Cela commence, bien sûr, par la convocation de l'Assemblée en session extraordinaire. Il aurait pu s'y opposer, nous dit-il, comme l'avait fait le général de Gaulle en 1961 sur les problèmes paysans. « Relisez les textes de l'époque, nous dit-il, vous y verrez que c'est Michel Debré, alors Premier ministre, qui explique que le Président n'a pas à répondre à une demande de la FNSEA.

« Bon, passons, conclut-il, Chirac est bien intervenu de l'extérieur du groupe parlementaire, il a imposé sa décision aux députés. Alors, évidemment, sur un plan technique, il a bien fallu que les députés envoient individuellement leur lettre de demande de convocation, rédigée dans les mêmes termes au président de l'Assemblée nationale, comme le veut la Constitution. Sur un plan plus politique, il est en revanche évident que les différents groupes parlementaires ne veulent pas la même chose, puisque les uns veulent censurer le gouvernement et d'autres pas ! »

Donc, Giscard ne s'oppose pas à la convocation du Parlement voulue par Chirac ; il n'est d'ailleurs pas dit que celle-ci ne se retourne pas contre lui...

Dans une interview qu'il vient d'enregistrer pour la télévision et que nous entendrons ce soir, Giscard a fait part de son intention de prendre un certain nombre de mesures en vue d'une meilleure coordination de la majorité. C'est bien le moins !

De quelles mesures s'agit-il ? Il ne veut pas nous répondre tout de suite, nous renvoyant à son intervention, mais, en quelques phrases, il nous indique qu'on aurait tort d'en attendre trop. Il ne se fait visiblement guère d'illusions sur ce qu'il peut escompter de Chirac !

Ce qui l'amuse au plus haut point, c'est d'être obligé, de par la loi, de fixer la session du Parlement au moins douze jours avant le 2 avril, date retenue pour la rentrée du Parlement. Le débat aura donc lieu pendant la campagne pour les élections cantonales. Il rigole : « Les députés seront coincés en séance au lieu de rencontrer leurs électeurs ; ils n'auront qu'à s'en prendre à eux-mêmes ! »

Un détour dans cette conversation, que je résume trop rapidement, par les problèmes internationaux. Jimmy Carter ? Il ne comprend rien, a été dépassé par les événements d'Iran. L'URSS ? Il s'est mis dans une situation ridicule avec le Congrès américain[1].

L'Angleterre ? Il est possible qu'elle quitte le Marché commun dès lors que l'Espagne et la Grèce y entreraient. « Les Anglais, nous dit-il, freinent sur tous les terrains la construction de l'Europe ! »

Il revient vite aux problèmes économiques et à l'agitation sociale, d'une façon que je trouve plus ferme – je veux dire plus sociale – que Raymond Barre : « Il n'y aura plus jamais de Longwy, nous dit-il ; c'est plus que la société française ne pourrait en supporter. Même chose pour les chantiers navals. Cela fait vingt ans qu'on soutient les chantiers navals, eh bien, on va continuer deux ans de plus ! »



D'autant, ajoute-t-il, que les conflits structurels, les lourdes reconversions industrielles sont progressivement en voie d'extinction. De toute façon, on le sent à la manière dont il en parle, il déteste les conflits frontaux. Voir les ouvriers lorrains défiler dans le froid et la neige, à la lueur des hauts fourneaux, pour affirmer qu'ils veulent « rester au pays » lui a été véritablement difficile à supporter.

Il ne cache pas que beaucoup de choses ont certes été mal menées : l'affaire de la SFP[2], celle de la sidérurgie par exemple. Il est néanmoins content de la prestation du Premier ministre, l'avant-veille, qu'il a regardée intégralement depuis ses appartements élyséens. À une nuance près : « Il devait dire, comme je vous l'ai indiqué : "Il n'y aura pas d'autre Longwy." Il ne l'a pas dit avec assez de netteté. Il est vrai qu'à la télévision, surtout quand on n'a pas l'habitude, on se déconcentre assez facilement ! »

Deuxième information importante, au cours de cet entretien : rien, dans le discours qu'il devrait prononcer sur l'Europe, à Strasbourg, en mai, ne permettra de choisir entre l'UDF et le PS : « Je dirai simplement qu'il faut voter pour des Européens qui veulent faire

1. Valéry Giscard d'Estaing fait allusion à la prise en otage des personnels américains à Téhéran (1979-1980) et à l'accord sur la limitation des armements stratégiques signé avec l'URSS et non ratifié par le Congrès.

2. Il s'agit des problèmes de la Société française de production audiovisuelle, en proie à de graves conflits avec les syndicats.

avancer l'Europe à leur rythme et dans leur sens. » Il n'en fera donc en aucun cas une affaire de politique intérieure. Tout en en tirant les enseignements. Il ne voit apparemment à la situation actuelle que des avantages : le PS, parie-t-il, obtiendra autour de 30 % des voix, ce qui accentuera son avance sur le PC. Et l'UDF, avec dans les 25 %, devancera largement le RPR, ce qui montrera que l'Assemblée nationale actuelle ne reflète pas la réalité de la majorité.

Toujours cette question essentielle qui est celle de son septennat : Giscard gouverne sans majorité.

*12 mars*

*1979*

Colloque de l'Union des étudiants communistes à Villetaneuse, jolie escale sur la route du prochain XXIIIe Congrès du PC...

Décidément, en ces jours de mars, tous les partis politiques sans exception – hormis peut-être l'UDF – sont traversés de doutes, de remous, de contestations. Au PS, c'est la bagarre en vue du congrès de mars. Au RPR, la politique de Chirac est contestée. Et l'opposition à Georges Marchais se renforce sans arrêt parmi les oppositionnels communistes.

Ils sont donc tous là, ou à peu près, à Villetaneuse. J'entends des nouveaux venus dans la vie politique, issus de la fédération de Marseille ou de Seine-Saint-Denis et qui ne se sont jamais exprimés auparavant. Ou d'anciens dirigeants des mouvements de jeunesse communistes qui, à cette occasion, reprennent la parole. Le climat général est morose : aucun des intervenants présents ne croit possible d'infléchir le cours du XXIIIe Congrès. Ils racontent que la plupart des secrétaires de sections ou de fédérations engagés dans la contestation à la fin de l'année dernière ont été changés par la direction du Parti. Que les cellules à forte concentration d'oppositionnels ont été dédoublées.

Pis : l'élimination de fait d'Henri Fiszbin, patron de la fédération de Paris, malade, et son remplacement par l'orthodoxe Henri Malberg, ont sonné le glas de bien des espérances. Celle-ci notamment : Fiszbin avait promis à Jean Elleinstein qu'il le désignerait comme représentant de la fédé de Paris au XXIIIe Congrès. Malberg n'a évidemment pas tenu la promesse de Fiszbin.

Par parenthèse, le plus extraordinaire, dans cette histoire de la mise à l'écart de Fiszbin, est que Malberg est son beau-frère, son cousin, ou du moins un homme familialement proche de lui : comme dans les mauvais procès de Moscou, le PC a choisi comme procureur, pour écarter Fiszbin, son meilleur ami ! Moche, moche...

Les orateurs dénoncent la répression dont ils font l'objet et s'organisent pour publier, dans un livre blanc, le contenu de toutes les tribunes de discussion, et non pas la sélection précautionneuse qui en est faite pour publication dans ses colonnes par *L'Humanité*. Ils veulent, comme le dit l'un d'eux, « entamer une longue marche », revoir la doctrine, refonder les statuts ; ils contestent le « bilan globalement positif » des pays de l'Est.

*14 mars*



Session extraordinaire du Parlement. En entrant dans la salle des Quatre-Colonnes, je rencontre Michel Rocard. Sa tournée à travers la France se passe bien. Il pense arriver en deuxième position au congrès, mais ne croit pas – je le cite exactement – que « Pierre Mauroy en profitera pour le laisser tomber ». La confiance règne ! Ou l'humour ?

Pour le reste, cette session extraordinaire qu'il avait si brutalement demandée est loin d'être, pour Jacques Chirac, un triomphe. Pour deux raisons : d'abord parce qu'en s'engouffrant dans la proposition de Chirac, communistes et socialistes en ont profité pour déposer une motion de censure. Du coup, le débat, qui devait être interne à la majorité, est devenu un débat classique opposition/majorité, avec obligation pour le RPR de voter avec les giscardiens ou de censurer le gouvernement dans lequel figure un certain nombre de ses membres. Irrité par la tournure prise par les événements, Claude Labbé a publié en début de séance un communiqué furieux où il dénonçait les manœuvres de l'opposition comme si elle avait volé l'initiative de Jacques Chirac. C'est tout à fait vrai, mais celui-ci aurait pu le prévoir en se lançant unilatéralement dans la bagarre !

Du coup, lorsque Raymond Barre, monté à la tribune, répond à François Mitterrand, ni Jacques Chirac ni Michel Debré ne sont présents dans l'hémicycle. Ce qui souligne l'absurdité de cette réunion du Parlement : qui a voulu quoi, et pourquoi ? Personne ne peut plus le dire à coup sûr.

Barre, en tout cas, me semble pour la première fois plus habile, plus rond, s'adressant au Parlement sans avoir l'air de le mépriser. Bref, il me semble plus enrobé. Ce qui ne l'empêche pas de souligner, sans en avoir l'air, ce qui, dans les difficultés de la politique économique actuelle de la France, est de la responsabilité de Jacques Chirac, son prédécesseur. On imagine la jubilation qui est la sienne lorsqu'il évoque la baisse de la production industrielle de 1974 à 1976, celle des investissements, alors que, depuis 1976, tout va mieux selon lui.

Il est relativement aimable, en revanche, avec François Mitterrand, lorsque celui-ci l'interrompt – avec sa permission – pour signaler que le PS n'est pas hostile à la compétitivité de l'industrie. Il y a quelques semaines, quelques jours peut-être, Raymond Barre aurait admonesté son interrupteur. Il n'en fait rien, comme s'il préférait, à tout prendre, s'adresser à Mitterrand qu'à Chirac.

Suit un débat haché et contradictoire. Le piège dans lequel Chirac a pensé enfermer Giscard se retourne contre lui.

## *1979*

*22 mars*

Michel Debré, vu avant-hier, me parle des rapports de Chirac avec son entourage actuel ; ce qu'il m'en dit – de Pierre Juillet, surtout – m'ahurit. Lorsque Juillet clôt avec Debré la discussion sur la composition de la liste RPR pour les européennes de juin prochain, Michel Debré, comme il est naturel, demande, afin d'entériner les accords, à rencontrer Jacques Chirac. Pierre Juillet lui paraît tout à coup très réticent. Puis il se décide : « C'est bon, dit-il, vous le verrez, mais, surtout, ne croyez pas un mot de ce qu'il vous dira. Il peut vous confier la tête de la liste, ou s'irriter au contraire que vous soyez en numéro 2 ! »

Autre anecdote sur la dernière session extraordinaire demandée et obtenue par Chirac.

Juillet demande à Debré de prononcer le discours de politique économique du débat.

« Je ne suis pas contre, dit Debré, mais tout le monde attend que ce soit Jacques Chirac qui parle !

– Si je vous disais, soupire Juillet, que tout à l'heure il m'a demandé au téléphone si vraiment il était utile qu'il y aille, à l'Assemblée ! »

Donc, session ratée où Chirac paraît finalement assez marginalisé. Tout cela se terminant par l'idée, lancée par Giscard, d'un pacte entre les partis de la majorité pour assurer la toute-puissance de l'Assemblée nationale sur l'Assemblée européenne. Voilà qui est également assez flou. Assez pour que nous n'y comprenions plus rien.

Jacques Wahl, secrétaire général de l'Élysée, rencontre Gabriel Farkas[1] qui lui demande comment le Président, à son tour, a pu présenter une affaire aussi mal ficelée.

« Il ne l'avait pas préparée, répond Jacques Wahl, pris de court. Et puis que voulez-vous que je vous dise : c'est comme si Moïse, à la tête des Juifs, arrivant à la mer Rouge, avait eu à ses côtés un porte-parole lui disant : Allez-y, si vous traversez à pied, vous aurez droit à une page dans la Bible ! »

Déjeuner avec Jacques Toubon – au cours duquel, comme à l'habitude, nous parlons de Jacques Chirac.



Il paraît qu'à la suite de la rencontre entre Debré et Juillet – rencontre que Debré m'a lui-même racontée –, décision est prise de publier un communiqué. C'est Toubon qui le lit au téléphone à Chirac. Silence au bout du fil lorsqu'il en a terminé la lecture.

« Alors ? demande Toubon.

– C'est épouvantablement nationaliste, bredouille Chirac. On ne peut pas écrire un texte comme cela !

– Mais enfin, est-ce si loin de l'appel de Cochin que vous avez signé ? risque Toubon.

– Bof, convient Chirac, vous n'avez pas tort. Allons-y ! »

*29 mars*

Vu Pierre Hunt à l'Élysée. Pour lui, la démarche actuelle de Chirac sur la politique européenne de Giscard est « une entreprise qui a un caractère aventuriste ou qui relève de l'ambition personnelle ». Il me répète que Giscard ne fera rien pour changer de majorité : il a rapidement vu que sur la question européenne, le PS ne bougerait pas. Dès lors, il ne cassera pas la cohésion de la majorité, même si Chirac lui en fait voir de toutes les couleurs. Il ne croit pas, au surplus, qu'une motion de censure, quelle qu'elle soit, puisse être adoptée par le RPR. Les députés ne veulent pas se suicider et ils ont bien compris qu'ils le feraient s'ils la signaient !

« Giscard, dit-il en s'en faisant l'interprète, pense qu'après 1981, il

1. Alors chef du service économique de *France-Soir*.

lui faudra certes une majorité soudée, dans l'esprit de la $V^{e}$ République. Pour le moment, les élections européennes devraient accentuer le phénomène présidentiel autour de lui. Ce n'est pas pour lui déplaire. »

*31 mars*

Je reviens de la grand-messe RPR qui vient d'avoir lieu porte de Champerret sous un de ces chapiteaux de couleur qu'affectionnent les troupes gaullistes. Jacques Chirac ne me surprend jamais tout à fait, parce que rien ou pas grand-chose ne m'étonne de ce qu'il peut dire ou faire, mais là, ce soir, je trouve qu'il va vraiment loin !



D'abord, un mot sur son courage physique : il paraît que sa blessure lui fait encore très mal, car ce n'est pas seulement la jambe, mais le bas de la colonne vertébrale qui a été amoché. On lui a donc confectionné, pour ce meeting précisément, une sorte de chaise haute, ou plutôt de tabouret sur lequel il peut s'asseoir sans en avoir l'air, tout en haranguant ses « chers compagnons ».

Apparemment, la douleur n'a diminué ni son énergie politique ni sa détermination. Il faut l'entendre, dans ce discours de 30 feuillets, interrompu par 93 salves d'applaudissements – c'est ce que m'indique mon confrère de l'AFP présent dans la salle, qui les a comptées –, pourfendre Raymond Barre et sa politique, « trop brutale dans ses parties négatives, trop étriquée dans ses parties positives », un « hymne au libéralisme tous azimuts ».

Il n'y a rien dans ce qu'il dit qui soit véritablement nouveau : il critique la politique du gouvernement depuis le début. C'est davantage dans la façon dont il le dit, encore que je me demande, lorsque je le vois, de loin, ruisselant de sueur, trop mécanique, bras écartés, si la douleur n'explique pas son extrême tension.

Rien de nouveau non plus dans ce qui est devenu, depuis l'appel de Cochin, son discours favori sur le RPR, enfant de Jeanne d'Arc et de Valmy.

Pas de surprise, enfin, dans la façon dont les militants gaullistes accueillent son discours : le slogan : « Giscard démission ! » traverse la salle.

La routine, en somme. Mais comment parler encore de majorité ?

*3 avril*

Ce matin, messe pour l'anniversaire de la mort de Georges Pompidou à Saint-Louis-en-l'Île. Giscard et Chirac ne s'adressent pas la parole.

Dîner avec Marie-France Garaud, ce soir, chez elle, dans le XVIIe arrondissement de Paris : immeuble bourgeois dans la rue Marguerite, salon-salle à manger ultra-classique. Plutôt sympathique, un petit genre anglais bon ton et confortable.

À l'instar de Simone Veil, je n'imagine pas ce que serait cette très belle femme si elle n'était pas coiffée en toutes circonstances d'un impeccable chignon. Que serait-elle, décoiffée ? Je ne le saurai jamais et je ne suis pas sûre que beaucoup de gens – à part quelques hommes, je l'espère – le sachent. Une sorte de déesse de l'Olympe tonnante, Diane ou Junon, faisant et défaisant les fortunes des uns et des autres : c'est l'effet qu'elle me fait. Je suppose que son humour glacé, la distance spontanée qu'elle installe entre les autres et elle-même, son port altier contribuent beaucoup à l'influence qu'elle exerce. Et à l'indignation qu'elle suscite parfois !

Elle parle de Giscard. L'ambition ultime de celui-ci, à ses yeux, son dessein historique est de passer d'une France française à une France européenne. Dans ce contexte, l'élection européenne lui paraît primordiale.

Pourtant, il a fait selon elle trois erreurs : d'abord, celle de croire qu'il pouvait entraîner une partie des gaullistes sur ce terrain. Puis celle de croire que la volonté européenne serait plus forte, au Parti socialiste, que la volonté politique de le battre à la prochaine présidentielle. Giscard pensait pouvoir cimenter une nouvelle alliance avec les socialistes autour de la construction européenne. Mitterrand n'a pas marché. Troisième erreur, enfin : celle de croire que le Parti communiste amorçait un déclin historique. Peut-être bien, mais cela prendra beaucoup de temps.

Après les européennes, il lui faudra tout de même se faire réélire. Avec qui ? Justement, répond Marie-France Garaud, Giscard pensait qu'au-delà de l'Europe, il pourrait poser autrement son équation politique, créer une majorité avec l'UDF, les socialistes et une partie des gaullistes. « Donc, conclut-elle, un tantinet sibylline, il faut pousser Giscard à faire sien, au contraire, le calcul de Chirac : préférer la force à l'habileté. »

Je lui demande si j'ai bien compris que « la force », c'est la majorité actuelle, celle qui existe, même malmenée, avec le RPR, préférable à une majorité virtuelle avec le PS ? Oui, j'ai bien compris. D'ailleurs, d'après ce que m'a dit Pierre Hunt à la fin mars, Giscard a renoncé – ou est en train de renoncer – à rechercher cette nouvelle majorité.

Mais comment faire pression sur Giscard ? Une seule façon (elle ne prononce pas le mot, mais c'est ce qu'elle veut dire) : « Exercer sur lui un chantage politique majeur. »

Lequel ? J'extrapole, mais c'est la seule interprétation possible de ce qu'elle vient évidemment de dire : Chirac doit clairement faire planer la menace de se présenter à l'élection de 1981.

Sur le reste, elle pense que Raymond Barre ne devrait pas apparaître comme le supporter de la liste UDF aux élections européennes, que le calcul de Giscard est précisément de lui refiler ce bébé encombrant : l'Europe et l'économie.



Je lui demande quelle est sa position sur le « tourniquet [1] » tel qu'il a été défini pour les futurs élus aux européennes. Elle trouve que c'est une très bonne idée : « C'est une bonne façon de faire pour que le n° 45 de la liste réunisse autant de voix que le n° 10. Le représentant des marchands de cochons, résume-t-elle, en n° 40, est plus efficace si on sait qu'à un moment donné il peut siéger au Parlement européen. » En effet !

Lorsqu'on l'interroge en revanche sur sa philosophie de la politique, elle est manifestement sans réponse. C'est une praticienne, pas une penseuse. Elle le reconnaît volontiers.

Je ne peux m'empêcher de penser qu'il s'en serait fallu d'un rien qu'elle soit aujourd'hui conseillère de VGE !

Rencontré Philippe Mestre à Matignon [2] (sans date précise, *entre le 3 et le 6 avril*). Il est évident, me dit-il, que Raymond Barre s'est interrogé sur le contenu de l'intervention de Chirac, la veille au soir, dans l'émission « Cartes sur table [3] » que Mestre s'est fait au demeurant projeter le lendemain.

---

1. Il a été convenu que les élus figurant sur les listes européennes céderaient leur place à ceux qui les suivent sur la liste et qui n'auraient pas été élus la première fois.

2. Philippe Mestre, préfet, ancien responsable de la campagne de Jacques Chaban-Delmas en 1974, est alors directeur de cabinet de Raymond Barre (1978-1981).

3. La veille, à l'émission « Cartes sur table », Raymond Barre a condamné l'« enflure » de Jacques Chirac. Il a ajouté qu'il soutiendrait la liste de Simone Veil aux

« Il a été frappé, comme tous les Français, par le menton, l'enflure, l'outrance ! Disons-le : ce discours de Jacques Chirac marque une étape dans la vie de la majorité ! »

Barre peut-il faire autrement que soutenir la liste UDF aux européennes conduite par Simone Veil ? « C'est tout de même une réaction curieuse, de la part de Chirac ! Il ne peut pas reprocher au Premier ministre de prendre une position sur la politique européenne. Il ne s'agit pas de soutenir une partie de la majorité contre l'autre. Mais il ne peut pas se limiter à la politique financière et économique en faisant mine de penser que l'élection européenne n'existe pas. Raymond Barre a toujours dit, en concertation avec le Président, qu'il appuierait en privé la campagne de Simone Veil. Il a passé six ans comme vice-président de la Commission européenne. L'obliger à ne plus avoir d'avis sur l'Europe à seule fin de ne pas troubler la bonne entente de la majorité, c'est raide ! »



Serait-il convenable, demande mon interlocuteur, qu'il s'abstienne de manifester ses convictions personnelles, qu'il dirige la politique et que, dans le même temps, il ne soutienne pas aux européennes ceux qui le soutiennent au gouvernement ?

Il est convaincu que, désormais, Jacques Chirac vise l'élection présidentielle de 1981. Son objectif est de dramatiser les choses, de dire que le pays est sans majorité. « Cet homme, dit-il avec quelque chose qui ressemble à de l'aversion, n'aime que les élections. Si on l'avait écouté en 1974, il aurait dissous l'Assemblée nationale ! Jacques Chirac ou la tentation du Crépuscule des dieux... »

Mestre a beau me dire que les députés RPR ne suivraient pas Chirac s'il voulait renverser la donne majoritaire, je ne vois pas comment on pourrait l'empêcher de se présenter, s'il le voulait.

*4 avril*

Les ministres RPR, auxquels s'était joint Olivier Guichard, ont tous déjeuné aujourd'hui chez Chaban-Delmas à l'Assemblée nationale. Tonalité générale plaintive : Chirac va trop loin, ils le disent depuis l'appel de Cochin ; mais il est impossible de s'opposer à lui, lorsqu'on appartient au RPR, parce que toute la machine est tenue par lui.

---

élections européennes, celle-ci ayant été choisie pour conduire la liste UDF à l'élection européenne du 10 juin 1979.

Quant à Giscard et Barre, ils ne font rien non plus pour apaiser les choses : Raymond Barre, selon eux, s'est déterminé trop tôt en faveur de la liste de Simone Veil aux européennes, et Giscard ne parvient toujours pas à parler aux gaullistes comme il devrait leur parler pour les convaincre de rester à ses côtés.

Je demande à Olivier Guichard, après son déjeuner, ce qu'il pense de tout cela – surtout de Jacques Chirac, de ses projets, de ses conseillers, du RPR.

Il a, je le sais, lui aussi, des relations difficiles avec Chirac. Il me rappelle la chronologie : il s'est opposé à lui pendant l'élection présidentielle de 1974, mais a accepté, lorsque Chirac a été nommé Premier ministre de Giscard, de ne pas couper l'UDR et de lui laisser en quelque sorte sa chance. À l'été 1976, lorsque Chirac a claqué la porte, Guichard a trouvé la « forme de sa démission déplaisante » : « D'autant, ajoute-t-il, mine de rien, qu'il avait torpillé mon action pendant sept mois.

« Je l'ai néanmoins soutenu aux municipales parisiennes, ainsi que tous les ministres RPR, tandis que Ponia soutenait d'Ornano. Giscard en a été furieux et j'ai fini par quitter le gouvernement. »

Après ? « Je n'ai pris position contre lui qu'une fois : après l'appel de Cochin, le 6 décembre dernier. Lorsque je suis intervenu au comité central sur les problèmes européens, un peu avant, mes propos ont été applaudis par la plupart des parlementaires et accueillis par des hurlements de rage par le service d'ordre. Alors, forcément, je me suis un peu lassé... »

Le fond de sa pensée, aujourd'hui, est clair : « Je ne vois pas d'inconvénient à ce que Jacques Chirac poursuive son aventure politique personnelle. Mais voilà : la baptiser comme étant gaulliste, je trouve cela scandaleux. Et, aujourd'hui, j'ai l'intention de continuer à dire ce que je pense. J'en suis même à envisager de quitter le RPR ! »

Il est certain que, de l'intérieur du RPR tel qu'il fonctionne aujourd'hui autour de Jacques Chirac, personne ne peut faire bouger les choses.

Toujours aussi aigu, aussi fin analyste que son apparence est lourde, Guichard va plus loin : « C'est le couple maudit Chirac-Giscard qui menace les choses ! Quand Chirac dit, comme il le fait en ce moment : Giscard sera battu, il dit en réalité : je le ferai battre. Il finira par le faire, tout le monde le sait ! C'est lamentable, les deux protagonistes devraient se rendre compte de ce qu'ils sont tous deux engagés dans une impasse. Jacques Chirac a besoin de la majorité pour imposer une partie des idées que le RPR défend, et Giscard en a besoin pour être réélu. »

Voilà les choses dites pour la première fois.

Et puis cette phrase au moment de se quitter : « Toute tragédie commence quand les héros, emportés par leurs passions, deviennent aveugles et sourds. »

Je résume, avant de partir pour le congrès socialiste à Metz, la façon dont la majorité sort de cette semaine, commencée samedi dernier par le meeting de Chirac à Paris et terminée par une sortie en forme de boutade du président de la République aux présidents des groupes parlementaires de la majorité (« Je sais bien, a-t-il lancé en plaisantant à Raymond Barre, que dire que vous êtes stipendié par les Anglo-Américains n'est pas une injure ! »), en passant par l'arme suprême sortie par Jacques Chirac le mercredi : le chef de l'État n'aura aucune chance d'être réélu en 1981 s'il ne l'écoute pas et s'il ne change pas de politique.



Formidable, de voir se défaire ainsi les choses, du côté du pouvoir, sans savoir où elles vont !

*6-8 avril*

Voici donc réuni le congrès de Metz, crucial, puisqu'il pose en réalité la question du sort de Mitterrand à la tête du PS, et, au-delà, de sa candidature à la présidentielle.

Lorsque j'arrive dans la salle, le 6 dans l'après-midi, Michel Rocard est en train de parler. François Mitterrand a parlé avant lui pour ouvrir les travaux, comme il sied à un premier secrétaire. Il a prononcé – mon camarade Paul Guilbert me le rapporte – cette phrase sibylline : « Qu'on ne fasse pas semblant de parvenir à des actes durables qui ne dureront que huit jours ! »

Ce qui, traduit, signifie qu'il ne se contentera pas de recoller les morceaux, mais qu'il ira jusqu'au bout pour crever l'abcès.

Je trouve étonnant que Rocard parle ainsi juste après Mitterrand, en début de congrès, la veille au soir ayant été consacrée aux préliminaires. Pourquoi si tôt ? Il aurait pu faire donner ses lieutenants, se réserver pour le samedi au lieu d'intervenir dans la discrétion, la plupart des journalistes et des congressistes n'étant pas encore là !

Enfin, c'est la stratégie qu'il a choisie. Ce n'est pas à moi d'en décider.

Costume bleu, badge rose à la boutonnière, comme l'œillet de Mario Soares[1], il énumère les deux problèmes, essentiels selon lui, du socialisme, ces deux problèmes qui font clivage au sein du PS. D'abord le rôle de l'État : un État qui intervient sur tout et partout, alors que, répète Rocard, « à l'évidence, les sociétés humaines ont besoin de différents niveaux de décision ». Deuxième problème-clef, à ses yeux : celui de la crise de la pensée économique. Comme c'est le fond de la pensée de Rocard, et aussi la divergence de fond qui existe au sein du PS actuel, il passe un long moment à s'expliquer :

« À cette crise, avons-nous, nous, socialistes, une réponse ? En êtes-vous sûrs, camarades ? Le PS a toujours eu une pensée raffinée
 sur la distribution de la richesse, mais pas sur la production de cette richesse. Une formule comme : "La propriété c'est le pouvoir" ne nous éclaire en rien sur notre politique économique. Elle ne dit rien de la manière de se servir du pouvoir, une fois qu'on s'est servi de l'appropriation pour le prendre.

« Il y a plus grave », poursuit-il dans le silence observé maintenant par les congressistes qui voient bien que tout l'affrontement entre les partisans de Mitterrand et ceux de Rocard tourne précisément autour des questions posées par Rocard. « La pensée libérale est en crise, mais la pensée socialiste l'est aussi, parce qu'elle n'ose pas assumer l'exigence inverse : reconnaître que l'acte de produire a besoin de motivations autres que la contrainte. Une planification centralisée et rigide ne saurait nous suffire. »

Je le trouve très clair, pour une fois, y compris dans la grande fresque qu'il brosse par la suite de l'histoire du socialisme français et de la nécessité, pour les socialistes, de « récuser le léninisme et d'interroger Marx sur les rapports entre le marxisme et les libertés ».

Après les grandes interrogations sur les voies d'un socialisme moderne, le voici qui passe en quelques secondes à la cuisine interne du Parti. Surprise pour moi, puisque je croyais avoir compris qu'il ne voulait pas de synthèse avec la motion déposée par Mitterrand : il l'accepte, au contraire. Les rocardiens accepteront de discuter sur la motion du premier secrétaire : ils déposeront, Rocard l'annonce, des amendements « dans la clarté, comme vous le souhaitez », dit-il en s'adressant à François Mitterrand. Il appelle donc à la synthèse la

1. Leader du Parti socialiste portugais.

plus large, tout en envisageant le cas où les deux courants ne tomberaient pas d'accord : dans ce cas, le courant Rocard quitterait le secrétariat du Parti.

J'ai pris en notes avec soin toute son intervention, car je trouve qu'elle résume bien les choses : d'un côté, un socialisme moderne dont il s'efforce d'être le héraut ; de l'autre, Mitterrand et les mitterrandistes qui pensent qu'il faut d'abord prendre le pouvoir dans le cadre de l'union de la gauche, et que, pour le reste, on verra plus tard.

On voit, dès ce soir, que le congrès de Metz tournera autour de cela.

*7 avril* *1979*

Il n'y aura donc pas de synthèse : Mitterrand n'en veut pas, décidé qu'il est à pousser les choses jusqu'au bout, à vider l'abcès avec Rocard. Il en est le plus souvent ainsi depuis le congrès de Pau, j'ai toujours vu Mitterrand aller au bord de la rupture : naguère avec Jean-Pierre Chevènement, par exemple, avec Rocard ou Mauroy aujourd'hui, en refusant l'unanimisme pour garder toute sa liberté de manœuvre. Il préférerait, j'en suis sûre, perdre plutôt que de se lier les mains. Il y a chez cet homme une violence qui me surprendra toujours !

Pas de synthèse, donc, ce matin.

Je persiste à trouver que c'est dommage, car, après tout, le dialogue Mitterrand-Rocard pourrait se révéler positif, pourquoi pas ? Tout le monde sait que le second a raison quand il parle de la planification, de la production, des nationalisations. Évidemment, pour Mitterrand qui veut arriver au pouvoir avec les communistes, Rocard est un extraordinaire empêcheur de tourner en rond.

Un sondage du *Nouvel Observateur* de cette semaine traîne dans les travées du congrès et dans les tribunes de la presse : il souligne la baisse du nombre des Français qui veulent un gouvernement de gauche et la montée de ceux qui prônent une alliance entre Giscard et le PS ; ceux-ci étaient 11 % avant 1978, ils sont 30 % aujourd'hui.

Le congrès reprend à midi par l'intervention de Laurent Fabius. Il est de façon évidente mandaté par François Mitterrand pour en imposer dans le domaine que ses adversaires ont eux-mêmes choisi : le domaine économique, et les ramener à plus de modestie. Il n'empêche : c'est lui qui n'a pas du tout l'air modeste.

Je le connais mal, car il s'est davantage efforcé, depuis qu'il joue un rôle éminent auprès de François Mitterrand, à l'éloigner des journalistes plutôt qu'à s'en rapprocher lui-même. D'où une certaine distance qui s'est installée – qu'il a installée, plutôt – entre lui et moi, et ce, dès qu'il est devenu conseiller de Mitterrand.

Il a à peine trente-trois ans, la barbe sombre, son rôle aujourd'hui est de contrer la position de Michel Rocard au nom des jeunes économistes qui soutiennent la motion Mitterrand. Très offensif sur l'analyse qu'a faite la veille Michel Rocard, il le fait avec une brutalité que je ne soupçonnais pas chez lui et sur un ton plus dur peut-être qu'il n'est nécessaire. Il a cette phrase magistrale que je relève au milieu de ses autres propos : « Entre le Plan et le marché, il y a nous, le socialisme ! »

Il fallait l'inventer. Dans le congrès, cela passe très bien : les mitterrandistes sont tout heureux d'avoir, d'une phrase, rivé son clou au clan Rocard.

Après lui, c'est Jean Le Garrec qui parle au nom de la motion Mauroy. Curieuse impression : Mauroy, aujourd'hui, n'est pas dans la course. Sa motion, tout le monde s'en fiche un peu, à part lui évidemment. Le congrès s'annonce comme l'affrontement entre deux approches du socialisme, pour ne pas dire seulement entre deux hommes. N'étant pas combattant, Mauroy disparaît du ring.

Ce matin, en arrivant, j'ai rencontré Roger Fajardie qui m'a dit que son calcul des votes n'était pas modifié et que la motion Mauroy arrivait toujours en deuxième position.

L'intervention de Le Garrec me persuade qu'il n'en est rien et qu'au contraire, le risque est bien, à l'issue du congrès, que la plupart des mandats se concentrent sur le choix entre les deux textes principaux, celui de Mitterrand et celui de Rocard. Mauroy, dans ce cas, sera laminé.

Puis Chevènement parle. D'emblée il annonce son jeu : face à la politique néolibérale de Rocard, il a choisi son camp, celui de François Mitterrand. Je connais bien Chevènement, je sais à quel point, plus jeune, il a été séduit par Mitterrand, et à quel point, à un moment, il a séduit Mitterrand. Il s'est vu condamner, rejeter par ce dernier lors des deux précédents congrès, celui de Pau et celui de

Nantes. Il est heureux, cela se voit, huit ans après Épinay, de se retrouver auprès de lui. L'idée qu'au surplus Mitterrand, face à Rocard et à Mauroy, ait besoin de lui ne lui cause aucun déplaisir.

Ses attaques se polarisent contre Michel Rocard. Il conteste qu'il existe à l'intérieur du Parti « deux cultures », comme le pense le député des Yvelines. Chevènement n'est pas un orateur de congrès : son propos est souvent trop complexe, ses incidentes trop nombreuses, ses parenthèses trop riches de sens. Aujourd'hui, pourtant, il fait mouche dans la salle où les partisans de Mitterrand ont rejoint ceux du Ceres.

De sa voix légèrement nasillarde, il martèle : « On ne peut pas dire que l'État est le grand méchant loup d'où nous vient tout le mal. Il n'est pas vrai que la rupture se réduise à un phénomène de mentalités, l'autogestion ne s'oppose pas à l'union, la décentralisation ne s'oppose pas à la conquête de l'État ! Michel Rocard reste trop prisonnier des schémas de l'idéologie dominante. Peut-être y a-t-il deux cultures au sein du PS, résume-t-il, une culture socialiste, qui intègre l'apport de Marx sans s'y réduire, et une autre qui s'empare des thèmes à la mode ! »



Voici, après lui, Mauroy qui fait un tabac en se déclarant favorable à la synthèse. Cela soulagerait bien tout le monde, mais il paraît d'emblée impossible de trouver un tour de passe-passe qui rapprocherait Mitterrand et Rocard, si habile soit-on. Ensuite, Mitterrand n'en veut à aucun prix. Ce que dit Pierre Mauroy séduit tout le monde, mais il n'est suivi par personne ou presque !

*8 avril*

C'est dimanche matin. Les congressistes ont peu dormi. Hier, juste avant que ne se réunisse la commission des résolutions, j'ai croisé Mitterrand dans une sorte de long couloir, à la sortie de la salle du congrès, hideuse, mauve et rouge. J'étais avec d'autres journalistes, il ne s'est pas arrêté, m'a fait un signe de la main qui signifiait – du moins l'ai-je interprété comme cela : je vais gagner, ils ne perdent rien pour attendre.

Georges Dayan, qui était à ses côtés, est venu vers moi. Je lui ai demandé si Mitterrand me faisait la tête. De fait, cela m'a frappée, voici quelques semaines que je le vois moins. Je n'ai pas besoin de chercher longtemps pourquoi : à vrai dire, depuis qu'en novembre dernier j'ai signé le papier du *Point* sur le « double déclin », celui de Marchais et le sien, je l'ai croisé sans jamais plus lui parler vraiment. Je m'en enquiers auprès de Dayan. Est-ce l'article qu'il a mal pris ? Dayan m'assure qu'il n'en est rien. Mais Mitterrand revient vers nous : « Votre copain Mauroy, me dit-il, il sera laminé ! » Et il gagne la sortie tandis que Georges Dayan, qui me dit au revoir aussi gentiment qu'il peut, allonge sa foulée pour le rejoindre.

Oui, quelle violence chez Mitterrand, quelle détermination ! Quel animal politique aussi, tout entier jeté dans la bagarre de ce congrès, comme si rien, en dehors de cela, ne lui importait plus, hormis la victoire, ici et tout de suite ! Certes, il peut parler de littérature, d'arbres et de fleurs, prendre du recul sur les choses et les gens ; mais il reste avant tout un homme de conquête. Il vit ce congrès, après l'échec aux législatives de l'année dernière, comme celui de sa dernière chance. Il ne la laissera pas échapper : on peut en être sûr !

Ce matin, pendant que j'attends le rapport de la commission des résolutions à laquelle les journalistes n'ont pas accès, et donc sans savoir ce qui s'y est passé, je me demande si vraiment il y a en France à l'heure actuelle deux socialismes. Mitterrand et Rocard incarnent-ils deux conceptions différentes du socialisme ? Y a-t-il vraiment deux voies et deux courants, deux sortes de moyens et deux finalités du socialisme français ?

Les hommes, les combattants – ils ont toute leur importance pendant ce congrès : François Mitterrand, faussement placide et vraiment prêt à mordre ; Michel Rocard, costume sombre, et, sur le visage, ce quelque chose d'éternellement jeune qui fait sa force ; Pierre Mauroy, enfin, débonnaire, un peu en retrait, malgré son coffre, derrière les deux autres.

Les idées – François Mitterrand en appelle au socialisme historique, à celui des grands ancêtres, Jaurès, Léon Blum surtout. Il est celui qui veut incarner les aspirations populaires, se nourrir d'elles, même si, dans sa vie politique, sous la IVe République par exemple, cela n'a pas toujours été le cas ; celui qui veut donner de l'espérance aux masses plutôt que des leçons de socialisme aux économistes ; le socialisme qu'il revendique, il l'a dit vendredi à l'ouverture du congrès, est celui qui « veut se défaire de toutes les formes d'exploitation », « qui ne rejette pas – ce sont ses mots – au-dessus de l'épaule le fardeau de l'Histoire ». Rocard, lui, estime que, loin de ressasser les slogans du socialisme du XIXe siècle, de répéter mécaniquement les formules toutes faites d'un marxisme que le temps a usées, le PS doit trouver de nouveaux chemins ; les dogmes sont à revoir, les réponses que le socialisme français apporte au monde moderne sont inadaptées, la planification n'est pas le remède à tous les maux, la conquête de la propriété ne résout pas tout.

Suite un peu plus tard : la commission des résolutions revient en séance vers 12 h 45. Ils ont pris leur temps ! C'est Pierre Bérégovoy qui rapporte pour la motion de François Mitterrand et de ses amis. D'entrée de jeu, il rejette la responsabilité de la rupture sur Michel Rocard. Selon lui, les amendements proposés par Rocard portaient sur cinq points : le Plan et le marché, l'union de la gauche, la rigueur économique, la construction européenne et l'organisation du Parti. Je résume ici ce que dit Bérégovoy tandis qu'il parle :



Sur le Plan et le marché, les partisans de Mitterrand et ceux de Rocard auraient pu trouver un accord une fois rétabli le texte auquel tenaient les mitterrandistes : « Ce n'est pas le marché qui règle, etc. »

Sur l'union de la gauche, pas d'accord possible. On nous demandait, dit Béré, de négliger l'aspiration unitaire. « De ce point de vue, insiste-t-il, deux lignes ont été affirmées au cours de ce débat : la ligne d'Épinay, la nôtre, qui a une large approbation dans le Parti socialiste, approbation qui dépasse largement les 40 % de la motion A, et puis une autre ligne qui, sans abandonner les mots, modifie en réalité le contenu de l'union de la gauche. »

La commission des résolutions en était là, continue Bérégovoy, lorsqu'elle a été saisie d'un amendement n° 5, un texte commun Mauroy-Rocard. Berégovoy en fait, depuis la tribune, une lecture emphatique, comme pour le ridiculiser : « Nous l'avons, dit-il pudiquement, ressenti avec peine. Il nous a été indiqué qu'il serait enlevé. Il aurait mieux valu qu'il n'ait pas été discuté. » Bref, je n'ai pas noté le texte exact, mais l'essentiel est que Mitterrand et les siens n'en ont pas voulu, qu'ils ont rompu là-dessus, et que chacun des combattants demande maintenant qu'on vote sur son texte.

Lorsque Rocard lui répond, on entendrait une mouche voler. Pas d'accord politique, pas de synthèse : il le déplore. Y a-t-il deux lignes, d'une part celle d'Épinay, de l'autre la sienne ? Il le conteste : la ligne d'Épinay n'est pas, dit-il, la propriété de certains, elle est au Parti tout entier. « Seulement voilà : Épinay n'avait pas tout prévu. La logique commande d'admettre que nous avons le droit de nous interroger sur le fonctionnement normal d'un parti. » Il n'y avait pas deux lignes, on lui a donc fait un mauvais procès. L'accord politique était possible. « Vous aviez, dit-il à Mitterrand, le dossier en main. »

Et maintenant qu'il est trop tard, maintenant qu'il a perdu le congrès, voilà que Rocard fait le discours qu'il aurait dû faire en commençant. Ses partisans dans la salle ont la gorge nouée lorsqu'il termine par ces mots : « Nous serons donc dans l'opposition. Ce ne sera pas l'opposition d'un prétendant ! » Et comme si sa phrase avait besoin d'explications supplémentaires, il se tourne à ce moment vers François Mitterrand et, s'adressant directement à lui, lui dit : « Vous serez le premier à prendre votre décision (sous-entendu : pour la candidature de 1981). Si vous êtes candidat, cher François Mitterrand, je ne le serai pas contre vous ! »

La salle accueille ses derniers propos par une ovation.



Je n'y comprends rien : pourquoi Rocard s'enferme-t-il lui-même dans cette promesse que personne ne lui a demandé de faire ? Pour arriver à cela, était-il la peine d'en faire autant pendant tout ce congrès ? L'attitude a de la classe, de l'élégance, certes, mais qui lui demandait de prendre un tel engagement ?

Mitterrand a dû se retenir d'éclater de rire lorsqu'il a entendu ces mots. Je suis sûre qu'il n'aurait jamais dit cela dans des circonstances analogues.

Suit le discours de François Mitterrand, d'autant plus superbe que, maintenant, il est serein.

Un peu plus tard. Je suis sortie du congrès avec Gilles Martinet. Je lui ai demandé comment il avait trouvé la petite phrase de Rocard : « Cher François Mitterrand... » ? Il me regarde avec consternation : Rocard n'avait prévenu personne parmi ses amis qu'il dirait ces mots.

À noter que, comme prévu, Pierre Mauroy a été effectivement laminé entre les deux courants, celui de Mitterrand et celui de Rocard[1].

Je reviens un instant, sitôt rentrée à Paris, sur les « deux socialismes ». Au fond, ce qui sépare les deux hommes, c'est une attitude nettement différente par rapport au pouvoir. Pour Mitterrand, le

1. Les votes : la motion A (Mitterrand) recueille 40,10 % des voix ; la motion B (Mauroy) 13,61 % ; la motion C (Rocard) 20,51 % ; la motion D (Defferre) 6,89 % ; la motion E (Chevènement) 14,42 %. Le reste se porte sur les motions F et G. Le Ceres, qui s'est rallié en réalité à François Mitterrand, obtient davantage des voix, dans ce congrès, que les partisans de Pierre Mauroy.

pouvoir est d'abord à prendre. Pour le second, il est à prendre, bien sûr, mais surtout à garder. Sans parler de cette divergence politique et stratégique majeure : Mitterrand croit que le pouvoir passe par l'union de la gauche avec les communistes ; Rocard vient d'une autre tradition du socialisme qui s'est nourrie et se nourrit toujours de l'anticommunisme. Pas grand-chose de commun entre les deux démarches.

Au « Club de la presse » d'Europe 1, dont François Mitterrand, grand triomphateur à Metz, est l'invité, les questions pleuvent, évidemment, sur la prochaine candidature à l'élection présidentielle. Celle de Michel Rocard ? La sienne ? « Il y a beaucoup de chances, lance Mitterrand, que je ne sois pas candidat. »

Tu parles ! Je n'en crois pas un mot. Sinon, à quoi lui aurait servi de gagner ce congrès ?



*24-25 avril*

J'ai suivi Jacques Chirac à Limoges pour son premier grand meeting européen. Même difficulté à se mouvoir, même souffrance quand il parle en s'asseyant, sans avoir l'air de le faire, sur son tabouret. Et un pas de plus dans l'escalade : il a laissé entendre aux militants enflammés que le résultat des élections européennes pouvait bien remettre en cause la légitimité de Giscard. Son argument est simple, et passe très bien dans son auditoire déchaîné : si VGE soutient la liste de Simone Veil, il sera, au soir de l'élection, le président de 30 % des Français tout au plus.

La « légitimité » : le mot n'est pas choisi par hasard. Il s'agit d'un grand mot du gaullisme, qu'on ne brandit en général pas, lorsqu'on est gaulliste, contre le président de la République élu au suffrage universel. Eh bien, il est allé jusque-là. Je ne sais pas ce que vont en penser, demain, ceux qui trouvaient que déjà, hier, il avait été trop loin[1].

1. La semaine précédente, un mémorandum avait été remis au Président par la délégation RPR avec cette phrase : « Les Français éprouvent le sentiment diffus d'une décadence nationale qui n'est pas enrayée, ni même réellement combattue. »

*25 avril*

Je rencontre Claude Labbé dont les relations avec Jacques Chirac ne me paraissent pas évidentes : il est à la fois admiratif et jaloux, jubilatoire devant les bons coups, difficilement solidaire des mauvais. Je ne suis pas sûr qu'il aime Chirac, ni qu'il soit, comme tant d'autres – comme Jacques Toubon, par exemple –, ébloui par sa force, son énergie vitale, mais enfin, il le subit. « À long terme, convient-il, nous avons raison. Nous, je veux dire : le RPR, le gaullisme. »

Il situe tout de suite notre conversation sur les différences ou les ressemblances entre Jacques Chirac et Valéry Giscard d'Estaing.

« Au fond, me dit-il, les deux hommes se ressemblent. Ils sont dévorés l'un et l'autre par la même ambition. Leur démarche est identique : il y a un agité qui s'agite, et un agité contenu. Mais lequel des deux, en réalité, est le plus agité ? Leur personnalité, en revanche, est différente : je vois d'un côté un homme peu raffiné, peu réfléchi, qui vit dans le quotidien, et, de l'autre, tout le contraire. » Il en conclut que le tête-à-tête entre les deux hommes est impossible. « Lorsqu'ils se rencontrent, dit-il, ils ne vont jamais au fond des choses. »

Et comment les députés RPR voient-ils les choses, eux ? « La famille gaulliste existe, personne n'a vraiment envie d'en sortir, personne n'a envie d'aller adhérer au groupe UDF. Giscard a perdu des occasions, il ne sait pas faire la cour aux gaullistes, il est comme un homme qui est assis sur un divan à côté d'une femme sans oser aller plus loin. »

Pourquoi Giscard n'a-t-il pas réussi dans sa conquête des gaullistes ? « Il aurait fallu une action personnelle, souligne Labbé ; qu'il abandonne une large partie de son entourage antigaulliste, donc qu'il choisisse contre ses propres amis. »

Le débat européen, évidemment, n'arrange rien : la controverse européenne a de tout temps divisé la France ; le scrutin à la proportionnelle a toujours suscité l'opposition des gaullistes. Les deux à la fois, ça fait beaucoup !

*26 avril*

Dans l'après-midi, première dépêche de l'AFP à 17 h 53 : Étienne Pinte, ex-suppléant RPR d'Alain Peyrefitte en Seine-et-Marne et député des Yvelines, démissionne de la commission exécutive du RPR. Il regrette « l'absence de débat démocratique au sein du mouvement ».

18 h 34 : Michel Cointat, RPR, ancien ministre de l'Agriculture, lance un appel aux députés de son groupe pour leur demander de signer avec lui « une déclaration commune des gaullistes pour une Europe des réalités ». On apprend au même moment qu'un jeune député de Seine-Maritime, Antoine Rufenacht, proche d'Olivier Guichard, a fait signer par un groupe de députés un texte qui met solennellement en garde Jacques Chirac contre une issue catastrophique pour le RPR aux élections européennes.

Claude Labbé ne m'avait pas dit hier que les choses étaient aussi graves au sein de son groupe parlementaire. L'avait-il prévu, ne voulait-il pas me faire de révélations ? En tout cas, aujourd'hui, l'affaire est sur la place publique : l'offensive est coordonnée, un peu sur le mode de ce qu'avait fait Chirac en 1974 avec l'« appel des 43 ». Il s'agit d'amener une partie des parlementaires gaullistes dans une même opposition au chef de leur parti.



L'offensive de Chirac contre Giscard est sans doute allée trop loin puisqu'elle est parvenue à diviser le mouvement gaulliste au moment même où Jacques Chirac a le plus besoin de son unité.

*3 mai*

Revu François Mitterrand. Je l'ai retrouvé tel qu'en lui-même, après Metz : manteau gris et galure à la Blum, détaché (ou feignant de l'être) du Parti et des siens. Mauroy ? Il n'a pas vraiment compris ce qui avait pu lui mettre dans la tête qu'il ne serait pas son dauphin. « Il l'était, tout naturellement ! » Pour Rocard, aucun doute : le problème est qu'il est vraiment sur une autre ligne, incompatible avec la sienne.

Mitterrand nonchalant et pressé, serein et insolent, ironique et sévère, feignant le dilettantisme après avoir été, à Metz, tout à sa proie attaché.

Sur les faits et les opinions :

1. Il persiste à croire que la logique de Chirac l'amènera tôt ou tard à rompre avec Giscard : « S'il ne l'abat pas, c'est Giscard qui l'abattra. »

2. Sur le Parti communiste : « Il commence, me dit-il, à y avoir un cas Marchais. »

3. Sur sa candidature à la présidentielle : « Ne croyez pas que j'aie envie d'y aller. J'ai fait 49,5 % des voix au deuxième tour de 1974, je n'ai pas envie de faire moins.

– Certes, mais je vous connais, lui dis-je, vous attendrez jusqu'au dernier moment. Et, à ce moment-là, vous vous présenterez. De toute façon, vous me l'avez assez souvent dit, il n'y a pas de bonnes élections. »

Il ne dément pas : « Tout de même, ajoute-t-il après un silence, je vais faire attention. »

4. Sur la Russie soviétique : elle va se rapprocher de l'Europe, parce qu'elle ne peut soutenir la pression sur les deux flancs ; et elle



préférera se rapprocher de la France plutôt que de l'Allemagne.

5. Composer la liste socialiste aux européennes n'a pas été trop difficile. En effet, il avait au préalable fait accepter par tous l'idée qu'une même personne ne pouvait figurer sur la liste européenne et faire partie des nouvelles instances du Parti. « À partir de là, tout s'est très bien passé. Les choses ont été plus faciles à faire qu'on ne le croit ! »

6. Il me parle enfin longuement de Pierre Mauroy. Plus rien dans sa voix ne me rappelle l'irritation dont il avait fait preuve, il y a près d'un mois, lorsqu'il m'avait croisée au congrès de Metz. Je comprends qu'il souhaiterait que je dise à Mauroy qu'il est prêt à un rapprochement. « Vous savez, me dit-il (comme pour me démontrer que s'il avait voulu le mettre à terre, il aurait pu le faire), si j'avais commencé à me battre plus tôt, j'aurais gagné davantage. »

*5 mai*

Débat à quatre sur Antenne 2 à propos de l'élection du Parlement européen : Simone Veil en tailleur Chanel rose, Mitterrand, visage de marbre, cravate rouge, Chirac sérieux, de gris sombre vêtu, et Georges Marchais en gris clair, le seul à afficher une mine réjouie.

Je m'aperçois que je suis allée un peu vite, dans ce cahier, sur la composition des listes européennes de la majorité, occupée que j'étais à suivre les meetings de Jacques Chirac, les querelles internes à la majorité, la montée des périls entre Giscard et Chirac, et le congrès du PS, début avril. Je résume donc : la désignation de Simone Veil a été effectuée en avril, je ne sais à l'issue de quelles tractations entre Giscard et Barre. C'est Chirac qui, après beaucoup de conversations avec Michel Debré, a pris la tête de la liste européenne. La division de la majorité est donc nette, avec au surplus un début de polémique entretenue par Chirac sur le soutien apporté par Raymond Barre à Simone Veil.

Chacun dit son credo d'entrée de jeu. Simone Veil parle de l'Europe, chance de la France. Pour Georges Marchais, le bilan de l'Europe depuis vingt ans est « catastrophique ». Jacques Chirac essaie de tout concilier en voulant construire une Europe unie tout en défendant les Français. Mitterrand est pour l'Europe du socialisme et, en attendant ce jour, souhaite qu'elle affirme son indépendance vis-à-vis de l'impérialisme des affaires et du pouvoir politique des grandes puissances.



Sur le bilan de l'Europe, les convergences sont évidentes entre Simone Veil et François Mitterrand d'un côté, Jacques Chirac et Georges Marchais de l'autre. Jamais je n'avais autant eu l'impression d'une coupure, sur la politique européenne, entre le centre et la gauche, d'une part, le communisme et le gaullisme, de l'autre. Je suppose qu'au moment de la CED, ce clivage était encore plus net. Aujourd'hui, face à Simone Veil qui affirme ne pas comprendre le procès en « bradage » qui est fait aux Européens en général et à elle en particulier, et à Mitterrand qui ne veut pas de « la France seule », Chirac essaie de mettre le leader du PS en contradiction avec ses propres troupes, notamment avec celles de Jean-Pierre Chevènement. Marchais parle ainsi de l'entrée de l'Espagne dans l'Europe et de la menace qu'elle ferait peser sur les travailleurs français.

*À la fin de l'émission.* Ça y est, c'est parti : je ne sais ce qu'il restera de cette campagne européenne, mais, franchement, je crains qu'elle ne marque le point d'orgue de l'extrême confusion qui règne en ce moment dans la vie politique française. Qu'a-t-on donc entendu, tout à l'heure, lors de cette première grande confrontation ? À vrai dire, tout et le contraire de tout ! Jamais autant les ambiguïtés, les rivalités, la confusion, en un mot, ne sont apparues aussi clairement que sous l'œil cruel des caméras.

À la fin, pour Chirac et Mitterrand surtout, les batailles de politique intérieure prennent le dessus : « L'Europe miracle qu'on nous présente est une fumisterie », dit Chirac pendant que François Mitterrand, qui a senti le danger qu'il y aurait à se trouver trop proche de Simone Veil, détourne le tir sur Raymond Barre et demande : « Comment les Français pourraient-ils voter pour la liste de M. Barre et leur laisser le soin de faire en Europe ce qu'ils ont fait en France ? »

*6 mai*

Devant Rocard qui rigolait, Mauroy m'a raconté aujourd'hui leurs rendez-vous clandestins pendant les semaines qui ont précédé le congrès de Metz. Leurs rencontres avaient lieu dans un bistrot du boulevard Saint-Germain, Les Marronniers. À tel point qu'avant-hier, quand Mauroy y est entré seul pour boire un café, le patron l'a intercepté et lui a dit : « Ah, Monsieur Mauroy, vous voilà ; mais M. Rocard n'est pas encore arrivé ! »



Il ne sait pas où veut aller Mitterrand. Une chose est certaine : lui, Mauroy, est aujourd'hui l'objet de convoitises. Pourquoi ? Il ne se fait pas d'illusions : parce que Mitterrand a besoin de lui pour être le candidat unique du Parti socialiste à défaut d'être le candidat unique de la gauche. Car personne ne peut plus croire aujourd'hui à l'existence d'un contrat passé avec les communistes dans la perspective d'un gouvernement, quel qu'il soit.

*8 mai*

Déjeuner avec Simone Veil. Il y a là Alain Duhamel, Jean-François Kahn, Josette Alia. Elle est bien meilleure en privé qu'en public, parce qu'elle a une présence inouïe, une densité, une vie qui imposent le respect. Elle est directe, sans détour. C'est ainsi qu'elle m'apparaît, et c'est ainsi qu'elle nous parle.

Elle est sûre que la querelle de l'avortement, dont on reparle en ce moment, la part qu'elle a prise au vote de la loi sur l'interruption volontaire de grossesse, tout cela a été réanimé à dessein par Chirac dans la perspective de la campagne des européennes. Elle ne croit pas un seul instant aux idées de Michel Debré sur la démographie. Plus directe encore, elle nous dit qu'elle ne sait pas si le soutien affiché par Raymond Barre à sa liste l'aide – parce que les Français, dit-elle, sont légitimistes et apprécient la position prise en sa faveur par le Premier ministre – ou bien s'il l'enfonce – parce que sa politique économique, dit-elle, est rejetée par l'opinion.

Elle me paraît tout à fait incertaine sur ce dernier point. Moi aussi.

*9 mai*

XXIIIe Congrès du Parti communiste à Saint-Ouen. La salle est tendue de jaune, d'orange et de rouge, et l'on sait dès l'ouverture qu'il n'y aura pas de fausses notes. Peu ou prou, la contestation a été éradiquée dans les semaines qui ont précédé le congrès.

Au demeurant, m'a raconté hier un expert du PC, Yannick Blanc, il y a eu trois générations de contestataires : ceux de la première génération ont rédigé et fait circuler la première pétition sur la démocratie interne au Parti ; les seconds, comme Molina, Vargas, Elleinstein, ont mis en cause la ligne du Parti ; les troisièmes, enfin, ont posé le problème des rapports avec la social-démocratie et du bilan effectif du Parti communiste.



La mécanique du PC a fini par l'emporter : les contestataires pensaient qu'ils allaient pouvoir s'exprimer au congrès. Cela leur a été refusé. C'est simple : pour être délégué au XXIIIe Congrès, il faut d'abord être désigné par sa cellule, laquelle nomme ses représentants au comité de section, lequel envoie les siens au comité fédéral, lequel désigne enfin au congrès les rescapés de cette course de haies d'un genre particulier. Ce quadruple barrage a eu raison des plus forts ou des plus naïfs. Absents du congrès, donc : Labica, Elleinstein, Christine Buci-Glucksmann.

Le congrès commence. À 9 h 45, Georges Marchais prononce son discours dans une sérénité qu'il sait ne pas devoir être troublée par la contestation : 155 petits feuillets, l'équivalent de 70 grandes pages, posés devant lui, qu'il lit feuille à feuille dans le recueillement général. Il parle d'abord de la crise nationale pour se lancer assez vite, arrivé au premier quart de son discours, page 29, dans une charge contre François Mitterrand. Celui-ci a changé, affirme-t-il, depuis le congrès de Metz, ce n'est plus le même.

Pendant qu'il parle, Roland Leroy l'écoute dans une attitude qui est souvent la sienne : menton appuyé sur son poing, l'œil perçant scrutant la salle. Visage tourné vers Marchais, Paul Laurent est le plus attentif, Fiterman paraît assez remuant et Plissonnier a la bougeotte. Georges Séguy[1], à côté de Charles Fiterman, est en manches de chemise alors que tous les autres portent costume et cravate : façon de rester le syndicaliste de la bande.

Marchais parle impérialisme, atlantisme, guerre idéologique. Il essaie de renvoyer dos à dos les Chinois et les Russes, aucun n'ayant compris les autres. Il défend le principe de non-ingérence et d'indépendance nationale, la coexistence pacifique, un nouvel ordre international, l'Europe démocratique, indépendante et pacifique selon son cœur. Tout y passe : les relations avec les pays de l'Est, l'eurocommunisme qu'il définit comme un contact durable avec les partis frères tout en affirmant que, tous ensemble, ils ont « repoussé l'idée d'un contre-modèle socialiste ».



Il s'interrompt au bout de trois heures sous des applaudissements nourris, pour reprendre son discours fleuve, après une pause, d'une voix plus faible que la fatigue commence à voiler. Pourquoi diable, à l'exemple des Soviétiques ou de Castro, se croit-il obligé de parler des heures ? C'est qu'il a réservé pour la fin la partie la plus importante de son discours, celle qui a trait à l'union de la gauche et au Programme commun. Plusieurs minutes (pendant lesquelles Gaston Plissonnier s'est assoupi : Madeleine Vincent le réveille) sur l'évolution du Parti socialiste et l'erreur qu'a faite le PC, en 1974, de lui « conférer un brevet de parti révolutionnaire ». Marchais énonce dès lors les leçons à tirer : « Priorité absolue à l'union dans l'action », mais « pas d'accord au sommet avec le PS. » Une fois de plus dans l'histoire du PC, lorsque les communistes ne veulent pas du tout d'une union avec les socialistes ou, plus généralement, les forces de gauche, ils s'agrippent à la notion d'« unité à la base ». Marchais n'a même pas l'originalité de définir une stratégie nouvelle par rapport au Parti communiste des années 1930.

*10 mai*

Claude Mazauric est un historien communiste, professeur à l'université de Rouen où, il y a quelques années, Roland Leroy me l'a présenté. Il faut entendre cet historien soumis dire ce qu'il clame à la tribune du congrès : il parle des « turpitudes réformistes » du Parti socialiste depuis les dernières municipales ; il se félicite de ce que « le PC ait mis en échec le plan social-démocrate du PS » ; pour finir, il

1. Secrétaire général de la CGT.

se taille un franc succès en s'écriant : « Le PC est le lieu où s'élabore la rencontre de la science et de la révolution. » Je ne sais même pas ce que cela veut dire, mais les ovations qui saluent cette phrase montrent qu'il a fait mouche auprès de ses auditeurs.

Laurent Salini[1], avec qui je parle après l'intervention de Mazauric, me dit que le texte de Georges Marchais écarte certes l'alliance au sommet avec les socialistes, mais *pour le moment* seulement. « Ouf, me confie-t-il, j'ai eu peur ! » Je me borne à remarquer, moi – car je n'ai pas une extrême confiance dans la profession de foi sociale-démocrate de Laurent Salini –, que Georges Marchais donne le signal des applaudissements lorsque Mazauric parle et condamne « ceux qui ont roulé pour le PS » !

Max Léon, communiste et correspondant permanent de *L'Huma* à Moscou, me dit quelque chose de beaucoup plus plausible : « Le bureau politique, c'est toujours un équilibre : Georges Marchais est obligé d'en tenir compte. »



Après Mazauric, la parole a été laissée à Claude Frioux, plutôt du côté des oppositionnels, mais, si j'ose dire, des oppositionnels de Sa Majesté : il se borne à réclamer que la discussion au sein du PC puisse s'instaurer entre les congrès et non pas seulement dans l'immédiat avant-congrès. Il est beaucoup moins applaudi que Claude Mazauric.

11 heures : mini-conférence de presse de Georges Marchais qui fait dire qu'atteint d'une extinction de voix, il ne peut pas parler, mais néanmoins n'y résiste pas. Il trouve que Mitterrand n'a pas été loyal, ou plutôt qu'il l'a été seulement jusqu'en 1977. Que les socialistes français mentent sur l'Europe, etc.

Pendant ce temps, les orateurs se succèdent à la tribune. La plupart se félicitent du bilan positif du socialisme ; ceux qui réclament un peu plus de discussion au sein du PC le font avec mesure, sans être véritablement applaudis par les congressistes.

### *12 mai*

Je m'interroge, alors que le congrès n'est pas encore achevé, sur ses aspects parfois contradictoires. Un mot sur la salle, d'abord : une majorité de gens jeunes, très jeunes, dont de nombreuses femmes,

1. Éditorialiste de *L'Humanité*.

jeunes femmes, même, habillées avec décontraction et élégance. Les délégués entrent et sortent pendant que les orateurs parlent, ce qui n'était pas le cas aux XX^e^ et XXI^e^ Congrès où tous étaient beaucoup plus disciplinés, restant à leur banc, immobiles pendant des heures, et gagnant la sortie à heures fixes. Pourtant, c'est par une grand-messe immuable et sacrée, celle du rapport-fleuve de Georges Marchais, qui a duré cinq heures trente, qu'a commencé le congrès, dans le plus pur style Maurice Thorez. Je dirais donc que la liturgie communiste a été respectée mais que la religiosité est moins marquée.

Autre contradiction, de fond celle-ci : dans le discours de Georges Marchais, on trouve tout et le contraire de tout. L'estimation que le bilan de l'histoire de l'URSS est « globalement positif », et, en même temps, la condamnation du stalinisme ; l'alignement, *grosso modo*, sur les positions de Moscou en politique extérieure, et la proposition de nouveaux échanges avec le Parti communiste chinois ; la reconnaissance d'un nouveau communisme européen, l'eurocommunisme, et l'affirmation, dans la phrase suivante, qu'il ne s'agit pas d'un nouveau modèle ; le refus de recommencer la démarche du Programme commun, et, en même temps, l'affirmation qu'éventuellement, dans un avenir certes lointain, les discussions pourraient reprendre avec le PS ; la dénonciation des contestataires, et, en même temps, l'assurance que le PC traitera mieux désormais les intellectuels.

Comme si Marchais avait voulu tenir compte de tous les arguments échangés par les auteurs des tribunes de discussion.

Restent, au-delà des contradictions ou plutôt des divergences réelles qui se manifestent au sein du PC, deux idées maîtresses qui sont celles de ce XXIII^e^ Congrès : d'abord que, contre le Parti communiste, parti des pauvres, parti de la classe ouvrière, se livre en ce moment une véritable guerre idéologique, que le PC est isolé et que ses dirigeants sont la cible d'attaques venues de tous côtés ; ensuite – seconde idée-force liée à la première – qu'au bout de la chaîne des ennemis des communistes se trouvent les socialistes. Oui, le PS a été, tout au long du congrès, l'ennemi privilégié. À toutes les occasions, dans chacune des interventions, il a été désigné comme ayant partie liée avec le grand capital : c'est lui qui a dupé les travailleurs, lui qui a menti, lui qui a suscité chez eux des illusions dangereuses. Tout cela pour rejoindre le camp, le clan du capital national et international.

Sur ce point précis, aucun doute : tous les congressistes ont partagé l'analyse de Georges Marchais. Ils la partagent d'autant plus que ceux qui pensaient le contraire, comme Jean Elleinstein, n'ont pas pu franchir les barrages ni donc être désignés pour intervenir au congrès.

Voilà le PS devenu le maudit animal, le pelé, le galeux d'où vient tout le mal ! Jusqu'à 1981, ou non ?

J'ai à peine fini ces lignes récapitulatives que Georges Marchais, costume beige, chemise rose, cravate rose et beige, entame une nouvelle conférence de presse. Il nous dépeint un parti ouvert à la réflexion, où, contrairement à ce que nous pensons, « rien n'est jamais tout blanc, jamais tout noir : c'est infiniment plus complexe que cela ! ». Quant aux contestataires, « leur vent n'est qu'un frémissement » qu'il n'entend pas surestimer.



*13 mai*

Le congrès s'achève sur un coup de théâtre que je n'avais pas vu venir. Ce dimanche matin, Gaston Plissonnier, l'éternel homme de l'organisation du Parti, a lu de sa voix appliquée, devant les 2 000 congressistes, la liste des membres du bureau politique du PC élus par le nouveau comité central. Un long coup de chapeau à Étienne Fajon, atteint par la limite d'âge, suivi de l'annonce, ovationnée, de la réélection de Georges Marchais comme secrétaire général. Puis il donne la liste du secrétariat du Parti. La salle ne bronche pas.

Dans les rangs de la presse, ce sont les journalistes communistes de *L'Humanité* qui, les premiers, s'agitent : Roland Leroy, leur patron, n'a pas été réélu au secrétariat.

Trois quarts d'heure plus tard, je regagne le parking lorsque la voiture de Roland Leroy, une R30 gris métallisé, s'arrache d'une allée. Leroy, livide (ou bien est-ce moi qui l'imagine ainsi ?), assis aux côtés de son chauffeur, quitte la salle omnisports de Saint-Ouen. Il ne participera pas au déjeuner final qui réunit dans une joyeuse fraternité les autres membres du secrétariat.

En fin d'après-midi, mon ami Michel Cardoze me dit que Roland Leroy, un peu crispé, leur a expliqué que, directeur de *L'Humanité*, il n'avait pas besoin de figurer au nombre des secrétaires du comité central. L'argument ne me convainc pas. Je suis persuadée qu'il s'agit d'une éviction. Mais pourquoi ? Peut-être tout simplement qu'au-delà de la ligne politique, la sienne, qui a triomphé au congrès, il incarne l'éternel rival de Georges Marchais. Il est aussi persifleur, aussi désinvolte que Marchais est massif, coloré, tonitruant. À noter aussi que tous les proches de Marchais ont été nommés ou promus à l'issue du congrès, qu'il s'agisse de Gisèle Moreau, de Maxime Gremetz ou de Francis Wurtz.

Quelle faute idéologique a commise Roland Leroy ?

Samedi, Marchais, pendant sa conférence de presse, a reconnu qu'il y avait bien deux tendances au sein du PC : « Les uns, a-t-il dit, voulaient refaire purement et simplement le Programme commun ; les autres, faire une croix sur le Parti socialiste. » En admettant que Leroy ait fait partie de la seconde catégorie, il faut sans doute comprendre que, dans un souci d'équilibre, Marchais s'est débarrassé des leaders des deux tendances, sur sa gauche et sur sa droite.



Sans doute n'obtiendrai-je jamais de réponse à ma question. Le PC reste opaque à ceux qui n'en font pas partie. Et peut-être même à ses adhérents !

*15 mai*

Dans son bureau (n° 7542) de l'Assemblée nationale, Yves Guéna me résume la situation : il trouve quasi névrotiques les rapports que Jacques Chirac entretient avec Marie-France Garaud et Pierre Juillet. Son expression : Jacques Chirac est un formidable ordinateur qui ne marche pas sans ses deux programmateurs.

Il raconte des choses effectivement inquiétantes sur la façon dont ces deux conseillers, qui affectent de ne jamais se tromper, l'ont entraîné dans bien des défaites : ils ont tenté d'imposer Edgar Faure à la présidence de l'Assemblée nationale, c'est Chaban qui a été élu au perchoir ; au surplus, après la défaite d'Edgar, ils ont fait à Chirac le reproche d'avoir perdu la main.

Même chose pour la mise en cause de la « légitimité » de Giscard, l'autre jour. « Cela faisait cinq mois, me dit Yves Guéna, que Marie-France Garaud et Pierre Juillet parlaient de l'absence de légitimité de Giscard. Lorsque Chirac en a parlé, ils ont fait mine de lever les bras au ciel en disant qu'il s'y prenait mal ! Chirac, conclut-il, ne peut prendre son parti de rien sans les avoir consultés. »

*18 mai*

Meeting de Jacques Chirac à Rennes. Entre nous, en privé, dans l'avion qui nous y conduit, il m'apparaît sans illusions. Il trouve les électeurs démobilisés, en ayant ras-le-bol des hommes politiques, et estimant que l'Europe n'est pas un dossier intéressant.

« Il faut dire que le problème dépasse un peu tout le monde. Voici des années que les uns et les autres, nous entendons parler de montants compensatoires, du serpent monétaire, puis encore de la monnaie européenne, l'écu. Les électeurs ont l'impression que les problèmes économiques européens les dépassent, que la crise de l'énergie, par exemple, prend de court tous les pays européens, qui ne peuvent rien faire, rien corriger, parce que cela les dépasse.

« On nous répète, poursuit-il, que l'Europe marche bien depuis vingt-deux ans, qu'il faut aller plus loin, comme lorsqu'on monte dans un de ces énormes avions, les jumbo-jets, où l'on ne voit rien, ni le ciel, ni les nuages, ni les pilotes, où l'on confie sa vie à quelqu'un d'autre sans même envisager de s'asseoir dans le cockpit ou de prendre le manche à balai. »



Il ajoute que la campagne se déroule dans une confusion telle (dont il me semble qu'il est tout de même lui aussi responsable !) que les Français n'y comprennent pas grand-chose. Car c'est une certitude : ce scrutin de liste national éloigne l'électeur de l'élu. Et plus on éloigne l'électeur de l'élu, comme c'est le cas avec cette élection des députés européens, moins on mobilise. Les Français ne votent plus pour un candidat proche d'eux, qu'ils rencontrent dans leur circonscription ou leur département, mais pour une liste dont, au mieux, ils connaissent celui ou celle qui la mène : « Sur les 81 candidats, ils en connaissent au plus une dizaine. »

Sa conclusion, lorsque nous atterrissons : « Simone Veil et François Mitterrand répondent qu'il vaut mieux justement, face à la complexité des choses, organiser l'Europe. Les autres, comme Georges Marchais, nous disent que tout cela est catastrophique. Moi, je cite Chamfort : "On trouve rarement son bonheur chez soi, jamais chez les autres[1] !" »

À sa descente d'avion, il a été accueilli par Guermeur, autre député du coin qui lui a raconté le dernier voyage du général de Gaulle, juste avant le référendum qui a entraîné son départ : « Vous savez,

1. Il répètera cette maxime de Chamfort au journal télévisé de TF1.

dit-il à Chirac, le Général a plu aux Rennais lorsqu'il leur a dit ce jour-là qu'il les avait compris. » Chirac l'interrompt en riant : « Alors moi, tu veux que je leur dise : je vous ai pigés » ?

L'irrespect laisse Guermeur sans voix.

Son meeting a lieu le soir même. La tribune est noyée sous les palmiers et les géraniums. Le Douarec présente Jacques Chirac aux militants comme un « homme ni habile ni malin », un homme « tout d'une pièce », qui tient un « langage d'espoir ». Chirac prend la parole après cette présentation de lui que je trouve plutôt simpliste. Il ne fait pas sa rééducation, et donc boite assez bas. On lui glisse sous les fesses le haut tabouret qui le suit partout. Dans l'avion qui l'a amené à Rennes, il a jeté, je ne sais pourquoi, le discours qu'on lui avait préparé. Du coup, sa voix, son ton, son débit, son visage changent. Je le trouve presque meilleur. Il ne dit pas : « Je vous ai compris », mais : « Je vous comprends. » Preuve qu'il a retenu la leçon de Guermeur.

Puis il parle de l'Europe : eh quoi, on l'a dit antieuropéen ? Il assure qu'il est plus européen que tous les autres, à condition que l'Europe ne soit pas supranationale. Sa phrase préférée, hormis la formule de Chamfort qu'il affectionne : « L'Europe que nous voulons, c'est celle qui fait que la France existe ! » Il le redit sous toutes les formes : « L'Europe qu'on nous prépare n'est pas la nôtre. » Et en profite pour affirmer sa filiation avec le général de Gaulle qui a dit non à l'entrée de la Grande-Bretagne (« On ne sait plus dire non aujourd'hui »), et à Georges Pompidou qui ne craignait pas de provoquer une crise lorsque l'intérêt des agriculteurs français était en cause.

Quant à François Mitterrand et à la liste qu'il conduit, « y figurent les uns derrière les autres des gens qui ont des opinions tout à fait différentes sur l'Europe : du noir anthracite au blanc de lait, de Jean-Pierre Chevènement à Pierre Mauroy ».

*20 mai*

Lettre de Michel Debré, n° 2 de la liste Chirac, en pleine campagne européenne :

« Les choses sont ce qu'elles sont, les hommes de même, les femmes également, m'écrit-il. On pourrait se contenter, quand l'humeur personnelle est bonne, de lire Molière ou Labiche, et de rire ou de tenter de le faire ; quand l'humeur est sombre, de philosopher comme Montaigne ou de ressasser ses échecs et amertumes comme Saint-Simon.

« Mais, tout en me plaisant d'agir de cette manière diverse selon les heures de la journée, je ne peux me satisfaire de butiner ainsi, et je suis trop conscient, par nature et expérience, du tragique de la vie pour ne pas constater à quel point le rire et la philosophie sont tout à fait insuffisants pour assurer la liberté des êtres et la fierté d'une nation.

« Voilà les grands mots lâchés, la liberté des êtres, la fierté d'une nation ? Tout le reste, entendez-moi bien, est subsidiaire et constitue pour le personnel politique, journalistique, professionnel que vous fréquentez, une sorte d'alibi.



« Si j'avais un reproche à vous faire, c'est celui de ne pas avoir, au fond de vous-même, cette hiérarchie des valeurs : ce que l'on fait, ce que l'on cherche à faire, est-ce bien pour la liberté des êtres, pour la fierté d'une nation ? Si telle n'est pas la voie, c'est une erreur, une grave insuffisance, et le plus souvent une lâcheté...

« J'ai vu bien des courages, bien des dévouements. Souventes fois, je dois dire, ces courages, ces dévouements sont morts à la peine... J'ai vu bien des lâchetés aussi, et si je suis devenu intransigeant, c'est que je sais trop à quelles déplorables extrémités conduit la lâcheté.

« La lâcheté présentement conduit la France et je ne vois le sursaut ni dans l'opinion publique, abasourdie de promesses et de fausses nouvelles, éblouie par de fausses valeurs, ni dans les événements qui nous font glisser sur la pente. Alors comment, tout seul, pourrais-je réagir ?

« Gardez cette lettre. Vous la relirez dans cinq, dix ans... »

*30 mai*

Mort de Georges Dayan. Je pleure dans les allées du cimetière Montparnasse où il a été enterré ce matin. Mitterrand me croise, ouvre les bras, m'embrasse. Jamais je n'ai vu, de lui, ce regard, cette détresse. Ce que j'aimais chez Georges Dayan, et que Mitterrand ne retrouvera jamais plus, c'est à la fois cette distance et ce dévouement, cette fidélité et cette ironie.

André Rousselet me raconte pendant l'enterrement que Dayan lui-même, si aimé de Mitterrand qu'il soit, n'était pas épargné, parfois, par ce qu'il appelle l'« insularisation », c'est son expression : ainsi Mitterrand ne lui avait-il pas parlé de son alliance avec le Ceres, au congrès de Metz.

*Un peu plus tard.* Je reviens sur Mitterrand et Dayan. Parce qu'il est minuit et que je ne pense à rien d'autre qu'au chagrin, à la douleur que j'ai décelés tout à l'heure dans le regard de Mitterrand. C'est que l'homme de qualité, le généreux, l'ironique, c'était naturellement Dayan. L'autre image de Mitterrand, son miroir. Sans miroir brisé, Mitterrand existe-t-il vraiment ? Oui, bien sûr. Mais il sait (le sait-il ?) que Dayan est mort d'avoir vécu les passions de Mitterrand, ses

échecs, ses réussites, ses sommets et ses abîmes. Dayan est mort d'avoir aimé Mitterrand.

J'ajoute qu'il a aimé Mitterrand d'un amour que j'aime : je veux dire ni servile, ni courtisan ; il était dévoué et attentif. Il était là et savait se rendre transparent. Présent et retranché, amical et réservé. Passionné et critique.

Tout ce que j'écris ici, Mitterrand le sait : il sait quel prix accorder aux sentiments que Georges Dayan avait pour lui. Il ne les retrouvera pas de sitôt, il ne les retrouvera sans doute jamais.

Cela, bien sûr, ne nous le rendra pas. Je m'émerveille ce soir de ce que ces gens – Dayan, Rousselet... – aient noué avec moi des liens que ni le temps ni le journalisme n'ont jamais cassés. Je m'émerveille qu'ils m'aient accueillie lorsque j'avais vingt ans, sans argent, sans relations, sans fortune et même sans métier. Je n'oublierai jamais ce premier jour où, pour un article promis, à la pige, à *Combat*, j'ai arraché à Mitterrand sa première interview depuis l'affaire de l'Observatoire. C'était à Royaumont, à l'occasion de je ne sais quel colloque. Mon article a fait la une, je crois, du journal. Dayan était déjà là.

*1er juin*

En voyage avec Michel Debré, quelques jours avant le scrutin européen. Lorsqu'il prend la parole après Marie-Madeleine Dienesch, Miossec et Guermeur, j'ai du mal à reconnaître, dans l'orateur emphatique, le Debré que je connais, celui qui m'a écrit sur la fierté d'une nation et la liberté des êtres. Il ne s'y trompe d'ailleurs pas, car à peine descendu de la tribune où il vient de s'exprimer avec flamme et sincérité, il me dit : « Il est temps que cette campagne s'arrête, car elle tourne à la comédie. »

Sent-il que sa campagne, plus largement celle du RPR, ne mord pas ? Sent-il que celle de Simone Veil est plus chaleureuse, moins dogmatique que la sienne ?

*2 juin*

À huit jours des élections européennes, il est temps de refaire le point sur cette bizarre campagne. Premier point : ce n'est pas une campagne mobilisatrice. Ici et là, en province, les salles n'ont jamais été aussi remplies que les organisateurs l'espéraient. Ce phénomène a touché tous les leaders sans exception : à Toulon, pour une des premières réunions publiques de Simone Veil, l'affluence était réellement moins forte que je m'y attendais.



Très vite, nous nous sommes aperçus, nous, les journalistes accompagnateurs qui, depuis trois semaines, volons en Mystère 20 d'une ville à l'autre dans le sillage des têtes de liste, que Chirac n'a jamais fait le plein des salles, que parfois les socialistes n'étaient pas présents au rendez-vous que leur fixaient leurs leaders.

Certes, il y a eu les grandes fêtes : celle organisée par le Parti socialiste, la semaine dernière, au Trocadéro, où, face à la tour Eiffel, dans les jardins, une foule immense a écouté dans le silence et avec passion la *Symphonie fantastique* de Berlioz. La fête organisée aujourd'hui à Bagatelle par le RPR, à laquelle assisteront, paraît-il, 100 000 militants venus en autocars de toutes les régions de France. Mais je suis tentée de dire que c'est justement parce que les meetings traditionnels ont été décevants, qu'ils ne touchent que les convaincus et n'apportent donc pas une voix supplémentaire à ceux qui les animent, que ces fêtes ont été organisées.

Donc, pas de réelle mobilisation, à mon sens. Je n'en suis pas vraiment surprise : l'Europe, jusqu'à aujourd'hui, n'a jamais mobilisé les foules françaises. D'autant qu'en dehors de Michel Debré, chacun nous assure, à gauche comme à droite, européens et non-européens, qu'il ne s'agit pas d'accepter une Europe supranationale, que l'Europe ne changera rien à la façon dont la France sera gouvernée.

Paradoxe : celle qui apparaît comme le plus favorable à l'Europe,

Simone Veil, ne cesse aussi de nous dire que ces élections ne changeront rien au fonctionnement actuel de l'Europe. Alors, à quoi bon ?

D'ailleurs, il me semble que partout ailleurs en Europe, c'est un peu la même chose : les Italiens ne se préoccupent que de leurs élections législatives qui ont lieu ce week-end. En Angleterre, un récent sondage a montré que 6 Anglais sur 10 ne savaient pas pourquoi ils allaient voter le 10 juin – ou plus exactement le 7, puisqu'ils votent trois jours avant nous. À vrai dire, ces élections apparaissent aux Anglais comme le dernier tour des élections législatives qui viennent, chez eux, de porter Margaret Thatcher au pouvoir.

Pas de bataille pour l'Europe non plus en Allemagne où les hommes politiques restent très préoccupés par leur élection dans les Landër. La seule chose qui change en Allemagne, c'est sans doute



qu'ils sont tous, là-bas, beaucoup plus « supranationaux » que nous. Il est d'ailleurs amusant de voir que, pour une campagne qui se déroule simultanément dans les pays européens, les arguments des uns et des autres ne dépassent pas les frontières de chaque pays, et qu'on puisse envisager, de chaque côté du Rhin, deux Europes différentes sans que personne ne songe à les opposer l'une à l'autre.

Et puis ce troisième point plus spécifique à la France : décidément, le système choisi, la représentation proportionnelle, ne joue pas en faveur de l'unité de la majorité ni de celle de l'opposition. Chacun lâche ses chiens contre les autres, surtout contre son voisin immédiat. Tous les points pris par une liste le sont de préférence à la plus proche.

La compétition est interne à la majorité entre Simone Veil et Jacques Chirac. Tout a été dit, sinon par eux directement, du moins par leurs troupes. On m'a démontré par exemple que Jacques Chirac préférerait pratiquer la politique du pire, mettre les socialistes et les communistes au pouvoir, pour apparaître ensuite comme le seul recours. Jacques Chirac lui-même a lâché quelques vannes bien senties contre Raymond Barre et même contre VGE. Georges Marchais, lui, a attaqué le comportement privé de Mitterrand en parlant de l'« effondrement, » c'est son terme, du premier secrétaire du PS, au soir du premier tour de la présidentielle de 1974. Mitterrand a répondu que s'il avait vu quelqu'un d'effondré, c'était Marchais dans une autre circonstance : celle du procès qui l'a opposé au journal d'extrême droite *Minute*[1]. Quant à Françoise Giroud dont je parle

1. Voir *supra*.

peu, mais qui figure sur la liste que conduit J.-J. S.-S., je l'ai entendue dire en public qu'elle ferait volontiers confiance à Simone Veil pour aller au Club Méditerranée, mais pas à l'Assemblée européenne !

Tout cela n'est pas très gentil, mais me paraît directement lié au mode de scrutin. Il ne s'agit à aucun moment d'additionner des voix, mais toujours, en revanche, d'en soustraire à la liste d'à côté.

*5 juin*

Je pars avec Simone Veil à Nancy. J'écoute à peine ce qu'elle dit ; dans les meetings et à la télévision, la plupart des gens sont comme moi, il n'importe, elle parle avec une sorte de bon sens, de solidité, avec les mots de tout le monde, d'une voix sereine, inaltérée, claire. Le monde entier s'écroulerait, elle ne changerait ni de ton ni d'allure. Elle est elle-même face à une foule ou en privé. Elle rassure. Elle ne transporte pas, elle calme. Rien de mauvais ne saurait arriver par cette femme, peut-être parce qu'elle a triomphé du mal.



Je trouve aussi qu'elle a un sacré caractère. Apparemment, rien ne la fait sortir d'elle-même. Je ne veux pas dire que rien ne la met en colère. Je m'étais aperçue, en l'accompagnant en Israël il y a quelques années, qu'elle pouvait admonester sérieusement ses collaborateurs. Je veux dire que rien ne lui démolit l'esprit. Les applaudissements rythmés et les cris : « Simone, Simone ! », ce que cela lui fait ? « Ça m'exaspère ! » Puis : « Non, cela m'angoisse, réellement. »

Elle fait, c'est vrai, ce qu'on lui dit de faire, mais avec une sorte de cran et d'obstination que j'aime bien. Son Europe, donc, c'est celle du bon sens. Celle des petites choses qui, ajoutées les unes aux autres, finissent par faire bouger les gens et les consciences. Avec cet argument qui porte : « Ceux qui parlent sans arrêt de faire de grandes choses sont en réalité ceux qui ne veulent rien bouger. » Argument bien féminin, qui tranche justement (comme son ton, d'ailleurs) avec le langage habituel des hommes politiques. C'est pour cette raison, entre autres, qu'elle plaît.

Sur le plan de l'anecdote, je lui demande comment et quand Valéry Giscard d'Estaing a pris la décision de lui confier la tête de liste européenne pour l'UDF. C'est un intermédiaire, dont elle tait le nom, me raconte-t-elle, qui, le premier, lui a dit que Giscard pensait à elle. Pour la tâter, évidemment, de peur qu'elle n'aille opposer un refus au président de la République. Lorsqu'elle a dit qu'elle n'y était pas opposée, Giscard l'a appelée et lui a confirmé son dessein.

Je me demande également quelles sont ses relations avec son mari. « C'est dur, pour lui, répète-t-elle ; c'est lui qui avait envie de faire de la politique ! Pas moi ! »

Elle raconte en riant qu'il y a quelques années, son mari et elle dînaient, comme assez souvent, avec Marie-France Garaud. Marie-France et Antoine parlaient politique depuis déjà plusieurs minutes lorsque Simone, alors magistrate, a placé un mot. Antoine et Marie-France l'ont regardée avec surprise : « Nous parlons politique ! » ont-ils dit, interloqués à l'idée que Simone pût avoir quelque idée à exprimer sur le sujet !



Elle raconte cette histoire avec une délectation singulière. Prend-elle une revanche sur son mari, au demeurant exquis ? Je ne pense pas qu'il s'agisse de revanche, car, d'après ce que je peux en juger, elle s'entend bien avec son mari et adore ses enfants qui le lui rendent bien. Non, il ne s'agit pas de revanche, mon mot est mal choisi. Il s'agit peut-être simplement du bonheur d'exister, et de le montrer à tous les Français, au-delà de sa propre famille.

La justice reste néanmoins son domaine de prédilection. Il me semble qu'elle n'aime guère Peyrefitte dont elle me dit qu'il raconte n'importe quoi sur le sujet. Alice Saunier-Séité aussi l'amuse, avec son côté vulgaire et vigoureux.

*6 juin*

Conférence de presse de Jacques Chirac. Il arrive assez bronzé, du diable sait pourquoi, complet brun et cravate gris-bleu-marron. Il commence par parler « off », comme on dit, à Anita Hausser[1], de kougloff et du plat qu'il préfère en Corrèze : la fraise de veau (qu'il faut, explique-t-il avec soin, commander directement aux employés de l'abattoir). Sera-t-il candidat en 1981 ? Réponse nette sur la « politique du pire » qu'il assure n'avoir jamais été la sienne. Cependant, pour la première fois, me semble-t-il, il laisse la porte ouverte à la possibilité d'une candidature s'il juge, dit-il, que c'est le meilleur moyen de battre la gauche.

Aura-t-il pris date, en juin, après les européennes ? lui demandons-nous. Oui, manifestement.

1. Alors correspondante à Paris du journal *L'Alsace*.

Et quel est son sentiment à l'égard des ministres gaullistes qui ne soutiennent pas sa campagne ? Il se montre magnanime : « Pour dire le vrai, je ne leur en veux pas. »

Paroles qui m'amusent lorsque j'imagine comment, dans le secret de leurs bureaux, Pierre Juillet, Marie-France et lui ont dû en parler !

*10 juin*

Élections européennes[1]. Beaucoup d'abstentions. Les résultats ne sont pas à la hauteur des espérances de Chirac. De Debré non plus ; mais lui, au moins, avait perçu dès le début que la campagne ne marchait pas. Piètre consolation pour lui, je pense. Il paraît que, lorsque Marie-France Garaud a montré à Jacques Chirac les premières estimations, autour de 16 %, Chirac a pâli : « Ce n'est pas possible », aurait-il murmuré.



Succès pour Simone Veil, en revanche, donc pour Giscard, et pour Mitterrand, qui, cette fois, domine largement les communistes.

*12 juin*

Pierre Hunt, à l'Élysée, me dit que Giscard est très satisfait des résultats malgré la forte abstention à laquelle il s'attendait. Il n'y aura aucun remaniement.

Hunt m'explique longuement que si, à l'Élysée, tout va bien, en revanche il n'en est pas de même au RPR. Il me parle du comportement suicidaire de Jacques Chirac, de sa remise en cause, dès aujourd'hui, par le groupe parlementaire. « D'ailleurs, ajoute-t-il, après la défaite de Chirac, le RPR n'a pas de chefs : Alain Peyrefitte n'est pas aimé, Yves Guéna a cautionné l'appel de Cochin. C'est trop frais !

---

1. PCF, Georges Marchais : 20,52 %, 19 élus ;
PS, François Mitterrand, 23,53 %, 22 élus ;
UPF/UDF, Simone Veil : 27,61 %, 25 élus ;
RPR (défense des intérêts de la France en Europe), Jacques Chirac : 16,31 %, 15 élus ;
Écologistes, Solange Fernex : 4,39 % pas d'élu ;
LO/LCR, Arlette Laguiller : 3,08 %, *id.* ;
Centristes, Jean-Jacques Servan-Schreiber : 1,84 %, *id.* ;
DI, Philippe Malaud : 1,40 %, *id.*
DI, Philippe Malaud : 1,40 %, *id.*
Abstentions : 39,29 %.

« Le Président ne cherchait pas l'affaiblissement du RPR, ajoute-t-il. Mais les choses se sont passées ainsi. Il n'y aura pas de conséquences autres que psychologiques sur Jacques Chirac et les siens. »

Franchement, il n'a pas l'air mécontent lorsqu'il me dit (pense-t-il à ce moment à la façon dont Chirac s'est opposé à Chaban-Delmas que lui, Hunt, aimait tant, en 1974 ?) : « Il n'y a pas de solution pour Chirac. Si j'étais lui, je céderais la place et j'attendrais des jours meilleurs. La divine surprise, qui sait ? Je ne vois pas, dans l'immédiat, de rétablissement possible ! Ou Jacques Chirac prend ses distances, ou il va se marginaliser. De toute façon, le Président n'interviendra pas dans ce processus : ce serait d'ailleurs difficile, cela apparaîtrait comme de l'acharnement ! Il souhaite au contraire calmer le jeu pendant deux ans.

« Après la sorte de grossesse nerveuse qui a ébranlé le RPR, on en revient, poursuit-il, à la vérité des choses : il y a un gouvernement que dirige Raymond Barre et qu'il n'y a aucune raison de changer, et un Parlement. Le succès de Simone Veil conforte par ricochet celui de Raymond Barre. Barre se retrouve consolidé. Tandis que le Président, lui, pense qu'il a fait franchir une étape psychologique importante à l'Europe. »

Voici donc, du côté de l'Élysée, Jacques Chirac une nouvelle fois enterré. Plus que cela, même : désigné comme celui qui brouille le jeu politique français, qui le rend « décalé, répétitif, irréel ».

*18 juin*

Contrecoup sérieux des élections européennes, en effet, dans l'équipe de Jacques Chirac. Et d'abord le départ de Marie-France Garaud et de Pierre Juillet de son état-major. Je ne pense pas qu'il s'agisse d'un faux départ, puisque, la semaine dernière, j'en ai longuement parlé avec Michel Debré en faisant le tour de son jardin d'Amboise. Il s'agit bien d'un froid réel entre Juillet et Chirac. « Songez, a dit Juillet l'autre jour à Michel Debré, que Chirac est allé jusqu'à me dire la semaine dernière : je ne peux pas exclure l'éventualité d'être à nouveau ministre un jour. » Enfoncée, donc, la ligne « dure » de Pierre Juillet et de Marie-France Garaud. Apparemment, Chirac pense aujourd'hui à se rapprocher de Giscard, comme s'il pensait qu'il était allé trop loin dans son opposition au président de la République.

Quant aux « barons », ils s'effondrent les uns après les autres avec un bruit mou. Chaban-Delmas parce qu'il attend une meilleure heure, Olivier Guichard parce qu'il en marre, Guéna parce qu'il a été trop impliqué, quoi qu'il en dise, par l'appel de Cochin.

Au PS, malgré le bon score européen, chacun se déchaîne également. Avec plusieurs raisons, je crois :
– parce que Mauroy, accusé d'être trop mollasson, fait front en en faisant trop ;
– ensuite parce que la présidentielle est proche et qu'il faut régler très vite le problème de la candidature.



L'Élysée, maintenant. Claude Pierre-Brossolette raconte à Roger Stéphane, vendredi soir, à quel point Chirac s'est trompé en croyant que Giscard était fragile. Il observe en même temps combien Giscard s'est trompé avec Chirac. Il indique comment la pente de Giscard, depuis l'ENA, a été de prendre auprès de lui des collaborateurs inférieurs en âge et en promotion. « C'est ainsi qu'il m'avait choisi à l'époque pour faire partie de son équipe, dit-il ; je n'appartenais pas à la même promotion que lui, mais à la promotion immédiatement suivante. Il ne voulait avoir ni ennuis ni rivalités avec les membres de son équipe. C'est pour cette raison qu'en 1974 il a choisi Chirac pour Matignon. »

*19 juin*

C'est donc dimanche 10 au matin qu'a eu lieu la rupture entre Juillet et Chirac. Cela prouve qu'à mon avis, cela faisait un certain temps que Chirac en avait marre de jouer les pantins. Voici deux jours que je reconstitue avec patience l'histoire des derniers mois, depuis l'appel de Cochin jusqu'au 10 juin. J'ai eu du mal, mais je crois avoir vu à peu près tout le monde en l'espace de quarante-huit heures, et je suis en mesure, cette nuit, de faire ce récit, quitte à ce qu'il soit étoffé et nourri par la suite.

Cela commence par un flash-back. Nous sommes le dimanche 26 novembre 1978. Pierre Juillet pénètre à l'intérieur de l'hôpital d'Ussel. Devant lui, sur un lit, Jacques Chirac, seul. La veille, les deux hommes ont mis au point le texte d'un appel sur l'Europe. Puis, Pierre Juillet est reparti dans la Creuse, laissant Jacques Chirac et Bernadette à Bity où ils attendent Claude Pompidou qui doit inaugurer le lendemain un bâtiment de la fondation présidée par l'épouse de l'ancien président de la République. C'est en allant retrouver les deux femmes que la voiture de Jacques Chirac, qui n'est pas conduite par son chauffeur habituel, dérape sur la glace.

Si Jacques Chirac est seul lorsque Pierre Juillet entre dans sa chambre d'hôpital, c'est que sa femme, déjà alertée, l'a vu, s'est assurée de son transport à l'hôpital d'Ussel depuis les lieux de l'accident, puis est allée avaler rapidement quelque chose avec Claude Pompidou au restaurant d'à côté. Elle a pris le temps de faire prévenir Juillet et n'a laissé son mari seul dans sa chambre que pendant une petite demi-heure. Elle ne pardonnera pas à Pierre Juillet d'avoir raconté le soir même, paraît-il, à l'entourage immédiat de Chirac, rue de Lille : « Il était abandonné lorsque je l'ai retrouvé. »

*1979* Cela fait plusieurs mois que Bernadette juge sévèrement Juillet et Marie-France Garaud. Bernadette vit à l'Hôtel de Ville, Garaud et Juillet se partagent entre le siège du RPR, rue de Lille, et leur QG, un grand appartement, quai Anatole-France. Entre l'Hôtel de Ville et la rue de Lille, une véritable guerre de tranchées oppose Jean Tiberi, Denis Baudouin, Michel Boutinard-Rouelle, Roger Romani, à l'état-major de la rue de Lille que dirigent Juillet, Marie-France Garaud, avec Charles Pasqua et Jacques Toubon.

Ce qui change après le 26 novembre, c'est que, par la force des choses, Bernadette se met à jouer un rôle capital : transporté à Cochin, Jacques Chirac a besoin d'elle. Elle ne le quitte pas. Elle s'installe dans la chambre voisine, surveille infirmières et médecins, veille jour et nuit sur son malade.

Or Bernadette, tout juste élue aux cantonales de Sarran, en Corrèze – preuve qu'elle refuse de n'être que « la femme de... » –, a son opinion sur les rapports que Chirac devrait entretenir avec Giscard. Est-ce l'influence de la sœur de Giscard, Isabelle du Saillant, dont elle est l'amie ? En tout cas, Bernadette Chirac pense que Chirac devrait considérer la mairie de Paris comme une position d'attente, sans défier frontalement le président de la République.

Arrive le jour de l'appel de Cochin, le 6 décembre 1978. Comment se porte Chirac ce jour-là ? Sans doute assez bien pour accepter une bonne fois le texte qui a été élaboré avec Pierre Juillet onze jours auparavant. Toujours est-il que Bernadette Chirac se plaindra, huit jours plus tard, à Maurice Druon de la façon dont Marie-France Garaud et Pierre Juillet ont exploité la fatigue de Jacques Chirac pour rendre public leur appel. Maurice Druon a raconté la scène à Michel Droit qui me l'a rapportée illico.

Elle se plaindra de la même façon à Michel Debré, venu rendre visite à Chirac le 10 décembre. À noter que même Debré, pourtant sur cette ligne, s'est étonné de la vigueur de l'appel de Cochin[1].

Pendant le temps que dure l'hospitalisation de Chirac, la tension est grande entre la rue de Lille et l'Hôtel de Ville.

Lorsque Chirac sort de l'hôpital, sa première apparition publique, le 31 janvier 1979, est réservée au dîner offert en l'honneur du patron du fameux hôtel des Baux-de-Provence. À la fin de ce dîner, où elle se trouve aux côtés de Michel Droit, Bernadette Chirac se plaint de l'influence néfaste qu'exerce sur son mari le tandem Juillet-Garaud. Elle n'hésite pas à dire qu'elle trouve leur stratégie suicidaire, qu'il faut être fou pour ne pas comprendre que la Ve République étant ce qu'elle est, la légitimité est du côté de Giscard.

C'est en février qu'elle aurait dit pour la première fois : « Je me tais jusqu'au 10 juin, mais après, ce sera elle ou moi. » *1979*

Quelques semaines plus tard, réunion électorale, le 31 mai, salle Wagram, dans le XVIIe arrondissement. Bernadette apostrophe Jacques Toubon : « Vous direz à votre amie Marie-France Garaud que, contrairement à ce qu'elle raconte partout, je ne suis pas inscrite à l'UDF. »

Horriblement gêné, craignant qu'elle ne soit entendue et souhaitant que le moins d'écho possible soit donné à cette sortie, Jacques Toubon ne coupe pas, il me l'a raconté, à une avoinée magistrale de Bernadette, du genre : « Jacques va sombrer, s'il vous suit. Vous êtes tous des irresponsables. Il devrait se contenter de Paris au lieu d'aller au-devant de la catastrophe électorale des européennes. »

Il semblerait que ce soit après cette intervention de sa femme que Jacques Chirac, début juin, ait entamé une certaine désescalade vis-à-vis de Giscard. Ce que Pierre Juillet a appelé un « dégonflage » : je comprends mieux qu'il ait rapporté à Michel Debré que Chirac ne se refusait pas, désormais, à envisager qu'il puisse être à nouveau ministre de Giscard. C'est ce jour-là que Juillet, paraît-il, a pris la décision de quitter l'état-major de Chirac.

Le dimanche 10, soir des élections, il n'était pas présent dans le bureau de ce dernier, rue de Lille. Marie-France seule était là. Elle

1. Lettre de Michel Debré, reçue le 10 décembre : « Jeudi [...] j'ai lu le texte de Chirac. Une fois de plus j'y ai retrouvé des phrases entières empruntées à mes propos. Or, il y a huit semaines, il reprochait à ses collaborateurs de lui préparer des discours trop "debréistes"... »

n'est pas restée longtemps : elle a vidé son sac auprès de Chirac, le lundi matin, en lui disant en face tout le mal qu'elle pensait de lui, et notamment qu'il ne serait jamais président de la République. Ils se sont quittés en s'embrassant, me dit Paul Guilbert, mais le cœur n'y était plus.

*20 juin*

On a beaucoup parlé, ces jours-ci, de l'éventuel départ de Raymond Barre. D'abord parce que avec les élections européennes, un cap a été franchi. Normal qu'on se demande si, dans une nouvelle étape, Barre resterait ou non à Matignon. D'autant qu'il s'était fixé à lui-même le cap des trois ans : lorsqu'il était arrivé à Matignon, en août 1976, il s'était donné ce laps de temps pour réussir ou pour échouer. Nous y sommes.

S'ajoute au calcul fait par Barre il y a trois ans un nouveau compte à rebours qui commence aujourd'hui : deux ans seulement nous séparent de l'élection présidentielle. Si Giscard veut changer d'attelage, c'est maintenant ou jamais. D'où la rumeur persistante, cette semaine, d'un changement de Premier ministre.

Je suis convaincue qu'il n'y en aura pas. D'abord parce que Giscard n'a jamais été aussi fort : le Parti socialiste est toujours affaibli par sa défaite de l'année dernière, même si son score aux européennes a été correct. De surcroît, Mitterrand n'arrive pas, malgré sa victoire au congrès de Metz, à mettre fin à sa division. Jacques Chirac est tombé dans tous les pièges qui lui ont été tendus, il n'a évité ni la marginalisation chez les électeurs, ni la discorde dans ses rangs. Il est pour l'instant neutralisé.

Cela étant, on assiste à un spectacle inédit sous la $V^e$ République : c'est le président de la République qui arrondit les angles pour son Premier ministre. Il met en relief avec complaisance ses succès économiques, mais gomme ses échecs. Il sait bien pourtant que l'inflation ne s'est pas ralentie, qu'elle est supérieure à 10 % cette année, que le chômage continue son petit bonhomme de chemin.

De toute façon, voudrait-il changer de Premier ministre, Giscard ne le pourrait pas : aux yeux du monde entier, c'est Raymond Barre, désormais, qui incarne l'équilibre du franc et la stabilité monétaire. C'est ce qu'on peut appeler la « barrisation » de Giscard.

*26 juin*

Quelques jours sans écrire... Quelques réflexions sans ordre me viennent à l'esprit, ce matin, accompagnées du constat cent fois répété, mais de plus en plus, que je n'écris pas assez !

Riolacci plaisante sur Jean François-Poncet : « Lorsqu'il a quitté l'Élysée pour le Quai d'Orsay, il est venu me dire au revoir. Je lui ai donné un conseil : mettez-vous en colère. Je crois qu'au Quai, il a suivi mon conseil à la lettre. »

De fait, chacun me dit que les colères de Jean François-Poncet au ministère font régner la terreur ! Il est même, me dit-on, franchement irascible. Ce que me confirme Maurice Faure dont il a été, sous la IVe République, directeur de cabinet. Lorsque je lui demande si c'est vrai, François-Poncet sourit : « C'est que je n'avais aucune raison de me mettre en colère à l'Élysée, alors qu'au Quai d'Orsay, tout, les pesanteurs, les pusillanimités, les personnels aussi, tout m'y conduit ! »



Déjeuner de femmes chez l'ambassadrice d'Arabie saoudite. Toutes les femmes, journalistes, politiques, femmes de ministres ou de leaders politiques, y sont, à l'exception de Simone Veil – qui juge sûrement pitoyable la condition de la femme en Arabie saoudite – et Anne-Aymone Giscard d'Estaing.

Bernadette Chirac dit à Florence d'Harcourt : « Je suis la conseillère de mon mari, maintenant. »

La police fait irruption dans les locaux du Parti socialiste, cité Malesherbes, après que la radio du PS a émis une émission pirate. Ridicule à plus d'un titre, même si la loi est la loi. Mais je croyais justement que quelques giscardiens avaient décidé eux aussi de ne pas l'appliquer. Bref, les flics entrent, Mitterrand est appelé, Quilès pique une colère, seul Fabius reste impassible et ironique devant les forces de l'ordre.

Dernière information enfin sur Simone Veil : après la réception annuelle offerte par le Premier ministre aux parlementaires dans les jardins de Matignon, elle me dit : « Si les choses se présentent bien, il se peut que je sois présidente de l'Assemblée européenne en juillet. Mais rassurez-vous, si je ne le suis pas, je m'en remettrai ! »

S'il s'agissait de n'importe quel homme politique, je ne croirais pas à sa sincérité. D'une femme en général, et d'elle en particulier, j'y crois.

*26 juin*

Débat sur la peine de mort à l'Assemblée nationale. Le discours d'Alain Peyrefitte est à proprement parler un modèle du genre. Il est contre le principe de la peine de mort, il l'a même en « horreur », il me l'a dit, l'autre jour, les yeux dans les yeux dans son bureau, à la Chancellerie. Contre la peine de mort sauf... Sauf dans les cas où elle s'applique encore ! C'est-à-dire crimes d'enfants, crimes contre les vieillards.

Bref, un discours alambiqué. Et un débat sans vote. Pourquoi sans vote ? Parce que, pour la première fois sans doute depuis plusieurs siècles, il pouvait aujourd'hui y avoir une majorité abolitionniste : si on additionnait tous les députés de l'opposition et une cinquantaine de députés de la majorité – Philippe Séguin, Paul Granet, Bernard



Stasi... –, il est certain que la peine de mort aurait été abolie. Seulement voilà : cette majorité – qui était celle de la loi sur l'avortement –, Giscard n'en a pas voulu. Ce n'est pas faute d'avoir accumulé les prises de position sur le sujet[1]. C'est tout simplement parce que Giscard a eu peur, cette fois, de son électorat. Alors, pourquoi avoir organisé ce débat sans vote ? Mieux valait ne pas parler de suppression de la peine de mort, si c'était pour dire, comme l'a fait *grosso modo* Peyrefitte, qu'on était contre, mais finalement pour !

*1er juillet*

Michel Debré et Jacques Toubon me parlent de la même façon de Jacques Chirac : où va-t-il ? vers un rapprochement avec Giscard ? mais à quel prix, et n'est-il pas trop tard ? Peut-il encore changer ? Et dans quel sens ?

Quelques indices : d'abord, le triomphe de Bernadette (voir *supra* le déjeuner à l'ambassade d'Arabie saoudite) ; ensuite, le fait qu'il ait

1. « Personnellement, je ne suis pas favorable à la peine de mort », Valéry Giscard d'Estaing, le 11 janvier 1977.

« Le principe de la peine de mort m'a toujours fait horreur », Alain Peyrefitte, le 25 août 1977.

« Je suis pour le principe de l'abolition », Alain Peyrefitte dans *France-Soir*, le 29 juin 1979.

Dans *Le Mythe de Pénélope*, publié en 1977, Alain Peyrefitte écrit, p. 142 : « La peine de mort ne peut être justifiée que par des raisons d'ordre strictement prudentiel, fondées sur son exemplarité, ou sur les conduites sauvages que sa suppression pourrait provoquer dans une population tourmentée par le sentiment d'insécurité. »

annulé les dernières élections au comité central du RPR, ce qui prouve qu'il aurait désapprouvé Pasqua ; le fait qu'il ait interdit à Jacques Toubon et à Charles Pasqua de voir et même d'appeler Pierre Juillet ou Marie-France Garaud ; enfin le triomphe d'Alain Devaquet, nouveau promu dans l'entourage de Chirac : celui-ci confie à André Chambraud – bien prématurément, il me semble – qu'il a désormais les rênes du pouvoir au RPR.

Indices capitaux au moment où j'écris : tout cela montre sa volonté de mettre fin à une certaine hystérie anti-Giscard. Mais pour combien de temps ?

François Mitterrand, rencontré aujourd'hui : je le trouve beaucoup moins consensuel qu'il avait essayé de le paraître la dernière fois que je l'ai vu. Il envisage sans déplaisir, s'il le faut, une scission avec Michel Rocard, sachant qu'il va soit marginaliser Mauroy, soit le réduire à néant.



Il s'interroge devant moi : « Échouer, qu'est-ce que cela veut dire ? Si j'avais voulu, j'aurais pu, je pourrais toujours être Premier ministre dans six mois. J'ai voulu suivre la même longue marche que Léon Blum. Combien de temps a-t-il fallu à Blum pour réussir ? Énormément de temps. Et je note qu'il a fait le Front populaire deux ans après une scission du Parti socialiste. Alors [1]... »

Est-ce à dire qu'il recherche une scission ? Rien, en tout cas, ne permet de l'exclure.

*10 juillet*

Antoine Rufenacht me parle d'Alice Saunier-Séité [2]. Il y a quelques mois, à Versailles, lorsqu'il était encore secrétaire d'État, elle le saisit par sa veste et lui dit : « On rentre ? »

De Chirac, Rufenacht dit également, dans un registre plus sérieux, qu'il ne serait pas étonné qu'il y ait quelque part un rapprochement entre Chirac et Giscard. Une fois de plus, les « barons gaullistes » se

1. Il s'agit de la scission qui a vu la création du nouveau parti de Marcel Déat, Adrien Marquet et Montagnon.

2. Antoine Rufenacht est secrétaire d'État (RPR) dans le gouvernement Barre du 27 août 1976 au 6 avril 1978. Alice Saunier-Séité est secrétaire d'État aux Universités dans le gouvernement Chirac, puis dans le gouvernement Barre, jusqu'en 1981.

sentent blousés : si Jacques Chirac se rapproche à toute allure de Giscard, ils vont être pris de vitesse...

*17 juillet*

Première session de l'Assemblée européenne à Strasbourg dans un hémicycle tout neuf. C'est Louise Weiss [1] qui, comme doyenne d'âge, préside la séance. Elle fait part, en européenne de la première heure, de sa joie : « La joie la plus forte que peut éprouver une créature à la fin de sa vie. » Elle appelle à garder « un sentiment juste à l'égard de notre place dans le monde. Nous sommes, dit-elle, légataires d'une spiritualité, et garants de cette spiritualité au bénéfice des générations à venir ». Et de citer, parmi les pères de l'Europe qui ont porté cette assemblée élue au suffrage universel sur les fonts baptismaux, Aristide Briand et Konrad Adenauer, Paul Valéry et Jean Monnet, le général de Gaulle et Einstein.



Pendant qu'elle parle, je vois Simone Veil passer un petit mot à Michel Poniatowski tandis que Chirac, qui n'écoute pas, fait son courrier, comme il le fait à l'Assemblée nationale. Tous distingués et distraits, les Anglais affichent un air indifférent, tandis que l'Italien Craxi constitue ouvertement son gouvernement et appelle les uns après les autres tous ceux qui peuvent faire partie de sa coalition.

Pendant ce temps-là, les tractations pour la présidence vont bon train. Simone Veil n'y participe pas directement, mais Ponia le fait pour elle. Comme me le confie Maurice Faure, Simone Veil a contre elle les Hollandais, pour qui tout candidat du « roi de France » est contestable, le Luxembourgeois Gaston Thorn, qui attend son heure, et l'Italien Colombo qui pourrait être remis en selle si Simone Veil échouait.

Je rencontre dans les couloirs Ponia, géant beige et rose, plus épanoui que jamais, et Edgar Faure en verve. Tous deux me racontent des magouilles auxquelles je ne comprends pas grand-chose : bref, Ponia s'est débrouillé pour que les voix des libéraux allemands aillent à Simone Veil ; c'est Lecanuet qui, comme il se doit, s'occupe des démocrates-chrétiens allemands dont certains voyaient en Simone Veil la ministre de l'interruption volontaire de grossesse, qu'ils condamnent. Il me raconte : « Cela n'a pas été le plus difficile. Le

1. Louise Weiss, née en 1893, est la fondatrice en 1920 de la revue *L'Europe nouvelle*.

plus difficile a été de vaincre les réticences des démocrates-chrétiens italiens qui craignaient de voir resurgir à leur détriment un axe Paris-Bonn, et des Allemands qui craignaient la trop grande influence de Giscard, par Simone Veil interposée, sur l'Assemblée européenne. »

Une union sacrée, en quelque sorte, du côté de la majorité giscardienne pour faire désigner Simone Veil.

J'apprécie le talent oratoire de plusieurs orateurs étrangers que je ne connaissais pas : Marco Panella, le radical italien, est de ceux-là, qui parle avec passion des pacifistes antinucléaires dont il déplore qu'ils ne soient pas présents dans cette assemblée de Strasbourg.

Drôle d'assemblée, vraiment, et drôle de séance ! On y voit dans les couloirs Rossi (Tino, oui, parfaitement) embrassant comme du bon pain Rossi (André), et Pierre Mauroy parler de questions de santé avec Simone Veil. On voit dans les gradins de l'hémicycle Ponia s'agenouiller derrière Simone Veil pour lui rendre compte des pronostics en cours, tandis que le RPR annonce qu'il votera au premier tour pour Christian de la Malène. On y entend même Edgar Faure parler de magouilles, en assurant que, pour la première fois de sa vie, il n'y comprend rien ! À qui se fier...



Au bout du compte, Simone Veil est élue au deuxième tour de scrutin à 21 h 52[1]. Sagement, elle envoie tout le monde se coucher : elle prononcera son discours demain matin.

« Mission accomplie » : c'est en ces termes que, dans les couloirs, en sortant de séance, Jean Lecanuet, qui n'a pas ménagé sa peine,

1. Premier tour de scrutin : votants : 404 ; déposés : 401 ; exprimés : 380 ; blancs ou nuls : 21 ;

Majorité absolue : 191 ;

Ont obtenu : Simone Veil (France, lib.) : 183 voix ;

Mario Zagari (Italie, PS) : 113 voix ;

Giorgio Amendola (Italie, PC) : 44 voix ;

Christian de la Malène (France, UDR) : 26 voix ;

Emma Bonino (Italie, rad.) 9 voix.

Il a manqué à Simone Veil 9 voix pour être élue au premier tour.

Au deuxième tour, seuls trois candidats restaient en lice : Simone Veil, Mario Zagari et Giorgio Amendola. Le vote commence à 19 h 40. Les résultats, à 21 h 52, donnent 192 voix à Simone Veil, alors que la majorité absolue est fixée à 189 voix, 133 au socialiste italien Mario Zagari, et 47 au communiste italien Giorgio Amendola.

conclut le vote. Quant à Ponia, épanoui, il me glisse : « Elle est élue, il n'y a que cela qui compte ! »

C'est peut-être idiot, mais je suis assez fière qu'elle soit présidente. D'abord parce que c'est une sacrée revanche, pour l'avorteuse qu'on l'a accusée d'être, de se faire élire avec des voix démocrates-chrétiennes. Ensuite parce qu'elle est française, et enfin parce que c'est elle, l'ancienne déportée, qui parle de paix aux Allemands.

Michel Debré, dont la voix s'est reportée au deuxième tour sur Simone Veil, me dit à l'issue du scrutin qu'il est sûr qu'une voix RPR au moins a manqué à Simone Veil. Il s'agit de celle d'un député RPR dont il tait le nom, qui lui a montré, au moment du vote, un bulletin blanc : « Ne rien inscrire, lui a-t-il dit, c'est tout de même mieux qu'inscrire un nom. Cela prend moins de temps ! »



*18 juillet*

Simone Veil lit son discours, très émue, d'une petite voix. Habillée d'un tailleur vert et blanc ravissant (Chanel ?), elle est vraiment superbe. Défi de la paix, défi de la liberté, guerre économique, chômage : « Nous avons tous conscience, dit-elle, que ces défis, ressentis d'un bout à l'autre de l'Europe avec la même acuité, ne peuvent être efficacement relevés qu'en commun. »

Une phrase pour se féliciter du pluralisme de cette assemblée, qui « peut être un facteur d'enrichissement », et son discours, une dizaine de pages bien tassées, s'achève sous les applaudissements. L'attention se relâche, la mienne en tout cas, pendant que les différents orateurs lui répondent.

Je vois Simone Veil bâiller en même temps que moi pendant que Scott Hopkins[1] parle. Puis écouter avec davantage d'attention le chef du PC italien, Enrico Berlinguer, parler d'eurocommunisme. Il est, dans ses propos, beaucoup plus européen que les communistes français. Les Anglais, dans tout cela, affectent une nonchalance de bon ton et un désinterêt permanent.

1. Conservateur britannique élu au Parlement européen.

*21 juillet*

Quelques petites anecdotes qui, mises bout à bout, rendent difficilement compréhensible le comportement actuel de Jacques Chirac :

1. À Luxembourg, avant le scrutin, il rencontre Simone Veil. Il est dans sa voiture, assis à l'avant (comme souvent depuis son accident, où il se trouvait à l'arrière). Simone Veil, dans un mouvement instinctif, s'approche de lui. Sans attendre, il lui dit : « Nous voterons pour vous ! » Lorsqu'il dit cela, il sait pertinemment que le groupe RPR au Parlement européen pense au contraire à déposer une candidature séparée.

2. Lorsqu'il arrive à Strasbourg, le 17, la décision est prise de présenter Christian de la Malène à la présidence de l'Assemblée européenne, face à Simone Veil. Chirac s'y soumet sans manifester la moindre réticence.



3. Simone Veil à peine élue, Michel Debré est chargé de prononcer le discours au nom de son groupe (Démocrates européens de progrès, dont le RPR est adhérent). Il a une phrase chaleureuse à l'égard de la présidente française nouvellement élue. À peine a-t-il terminé que Chirac le lui reproche en public : « Moi, dit-il, je n'aurais pas fait de tels compliments à Simone Veil ! » Naturellement, sur la dizaine de parlementaires présents, il s'en est trouvé quelques-uns pour aller illico rapporter ses propos à Simone Veil.

Le bilan est négatif sur toute la ligne : Chirac a présenté un candidat contre Simone Veil au premier tour, ce qui a l'air d'être en réalité un ultime coup de pied à Giscard, et il se met mal inutilement avec elle, que, par ailleurs, il respecte et aime beaucoup.

*28 août*

Reprise sur les chapeaux de roue de l'activité politique.

Pierre Bérégovoy, que je rencontre au siège du Parti socialiste, me parle de la ridicule affaire de la radio libre du Parti socialiste, pour laquelle Mitterrand et d'autres parlementaires socialistes ont été inculpés, le 24. Inculpés ! Le gouvernement s'est débrouillé pour que l'inculpation ait lieu hors session parlementaire, donc sans qu'il soit nécessaire de lever l'immunité des inculpés.

« Sur le fond, me dit Bérégovoy, il est difficile de savoir si cela nous sert ou nous dessert. Ce que le gouvernement veut prouver, c'est que ni Mitterrand ni le Parti socialiste ne sont au-dessus des lois. Mais nous plaidons, nous, que la loi actuelle est bafouée : au monopole technique, défini par la loi actuelle, le pouvoir a substitué un monopole politique. Le pluralisme n'est aucunement garanti dans le fonctionnement actuel de la loi. »

L'inculpation a été faite, c'est le juge qui l'a précisé, « sur réquisition de la Chancellerie, elle-même saisie par Valéry Giscard d'Estaing (Conseil des ministres du 8 août) ».

« Nous allons continuer d'émettre, m'assure Béré, dans le seul but d'alerter l'opinion ! »

Pour le reste, nous parlons évidemment de la chute de popularité de Raymond Barre. « Légèreté à l'Élysée, me dit-il, vanité à Matignon ! » Tel sera leur mot d'ordre de rentrée.

Face à la situation – ralentissement de la production, reprise du chômage, menace sur le pouvoir d'achat, à quoi s'ajoutent un fort déficit budgétaire et un non moins fort déficit de la Sécurité sociale –, le PS tente de reprendre l'offensive en invitant syndicats et partis de gauche à une rencontre au sommet : « Les communistes n'en veulent pas, regrette Béré, ils veulent faire cavalier seul. Pourtant, Marchais a dit qu'il était prêt à s'allier au diable : nous l'avons pris au mot. »

Quant à Michel Rocard, Béré me cite son interview au *Monde*, il y a quinze jours, dans le creux de l'été : il y a vu l'assurance qu'il ne serait pas candidat en 1981. Il me révèle que François Mitterrand et Pierre Mauroy se sont longuement rencontrés la semaine dernière, le 24 août. Face aux problèmes économiques et sociaux qu'affrontent Barre, son gouvernement et Giscard, il pense que la gauche a une petite chance de pouvoir encore refaire son unité.

J'admire l'obstination de Mitterrand et des siens. Moi, écrire sur le renouveau de la gauche, donc sur ses inéluctables difficultés, me fatigue déjà.

*29 août*

Au Conseil des ministres de ce matin, Raymond Barre, étrillé de toutes parts à l'occasion du troisième anniversaire de son arrivée à Matignon, a exposé dans le détail les mesures qu'il compte prendre dès le mois de septembre. Puis Giscard a pris la parole pour redire – il a employé ce mot, rare dans son vocabulaire – « son affection » pour le Premier ministre.

Le Président, me dit Pierre Hunt, est très sensible aux critiques, qu'il faut admettre et dont il faut tenir compte. Ces critiques tiennent à la réalité des difficultés : déficit budgétaire et déficit de la Sécurité sociale, mais aussi, souligne Giscard, au « Yaka » (« il n'y a qu'à ») de l'opposition. Voilà pourquoi la politique suivie doit être mieux expliquée.

« Il n'y a pas de rejet de la politique suivie, juge-t-il, mais un état négatif de l'opinion publique. Il faut faire un effort de communication, pas seulement convaincre par le raisonnement, mais mettre un peu de chaleur dans la démonstration. Je ne suis pas pessimiste sur l'avenir, a-t-il conclu, car la France a de nombreux atouts. »

Parle-t-il à Raymond Barre lorsqu'il demande de la chaleur dans les démonstrations économiques ? Sans doute. Cela suffira-t-il à ramener le calme ? J'en doute.

De toute façon, Barre est sûr de lui : à ses yeux, la dérive actuelle – croissance en baisse, inflation – vient du surcoût pétrolier que la France absorbe sans qu'il y ait diminution du pouvoir d'achat.



Pendant que Giscard parle d'une « état négatif » de l'opinion publique, Barre s'énerve en répétant que sa démarche est la seule possible. Voilà qui limite la concertation avec les syndicats auxquels le Premier ministre vient d'envoyer une lettre pour les amener à discuter.

*5 septembre*

Le conseil général de la Nièvre est, depuis quelques jours déjà, en voyage collectif à la Martinique. Mitterrand l'y rejoint ce matin. Il a accepté que je fasse partie du voyage. Nous voici donc dans l'avion une demi-heure après le décollage. À la droite de l'appareil, le Mont-Saint-Michel.

« Avez-vous des nouvelles, me demande Mitterrand, de ce qui s'est dit au dernier séminaire des partisans de Mauroy ? »

Je lui réponds que oui, et qu'effectivement le désir de Mauroy était de mettre un terme à la querelle de Metz. Moyennant quoi, la petite phrase qu'il a (ou aurait) prononcée à la fin de la réunion des mauroyistes (« Je ne pensais pas que la direction du Parti allait faire de telles bêtises ») n'avait sans doute pas été dite en public, mais peut-être pendant le pot qui avait suivi la réunion, et peut-être même pas dite par lui.

Mitterrand, conciliant, acquiesce : « Oui, c'est comme cela que les choses ont dû se passer. Car, autrement, ce serait une erreur de Mauroy. Ce qu'on dit devant quelques-uns finit toujours par être répété ! »

Il reprend : « Ils ont raté Metz, et, du coup, ils voudraient maintenant me présenter à toute force à la présidentielle pour se débarrasser de moi !

– De toute façon, lui dis-je, vous ne pourrez pas faire autrement !

– Oh, cela ne dépend que de moi ! (*demi-rire, puis* :) J'ai d'ailleurs toujours veillé à ce que cela ne dépende que de moi ! »

Je remarque qu'il a emporté deux livres à lire pendant le voyage, *L'Histoire d'un crime*, de Victor Hugo, et les *Lettres à Lacordaire*, de Montalembert. Il ouvre le Hugo.



Une heure plus tard, nous sommes au-dessus de l'Atlantique, avant les Açores. Nous faisons la même grimace de dégoût devant le plat chaud qui nous est servi, fait d'artichauts et de bœuf ultra-cuit.

« Quand je pense, dis-je à Mitterrand et à Joseph Franceschi qui l'accompagne, que la seule chose dont on aurait envie serait un bon, un vrai sandwich au saucisson ! »

François Mitterrand : « Vous avez raison, avec une bonne baguette et un bon œuf dur !... Ah, redit-il encore avec gourmandise, un bon œuf dur ! Et un bon saucisson ! »

Coup d'œil vers Franceschi : « Mon seul vrai reproche à Joseph Franceschi est qu'il ne m'a jamais trouvé de bon saucisson ! »

Moi, assez snob : « C'est facile, on en trouve à la maison de la Truffe ! »

Mitterrand, dégoûté : « À la maison de la Truite ? »

Moi : « Non, de la Truffe. »

Mitterrand : « Franceschi, notez ! »

Après cet échange gastronomique, Mitterrand revient sur Mauroy : « Si Mauroy n'avait pas fait n'importe quoi, je pensais qu'il pouvait faire un excellent candidat à la Présidence de la République ! »

Il évoque devant moi un épisode de 1978 qui, le premier, a marqué le refroidissement des relations entre eux deux. Il concerne Robert Pontillon, ami de longue date de Mauroy, époux de Marie-Jo Pontillon, précieuse collaboratrice de Mauroy depuis des années, que Mitterrand a écarté en juillet 1978 d'une des instances du PS. Je lui dis qu'à cet instant précis, Mauroy s'est cru trahi par lui.

« Mais pourquoi ? C'est moi et personne d'autre qui ai prévenu Mauroy de la nécessité, une fois que Pontillon serait élu sénateur, de l'écarter. Il ne pouvait pas dire que je lui avais fait le coup sans le prévenir ! »

J'explique – ce qu'il sait à coup sûr – que toucher à Pontillon par un biais, c'était mettre Marie-Jo hors d'elle, et donc placer Mauroy dans une situation impossible.

« Quelle femme ! commente-t-il. Elle a une de ces volontés de puissance... C'est elle qui me disait tout le temps : Pierre n'en veut pas assez ! Il n'est pas assez ambitieux ! »

Non, il me dit ne pas avoir voulu faire une mauvaise manière à Mauroy. « D'ailleurs, je vous assure que s'il n'avait pas fait ce qu'il a fait à Metz, je pensais sérieusement à lui pour la campagne présidentielle. Mais, maintenant, je ne vais pas laisser le Parti à quelqu'un qui m'a traité de cette façon ! »

Plus tard, sur Giscard : « C'est un petit bonhomme, mesquin, je vous assure. Savez-vous qu'il avait déclenché un contrôle fiscal contre moi en 1974 ? Lui-même ! Et pourtant, je n'ai jamais été l'amant d'une de ses maîtresses ! »



Sur l'inculpation qui a suivi l'émission de la radio libre du Parti socialiste et l'irruption policière cité Malesherbes : « Franchement, il y va un peu fort ! Mais les faits sont là : maintenant, il ne peut plus empêcher un débat sur l'information à l'Assemblée nationale. Vous pensez comme on va se gêner ! »

Il note qu'effectivement, VGE n'était pas en France lorsque les flics ont investi le siège du PS. Néanmoins, il note un durcissement de sa part à l'égard du PS. Il cite d'ailleurs en exemple l'élection européenne et le siège repris au PS au profit de l'UDF[1] : « Une mesquinerie de plus ! »

« Non, répète-t-il, Giscard, ce n'est rien. C'est un homme qui représente bien la France, courtois, bien habillé. C'est tout. Il n'est rien, il n'incarne rien. »

Je risque un : « Peut-être aurait-il pu être différent ?

– Dites plutôt, réplique Mitterrand, que les circonstances étaient réunies pour qu'il soit différent. Mais il ne l'a pas été ! »

Sur Raymond Barre, en gros, ce qu'il pense, c'est que s'il avait été moins suffisant, il aurait été davantage épargné. « Mais, dit-il, aujourd'hui et depuis quelques semaines, il y a un nouvel air dans la politique !

– Au profit de la gauche ? »

1. À la suite d'une contestation, décision a été prise d'attribuer à l'UDF un siège qu'un calcul contestable avait attribué d'abord au Parti socialiste.

Il rit : « La gauche ? Ça n'existe pas. Il y a le PC, depuis 1920, et les socialistes. Il n'y a pas *la gauche.* »

Il revient à Michel Rocard : « C'est un bon premier de seconde catégorie », me dit-il.

Je lui demande alors si Mauroy est selon lui un bon second de seconde catégorie.

« Non, me répond-il, il n'a pas les mêmes prétentions. Rocard a la prétention de penser. Or il pense gentiment, il écrit gentiment. Et, en plus, il fait beaucoup d'erreurs. »

Il continue en épiloguant sur le mot « nouveau » : « Je lis que je ne suis pas nouveau, qu'il faut faire du nouveau ! Rocard me parle des associations. Je ne suis pas contre. On dit qu'il faut élargir les catégories sociales du PS. Qui pourrait être contre ? Non, en réalité, avec Rocard, on assiste à la plus gigantesque campagne de promotion politique depuis des années ! »

Il en conclut qu'il n'y a plus de presse de gauche, et donc repense à la nécessité de créer un quotidien. Nous passons, du coup, à *L'Observateur.*

« Le dernier édito de Jean Daniel, nul ! ! Des propos de salon sur la gauche ! Je n'aime pas les salons, je ne suis pas mondain, constate-t-il. Je ferais mieux de l'être, peut-être ?

– Vous n'auriez pas pu tenir longtemps, lui dis-je. (Je voulais dire : *aussi longtemps*, mais je me suis retenue.)

– Oui, c'est vrai », constate-t-il.

Il est minuit. Il nous reste encore deux heures de voyage. « Encore un Paris-Nevers », dit-il. C'est son unité de mesure du temps.

Nous repartons sur l'élection présidentielle. Qui présenter en 1981 ? Il s'interroge tout haut : un jeune qui aurait le temps de « se faire » ? « Encore que, rêve-t-il, il y a de réelles chances de gagner, en 1981. La gauche est toujours à 46 %, la droite à 43 % ! L'élection se gagnera à la marge... »

Il reprend ses réflexions sur ceux qui sont contre lui depuis longtemps. Depuis 1974, à coup sûr, mais qui n'avaient rien osé dire. Depuis 1965 aussi, qui sait, en cherchant bien...

« Au fond, ce qu'ils ne me pardonnent pas, vous avez raison, c'est l'alliance avec les communistes. Mais un social-démocrate peut gouverner avec des communistes. La social-démocratie suédoise est alliée aux communistes, sinon, elle n'aurait d'ailleurs pas vécu. Je lis l'article de François Furet dans *L'Observateur* : où a-t-il pris que je n'étais pas social-démocrate ? Dans quel congrès ? Où ? J'ai fait des discours pour dire au contraire que je l'étais : le discours de Dijon, par exemple. »

Quelques minutes plus tard :

« La polémique autour de mon âge (il a 63 ans), je n'ai jamais vu cela dans les siècles précédents. La jeunesse, d'ailleurs, c'est le temps qu'on a devant soi. Un homme qui meurt à vingt ans est plus vieux que n'importe lequel d'entre nous ! »

Et puis il revient avec indignation sur sa mise en examen dans l'affaire de la radio du PS, et enrage à l'idée qu'au surplus Peyrefitte plaide qu'il n'y a nul besoin de demander la levée de l'immunité parlementaire de Mitterrand pour l'inculper puisque la descente de police et la saisie de la radio ont eu lieu pendant l'intersession : « Mais enfin, pour qui me prennent-ils ? Je n'ai pas trente ans de politique derrière moi pour rien ! Ils ne pensent tout de même pas que je vais me laisser faire sans rien dire ! Ce serait trop facile ! La levée de l'immunité est obligatoire : sinon, l'exécutif serait maître du jeu, il suffirait de faire notifier l'inculpation quand il le désire, notamment entre deux sessions du Parlement ! »



Il s'interroge à voix haute sur le « durcissement » de Valéry Giscard d'Estaing à l'égard du PS : « Est-ce parce que le Président a vu son projet d'éclatement du PS tomber à l'eau ? (D'ailleurs, ajoute-t-il, l'opération Rocard n'est peut-être pas étrangère à cela), est-ce donc la rage de n'être pas parvenu à casser le Parti, ou autre chose ? J'avoue que je ne le sais pas. »

Sur Michel Rocard encore, puisqu'il vient de prononcer son nom : « Il pourrait être Premier ministre de Giscard après 1982. Et encore ! Je ne suis pas sûr qu'il ait le cran d'accepter ! »

Puis, juste au moment où l'avion entame sa descente, il s'assoupit. Ses traits se sont accusés, sa peau est blême. Un masque mortuaire. Impressionnant !

Tout à l'heure, il m'a dit : « Je rentrais dans ma maison, à Latche, avec un grand chapeau pour me protéger du soleil, lorsque je me suis aperçu dans une glace. Je ne me suis pas reconnu ! Eh quoi, c'était moi, cet homme vieilli avec ces traits lourds (il se pétrit le visage d'un air dégoûté), avec cette tête ! »

Il m'a confié, avant de s'endormir quelques instants, que l'essentiel était de savoir pour quoi on était fait. Je lui demande :

« On y arrive ?

– Oui, si on est assez intériorisé.

– Vous savez, vous ?

– Cela dépend ! » (Moue peu satisfaite.)

Il parle alors du côté dérisoire de cette course à l'action, et ajoute comme pour se convaincre : « On peut vivre autrement, *je* peux vivre autrement, je vous l'assure. »

Mais il ne le fait pas, ou plus, depuis si longtemps...

*6 septembre*

Petit déjeuner devant la piscine de l'hôtel. François Mitterrand essaie d'échapper à l'horaire terrifiant que le PS local lui a concocté alors qu'il est là tout bonnement pour accompagner le conseil général de la Nièvre.

« Vous n'imaginez pas ! me dit-il avec irritation. Dès que j'ai un blanc dans mon emploi du temps, on me le remplit ! Si je ne me battais pas, si je ne leur résistais pas, ils me tueraient !

– Longtemps, vous aviez gardé des plages de liberté...

– Très longtemps ! Mais ça, c'est le Parti socialiste ! J'ai mis quatre mois avant de trouver une heure pour aller chez le dentiste. Il faut une volonté de fer pour leur résister ! »

Cela me rappelle que hier, dans l'avion, je lui ai demandé si les moments où il avait été contraint de s'arrêter avaient ou non été bénéfiques pour lui.

« Que voulez-vous dire par “moments où j'ai été arrêté” ?, m'a-t-il quéstionnée.

– Je veux dire : l'été 1968, par exemple [1]. »

Il réfléchit. J'insiste : « Il me semble que vous avez beaucoup écrit, pendant ces périodes, beaucoup travaillé...

– Oui, c'est le moment où j'ai décidé de prendre le PS. Il n'était pas possible, pas concevable de rester à l'extérieur de mouvements qui me trahissaient. Notez que les mêmes carences se sont manifestées en 1978 (il veut dire : après l'échec aux législatives) : l'absence de solidarité. Après tout, si le Parti avait été solidaire... » (Sous-entendu : il n'y aurait pas eu le congrès de Metz et ses déchirures.)

Puis il plonge dans les réunions qu'on lui a préparées : Fort-de-France, La Trinité... Il n'a pas l'air de trouver que les socialistes d'ici

1. Période à l'issue de laquelle il avait été contesté de toutes parts, par la droite et surtout par ses partenaires de gauche au sein de la Fédération de la gauche démocrate et socialiste. En 1969, il ne s'était pas présenté à l'élection présidentielle.

soient de vrais socialistes : « Vous êtes porteurs, leur dit-il, de la plus grande idée de ce temps : chaque fois qu'un peuple parle de sa libération, il se dit socialiste, même si ce n'est pas tout à fait exact. Comme si le mot "socialisme" devait être identifié à l'espérance moderne des hommes ! »

Il parle du nouveau statut envisagé par le gouvernement sur les deux départements de la Guadeloupe et de la Martinique, du cyclone qui vient une fois de plus de dévaster les cultures, de la façon dont Paul Dijoud, le ministre chargé de l'Outre-mer, menace de distribuer les aides aux sinistrés selon leurs préférences politiques.

Au déjeuner, au restaurant Chez Toutoune, à La Trinité, avec les conseillers généraux de la Nièvre, il parle du PC et de l'élection présidentielle :



« Rien ne changera, dit-il, avant la présidentielle. Le PC fera en sorte d'avoir son candidat. Mais sa marge de manœuvre est étroite, car il faudra ne pas désespérer les masses. »

Quelqu'un se plaint de ce que le PS ne réplique pas aux attaques du PC.

« Si on l'attaque, répond Mitterrand, il ne restera que des débris à gauche. Si la gauche se lance dans un duel quotidien avec la plus grande violence, alors...

– Mais le silence du PS a découragé les gens, insiste son interlocuteur.

– Cela n'a découragé que les fragiles ! » réplique Mitterrand, qui change de conversation.

Nouveau village. Nous sommes maintenant dans le Nord de la Martinique, dévasté par le cyclone de la semaine dernière. « Tout de même, me dit-il, chaque fois que l'on vient ici, on se dit que la France n'a rien fait. »

Plus tard, à table, à la Guadeloupe où nous sommes arrivés vers 20 h 30, il revient sur la présidentielle. Il fait mine de plaisanter : « J'aurais un succès formidable si je disais demain : Mesdames et messieurs, je me présente... en 1988 ! » Puis il enchaîne, mi-figue mi-raisin : « Ce serait formidable de dire : je ne suis pas un vrai vieillard, je ne suis plus un jeune homme. Je dois donc attendre 1988 pour être un vrai vieillard ! »

Nous parlons, du coup, par un enchaînement sinistre, de la mort : « C'est un vrai problème, dit Mitterrand, jeune ou vieux, à n'importe quel âge. Ce serait si bien de se croire immortel !

– Moi, dit Franceschi, je me crois immortel.

– Moi pas », dis-je.

Mitterrand reprend : « On sait bien qu'on ne l'est pas, mais chacun de nous le croit. La seule consolation, c'est qu'on a vu mourir son père, son grand-père, et qu'il n'y a pas de raison de faire autrement qu'eux ! »

Tout de même, son âge le taraude. Il y revient avant la fin du déjeuner : « Soyons sérieux, me dit-il en me regardant comme s'il scrutait l'une après l'autre mes rides naissantes. Je vous vois vieillir comme vous, vous me voyez vieillir... »

Dans sa crudité, cette phrase terrible, dite pour me faire regretter ce que j'ai écrit sur lui l'automne dernier, me rend malade. Il a raison : je vieillis. Il ne me l'a pas envoyé dire.

*Samedi, à Saint-François*

Chapeau de paille sur la tête, toujours au milieu de ses conseillers généraux, il s'attaque à un plat de langoustes. Arrive un chanteur qui ressemble à Harry Belafonte. Mitterrand se met à chanter avec lui, d'une voix étonnamment juste, des chansons créoles (où les a-t-il apprises ?), dont ce couplet que je note à la volée, connu de lui seul autour de la table :

*C'est la saison des pleurs*
*c'est la saison des douleurs*
*Petit oiseau a changé de plumage*
*Et moi, j'ai changé d'amour.*

Sous les canisses du restaurant de Saint-François où il s'est mis à pleuvoir, il se met à raconter des histoires à son auditoire sous le charme. Quel conteur ! Comme à Montsauche lorsqu'il racontait, il y a quelques mois, à de vieux élus, l'histoire de la princesse Ayoubi. Aujourd'hui, il évoque en riant les persécutions dont il est l'objet de la part d'une romancière connue qui l'accuse depuis des années d'avoir détourné ses premiers manuscrits, ou d'une de ses administrées, à Clamecy, qui lui reproche de ne pas l'avoir honorée...

C'est ainsi, dans les accents d'une chanson créole et des confidences ironiques, que s'achève le voyage du conseil général à la Guadeloupe. Nous reprenons l'avion en groupe. Et chacun s'endort dès que l'appareil a décollé, épuisé par le rythme de ces trois journées.

Vu Pierre Hunt hier soir *(17 ou 18 septembre)*, au lendemain de l'allocution-interview de Valéry Giscard d'Estaing. Intervention qui, me dit-il, marque la fin du barrisme, ou du moins d'une phase de l'expérience Barre.

« Barre, m'assure-t-il dans un langage imagé, a déposé son scalpel et son bistouri sur la table ; il n'y touchera plus. »

Giscard est évidemment préoccupé par la prochaine campagne présidentielle, convaincu qu'il ne peut laisser en place pour cette échéance un Premier ministre aussi impopulaire. Conclusion de Pierre Hunt : Barre est en sursis. *1979*

Nous parlons de Giscard qui a souvent cette phrase : « Il faut faire appel à son intelligence. » Autrement dit, rien chez lui ne marche mieux que l'intelligence : ni le cœur, ni les tripes.

Mitterrand est son contraire. Mais il ne sera pas président.

*25 septembre*

Je rencontre à l'Hôtel de Ville Denis Baudouin. Chirac a-t-il changé ? Réponse : oui. « Il est moins agité, plus serein. Il ne pense pas que ce soit la politique qu'il propose qui est critiquable, il juge simplement que son image est mauvaise : il n'est pas un homme qui se bat par ambition personnelle, mais la présence à ses côtés d'hommes de main (c'est son expression) a pu laisser croire qu'il l'était. Il a pris une claque dans la figure avec les 15 % qu'il a obtenus aux élections européennes. »

Le RPR l'a-t-il critiqué ? Pas tellement, selon mon interlocuteur : « Il a reçu des tas d'admonestations, mais sa présidence n'a pas été contestée. Tout se résume dans une phrase de Robert Poujade : "Il est impossible, mais irremplaçable." »

Quant à Barre, il est inutile, selon Baudouin, que Chirac « mette ses mains dans le sang de Barre ». Il votera donc le budget tout en pensant que Barre va « tomber tout seul ».

Tout cela débouche sur quoi ? Sur la candidature de Chirac en 1981 ? « Si l'élection avait lieu demain, susurre-t-il, il n'irait pas. » Façon de me dire qu'il ira puisqu'elle a lieu dans un an.

Il est clair, pourtant, que la vie de Chirac, si chanceux jusqu'à l'année dernière, a pris depuis quelque temps un cours plus heurté : l'accident d'abord, la maladie de sa fille Laurence, dont j'entends parler pour la première fois, son échec aux européennes...

*26-28 septembre*

Journées parlementaires du RPR, aux Arcs.

Claude Labbé ouvre la séance tandis que je m'apprête à noter ce qu'Olivier Guichard m'a confié pendant le déjeuner pris dans la grande salle de restaurant aménagée pour les journées parlementaires.



J'écoute d'abord quelques minutes Claude Labbé, et l'entends faire un formidable lapsus en disant, je cite : « Le RPR n'est pas assoupi. Le voici de nouveau s'avançant à grandes enjambées. Il lui fallait sans doute quelques épreuves pour mourir... euh, pour mûrir ! »

Bon, j'en ai assez entendu. Je note ce qu'Olivier Guichard m'a dit pendant le déjeuner. Il reste sceptique sur le départ de Marie-France Garaud et de Pierre Juillet. Il ne jurerait pas que la rupture soit définitive. Croit-il à un rapprochement Giscard-Chirac ? « Ce serait logique, répond-il, mais follement antinomique. »

Logique, parce que, pour Guichard, il n'y a pas d'autre chemin pour Chirac : « Le recours suprême, le poujadisme, cela ne marchera pas. » Mais antinomique, parce que les deux hommes le sont.

Une rencontre a-t-elle eu lieu entre eux ? Guichard doit voir Giscard la semaine prochaine, il lui posera la question, me dit-il. Je lui demande si VGE aurait pu rencontrer Chirac sans lui en parler. « Et alors ! me répond-il, sans illusion. Sans le dire à personne, d'ailleurs ! »

Je l'interroge encore sur Chirac : a-t-il changé de style ? Moue dubitative de Guichard : « Peut-être, mais pour quoi faire ? Tout est là : il n'a rien dit de ce qu'il voulait faire, il n'a d'ailleurs rien fait. Difficile de juger », soupire-t-il. Bref, il n'y croit pas.

« Il a mal conduit la campagne européenne, il a bêtement abattu ses atouts. Il aurait mieux fait de prendre Giscard au mot, lorsque celui-ci a parlé de liste unique de la majorité en novembre 1978. Il n'y en aurait peut-être pas eu, de liste commune, mais mieux valait jouer cette stratégie ! »

Un député qui nous écoute risque : « Il l'a fait pour sauver le gaullisme ! »

La riposte de Guichard, pour une fois, fuse : « Quand on fait moins de 16 % des voix, on ne sauve rien ! »

Il dit encore, plus morose que jamais : « Que faire avec un président de la République qui ne veut rien tant qu'on dise du bien de lui dans *L'Observateur* ! »

À la tribune, pendant ce temps-là, le débat se concentre sur la politique de Raymond Barre. Jacques Marette déplore la « stagflation [1] » de la France : tout en affirmant que Barre a beau avoir des circonstances atténuantes (le prix du baril de pétrole), gouverner c'est prévoir, et il n'a rien prévu.



Philippe Séguin parle du chômage et s'indigne : « On fait croire aux Français que leur sort est entre les mains des émirs ou des ayatollahs. C'est faux, leur sort est entre leurs mains !... Nous pouvons dire, conclut-il, qu'il existe une politique de rechange. Au Parlement, nous devons, suivant les cas, travailler avec le gouvernement, et, sinon, contre lui. Il est impossible d'attendre en simples spectateurs goguenards ! »

Député des Vosges depuis un an, Philippe Séguin – c'est la première fois que je l'entends à la tribune – est un orateur extraordinaire. Un de ceux qui, comme Mitterrand, pourrait lire le Bottin téléphonique et passionner son auditoire. Il y a quelque chose d'envoûtant dans sa voix, sombre et basse. L'écouter parler est un vrai bonheur. Ceux dont je pense cela ne sont pas nombreux.

Je viens d'entendre Yves Guéna dire à quelques journalistes, dont j'étais : « Nous sommes dans un flou artistique dont nous ne sortirons que quand il se passera quelque chose. » Sur le modèle de l'ambassadeur de France dont la légende dit qu'il avait rédigé une dépêche ainsi : « La situation évolue d'heure en heure dans un sens que j'ignore. »

Il est temps de résumer ces séances :

1. Chirac est non pas contesté, mais peu cru. Personne ne sait si le « cours nouveau » est définitif ou s'il en sortira bientôt. Personne n'est certain que Marie-France et Pierre Juillet l'ont vraiment quitté.

2. Les parlementaires sont néanmoins heureux parce qu'ils trou-

1. Faible croissance + inflation.

vent que leur ligne a fini par triompher : ils n'ont jamais voulu de rupture avec Giscard, ils n'ont jamais dit qu'il fallait se rallier à lui, mais tout simplement qu'il fallait éviter les sautes d'humeur.

3. Personne, dans les états-majors de la rue de Lille ou du groupe parlementaire, ne regrette le départ des deux conseillers du président du RPR. Chacun parle de leur départ. Quelques précisions supplémentaires : Chirac a refusé les affiches de la campagne européenne que Marie-France avait commandées, ce qui a marqué le début de la fin de leurs relations. Nicole Lebeau, de l'AFP, me raconte à ce propos que Charles Pasqua avait dit à Juillet, un jour : « Vous traitez Chirac comme un jeune secrétaire d'État, mais il va finir par grandir et vous échapper. » Prémonitoire.

4. Vendredi soir, vers minuit, Michel Debré et Claude Labbé restent quelques instants avec deux ou trois journalistes à la fin d'un dîner de presse. Michel Debré paraît très inquiet sur l'économie : les clignotants, nous dit-il, sont tous au rouge, et ils le resteront jusqu'en 1981. L'indice le pire est celui de l'emploi industriel. Labbé, lui, en rajoute sur Raymond Barre qui n'écoute rien ni personne. « Nous avons le droit, conclut Michel Debré, par des gestes modérés, de montrer qu'il lui faut prendre conscience des périls intérieurs et extérieurs. »

*28 septembre*

Paul Guilbert, qui était, lui, aux journées parlementaires UDF, me raconte que Raymond Barre, en privé, a tenu ce langage aux députés : « Les Français ont trois caractéristiques : la première est l'hypocrisie, la seconde est le sens des privilèges, ils sont donc ingouvernables. La troisième est que, Dieu merci, ils ont la trouille. C'est pour cette raison que nous sommes encore là ! »

Tant de mépris...

*29 septembre*

Bien sûr, Michel Debré avait eu Marie-France Garaud et Pierre Juillet à l'appareil, la semaine dernière. Marie-France lui a parlé de l'interview de Bernadette Chirac dans *Elle* – puisque c'est à ce journal féminin qu'elle a dit avoir demandé à son mari de choisir entre sa femme et sa conseillère[1]. Elle en est apparemment affectée. Plus que cela, blessée. « Toute la France, a-t-elle dit à Debré, croit que j'ai été la favorite renvoyée par la reine mère ! »

Affectée, peut-être, mais elle a toujours la dent dure, car, après tout, Bernadette a son âge ! La traiter de « reine mère » est particulièrement vachard. Pour quelqu'un qui, comme Marie-France, a une tendance instinctive à mépriser (intellectuellement du moins) les autres femmes, le coup a dû être rude : elle avait toujours pris cette femme pour une sotte, et voilà qu'elle se fait congédier par elle. Congédier, au demeurant, n'est pas le mot, puisqu'elle était déjà partie !

Quant à Pierre Juillet, il a dit : « Lorsque j'ai créé le RPR, Chirac n'était même pas là. Il était en Écosse ou en Irlande, je ne sais où ! »

Déformation usuelle des conseillers : c'est sans doute vrai, qu'il a créé le RPR, mais il n'en aura jamais eu la paternité. Chirac, et lui seul, même s'il se baladait en Irlande au même moment, restera, pour l'Histoire, celui qui aura transformé l'UDR en RPR.



Mais d'autres tourments assaillent Michel Debré : sera-t-il ou non, pour l'Histoire, justement, candidat en 1981 ? Comme cela le tente, et comme il en a envie ! Je lui dis, puisqu'il m'en parle, qu'il ne peut pas se permettre, à 70 ans, de finir sa vie politique sur un score à la Defferre[2] ! Il ne répond rien. Témoigner, c'est, dans son cas, je le comprends bien, donner un sens à sa vie. Il me raconte que, lorsque Georges Pompidou, à la fin de sa vie, avait voulu le nommer au Conseil constitutionnel, il avait écarté sèchement la proposition. Il avait cru – sans doute à juste titre – que Pompidou voulait se débarrasser de lui en lui offrant un hochet. Il avait refusé pour continuer le combat pour ses idées. Ce n'est pas aujourd'hui, devant Chirac, qu'il va s'arrêter.

1. Dans une interview recueillie par Christine Clerc dans *Elle* du 17 septembre 1979, Bernadette Chirac a dit de Marie-France Garaud, entre autres gentillesses : « C'est une femme intelligente et pleine de charme, mais elle a beaucoup de mépris pour les gens. Elle les utilise, et puis elle les jette. Moi, elle me prenait pour une parfaite imbécile. »

2. Gaston Defferre, candidat du Parti socialiste, avait obtenu 5 % des voix à l'élection présidentielle de 1969.

*9 octobre*

Claude Estier trouve que Mitterrand ne va pas bien du tout, qu'il supporte très mal, en fait, sa relégation en seconde division. Ce que je veux dire derrière cette métaphore sportive, c'est que, tandis que Rocard est monté en première division – au moins dans la presse –, lui, Mitterrand, son avenir, ses désirs, ses ambitions n'intéressent plus que la poignée de ses fidèles.

*10 octobre*

Dîné avec Étienne Burin des Roziers chez Roger Stéphane. Cet ancien collaborateur du Général, qui a été son secrétaire général à l'Élysée, est proche de Michel Debré ; je le soupçonne de trouver Chirac trop léger et de ne pas apprécier vraiment Giscard. Il est habillé comme l'as de pique : pantalon trop long faisant des plis sur ses chaussures. Cela n'a d'ailleurs aucune importance : il est resté d'une ingénuité que je n'aurais pas cru possible chez un des hauts fonctionnaires ayant accompagné de Gaulle.

Nous parlons de la plaquette de diamants que Valéry Giscard d'Estaing aurait reçue de Bokassa[1]. « Il aurait parlé publiquement de *barrette* de diamants que cela aurait été sans importance ! Mais une *plaquette* ! De Gaulle n'aurait sans doute jamais accepté un tel cadeau. »

Sans doute ne le lui aurait-on jamais proposé...

« Mais Giscard n'a pas enfreint la loi, ajoute Burin, le cadeau lui a été donné en privé, ce n'est pas comme Jules Grévy avec les décorations[2] !

– Peut-être, dit un des convives. Mais il a fraudé le fisc ! »

Roger Stéphane est persuadé, lui, que cette affaire des diamants

1. Le 10 octobre 1979, *Le Canard enchaîné* publie un premier article dans lequel il accuse le président de la République d'avoir bénéficié en 1973 d'un cadeau du président de la République centrafricaine, Jean-Bedel Bokassa, d'une valeur d'un million de francs. Le journal s'appuie sur une note rédigée par Bokassa lui-même. Le lendemain, *Le Monde* reprend les informations du *Canard enchaîné* et publie un éditorial qui fait sensation, intitulé « La vérité et l'honneur ». C'est le début de ce qu'on a appelé l'« affaire des diamants » de Giscard.

2. Jules Grévy est le troisième président de la IIIe république. Avocat, député du Jura, il est élu le 30 janvier 1879. C'est en 1887, alors qu'il a été réélu en 1885, qu'éclate le scandale des décorations : le gendre du Président, Daniel Wilson, est accusé de trafic d'influence ; il vendait des nominations dans l'ordre de la Légion d'honneur. Grévy est contraint à la démission le 2 décembre.

offerts par Bokassa est la plus grosse affaire de la V$^{e}$ République, et que, dans trois mois, Giscard sera démissionnaire.

Sur de Gaulle, Burin des Roziers, dont la conversation est constamment alerte et pleine d'intérêt, nous dit que, de Debré ou de Pompidou, le plus cher au cœur de De Gaulle était sûrement Michel Debré.

Puis il nous parle drôlement des rapports entre de Gaulle et le comte de Paris. « De Gaulle, dit-il, avait de la considération pour le dernier des Capétiens, mais il estimait que, par certains côtés, c'était un Français comme les autres. Il n'a jamais été question dans son esprit d'en faire son successeur. Le comte de Paris s'est mépris sur le langage du Général, il a cru que, parce qu'il le prenait en considération, de Gaulle misait sur lui. Il s'est trompé. »

Au travers de tout ce qu'il dit, je comprends qu'il est favorable à une candidature de Michel Debré à la présidentielle de 1981 à condition que Debré ne se réclame pas du RPR. 

Jean-Pierre Fourcade, d'habitude moins bavard, évoque devant moi les trois qualités dont un Premier ministre ne doit pas manquer : d'abord, il doit faire preuve d'intelligence et de bonne humeur à l'Élysée ; ensuite, il doit éviter les contre-performances à l'Assemblée ; enfin, il doit savoir expliquer sa politique aussi bien aux journalistes qu'aux téléspectateurs.

Selon Fourcade, Chaban avait la seconde qualité, mais ne possédait ni la première, ni la troisième. Raymond Barre, lui, a la première, mais aucune des deux suivantes. Quand on sait que Fourcade est un des proches de Giscard, on en reste comme deux ronds de flan.

*15 octobre*

J'ai passé toute la semaine, avec la rédaction politique du *Point*, à investiguer sur cette histoire de diamants. Je résume ici en quelques phrases le résultat de cette contre-enquête qui nous a pris plusieurs jours.

Le 10, mercredi, lendemain du jour où *Le Canard enchaîné* a révélé l'histoire, aucune question n'a été posée par l'opposition à l'Assemblée nationale ; pas un mot dans les journaux télévisés à l'heure du déjeuner. En revanche, *Le Monde*, en début d'après-midi, consacre à l'événement deux pages intérieures, détaillant les divers intérêts de la famille Giscard en Afrique. Jacques Fauvet[1] signe un article sévère, au titre un peu grandiloquent : « La vérité et l'honneur. » Il y demande une mise au point de l'Élysée sur ce « royal cadeau ». Réponse de l'Élysée dans la soirée : l'AFP publie un communiqué d'où il ressort qu'il s'agit là « d'échanges de cadeaux de caractère traditionnel ». Pas de démenti, donc, de l'Élysée, même si la famille du Président, ses cousins et son frère jugent « immonde » l'article du *Monde*.

J'ai appelé au téléphone la fameuse M^me^ Dimitri, secrétaire de l'ex-empereur Bokassa, qui, selon *Le Canard enchaîné*, avait eu en main la plaquette de diamants prétendument destinée à Valéry Giscard d'Estaing. Le plus surprenant est qu'alors que je m'attendais à ce que la dame soit aux abonnés absents, j'ai pu la joindre (le Palais m'a mise en relation avec elle sans aucune difficulté) et qu'elle a répondu sans déplaisir à mes questions. Elle m'a dit que oui, Bokassa offrait à des personnalités politiques importantes des diamants[2]. Qu'il s'agissait de petits diamants dont la valeur ne pouvait être d'un million de francs.



Évident, donc, que ce cadeau à Giscard n'était pas aussi important que l'a dit *Le Canard*. Mais son existence même a empêché l'Élysée de démentir simplement l'information. Son communiqué a au contraire plutôt authentifié l'information au lieu de l'infirmer.

*17 octobre*

René Piquet, jeune communiste de l'équipe Marchais, me récite ce qu'il doit me réciter : que le PS est absent de toutes les luttes

1. Jacques Fauvet est alors directeur du *Monde*.

2. Elle répond exactement : « Une des productions du Centrafrique étant le diamant, nous offrions des diamants. Je ne vois pas ce qu'on pouvait offrir d'autre, à part de temps en temps une défense d'éléphant ou un cadeau en ébène. »

Elle ajoute que la somme de 1 million de francs avancée par *Le Canard* ne « correspond pas à la réalité », que les cadeaux offerts n'excédaient pas la somme de 2 millions de francs CFA, ce qui correspond au maximum à 40 000 francs français de l'époque (1973). Elle ajoute : « Nous offrions d'ailleurs les mêmes cadeaux à tous les chefs d'État et hautes personnalités. » Elle cite Nicolae Ceausescu, le général Nimayri ou Kadhafi. Et affirme enfin : « C'étaient toujours des petits diamants, ça allait de 10 points à 20-25 points ; 30 points, c'était très rare. » Lorsqu'on sait qu'un carat pèse 0,2 gramme et vaut 100 points, les diamants, effectivement, ne devaient pas être bien gros.

sociales, qu'il s'agisse de la disparition de telle unité de production chimique, ou de celle de telle usine d'engrais, de la fermeture des mines d'Alès ou du gisement de lignite dans les Landes.

« Le PS, me dit-il, est devenu un parti d'élus dont la plupart sont toujours du côté du manche. On ne voit plus jamais ses militants sur le terrain. Nous regagnons des catégories entières d'électeurs : des intellectuels, des classes moyennes, sans oublier les ouvriers dont le PS ne se préoccupe pas. »

*18 octobre*

Déjeuner avec Jacques Chirac. Je note rapidement, en sortant de l'Hôtel de Ville, quelques éléments de notre conversation, car j'ai peur d'oublier :



– Chirac a affiché tout à l'heure une sorte de calme dont je ne sais pas s'il est affecté, mais qui tranche en tout cas sur l'ordinaire.

– Il m'a donné la certitude qu'il ne recherche pas du tout un rapprochement avec Giscard. Au contraire. Jamais il n'a prononcé – en public, s'entend – une condamnation aussi ferme de Giscard, qu'il juge ne pas être un homme d'État, et le reste à l'avenant.

En fait, il a vraiment décidé d'adopter la stratégie du recours et de s'y tenir. Il veut apparaître comme celui qui saura être un roc, alors que l'autre, dans son esprit, n'est pas même un roseau. Moi qui n'ai jamais cru qu'il était un agité maladif, je pense qu'à condition d'en avoir la volonté, il peut très bien tenir ce cap durant les quelques mois qui nous séparent de l'élection de 1981.

– Il affirme que l'Élysée souhaite un apaisement et le lui a fait savoir.

– Enfin, que les Allemands lui ont laissé entendre qu'à partir de maintenant, ils ne soutiendraient plus le franc. Donc, celui-ci va plonger.

– D'autant que le jour de notre déjeuner, Raymond Barre est entré au Val-de-Grâce et que le remplacement du Premier ministre a plané sur tout notre repas. « Ça va finir par Boulin[1] », dit Denis Baudouin qui assiste au déjeuner.

1. Robert Boulin est alors ministre du Travail et de la participation dans le gouvernement de Raymond Barre. Ministre RPR, il est, comme Alain Peyrefitte, « premier-ministrable ». À cette nuance près : la nomination à Matignon d'un des ministres RPR risque d'apparaître comme un acte d'hostilité de l'Élysée à l'égard de Jacques Chirac.

Le seul intérêt d'entrer au Val-de-Grâce, soutient Chirac, c'est qu'il s'agit d'un hôpital militaire et qu'on fait dire aux médecins, qui sont eux-mêmes des militaires, ce qu'on veut. Ce qui n'est pas le cas des médecins civils.

– Il parle des diamants de Bokassa en me mettant en garde contre le danger qu'il y aurait à faire de ce sujet un Watergate à la française : « Rappelez-vous, me dit-il, que les États-Unis se sont débarrassés d'un grand président, Richard Nixon, pour élire une tarte ! Quelques individus de je ne sais quel journal ont forcé là-bas un président à partir, et le monde entier en souffre aujourd'hui. Alors, attention où vous mettez les pieds ! »

De sa part, il s'agit d'une attitude assez sportive à l'égard de Giscard qu'il aurait pu, au contraire, accabler à ce propos. Je note tout de même que les grands présidents américains, pour lui, sont républicains et non pas démocrates.

Je raconterai demain ou plus tard la suite sur VGE, sur Mobutu et Bokassa, sur Pierre Juillet et Marie-France Garaud. Pour l'heure, c'est l'hospitalisation de Barre qui pose problème. C'est la première fois dans l'histoire de la $\text{V}^{e}$ République qu'un Premier ministre en exercice est hospitalisé. Barre est installé dans une chambre au quatrième étage du Val-de-Grâce ; il a été mis sous perfusion toute la journée de jeudi : lorsque son médecin personnel, qu'il a rencontré le jeudi matin à 9 h 45, a décidé cette hospitalisation, Raymond Barre avait une très forte tension et un mal au genou persistant. Signe de fatigue ou d'un mal plus profond ? Pour le moment, on n'en sait rien. Il faut attendre le verdict du Val-de-Grâce.

*22 octobre*

Édouard Balladur me parle de l'influence de Claude Pompidou sur le départ de Pierre Juillet et Marie-France Garaud. Depuis 1974, Claude Pompidou a toujours reproché à Pierre Juillet d'avoir laissé dire que Georges Pompidou était, à la fin de sa vie, pratiquement incapable de gouverner. Elle aurait à plusieurs reprises demandé à Édouard Balladur[1] de « rétablir la vérité ». Elle s'en serait plainte dans ces termes à Chirac après l'accident de celui-ci.

1. Alors secrétaire général de l'Élysée, après le départ de Michel Jobert, nommé ministre des Affaires étrangères.

Je n'ai aucun moyen de vérifier ses dires, mais je ne vois pas pourquoi Balladur me raconterait des histoires.

Alain Devaquet, avec lequel je déjeune aujourd'hui, me confirme qu'effectivement Chirac a demandé à ses proches de ne pas revoir Juillet et Marie-France ni même de leur téléphoner.

Pendant ce temps se déroule à l'Assemblée nationale, aujourd'hui, un débat d'une confusion inouïe. L'évidence est que le RPR a choisi son terrain, celui d'une nouvelle politique économique, qu'il s'oppose à l'UDF pour réclamer deux milliards d'économies, que ses députés joignent leurs voix à une proposition des socialistes et des communistes pour refuser l'article 25[1]. Et cela au moment où Raymond Barre lui-même et ses prévisions économiques montrent leur faiblesse, cependant que Giscard, lui, recherche ses diamants : affaiblissement aussi de la Présidence sur ce terrain boueux...



Toujours directeur de cabinet de Barre, Philippe Mestre me dit d'un air assuré : « Nous pratiquons la stratégie de l'édredon ! »

Certes ! Mais difficile de s'en prévaloir...

Entre le RPR qui fonce tête baissée vers la question de confiance, ou plutôt vers le dépôt d'une motion de censure qu'il finira bien à un moment quelconque par être obligé de voter, le gouvernement qui « s'édredonne », l'opposition qui s'époumone et la Présidence qui patine dans les diamants, la France fout le camp, comme dirait Michel Debré !

*24 octobre*

Pierre Hunt me parle de l'hospitalisation de Raymond Barre. Il l'attribue – Giscard aussi – à un excès de travail, aggravé par le fait que le Premier ministre a durement ressenti les attaques dirigées contre lui.

Le Président lui a rendu visite vendredi.

Nous parlons des divergences au sein de la majorité. Malgré tout, Giscard, me dit-il, continue à penser que s'il y avait des élections aujourd'hui, la gauche ne passerait toujours pas. Toutes les élections locales vont dans ce sens. Son voyage dans le Sud-Ouest s'est très bien passé. Tant et si bien que le Président reste assez serein.

1. Il s'agit du fameux article sur l'équilibre de la loi de finances.

VGE pense aussi que Raymond Barre, après sa maladie, va bénéficier d'un petit courant de sympathie dans l'opinion publique. Il aura ce qu'il appelle un « deuxième souffle psychologique ».

De toute façon, il n'y aura pas d'élections anticipées, Hunt m'en donne l'assurance qu'il tient de la bouche même de Giscard.

*25 octobre*

Charles Pasqua, corse comme son nom l'indique, me parle de son île. Il est désolé de sa marginalisation, de son appauvrissement aussi. « Il faudrait se battre, me dit-il, changer de sous-préfets, diviser la Corse en plusieurs régions, attaquer les autonomistes... [Mais] les Corses, précise-t-il, ne sont pas des délateurs. Il ne faut pas compter sur eux pour dénoncer les autonomistes, même s'ils désapprouvent leur action. »

Paul Granet me raconte le déjeuner qui a eu lieu hier chez Yvon Bourges : autour de la table, cinq personnalités RPR et cinq UDF, dont lui. Le repas a failli tourner à l'échauffourée, Didier Julia[1] ayant d'entrée de jeu demandé à Bourges : « Dites-moi, parlez-nous un peu des diamants du Président, et des vôtres, tant qu'on y est[2] ! »

Plus drôlement, Maurice Druon a fait des astuces sur l'Assemblée européenne : « Laissez-là à Strasbourg, a-t-il dit, puisqu'elle pédale dans la choucroute ! »

L'atmosphère était à couper au couteau. À la fin, Michel Aurillac[3], qui était là, a dit à Paul : « C'est comme cela, on est entré dans une fantastique période de règlement de comptes, et n'importe quoi peut arriver ! »

Tout le monde a peur de la place que prend dans la vie politique la polémique sur les diamants de Bokassa. Que l'ancien chef de la République centrafricaine ait voulu se venger d'avoir été « lâché » par Giscard, cela ne fait aucun doute ; que la valeur des diamants n'excède pas 100 000 francs, et non pas un million, comme l'a dit *Le Canard,* c'est aujourd'hui certain. Mais pourquoi Giscard ne dit-il

1. Didier Julia est député de Seine-et-Marne depuis 1967.

2. La presse fait état également d'autres bénéficiaires de cadeaux, comme le frère du Président, Olivier Giscard d'Estaing, et certains des ministres qui l'accompagnaient souvent en Afrique noire, dont le ministre de la Défense.

3. Michel Aurillac est député de l'Indre depuis 1978.

rien ? Ils ont beau être de mauvaise qualité, tout de même, où sont-ils, ces diamants ? Giscard en a-t-il, comme on dit, fait don à Marie-Laure de Decker, laquelle ne voudrait pas les rendre ? Doit-il parler ? Il me semble que oui. Mais, quinze jours après le début de l'affaire, c'est toujours le silence offensé.

*30 octobre*

Nouveau coup de tonnerre : Robert Boulin a été retrouvé mort au petit matin, noyé dans les étangs de la forêt de Rambouillet.

À l'Assemblée, Jacques Chaban-Delmas prononce son éloge funèbre. Il parle de la campagne de dénigrement qui, depuis quelques semaines, visait Boulin. « Campagne d'autant plus dure à supporter, dit-il, qu'elle visait un honnête homme, un homme intègre. Puissions-nous méditer sur ce drame, sur cet assassinat ! »

« Assassinat » : il y va fort ! À moins qu'il n'ait des informations que nous n'avons pas ? Il est le premier, je crois, à employer ce mot. Après lui, Raymond Barre, remis de son hypertension, s'exprime au nom du gouvernement, « cruellement éprouvé par la disparition de Robert Boulin ». Il présente ses condoléances à toute sa famille et aussi à tous ses compagnons du groupe RPR. « Il n'y a, dit-il dans une assez belle phrase, d'autre limite à l'exercice de la liberté que le respect de l'homme et de sa dignité. »

Quelques-uns de ses collaborateurs me décrivent Robert Boulin comme étant depuis quelque temps très pessimiste, très sombre. Ils évoquent surtout un homme blessé par les accusations dont il a fait l'objet, beaucoup plus meurtri que je n'aurais cru. Car ces accusations, que l'ensemble du gouvernement reproche à la presse en évoquant le précédent de Roger Salengro[1], m'étaient certes apparues comme extrêmement désagréables pour Robert Boulin, mais en aucun cas de nature à entraîner un suicide.

Pourtant, nous avions tous senti le malaise de Robert Boulin, depuis quelques mois. À la fin de son dernier discours à l'Assemblée, sur le budget du ministère du Travail, il s'est tourné vers les députés

1. Roger Salengro, député socialiste de 1928 à 1936, est devenu en 1936 ministre de l'Intérieur du Front populaire. En raison de son action contre l'extrême droite, les journaux comme *Gringoire* ou *L'Action française* lancent contre lui une campagne de diffamation : accusé d'avoir été un déserteur pendant la guerre de 1914-1918, Roger Salengro met fin à ses jours le 17 novembre 1936.

de gauche et, s'adressant à eux, leur a dit : « Vous ne m'atteignez pas. »

À Philippe Séguin qui lui avait, à je ne sais quelle occasion, dernièrement rendu hommage, il avait dit : « Je vous remercie de dire des choses agréables à mon égard, c'est tellement rare ! »

Je n'avais rien écrit sur lui ni sur ses difficultés, car ce n'est pas à moi qu'on avait demandé un article. J'aurais pu le faire, et je l'aurais fait, comme mes autres confrères, en parlant des lettres anonymes arrivées aux rédactions il y a quelques semaines, de la mise en cause de Boulin, accusé d'avoir acquis illégalement un terrain à Ramatuelle sur lequel il avait fait bâtir une résidence secondaire. Je n'imaginais pas – car lorsqu'on écrit sur un homme politique, on ne se pose pas vraiment la question – que ces accusations allaient entraîner sa mort.
*1979* Comment est-il mort, d'ailleurs, dans cet étang profond de 50 centimètres, en forêt de Rambouillet ?

La seule chose qui m'aurait rendue prudente est que la campagne contre Boulin a été menée par *Minute*, journal d'extrême droite qui ne voulait pas forcément le voir, lui, connu pour ses idées sociales gaullistes, accéder à la plus haute marche, c'est-à-dire (comme d'aucuns le laissaient penser sitôt que Barre a été hospitalisé) à Matignon.

Remarque : ils étaient sûrement nombreux dans ce cas.

*31 octobre*

Boulin a laissé une lettre posthume dont on ne parle que ce matin, où il ne met pas en cause la presse (clouée au pilori depuis deux jours par le gouvernement unanime), mais réserve ses coups à Henri Tournet.

Mi-barbouze, mi-homme d'affaires, Tournet est un homme curieux, toujours mêlé à des coups foireux (je dis cela pour résumer, je ne vais pas reprendre toute l'affaire Boulin depuis six mois) ; par coups foireux, j'entends ici coups tordus en Afrique et dans les DOM-TOM ; présidences de sociétés d'import-export avec ou sans Jacques Foccart, entre bien d'autres hauts faits. Robert Boulin le décrit comme un « escroc paranoïaque, mythomane, pervers, maître chanteur », oubliant de mentionner dans cette lettre posthume que sa femme et la femme du même Tournet étaient amies d'enfance, et que Tournet était si proche du couple que l'épouse de Tournet fut longtemps sa secrétaire à lui, Boulin !

Si Tournet est désigné comme l'homme d'où vient le mal, Boulin n'épargne pas, dans sa lettre, ses amis politiques, notamment Alain Peyrefitte, présenté comme « plus préoccupé de sa carrière que de la bonne marche de la Justice ».

Olivier Guichard, que je joins à Grimaud où il réside pour quelques jours, me dit au téléphone que, malgré les accusations de Boulin, il ne pense pas qu'Alain Peyrefitte soit pour quelque chose dans cette histoire, car les pouvoirs d'un garde des Sceaux sont tout à fait insuffisants pour retirer un dossier à un magistrat. Peut-être Boulin a-t-il en revanche trop attendu de Peyrefitte ?

Ce qu'il me confirme, en tout cas, c'est que, depuis six mois, Robert Boulin était Dr. Jekyll et Mr. Hyde : obsédé, torturé par l'affaire du terrain de Ramatuelle, pas du tout sympathique dans la vie de tous les jours.



Robert Boulin, personnage de roman : qui aurait dit que cet homme au débit régulier, charmant, disert, parlant souvent pour ne rien dire (qui ne le fait ?), mais homme d'ouverture, aimé de tous les partenaires sociaux et particulièrement des syndicats, finirait ainsi, suicidé – puisque tout le monde dit qu'il s'agit d'un suicide et que sa lettre posthume semble en attester – quelque part en forêt de Rambouillet, par un matin brumeux ?

Cela étant, j'ai demandé sur-le-champ un rendez-vous à Alain Peyrefitte qui a accepté de me recevoir dans l'urgence pour me livrer sa version des faits. Je la note à toute volée en même temps qu'il me parle :

« C'est une affaire, me dit-il, dont il est venu me parler le 18 juin dernier. Je m'en souviens avec précision, je revenais de Colombey lorsque j'ai reçu un coup de téléphone de Boulin qui voulait me voir tout de suite après déjeuner. Il est venu me dire qu'il était très embêté, car le juge avait ordonné, quelques semaines auparavant, une perquisition chez un vieil ami à lui, Tournet, qui avait été incarcéré dans la région de Caen. "Tout cela, m'a-t-il dit, très énervé, c'est une machination d'un juge rouge contre moi[1]. Je sais de qui il s'agit : du fils d'un communiste qui se dit qu'il veut se payer Boulin !" »

Peyrefitte ajoute que son directeur des Affaires criminelles, Béteille, était parfaitement au courant de cela, qu'il lui en avait parlé depuis

1. Il parle là d'un jeune juge de 25 ans, Renaud Van Ruymbeke, qui fera parler de lui dans bien d'autres affaires financières sous la V$^{e}$ République.

plusieurs semaines. Il savait qu'on avait découvert des lettres échangées entre Mme Boulin et ce Tournet. Évidemment, à partir du moment où ces lettres existaient, Boulin se sentait pris dans un engrenage, ça devenait une véritable affaire.

« Il m'a posé des questions sur ce qu'il devait faire. Et notamment sur la levée de son immunité. J'étais incapable de lui répondre sur ce point. Béteille, lui, pensait qu'il faudrait sûrement une levée d'immunité, mais qu'il n'y avait pas à se hâter, qu'il ne se passerait rien tant que le juge ne l'aurait pas convoqué.

« Après sa visite (c'est toujours Peyrefitte qui parle), Béteille et moi avons demandé au procureur général de Caen de nous faire un rapport. Ce rapport montra que Boulin avait effectivement du souci à se faire, car, selon les dires de Tournet, il était intéressé à cette  affaire depuis l'origine : il s'occupait pour Tournet des permis de construire et avait obtenu le terrain de Ramatuelle en récompense. Ce qui n'a pas empêché Tournet de ne jamais obtenir son permis de construire à lui.

« Une fois incarcéré, Tournet avait chargé Boulin. Ses déclarations ne sont pas forcément vraies, d'abord parce qu'un homme inculpé et incarcéré ne veut jamais être le seul inculpé dans une affaire, et que le fait de mettre en cause un ministre peut apparaître comme un bon système de défense.

« Au milieu de tout cela, ajoute Peyrefitte, il m'a dit : "Je crois que cette affaire vient de chez Chirac !" »

Tandis que Peyrefitte me parle, je le sens très embêté par l'accusation portée contre lui par Boulin dans sa lettre posthume. Il tient à me démontrer qu'il n'a pas accablé Boulin, qu'il s'agissait d'un homme perdu, qui attendait de l'aide. Une aide qu'il n'a pas pu lui apporter.

« Il avait l'impression que je n'avais pas fait ce que j'aurais dû faire pour l'aider. Mais je ne pouvais pas faire autre chose que ce que j'ai fait ! Que n'aurait-on écrit si j'avais dessaisi le juge ! »

Un temps, puis : « À vrai dire, j'en ai trop fait : j'aurais dû intervenir plus tôt pour faire gicler Boulin du gouvernement, voilà tout ! »

Peyrefitte a vraiment peur que cette affaire donne de lui une image d'homme distant, indifférent aux problèmes de ses contemporains, *a fortiori* de ceux des ministres qui, comme lui, figurent sur la liste des premier-ministrables. Mais il a eu encore plus peur – en tout cas, c'est ce qu'il dit – d'intervenir dans une affaire qui sentait mauvais. Aurait-il d'ailleurs voulu le faire, qu'il n'aurait pas pu, ou que les démêlés judiciaires de Boulin auraient été plus vite encore étalés sur la place publique.

*6 novembre*

Rencontré Chaban dans son bureau de l'hôtel de Lassay. Beaucoup de choses se sont passées depuis la semaine dernière. À l'enterrement de Boulin, à Villandraut, samedi, de quoi ne fallait-il pas dire un mot ? Des propos que Robert Boulin aurait confiés au secrétaire d'État aux Anciens Combattants, Maurice Plantier, le 24 octobre dernier : « Je sais ce matin par une preuve écrite que tout cela vient de l'entourage de Chirac[1]. »

Barouf inouï lorsque Jacques Chirac a appris qu'il était le premier à être accusé par Boulin ! Chaban me raconte qu'il l'a appelé, à la fin du week-end, à Ascain, sa résidence secondaire, pour lui dire, furieux : « J'apprends que toutes ces attaques viennent de vous. Je crois ce qu'on m'en dit : de toute façon, on ne prête qu'aux riches ! *1979*

– Attention à ce que vous dites ! » a violemment répondu Chaban.

En exultant presque, pas fâché en tout cas, Chaban fait à mon usage ce commentaire : « Chirac s'est écrasé. »

Il reprend plus sérieusement : « Il y a au moins une source qui va dans le sens des accusations portées par Boulin : c'est Maurice Plantier... Et je ne parle pas d'autres sources moins sérieuses, poursuit Chaban. Par exemple, quelqu'un est venu me dire que Charles Pasqua s'était répandu partout en disant, hilare : Boulin, on le tient, Peyrefitte aussi, et après ce sera Chaban ! Je n'en dis rien, parce que je n'en suis pas sûr. D'autres, comme Jean de Lipkowski, sont venus me voir en me disant que les accusations portées par Boulin visaient Raymond Barre et Philippe Mestre. Je ne m'y suis pas attardé. Peut-être Boulin leur demandait-il d'intervenir dans son dossier, ce qu'ils n'ont sans doute pas voulu faire. »

Je demande : « Et Peyrefitte ? »

Peyrefitte n'est pas, je le sais, un de ses amis, mais Chaban ne

1. Le matin même, sur RTL, l'éditorialiste Philippe Alexandre avait porté des accusations précises : « Aux alentours du 15 septembre, a-t-il dit, en tout cas avant le 20 septembre, des dirigeants du RPR se sont réunis et ont décidé de révéler à la presse les éléments de l'affaire Tournet-Boulin. » C'est Bernard Pons, à l'heure où la majorité des dirigeants RPR se dirigeaient, sans écouter la radio, vers Villandraut, qui a entendu l'éditorial de Philippe Alexandre et qui a prévenu Jacques Chirac des accusations lancées contre le RPR et lui-même.

s'engage pas sur ce terrain. « Sur le plan judiciaire, dit-il au contraire, il ne pouvait pas faire grand-chose. » Il ajoute aussitôt : « Cela dit, il y a des aspects humains dans cette affaire, et Peyrefitte n'a pas été très humain avec ce pauvre Boulin. »

Que savait-il, lui, Chaban, des difficultés de Boulin dont il était l'ami ?

« Pas grand-chose, convient-il. J'étais dernièrement aux côtés de Colette Boulin au repas officiel avec le Premier ministre chinois, Hua Guo-feng : c'est elle qui a mis la discussion sur ce terrain, elle m'a dit que son mari était très emmerdé par toutes ces affaires autour de Tournet. Le lendemain, Boulin recevait à son ministère le groupe parlementaire RPR. Par solidarité, j'ai décidé d'accompagner les députés chez lui. Je lui ai téléphoné le matin. “De quoi parlera-t-on à ce déjeuner ? ai-je demandé. – Tout ira très bien, on parlera du budget”, m'a-t-il répondu. J'ai insisté : “Voulez-vous que je vienne plus tôt ?” Il m'a dit que ce n'était pas utile. Je n'ai pas insisté. »

J'interroge alors Chaban sur les révélations de Philippe Alexandre : du 15 au 20 décembre, y a-t-il eu ou non une volonté exprimée par certains dirigeants du RPR de révéler à la presse le dossier Boulin ? « Ça me paraît bizarre », dit Chaban avec une moue.

En revenant de chez Chaban, j'ai croisé Robert Poujade : « Quelle atmosphère, plaisante-t-il, personne ne se dit plus rien depuis dix jours, sauf de très vieux amis ayant entre eux une inépuisable réserve de confiance ! »

Je ne suis pas sûre que, disant cela, il n'aggrave pas la lourdeur du climat qu'il dénonce. Mais enfin, c'est du Poujade : aigu, caustique, normalien, quoi !

Il ajoute sur Giscard : « Il est comme un homme qui a le gros orteil qui saigne. Sa tête reste bonne... jusqu'au moment où sa tête finit par ne plus marcher ! »

Plus sérieusement, il pense qu'après l'affaire Boulin, Giscard est contraint de garder Raymond Barre, car, selon lui, Boulin tué et Peyrefitte blessé par la lettre posthume, « il n'y a plus de Premier ministre RPR possible ».

Je ne suis pas sûre que cela lui fasse de la peine...

*7 novembre au matin*

Philippe Mestre, à Matignon, en veut beaucoup, dans le débat budgétaire en cours, à Claude Labbé et au groupe parlementaire gaulliste. À l'entendre, dans un premier temps, le groupe RPR aurait été d'accord avec le projet de budget gouvernemental. Ce n'est qu'après en avoir accepté les grandes lignes que Labbé a demandé 2 milliards d'économies au gouvernement. « Il est venu à Matignon tout de suite après avoir émis le chiffre de 2 milliards au cours d'une conférence de presse. Le Premier ministre lui a simplement dit : d'accord, trouvez-les !

« Entre Barre et le RPR, les choses se sont gâtées lorsque, au lendemain de sa réception à Matignon, Labbé a reproché au chef du gouvernement son refus de la concertation. Nous disons, nous, que la concertation a eu lieu ! »



Il devient grave : « Il faut que les députés RPR et Chirac le sachent : si le gouvernement est appelé, dans ce désordre, à poser la question de confiance, et si le groupe RPR vote la motion de censure qui s'ensuivra, l'Assemblée sera dissoute. » L'information est d'importance. Il ne me dit pas si c'est là le seul point de vue de Raymond Barre, ou si Giscard est d'accord.

Nous revenons à l'affaire Boulin : ce matin, au Conseil, Giscard a mis ses ministres en garde : « Il n'a pas apprécié les commérages de Maurice Plantier, me dit Philippe Mestre, car ce ne sont que des commérages. Que quelques petits corniauds au RPR aient dit n'importe quoi à Philippe Alexandre, du genre : “Boulin, on le tient”, peut-être (il cite parmi les corniauds informateurs d'Alexandre le nom de Vernaudon), mais que les dirigeants du RPR eux-mêmes se soient mis d'accord pour “mouiller” Boulin, personne ne le croit, ni le Président, ni le Premier ministre, ni moi ! »

Il me confirme – c'est le directeur de cabinet du Premier ministre qui parle – que le Président et le Premier ministre étaient informés depuis l'été : là-dessus Mestre est formel, il leur en a parlé en août et en septembre. Il confirme que Boulin, qui, dit-il, ne lui a jamais paru obsédé par cela, n'en a jamais parlé de lui-même ni à Giscard, ni à Barre.

« Rien à dire sur le juge Van Ruymbeke[1], précise-t-il ; il savait que Boulin était dans l'affaire, voilà tout. Nous ne voulions rien faire, car nous savions ce qu'il y avait dans le rapport Tournet : que c'était

1. Qui instruisait l'affaire Tournet.

un chantage inouï contre Boulin, qu'il parlait même de financement de campagne électorale ! Ce qui a été terrible, pour Boulin, c'est d'être sous la pression d'un chantage au moment précis où le phare était braqué sur lui, c'est-à-dire au moment où on a parlé de lui comme un Premier ministre possible. D'un seul coup, il savait que son avenir politique était compromis. »

Voilà ce que m'a dit Mestre.

Essayons aujourd'hui, après avoir couru comme une folle sur cette affaire, de savoir ce que j'en pense au moment – 7 novembre à l'heure du déjeuner – où j'écris ces lignes dans la salle de presse de l'Assemblée, déserte à cette heure.

Ce que je crois, c'est que Boulin avait commis pour le moins une maladresse en acceptant un terrain en échange d'une intervention sur un permis de construire pour Tournet à Ramatuelle. Sans savoir bien entendu que ce type était un escroc et revendrait le terrain au moins deux fois. Reste que, depuis le temps, il avait bien dû le savoir ! Tous les éléments de l'enquête que je fais depuis dix jours montrent que son sentiment de culpabilité ou du moins sa faiblesse vis-à-vis de Tournet étaient plus notables que ce que je pensais.

Sur le plan politique, sa mort ne me paraît pas, comme beaucoup le disent, le signe d'une décadence des mœurs politiques. Il ne s'agit pas d'un scandale à la Stavisky, ni d'une compromission générale de la classe politique. Il s'agit d'un homme ayant négocié un terrain en échange d'une intervention, coincé par et dans un chantage, donc aux abois, ayant l'impression que tout le monde – ses amis politiques, surtout – le laisse patauger dans la vase, celle où il a d'ailleurs fini ses jours.

Ce qui est grave, en revanche, et révélateur d'un malaise profond, c'est que le milieu politique se soit mis, comme une bande de forcenés, à chercher d'où venait le coup et à qui profitait le suicide. D'où ce jeu de furet d'un bout à l'autre de l'échiquier politique : tout le monde a attaqué la presse pour commencer, puis le RPR, mais presque jamais le gouvernement, et pas du tout VGE.

L'opposition n'en profite pas, divisée qu'elle est une fois de plus, et aussi parce que les dirigeants du PS, Mitterrand en tête, ne veulent pas trop exploiter cette affaire qu'ils trouvent louche. Le premier secrétaire demande aux siens de s'en mêler le moins possible, sauf par le biais d'une question orale qui sera discutée par les députés tout à l'heure.

Si le « crime » profitait à quelqu'un, ce serait d'ailleurs à Giscard : histoire des diamants oubliée, hypothèque RPR levée.

*7 novembre (suite)*

Question orale du mercredi après-midi posée par les socialistes sur l'affaire Boulin. Fabius, qui prend chaque jour du galon, parle pour le groupe. Il commence par faire état de l'émotion qu'a suscitée la tragique disparition de Robert Boulin : « Émotion, enchaîne-t-il, mais perplexité... » Pourquoi ? Parce que le communiqué du ministre a été juridiquement inexact, peu convaincant, qu'il traduit à première vue un règlement de comptes majoritaire, mais n'est pas de nature à dissiper les interrogations.



« Première question, martèle Fabius : êtes-vous réellement prêts à rechercher la vérité ? Deuxième question : après avoir été si prompts à mettre en cause la presse, allez-vous faire justice de ces allégations ?

« D'une certaine façon, conclut-il, votre société se décompose. Mais, aujourd'hui, c'est à la démocratie que l'on porte tort ! »

Raymond Barre se lève. Je le trouve grave, solennel, comme il sied sans doute à la situation. Aucune morgue dans ses propos. Aucun défi vis-à-vis de l'opposition. Il répond avec calme, sans animosité pour l'homme qui vient publiquement de poser ces questions dans le silence de l'Assemblée dont les gradins sont pourtant pleins à craquer. On sent – je sens –, lorsqu'il se lève lentement et fait face aux parlementaires, que toutes les phrases de cette courte intervention sont pesées au trébuchet. Je les note une fois de plus à toute allure :

« Il n'y a pas d'affaire Boulin, dit-il, il y a une affaire Tournet-Groult[1]. L'affaire judiciaire était dans la main des autorités judiciaires. Le garde des Sceaux n'a pas manqué à son devoir, sinon il ne serait plus garde des Sceaux. Le gouvernement, assure-t-il avec force, ne fuit pas la vérité, et personnellement je ne la fuis pas, et elle apparaîtra conformément aux procédures d'un pays démocratique.

« Et puis, vous faites état de calomnies qui s'attaquent à l'homme public dans sa dignité. Le gouvernement se détourne avec dégoût de ces manœuvres, d'où qu'elles viennent, et le gouvernement s'en tiendra le plus loin possible. Je n'ai jamais porté une attaque contre la presse : je laisse, dans toutes ces affaires, chaque homme, chaque

1. Groult est le nom du notaire qui s'est occupé des terrains de Ramatuelle.

journaliste en face de sa conscience. J'estime que la conscience existe encore, et que c'est la meilleure des barrières. »

Son ton se fait plus dur, il me semble, quand il se tourne vers Laurent Fabius : « De temps en temps, un peu d'indulgence ne messiérait pas. Face à tout ce qui est marécages, le gouvernement est sûr d'adopter une attitude conforme à la dignité. »

Il n'a répondu à rien. Il reste que Raymond Barre – qui a été lui aussi, il y a quelques mois, visé par une attaque sur son patrimoine immobilier, et qui l'a réfutée sans mal – a parlé avec une réelle autorité qui fait tomber la pression de l'Assemblée. On peut tout dire de cet homme, qu'il est méprisant, volontiers arrogant, que les leçons qu'il donne en permanence sont insupportables ; on ne peut cependant dire qu'il est malhonnête, ni qu'il fuit ses responsabilités. S'il nage, comme nous tous, dans la boue de cette affaire, il ne s'en sort pas si mal. Assez bien, en tout cas, pour que les députés passent à autre chose.

*8 novembre*

Je vais à la pêche aux informations chez Bernard Pons[1]. Dans son bureau, une grande photo de Georges Pompidou qui avait été un des premiers, suivi de beaucoup d'autres, à se découvrir une passion pour le Lot et ses environs, jusqu'à choisir Cajarc comme résidence secondaire.

C'est Bernard Pons, donc, qui a été le premier à réagir à l'éditorial de Philippe Alexandre faisant état d'un complot RPR contre Robert Boulin. La plupart des parlementaires en partance pour les obsèques de Boulin n'ayant pas écouté la radio le matin, pas plus que Chirac, Bernard Pons se fait communiquer le script de Philippe Alexandre :

« Je le lis, je vois que c'est diffamatoire, j'appelle quelques avocats lotois, je leur demande conseil et je rentre à Paris dès le dimanche soir. À 9 heures du matin, j'appelle Maurice Plantier qui nie avoir tenu les propos qu'on lui prête. Je mobilise l'ensemble des secrétaires et autres chargés de mission pour savoir s'il y a eu, quelque part, une réunion de responsables RPR autour de l'affaire Tournet. Tournet aurait-il pu rencontrer Chirac ou un autre dirigeant du RPR ? J'ai appelé moi-même la plupart des dirigeants RPR : tous m'ont dit

1. Bernard Pons est à l'époque député du Lot, secrétaire général du RPR avant d'être élu député de Paris.

n'avoir tenu aucune réunion. Mon opinion à ce moment-là est qu'il faut une riposte ferme aux affirmations de Philippe Alexandre. »

Pons appelle donc Jacques Chirac à 9 h 30. Celui-ci arrive au RPR à 10 heures.

Pons reprend son récit : « J'ai posé la question à Chirac, les yeux dans les yeux : Peux-tu me dire si tu as présidé une réunion de ce genre, ici ou ailleurs ? Chirac me répond qu'il n'a pas présidé de réunion de groupe les jours en question, qu'il s'est contenté de voir Alain Devaquet, Claude Labbé et moi. J'ai vérifié ensuite auprès de Bernard Billot[1], à la mairie de Paris, qu'aucune réunion n'avait été tenue à l'Hôtel de Ville entre dirigeants RPR. »

Dès lors, Pons et Chirac ont rédigé trois lignes de démenti. Et ont brandi la menace d'une attaque en diffamation contre Philippe Alexandre.



Question essentielle : au-delà du communiqué de démenti, d'où est parti le coup ? C'est à ce moment, me raconte Bernard Pons, que Jacques Chirac a appelé Chaban, lequel l'a envoyé sur les roses.

Je quitte Bernard Pons, qui ne manque pas de me rappeler, lorsque je suis déjà sur le pas de la porte, qu'au « Club de la presse » du 21 octobre – le script de l'émission dans sa page 3 l'atteste –, Robert Boulin avait parlé de Jacques Chirac comme d'un « ami ». Il n'aurait eu aucune raison de le faire si Chirac avait ameuté contre lui tous les dirigeants du RPR...

*8 novembre, toujours*

Je me rue chez Jean de Lipkowski dont on m'assure qu'il a lui aussi prévenu Chirac, dès le dimanche soir, des accusations de Maurice Plantier telles qu'elles ont été portées à la connaissance des auditeurs de RTL par Philippe Alexandre. Dimanche, Lipkowski était au lit, cloué par une sciatique : dès que Chirac, au retour d'un paisible week-end en Provence, vers 21 h 30, regagne la capitale, « Lip », tordu de douleur, vient lui rendre visite. Il raconte au maire de Paris qu'il a déjeuné avec Robert Boulin, quatre jours avant sa mort, et que celui-ci n'a pas fait état du moindre problème avec lui, Chirac. En revanche, il s'est plaint d'autres abandons du côté du pouvoir, notamment de celui de Barre et Mestre.

1. Bernard Billot est un collaborateur de Jacques Chirac à la mairie de Paris. Il a écrit *D'un Chirac l'autre*, en 2005 (éditions Bernard de Fallois).

« Jure-moi que tu n'y es vraiment pour rien, demande "Lip" à Chirac. Sinon, je démissionne à l'instant du RPR ! »

Chirac jure.

Tout tourne depuis quinze jours autour de cette affaire Boulin. La vérité est que tout le milieu politique parlait, depuis l'été, des « casseroles » de Robert Boulin. Les RPR en ont-ils davantage parlé que les autres ? Peut-être, peut-être pas.

Chacun s'est refilé le mistigri : Peyrefitte, le premier désigné par Boulin dans sa lettre posthume, s'est débarrassé de l'accusation au détriment du RPR et de Jacques Chirac ; Jacques Chirac a fait donner Lipkowski, qui, en brandissant à son tour les noms de Barre et de Mestre, a calmé tout le monde.

« Crise de régime », conclut Michel Debré. On n'en est de toute façon pas loin.

*14 novembre*

Crise de régime ? « Non, me dit Bernard Pons que je rencontre à nouveau aujourd'hui. C'est là un terme excessif de Michel Debré. Ce qui est vrai, c'est que le gouvernement n'existe pas : il s'agit plus d'une société anonyme que d'un gouvernement. L'exécutif, aujourd'hui, est paralysé. »

Il poursuit dans cette veine. Selon lui, l'action économique du gouvernement est nulle : « Il y a trois ans, avec Chirac, il y avait une volonté économique, une volonté sociale. Si on fait le bilan, aujourd'hui, inflation, déficit extérieur, emploi, tous ces indicateurs sont au rouge. Ne cherchons pas plus loin, c'est un échec pour Barre, c'est un échec pour Giscard. »

Le voilà parti sur Giscard : « C'est peut-être la volonté du Président de ne pas dramatiser la situation. Il nous dit que nous sommes dans une spirale, la France moins que les autres pays européens. Son analyse est mauvaise, car il n'appelle pas la France à un sursaut national. »

J'arrive mal à comprendre la stratégie du RPR. Tantôt Chirac affirme vouloir se rapprocher de Giscard (cf. *supra*, sa conversation avec Michel Debré) : ce serait pour cette raison qu'il aurait rompu avec Pierre Juillet et Marie-France Garaud au printemps dernier ;

tantôt le RPR choisit d'attaquer Barre et Giscard sur les domaines où ils sont le plus chatouilleux, c'est-à-dire l'économie.

Déjeuner avec Édouard Balladur, le même jour. Depuis qu'il a pris ses distances avec Juillet et Marie-France Garaud, Chirac s'est beaucoup rapproché de l'ancien secrétaire général adjoint, puis secrétaire général tout court de Georges Pompidou. Curieuse, cette démarche qui l'a amené à faire monter Balladur au fur et à mesure que Garaud et Juillet descendaient dans son cœur. Balladur était hostile à l'appel de Cochin, il l'avait fait savoir à Chirac, et pourtant celui-ci l'a revu souvent au printemps dernier. De sorte que la nature – surtout celle de Chirac – ayant horreur du vide, Balladur est aujourd'hui un des hommes sur lesquels il compte...



D'où ce déjeuner au cours duquel il me raconte cette histoire formidable sur Pompidou. Elle se passe au début de son septennat, en 1969 ou 1970. Georges Pompidou était à la chasse, à laquelle il avait convié Giscard. Le duc de Luynes veut à toute force lire les lignes de la main de Pompidou. Celui-ci accepte.

« Vous vivrez très longtemps, lui dit le duc. Vous ferez même un second septennat. »

Georges Pompidou se tourne vers Giscard :

« Vous êtes content, Giscard ?

– Oh, tout à fait, Monsieur le Président ! »

Alors Pompidou, ironique, au duc de Luynes : « Vous voyez, dit-il, vous vous êtes fait deux amis ! »

Balladur déteste Debré, encore plus sans doute que Juillet, contrairement à ce qu'a longtemps cru le premier. « Il n'a de caractère, en dit-il, à aucun sens du mot. Il perd son sang-froid, comme en 1968. Et il fait presque systématiquement le contraire de ce qu'il veut. » Et de citer évidemment l'indépendance de l'Algérie.

Sur Giscard, il ne dit rien d'autre. Sur Chirac, encore moins. Ce monsieur est très prudent.

*16 novembre*

Treize points en trente-cinq jours : du jamais vu pour la cote de popularité du Premier ministre. Barre a gagné 13 points entre le 12 octobre et le 16 novembre ! Oh, sa cote ne monte pas très haut : elle est aujourd'hui à 41 %.

À quoi est-ce dû ? Le chômage a-t-il disparu, l'inflation a-t-elle été jugulée ? Pas du tout. Ce bond spectaculaire, il le doit d'abord à sa maladie. Et puis aussi à ce que, derrière les « affaires », les vrais problèmes de la France avancent masqués.

Colette Boulin, la femme de Robert Boulin, a dit à Jean Mauriac, hier ou avant-hier, que son mari avait trouvé Mestre et Barre très durs avec lui, presque – c'est le terme qu'il a employé – « inhumains ». Si Mauriac, qui n'aime pas du tout Jacques Chirac, avait entendu prononcer son nom parmi les « inhumains », nul doute qu'il aurait amplement répercuté l'information. Ce n'est pas le cas. Il ajoute que Colette Boulin se croit l'objet de machinations et a peur, paraît-il, qu'il n'arrive quelque chose à Bertrand, son fils. Fait-elle du bruit pour camoufler les fautes de son mari ? Ou est-ce simplement par désarroi ?

*18 novembre*

Barre, hier très violent contre Jacques Chirac, comme le laissaient entendre ses dernières sorties devant le groupe UDF. Piqué au vif, évidemment, par les critiques du RPR visant sa politique économique. C'est tout juste s'il ne l'accuse pas d'avoir mal géré l'État. « Jamais, me dit Michel Debré, on n'a vu un Premier ministre aller aussi loin dans la dénonciation de son prédécesseur ! »

Tout cela se termine donc dans le sang. Barre aurait pu y mettre du sien. Au contraire, il a fait un cours magistral d'économie politique pour accuser Chirac d'avoir, avant lui, mal géré l'État. Oubliant que, tout de même, Giscard était alors président de la République... Et, sous les yeux de la gauche suffoquée, le voici qui décide d'engager la confiance du gouvernement et de faire jouer l'article 49-3 de la Constitution.

Le RPR est au pied du mur : soit il vote la censure, et c'est l'explosion ; soit il ne la vote pas, et il est pris dans ses contradictions : après avoir fait monter la pression, il se soumet, de peur d'une dissolution.

Le Premier ministre aurait mille fois eu le temps de recoller les morceaux. Chirac aurait pu trouver des points de convergence. L'un et l'autre se sont entêtés.

Et puis, l'affaire Boulin, la semi-condamnation de l'« inhumanité » d'un ministre RPR, les interrogations sur le rôle de Chirac dans la mise en marche de la machine anti-Boulin, tout cela accentue le malaise – j'allais écrire le naufrage – de la majorité.

*20 novembre*

Débat sur la motion de censure après que Barre a fait jouer le 49-3. Les orateurs se succèdent à la tribune : Mitterrand, littéraire, Robert Ballanger, le communiste, égal à lui-même, tonitruant et assez creux. Le chiraquien Claude Labbé est laborieux, le giscardien Roger Chinaud, vindicatif. Puis vient le tour de Michel Debré, le plus attendu, car chacun veut voir le choc entre l'ancien et l'actuel Premier ministre.

L'opposition, on sait qu'elle votera la motion de censure. Si les RPR la votent aussi, c'est pour le coup une vraie crise de régime. Jusqu'où ira Michel Debré, que fera le RPR ? Questions que tous les observateurs se posent au moment où il commence à parler. *1979*

Michel Debré rappelle que, lorsqu'il avait présenté le premier budget de la Ve République, il s'était abstenu, lui, de critiquer ses prédécesseurs : allusion à la sortie de Raymond Barre, samedi dernier... Pendant qu'il dit ces mots, Barre, au banc du gouvernement, tapote nerveusement son pupitre. On le comprend : les critiques pleuvent. Le chômage ne peut pas rester aussi élevé, la tornade extérieure menace la France, le trou de la Sécurité sociale reste à combler. « Nous pouvons garder toutes nos chances, mais prenons les choses avec sérieux, demande Debré (le mot "sérieux" accroît l'énervement de Raymond Barre, qui pense manquer de beaucoup de choses, mais pas de sérieux !). Il ne faut pas rejeter dans les ténèbres extérieures ceux qui disent qu'un sursaut peut nous placer dans le camp victorieux ! » La première tâche, selon lui, est d'enrayer la course permanente au déficit, de renforcer la solidarité nationale, fût-ce au prix d'un prélèvement sur les fortunes.

À cet instant, je vois Pierre Joxe et Charles Hernu applaudir Michel Debré : ce doit être la première fois de leur vie ! Les leaders socialistes arrêtent bien vite de manifester leur soutien à l'ancien Premier ministre quand celui-ci suggère que le gouvernement, pendant deux ans, procède par ordonnances pour tout ce qui concerne le budget de l'État et le budget de la Sécurité sociale.

Envol dans la phrase de fin, tout à fait dans le style Debré : « Ce n'est pas la France socialiste, ni la France UDF, ni la France communiste, ni la France des PME, ni la France bretonne, ni la France lorraine qu'il faut sauver, mais plutôt ce sont tous les Français qu'il faut sauver ! »

Pas fou, Debré, derrière ses incantations, n'a en réalité fermé aucune porte. Il n'a pas dénoncé l'appartenance du RPR à la majorité, il n'a pas menacé le gouvernement de rupture. N'empêche que le Premier ministre en exercice n'est pas content du tout de ce qu'a dit son lointain prédécesseur. Quand on pense qu'en 1976, lorsqu'il a été nommé, Debré faisait son éloge !

D'ailleurs il est 16 h 10, Barre répond. Il concentre d'abord ses tirs sur l'union de la gauche. Normal. Puis rassure le premier orateur qui s'était exprimé pour le RPR, Claude Labbé : « Je gouvernerai avec la majorité, dit-il en s'adressant à lui, je ne gouvernerai pas contre elle ! » Avec Michel Debré, le ton est différent. Barre est visiblement exaspéré par la leçon que ce dernier vient de lui donner. Un professeur professé ! Il le prend mal et en fait juge les députés : « Dois-je entendre dire que je me contente de critiquer mes prédécesseurs, que mon budget 1980 est un mauvais budget ? Et faire comme si de rien n'était ? Je vous le demande : est-il possible d'entendre tout cela ? »



Après cela, sa réponse est classique : il veut doter le pays d'une économie solide, poursuivre la lutte contre l'inflation.

(Je m'endors comme souvent lorsque Barre parle, y compris même dans le brouhaha de l'Assemblée. Lorsque je me réveille, trop tard : il a terminé...)

Je rencontre Mitterrand dans la salle des Quatre-Colonnes au moment où il s'apprête à quitter le Palais-Bourbon. Comment dire ? Sur son visage, une assurance que je connais bien : il se présentera à nouveau en 1981. Sur quoi est-ce que je fonde ma certitude ? Sur l'analyse qu'il fait de la situation : ce qui s'est passé aujourd'hui à l'Assemblée, la bagarre Chirac-Giscard par Barre interposé, l'encourage. Et aussi – j'allais presque écrire surtout – sur le comportement actuel de Mitterrand : il a fait attention à lui, il a pris des vacances, il a maigri et légèrement bruni, son visage a repris en partie les arêtes de sa jeunesse. Il traverse en souverain les Quatre-Colonnes, intercepté par trois députés RPR – Jean Bozzi, Georges Gorse et Lucien Neuwirth – qui lui font grand compliment du discours sur le budget qu'il a prononcé ce matin. Il accepte leurs hommages avec une majesté nuancée de scepticisme, puis gagne la sortie.

Après lui, voici qu'arrive dans mon champ de vision Jean Foyer, RPR, ancien garde des Sceaux de Michel Debré : « L'Élysée est sur un petit nuage, me dit-il ; en réalité, jamais le RPR ne votera pour Giscard : voilà la vraie signification de ce qui s'est passé aujourd'hui. »

Comment, dans ce cas, Giscard pourrait-il être réélu ? Le « déchet » RPR sera important : il lui manquera beaucoup de voix de ce côté-là. Quant aux communistes, ils pourront évidemment reprendre leur mot d'ordre de 1969. Ils disaient alors : entre Poher et Pompidou, on ne choisit pas. Ils ont été suivis. Ils ne le seront pas, ou beaucoup moins, par leurs troupes lorsqu'ils diront : « Entre Mitterrand et Giscard, on ne choisit pas. »

Vœu personnel ou froide analyse politique ? Foyer se plaît à voir Giscard battu dans un an et demi. Il n'a pas l'air d'en être mécontent.



Derniers mots, avant de m'en aller, avec Robert Poujade, qui est, lui, très choqué par la colère de Barre à la tribune : « Je suis effaré, confie-t-il. Barre vient de me dire : Tant pis, je suis décidé à aller jusqu'au bout avec le RPR. S'il le faut, je redeviendrai professeur à Paris-I [1] ! »

*27 novembre*

Giscard à la télévision avec Elkabbach et Duhamel : « À la question que vous me posez sur la valeur de ce que j'aurais reçu comme ministre des Finances, j'oppose un démenti catégorique et, j'ajoute, méprisant. » Les cadeaux ? Tout le monde en reçoit. Ses cadeaux personnels seront distribués avant la fin de son mandat à des œuvres de bienfaisance ou à des musées.

Je crains que sa réaction d'orgueil passe mal. De toute façon, elle ne met fin à rien [2].

---

1. Naturellement, la motion de censure n'a pas été adoptée, le budget est donc considéré comme voté.

2. Cf. l'éditorial de Jacques Fauvet, directeur du *Monde*, un an plus tard, le 26 décembre 1980. Il est intitulé : « Bokassa et la France. »

*6 décembre*

Lecanuet trouve – il me le dit – que Raymond Barre y va un peu fort, que son agressivité vis-à-vis du RPR est dangereuse pour la majorité et encore plus pour Giscard. Paradoxe : Lecanuet essayant de calmer Barre dans sa lutte contre Chirac, cela a son prix ! Il me raconte en riant comment, lorsqu'il est allé conseiller la prudence au Premier ministre, celui-ci l'a engueulé, l'autre après-midi.

Lecanuet attend de savoir ce que Giscard veut vraiment.

*11 décembre*



« S'ils veulent la bagarre, ils trouveront à qui parler. S'ils me cherchent, ils me trouveront ! »

Qui parle ainsi ? C'est Raymond Barre, salle Colbert, devant le groupe parlementaire UDF. Qui ça, *ils* ? Les parlementaires RPR.

De mieux en mieux !

*12 décembre*

Barre ne cesse de dire à ses collaborateurs – c'est Philippe Mestre qui me le dit – qu'il n'admet pas « qu'on élève systématiquement des obstacles sur son chemin », et que ce ne sont pas « les chefs du RPR qui gouvernent la France », qu'il en a assez d'entendre Chirac dénoncer « l'incapacité de ceux qui nous gouvernent ».

« Tant que ce ne sont là que des paroles, me dit Mestre, cela n'a aucune importance. Tout de même, nous dire : votre budget est dégueulasse (Labbé), vous êtes incapable de gouverner (Chirac), et vous abaissez le pays (Debré), lancer des ultimatums, exiger deux milliards d'économies et un budget social, je trouve – pardonnez-moi l'expression – qu'ils poussent un peu ! »

Il estime que Chirac, Labbé et Pons essaient de persuader le député RPR moyen que l'intention du gouvernement est de liquider les gaullistes. « Chirac, du coup, poursuit-il, veut prendre les devants et prétend nous faire la guerre avant que nous ne la lui fassions ! »

Envisager une dissolution ? Oui, Barre va jusque-là. « C'est l'affaire du président de la République, concède Mestre. Mais il n'est pas possible d'y renoncer si nous sommes pris dans cette guerre-là !

Vous verrez : s'il y a dissolution, les parlementaires RPR seront balayés ; ils ne seront plus que trente dans la future Assemblée ! »

C'est ce que dit, dans la soirée du 12, Pierre Hunt à André Chambraud : il se dit navré (quelle sollicitude !) de voir que « la principale formation de la majorité organise elle-même son naufrage ». Et de brandir une nouvelle fois la menace de la dissolution.

Depuis que Jacques Chirac a quitté le gouvernement, nous sommes sans doute dans la phase la plus dure de l'affrontement entre les deux composantes de la majorité. Quand j'écris « de la majorité », je me trompe : il n'y a plus guère de majorité aujourd'hui !

Je ne sais pas où va Giscard, mais compte-t-il se faire réélire sans le RPR ? Il est le seul à pouvoir faire un geste pour le sauver, s'il est encore sauvable. Raymond Barre me semble trop profondément exaspéré, trop blessé dans son ego de professeur d'économie pour pouvoir changer d'attitude.



*20 décembre*

Nouveau débat sur une motion de censure déposée par les communistes sur la sécurité européenne et le désarmement[1]. Quelques incidents de séance révèlent le tempérament combatif et médiatique de Georges Marchais qu'un député UDF interrompt en hurlant, alors qu'il est à la tribune : « Le téléphone rouge, à quoi ça sert ? » Marchais s'arrête, jette un coup d'œil circulaire sur l'hémicycle et reprend : « Elle est riche de la misère des travailleurs, cette droite, mais pauvre en arguments politiques ! »

Par-delà ces anecdotes de séance[2], la position de Marchais est nette : il s'est jeté à fond dans la bataille des euromissiles aux côtés de l'URSS.

Après lui, Mitterrand se lance dans un discours-fleuve sur le désarmement. Ses arguments : la France dispose d'une force atomique autonome, elle a des relations suivies avec l'URSS, elle refuse le

---

1. Il s'agit des décisions prises par le Conseil atlantique de déployer sur le sol européen de nouveaux systèmes nucléaires, le Pershing 2 et le missile de croisière Tomahawk.

2. Georges Marchais a longuement énuméré, sans reprendre souffle, la liste de tous ceux qui, pour réclamer un désarmement généralisé, n'en sont pas pour autant des agents soviétiques, et a même rendu hommage à Jean-Paul II et à son action pour la paix.

réarmement allemand, elle est dans l'Alliance atlantique, elle n'est pas dans son organisation militaire intégrée : s'il y a un consentement général, c'est bien dans ce domaine. Pas question de le remettre en cause ! Le PS ne votera pas la censure avec les communistes, parce que ce serait « faire de la surenchère sur les positions de l'URSS », parce que ce serait se « livrer à une médiocre opération de politique intérieure, alors qu'il s'agit de la paix ». Bref, tout cela pour dire qu'il ne censurera pas le gouvernement sur la mise en place des Pershing à laquelle, au surplus, le gouvernement français ne peut pas grand-chose...

Une motion de censure pour révéler les failles à l'intérieur de la majorité, une autre pour accroître les divergences entre communistes et socialistes : de cette session parlementaire il ne reste que des décombres !

*1979*

*24 décembre au soir*

Le Conseil constitutionnel a choisi le réveillon pour faire connaître sa position sur le budget : il annule les débats budgétaires. Cent heures passées à plaider sur 343 amendements, deux engagements de la responsabilité du gouvernement, 58 séances de jour et de nuit à l'Assemblée nationale, tout cela aux oubliettes ! Le Conseil a rendu un jugement sans appel : la procédure à l'issue de laquelle le budget de 1980 a été considéré comme adopté n'est pas constitutionnelle [1].

J'ai Roger Frey, président du Conseil constitutionnel, au téléphone immédiatement après. Tour à tour acide et sucré, il me dit après bien des circonlocutions qu'il a été voir Giscard, le 24 octobre, en lui exposant les doutes qu'il avait sur la conformité du projet de loi, après le rejet de l'article 25. « Le chef de l'État, me dit-il, a paru plus soucieux que son Premier ministre. Je me suis personnellement inquiété de la mauvaise interprétation donnée, au départ, de l'article 40. J'ai vu avec plaisir que le Président était dans les mêmes dispositions que moi, c'est-à-dire qu'il était réservé. Je lui ai dit que je ne trouvais pas la procédure régulière. Je crois même avoir dit,

1. Lorsque, le 22 octobre, les députés avaient repoussé par 198 voix (celles du PC et du PS) contre 128 (celles de l'UDF, le RPR s'étant abstenu) l'article 25, dit d'équilibre de la loi de finances, la discussion aurait dû s'interrompre. L'Assemblée n'avait pas le droit, selon l'article 40 de la loi organique du 2 janvier 1959, de passer à la discussion des dépenses sans avoir voté les recettes.

depuis ce moment, à tous ceux qui pouvaient l'entendre, que la procédure choisie était sujette à caution... »

Qu'en termes galants...

Il conclut sur Barre et Giscard : « J'ai passé des jours très désagréables. Je voyais ce qui allait se passer, j'ai essayé de faire ce que je pouvais, mais le Premier ministre était sûr de lui. Il avait une opinion à laquelle il avait réfléchi, et il l'a maintenue ! »

À propos de Chirac qui craint que tout cela ne soit qu'une entourloupe aboutissant à une dissolution : « C'est tordu, surtout quand on sait quel goût j'ai pour les dissolutions ! »

Je demande si, à son sens, il y a aujourd'hui sur ce point divergence entre le Premier ministre et Giscard.

« Oui », répond catégoriquement Frey.

« Non », répond le porte-parole adjoint de l'Élysée que je joins quelques minutes plus tard, alors qu'il passe le réveillon dans les appartements de permanence de la Présidence de la République en l'absence de Pierre Hunt. « En réalité, m'explique-t-il, trop de juristes ont donné des interprétations différentes sur cette affaire. Nous pensions que cela se terminerait par une simple admonestation du Conseil constitutionnel. »

Une fois de plus, l'optimisme de Giscard !

Sans compter que les parlementaires doivent revenir dare-dare à Paris avant le 31 décembre pour voter un projet de loi autorisant le gouvernement à percevoir les impôts !

# 1980

À l'occasion de ses vœux à la presse, hier, Giscard nous a signalé clairement qu'il avait tout de suite vu, lui, que l'esprit de la Constitution de 1958 entraînait la nullité de la procédure choisie pour la discussion budgétaire. Il s'est gardé d'intervenir parce que ce n'était pas son affaire, mais celle du Premier ministre. Comme il ne veut pas le charger, il ne désigne pas le coupable. Dans son esprit, il y en a au moins deux : en premier lieu, le président de l'Assemblée nationale, Jacques Chaban-Delmas, qui trouvait la procédure tout à fait constitutionnelle : retirer le texte aurait été mettre en doute son avis et celui de ses services ; et, en second lieu, Raymond Barre est sinon le coupable, du moins celui à qui il revenait de prendre la décision de maintenir le texte de loi ou de le passer par profits et pertes.

Il y a là à mon avis un risque de discorde entre le Président et son Premier ministre. Philippe Mestre, que j'ai rencontré à Matignon le 31 décembre, avait imputé aux services juridiques de l'Assemblée nationale et à Chaban lui-même le fait d'avoir laissé la discussion budgétaire se poursuivre le 29 octobre aux environs de 18 heures.

« Quelle bévue avons-nous commise ? s'interroge-t-il, pour répondre évidemment par la négative : personne n'est responsable. Il y a dans la Constitution une mauvaise coordination entre ses articles 44 et 49, l'article 101 du règlement de l'Assemblée nationale, et l'article 40 de la loi organique de janvier 1959 : voilà tout. Là est l'irrégularité. C'est le blocage constitutionnel. »

Pas gêné un instant, sûr d'avoir raison au milieu de la tempête politique déclenchée par le veto du Conseil constitutionnel, il ajoute :

« Le Président et le Premier ministre sont restés dans leur rôle. Quand le blocage est intervenu, le Président a constaté que la voie prise par la discussion budgétaire ne lui semblait pas être conforme à la Constitution. Il n'a pas dit : vous vous êtes trompés. Il avait précisé à Barre le 31 octobre dernier : je vous demande une Constitution appliquée, une loi de finances votée. Il avait ajouté : ne faites pas d'erreur.

Le Premier ministre a obéi en utilisant le 49-3. Le Président (il ne dit jamais, comme moi, Giscard, appellation qu'il réprouve, en bon préfet respectueux des bonnes manières) a présidé deux Conseils au cours desquels le Premier ministre a annoncé ses intentions et quelle procédure il allait suivre. Bref, conclut-il, il s'agit là d'un imbroglio dans lequel chacun a fait son travail. »

Excellente démonstration, qui ne me convainc que d'une chose : le Président rejette sans le dire la faute sur Raymond Barre, et celui-ci pense que si le Président avait quelque chose à dire, il aurait dû le dire plus tôt et plus fort.

D'ailleurs, je me pose des questions sur les véritables relations que Giscard entretient avec Raymond Barre. Au Conseil des ministres du 2 janvier, Giscard a eu une petite phrase qui en dit long. Après avoir évoqué les mesures forcément impopulaires qu'entraînera l'augmentation du prix du pétrole, il a eu cette phrase : « Le gouvernement doit montrer qu'il a raison, non contre les Français, mais avec les Français. » Preuve qu'il mesure tout à fait les qualités de Barre – puisqu'il le garde –, mais aussi ses défauts.

François Mitterrand a passé la journée du 3 janvier chez Maurice Faure à Saint-Pierre-de-Chignac, en Dordogne. Il s'agit d'un petit village sans caractère, unique ou presque par sa banalité, dans une région de châteaux et de belles demeures. Élu du Lot, Maurice Faure passe une partie de ses week-ends dans la circonscription voisine où il possède cette maison tout en longueur : il faut imaginer Faure et Mitterrand en train de se faire des confidences et de concocter des plans autour de la cheminée. Toute la matinée, ils ont marché dans la campagne gelée, regardant les vaches et les veaux, les forêts et les rivières, avant de se réchauffer autour du feu en mangeant omelette aux truffes et foie gras. Ils ont parlé de Rocard, sans doute, et de la stratégie à suivre, pour Mitterrand, dans l'année qui vient, capitale. Les idées de Michel Rocard seraient à tout prendre plus proches de celles de Maurice Faure. Celles de Mitterrand lui paraissent parfois excessives, et le Programme commun n'a jamais eu ses faveurs. Il n'empêche : question de génération, peut-être, il n'y a qu'auprès de Maurice Faure, dans ces rares journées arrachées au temps qu'ils partagent une fois l'an à la même époque, que François Mitterrand se sent parfaitement à l'abri. C'est si vrai que, quels que soient mes efforts pour savoir ce qu'ils se sont dit, je sais déjà que je n'y parviendrai pas.

*6 janvier*

Je reviens sur les traditionnels discours de vœux du chef de l'État. Aux corps constitués (puisque c'est ainsi qu'on appelle le Conseil d'État, la Cour des comptes, le Conseil constitutionnel, etc., lorsqu'on les réunit pour une grande occasion), Giscard a parlé d'unité. « L'unité, a-t-il dit de son ton inimitable (ou plus exactement si particulier qu'il ne cesse d'être imité par Thierry Le Luron et d'autres), répond à la nécessité. Une France divisée aurait d'autant moins de chances de maintenir son rang, de triompher des difficultés que réserve le monde à venir... Est-ce trop rêver de croire que les circonstances sont réunies pour que nous passions de la lutte de factions à l'effort de l'équipe de France ? » *1980*

Discours bienvenu à la fin d'une année qui, en matière de divisions, aura valu son pesant d'or. Seulement voilà : à peine Giscard avait-il prononcé ces mots qu'il s'est débrouillé pour diviser davantage encore la majorité. Il a invité François Mitterrand et Georges Marchais à « prendre contact » avec le ministre des Affaires étrangères pour « leur information personnelle » sur la crise internationale actuelle – l'invasion de l'Afghanistan et l'augmentation du prix du pétrole[1]. Il a même invité Mitterrand, « si l'évolution de la situation le rendait nécessaire », à venir lui rendre visite. Réponse immédiate de l'intéressé : Lionel Jospin ira voir François-Poncet. Pas question qu'il y aille lui-même : il se réserve pour Giscard. Pas de réponse, pour le moment, du PC.

Qui n'a-t-il pas invité ? Jacques Chirac. Pourquoi ? Parce que, dit-on à l'Élysée, sans rire, Maurice Couve de Murville, président de la commission des affaires étrangères à l'Assemblée nationale, n'a pas besoin d'informations supplémentaires.

L'unité, oui. Avec Chirac ? Non.

---

1. Augmentation inéluctable après la réunion des pays producteurs de pétrole à Caracas à la fin de l'année 1979.

*8 janvier*

Au Kremlin, Georges Marchais, reposé et hâlé par le soleil de Cuba où il vient tout juste de passer quelques jours de vacances, serre entre ses mains les deux mains de Leonid Brejnev[1]. La photo que j'ai vue tout à l'heure le montre s'adressant au dirigeant soviétique avec un large sourire. Brejnev, lui, plisse les yeux de contentement.

Pendant ce temps-là, en France, au Parti communiste, c'est le désarroi total. C'est ce que me décrit Antoine Spire[2] : une vingtaine de journalistes de *L'Humanité-dimanche* sont en désaccord avec la position de la direction sur l'Afghanistan ; un membre du bureau fédéral, Yvon Quiniou, signe une pétition contre les Soviétiques en Afghanistan, que cosignent après lui des cellules entières.

Le maire communiste de Sèvres est de ceux-là. Il dit qu'il a l'impression d'avoir franchi le Rubicon ! Laurent Salini, l'éditorialiste de *L'Huma*, a été poussé de côté. Il pense, me dit Spire, que Marchais n'a aucune pensée politique. Un temps, la direction a chargé Salini des liens entre *L'Humanité* et les éditions du Parti, les Éditions sociales. Même cela, il n'a pas pu le conserver. On lui a enlevé les Éditions sociales, et Roland Leroy lui a préféré, pour incarner la ligne du Parti, un autre éditorialiste, René Andrieu.

L'intervention soviétique en Afghanistan est, parmi ces militants qui s'interrogent sur la politique du PC et ses liens avec l'URSS, la goutte d'eau qui a fait déborder le vase. Ils jugent préoccupant le manque de perspectives des dirigeants communistes. D'autres continuent à se persuader que le PC français doit renforcer sa spécificité au sein de la gauche française, et qu'il lui faut donc jouer un rôle prépondérant dans les instances communistes internationales.

Les communistes sont donc aujourd'hui divisés : le clan prosoviétique, derrière Gaston Plissonier et Georges Gosnat, personnage

1. Le 24 décembre 1979, plusieurs milliers de parachutistes soviétiques sont déposés sur les principaux aéroports afghans. Officiellement, il s'agit d'un simple « réaménagement » ou d'un renforcement de la contribution de l'URSS à la lutte contre les rebelles qui menacent le nouveau régime afghan mis en place depuis l'année précédente. Le 27 décembre, les troupes soviétiques débarquent le chef de l'État afghan, Hafizullah Amin, et installent à sa place dans le palais présidentiel Babrak Karmal.

2. Antoine Spire est à l'époque journaliste communiste. Auteur de nombreux livres, dont *Profession : permanent* (Seuil, 1980), devenu oppositionnel, il sera un des rédacteurs en chef du *Matin de Paris* et animera pendant vingt-trois ans une émission sur France Culture.

d'autant plus important au PC qu'il en est le trésorier, et le clan des oppositionnels.

Ajoutons à cela l'affaire Fizbin, qui a touché l'appareil du Parti et la plupart des communistes parisiens qui le connaissent bien et l'aiment beaucoup.

Entre les deux camps, Georges Marchais se bat, paraît-il, au sein du bureau politique pour définir une position plus ouverte.

J'en profite pour parler de la nouvelle génération de communistes qui entoure Marchais. Les uns et les autres n'ont peut-être pas beaucoup d'humour, mais on aurait cependant tort de croire qu'ils sont tous faits sur le même modèle. Le dauphin, c'est Charles Fiterman, qui a pris cette place, convoitée, depuis que Roland Leroy et Paul Laurent voient leur influence diminuée au sein du Parti. C'est l'ancien directeur de l'école des cadres de Bobigny où des ribambelles de cadres du PC sont venus faire leurs classes. Parce qu'il parle lentement, on le prend à tort pour un esprit lent. C'est tout le contraire. J'ajoute qu'il a dirigé la négociation sur le Programme commun en 1977, laquelle a abouti à la rupture : il n'est pas sûr que lui-même l'ait voulue.



Maxime Gremetz, râblé, petit, front bas, a succédé à Jean Kanapa à la direction de la section étrangère du comité central. Cet ancien OS de la métallurgie a remplacé un agrégé de philosophie. Je ne veux pas voir dans ce remplacement une baisse du niveau des dirigeants communistes, mais enfin...

Toujours parmi les jeunes dirigeants qui font partie des hommes de Marchais, il y a André Lajoinie : la cinquantaine, épais, la poignée de main ferme, placide, il a été l'un des principaux orateurs communistes pendant la campagne des législatives en 1978 [1].

Francette Lazard, jolie, brune, la quarantaine, est d'origine « bourgeoise » – son père était médecin, elle appartient à la branche cadette de la famille des grands banquiers. Directrice adjointe de *L'Humanité*, elle a pris auprès des intellectuels la place de Roland Leroy, qui se méfie d'elle comme de la peste.

Voilà donc la nouvelle équipe. Tout cela confirme l'éloignement de Leroy après le XXIII^e^ Congrès.

1. C'est lui finalement – et pas Gremetz – qui répondra à l'invitation de Jean François-Poncet et se rendra au ministère des Affaires étrangères pour un supplément d'information sur la crise.

Ce qui est sûr, c'est que Marchais s'est entouré d'une garde rapprochée de jeunes et nouveaux dirigeants. Pour se présenter en 1981 ?

*11 janvier*

Incroyable mais vrai. Au journal télévisé de 13 heures que présente, comme d'habitude, Yves Mourousi, Georges Marchais apparaît depuis la Place rouge. Le matin même, Pierre Joxe, responsable des affaires internationales au PS, lui a adressé à son hôtel un télégramme auquel il ne s'attendait certes pas. Joxe le sommait « d'avoir la clairvoyance et le courage de dire aux Français la vérité sur la situation en Afghanistan ».

*1980*

À cette lecture, le sang de Marchais n'a fait qu'un tour, et, visiblement, lorsqu'il apparaît sur les écrans de TF1, il ne s'est pas calmé. Patrice Duhamel[1], qui l'interroge, et Mourousi en sont comme deux ronds de flan. Déchaîné, Marchais traite Joxe d'insolent, de « paltoquet » et de « petit valet de François Mitterrand ». Pour ce qui est de l'Afghanistan, les Soviétiques lui ont tout expliqué, il comprend très bien leur intervention. Son explication : l'impérialisme capitaliste est aux abois. Pour se défendre, il provoque et attise tous les conflits de par le monde.

Tant d'années pour montrer un autre visage du communisme ! Tant d'années passées à mettre l'accent sur les divergences entre le PC français et le PC russe ! Et ce, pour que Georges Marchais finisse par offrir aux téléspectateurs français ce visage courroucé, plus fermé que le plus fermé des Soviétiques ! De l'eurocommunisme, du Programme commun, il ne reste rien. Aujourd'hui, on peut parler d'alignement. Même si, avec ce culot d'enfer dont il ne se départit pas, le secrétaire général du PC français lance depuis le Kremlin : « Les alignés, c'est Giscard et son gouvernement ! »

Voilà un moment de télévision que je n'oublierai jamais.

*18 janvier*

Moment fort aussi à Strasbourg, dans l'immense hémicycle bleu canard de l'Assemblée européenne, lorsque Enrico Berlinguer, le secrétaire général du Parti communiste italien, se lève, petite silhouette frêle. D'une voix calme, devant les députés qui l'écoutent

1. À l'époque directeur du service politique de TF1.

dans cette grande salle où, pour une fois, tout le monde s'est tu, il lit le texte qui condamne, en termes mesurés mais nets, l'entrée des troupes soviétiques en Afghanistan. Les communistes français restent de marbre, bras croisés, lorsque à la fin de l'intervention de Berlinguer les autres députés applaudissent.

C'est ainsi, en public, devant tous les parlementaires européens, que le mouvement communiste international se déchire. Tournant historique, presque, auquel Georges Marchais, bien entendu, n'a pas tenu à assister. Il est resté à Paris et c'est le député français du Nord Gustave Ansard qui, en son absence, aligne deux phrases, entrecoupées de lazzi, pour préciser la position, compréhensive, du parti français vis-à-vis de la guerre d'Afghanistan.

À l'échelle internationale, le monolithisme du mouvement communiste vient de se lézarder. À l'intérieur du Parti français aussi, la coupure est patente entre orthodoxes et oppositionnels : ces derniers n'arrêtent pas de publier texte sur texte dans les journaux dits « bourgeois » pour se désolidariser des premiers.



*22 janvier*

La nouvelle de la mise en résidence surveillée de l'académicien russe Andreï Sakharov[1] est tombée en pleine session du comité central réuni à Ivry lundi et mardi. Même chez les membres du comité central – ceux que j'ai rencontrés à la sortie, en tout cas –, la pilule était difficile à avaler.

Pas pour Marchais, qui en a profité pour délivrer un bout du contenu de son entretien récent avec Leonid Brejnev : dans un document écrit qu'il a remis au chef de l'État soviétique, Marchais avait justement – ça tombe bien ! – attiré son attention sur les manquements à la démocratie en Europe de l'Est et dans les pays du pacte de Varsovie. En somme, il a exploité à son profit la relégation de Sakharov ; il s'en est servi pour justifier, devant le comité central, sa ligne actuelle : oui à la politique extérieure de l'URSS, oui à Kaboul ; non pour ce qui est de l'absence de démocratie interne.

1. Le physicien Andreï Sakharov, Prix Nobel de la paix en 1975, attaque depuis une dizaine d'années les dirigeants soviétiques. Auteur du livre *Mon pays et le Monde*, publié en URSS et traduit en Occident, il y accuse les bureaucrates communistes et met en cause l'État soviétique. En 1979, le gouvernement l'« exile » en résidence surveillée à Gorki.

Marchais, stupéfiant ! Dans l'histoire du PC, jamais sans doute un dirigeant communiste n'a montré autant de culot. Ni Thorez, ni bien sûr ce pauvre vieux Waldeck Rochet.

Il y aura un mort à gauche, j'en suis sûre, d'ici à 1981 : Marchais ou Mitterrand.

*22 janvier, suite*

Michel Debré m'a raconté, ce vendredi 18, son déjeuner de la veille avec Jacques Chirac. Un Chirac qui lui dit, comme il s'y attendait, qu'il va se présenter à l'élection présidentielle, et que tout est possible, y compris le départ de Giscard, qui « n'est plus impensable ».

Debré est irrité parce que Chirac lui dit qu'il avait un message à délivrer alors qu'il pense être, lui, Michel Debré, le seul à pouvoir le faire. « Il ne peut pas dire à la fois qu'il délivre un message, ce qui a une valeur intemporelle, et qu'il demandera, s'il est placé derrière lui, à ses électeurs de se reporter sur Giscard, ce qui est d'ordre purement conjoncturel ! »

En fait, Debré est effaré par le contraste qui existe chez Jacques Chirac entre sa volonté, sa détermination, qui sont immenses, et le flou de ses idées politiques. Tous ceux qui l'approchent et le connaissent se sont faits à cette contradiction de Chirac. Pour Michel Debré, dont la pensée politique est construite, la différence entre ces deux aspects indissociables de Chirac est insupportable. Plus qu'insupportable : inimaginable.

La discussion s'est terminée sur ces répliques :

« Oui, a fait Chirac, je compte bien me présenter !

– Eh bien, dans ce cas, a répondu Debré, nous serons deux ! »

Entre nous, je ne vois pas comment il pourrait faire acte de candidature si Chirac se présente. Mais Debré s'en fiche, c'est sa force.

Vu Jean-Philippe Lecat, la semaine dernière, le 16. Pour lui, Barre va rester jusqu'en 1981. Même si, comme me l'a dit Pierre Hunt, le barrisme est une histoire terminée.

Pourquoi ? Parce qu'il juge que ce dont Giscard a besoin, c'est d'une dizaine d'hommes déterminés pour mener sa campagne, et d'un Premier ministre qui s'occupe des affaires courantes. Ce que fera très bien Raymond Barre. Giscard ne lui en demandera surtout pas davantage !

Donc, en avant, dans cet équipage, pour 1981 !

*25 janvier*

Mitterrand, que je rencontre, ironise sur Chaban qui, parti trop vite pour Moscou, en est rentré précipitamment après l'annonce de l'envoi en relégation de Sakharov. Il me dit : « Imaginez que ce soit moi qui sois parti à Moscou et qui en sois revenu de cette façon : que n'aurait-on pas dit sur mon inféodation aux Soviétiques ! »

Il ajoute, acide : « Heureusement que les dirigeants communistes ne disposent pas en France des moyens de m'expédier à Gorki, mais, moralement, c'est la même chose ! »



Sur le reste, il ne croit pas, ou plus exactement de moins en moins, à Michel Rocard. Il ne cesse de minimiser ses compétences. « Il est l'un de ceux – il y en a quelques-uns, d'accord – qui peuvent prétendre à gérer l'État. C'est tout. Rocard, c'est un symbole, un mythe : le symbole de ces Français qui votent socialiste à condition qu'on ne fasse pas de socialisme ! »

Il ajoute : « Rocard bénéficie à 80 % de ma cote personnelle et de la puissance du PS. En dehors de ces 80 % là, il attire les électeurs qui pensent qu'il ne fera rien ! »

Oui, mais justement, c'est sur tous ces électeurs indécis, venus du centre ou du « marais », que compte Michel Rocard pour être élu. François Mitterrand ne les a pas. Il ne les a d'ailleurs jamais eus. Et si l'autre les avait ? Derrière la tranquillité affichée par Mitterrand, je lis au contraire son inquiétude.

Et aussi son irritation grandissante. Comme quelqu'un qui regarde les sondages tous les jours en feignant de ne pas s'émouvoir, et qui mesure les progrès d'un rival qu'il trouve de surcroît médiocre !

Mitterrand me dit qu'il ne fera rien d'ici septembre-octobre, voire novembre. « Je lui ai laissé la possibilité de se présenter, en élections primaires, devant le Parti socialiste. Il n'en profite pas, tant pis pour lui ! »

Comment traduire cette phrase elliptique – du Mitterrand pur jus ? Il veut dire que Michel Rocard ne s'attendait pas à cette possibilité de pouvoir combattre Mitterrand lors d'élections primaires devant le PS. Aujourd'hui, après que Mitterrand en a offert la possibilité, Rocard pourrait, s'il le voulait, s'il l'osait, foncer, se présenter contre Mitterrand, solliciter les suffrages du Parti. Risquer le tout pour le tout, quoi ! Il n'ose pas le faire, et Mitterrand n'est pas mécontent de démontrer que son rival n'ose pas faire ce que lui-même aurait fait à sa place...

Les communistes ? Après sa plaisanterie sur Gorki au début de notre conversation, il reste vague. « Je ne me prosterne pas devant eux, comme le dit votre journal », me glisse-t-il. « Marchais, quel curieux homme ! » songe-t-il tout haut.

Les radicaux de gauche ? Ils risquent, en présentant un candidat, de lui rendre le premier tour plus difficile, mais, en revanche, de lui amener des voix pour le second. Donc, il n'a pas à en vouloir à Michel Crépeau qui veut à toute force se présenter.

Je réalise ce qu'il vient de me dire comme sans en mesurer lui-même l'importance : de « lui » rendre le premier tour plus difficile, de « lui » amener des voix au second ? Lorsqu'il parle sans prendre de précautions, il n'envisage même pas une autre candidature que la sienne ! Je ne sais comment il va s'y prendre : les sondages de Michel Rocard sont si hauts, le parti socialiste a tellement envie de gagner la prochaine fois – comment Mitterrand peut-il les convaincre de le désigner une nouvelle fois après tous ses échecs ?

Une dernière phrase sur un autre de ses concurrents, Jacques Chirac : « S'il se présente, il est obligé, pour exister, de se démarquer de Giscard. » Il ne croit donc pas possible une réconciliation entre les deux hommes. La droite divisée, à ses yeux, c'est le plus beau cadeau qu'elle puisse lui faire !

Quant à la crise internationale autour de l'Afghanistan, il ne s'en effraie pas outre mesure. Il s'agit dans son esprit d'une crise passagère : « Dans six mois, me dit-il, vous verrez, l'URSS et les États-Unis vont se réconcilier. »

*30 janvier*

C'est Jean Lecanuet qui se fait pour moi l'interprète de la pensée de Giscard, qu'il a rencontré mardi ou mercredi dernier, me dit-il, pour une discussion politique en tête à tête qui a duré près d'une heure et demie.

Je ne sais pas exactement ce que sont les relations entre ces deux hommes. À travers ce qu'il m'en dit, j'imagine que Lecanuet n'éprouve pas vraiment d'amitié pour Giscard. Il ne me paraît pas non plus très respectueux de son intelligence ou de son brio. Il est vrai qu'agrégé de philo, évoluant dans le monde politique, et même candidat à l'élection présidentielle de 1965 bien avant que Giscard fasse acte de candidature à quoi que ce soit, il pourrait lui en remontrer sur bien des points. Il se garde bien de le faire.

Il a avec Giscard des rapports exclusivement politiques : il est chef du parti majoritaire, Giscard est président de la République. Point final.

Apparemment, Lecanuet y trouve son compte. Il me semble qu'il se contente de ce qu'il a, sans chercher plus, sans vouloir embarrasser qui que ce soit, avec, oui, modestie et intelligence. Voilà quelqu'un de tout à fait méconnu, maniant un langage direct, sans fioritures, que les Français ont baptisé « Dents blanches » depuis qu'il a fait son apparition à la télé pendant la campagne électorale de 1965. Cela lui a beaucoup nui. Une injustice de plus dans la vie politique : en le voyant, ce jour-là, les Français ont admiré son visage plus que ce qu'il disait.



Lecanuet est président du parti giscardien depuis deux ans. Il n'y commet aucune faute, reste en relation avec les uns et les autres, de Mitterrand à Chirac, sans faire de vagues, en analysant leur action avec la gouaille et le vocabulaire directs qui sont les siens et que personne ne lui soupçonne.

Il me décrit Giscard comme évidemment très préoccupé par la crise internationale. Il lui paraît important que l'Europe définisse une position originale avec les pays du Sud, surtout au moment où le monde arabe se détache de l'emprise soviétique. Giscard a toujours été partisan, me dit Lecanuet, de l'axe Nord-Sud, de l'Eurafrique. Il est conforté dans cette stratégie par la crise du pétrole. La France ne joue de rôle ni en Asie ni en Amérique latine ; son domaine d'action privilégié reste la Méditerranée. « On a les idées, ils ont le pétrole : telle est la pensée n° 1 du Président », m'assure Lecanuet, qui ajoute, interprétant toujours la doctrine présidentielle : « Les Américains ne sont pas les mieux placés avec les pays arabes, les Soviétiques se mettent mal avec eux depuis l'Afghanistan ; c'est le moment d'agir. »

Son deuxième objectif est de faire faire un pas en avant à l'Europe. Ponia vient tout juste de parler d'une politique de défense unifiée de l'Europe, il a même parlé d'une force atomique commune. Lecanuet lui-même est dans cet état d'esprit : le colloque organisé par son club

France-Forum, le 18, il y a tout juste deux jours, est allé dans ce sens.

« Je suis à fond d'accord là-dessus », me dit Lecanuet, qui, effectivement, sur ce terrain, bénéficie d'une vraie légitimité. « Cela fait vingt ans qu'on tourne autour du pot ! Il est pourtant vrai que l'ombrelle atomique – ce sont ses termes – est trouée, vrai que les Allemands s'en inquiètent, vrai que c'est peut-être le moment de les convaincre qu'une possibilité de défense européenne existe. »

Il y a pourtant un domaine où Lecanuet n'est pas d'accord avec Ponia, autre interprète de la pensée présidentielle : il n'entend pas « désOTANiser » l'Europe – il n'est pas favorable, je m'en doutais, à une Europe indépendante qui se séparerait des États-Unis. « Il faut deux piliers à l'Alliance », répète-t-il.

*1980*

Il insiste : « Giscard essaie de donner une originalité à la politique française, mais il ne le pourra pas si celle-ci n'est pas partagée par les pays européens. » Autrement dit : il n'y a pas d'originalité française, il n'y a qu'une originalité européenne.

Je trouve cela légèrement contradictoire. Mais c'est le fond de la pensée de Lecanuet, il me semble ; et il paraît rassuré que Giscard soit sur la même ligne.

Lecanuet continue sur l'URSS : « Les Soviétiques ont eu une occasion de passer en force en Afghanistan. Je n'arrive pas à croire que, maintenant, ils vont foncer vers l'Iran, vers les Émirats. Il faut du temps au boa pour digérer ! Ce que je crains plutôt, c'est que, pendant que le boa digère, nous, nous nous rendormions ! Mon souhait serait que cette grave alerte nous tienne éveillés. »

Il considère que la détente est un problème politique d'« équilibre des forces en présence », et ne pense pas que Giscard, sur ce terrain, partage globalement ses idées. Le Président est pour la détente, certes, mais il ne juge pas qu'il soit prioritaire aujourd'hui de renforcer l'Europe militaire.

« Je me demande, s'interroge-t-il, si Valéry Giscard d'Estaing ne traite pas les problèmes internationaux comme il traite les problèmes de politique intérieure ; il a la conviction que l'intelligence, la raison sont plus fortes que le drame et la passion. Il n'a pas une vision tragique du monde. Il démonte admirablement les mécanismes et sait faire jouer les antagonismes. Mais il ne croit pas que les forces obscures puissent finir par triompher.

« Je me souviens, poursuit-il, d'un récent débat en Conseil des ministres sur la défense française. Giscard avait un point de vue optimiste sur l'état militaire de la France. Il était tout à fait optimiste aussi sur les intentions de la Russie soviétique. À un moment, je suis intervenu. J'ai dit : "Le garde des Sceaux n'a rien à dire sur ce problème, mais je voudrais qu'on me montre comment la plus forte armée du monde, l'Armée rouge, arrivée en Afghanistan, va rouiller sur place ?" Giscard m'a répondu qu'il n'y avait rien d'alarmant dans l'attitude de la Russie : "L'Afghanistan, m'a-t-il dit, c'est fait, ils ne vont pas le refaire. Quant à Sakharov, on ne l'a pas envoyé au goulag, mais en résidence surveillée à Gorki !" »

Lecanuet n'est pas du tout convaincu : « Je n'embrasse pas cette thèse, parce que je suis convaincu que l'URSS fait un effort militaire considérable et que l'avancée de la puissance soviétique est évidente. Il est vrai que le boa digère avec lenteur ; il n'en avance pas moins. »



En marge de ce débat, nous parlons des Jeux olympiques qui doivent se tenir à Moscou en août prochain[1]. À l'entendre, l'électorat de l'UDF est divisé sur ce point : une majorité aimerait bien que la France n'y participe pas, ou alors que les Jeux soient en quelque sorte dénationalisés, sans hymnes et sans drapeaux.

« Les JO, me dit-il, ne sont en réalité qu'un gadget. Le vrai problème est celui de la menace planant sur la détente. Comment rétablir les équilibres ? Par l'équilibre des forces en présence. Ce qui veut dire un effort américain, certes, mais aussi un effort militaire des pays européens. Plutôt que de s'exciter sur la détente, on ferait mieux de dénoncer les accords d'Helsinki[2] ! »

D'où son désir d'une politique de défense commune à l'Europe. Vieux débat datant de la IVe République, qui a vu s'effondrer les espoirs du MRP face à l'opposition des communistes et des gaullistes. L'entrée des Soviétiques en Afghanistan fera-t-elle ce que les Français refusent depuis 1954 ?

---

1. Le 28 janvier, Simone Veil a été invitée par les journalistes américains du « National Press Club ». Interrogée sur la participation de la France aux Jeux olympiques de Moscou, elle a répondu que, pour elle, « les Jeux ne se situent pas en dehors de la politique ! ». Une position rigoureusement inverse avait été avancée, la veille, sur Europe 1, par Michel Poniatowski qui avait assuré que les Jeux de Moscou étaient « une des rares occasions de réunir les nations du monde pour quelque chose d'assez positif. »

2. Les accords d'Helsinki, signés par 33 pays européens, de l'Ouest et de l'Est, garantissent en Europe les frontières nées de la Deuxième Guerre mondiale.

Même jour : Pierre Hunt à l'Élysée. La volonté de dédramatiser la crise est nette. La polémique sur les Jeux olympiques de Moscou ? On a bien le temps de s'en préoccuper : la décision finale sera prise en mai, et elle sera prise en Conseil des ministres.

Certes, mais Simone Veil s'est prononcée pour une non-participation de la France. N'engage-t-elle qu'elle-même ? Mme Veil, me répond mon interlocuteur, n'est pas membre du gouvernement. Bref, il faudra attendre le mois de mai pour savoir ce que la France va faire.

« L'essentiel, me dit Pierre Hunt, reprenant en quelque sorte la conversation là où je l'avais abandonnée avec Jean Lecanuet, est la politique de détente. La détente est un des legs les plus importants du général de Gaulle. Tout cela ne se bazarde pas parce que Jimmy Carter est en campagne électorale ! »

Façon de dire que la surenchère actuelle, l'agitation autour de l'entrée des Soviétiques en Afghanistan, s'explique avant tout par l'exploitation qu'en fait le Président américain pour des buts de politique intérieure américaine. (C'est d'ailleurs, par parenthèse, ce que Paul-Marie de la Gorce ne cesse de me démontrer !) Conclusion du porte-parole de Giscard : il faut maintenir et conforter la politique de détente, en profiter pour agir en direction des pays non alignés. Il avoue qu'il est difficile de faire passer ce message en ce moment dans la classe politique française. Les atlantistes, les centristes seront naturellement les plus antisoviétiques. Les socialistes le seront aussi, ne serait-ce que pour contrecarrer l'action de Giscard. Quant aux dirigeants RPR, ils sont pris à contre-pied par la volonté de Giscard de ne pas rompre les ponts, de rester dans la ligne du général de Gaulle.

Je l'interroge sur les propos de Poniatowski sur la défense européenne commune, qu'il appelle de ses vœux. « Elle n'est pas possible, répond simplement Pierre Hunt : l'Allemagne ne peut pas disposer, en l'état actuel des accords, d'une force nucléaire, et les Anglais ne sont pas mûrs : Margaret Thatcher colle de trop près à l'Amérique pour vouloir une politique militaire commune. »

Je ne sais s'il faut voir dans cette réponse une manifestation de l'optimisme giscardien, en tout cas elle me paraît sensée[1].

1. C'est la dernière fois que je verrai Pierre Hunt à son poste de porte-parole à l'Élysée. Il est nommé ambassadeur de France en Tunisie et remplacé auprès du Président par Jean-Marie Poirier, le 1er février. Ancien député du Val-de-Marne, maire de Sucy-en-Brie, gaulliste libéral, Jean-Marie Poirier est proche de Giscard depuis qu'il l'a préféré en 1974 à Chaban-Delmas.

*31 janvier*

Après la réunion du bureau exécutif du Parti socialiste, je rencontre Lionel Jospin, responsable des questions internationales au PS. De quoi les membres du bureau ont-ils parlé ? Des Jeux olympiques de Moscou ! Jospin, qui a introduit la discussion, a rappelé que les relations entre les sports et la politique ont toujours posé problème. Quand la décision avait été prise de tenir les Jeux olympiques à Moscou, le problème se posait déjà. Comme pour les États-Unis, d'ailleurs, pendant la guerre du Vietnam. Pour lui, c'est clair, les considérations politiques risquent de rendre impossible de tenir des Jeux olympiques où que ce soit dans le monde.

Quant à la campagne de boycott lancée par des intellectuels, elle est estimable, certes, de nature toutefois à rester confidentielle. S'ajoute à cela, dit Jospin, un phénomène nouveau : la tenue des Jeux olympiques est pour la première fois une arme brandie par le candidat américain à la Présidence, qui donc ouvre une campagne anti-soviétique un peu hystérique. Est-il opportun, a interrogé Jospin, d'aller plus avant dans la reprise de la guerre froide ?



À ce moment-là de la réunion, Michel Rocard a sorti un texte qu'il avait préparé avec soin. Ce qu'il disait en substance, c'est qu'il ne s'agissait pas de savoir si le Parti était ou non favorable au boycott des Jeux de Moscou. Question dépassée, à ses yeux. « Il faut aujourd'hui, a dit Michel Rocard (cela, je l'ai noté *verbatim*), constater *le décès* des Jeux olympiques ! »

Il propose que le Comité olympique choisisse un pays, toujours le même, qui accueille tous les quatre ans, de façon pérenne, les JO internationaux. C'est exactement l'hypothèse que semblait envisager Jean Lecanuet l'autre jour, sans me dire si elle avait sa préférence.

La formule de Rocard est pleine de vigueur, à ceci près, souligne Jospin, qu'il ne prend pas position sur le boycott. « Si on était au gouvernement, on enverrait les athlètes français à Moscou, oui ou non ? » lui a demandé Jospin.

Le bureau du PS est finalement tombé d'accord sur un texte final qui condamne l'altération de l'esprit des Jeux olympiques, les nationalismes, l'esprit mercantile qui y règne parfois. « Le PS souhaite que les Jeux redeviennent une fête culturelle. Il est prêt, dans cet esprit, à examiner pour l'avenir des propositions allant dans ce sens, que ce soit par la suppression des hymnes et des drapeaux, ou par la création d'une enclave olympique au choix du Comité olympique international. Le PS n'entend pas pour autant s'associer à un éventuel boycott. »

Une synthèse presque parfaite entre le souhait de Rocard et la position prise au préalable par Jospin. Il est admis par le bureau exécutif que François Mitterrand, qui part pour Vienne à la rencontre de l'Internationale socialiste, fera des propositions dans ce sens à tous les partis européens.

La position du Parti socialiste aurait-elle été contraire si François Mitterrand ne gardait pas, dans son cœur et dans son esprit, l'espoir de faire une fois de plus campagne, pour la présidentielle prochaine, avec les communistes ? C'est clair : Rocard, qui envisage plutôt une alliance avec les centristes au deuxième tour, adopte une position compatible avec la leur. Mitterrand, via Jospin, réserve ses chances avec le Parti communiste français. D'ailleurs, je me pose la question : voilà quelques semaines qu'on ne parle plus des discussions qui cheminent, de façon souterraine, avec les communistes. Avec l'invasion de l'Afghanistan, évidemment, ces discussions ont dû se faire plus confidentielles encore, ou éventuellement s'interrompre.

J'ai l'impression que la sortie de Georges Marchais depuis Moscou (traitant Pierre Joxe de « paltoquet », de « valet de Mitterrand ») n'a rien changé : l'autre jour, François Mitterrand m'en a à peine parlé, se bornant à trouver Marchais « curieux ». Comme s'il pensait que ses sorties agressives étaient une sorte de spectacle, de figure obligée, sans aucune portée, dénuée d'importance. Où en sont les négociateurs qui œuvrent dans l'obscurité, je ne le sais pas.

Comme Pierre Hunt l'avait fait avec moi, Jospin souhaite que les relations Est-Ouest et surtout la politique de détente ne soient pas jetées aux orties avec l'invasion de l'Afghanistan. On peut faire, selon lui, deux hypothèses pour l'opération soviétique. La première est qu'il s'agit d'une grosse opération de police aux frontières de l'URSS pour aider le régime afghan contre les rebelles qui le menacent depuis plus d'un an. Et, éventuellement, d'un coup de semonce à l'adresse de l'Iran et des pays musulmans soviétiques. La seconde est que l'URSS ait mal évalué les rapports de force internes à l'Afghanistan, tout en se préparant plus gravement à acquérir d'autres positions dans la région et en direction du Golfe. « On ne peut pas l'exclure, me dit Jospin. Pour le moment, nous retenons la première hypothèse. Mais nous nous interrogeons vraiment sur ce qui se passe à Moscou aujourd'hui. »

C'est ce que Mitterrand, effectivement, se demandait lorsque je l'ai vu il y a quelques jours : « N'y a-t-il pas en ce moment un tournant politique à Moscou ? »

Je fais remarquer à Jospin que Giscard n'est pas loin de partager leur point de vue. Il repousse cette perspective avec la plus grande vigueur. Il serait dangereux de se déterminer, me dit-il, par rapport à Giscard. « Giscard, plaide-t-il, a des raisons spécifiques d'adopter une attitude prudente : il ne veut pas aggraver les choses avec le RPR et nourrit beaucoup d'arrière-pensées avec les communistes français. Sa position est plus opportuniste qu'autre chose. »

Il me rappelle toutes les variations de Giscard au sujet de la politique soviétique. À l'occasion de ses vœux, début janvier, il a préconisé une rencontre d'urgence entre les différents dirigeants français et Jean François-Poncet, ce qui était une façon de dramatiser les événements. Et puis il a dédramatisé les choses après ladite rencontre avec François-Poncet.

« Pour conclure, dit Jospin, qui n'a guère l'habitude de multiplier les confidences après un bureau exécutif, et qui consulte sa montre, des choses doivent être dites fermement sur l'Afghanistan, sur la politique de détente. Il faut néanmoins se méfier des protagonistes en présence dans cette crise mondiale : ni Jimmy Carter ni Margaret Thatcher ne sont innocents. Carter a une psychologie difficile à comprendre pour un homme politique français : il montre une indétermination vertueuse et, dans le même temps, ses hommes, Brezinscki, Cyrus Vance, prennent des positions de force ! Il ne faut pas les suivre, les uns et les autres, avec trop d'impétuosité : ils peuvent finir par négocier sur notre dos. Il ne nous faut être ni des munichois, ni des faucons[1] ! »

*4 février*

Giscard et Schmidt ensemble : je me demande où réside leur complicité, leur connivence, et même s'ils en ont vraiment une. Il y aurait une étonnante enquête à faire sur leurs relations. Interroger

1. Aux États-Unis, les « faucons » sont, contrairement aux « colombes », partisans, en matière de relations internationales, d'une politique plus radicale vis-à-vis de l'URSS.

Schmidt sur la façon dont ils ont fait connaissance lorsqu'ils étaient tous deux ministres des Finances ?

*6 février*

Gilles Martinet, presque admiratif, me racontait hier une histoire marrante sur François Mitterrand. Au cours de l'élaboration du projet socialiste, dernièrement, il était question, dans un paragraphe, du PS et de son « appareil ».

Alors, Mitterrand, énervé par les rédacteurs du texte : « Chez moi, dans la Nièvre, lorsqu'on parle à un paysan d'appareil, il croit que c'est de son dentier qu'il s'agit ! »



*18 février*

Conférence de presse de Roger Garaudy. Il y a dix ans jour pour jour qu'il a été écarté du Parti communiste. C'est un anniversaire, donc, d'une nature certes particulière.

La conférence commence dans un bordel inouï : un magnéto où parle un inconnu déverse à plein volume des couplets sanglants sur le goulag. Lui, complet strict, se lance dans un couplet inattendu sur la joie. Dans la salle, un fatras de marginaux l'encouragent et l'applaudissent.

Essayons de voir ce qu'il y a derrière ce phénomène : un appel aux femmes, un appel aux vivants pour réveiller les morts, un discours quasi religieux, pas politique en tout cas : « La politique commence, dit-il, comme la foi, lorsque chacun a conscience d'être personnellement responsable de quelque chose. C'est un rêve que chacun porte en lui comme une graine. La politique n'est plus une activité séparée de la vie ; or on ne peut changer la vie sans se changer soi-même. »

Il continue près d'une heure sur ce registre. « Voter, explique-t-il encore, c'est lier son sort à des partis ou à des élus. La politique à hauteur d'homme consiste au contraire à se prendre en charge, à ne pas attendre d'un autre qu'il nous dise ce qu'il faut faire » – pour finir, donc, sur un véritable hymne à la joie, moteur de l'avenir !

Je suis stupéfaite. Son éviction du Parti communiste a transformé Garaudy en une sorte de Lanza del Vasto prêchant tout à la fois une « reconversion de l'appareil bureaucratique » et des « milliers de centres de captation solaire », un moratoire sur le nucléaire et l'extinction du chômage. « Nous procèderons non par propagande, affirme-t-il à la toute fin, mais par contagion ! »

J'en reste abasourdie. L'idée qu'il y a une quinzaine d'années, les dirigeants communistes aient utilisé Roger Garaudy pour combattre l'influence du philosophe Althusser sur les étudiants, et que le même homme tienne aujourd'hui un langage de folie douce, me sidère.

Terrible, quand on songe qu'Althusser, lui, va de séjour psychiatrique en séjour psychiatrique.

*20 février*

Conférence de presse de Georges Marchais devant ces journalistes qu'il ne cesse de dénoncer. Comme il est à l'aise, malgré tout, devant nous, bête de scène qui mourrait s'il ne pouvait monter sur les planches ! Je me demande comment il peut croire à ce qu'il dit. Depuis que la Russie est entrée en Afghanistan, il multiplie ces rencontres, poussant chaque fois le bouchon un peu plus loin. Poing tendu, index vengeur, menaces dans la voix, rire gouailleur, tel qu'en lui-même, quoi ! Il annonce, pour nous prendre de court, la création d'un Comité de défense des libertés et des droits de l'homme dans le monde. Parfait ! Cet hymne à la liberté, prononcé sur un ton martial, est bel et bon. À cette nuance près que lorsqu'il se met à dresser le premier bilan des droits de l'homme de par le monde, il cite le Mexique et le Cambodge, l'Angola et l'Afrique du Sud. Un seul absent dans ces pays montrés du doigt : l'URSS.

Puis il étrille de belle manière Andreï Sakharov qu'il accuse – au moment même où, exilé à Gorki, le savant vient d'être molesté dans un commissariat – d'avoir soutenu, au Chili, le général Pinochet[1] !

*21 février*

Déjeuner chez et avec André Giraud, ministre de l'Industrie[2]. Il est assez convaincant, il me semble, à défaut d'être drôle. Il parle,

1. Enquête faite, il s'agit d'une bribe, tirée de son contexte, d'une lettre de Sakharov réclamant au général Pinochet sa clémence pour Pablo Neruda !

2. Polytechnicien, ingénieur des Mines, André Giraud est ministre de l'Industrie dans le gouvernement Barre jusqu'en 1981. Il sera ministre de la Défense de 1986 à 1988.

dans le désordre, du nucléaire (« Plogoff[1] ? Appliquer la loi », dit-il, ce qui veut dire : « Respectons les gens qui manifestent contre la centrale, mais construisons-la tout de même ! »), puis de politique internationale : il est violemment antiaméricain et commence son exposé et son repas – comme toujours raffiné – par une condamnation de Jimmy Carter : « Comment, se lamente-t-il, confier l'Amérique à ces gens-là ! »

Olivier Chevrillon, le président du *Point*, assez facilement pro-américain, surtout en ces moments de crise afghane, manque de s'évanouir !

Pour le reste, André Giraud est partisan – ce que ne sont ni Giscard, ni François-Poncet – de « prendre des gages ». Comment cela, prendre des gages ? Il s'explique : les Occidentaux ne peuvent qu'accepter la prise de Kaboul, vitale pour l'URSS – que faire d'autre ? En revanche, il pense qu'il faudrait reprendre aux soviétiques Aden, par exemple. « Une monnaie d'échange est nécessaire », dit-il.

Puis il évoque l'enquête que *Le Point* a faite cette semaine sur l'argent des hommes politiques. Il a refusé de répondre, et il explique pourquoi : parce qu'il estime qu'il est tout à fait transparent et qu'il n'a donc pas à répondre à ce genre de questions. Il ajoute que l'enquête sur l'argent des hommes publics empiète presque automatiquement sur la vie privée. De ce point de vue-là, il n'a rien à cacher, ce qui ne l'empêche pas de trouver insupportables les pressions exercées par qui que ce soit pour lui faire avouer le montant d'une fortune qu'il n'a pas. « La Haute Administration n'enrichit personne. Et si j'ai acheté une poignée d'actions Monory, ç'a été pour lui faire plaisir ! »

Tout cela conclu par une charge sur les seize sous-marins dont Jacques Chirac voudrait que la France se dote : « Complètement absurde ! dit-il. Il faut diversifier les armes nucléaires stratégiques, et non pas multiplier les sous-marins. »

1. À Plogoff, en Bretagne, les projets de construction d'une centrale nucléaire se heurtent depuis 1978 à l'hostilité de la population qui trouve un relais dans les mouvements d'extrême gauche antinucléaires. Ces manifestations incessantes finiront par avoir le dessus : la centrale ne sera pas construite.

*24 février*

Chirac n'y va pas par quatre chemins. Une déclaration de lui qui tombe aujourd'hui parle de la politique de « complet laisser-aller du pouvoir » : « Il y a, a-t-il dit, une espèce d'avachissement, d'affaiblissement général dans notre économie ! »

Je suis assez surprise de cette sortie : je pensais que Chirac avait à nouveau mis un bémol dans ses relations avec Giscard. D'autant qu'il y a près d'un mois (le 24 janvier, je crois), il avait été invité à déjeuner à l'Élysée pour un repas à quatre avec Bernadette Chirac et Anne-Aymone[1], et qu'à l'issue du repas les deux hommes s'étaient isolés pendant plus d'une heure – soixante-quinze minutes, ont compté les journalistes qui attendaient Chirac à la sortie – pour une conversation qualifiée de « sérieuse ».

Phrase que d'autres que lui, Michel Debré notamment, répètent à l'envi, mais qui, dans la bouche de Chirac, prend d'un coup un ton guerrier et vengeur.



*25 février*

Vu Balladur qui me parle essentiellement des relations entre Georges Pompidou et le général de Gaulle. De Gaulle, hostile à Pompidou et le gardant à contrecœur à Matignon, comme me l'a assuré Burin des Roziers il n'y a pas si longtemps ? Il est sûr du contraire : « C'est prêter à de Gaulle une naïveté et une absence de discernement dont ses pires ennemis ne l'ont jamais soupçonné ! »

*27 février*

Dîner avec Jean François-Poncet chez Claude Imbert.

Claude, directeur du *Point*, habite un duplex qui lui ressemble, rue du Cherche-Midi : raffiné et chaleureux. Qu'Imbert soit un gourmet, qui peut en douter en découvrant, dans une petite pièce carrée proche de la cuisine, les tables de bistrot généralement recouvertes de mets somptueux.

Jean François-Poncet, que je ne sens pas habité par un goût irréfréné du plaisir, reste impavide devant ces merveilles de gastronomie,

1. Ce déjeuner à quatre eut lieu dans le salon des Aides de camp.

et ne dévie pas un seul instant du sujet qu'il traite devant nous ce soir.

Il explique avant tout la politique de la France par cette certitude : l'URSS a fait une énorme erreur en intervenant en Afghanistan. Cet acte de guerre marque la fin de la décolonisation.

« Avant l'invasion de Kaboul, nous dit-il, tous les pays en voie de décolonisation se tournaient avec espoir vers l'URSS. Entre eux existait une sorte de cordon ombilical. Aujourd'hui, c'est terminé ! »

Jean François-Poncet continue : « Je crois beaucoup plus, pour punir les Soviétiques, à la pression des Afghans ou à la réaction des pays musulmans qu'à n'importe quelles représailles venues de l'Occident. »

Derrière son langage feutré, on comprend, sans trop se donner
*1980* de mal, qu'il trouve, lui, qu'on aurait pu « parler plus fort depuis le début ».

Une pierre diplomatiquement envoyée dans le jardin de Giscard dont il pense qu'il a fait montre de trop de compréhension envers les Soviétiques. Il convient néanmoins avec franchise que rien, dans son cheminement idéologique passé, pendant la guerre froide, ne l'amenait à se montrer compréhensif avec Moscou : « Dans les années 1950, je n'étais pas le moins du monde compréhensif, je vous l'assure, avec les Soviétiques ! »

Ce n'est pas à moi de défendre Giscard auprès de François-Poncet qui lui reproche, sans le dire mais en le pensant très fort, une certaine mollesse dans cette affaire. Pourtant, c'est moi qui rétorque : « La Russie de 1950, celle de Staline, n'était pas celle d'aujourd'hui. Elle était surpuissante. Et puis il y avait la guerre froide. Aujourd'hui, c'est fini, et on peut être sûr d'une chose : s'il y a eu un échec au XXe siècle, c'est bien l'échec du communisme. »

Il n'en est pas si sûr.

Sur Giscard, justement, je le trouve étrangement libre, comme détaché. Curieux : jusqu'à aujourd'hui, je pensais qu'il était, en tous domaines – affaires étrangères, affaires intérieures, Europe –, le plus proche du Président : est-ce précisément sur l'Union soviétique, sur l'invasion afghane qu'est née leur première divergence ? Peut-être bien.

Nous l'écoutons maintenant parler, d'une façon qui me surprend, de Giscard : « Il a, dit-il, un talent extraordinaire pour faire du surf sur les vagues. Et, vous savez, pour rester à califourchon sur une vague, il faut être très fort. Au fond, VGE est comme Carter ! »

Je sais ce que Giscard pense de Carter, puisque, la dernière fois que je l'ai vu à l'Élysée, il a dit, sans précaution, qu'il le trouvait plus que médiocre. Je m'esclaffe.

« Ne riez pas, me dit sérieusement François-Poncet. Avouez qu'il faut être fort pour se faire prendre cinquante otages, transformer cela en victoire, et tenter de gagner des voix avec ça. Tout le monde ne le fait pas[1] ! »

Il est à ce poste jusqu'aux élections, je pense, puisqu'il n'y aura sans doute pas de remaniement pendant la dernière année du septennat. Cela cadre mal avec l'espèce de décontraction dont il fait preuve à l'égard du président de la République.

Je m'interroge, au moment où je finis d'écrire ces lignes : pourquoi ai-je entendu, depuis quelques mois, autant d'anciens amis de Giscard prendre leurs distances avec lui ? Je veux dire : pas des amis récents, venus ou plutôt parvenus dans les allées du pouvoir. Je pense à Claude Pierre-Brossolette, ami depuis la jeunesse, quittant l'Élysée au bout de quelques mois passés auprès du Président, sans cacher je ne dirais pas sa déception, mais en tout cas son désenchantement. Je pense à Jean-François Deniau se demandant devant Roger Stéphane ce que Giscard lui reprochait et pourquoi, à son avis, il n'était devenu ni ministre ni ambassadeur, alors qu'il avait été auparavant le plus proche de Giscard. Je pense à J.-J. S.-S., compagnon des jeunes années, tenu à l'écart depuis le début du septennat. Je pense même à Michel Poniatowski, le lieutenant préféré, le spadassin de Giscard, écarté sans ménagements du gouvernement – même si, sur le moment, son départ n'avait pas été interprété ainsi – en même temps que les autres ministres dits « politiques » du premier gouvernement Barre, en 1977.



Pourquoi tous ses amis le jugent-ils aujourd'hui avec ce détachement, et même, pour certains d'entre eux, cette sévérité ?

Est-ce par jalousie, comme je l'ai pensé lorsque Jean-François Deniau nous parlait de lui ? Est-ce parce qu'ils ne comprennent pas pourquoi Giscard a eu ce destin, et pas eux ? Peut-être.

Ou l'homme Giscard est-il réellement décevant ? Dans ce cas, ce n'est pas son intelligence qui serait en cause : elle n'est pas contestée. Sa personne, alors ?

---

1. Ce qui n'empêche pas Jimmy Carter d'être battu en 1980 après un seul mandat.

*4 mars*

Vu Guy Hermier, un des représentants de la nouvelle génération communiste, qui dirige le journal *Révolution* où je le rencontre. Le nouvel organe de presse du Parti, me dit-il, s'adresse aux intellectuels, aux enseignants, aux professions libérales, à tous les personnels qui gravitent autour de la création, sans oublier la masse de ces ITC (ingénieurs, techniciens, cadres) chère, en d'autres temps, à Roland Leroy, et les militants du mouvement social, de la vie associative et culturelle, que le PC veut arracher à l'attraction socialiste.

« Notre influence grandit chez les intellectuels », m'assure-t-il avant de tenter de me démontrer que les intellectuels d'aujourd'hui ne sont pas ceux d'hier. Aujourd'hui, selon lui, ils sont moins dans la production des idées, dans les universités, dans les médias, que



dans les forces sociales. « Au lendemain de la Première Guerre, poursuit-il, les intellectuels étaient des individualités : Henri Barbusse, Anatole France, André Gide, etc., qui se voulaient dans une solidarité généreuse avec la classe ouvrière. Aujourd'hui, les intellectuels deviennent communistes, ils s'inscrivent au Parti pour changer le monde ! »

Je suis assez déroutée par la faiblesse de sa démonstration. Est-ce là le successeur de Leroy chez les intellectuels ? Je reste sceptique.

Il ne m'en dit pas moins, pour finir, que Rocard et Mitterrand, c'est du pareil au même, qu'il n'y a aucune différence politique entre eux. « Au PS, juge-t-il, c'est l'usure et la division. »

*12 mars*

*L'Express* vient de publier une enquête sur le passé de Georges Marchais, celui sur lequel, à mots couverts, on me dit que les maoïstes de *La Cause du Peuple* avaient les premiers mis l'accent il y a dix ans [1]. Et auquel un auteur venu de l'extrême droite, Nicolas Tandler, vient

1. Le numéro du 21 février 1970 de l'organe maoïste *La Cause du Peuple* mentionnait déjà : « Le PCF essaie parfois aussi d'inventer des résistants, mais cela est plus difficile, et il lui faut souvent renoncer. Aussi y a-t-il un grand blanc dans l'héroïque existence de M. Marchais... de 1940 à 1945. » Puis, quelques semaines plus tard : « Que M. Marchais, qui, dit-on, fit avant de partir au STO les beaux jours des guinguettes collabo, reprenne l'accordéon dont il régalait les officiers nazis en goguette... » Retrouvé dans le livre de Philippe Robrieux, *Histoire intérieure du Parti communiste*, Fayard, tome 2.

de consacrer une biographie qui fait grand bruit [1]. Tout y est de ce que Philippe Robrieux, ancien préféré du couple Thorez-Vermeersch, devenu transfuge du PC, avait commencé de me laisser entendre il y a plusieurs mois. Avec, sous la plume de Jean-François Revel [2], tout ce qu'il faut d'anticommunisme pour faire des articles publiés par *L'Express* un véritable événement de presse.

Au-delà de la façon dont elle est exploitée, l'enquête de *L'Express* et les accusations de Nicolas Tandler sont tout à fait passionnantes, révélant des tas de choses dont on murmurait qu'elles étaient vraies sans y croire complètement. Que Marchais n'ait jamais fait de résistance, même s'il était en âge d'y jouer un rôle, ce n'était un secret pour personne. Qu'il ait été requis par le STO, je le savais. Mais qu'il ne soit revenu d'Allemagne qu'en 1945, qu'il ait été dans les usines Messerschmitt, cela vraiment, je ne le savais pas. Je pensais qu'il était rentré en France en 1943 en prenant prétexte d'un décès dans sa famille et qu'il s'était planqué jusqu'à la Libération.



Au surplus, au procès de 1977, qu'il avait lui-même intenté pour diffamation au journal d'extrême droite *Minute*, il avait pleuré, grondé, éructé et finalement donné l'impression qu'à travers lui, des anticommunistes forcenés cherchaient à ébranler le Parti communiste.

On comprend mieux maintenant certaines réactions d'anciens grands résistants comme Maurice Kriegel-Valrimont et Charles Tillon, lorsque Marchais a succédé à Waldeck Rochet en 1970 [3]. À l'époque, il y a dix ans, ces prises de position étaient plus ou moins passées inaperçues, je ne sais pourquoi, sans doute parce qu'elles étaient rapportées par des sortes de « groupuscules », les maoïstes essentiellement.

Sur ce coup, comme on dit, je me suis fait « griller ». Il faut dire que je travaillais plus sur Giscard que sur les communistes. Comment

1. *L'Impossible Biographie de Georges Marchais*, par Nicolas Tandler, éditions de l'Albatros, 1980.

2. Directeur et éditorialiste de *L'Express* à l'époque, après avoir été proche de François Mitterrand, au point d'avoir été ministre de la Culture dans le contre-gouvernement de la gauche. La publication de son ouvrage *Ni Marx, ni Jésus* avait mis un terme, en 1970, à leur complicité.

3. Le 3 juin 1970, Charles Tillon, Roger Garaudy, Maurice Kriegel-Valrimont et Jean Pronteau lançaient ensemble un appel solennel intitulé : « Il n'est plus possible de se taire. » Ils dénonçaient un centralisme démocratique inspiré du modèle soviétique qui « a permis d'écarter ceux qui posaient problème et de placer à la tête du Parti un homme qui n'a participé à aucun de ses combats vitaux ».

rattraper les choses, et, comme disent les vieux rédacteurs en chef, « faire progresser l'information » ?

Nous nous sommes posé la question, au *Point*, à la conférence du lundi matin : comment faire *avancer l'information* ? En allant – il me semble que c'est le bon moyen – rendre visite à Charles Tillon, en Bretagne, dans le petit village de La Bouexière où il s'est retiré. Je ne pense pas – mais peut-être que je me trompe – qu'il figure au nombre des informateurs de *L'Express.*

Pourquoi lui ? Parce qu'il a été un grand résistant, qu'il a été une figure emblématique du PC, qu'il a signé l'appel de 1970 contre Marchais, parce qu'il a été deux fois écarté du Parti ou renvoyé à la base : en 1952, lorsque les partis communistes ont exclu partout en Europe les anciens héros de la Résistance ou de la guerre d'Espagne ; et après Prague, en 1968. Si quelqu'un peut parler aujourd'hui, c'est lui, d'autant qu'il a sûrement quelques comptes à régler avec l'équipe Marchais.

Marchais a-t-il été ou non un embusqué de la guerre de 39-40, est-il parti de son plein gré en Allemagne, ou était-il requis au titre du Service du travail obligatoire ? Dans ce cas, pourquoi, comment est-il devenu – et resté – secrétaire général du Parti communiste ?

Philippe Robrieux, il y a plusieurs années, m'avait déjà laissé entendre qu'il y avait dans le passé de Georges Marchais bien des zones d'ombre, bien des noirceurs. Il contestait la biographie officielle : Marchais requis du STO et envoyé en Allemagne en 1942. Sans doute par manque d'informations supplémentaires, à l'époque, il n'était pas entré dans le détail.

Aujourd'hui, Charles Tillon, qui fait largement ses 62 ans, m'a ouvert la porte de sa maison bretonne. Il raconte sans se faire prier, comme je m'y attendais, intarissable pendant des heures. Je le laisse faire, noircissant à toute allure mon carnet sans discuter son point de vue.

« Marchais, me raconte-t-il, a vingt ans en 1940. C'est un costaud, un dur, qui est venu de sa Normandie natale pour travailler à Paris. Peut-être a-t-il eu un instituteur communisant. Pourtant, dans la capitale, il va prendre le genre rue de Lappe, tout en apparaissant assez exactement comme l'incarnation du lumpenprolétariat.

« La légende de Marchais est née en 1940 : on a fini par lui faire dire qu'avant l'entrée des Allemands dans Paris, il était sur les routes, comme tous les ouvriers. Y était-il vraiment ? Je ne le sais pas. Dans les réponses qu'il a données à André Harris et Alain de Sédouy[1], il

1. In *Voyage à l'intérieur du Parti communiste français*, Seuil, 1974.

dit qu'il connaissait à l'époque le mouvement social : je n'y crois pas, parce qu'il ne le répétera plus jamais à d'autres interviewers.

« Les Allemands entrent dans Paris. Pour faire la guerre à l'Angleterre, ils ont besoin d'ouvriers. Or Paris est vide, la plupart des Parisiens ayant fui la capitale, et Marchais a toujours beaucoup aimé les avions. Il répond à l'annonce de ses éventuels employeurs. Il est embauché, comme il le souhaite, dans une usine allemande, AGO[1], qui s'est installée à Bièvre, devenue du coup une sorte de principauté ou d'enclave allemande en territoire français.

« Les Allemands paient bien : à vingt ans, Marchais éprouve déjà un besoin irrépressible de vivre du mieux possible. Il est peinard, bien payé, dégourdi, pas mal de sa personne. Il travaille bien aussi : il monte à l'échelle comme une grenouille. Il va tous les quinze jours chez lui en Normandie, en revient avec des victuailles qu'il revend. C'est un débrouillard, comme on dit. À l'usine, il a appris à jouer de l'accordéon. Il en joue pour ses patrons allemands.

« Puisqu'il est, à Bièvre, travailleur dans une usine allemande, considérée comme en terre allemande, il n'a pas à être réquisitionné pour partir en Allemagne.

« Cet homme, résume Tillon, entend jouir de la vie : il est à l'affût du meilleur salaire. »

C'est l'occasion, pour Tillon, de faire un détour sur la politique du Parti communiste après le pacte germano-soviétique d'août 1939 : le mot d'ordre, transmis par Jacques Duclos, revenu de Belgique à bicyclette, était de gagner du temps. Puis, dans les premiers mois qui ont suivi l'entrée des Allemands dans Paris, le conseil était de « fraterniser » avec l'occupant.

« Du coup, à l'époque, Marchais, en entrant dans une usine allemande, était dans le *mood*, poursuit Tillon en usant curieusement de ce mot anglais. Il y reste jusqu'en 1942. Le 11 novembre, cette année-là, les Allemands envahissent la zone sud, les Alliés s'installent à Alger. En France, le colonel Fabien a commencé une guérilla contre l'Allemagne. Marchais, lui, jouit de la vie et ne se préoccupe de rien : on peut dire que, d'une certaine façon, Duclos l'y a encouragé !

« Mais c'est alors que s'ouvre un deuxième front à l'Est, où Stalingrad se prépare. Marchais part volontairement en Allemagne où il

1. Il s'agirait de l'Aktien Gesellschaft Otto, société allemande nationalisée travaillant directement pour le ministère de l'Aviation du IIIe Reich, installée en France occupée sur le terrain de Bièvre.

travaille aux usines Messerschmitt. Pourquoi les Allemands ont-ils alors demandé à 50 spécialistes français de se joindre à eux ? Tout simplement parce que Messerschmitt vient de concevoir un nouveau moteur et qu'ils ont besoin de volontaires, les Allemands étant, eux, occupés sur les différents fronts. »

Tillon insiste sur le mot *volontaire*, important puisque Marchais a toujours prétendu avoir été requis par le Service du travail obligatoire.

« Il est tellement volontaire, du reste – c'est toujours Tillon qui parle – qu'il part en permission légale en 1943. Le problème, c'est qu'il est ensuite retourné en Allemagne, contrairement à ce qu'il va affirmer par la suite, jusqu'en 1945[1]. »

Marchais toujours volontaire en Allemagne de 1943 à 1945, ou Marchais ayant échappé à la vigilance allemande, évadé en 1943 et revenu en France pour se cacher dans l'action clandestine ?



Nous voilà au cœur du débat sur le passé de Georges Marchais. Passe encore qu'il soit allé en Allemagne volontairement en 1942 : après tout, il n'y avait pas pléthore de résistants en France, en dehors des gaullistes et de quelques communistes, à ce moment-là. Mais qu'il y soit retourné, qu'il ait attendu la fin de la guerre (1945 ou même 1946, va jusqu'à dire Tillon), c'est tout autre chose. Dans ce cas, il n'a pas participé à l'insurrection, il était peut-être même toujours dans l'usine Messerschmitt lorsque le territoire sur lequel elle était implantée fut libéré en 1945... par l'armée soviétique !

Je ne peux tout vérifier de ses dires, mais il est certain que le récit de Charles Tillon corrobore les articles de *L'Express*. Quelques minutes après avoir achevé son récit sur Marchais travailleur allemand, il me raconte comment sa biographie officielle a été réécrite par les dirigeants communistes eux-mêmes :

« Quand les communistes ont quitté le gouvernement, en 1947, me raconte-t-il, Thorez a présidé une grande réunion, suivie d'une réception, avec le gratin du Parti communiste. D'un seul coup, Marchais est apparu parmi nous – il figure sur des photos de l'époque –, ce qui prouve qu'il avait adhéré avant cette date. Pourquoi était-il déjà là ? Ou bien c'est alors un homme de confiance, ou bien il est garde du corps. Lorsque certains d'entre nous ont demandé ce qu'il faisait parmi eux, Jacques Duclos a inventé une histoire : Georges

1. Un document du bureau allemand des permis de séjour, émanant des archives de la ville d'Augsbourg, attesterait de la présence de Georges Marchais en Allemagne en 1944.

Marchais était à Paris depuis 1943, prétendit-il, il a assisté à l'insurrection parisienne en 1944 tout en restant inconnu de nous, il a adhéré en 1947 pour montrer sa solidarité avec le Parti au moment où celui-ci quittait le gouvernement. Pas un mot alors sur son passage en Allemagne de la part du responsable des cadres du Parti », précise Tillon.

« Que fait-il au PC ?, s'interroge-t-il, tout entier replongé dans son passé. Il habite chez Maurice Thorez ; le couple Thorez l'amène partout. Il n'est pas garde du corps, car il n'a jamais été armé. Au reste, il n'est pas bâti pour être domestique ! Partout il fait preuve d'un insondable culot. Oui, oui, du culot, pas de l'audace ! »

Sur le déroulement de la carrière de Marchais, Charles Tillon – nous parlons depuis déjà deux heures – ne me fait grâce de rien : Marchais est renvoyé par le Parti à l'usine. Il y devient très rapidement cadre syndical, un militant de la CGT, jusqu'en 1952. Puis, grâce à un haut dirigeant du Parti, Raymond Guyot, Marchais devient permanent du PC. Dès lors intouchable, selon Tillon, parce que proche de Raymond Guyot. Il passe par la fameuse école des cadres, en France puis à Moscou. C'est en 1969 qu'on commence à parler vraiment de lui : Waldeck Rochet le prend à ses côtés au secrétariat du Parti.



« Comme Waldeck, lui, était un brave homme, il faut bien conclure qu'une décision de Moscou l'a obligé à recruter Marchais parmi son équipe au secrétariat général du Parti. »

Marchais libéré en 1945 par les Russes, Marchais recruté par Raymond Guyot, que Tillon juge très proche des Soviétiques, Marchais imposé dans l'entourage du gentil Waldeck Rochet ? Le réquisitoire de Charles Tillon, d'autant plus passionné qu'il a lui-même souffert plusieurs fois de la direction du Parti, est rude. Difficile, après cela, de regarder Georges Marchais de la même façon qu'auparavant.

Je demande à Tillon pourquoi les premiers bruits autour de la fabuleuse ascension de Marchais au sein du Parti datent de 1970 ? Parce que, m'explique-t-il, c'est l'époque où Roger Garaudy est exclu du PC, et que, concomitamment, un journal prochinois proche de lui livre ses premières informations.

« C'est alors, confirme-t-il, que j'ai pensé, avec d'autres, que nous ne pouvions plus nous taire, d'autant moins que la Tchécoslovaquie avait été envahie et que la normalisation était à la mode chez nos grands frères soviétiques. Avec Garaudy, Pronteau, Kriegel-Valrimont, nous avons signé un texte qui a fait scandale : “Il n’est plus possible de nous taire.” »

La réaction a été rapide : Jacques Duclos lit un communiqué du bureau politique qui le condamne – « avec mon mépris », ajoute-t-il pour faire bonne mesure. Le lendemain, Marchais lui-même prend la parole et affirme qu’au début de la guerre, il ne savait rien, assure qu’il s’est évadé d’Allemagne dès la première occasion, en 1943. Et Duclos répète : « Nous étions tous au courant, nous connaissons parfaitement la vie et les actes de Georges Marchais. Le moment va venir où nous dirons tout. »

Dans les années qui suivent, c’est Auguste Lecœur, un résistant lui aussi, qui « balance[1] » l’histoire Marchais. *Minute* aussi, mais c’est par un autre chemin. Marchais attaque pour falsification l’ancien dirigeant communiste et le journal d’extrême droite.

Tillon termine ce long récit en me faisant part de son inébranlable certitude : Marchais, pour lui, est l’ambassadeur extraordinaire en France de l’Union soviétique. Entre Brejnev et lui il existe des accords secrets non avoués.

Lorsque je reprends le train, il est très tard, il fait nuit. J’ai mal au poignet à force d’avoir pris des notes trop vite et trop longtemps. Difficile de résister au torrent dont m’a abreuvée Charles Tillon. Pourtant, je n’ai aucune certitude, aucune preuve, aucun papier pour pouvoir me faire mon opinion à moi sur le problème Marchais.

Je suis néanmoins sérieusement ébranlée.

*19 mars*

Un interlocuteur inconnu m’a demandée tout à l’heure au bureau d’accueil du *Point*. Il voulait me remettre des photos de Georges Marchais pendant la guerre en Allemagne. Évidemment, j’ai dit oui. On m’a remis une vieille photo intéressante. On y voyait autour d’un avion Messerschmitt plusieurs hommes, sans doute ceux qui avaient construit l’avion ou ajusté ses pièces. En bout de ligne, un homme massif, brun, chevelu, qui pouvait ressembler à Georges Marchais sans que je puisse en avoir la pleine certitude.

Immédiatement, pendant que mon interlocuteur attendait, j’ai

1. Le terme est celui de Charles Tillon.

donné la photo à analyser au chef du service photo du journal. Je l'ai montrée à tous ceux qui étaient présents autour de moi : impossible, je dis bien impossible de nous faire une opinion. Nous avons, non sans en faire quelques photocopies[1], laissé la photo à l'homme qui, un peu trop opportunément, nous l'avait apportée.

*20 mars, 15 h 30*

Georges Marchais, qui se tait depuis plusieurs jours, a choisi d'affronter la presse. Nous voici tous, très nombreux, dans la salle de la mairie d'Ivry où il nous fait face. Il a demandé que le plus grand nombre de membres du comité central viennent l'entourer, ce qu'ils ont fait.

Il laisse quelques minutes aux photographes pour « shooter », puis, phrase rituelle dans les conférences de presse : « S'il vous plaît, messieurs les photographes... », et on leur demande de déguerpir. Ce qu'ils font en râlant bruyamment.

Georges Marchais, mine des mauvais jours – il faut dire qu'après la quinzaine qu'il vient de passer et les centaines d'articles qui lui ont été consacrés, il n'a pas de quoi rigoler –, attaque d'emblée :

« Un fait nouveau s'est produit ce matin, tonne-t-il, qui révèle une véritable machination contre le Parti communiste et son secrétaire général ! Le journal *Le Matin* affirme que j'aurais été, de septembre à novembre 1955, appelé à Moscou. J'accuse *Le Matin* d'imposture ! »

La communauté des journalistes, toujours assez volontiers corporatiste, frémit.

Georges Marchais continue à s'expliquer sur un ton courroucé. Il poursuit :

« Son but est clair : on veut accréditer la thèse que le Parti communiste français et moi-même sommes totalement inféodés à Moscou. Or les affirmations du *Matin* sont contradictoires avec les faits. »

Et de reprendre son agenda de ces années-là : il a été élu en 1953 à l'Union syndicale de la métallurgie de la Seine ; de 1954 à la mi-octobre 1955, il a exercé une double responsabilité syndicale à l'Union départementale de la CGT des métallos de la Seine.

« Pendant cette période, plaide-t-il, j'ai été membre du comité fédéral communiste de la Seine. J'y étais encore en 1954 à la veille du XIII^e^ Congrès du Parti communiste. En octobre 1955, on m'a

1. Lesquelles doivent encore figurer dans les archives du *Point*.

proposé de revenir à ma fédération d'origine, j'ai accepté, et la CGT m'a déchargé de mes tâches syndicales. J'ai participé à cette date, avec Madeleine Vincent, à la préparation, les 12-13 novembre 1955, des travaux de la confédération de Seine-Sud. J'y ai assisté et j'ai été élu membre du secrétariat fédéral. »

Et d'aligner la liste des preuves de sa présence en France au cours de ces années-là : les comptes rendus publiés à l'époque par *L'Huma*, un article du journal *Vie nouvelle*, des documents syndicaux.

Bref, *Le Matin* ment délibérément ; il clame son indignation en constatant que quelques journalistes suspectent ses témoignages sous prétexte qu'ils émanent du Parti communiste et de la CGT.

« À moins, note-t-il finement, qu'il ne faille être un ancien communiste pour être cru ? » Allusion aux propos tenus ici et là, et notamment avec moi, par Charles Tillon, Philippe Robrieux, Auguste Lecœur et bien d'autres.

De là à conclure qu'il y a un vrai complot ourdi contre le Parti communiste français, il n'y a qu'un pas qu'il franchit évidemment. Selon lui, dans un premier temps, il y a eu la polémique autour de son travail volontaire ou forcé en Allemagne :

« Je produirai, dit-il, d'autres documents prouvant que je suis victime de la déportation du travail. » Et il rappelle que la justice a fait fi des accusations dont Auguste Lecœur et *Minute* s'étaient fait l'écho dans un passé récent.

Dans un second temps, on essaie de le faire passer pour un « agent de Moscou ».

« Infamie que tout cela ! proteste-t-il avec véhémence. Les journaux viennent d'élargir la calomnie en consacrant leurs articles à mon probable séjour à l'école de Moscou entre 1954 et 1955. Il s'agit d'un énorme bobard ! »

Conclusion : nous assistons à un complot policier en vue de l'élection présidentielle de 1981. « Car, appuie-t-il, les auteurs et les inspirateurs de cette opération craignent la candidature communiste. Je vous le dis : le candidat du Parti communiste pourra se présenter la tête haute pour exposer la politique de son parti. Ce ne sera pas le cas des autres candidats ! »

Impavide, avec ce culot que chacun, communiste ou pas, lui reconnaît, et pensant sans doute, comme d'autres, que la meilleure défense c'est l'attaque, il énumère tous les candidats potentiels de 1981. Giscard ? « Vous voyez aujourd'hui les résultats : 2 millions de chômeurs, la pauvreté, l'inflation, l'alignement sur la politique de

Washington ! » Jacques Chirac ? « Comment va-t-il se présenter alors qu'il a assuré, comme Premier ministre, la mise en œuvre de la politique giscardienne ? Lui aussi, on comprend qu'il redoute une candidature communiste. Et voilà pourquoi cette opération politicienne contre le mouvement ouvrier menée par la vieille droite haineuse et versaillaise ! »

François Mitterrand ne perd rien pour attendre : « Nous aurions pu gagner les législatives de 1978 : quelle responsabilité Mitterrand a-t-il prise en rejetant le Programme commun pour lequel nous nous étions battus depuis vingt ans [1] ! Comme on comprend qu'il ait aujourd'hui le plus grand mal à se débattre dans l'impasse où sa politique enfonce chaque jour plus profondément son parti ! »



Tout le monde en prend pour son grade, donc. Ce qui, paradoxalement, enlève beaucoup de leur force aux vociférations de Georges Marchais. D'abord parce qu'en dépit de ses affirmations, il n'apporte toujours pas de démenti sérieux sur sa présence en Allemagne en 1945. Peut-être n'était-il pas à Moscou en 1954, puisqu'il produit les preuves de sa présence en France. Mais pour ce qui concerne 1943-1945, il se contente de dire qu'il apportera bientôt les éléments nécessaires. Mais on les attend toujours, aujourd'hui, en l'écoutant dans cette salle de la mairie d'Ivry où le spectacle d'un Marchais très en colère fait recette.

Le torrent de ses propos s'achève en charriant pêle-mêle l'hypocrisie des ennemis du communisme, l'action répugnante de la bande des trois (Giscard-Chirac-Mitterrand) qui cherche à exploiter la situation, en même temps que l'ensemble de la classe politique qui ferait bien de balayer devant sa porte en réfléchissant à son propre comportement pendant la Deuxième Guerre mondiale, pendant les guerres de décolonisation, sans oublier les diamants de Bokassa !

Après ces affirmations proférées presque à tue-tête, il se radoucit d'un coup : « Ces agressions éhontées ne font que nous renforcer dans la solidarité. Voilà pourquoi je me sens plus combatif, plus serein, plus déterminé que jamais à retrouver les comploteurs ! »

Lorsqu'il s'arrête, un silence se fait : nous sommes tous abasourdis par cette tirade qui a duré de longues minutes, encore que je ne les aie pas chronométrées.

---

1. Georges Marchais se trompe : en admettant même que les négociations sur le Programme commun aient commencé en 1965 et non pas après la naissance du nouveau parti socialiste en 1971, leurs débuts remontent à quinze ans au plus, et, pour le moins, à neuf ans...

Puis l'un de nous, Richard Arzt, de RTL, risque : « Qu'avez-vous contre Mitterrand ? »

La réponse fuse : « Tous les hommes politiques, lui surtout, doivent répondre de leur attitude pendant la Deuxième Guerre et pendant la guerre d'Algérie. J'ai des faits précis sur le comportement de certains hommes pendant cette période. J'ai aussi des idées sur leurs revenus et leurs patrimoines. »

Mitterrand entre Vichy et Paris à son retour de captivité ? Mitterrand disant en 1954 : « L'Algérie c'est la France ! » Est-ce cela à quoi Marchais fait allusion ?

Il nous plante là sur une dernière phrase : « L'honnêteté et la vérité sont de notre côté. La boue est de l'autre côté. »

Fin de la prestation Marchais.



Je ne sais pas si c'est lui qui donne le ton, mais la « décrispation » chère à Giscard au début de son mandat ne me semble pas du tout à l'ordre du jour. Au contraire : les hommes politiques sont tombés sur la tête. Claude Labbé vient de dire dans *Paris Match* de Michel Pinton, le délégué général de l'UDF, qu'il « était bête et méchant » !

*22 mars*

Congrès UDF placé samedi matin sous la présidence de Jean-Pierre Fourcade.

À 11 h 30, Poniatowski prend la parole. L'entrée des Soviétiques en Afghanistan est en toile de fond. Il décrit, comme Giscard, un monde en crise dans lequel la solidarité des Français est plus nécessaire que jamais. « Notre rôle, dit-il, est de tout faire pour que soit surmontée cette crise, pour éviter que le monde entre en conflit. Nous refusons un monde divisé en deux blocs, nous n'acceptons pas la notion de superpuissance, pas plus que nous n'acceptons que les intérêts du monde soient liés à ces superpuissances ! »

Diable, Ponia serait-il devenu gaulliste ? Son discours pourrait en tout cas le laisser croire. D'autant qu'il poursuit sur le rôle de la France qui doit « s'identifier à des causes généreuses : la lutte contre la faim, le désarmement ».

Reprenant à sa façon le slogan de Giscard : « La France doit être gouvernée au centre », il dit, lui, que le « monde doit être gouverné au centre. Que la France doit être le trait d'union entre les deux parties de l'Europe, l'Europe de la liberté et celle de l'oppression ».

Je relève intégralement un passage de son discours écrit, tel qu'il est distribué, où il explique les raisons du sentiment qu'a la France de son indépendance : « La France, expose Ponia, est née de son opposition au Saint Empire et à la Papauté. Elle s'est affirmée contre les dynasties européennes. Elle a toujours su préserver le sentiment de son identité nationale, et aujourd'hui elle doit maintenir le caractère fondamentalement original de sa politique étrangère. »

Ce raccourci historique, sur lequel personne autour de moi ni parmi les congressistes ne semble s'arrêter, me plaît bien. Peut-être Debré lui-même n'aurait-il rien à y redire !

Tandis que j'écoute d'une oreille distraite les orateurs qui lui succèdent (René Lenoir, Lionel Stoleru, Jacques Barrot, Michel Debatisse, syndicaliste chrétien, nouvel adhérent de l'UDF), j'en profite pour mettre noir sur blanc ce que Jean Lecanuet m'a raconté hier, 21 mars, au sujet de Ponia. Il trouve que celui-ci ne manque pas de toupet quand, dans sa dernière interview à *L'Express*, il a dit que lui, Lecanuet, n'était venu qu'une seule fois au Parlement européen. « Il charrie, me précise Lecanuet, parce que la fois où je suis venu, c'était pour le faire élire ! »



Il a en effet, avec les démocrates-chrétiens de ses amis, assuré l'élection de Ponia à la Commission du développement du Parlement européen.

Furieux, le lendemain de la sortie de l'interview, Jean Lecanuet a dit à Ponia : « Tout de même, tu exagères, ce n'est pas correct ! »

J'ai demandé à Lecanuet : « Et alors, qu'a-t-il répondu ?

– Rien, me dit-il, il a ri. Quand il fait une gaffe, il rougit et il rigole ! »

Le reste du congrès est sans intérêt.

*27 mars*

Président de l'UDF, après tout, même si Poniatowski a tendance à l'oublier, Jean Lecanuet m'affirme que pendant ce congrès (je n'ai pas même pris en notes ce qu'il y a dit), il n'a consulté l'Élysée que sur deux points seulement. Pour s'assurer d'abord de la position de Giscard sur l'aménagement des horaires de travail, ne voulant pas rééditer ce qui, paraît-il (j'ai pour ma part oublié), s'était passé l'année dernière avec le couac provoqué par les positions des uns et des autres sur l'impôt sur le capital. Ensuite, deuxième point, sur la façon de parler d'Arafat et de ce qu'il y avait à en attendre pour la France.

Manifestement, Lecanuet craint que son auditoire n'apprécie pas la reconnaissance par Giscard, il y a quelques jours, du droit du peuple palestinien à l'indépendance et de Yasser Arafat comme interlocuteur qualifié.

Autrement, m'assure-t-il, aucun coup de téléphone à l'Élysée pendant tout ce congrès UDF. Qu'est-ce que cela veut dire, sinon que Giscard s'en fout ? Il a Ponia, il n'a nul besoin du relais Lecanuet.

Et puis, montant dans ma voiture parce qu'il m'a demandé de le déposer sur mon chemin, boulevard Saint-Germain, il lâche à brûle-pourpoint, sans doute parce qu'il pense encore à la réponse de Giscard sur Arafat, cette phrase qui, sur le fond comme dans la forme, me laisse sans voix : « Les Juifs, plus les pieds-noirs qui, pour d'obscures raisons, sont le plus souvent juifs et en tout cas toujours anti-arabes, ça nous fait un pacson d'un million de voix dans la gueule ! »



*11 avril*

La participation est à nouveau à l'ordre du jour. Le débat est inscrit à l'ordre du jour de l'Assemblée nationale la semaine prochaine, et Raymond Barre a rencontré hier tous les groupes parlementaires pour leur en parler.

Cette participation, depuis les années 1960, c'est l'Arlésienne de la politique : on en parle toujours et on ne la voit jamais. Pour de Gaulle, elle était un moyen d'abattre le mur séparant le capitalisme du monde du travail. Je me rappelle, quoi qu'on dise aujourd'hui, que cette participation gaulliste apparaissait à Georges Pompidou, en ces années-là, comme une aimable utopie qu'il n'a reprise que vers la fin de son mandat, lorsque l'intéressement a été mis en œuvre dans les banques et les compagnies d'assurances.

Aujourd'hui, en ces temps où l'on nous assure que les profits diminuent, que la crise étrangle le petit et le grand capital, où la production s'essouffle, quelle va être cette nouvelle participation à la Giscard ? « Rendre les Français propriétaires de la France », c'est ce que veut le Président, qui l'avait annoncé le 24 février dernier.

Pas d'ambition de bouleverser les rapports sociaux là-dedans. Simplement – et après tout ça n'est pas rien –, chercher par la distribution de 3 % du capital social la fameuse « troisième voie » chère au Général.

Le RPR est bien obligé de suivre Giscard sur ce terrain. C'est toujours bon à prendre pour Giscard, à un moment où Chirac lui rend la vie difficile. Chausser les bottes du Général, prendre les électeurs gaullistes à revers, c'est de bonne guerre. Mais c'est la guerre.

*15 avril*

Déjeuner rue de Lille avec Fernand Icart, député UDF des Alpes-Maritimes, que je connais depuis longtemps. Je lui demande comment il avait été désigné, contre toute attente, en 1973, président de la commission des finances de l'Assemblée nationale : « C'est tout simple. Au détour d'un couloir de l'Assemblée, j'ai rencontré Raymond Marcelin et lui ai dit que ce poste allait être confié, dès le début de l'après-midi, à Jean de Broglie[1]. Marcelin s'est indigné à l'idée que Broglie puisse être à la tête de la commission des finances. Sur le moment, je n'avais pas compris pourquoi, et je ne sais toujours pas le fin mot de l'affaire, mais je sais simplement qu'il a parlé en grand secret à Ponia, que celui-ci en a parlé à Giscard, et qu'ils ont décidé de me nommer à sa place. »



Quel secret détenait donc Marcelin à l'époque ?

*15 avril, suite*

Henri Fiszbin est venu sonner à ma porte. Étonnant, attristant : jusqu'où peut-il aller, jusqu'à quand tiendra-t-il ? Quelle cassure en lui, et aussi quelle ténacité ! L'idée que des gens comme cela, de cette qualité, de cette classe (difficilement acquise, car, après tout, il ne s'est pas seulement donné la peine de naître !) puissent déboucher sur le néant est plus que consternant : tragique. Le néant, c'est-à-dire les portes qui se ferment, les amis qui se détournent, les camarades qui regardent ailleurs ou changent de trottoir quand vous passez ! Quelles valeurs perdues, quel gâchis, quelle tristesse !

1. Jean de Broglie, député de l'Eure, avait été assassiné le 24 décembre 1976. L'enquête sur sa mort n'a toujours pas abouti en 1980. D'où la question : que savait le ministère de l'Intérieur qui soit de nature, pour Giscard, à empêcher sa nomination à la présidence de la toute-puissante commission des finances de l'Assemblée nationale ?

Il cite les vers de Maïakovski :

*Si je ne brûle pas,*
*Si tu ne brûles pas,*
*Si nous ne brûlons pas,*
*Comment transformerons-nous les ténèbres en lumière ?*

Je reviens, avec lui, sur sa pitoyable aventure. Il était donc à la tête de la fédération parisienne du PC, il a depuis 1978 démissionné de toutes ses fonctions à l'intérieur du Parti : fédération de Paris, comité central, présidence du groupe communiste au conseil de Paris.

Pourtant, sa carrière au sein du Parti a été longtemps exemplaire[1], de même que sa montée vers les sommets : député du XIX^e^, premier fédéral de Paris.

*1980*

À l'origine de son conflit avec Marchais et la direction, la rupture de septembre 1977 entre communistes et socialistes : Fiszbin insiste pour que la presse du Parti rende compte des discussions internes entre communistes et des arguments échangés avec les socialistes. Marchais s'y oppose. Le conflit entre les deux hommes vient de là.

Le procès Fiszbin ressemble malheureusement aux procès communistes d'Europe de l'Est. Le problème est que Fiszbin, qui a tenu tête pendant des mois à Marchais, qui a plaidé avec force pour sa cause, qui a publié en mars un livre courageux[2], est aujourd'hui totalement au bout du rouleau. Il ne supporte pas physiquement cette tension, l'abandon de ceux qui lui étaient le plus proches : dix-huit mois après les premières querelles, les premières crises, il est vidé, liquidé.

Il finit par me confier ce que son état physique, aujourd'hui, révèle : il est atteint d'une grave maladie et n'en a plus pour longtemps. Cela ne se voit pas encore, mais il a du mal à tenir sur ses jambes, sa démarche devient chaque jour plus hésitante, sa parole, bientôt, me dit-il, va flancher.

Terrible.

---

1. Fils d'un artisan et d'une couturière, ouvrier tourneur lui-même, il appartient à une de ces familles juives venues d'Europe centrale entre les deux guerres. Il adhère aux Jeunesses communistes à 15 ans, au PC à 16 ans. Il est secrétaire de section, puis permanent, membre du comité central en 1970, député du XIX^e^ arrondissement en 1973, enfin premier secrétaire de la fédération de Paris.

2. *Les bouches s'ouvrent*, publié le 26 mars 1980.

*17 avril*

Lecanuet me raconte à sa manière, ironique et consternée, comment, lorsqu'il est arrivé à la Chancellerie en 1974, le chef du service politique du *Monde*, Raymond Barrillon, lui a présenté un de ses jeunes collaborateurs, Philippe Boucher. « À la fin de notre déjeuner, raconte Lecanuet, je dis à Philippe Boucher : "Eh bien, dans la mesure de mes moyens, je vous aiderai. – Je n'en ai nul besoin, m'a répliqué Philippe Boucher, j'aurai vos notes avant vous !" »

« Et c'était vrai ! » conclut Lecanuet.

Sur Michel Rocard, il a cette phrase : « Autant il est empêtré dans la politique étrangère, et même dans la politique intérieure, autant il a la poésie du social ! »

Il pense que si Rocard est candidat, Giscard a du souci à se faire.



Rencontré Robert Galley : « Pourquoi je reste au RPR avec Chirac aujourd'hui ? Eh, pardi, pour rabattre les voix sur Valéry Giscard d'Estaing au deuxième tour ! »

*20 avril*

Les sondages sont unanimes. Le dernier en date, pour *Le Point*, donne la mesure de la cote actuelle de Giscard et de ses probables compétiteurs. 37 % au premier tour pour Giscard, 18 % seulement pour Mitterrand, 15 % pour Chirac, 14 % pour Marchais. Le deuxième tour est meilleur encore pour Giscard : il triomphe de son adversaire avec 57 % des voix s'il s'agit de Michel Rocard, avec 61 % si Mitterrand est opposé à lui.

*24 avril*

Olivier Guichard me parle du livre qu'il vient d'écrire sur le général de Gaulle[1]. Il y a travaillé trois ans en se retirant quelques heures par jour dans un endroit où personne n'a jamais eu l'idée de le chercher : dans son bureau de l'Assemblée nationale. Il ne s'est préoccupé dans ce livre que du point de vue du Général, comme s'il était en quelque sorte ses yeux et ses oreilles. Il faut dire qu'ils ont vécu tous

1. *Le Général*, Grasset, 1980.

les deux à peu près seuls rue de Solférino, en 1947, quand tout le monde commençait à leur tourner le dos.

Ce qui touche le plus Guichard, ce sur quoi il revient dans son livre, c'est sur ce qu'il appelle « la faille » de 1968. D'après lui, de Gaulle a été, ces jours-là, dans une situation qu'il ne connaissait pas : il a été habitué à intervenir personnellement dans des circonstances graves : en 1940, pendant la guerre ; en 1946, pour son départ ; en 1958, lorsqu'il a décidé de revenir ; en 1961 et 1962, sur le conflit algérien. « Il décidait et le gouvernement Debré exécutait. En 1968, au contraire, il s'est trouvé face à un gouvernement qui ne prenait pas à la lettre ce qu'il disait. Lorsque Pompidou s'est absenté, par exemple, il a eu face à lui Joxe, Peyrefitte, Fouchet qui n'ont pas appliqué – heureusement ! – ses recommandations. Il s'est senti privé de ses courroies de transmission. Il a voulu établir un contact personnel direct avec les Français, le 24 mai, et cela a été une catastrophe. Puis il a voulu en sortir par un référendum, et son idée a fait fiasco.

« Après les législatives, qu'il n'avait pas voulues et qui ont néanmoins été un triomphe, il est revenu à son idée de référendum, et il s'est cassé la gueule. Personne n'a essayé de le retenir vraiment, et d'ailleurs personne n'aurait pu le faire. »

Il parle de cette époque déjà ancienne avec une sorte de désolation. Peut-être pense-t-il à tout ce qu'il a fait aux côtés du Général, et surtout à ce qu'il n'a pas fait : être son Premier ministre.

À un moment de la conversation où il commence à parler de sa carrière à lui, Olivier Guichard, il s'arrête, soupire et me confie dans un élan : « Finalement, je tiens davantage au Général qu'à moi ! »

Je ne sais pas pourquoi, je ne doute pas de sa sincérité.

*25 avril*

J'ai tellement entendu Giscard et François-Poncet parler en termes négatifs de Jimmy Carter que l'ahurissant échec de l'intervention de l'armée US pour libérer les otages américains en Iran ne me surprend même pas.

Tout de même, quel bide ! Tout a foiré : le matériel était défectueux, trois hélicoptères sur cinq n'ont pas pu décoller quand il le fallait, les commandos, en se retirant, se sont rentrés les uns dans les autres (8 morts). Quant à la communication qui a été faite par les Américains eux-mêmes, elle a été complètement ratée. Il est vrai qu'elle pouvait difficilement être réussie après un tel cafouillage de l'armée la plus puissante du monde. Carter apparaissait comme un président faible : voilà qu'en plus il est malchanceux. Personne ne donnerait cher, aujourd'hui, du bouclier américain.

Ce qui est inouï, c'est que le gouvernement iranien a osé protester contre ce débarquement raté en le qualifiant d'acte de guerre inadmissible ! Non seulement les Iraniens prennent des otages, non seulement ils les retiennent depuis cent soixante-treize jours, mais ils souhaitent que les gouvernements ne fassent pas un geste pour les libérer !

Que Carter ait essayé de le faire, c'est bien. Qu'il ait échoué, voilà le drame. L'éditorialiste de *Libération-Champagne* a titré son article : « Il est des cas où il est interdit d'échouer. » Tout est résumé en une ligne.



D'autant que tout était possible, dans cette expédition : un otage malmené en guise de représailles, voire abattu, et le jeu des alliances pouvait commencer : la Russie solidaire de l'Iran, l'Europe de l'Amérique, et la Troisième Guerre mondiale était partie.

Sans aller jusque-là, vendredi matin, nous avons tous senti passer le vent du boulet. Il paraît, me raconte à l'Élysée Jean-Marie Poirier, que la semaine dernière, le chancelier Schmidt a dit à Willy Brandt : « Nous sommes peut-être à la veille de 1914 ! »

Il me dit aussi (source Quai d'Orsay) qu'un membre de l'entourage du ministre des Affaires étrangères soviétique, Andreï Gromyko, a dit l'autre jour à un interlocuteur français, l'ambassadeur peut-être : « Nous avons le meilleur Président américain ! » Une ironie dont on aurait pu croire un Soviétique incapable, qui signifie tout simplement, au deuxième degré, qu'avec ses perpétuels allers-retours, ses zigzags politiques, ses fluctuations diplomatiques, Jimmy Carter est le rempart le plus mou que les Soviétiques puissent trouver devant eux.

*26-27 avril*

Convention du Parti socialiste. Mitterrand ? Rocard ? Lequel des deux va être le candidat de la gauche, dans un an ?

Rocard ne dit toujours rien. En coulisse, il me glisse : « Beaucoup de gens croient que la politique, c'est l'art de parler. Moi, ce serait plutôt le contraire. » Il a l'air sûr de lui.

Jean-Pierre Chevènement me dit que lui-même sera sûrement candidat si Mitterrand ne l'est pas.

Rien dans cette confidence qui fasse avancer le schmilblick.

Lorsque j'entre dans la salle, Jean-Pierre Cot, qui s'est rallié à Rocard en 1977, parle après lui à la tribune. Il exhorte le Parti socialiste à ne pas se diviser. « Et toi, et toi ? » lui crie une partie de la salle. Cot répond, un peu dans le même sens que Jean-Pierre Chevènement, encore qu'il ne soit pas du même camp : « Si François Mitterrand est le candidat du parti, nous serons tous autour de lui pour l'emporter. Si Rocard est candidat, nous serons tous autour de lui. »

Pour conclure, il a cette phrase qui en dit long sur l'atmosphère qui règne au sein du Parti socialiste : « Il faut que cesse ce climat délétère dans lequel nous nous enfonçons ! »



À un an de la présidentielle, les choses me paraissent mal engagées !

Après lui, Mitterrand monte à la tribune. Au moment où il prend la parole, costume beige, menton dans la main, dans une attitude qui lui est coutumière, je pense à ce qu'André Rousselet m'a dit au téléphone, vendredi, avant-hier. Il a trouvé François Mitterrand, avec lequel il a dîné jeudi, presque désemparé – c'est l'adjectif qu'il a employé. Incertain, en tout cas. « Ou il se déclare demain, lui ai-je dit, ou alors il n'a plus aucune chance. »

Rousselet estime que le mot d'ordre à faire passer aux militants et aux dirigeants du PS est simple : Rocard est le candidat le plus proche de Valéry Giscard d'Estaing, et, en même temps, c'est l'homme que les communistes aimeraient bien voir désigner, car ils pourraient alors combattre un social-démocrate type.

Je pense, moi, et je l'ai dit vendredi à Rousselet, qu'il sera désormais très difficile à Mitterrand de se présenter contre Rocard : celui-ci a le soutien d'une grande partie de la presse, que Mitterrand n'hésite pas, en revanche, à brocarder. Il aura beaucoup de mal à remonter le courant.

Et puis, au contraire, aujourd'hui, ce dimanche, Mitterrand, dont je connais le doute qui l'habite par ma conversation avec Rousselet, apparaît impavide, olympien. Il ne voit aucune urgence, dit-il, à désigner le candidat : « Quelle est la bonne date ? feint-il avec ironie de s'interroger. J'ai disposé de deux mois en 1965. En 1974, de six semaines seulement. Six semaines, c'est trop court. Il faut donc plus de temps que cela, moins toutefois que ne le pensent certains camarades pour lesquels les élections présidentielles représentent le fin du fin, le nec plus ultra ! »

Il reprend, à peine moins cassant : « Je sens une vague d'électoralisme dans le parti. Je souhaiterais que le PS soit plus sérieux face aux problèmes qui l'attendent. Bref, je ne comprends pas bien la passion qui s'est emparée de ces débats... »

Donc, il ne se pressera pas. Il reprend la proposition qui a été faite par Jean Poperen : la date du 19 décembre lui irait bien. Et, d'ici là, le Parti socialiste continuera-t-il à se déchirer ?

Il pose la question, en quelques phrases en forme de règlement de comptes avec Rocard et ceux qui ont choisi de se ranger derrière lui : « Si je pouvais l'arrêter, cette campagne de dénigrement, il y a longtemps que je l'aurais fait. Elle a commencé le jour de l'échec de la gauche en 1978. Oui, il y a un problème quand à la solidarité dans le succès ne correspond pas la solidarité dans l'échec. »



Le reste est plus ou moins sur le même ton : les rocardiens utilisent l'arme de la presse, ils contournent de cette manière la hiérarchie du PS. Lui se sent plus « traditionnel » (il emploie ce mot avec un petit sourire) : il est et il reste premier secrétaire du Parti, ce qui ne veut pas dire qu'il sera candidat. Ce qui ne veut pas non plus dire qu'il ne le sera pas. Ce qui veut simplement dire que, pour le moment, il n'est pas candidat. Ouf ! !

« Dès lors, poursuit-il, toujours en feignant la surprise, que signifient ces danses autour de moi ? Il y a ceux qui m'aiment trop et ceux qui ne m'aiment pas assez, mais mon rôle de premier secrétaire passe avant tout autre. Le problème n'est pas de savoir si, sur le plan de l'Histoire, c'est le choix le plus fort. Le problème est que je ne peux que m'identifier à la lutte du Parti tout entier. Peut-être y verrez-vous beaucoup d'orgueil. Tant pis, c'est mon choix ! »

Enfin cet épilogue, dans le silence absolu de la salle : « Et puis, tout autour de nous, cette puissance de la droite ! Et cette complicité de Georges Marchais qui préfère que la droite reste au pouvoir ! Et nous n'aurions pas la force de dominer nos propres contradictions ? Moi, j'ai confiance en vous ; ayez pour le moins confiance en moi : je ne serai pas celui qui ajoutera quoi que ce soit à la difficulté de votre choix ! »

Habile : il renvoie à plus tard le débat sur le candidat, et garde en attendant le pilotage du Parti.

Pourquoi diable Rocard ne dit-il rien ? C'est le moment ou jamais, pour lui, de foncer, même en cassant quelques œufs au passage.

Qu'attend-il ? Que Mitterrand se décourage ? Si c'est cela, il se met vraiment le doigt dans l'œil.

*12 mai*

Jean-Marie Poirier, le nouveau porte-parole de Giscard, me raconte que VGE lui a donné comme consigne expresse de réduire la présence de Michel Rocard devant les micros et caméras ! Inouï ! Si Rocard savait cela ! Et Mitterrand, donc...

Henri Fiszbin me dit qu'il lancera une opération contre la candidature de Georges Marchais après le comité central des 28 et 29 mai. Je ne vois pas très bien ce qu'il pourrait faire, vu ses forces à l'intérieur du Parti communiste, mais enfin...

*Mi-mai*

À quelques jours du sixième anniversaire de son arrivée à l'Élysée, à un an de l'élection présidentielle, Giscard vient de faire (on n'est jamais si bien servi que par soi-même) le bilan de son septennat. C'est la première fois, je pense, qu'un président de la Ve République, et peut-être des républiques précédentes, donne lui-même une note à son action.

Pas mal : 15/20, puisqu'il convient qu'il a fait les trois quarts de ce qu'il voulait faire !

Et les blocages de la société française sont les grands responsables de ce qu'il n'ait pas pu aller plus loin dans le sens de la réforme : conservatisme des uns (« agrippés, dit-il, au radeau de la Méduse »), désir médiocre de revanche des autres.

Il en profite pour formuler quelques jugements sur la vie politique française dont il trouve apparemment qu'elle ne va pas aussi bien que lui. Il déplore par exemple la réactivation des partis politiques et des pressions qu'ils exercent. D'où son affirmation qu'un mandat présidentiel de sept ans est nécessaire, justement pour que le Président soit au-dessus des partis : le quinquennat serait, pour lui, totalement inacceptable.

Quant à la politique extérieure, elle ne lui paraît pas marquée, contrairement à ce que certains experts nous assurent chaque jour, par la croissance de la puissance soviétique. Sa phrase exacte est : « Au total, il n'y a pas une avance massive de l'Union soviétique. »

Et l'Afghanistan ? Giscard n'y voit pas de quoi contredire son optimisme : que la Russie ait une démarche impérialiste, certes, mais, à ses yeux, celle-ci se heurte à des résistances locales, et finalement à une série d'échecs qui l'affaiblissent. La Russie s'aliène une partie des pays musulmans alors qu'elle envahit Kaboul, elle échoue en Afrique centrale. Autant de revers que d'avancées.

*18 mai*

Je reviens sur les deux personnages qui ont dominé cette semaine où je n'ai pas eu le temps d'écrire : Peyrefitte et Ponia.



Peyrefitte, d'abord : il nie éperdument avoir écrit une note au président de la République, qui lui est attribuée et qui a soulevé une tempête brève mais violente dans le verre d'eau du RPR. Qu'aurait-il écrit à Giscard ? (Je suis convaincue que cette note a bel et bien été rédigée par lui, mais il a refusé d'en convenir, évidemment, quand je lui ai directement posé la question.) Il n'a pas dit autre chose que ce qu'il dit depuis plusieurs mois, en privé ou devant des auditoires restreints : que le Président et les leaders de l'UDF ne font pas assez d'efforts en direction du RPR, que beaucoup de parlementaires gaullistes, légitimistes, seraient récupérables par Giscard à condition d'y mettre les formes. Que Chirac se présentera en 1981, et qu'il risque bien, au deuxième tour, de favoriser le candidat socialiste plutôt que de demander à ses électeurs de se reporter sur Giscard. Bref, il demande à l'UDF la fin d'une guerre de religion, meilleur moyen d'isoler Chirac dans son propre groupe parlementaire.

Rien que ce qu'il a déjà dit, en somme. Pas de quoi en faire un plat. D'ailleurs, l'agitation au RPR s'est vite calmée : les instances dirigeantes, et Chirac, se sont contentés du vague démenti de Peyrefitte.

Peut-être ont-ils craint qu'une campagne venant des chiraquiens contre Peyrefitte n'aboutisse à le faire désigner par Giscard à Matignon, dans la dernière ligne droite préprésidentielle ? La situation serait effectivement difficile pour Chirac si un RPR redevenait Premier ministre ! Je me demande d'ailleurs si ce n'était pas ce que voulait suggérer Peyrefitte, qui joue toujours par la bande, dans sa lettre à Giscard : « Mettez-moi à Matignon, je me charge du RPR ! »

Ponia, c'est autre chose, beaucoup plus grave. Il est accusé par l'opposition d'avoir su, et caché, lorsqu'il était encore ministre de l'Intérieur, que le prince Jean de Broglie, assassiné en décembre 1976, était menacé de mort. Il n'aurait donc rien fait pour le protéger.

Je ne sais pas comment, sur cette affaire, on pourra un jour faire toute la lumière. En attendant, toute la semaine il n'a été question que de cela : Ponia mérite-t-il la Haute Cour pour s'être tu ?

Qu'il soit la cible désignée des justiciers, dont une partie vient du RPR, n'est pas neutre : derrière Ponia, c'est Giscard qui est visé.

J'ajoute à cette chronique sur les personnages qui l'ont défrayée cette semaine quelques mots sur Rocard : il a été rappelé à l'ordre par la direction du Parti socialiste pour avoir été à Londres sans son



accord ! Et à l'invitation des conservateurs anglais, de surcroît !

Pas du tout, se croit obligé de répondre Rocard ; je suis allé rencontrer les travaillistes ! Son entourage a beau expliquer, avec un sourire, que la « libre circulation des hommes et des idées est garantie par les accords d'Helsinki », il n'empêche : il a l'air d'un petit garçon, ou, plus exactement, c'est l'image que veut donner de lui la direction socialiste.

Crocs-en-jambe et chausse-trapes sont dans l'air du temps.

*19 mai*

Rencontre surprise à Varsovie entre Giscard et Leonid Brejnev. Que se sont-ils dit, que signifie cette rencontre que personne n'avait vu venir[1] ? En tout cas, cette visite éclair prend tout le monde de court, les communistes et Mitterrand.

*20 mai*

André Rousselet me dit que Mitterrand lui a demandé, le 10 mai, d'organiser un contre-feu à la campagne de presse qui lui est défavorable.

---

1. À l'issue de cette rencontre, Valéry Giscard d'Estaing propose la réunion en 1981 d'un sommet des « principaux pays responsables ». Il estime qu'il y a chez les Soviétiques une « volonté politique de solution au problème afghan » : on saura plus tard que Brejnev a envisagé avec Giscard un retrait partiel des troupes soviétiques.

Ce qui prouve – c'est aussi sa conviction – que la machine est relancée. Quitte à ce que ce soit lui, en octobre ou en novembre, qui annonce : « Je renonce à me présenter. »

D'ici là, il s'y est engagé auprès de Rousselet, il rencontrera les rédactions parisiennes.

*21 mai*

Jacques Chirac a téléphoné à Michel Debré en s'invitant à dîner chez lui, rue Jacob, la semaine prochaine. Pour parler de quoi ? De candidature, puisque c'est la seule préoccupation des uns et des autres, en ce moment.

Chirac, lui, je l'ai rencontré le 17 mai à RTL pour la première fois depuis longtemps. Il est invité à déjeuner par Jacques Rigaud, le patron de RTL, accompagné de Raymond Castans, son directeur d'antenne, avec l'équipe politique de la station[1]. Il me dit, au moment où nous prenons l'ascenseur qui conduit à la salle à manger, au dernier étage de la station : *1980*

« Je serai président, vous savez ?

– En 1980 ?

– Non, non, je ne plaisante pas : en 1981 !

– Vous pensez que VGE est aussi faible, aussi fragile que vous me le disiez en Corrèze il y a quatre ans ? Vous n'avez pas changé d'avis ?

– Il est fragile, oui. Encore plus ! Vous verrez qu'il ne se présentera pas ! »

Pendant le déjeuner qui suit, il tient à me montrer, je ne sais par quelle affectation, qu'il ne connaît pas les journalistes – façon de me signaler qu'il s'en fiche. Il s'empare du carton qui désigne ma place à la table triangulaire, orgueil du décorateur de la station, le retourne, écrit et me repasse le carton : « Qui est à la droite de Pierre Charpy ? » (Pierre Charpy, c'est l'éditorialiste du journal du RPR, donc un de ses proches.) Je suis sidérée, parce qu'il s'agit de Bernard Lefort, journaliste politique plus que connu, dont les articles ont marqué la IV^e^ et la V^e^ République. Je ne peux pas croire qu'il ne le connaisse pas. J'inscris donc le nom de Bernard Lefort et lui rend le carton, tout ce manège ne passant évidemment pas inaperçu des convives.

1. Dont je fais désormais partie depuis le début mai.

Manifestement, le nom ne lui dit rien. Du moins veut-il le faire croire.

Ce n'est pas la première fois que je le remarque : veut-il démontrer par là qu'il se fiche de la presse et de ce qu'écrivent les journalistes, ou bien signifier qu'il est d'une autre génération, qu'il ne connaît pas les « vieux » journalistes, que l'avenir est à lui ? Je ne sais. Cela me rappelle sa volonté de revendiquer une certaine inculture, son horreur de la musique, alors qu'il s'intéresse à une multitude de choses ! Pourquoi affecte-t-il de se détourner de ce qui l'intéresse le plus ?

Michel Debré, à qui je fais part, au cours d'une conversation, de la certitude de Chirac, prend un air suspicieux : « Oui, Chirac est persuadé que l'affaire des diamants empêchera Giscard de se repré-
 senter. D'ici à ce qu'il la fasse rebondir lui-même, il n'y a qu'un pas ! »

Les différentes déclarations de Jacques Chirac depuis le début de l'année montrent bien, en effet, qu'il n'est pas prêt à lâcher le morceau. Au début de l'année, la presse a parlé d'un possible rapprochement avec Giscard ; je n'en ai pas vu, moi, le moindre signe. Il n'a au contraire jamais cessé de forcer le ton. Après la condamnation du « laisser-aller » en février, il y a eu, en mars, une phrase de lui disant qu'on ne retiendrait rien, ou pas grand-chose, du septennat de Giscard[1].

Et encore il y a à peine quelques jours, le 14 – je retrouve à l'instant la citation exacte dans mes papiers : « La quête obstinée du juste milieu, le projet timide d'une croissance douce, le rappel morose de l'insignifiance numérique de la France et des Français dans le monde, sont autant de manières de démoraliser la conscience nationale, d'énerver l'esprit public, d'affaiblir la volonté de notre peuple. »

Même jour : rencontré Poniatowski chez lui, dans le XVI^e^ arrondissement de Paris. Je lui avais demandé rendez-vous tout de suite à propos de l'affaire de Broglie et après l'annonce de la rencontre imprévue entre Giscard et Brejnev à Varsovie, qui avait été diversement appréciée, comme on dit, en France.

1. La phrase exacte de Jacques Chirac est : « Si je faisais un bilan du septennat, [...] je dirais que ce ne sera pas l'une des époques qui marquera notre histoire par une situation brillante pour notre pays. » Le 15 avril, il a accordé un entretien à Gilbert Mathieu, du *Monde*, en plaidant pour « un plan de redressement ». Il s'y est fait l'avocat d'une « nouvelle croissance ».

Cet homme aime à parler de deux choses : d'histoire et de géopolitique. Aujourd'hui, c'est la géopolitique après le tête-à-tête inattendu entre le Russe et le Français.

Nous regardons tous deux la planète. Il n'y voit rien de bon dans les prochaines années : la situation, à l'entendre, est comparable à celle qui a précédé la guerre de 1914-1918, avec une Amérique qui s'est laissée aller sur le plan militaire, sur l'armement tactique, et où l'Union soviétique a renforcé ses positions :

« Si on analyse les choses cyniquement, me dit-il, nous avons intérêt à aider les Américains pour rétablir l'équilibre des forces, donc pour empêcher des risques de guerre dans les cinq ans à venir ! Mais vous comprenez bien que notre intérêt est aussi de continuer à discuter avec les Soviétiques pour éviter une confrontation stupide, et à veiller que nous ne courrions pas nous-mêmes de risques de finlandisation. »



« Finlandisation », mais qui en parle, en quoi est-ce à l'ordre du jour ?

Selon Ponia, il y a plusieurs formes possibles de finlandisation, c'est-à-dire de soumission à l'URSS. Il les énumère avec soin. Inutile de me demander longtemps ce qu'il cherche à me démontrer : que Giscard a eu raison d'accepter le dialogue avec Brejnev. « Giscard est allé dire à Brejnev ce que Jimmy Carter aurait dû lui dire, ce qu'il n'a plus le crédit, ni politique ni conjoncturel, de dire. Helmut Schmidt, lui, n'était pas en mesure de le faire. Le seul qui pouvait aller parler à Brejnev, c'est Giscard.

« Pour lui, poursuit Ponia en continuant de se faire l'interprète de son patron, le plus important, l'essentiel est que la tension entre l'Est et l'Ouest n'empire pas avant un débat mondial entre les douze pays responsables. Je le répète : il y a un risque de guerre d'autant plus sérieux que l'équilibre des forces en ce moment est rompu et que les Américains sont plus faibles. »

Sa conclusion : il faut tenir quatre ou cinq ans. « Éviter un nouveau Sarajevo[1] », redit-il en faisant toujours allusion à la guerre de 1914-1918 et à l'étincelle qui mit le feu aux poudres en Europe.

Sur l'affaire de Broglie, il ne me dit rien d'autre que ce qui est écrit dans les journaux. Pourquoi aurait-il caché quoi que ce soit : ce n'est quand même pas lui qui l'a tué, non ?

1. C'est après l'attentat de Sarajevo, en 1914, que le jeu des alliances européennes s'est déclenché de manière presque automatique, entraînant la Première Guerre mondiale.

*23 mai*

Giscard a passé la semaine à tenter d'éclaircir les conditions de son voyage à Varsovie et de sa rencontre au château de Wilanow avec Brejnev.

D'abord Jean François-Poncet a essayé d'expliquer l'initiative à l'Assemblée nationale. Succès mitigé devant les parlementaires que personne n'avait jugé bon de prévenir du départ de Giscard en Pologne.

Puis ce dernier est intervenu lui-même vendredi soir à la télévision pour dire qu'il avait le droit et même le devoir d'exposer, de façon indépendante, à qui il voulait et quand il voulait, la position de la France dans une crise internationale. Et que le dialogue ne manquait pas de vertu. Ce qu'il n'a pas dit, sans doute pour ne pas ajouter aux craintes des Français, c'est ce que m'a exposé Ponia, à savoir qu'il redoute la faiblesse actuelle de la diplomatie et des forces militaires américaines. Et qu'il redoute plus encore l'efficacité de la diplomatie soviétique, toujours prompte à exploiter les faiblesses des autres, spécialement des Américains.



*2 juin*

Michel Debré m'a raconté avant-hier sa conversation avec Jacques Chirac, samedi après-midi, chez lui, rue Jacob, dans l'exquis petit hôtel particulier, en plein Saint-Germain-des-Prés, dont il a hérité.

Chirac commence par lui parler de choses et d'autres, puis de la façon dont il voit l'avenir – sombre, dit Chirac ; très sombre, précise Michel Debré.

Et puis, au détour d'une phrase, il lâche ce pour quoi il a demandé à Debré ce déjeuner : il sera, lui, Chirac, candidat, sa décision est prise, il est hors de question de le faire changer d'avis. Georges Marchais, selon lui, sera également candidat à coup sûr. François Mitterrand (ce qui montre qu'il est très bien informé sur son calendrier) hésitera jusqu'en novembre. Quant à Giscard, ajoute Chirac, « je n'en suis pas sûr ».

« Ne me racontez pas d'histoires, dit Debré, il se présentera. Et autre chose, je vous avais prévenu en janvier : je me présenterai aussi. »

À ces mots, Chirac ne cache pas son énervement.

Je ne peux pas le dire à Debré alors qu'il me raconte cet échange : le matin, c'est-à-dire quelques instants avant qu'il ne parte déjeuner rue Jacob, Chirac m'a téléphoné. Il m'a confié (est-ce vrai, est-ce faux ? bien malin qui pourrait le dire ; pas moi, en tout cas, car je sais que Chirac ne dit pas toujours – c'est un euphémisme – la vérité) que Christian Bonnet, ministre de l'Intérieur de Giscard, a dit à l'un de ses amis, hier soir : « Si Michel Debré se présente, j'aurai bien mérité de la République. »

Autrement dit, si Debré se présente face à Chirac, il divisera les voix gaullistes pour le plus grand bénéfice de Giscard.

Évidemment, Chirac n'ose pas balancer cela à Debré. La conversation entre les deux hommes prend néanmoins un tour inimaginable :

« Il vous faudrait cinq milliards pour la campagne, dit Chirac à Debré. Vous ne les aurez jamais !

– Si vous continuez à dire aux industriels que vous rencontrez qu'ils ne doivent surtout pas me donner un franc, il est sûr, réplique Debré, que je ne les aurai pas ! »

Après que Michel Debré m'a fait état de cette conversation, je me sens obligée de lui dire ce que je pense. Les élections européennes – et, avant elles, son échec il y a bien longtemps aux législatives de 1962, alors qu'il était Premier ministre – ont bien montré que cet homme, par certains côtés formidable, était incapable de faire et surtout de gagner une campagne politique. Ce n'est pas la journaliste qui parle, j'en conviens, et chaque homme politique, je le sais, a droit à sa part de folie. Pourquoi les en priver si cela nous amène à écrire article sur article, au besoin pour les dénigrer ? Il n'empêche. Ne pas le dire serait de la non-assistance à personne en danger ! Je fonce :

« Vous n'avez aucune chance face à Giscard et à Chirac. Aucune ! Vous devriez renoncer. Sauf s'il s'agit de porter témoignage !

– En aucun cas ! Je n'ai que faire de porter témoignage, cela ne me suffit pas du tout. Je veux me présenter et j'ai mes chances, même si vous n'y croyez pas. »

Il me dit ces phrases sans aucune irritation, sans aucune mauvaise humeur. Il apprécie que je lui exprime ce que je pense. Mais rien ne le détournera de la route qu'il s'est fixée.

Le soir même, à la maison, coup de téléphone de Roger Stéphane : lui aussi a appelé Michel Debré, il l'a mis en garde, lui a demandé de ne pas tenter ce pari fou. Debré lui a fait la même réponse qu'à moi. Mieux : pour montrer qu'il ne nous en voulait pas, il nous a invités, Stéphane et moi, à dîner chez lui, rue Jacob, samedi prochain !

*3 juin*

Chirac me raconte, en y mettant le ton, que le pape Jean-Paul II a été outré par le fait que Giscard ait rapporté ses propos de manière inexacte. Selon Giscard, le pape lui aurait dit, après la rencontre de Varsovie : « Je vous comprends. » Un interlocuteur a rapporté à Chirac que c'était complètement faux, que le souverain pontife n'aurait jamais pu dire une chose pareille. Chirac ajoute : « Je ne le sais pas par le portier, je vous le garantis ! » Comme s'il le tenait de la bouche du pape lui-même. Je n'irai pas vérifier.



*6 juin*

En marge du congrès du Mouvement radical de gauche réuni dans les salons de l'hôtel Méridien, à Paris, Maurice Faure me confie que Mitterrand a assuré Jean-Michel Baylet[1] qu'il avait « 70 % » de chances de ne pas se présenter. C'est aussi une crainte de Jean-Pierre Chevènement avec lequel j'ai déjeuné hier et qui m'a paru enterrer sa candidature.

Signe des temps : alors que je pénètre dans la salle du congrès, je lis une affiche qui en dit long sur le mouvement en cours dans les médias et sur la difficulté qu'aura le ministre de l'Intérieur à interdire longtemps les radios libres : « Radio libre, matériel complet : 2 000 F », dit l'affiche. Sur une petite table voisine, un démonstrateur s'est installé, qui vante son « matériel complet ».

Michel Crépeau, maire de La Rochelle et nouveau président du MRG, parle à la tribune. Avocat, il a une belle éloquence, faite pour le prétoire, donc un peu grandiloquente. Ce n'est pas pour déplaire aux militants radicaux ou à ce qu'il en reste : avec le départ de Jean-Jacques Servan-Schreiber qui passait déjà, auprès de ces gens, pour un hurluberlu, le génie n'est pas dans la salle. Les auditeurs sont assez âgés, à quelques exceptions près. Les jeunes ont été plus ou

1. Fils d'Évelyne Baylet, propriétaire de *La Dépêche du Midi*, vice-président du MRG en 1980.

moins happés par Mitterrand ou par Rocard. Il faut vraiment avoir l'âme radicale chevillée au corps, il me semble, comme Jean-Michel Baylet ou, dans un genre différent, Maurice Faure, pour rester dans ce parti que l'Histoire malmène depuis la fin de la III<sup>e</sup> République.

Ce qui est frappant, dans le discours, d'ailleurs assez bon, de Crépeau, c'est une sorte de modestie dont il fait montre par-delà les torrents de mots qu'il prononce. Le MRG, à ses yeux, « a les qualités d'une PME face aux grandes surfaces ». Tu parles d'une perspective !

Je suis injuste, la suite du discours est meilleur ; il y note l'échec de la majorité : « Le Premier ministre, dit-il assez drôlement, ce n'est pas Raymond Barre, c'est François Ceyrac [1] ! »

La gauche ? Pas mieux : il juge que les torts sont partagés entre les différents partis, dont le sien, qui ont provoqué la rupture. Avec une pointe au passage contre Mitterrand : « Peut-être, note-t-il, y a-t-il eu un agacement du Parti communiste devant les ambitions du PS, celles de le ramener à 15 % des voix. »

C'est évidemment une pierre dans le jardin de Mitterrand qui, à l'occasion d'une réunion de l'Internationale socialiste, avait publiquement – je trouve assez imprudemment, vu le but qu'il poursuivait – annoncé cette volonté.

Pendant que Crépeau continue à parler, je me dis que contrairement à ce qu'on pourrait croire, le Parti radical d'aujourd'hui, qui lutte contre l'hégémonie des socialistes, a plutôt tendance à se rapprocher du Parti communiste et à lui faire des grâces. Et pas seulement par calcul électoral, encore que quelques milliers de voix communistes glanées au deuxième tour sont toujours bonnes à prendre. Mais surtout parce que, dans l'esprit des radicaux, l'objectif est de jouer les partis charnières. Si le PS était seul à gauche, il n'y aurait pas de Parti radical, chacun se ruant chez les socialistes pour tenter de garder sa circonscription. Or les radicaux sont un parti d'élus, les calculs politiques ne lui sont pas étrangers.

Crépeau ne fait pas exception à la règle, même s'il parle maintenant du « profond désenchantement » qui a saisi la gauche après l'échec de l'union de la gauche : « Pourquoi la gauche a-t-elle le pouvoir local, et pourquoi, depuis si longtemps, a-t-elle échoué dans la conquête de l'État ? », telle est, à ses yeux, la question fondamentale. Il donne la réponse : la gauche ne s'en sortira pas si elle n'arrive pas

1. Alors président du Centre national du patronat français, ancêtre du Medef.

à se mettre d'accord sur une plate-forme aux objectifs plus limités que le Programme commun.

« Le PC est une Église, avec ses dogmes et ses certitudes. Le PS ne peut prétendre jouer tout seul, ou absorber le radicalisme. D'autant qu'en son sein, il sera bien obligé de résoudre la contradiction entre le courant guesdiste, marxiste, et l'humanisme jaurésien. »

Là où il me semble que son discours est un peu contradictoire, c'est qu'il réclame à la fois l'union avec les communistes, dont il dit qu'ils ne changeront jamais, et, dans le même temps, il met en garde en ces termes le PS : « Ou bien le PS sera obligé de tenir le langage des autres socialistes européens, ou bien c'est une défaite sévère qui l'attend. »

Le PS ne peut conquérir le pouvoir que par la voie sociale-démocrate, et les communistes ne veulent pas de la social-démocratie. Je ne vois pas comment Crépeau parvient à résoudre cette équation.

*11 juin*

Débat à l'Assemblée sur la nouvelle loi baptisée « Sécurité et Liberté », défendue par Alain Peyrefitte avec la volonté manifeste de serrer la vis face à la petite délinquance et à l'insécurité qui monte.

Ce pourrait être une loi banale, accueillie dans l'indifférence par l'opposition, comme tant d'autres lois que la majorité impose. Pas du tout : dans les couloirs, je rencontre Mitterrand, accompagné de Robert Badinter. Je les sens tous deux hérissés par cette approche sécuritaire de la justice. Pour Mitterrand, qui a demandé à riposter à Peyrefitte au nom du PS, il s'agit d'une loi de circonstance que justifie uniquement l'approche de l'élection présidentielle. Outre le contenu de la loi, qu'il condamne, c'est surtout la date à laquelle elle est proposée au Parlement qu'il conteste. À quelques mois de l'échéance, la loi de Peyrefitte lui apparaît comme une provocation.

*18 juin*

Avec Philippe Mestre, nous revenons sur une de ces histoires qui font un raffut terrible à l'Assemblée alors que la France entière s'en fiche. Les députés RPR ont donc entamé une « grève du vote » (*sic*) parce que le secrétaire d'État aux Anciens Combattants, Jacques

Dominati, dont on sait quelle place il occupe auprès de Giscard depuis la création du mouvement giscardien, a participé à une cérémonie à Toulon à la mémoire des martyrs de l'Algérie française.

Que le cœur de Jacques Dominati ait toujours battu pour les colons français ou pour les « petits Blancs » d'Algérie, qu'il ait toujours désapprouvé, au moins en son for intérieur, l'indépendance accordée par le général de Gaulle à l'Algérie, voilà qui ne fait aucun doute. Mais il était, à Toulon, ministre de la République. D'où l'extrême agitation qui s'est emparée des députés gaullistes lorsqu'ils l'ont appris. Certes, ils font flèche de tout bois. En l'occurrence, pourtant, ils ont obtenu une forte adhésion des parlementaires en dehors même du carré gaulliste. Mais la polémique ne chagrine pas Philippe Mestre : « Électoralement, me dit-il, l'affaire est désagréable pour le RPR, qui perd les voix des rapatriés ! »



Évidemment, c'est une façon de voir les choses...

J'insiste : une fois de plus, peut-on voir dans cet incident une preuve supplémentaire qu'entre Giscard et les gaullistes, décidément, rien ne marchera jamais ? Réponse vague : « Il y a un problème entre Giscard et la sensibilité gaullienne, assurément... »

Pour le reste, le cabinet de Barre et Barre lui-même ne se font pas d'illusion sur la difficulté de la période : la récession mondiale et la hausse du pétrole entraînent une baisse des exportations, donc un fort déficit de la balance commerciale. Aucune amélioration n'est prévisible à court terme. « Ce qui implique qu'il faille tenir bon, et surtout ne pas changer de cap. Il est nécessaire de conserver son sang-froid. »

Le rôle du Premier ministre, dans tout cela ? « Croyez-moi, dit Mestre, il empêche par sa seule présence que la France soit déjà en campagne électorale ; ce n'est pas si mal ! »

Sous-entendu : sans lui, le cap ne serait pas tenu.

Nous revenons également sur la loi Peyrefitte, qui, après beaucoup de remous à gauche, a été votée par la majorité. Peyrefitte devenu durablement la bête noire de la gauche, accusé par une partie de la droite d'être allé trop loin ? Mestre n'y croit pas : « En politique, dit-il, les choses s'inversent vite. Il faut être prêt à saisir le bénéfice de l'adversité. Peyrefitte a appris en 1968 qu'il fallait parfois être courageux : malgré toutes les menaces autour de la loi Sécurité et Liberté, il nous a dit, il s'est dit : Je passerai quand même ; deux cents avocats ne me feront pas reculer. Et il a fini par gagner ! »

Pour finir, il ne me cache pas que l'approbation du budget 1981 sera difficile. S'il le faut, Barre fera jouer le 49-3 sur la première partie comme sur la deuxième partie de la loi de finances.

*19 juin*

Déjeuner à l'ambassade américaine, hier, 18 juin. Apparemment, le voyage de Giscard à Varsovie n'aura pas été inutile puisque, *dixit* l'ambassadeur, il a pu se rendre compte de la fermeté des Soviétiques. Le sommet de Venise doit avoir lieu, sur ce sujet, dans quelques jours. Le clou du sommet sera évidemment l'Afghanistan et la façon dont Brejnev tiendra la promesse faite à Giscard en mai dernier : celle de retirer une partie des troupes russes d'Afghanistan.



*24 juin*

François Mitterrand fait aujourd'hui sa première conférence de presse depuis décembre 1979. Il propose d'entrée de jeu de traiter de politique internationale, puis de défense, de politique économique, puis de la loi Peyrefitte et de la situation au Parti socialiste.

Sa déclaration liminaire est sans surprise – une critique en règle du bilan de Giscard : « Hausse des prix sans précédent, inégalités creusées, Parlement abaissé, services publics attaqués ou démantelés, environnement saccagé, diplomatie fluctuante. » Le reste à l'avenant : la hausse du pétrole et les difficultés internationales ne sont pas cause de tout, Giscard est incapable de présenter un projet mobilisateur pour la France. Bref, « un autre chemin s'offre à nous, c'est le projet socialiste ».

Mitterrand formule son opposition à Giscard dans tous les domaines, mais c'est autour de l'Afghanistan qu'il axe sa conférence de presse. « Seul l'avenir, dit-il, apportera sa réponse à la question posée par le retrait partiel des troupes soviétiques. »

Il énumère les différentes raisons pour lesquelles les responsables russes auraient pu être contraints de prendre cette décision : la réunion du sommet occidental de Venise, la violence inattendue de la résistance afghane, l'isolement économique de l'URSS, ou bien encore la solidarité entre l'Afghanistan et les pays islamiques, qu'ils sous-estimaient. Toutes raisons avancées par Mitterrand qui montrent, sans le dire, qu'il ne faut surtout pas penser que le retrait des troupes soviétiques a quelque chose à voir avec la petite conversation que Giscard a eue avec Brejnev à Varsovie.

Il le dit d'ailleurs un peu plus tard dans sa conférence de presse (une heure et demie après le début, j'ai chronométré) : « M. Giscard d'Estaing a prématurément présenté, pour la campagne électorale, la rencontre de Varsovie comme le moyen de disposer d'une courroie de transmission avec l'URSS. Il est certes bon de garder le fil avec l'URSS, mais il y a comme une disproportion entre le bruit fait autour de cette rencontre et la réalité de l'influence de Giscard sur la marche de l'URSS ! »

Même charge sur la politique intérieure : Mitterrand reproche à Giscard de ne « pas avoir apporté aux Français une capacité morale de solidarité nationale, une volonté de survivre et de s'épanouir ». « Perdu dans des comptes d'apothicaire sur les chômeurs, dans sa défiance à l'égard des travailleurs », ainsi le décrit-il, incapable donc de se battre pour une société plus juste.



Un peu vague comme reproche, mais assez conforme au ton humaniste qui est le sien.

Quant au Parti communiste, il déclare avec conviction, cette fois : « Les responsables communistes, entraînés hors des itinéraires utiles, seront contraints un jour ou l'autre, s'ils veulent servir les travailleurs, de revenir aux engagements qui nous liaient. »

Est-ce sa conviction profonde, celle qui explique qu'il continue sa lutte en envisageant une victoire l'année prochaine ?

À vrai dire, à l'entendre continuer sur le Parti communiste, je n'en sais trop rien :

« Je pourrais appeler à une candidature unique de la gauche. Je n'y renonce pas sans regret. Mais à quoi servirait-il d'insister ? Que faire ? Il y aura donc un candidat du Parti socialiste. En tout cas, il n'y aura pas de négociation avec le Parti communiste s'il n'y a pas de candidat commun. »

Quant à lui, à sa propre candidature, il joue les modestes, celui qui ne forcera pas le destin : « J'ai constamment répété que je n'étais pas en posture d'être candidat. Je ne suis pas revêtu de l'uniforme de celui qui se présente toujours. Ce n'est pas à moi d'en décider, je reste à la disposition du choix que fera le Parti socialiste. »

Un seul intérêt dans cette conférence de presse : il fait acte de candidature contre Giscard – qu'il n'a pas épargné dans les quatre-vingts minutes environ qu'a duré sa conférence de presse. En fait, une fois de plus, il ne dit pas qu'il est candidat, ni qu'il ne le sera pas. Mais on comprend que, le cas échéant, il sera l'exact contraire de Giscard, ce qui veut dire, dans son esprit, qu'il sera le contraire de Michel Rocard.

*26 juin*

Décidément, la compétition entre Giscard et Mitterrand se mesure au rythme des conférences de presse : Mitterrand a fait la sienne ces derniers jours ; Giscard choisit de faire la sienne aujourd'hui. Dans la salle, les mêmes journalistes que précédemment. Longiligne, costume impeccable et chemise anglaise, Giscard est bien différent de celui qui l'a précédé. Il est évident qu'il a été vexé par la façon dont Mitterrand a présenté sa politique étrangère.

À ce propos, une remarque : il y a quelques années, quelques mois encore, le président de la République, dans le cas d'une rencontre avec Brejnev, par exemple, aurait réuni une vingtaine d'entre nous pour expliquer sa position et celle de son interlocuteur. C'est ce qu'il avait fait souvent après son accession au pouvoir. Cela, c'est du passé : et je crois savoir pourquoi.

Parce que, sans jamais le dire, il a été profondément blessé par la façon dont les uns et les autres, nous avons rendu compte de cette histoire de diamants. Il croyait « tenir » la presse, non pas en l'asservissant, mais en la charmant, en la convainquant, par sa sincérité et son intelligence. Et puis il s'est aperçu que ce n'est pas parce qu'il nous voyait souvent que nous étions conquis. Il ne suffit pas de parler à Alain Duhamel pour qu'Europe 1 soit à sa botte, pas de parler à Jean-Pierre Elkabbach pour qu'Antenne 2 soit sous contrôle, pas de me parler pour que *Le Point* soit inconditionnellement de son côté. Réflexe immédiat : il a pratiquement interrompu ces rencontres. Je ne suis pas sûre de ce que j'écris, mais mon instinct me dit pourtant que j'ai raison.

Sur l'Afghanistan : Giscard parle pour la première fois de son entrevue avec Brejnev. Il est convaincu de la nécessité du retrait total des forces armées soviétiques, et ce, pour trois raisons : résistance du peuple afghan, résistance de la communauté internationale et péril sur la détente mondiale.

Au cours de l'« utile conversation » (façon de réagir à tous ceux qui, à gauche et dans la droite chiraquienne, ont ridiculisé son initiative) qu'il a eue avec Brejnev, il lui a fait part de son analyse, lui a proposé de commencer le retrait des troupes soviétiques par la région de Kaboul, pour arriver à un retrait total et laisser le peuple afghan libre de son destin.

Brejnev ayant pris la décision de retirer une partie de ses troupes, Giscard ne regrette pas son voyage à Varsovie et tient à le faire savoir : il trouve son analyse confortée par ce « geste dans la bonne direction ».

Longue – une centaine de minutes, comme celle de Mitterrand –, la conférence de presse de Giscard est aux trois quarts consacrée à la politique étrangère. Façon de montrer qu'il est d'un niveau auquel personne en France – ni Mitterrand, ni Chirac, ni Rocard – ne peut prétendre. Dissuasion, défense, Europe, bombe à neutrons, indépendance de la France face à l'Amérique de Jimmy Carter, réduction de la durée du service militaire, rien de nouveau dans ce qu'il dit, mais il le dit avec une formidable énergie, comme s'il voulait prendre une revanche sur le sort que la presse lui a fait subir depuis six mois.



Il termine par cette phrase en guise de conclusion : « La véritable façon de rendre hommage à ceux qui ont fait des grandes choses, ce n'est pas de refaire ce qu'ils ont fait, c'est de retrouver l'esprit qui leur a fait faire ces grandes choses, leur en aurait fait faire de tout autres en d'autres temps. »

Comme elle tombe à propos, cette phrase, servie en fin de conférence, comme elle convient à quelqu'un qui voudrait capter un héritage historique ! Je ne fais pas de politique fiction, je ne me livre pas à une psychanalyse sommaire, mais je pense que Giscard a trouvé le moyen de se débarrasser de l'image du général de Gaulle telle qu'elle pèse sur lui : retrouver l'esprit et non les dogmes gaullistes, c'est prendre Chirac à revers sur son propre terrain.

Une confidence de Jean-Marie Poirier, à l'issue de la conférence de presse, m'incite à coucher sur le papier les phrases que je viens d'écrire. Il paraît qu'en riant, Giscard lui a dit hier, faisant allusion à la politique internationale et à son attitude vis-à-vis de la Russie soviétique : « Vous verrez que je finirai par être le dernier gaulliste ! »

*30 juin*

Hier, annonce de la candidature officielle de Michel Debré à la Présidence de la République.

*1er juillet*

Une heure avec Marie-France Garaud – que je n'avais pas revue depuis sa rupture politique avec Jacques Chirac – dans une atmosphère chaleureuse, au 31, quai Anatole-France, où Juillet et elle ont installé leurs bureaux. Murs revêtus de boiseries de chêne, feu dans la cheminée, mobilier et tissus beiges et marrons. Un grand bureau rectangulaire pour Juillet, un bureau rond pour Marie-France.

« Ici on ne s'ennuie jamais », dit-elle en regardant par la fenêtre couler la Seine. Elle me parle d'abord de Giscard. Selon elle, son ambition est simple : « Il part de cette idée, me dit-elle au fil d'un long monologue, que la France est une puissance moyenne. Pour qu'elle devienne grande, il faut la noyer dans un ensemble, l'Europe. À condition évidemment de prendre le leadership de l'Europe. Mais l'Europe ne marche pas. Du coup, Giscard n'avait plus aucun dessein.

« Il en retrouve pourtant un depuis peu, continue-t-elle. Pourquoi ? Parce qu'il s'est fait à l'idée que l'Europe, au lieu d'être une Europe-épée, pouvait être une Europe-lac où les passions s'éteignent et s'annihilent. Cela, qu'il le veuille ou non, s'appelle le neutralisme : la neutralisation de l'Europe. Dans cette perspective, il trouve l'appui d'Helmut Schmidt.

« Contre cette neutralisation de l'Europe et de tous les pays qui la composent, Chirac ne se bat pas assez : il ne stigmatise pas assez le neutralisme, il ne parle pas de la bombe à neutrons qui ruine la philosophie de la dissuasion. »

Une minute de pause dans le discours. Elle reprend son inspiration : « Ce qu'il faudrait, me dit-elle avec une extraordinaire conviction, c'est un nouvel appel de Cochin ! »

Nous évoquons maintenant ses relations avec Chirac, ce qu'elles étaient, ce qu'elles sont devenues. Elle parle de lui comme s'il s'agissait d'un gamin à la fois doué et décevant :

« Il était gêné par nous. Nous le poussions sans arrêt à coups de pied au derrière. Moi, je ne croyais plus en lui depuis 1976. J'avais vécu la vie quotidienne à Matignon, je savais que ce n'était pas un homme d'État. En 1979, au moment où nous l'avons quitté, j'ai été ravie à l'idée de ne pas aider Jacques à revenir au sommet. Pierre Juillet, lui, c'était différent : il en a éprouvé un véritable chagrin. Il a longtemps cru que Chirac était son fils, et un fils à son image. Il est tombé de haut. Moi pas. »

Elle m'a dit cela avec une brutalité particulière. Comme si elle me disait, à moi qui approche Chirac depuis des années de façon régulière : vous vous êtes trompée, vous aussi, et même plus que moi, puisque vous continuez à penser, à écrire qu'il pourrait un jour être président de la République ; il ne le sera jamais !

Elle montre un peu plus de clémence pour Michel Debré dont nous commentons la candidature récente à la Présidence. Elle pense qu'il peut desservir Giscard plus que Chirac. « Et il aura pour lui des tas de gens, assure-t-elle. D'ailleurs, Jacques Chirac a été maladroit avec lui. » Elle me rappelle la scène qui s'est déroulée lors des dernières journées parlementaires du RPR : Claude Labbé a quasiment annoncé la candidature de Chirac au moment même où Michel Debré présidait la séance. « Il l'a mal pris, c'est naturel ! »

Elle chute de manière inattendue : « D'ailleurs, ces journées parlementaires, il faudrait les supprimer. Il ne s'y passe toujours que des conneries ! »



*2 juillet*

Je dis à Michel Debré qu'il faudrait un rien, me semble-t-il, pour que Marie-France Garaud lui fasse des offres de services. Il lève les bras au ciel : « Certes non, me répond-il. La solitude a des vertus ! »

*3 juillet*

Conversation téléphonique avec François Mitterrand. Il faut dire que je lui avais envoyé, la veille, un poulet assez désagréable sur l'organisation de son service de presse. Une pétaudière : deux ou trois jeunes femmes dévouées, toutes amoureuses de lui, qui se tirent donc dans les pattes et font de lui une chasse gardée. Qui éloignent les journalistes femmes, cela va de soi, et qui, au surplus, exercent un tri sévère sur ses éventuels interlocuteurs, de quelque sexe qu'ils soient. Plus quelques énarques assez suffisants qui veillent en cerbères, eux aussi, à la porte de son bureau. Déjà que tous les journalistes ont tendance à camper devant l'appartement de Michel Rocard ; si, en plus, personne n'arrive à voir Mitterrand, cela va compliquer notre vie et nuire à la sienne !

Il me demande des explications ; je lui en donne, sans entrer dans le détail. Il m'écoute et il m'entend, d'autant plus que s'il a demandé à André Rousselet de le rapprocher de la presse, c'est qu'il en a compris la nécessité.

Il proteste une fois de plus parce que *Le Monde* l'a maltraité, et me cite l'article récent de Gilbert Mathieu où il a été très sévèrement critiqué sur son analyse du système monétaire. Dans la foulée, il me propose de l'accompagner dans la Nièvre à la mi-juillet.

Puis il embraye sur la candidature à l'élection : « Je ne suis pas un maniaque. J'ai voulu, c'est vrai, lors de la dernière convention, que personne ne puisse peser sur ma décision. Cela, c'est certain, et je trouve que c'est naturel. Je veux que ma décision ne relève que de moi. En revanche, je vous l'assure, je ne l'ai pas encore prise, cette décision ! »



*4 juillet*

La fonction fait l'organe. Aujourd'hui président d'Elf-Erap et non plus ministre, Albin Chalandon veut réinvestir les bénéfices de son entreprise, qui sont conséquents, aux États-Unis, dans des entreprises de pétrole ultra-rentables. Hurlements du ministre de l'Industrie, André Giraud, et de son cabinet. Chalandon l'envoie bouler et, sûr de connaître mieux que Giraud le fonctionnement d'Elf, demande l'arbitrage de Barre qu'il voit ce soir. Il m'assure qu'il ne cédera sur rien.

Je lui demande ce qu'il fera si Barre lui propose un poste au gouvernement.

« Je n'accepterai pas, m'assure-t-il. Je veux régler ce problème avant. Pas question de "dégager" pour un poste ministériel ! »

*10 juillet*

Marie-France Garaud à mon ami Jacques de Lanversin qui travaille à ses côtés : « Chirac ? Il ne pourra peut-être pas se présenter. Mais est-ce qu'il est capable de s'en apercevoir ? »

*Même jour*

Pierre Mauroy raconte l'offensive des communistes au conseil régional du Nord. Intéressant de voir la façon dont ils fonctionnent, pas seulement sur le plan national, mais aussi localement. D'un coup, les élus communistes rejettent un projet qui, jusqu'alors, n'avait pas semblé leur poser de problème : projet de construction de logements et de réhabilitation qui doit, selon Mauroy, rapporter 3 milliards à la région. Mauroy raconte à Mitterrand à quel point le conseil régional a été houleux, passionné, ravagé. Il a dû interrompre la séance, ce qui n'était jamais advenu depuis plusieurs années.

Gaston Defferre, présent à la conversation, dit avoir eu exactement les mêmes démêlés avec le conseil régional Provence-Côte d'Azur. Il paraît qu'en Languedoc-Roussillon, cela a été la même comédie.

D'où la certitude qui est celle de Mauroy : entre Mitterrand et Giscard, les communistes donneront à leurs électeurs au deuxième tour la consigne de ne pas choisir : blanc bonnet et bonnet blanc, comme en 1969 entre Pompidou et Poher.



Par ailleurs, Pierre Mauroy ne se dit pas persuadé que Mitterrand ira au combat. Il continue de penser que Rocard aurait de meilleures chances. Le raisonnement de Mauroy est celui-ci : Mitterrand ne peut pas se permettre de recueillir 45 % des voix seulement. Il préférera ne pas prendre le départ de la compétition plutôt que de risquer d'obtenir moins de voix qu'en 1974. Tel est du moins l'espoir de Mauroy, mais pas pour lui qui ne pourrait envisager de se présenter qu'à l'occasion d'une défection de Rocard ou d'une crise majeure au sein du PS.

*17 juillet*

Que je note vite la conversation que je viens d'avoir avec Antoine Rufenacht ! Il s'est donc déterminé en faveur de la candidature de Michel Debré [1]. Il me raconte pourquoi, et pourquoi si vite. Il avait un rendez-vous fixé avec Jacques Chirac : il se sentait obligé de lui parler du cas de Michel Debré, pour lequel il penchait.

Il se rend donc à la mairie de Paris où Chirac, très chaleureux, l'accueille et lui fait son analyse : « Mon intérêt, lui dit-il, serait de ne pas me présenter et d'attendre paisiblement 1988. » Mais... Mais quoi ? « Mais l'intérêt du mouvement gaulliste, poursuit-il, est de réunir le plus grand nombre de voix possible, car, sans une démonstration de force gaulliste, Valéry Giscard d'Estaing procédera, dans

1. Antoine Rufenacht est alors député de la 6e circonscription de Seine-Maritime. Il a été deux fois secrétaire d'État dans le gouvernement Barre.

la foulée, à des élections législatives anticipées, et nous serons tous laminés. »

Antoine Rufenacht l'interrompt en lui disant non sans aplomb : « Mon analyse est exactement celle-là : il faut que tu te réserves pour 1988. Et le meilleur candidat, dans ce cas, serait Michel Debré ; d'ailleurs, c'est ce que je m'apprête à dire. »

Chirac pâlit, il entre dans une colère froide, menace d'exclure Rufenacht. « Que vas-tu faire ?, lui demande celui-ci. Tu vas exclure aussi Michel Debré du RPR ? »

Chirac continue à s'emporter. Il raccompagne Antoine Rufenacht à la porte de son immense bureau de l'Hôtel de Ville et lui glisse : « Tu avais de l'avenir au RPR, j'ai le regret de te dire que ton avenir est derrière toi [1]. »



Ce qui n'empêche pas Rufenacht d'être totalement allergique à Giscard, qu'il ne comprend pas et n'aime pas.

Alain Peyrefitte a essayé de stopper l'hémorragie de ministres gaullistes qui se déclarent, toutes affaires cessantes, en faveur de Valéry Giscard d'Estaing. Beaucoup trop tôt, selon lui. « A-t-on déjà vu une maîtresse de maison faire un plan de table un an avant un dîner ? » demande-t-il.

Il cite deux exemples : qui aurait dit, en octobre 1965, lorsque le général de Gaulle s'est déclaré, qu'il serait mis en ballottage trois mois plus tard ? Qui aurait dit que cinq ans après sa victoire, Georges Pompidou allait mourir ?

*17 juillet, suite*

Jacques Chirac, croisé à l'Assemblée nationale. Il sera candidat, à n'en pas douter. Pas une seconde d'hésitation là-dessus. Ce qui ne l'empêche pas d'assurer : « Dans l'état actuel des choses, je ne vois pas ce qui peut empêcher Mitterrand d'être élu. »

Intox, bien sûr.

Plus intéressant, surtout après ce que j'ai entendu l'autre jour de Marie-France, ce qu'il dit à son propos et sur Pierre Juillet. Leurs relations ont basculé, à son avis, du jour où Marie-France s'est prise

---

1. Antoine Rufenacht sera le directeur de campagne de Jacques Chirac beaucoup plus tard... en 2002 !

pour un chef de guerre et a voulu les mettre, lui et Juillet, devant le fait accompli : « Le perchoir et autres conneries[1]... »

« Au fond, ils n'ont jamais accepté que je grandisse ! » Il est persuadé que Marie-France pousse Debré à se présenter (« Sans elle, dit-il, Debré, qui est un velléitaire, n'aurait jamais osé le faire ! ») et il lui en veut plus qu'à Pierre Juillet.

Je déjeunerai avec lui le 21 juillet.

*21 juillet*

Déjeuner avec Chirac, donc, à l'Hôtel de Ville. Il commence par m'entretenir des sculptures en plein air qu'il compte faire installer sur les rives de la Seine. Puis, comme s'il essayait sur moi son argumentaire, il me révèle ce qu'il va dire le lendemain : qu'il ne compte pas se déclarer tout de suite, car il ne veut pas ajouter à la confusion politique. Il attendra donc la fin de l'année, voire le début de 1981 pour se présenter[2].



Je sens bien qu'il ne veut pas se situer vis-à-vis de Giscard en représentant d'un courant minoritaire au sein de la majorité ; il ne veut pas le laisser incarner seul la France dans la crise diplomatique mondiale en cours. Et puis, surtout, il redoute d'apparaître comme un diviseur.

Sans doute veut-il également faire apparaître la candidature de Michel Debré, qu'il a fort mal prise, comme, justement, la candidature d'une fraction.

1. Il s'agit du « perchoir » que Marie-France Garaud et Pierre Juillet, avec l'accord de Jacques Chirac, ont essayé de faire obtenir à Edgar Faure en 1978. C'est Jacques Chaban-Delmas qui a alors été élu par les députés gaullistes. L'épisode du perchoir a été compté au nombre des premières maladresses de Jacques Chirac en 1978.

2. Le 22 juillet tombe le communiqué suivant (AFP). Jacques Chirac y déclare : « En revanche, alors que les rivalités entre partis et tendances au sein des partis vont s'exacerbant, il est urgent de rappeler aux Français que le Président qu'ils auront à investir de la responsabilité suprême ne saurait prétendre représenter la France au nom d'une fraction. Le Président est l'homme de la nation tout entière, il a pour mission d'exprimer et de servir le seul intérêt national. » Il ajoute : « La vocation du mouvement gaulliste a toujours été de rassembler... Pour cela, il doit rester uni et solidaire. C'est pourquoi un candidat gaulliste doit renforcer l'union et non susciter la division. »

*22 juillet*

La longue dépêche de l'AFP annonçant que le maire de Paris attendra l'automne avant de se déclarer n'a pas plus tôt paru, à 10 h 58, ce matin, que Chirac me la commente au téléphone. Il insiste sur le passage du communiqué où il dit clairement qu'il récuse « les mirages de l'union de la gauche, avec ou sans Programme commun ». Il ne m'avait pas dit, hier, qu'il ferait cette charge contre la gauche, mais m'avait plutôt parlé de la nécessité d'apparaître comme un homme d'État.

« Ce que j'ai voulu dire, c'est que j'ai choisi mon camp et que je n'en changerai pas. Si j'ai parlé de l'"union de la gauche", c'est que je n'attaque pas le socialisme, dans lequel il y a de bonnes choses, ni le Parti socialiste. J'ai voulu marquer que l'idée d'aider Mitterrand au deuxième tour de l'élection est une idée que je récuse. Mais je ne dis pas pour autant que je voterai Giscard. Je ne ferai pas la politique du pire, ni celle du recours. Je m'élève simplement contre les faux-semblants : ceux de Mitterrand, allié sans l'être au Parti communiste, ou les doubles jeux : ceux de Giscard qui a toujours voulu, de tout temps, assassiner les gaullistes.



« Voyez mon inquiétude à travers ces lignes, ajoute-t-il. Si Giscard est réélu, il sera certes affaibli, car il aura contre lui la gauche et les abstentionnistes. Si, en revanche, c'est Mitterrand, il lui sera quasiment impossible de gouverner sans les communistes. Dans un cas comme dans l'autre, ce sera l'affaiblissement de la France. »

Phrase qui montre qu'il ne s'attend pas le moins du monde à être élu, mais qu'il prend date.

Ce qui ne l'empêche pas de me dire à propos de la candidature de Michel Debré : « Debré n'a pas compris que l'élection présidentielle n'est pas faite pour raconter sa vie, mais pour gagner ! »

Je lui demande si, tout de même, il ne craint pas que Debré lui enlève des voix. « Le paramètre Debré n'entre pas dans ma réflexion », me répond-il superbement.

Vrai ou faux ? Il s'explique en comprenant mon incrédulité : « De deux choses l'une : ou bien je ne me présente pas, et, dans ce cas, je soutiendrai Debré, quitte à faire campagne pour lui ; ou bien je me présente, et, dans ce cas, Debré ne m'enlève pas une voix ! »

Il termine par ces mots : « Je voulais récuser les combines. Ne pas faire comme Riolacci[1] qui disait l'autre jour à un journaliste de mes

1. Conseiller de Giscard.

amis (ce doit être Paul Guilbert ou Franz-Olivier Giesbert, qu'il voit en tête à tête, comme moi, lorsqu'il veut faire connaître ses décisions ou éclairer sur sa stratégie, souvent fluctuante) : "Si VGE est élu de justesse, il peut prendre Rocard comme Premier ministre et Debré comme ministre d'État. Cela, c'est de la combine, et je la récuse !" »

Pourquoi dire tout cela aujourd'hui, fin juillet ? Il rigole franchement : « Je voulais pousser un contre-*ut* avant de partir en vacances ! »

*4 août*



Midi. Comme prévu depuis le mois dernier, j'interromps mes vacances pour remonter trente-six heures dans la Nièvre. François Mitterrand m'attend à Nevers au train de 10 heures, chemise rayée beige et orange, costume de gabardine beige.

Comme d'habitude, pas un mot de politique dans les premières paroles que nous échangeons. Ce soir, peut-être, dans la voiture – et encore, si je suis habile !

En trente-cinq ans de vie politique nationale, m'assure-t-il, il n'a jamais manqué d'aller toutes les semaines dans la Nièvre : il n'en a pas manqué une. Quand il ne pouvait pas y aller pour le week-end, il se débrouillait pour y passer une journée, le jeudi ou le lundi. Sa circonscription compte près de 150 communes : lorsqu'il en a fait le tour, il recommence inlassablement, sans jamais marquer de pause. « C'est très intéressant, d'ailleurs, dit-il, pas blasé le moins du monde ; on suit le cours des choses, on voit évoluer les gens... »

Il s'arrête en chemin à Langy, chez une femme qui l'avait souvent hébergé, à ses débuts dans la Nièvre, car sa maison est absolument équidistante de Château-Chinon et de Nevers, et qui aujourd'hui lutte contre un cancer. « Lorsqu'elle a su qu'elle avait un cancer, elle n'a rien dit, elle s'est promenée une semaine dans la campagne. Elle en est revenue et m'a dit : je me battrai. Elle a fait tout ce qu'il était possible de faire : chimiothérapie et tout le reste, avec le professeur Israël. Je l'ai vue dix fois agonisante, et elle a triomphé ! »

Pour aller à Langy, nous passons par Azy, d'où est natif, ce qu'il m'apprend, celui qui présidait l'Assemblée nationale le jour du coup d'État de Louis-Napoléon, le 2 décembre 1851. Est-ce pour cette raison qu'il avait décidé, je ne sais quand, d'écrire un livre sur ce fameux coup d'État du 2 décembre ? Je le lui demande.

« Non, me dit-il, je ne m'y étais pas intéressé moi-même ; un éditeur me l'a demandé, je m'y suis intéressé en chemin. »

Nous arrivons à Langy. Splendide demeure. Il monte au premier étage converser avec son amie. Je l'attends dans un bureau où la domestique ne m'offre pas un verre d'eau.

Château-Chinon, 14 h 30. Critérium cycliste. J'apprends que Mitterrand sait tout sur le vélo. Il compose avec le sélectionneur de l'équipe de France, en véritable pro, la liste des sélectionnés. Noms inconnus de moi : Bernard Hinault, Martin (« Vous ne pouvez pas ne pas prendre Martin ! » dit Mitterrand, sérieux comme un pape, au sélectionneur). Et Duclos-Lassalle ! Surtout ne pas oublier Duclos-Lassalle !



« Attention, dit en riant le colonel-sélectionneur Marilier, vous faites de l'intimidation ! À quoi reconnaît-on que commence l'intimidation ?

– À l'inflexion de la voix ! » répond Mitterrand en souriant.

Dans la voiture, entre Langy et Château-Chinon, il m'apprend qu'il a conservé, envers et contre tout, depuis des années, des amis qui n'appartiennent pas au monde politique, amitiés qui datent du 104, rue de Vaugirard. Un amateur d'art et de tableaux qui vit, célibataire, à La Charité-sur-Loire et rue Vavin, à Paris, au milieu de centaines d'œuvres célèbres. Un notaire du Havre et de droite. À propos, Bettencourt est resté « un ami fidèle de tous les jours ».

Je suis surprise : « Je le croyais attaché à Giscard ? »

Réponse irritée : « Il est de droite, c'est tout. Giscard, il s'en fiche complètement ! »

Il n'a jamais rien acheté dans la Nièvre, ni maison ni fermette : « Je ne veux pas avoir de vie mondaine à Château-Chinon. Je déjeune à l'hôtel, à la table d'hôte. Vient qui veut. Si je dîne, c'est toujours en dehors de ma circonscription. »

Pourtant, depuis peu, me dit-il, il a acheté… un étang dans lequel il a mis des poissons.

Une nouvelle fois, je m'étonne de sa simplicité lorsqu'il est ici. De sa façon de s'adresser aux uns et aux autres, si différente de celle qui est la sienne à Paris. Il se mêle avec plaisir à la foule : ici il ne craint rien, me dit-il, ni des opposants ni des fous.

J'aime bien les rapports que les gens du cru entretiennent avec lui : mi-respectueux, mi-ironiques, pleins de considération, mais aussi de distance. L'un d'entre eux, Michel Guérard, premier adjoint socialiste de Nevers, proche de Mitterrand, rencontré sur le parcours, me dit, pendant que nous sommes restés un instant seuls, qu'il craint plus que tout une défaite sévère de Mitterrand, l'année prochaine. À tout prendre, il préférerait que Michel Rocard aille au combat plutôt que de voir Mitterrand battu une nouvelle fois.

Je lui demande ce qu'il sait des réflexions de François Mitterrand aujourd'hui.

« Il est venu passer des heures chez mon beau-père, me dit-il ; nous le connaissons depuis trente-deux ans. Eh bien, je n'en ai pas tiré un mot ! »

C'est sûr : ceux qui le voient le plus souvent et qui le connaissent le mieux savent... qu'ils ne savent rien !



Suivent trois heures de voiture par les petites routes nivernaises. D'abord il tient à me montrer « son » étang. Je veux le voir de près, je descends sur la berge, m'approche pour vérifier s'il y a des poissons... et glisse dans l'eau jusqu'à mi-mollets ! N'écoutant que son courage, il enlève chaussures et chaussettes et nous voici tous deux barbotant dans la vase. Il finit par me tirer de ce mauvais pas.

J'ai trempé ma robe, il peste en remettant ses chaussures, et ainsi commence la conversation politique la plus intéressante que j'aie jamais eue avec lui.

Essayons de la résumer et surtout de la classer par thèmes.

La présidentielle : « Je ne suis pas obsédé par la présidentielle. Je pense qu'il est dommage de ne pas être président, parce que j'y suis préparé. »

Nous parlons de Michel Rocard : « Rocard, c'est le socialisme sans le socialisme : ça fait un maximum de satisfaits, pardi ! Mais, s'il est élu, la France sera stupéfaite, ébahie par son vide. Ce sera un traumatisme insensé. C'est un charmant garçon, peu cultivé, qui manie très bien les nouveaux mots. Sur le terrain de l'économie, il ne m'a jamais impressionné. Et pourtant, nous en avons eu, des conversations économiques ! Ça ne sert à rien, l'économie. La preuve, c'est que les meilleurs économistes ne font jamais rien, ou qu'ils ne sont pas d'accord entre eux. Les vrais économistes, ce sont des gens comme Ramadier, en prise avec l'État, en prise avec la politique !

« Non, croyez-moi, ajoute-t-il, Rocard n'a rien à dire, ce n'est pas un homme d'État, et, au surplus, il s'est très mal conduit avec moi ! Eh quoi ! le jour même des législatives, dire que c'était la défaite de la "vieille gauche" alors qu'il est venu au PS en pleine période d'union de la gauche, qu'il le savait bien et qu'il en a d'ailleurs profité ! Dire de moi que j'étais sénile avant même de dire que mon vocabulaire était archaïque. C'en était injurieux ! »

Nous passons à Pierre Mauroy : « Prenez Mauroy. Il a davantage de qualités que Michel Rocard. Il a été lié avec lui, depuis avant 1976, par une sorte de pacte qui les unissait tous deux à Edmond Maire[1]. Jamais, autrement, il n'aurait été dénoncé par les miens. J'ai commis une erreur avec Mauroy : le rencontrer chez Gaston Defferre, dans le Midi, et ne pas lui parler du texte déposé par Louis Mermaz au bureau exécutif, début 1979, avant Metz. Tant que je n'ai pas été au courant, je ne pouvais pas le prévenir, et lorsque je l'ai été, j'ai demandé à Mermaz de porter ce texte à la connaissance de Mauroy, ce qu'il n'a pas fait tout de suite, voilà tout !

« Lui, en revanche, a commis l'erreur de faire le congrès de Metz avec Rocard. Là, je ne pouvais pas aller plus loin. Dayan était de votre avis, il pensait qu'il fallait transiger. Je lui ai dit non. Il y a des moments dans la vie où il faut faire connaître où est l'autorité. Je l'ai fait. »

Il se tait quelques instants, puis : « Mais si c'était Mauroy qui pouvait être candidat en 1981, je veux dire qui soit en situation de l'être, je préférerais... »

Un camion qui manque de nous écrabouiller contre un autre nous rend silencieux pendant plusieurs minutes.

Puis je me lance dans une question difficile : « Voilà ce qui me gêne, lui dis-je. Ne râlez pas tout de suite, et laissez-moi finir. Si vous obtenez 49,5 % des voix au deuxième tour, comment pourrez-vous apporter au pays la preuve que Rocard n'aurait pas gagné ? »

À ma surprise, il répond : « C'est le vrai problème ; c'est sans doute la question à laquelle je ne peux pas répondre, mais qui doit entrer dans ma décision, dans ma réflexion. C'est cela, évidemment, qui peut éventuellement me dissuader de me présenter. »

Je comprends que sa réflexion est celle-ci : s'il choisit de se présenter – ce qu'il pourrait faire sans difficulté, il suffit que 60 fédérations le lui demandent – il n'y a plus, dans ce cas, ni calendrier ni processus

1. Secrétaire général de la CFDT.

à suivre. Il est candidat, point final : tous les autres s'écrasent. S'il ne l'est pas ? « Rocard le sera », ça lui paraît une certitude. Il y aura sans doute d'autres candidats au PS : Jean-Pierre Chevènement, peut-être un autre. Mais les militants et les dirigeants préféreront Rocard, même si, selon Mitterrand, celui-ci « est générateur de tensions au sein du PS ».

Dans ce cas, double possibilité. Ou bien Rocard perd : il est battu, pas de problème, Mitterrand garde le parti pour les législatives. Ou bien Rocard gagne : « Alors, dit Mitterrand, nous entrons dans une autre République. Rocard, élu, aura besoin de moi. Il fera élire des députés, mais ce seront ceux que je présenterai. Il y aura entre lui et moi une dialectique Auriol-Blum[1]. Ce sera la fin de la Ve République, le début de la VIe. Cela, les commentateurs ne le voient pas. Si Rocard est élu, il entre dans une phase de négociations entre Giscard, Chirac et moi. Il faudra bien qu'il dispose d'une majorité pour que les lois soient votées. Il sera au pied du mur.

– Mais alors, dis-je, les avantages qu'il y a à ce que Rocard se présente ne sont pas supérieurs aux inconvénients qu'entraînerait votre candidature ?

– Non, répond-il, on ne peut pas comparer les avantages et les inconvénients de sa candidature et de la mienne. On peut comparer les avantages et les non-avantages de son élection ou de sa non-élection, de son exercice du pouvoir et du mien. »

Quand Mitterrand fera-t-il mouvement ? Il fera connaître sa décision autour du 19 octobre.

Nous parlons rapidement de Giscard. « Curieux, dit Mitterrand d'un air détaché, il n'est pas parvenu à décoller... »

Puis de J.-J. S.-S., sur lequel il est, depuis peu, beaucoup plus positif – sans doute parce qu'il ne joue plus dans la même catégorie que lui : « Il ne fait pas de démagogie, il dit exactement ce que j'ai envie de dire en se fichant des sondages. Sur la loi Peyrefitte, par exemple, la loi Sécurité et Liberté, je suis sûr que la majorité des Français lui sont favorables. C'est mal, d'être contre ! Eh bien lui, pourtant, il le dit haut et fort ! »



1. Socialiste, président de la IVe République immédiatement après la guerre, Vincent Auriol désigna Léon Blum, figure du Parti socialiste, comme président du Conseil. Avant la guerre, le même Vincent Auriol avait été ministre des Finances de Léon Blum dans le gouvernement de Front populaire.

Retour en vacances. Tout va (je reprends ces notes après un bain et quelques verres) dans le sens de la candidature de Michel Rocard. Je garde néanmoins en tête ces trois phrases de Mitterrand : « S'il se présente, la France entière sera stupéfaite. » « S'il se présente, je garde le Parti, quoi qu'il arrive ! » « Ne croyez pas que je sois usé. Mais, après tout, si, en 1981, Rocard est battu, ce sera la deuxième fois qu'il se sera présenté. En 1988, il aura 58 ans – et moi, vous voyez ce que je veux dire, je n'en aurai que 71 ! »

*25 août*



Je trouve à Paris, en revenant de vacances, deux lettres de Michel Debré écrites depuis sa maison de Préfailles pendant le mois d'août. Jamais candidature n'a été plus inutile que la sienne, mais jamais plus sincère. Il croit vraiment – et d'ailleurs, c'est vrai – qu'il est le seul à pouvoir dire certaines choses. Parce qu'il se fiche des sondages, qu'il est persuadé que la France s'en va parce qu'elle ne sait pas où elle va. Aucune illusion sur les voix qu'il va ramasser, les électeurs qu'il va conquérir.

Lettre datée du 9 août : « La bourrasque est forte, une vraie tempête, et comme dans toute tempête, on ne sait comment on en sortira. Je vais tenter de me battre au mieux. Je traverse, comme vous pouvez l'imaginer, une passe difficile – une nouvelle fois. »

Lettre datée du 16 : « À quoi bon ? C'est une question que je me pose, que je me force à me poser à moi-même pour obtenir du fond de moi-même la seule réponse : impossible d'agir autrement. L'honneur de vivre. L'honneur de vivre jusqu'au bout.

« Ce matin, en sortant du bain – frais [1] –, des amis m'ont demandé : quels sont les hommes qui ont marqué votre vie ? Je réponds : mon père et le général de Gaulle. Personne d'autre ? Non, personne d'autre...

« Je suis remonté avec mon chien. J'ai commencé à ranger mes papiers. À quoi bon ? Il y a un doute qu'on ne peut écarter de soi. J'aurais pu être autre. J'aurais pu être mieux, faire plus, j'aurais pu aussi mourir plus jeune. Au mois d'août 1980, le passé étant ce qu'il fut, il me reste ce qui fut l'essentiel, ce qui est l'essentiel : l'honneur de vivre. Mon père. La grandeur de la France. Le général de Gaulle. Et, de toute mon éducation, et de toute ma réflexion, la République,

1. Préfailles est en Loire-Atlantique.

la liberté, le combat politique – pour les autres. Pour quels autres ? Pour toutes les petites Stéphanie[1] qui trottent sur leurs pieds. »

*26 août*

Coup de téléphone de Gilles Martinet pendant le séminaire des rocardiens à Villeneuve-lès-Avignon. Il s'agit, pour eux, de définir une vraie politique. Edgard Pisani, qui les a rejoints, rapporte sur la politique économique, et Martinet sur la politique extérieure de la France dans la perspective de l'accession au pouvoir. Michel Rocard, me dit Martinet, semble aujourd'hui assuré de la défection de Mitterrand. Les chrétiens de gauche parmi les rocardiens craignent évidemment que Rocard n'aille trop loin dans la « giscardisation » de son programme.



En réalité, je me demande, en l'écoutant et sans le lui dire, si les confidences que m'a faites Mitterrand le 6 août, si son doute, dont il a dû faire part à d'autres – même si mon orgueil journalistique a de quoi en souffrir –, ne correspondraient pas, en réalité, à une opération : il fait dire qu'il ne se représentera probablement pas, Rocard prend cela pour argent comptant et il sort du bois, il présente son programme de gouvernement : la volée de bois vert des adversaires du PS tombe sur lui, et Mitterrand a jusqu'au 19 octobre pour voir si sa cote à lui remonte et si celle de Rocard chute. C'est sûrement le dernier quitte ou double de Mitterrand : plus j'y pense, plus j'en suis convaincue.

*27 août*

Prise de position de Giscard sur les événements de Pologne[2].

1. Stéphanie est le prénom de ma fille.

2. Le gouvernement communiste polonais est confronté à la grève la plus longue qu'ait connue un pays communiste. Communiqué de Valéry Giscard d'Estaing (AFP du 27 août à 13 h 23) : « Il existe entre les peuples une amitié profonde venue d'une histoire partagée et qui s'exprime à travers de multiples liens humains auxquels les deux pays sont attachés... La France a pour principe constant de ne pas intervenir dans les affaires intérieures des autres États. Elle souhaite que la Pologne puisse trouver en elle-même les moyens de surmonter ses difficultés et de répondre aux aspirations de son peuple. »

*2 septembre*

J'attends Jean François-Poncet à l'aéroport du Bourget. Il part pour Sélestat où il va rencontrer les Jeunes giscardiens. Je tiens, moi, à l'interroger sur le dénouement, heureux mais provisoire, de l'insurrection polonaise[1].

Pendant ce temps, je me rappelle ma conversation avec Jean-Marie Poirier, mardi ou mercredi dernier. Curieux, les sentiments qu'il porte à VGE ! Il me le décrit à la fois comme mesquin, préoccupé par moments de choses futiles : argent, titres, honneurs, et, à d'autres moments, dominant les problèmes, intelligent, éclairant. Il me cite en exemple le Conseil des ministres de mercredi dernier : il est admiratif, vraiment, des propos tenus par Giscard à propos de la Pologne. Personne ne suscite à la fois si grande admiration et si grande irritation.



Les petits traits désagréables, les menus défauts de Mitterrand paraissent mille fois moins agaçants pour son entourage. D'ailleurs, je ne trouve pas autour de lui de proches que son comportement agace. Les femmes ont l'air de se faire à la façon dont il les traite : alternativement lointaine et proche. Ses lieutenants se font à tout sans rechigner. Ses amis, comme Rousselet ou Dumas, puisque Dayan n'est plus, l'aiment sans mesurer leurs sentiments. Et ses ennemis le détestent. Il n'inspire pas ce que Giscard suscite : frustration et admiration mêlées. Envie de lui être proche et impossibilité d'y parvenir.

Jean François-Poncet a fini par arriver. Tandis que je survole les vallées et les montagnes françaises, il me parle de l'Afghanistan : l'Amérique, dit-il, a privilégié les représailles par rapport au soutien à la résistance afghane. Valéry Giscard d'Estaing a fait le contraire.

« Ce n'est pas ce dont j'avais l'impression, lui dis-je.

– Non, c'est vrai, parce qu'il l'a mal dit. Mais c'est ce qu'il a pensé ! »

Il me parle également de la Pologne : il semblerait (donc ne pas mettre dans sa bouche à lui, Jean François-Poncet) que Giscard ait envoyé à Gierek, à un moment de tension capitale, un télégramme personnel l'adjurant d'écouter les revendications des grévistes. L'am-

1. Le 31 août 1980, le gouvernement polonais accepte les conditions de Lech Walesa : pour la première fois, le mouvement s'est achevé sans qu'une goutte de sang ait coulé. Le syndicat Solidarnosc est autorisé. Ce qui n'empêchera pas Walesa d'être emprisonné l'année suivante.

bassadeur de France a vu par deux fois Gierek. Lors de la première rencontre, celui-ci lui a dit qu'en aucun cas il n'accepterait l'existence de syndicats libres en Pologne. « Nous savons donc, dit Jean François-Poncet, qu'il y a eu un moment, au début des événements polonais, où Gierek a été tenté de démissionner : dépression, refus d'accepter son échec. On a vu, Dieu merci, ce que cela donnait, puisqu'il a fini par les accepter. »

Quels sont aujourd'hui ses rapports à lui avec VGE ? Il le voit une heure, une heure et quart par semaine : sauf en période de crise grave, cela suffit pour faire le point. Il lui est arrivé dernièrement, sur la Pologne notamment, de l'appeler ou d'être appelé par lui deux ou trois fois par jour.

Lorsque Jean François-Poncet est l'invité d'une émission télévisée, VGE l'appelle aussi pour lui demander comment il compte présenter les choses, ou pour lui suggérer d'aborder un sujet plutôt qu'un autre. Il le fait, me dit François-Poncet, avec une grande délicatesse. 

Venant de lui dont tout le Quai d'Orsay ne cesse de dire qu'il a très mauvais caractère, la précision ne m'étonne pas trop : Giscard doit ne pas vouloir prendre de risques...

Voilà, nous arrivons à Sélestat. Suit une conférence de presse sur le rôle européen de Strasbourg : à l'entendre, « il n'y a pas de défenseur plus convaincu du rôle européen de Strasbourg que le président de la République ».

Puis une rencontre avec les Jeunes giscardiens, tous ou à peu près en chemise Lacoste, pour faire moderne. Il leur esquisse une vaste fresque de l'état du monde, leur parle des crises mondiales, de la paix menacée par l'Afghanistan, des pays de l'Est, du développement du tiers-monde, de la France au milieu de tout cela. Il est beaucoup plus politique et beaucoup moins « technocrate » que je ne le pensais. Son adhésion à Giscard, du moins en politique étrangère, est totale. Il ne rate d'ailleurs pas une occasion de lui rendre hommage, décrivant le président de la République comme « un homme manifestement à la hauteur, respecté dans le monde, compétent, calme et sûr de lui ».

Souvent – ainsi tout à l'heure à l'aéroport où il a donné une mini-conférence de presse, et même ici où le public lui est en principe acquis –, il doit affronter la même question qu'apparemment se pose toute la France et que les jeunes eux-mêmes formulent avec d'infinies précautions : Giscard a-t-il fait preuve de faiblesse et de complaisance vis-à-vis de l'URSS ? Il le dément évidemment avec la dernière vigueur, avec toujours les mêmes mots : le Président a eu raison d'aller à Varsovie le 16 mai dernier, car le dialogue est toujours nécessaire. Et il a eu d'autant plus raison que les Soviétiques, après cela, ont dû garder vis-à-vis de l'insurrection polonaise une retenue qu'ils n'auraient peut-être pas eue si la détente entre l'Est et l'Ouest avait été enterrée, après l'Afghanistan.

Nous voilà dans l'avion du retour. Il se débarrasse d'un coup de son image un peu guindée de ministre des Affaires étrangères, et se laisse aller à parler sans diplomatie de l'Afrique, « plus que mal partie » : « L'Algérie est un désert, la réforme agraire a échoué, l'industrie n'est plus qu'un champ de carcasses ; le Maroc vieillit avec Hassan II, la Tunisie se survit, l'Afrique noire est tuée par les problèmes économiques et politiques : pas un pays pour sauver l'autre ! »

Puis il aborde les deux problèmes qui le préoccupent particulièrement, la Pologne en premier lieu :

« C'est un fait politique de première grandeur. Si les choses demeurent en l'état, il s'agit d'un phénomène capital. Dans les années qui viennent, l'Est constituera un vrai danger. Il n'est pas exclu, si nous faisons de la politique fiction, que la contagion polonaise s'installe partout. À moins que la Russie soviétique ne soit un jour obligée de se rapprocher des pays occidentaux ? »

En second lieu, les Russes : « Certes, l'ascension des Soviétiques n'est pas irrésistible. Reste à savoir si, conscients de leur faiblesse, ils utiliseront la force. Quand et comment ? »

À la dernière question que je lui pose, il répond franchement :

« Je ne serai pas Premier ministre. Pourquoi ? Parce qu'il faut à Giscard quelqu'un de complémentaire, quelqu'un qui occupe pour lui le terrain économique et social. Et non pas son propre terrain, le terrain diplomatique, qu'il connaît en réalité par cœur. »

C'est ce qui justifie la présence de Raymond Barre à Matignon et son maintien au-delà sans doute du seuil critique.

*4 septembre*

Même question posée à André Giraud : « Premier ministre, moi ? Je ne le serai jamais, et d'ailleurs c'est le dernier des métiers. »

Au surplus, il me l'avoue sans ambages : il n'est pas européen. Il ne suivra pas VGE dans sa campagne européenne : « Il serait inconcevable, me dit-il avec la sorte de brutalité qui caractérise ce mélomane avisé, que des ministres participent aux campagnes *contre* Giscard. Mais pas nécessaire qu'ils participent aux campagnes *pour* ! »

*6 septembre*

Je reviens sur l'affaire polonaise, car les dernières phrases de François-Poncet sur l'Europe de l'Est me paraissent capitales : un espace de liberté est-il possible dans un pays de l'Est, et à quel prix ?

Et puis, la prétendue crise cardiaque de Gierek est survenue, et son remplacement à la tête du Parti dans la nuit de vendredi à samedi par Stanislas Kania, responsable de la Police, de l'Armée et de l'Église au secrétariat du comité central. De la même façon que Gomulka avait été remplacé en 1970 par Edward Gierek, en fait dans un premier temps écarté, puis limogé. En réalité, le PC orthodoxe a gagné, même si Solidarnosc peut continuer d'exister.



Le fait nouveau, c'est qu'il n'y a pas eu effusion de sang. Pourtant, si la diplomatie française et si le reste du monde demeurent tout de même dans l'expectative, c'est que personne n'ose se réjouir trop haut de ce que les tanks russes n'aient pas fait mouvement vers Varsovie. Personne n'oublie qu'en Tchécoslovaquie, en 1968, les blindés n'ont franchi la frontière qu'à l'été, après six mois de l'hiver et du printemps de Prague.

*9 septembre*

Rencontre avec Michel Rocard : dans un mauvais jour, n'alignant pas deux idées de suite, ayant l'air d'en savoir long, il me déçoit avec son petit côté finaud. Quelque chose, *in extremis*, me dissuade de croire en lui. Je ne sais pas quoi : peut-être les réticences – le mot est faible ! – de Mitterrand ?

Non. Il arrive à Mitterrand d'esquinter des gens sur lesquels j'ai un tout autre regard. Cela fait des années que je connais Rocard, des années qu'il est le champion de la « deuxième gauche », et des années que je n'ai pas d'admiration pour lui. Je ne l'ai jamais « senti », cet homme-là, ni au PSU, où je trouvais qu'il usait d'un vocabulaire « plaqué », ni au PS, et pas plus aujourd'hui.

Cela étant, si les socialistes ne désignent aucun candidat avant la fin janvier, le PS se suicide.

*13 septembre*

Meeting ou plus exactement conférence de Michel Debré, ce 13 septembre, à Amboise, ville dont il est le maire. Il parle dans un petit théâtre rouge et beige, sa femme au premier rang.

« Si je suis parti si tôt dans la campagne électorale, dit-il, c'est que je considère que dans les années que nous vivons, il est indispensable que les Français prennent conscience de notre époque. Pour ceux qui sont au pouvoir, la France est au bout du tunnel ; pour l'opposition, un chambardement sera décisif : les deux discours sont irréels. Il faut définir une nouvelle voie pour la France. »



Et de développer ses deux idées maîtresses : le double affaiblissement de la capacité économique du pays et de son élan vital.

Évidemment, son discours passe au-dessus de bien des têtes. On ne peut vraiment pas dire qu'il se livre à la moindre démagogie. Il dénonce les faiblesses de l'État, son hésitation à affirmer l'unité de la République, sa faiblesse sur l'indépendance de la défense nationale. La France n'est pas trop petite, comme le discours giscardien le prétend.

L'auditoire, composé en grande partie de ses électeurs, est néanmoins plutôt attentif. Il a souvent entendu Michel Debré exprimer son désir de redresser l'État, de refuser la fatalité du déclin, dire son espoir dans une société qui ne compterait plus deux millions de chômeurs. Debré le sait, c'est pourquoi il a voulu commencer sa campagne nationale par son public local.

Je ne sais pas ce qui l'attend, et je subodore que c'est le pire plutôt que le meilleur. Il ne se fait aucune illusion, me dit-il en quittant l'estrade, mais je sais bien que les hommes politiques s'en font toujours. Pour une raison simple : ils sont entourés de leur état-major, de leurs amis politiques, ils sont reconnus par la foule, ils n'ont jamais l'occasion de voir leurs adversaires en campagne ; par définition, ils n'assistent pas à leurs meetings puisqu'ils en font d'autres ailleurs en même temps. Ils reçoivent tellement de témoignages de fidélité de leurs amis, qui veulent les soutenir dans l'épreuve, qu'ils ont tendance à penser que la France entière partage l'enthousiasme de leurs proches.

*Septembre, quelques jours plus tard, le week-end*

Petit passage par la fête de *L'Humanité*. Formidable de voir à quel point, pendant que les héros de la future présidentielle fourbissent leurs armes tout en se livrant à une course de lenteur, le Parti communiste – la CGT aussi, d'ailleurs – peaufine sa stratégie de l'isolement.

Je regarde à la fête Roland Leroy parler face à la foule de ceux, communistes ou pas, qui sont venus participer à cette grande kermesse. Lui que je croyais assez bien connaître, la dent dure, aimant les artistes et Aragon, capable de distance vis-à-vis de Georges Marchais, il faut l'entendre englober dans une même réprobation indignée tout ce qui n'est pas communiste : Giscard, Mitterrand, Lecanuet, Barre, Rocard, Chirac ! Tous dans le même panier ! Pas un pour sauver l'autre ! Tous ces gens-là bloquent à la fois l'espérance, le changement, la réforme et le progrès. Bigre !



Comme par hasard, dans un livre qui paraît cette semaine, Georges Marchais – qui, comme tous les autres éventuels candidats, participe à la même course de lenteur – en appelle aux 17 millions de « pauvres » pour le soutenir dans son combat tous azimuts contre les partis et leurs dirigeants. Tandis que Georges Séguy ou Henri Krasucki ne perdent pas une occasion de dénoncer en une longue litanie tous les syndicats ouvriers ou patronaux, à l'exception bien sûr de la CGT.

Le problème est que ce « front commun » ennemi n'existe que dans leur imagination : il n'y a déjà pas de front commun entre Rocard et Mitterrand à l'intérieur du PS, difficile de croire qu'il puisse en exister un entre Giscard et Mitterrand !

*1er octobre*

Deux mots, ou plus que cela, sur notre dernier rendez-vous avec Giscard, le 23 septembre. Pourquoi, tout à coup, est-ce que je le trouve une quasi-caricature de lui-même, au moins par le ton ?

Sur le fond, en revanche, il est intéressant. Il parle longuement des problèmes de Défense :

« Il faut au moins cinq ans pour les comprendre », dit-il d'emblée.

Je ne peux pas ne pas faire ce simple calcul : étant donné qu'il est au pouvoir depuis six ans, les comprend-il depuis six mois seulement ? Passons.

Il continue : « Il y a à l'heure actuelle deux ou trois Français seulement qui peuvent en parler. Le général Méry, peut-être... Sur la scène internationale, pas grand monde non plus. Carter n'y comprend rien. Il n'y a que Schmidt qui y comprenne quelque chose. »

Décidément, Helmut Schmidt, aux yeux de Giscard, n'a pas d'équivalent. Je pense que c'est le dirigeant du monde qu'il estime le plus. Tout ce qu'il dit est, pour Giscard, frappé d'une grande intelligence, en tout cas d'une vaste expérience.

« Lorsque je suis arrivé au pouvoir, Schmidt m'a dit : "J'ai honte pour vous de l'état dans lequel est tombée l'armée française." Et il avait raison ! »

J'avoue que j'imagine mal, même de la part d'un ami, puisque Giscard revendique toujours son amitié pour le chancelier allemand, comment on peut oser dire cela à un chef d'État, fût-il proche. Giscard, lui, ne voit rien à redire à cette intrusion dans la politique militaire française. Et de citer l'armée qu'il a trouvée lorsqu'il a été élu : les comités de soldats, les bidasses furieux. « Tout cela, conclut-il, est terminé, Dieu merci ! »

Il évoque la construction des sous-marins pour dire que, tôt ou tard, assez vite, même, l'existence de ces grands machins au fond des mers sera dépassée. Que l'augmentation thermique ne pourra pas rester clandestine, qu'ils seront repérés avec un simple thermomètre !

Sur la détente, pas de nouveauté par rapport à ce que Jean François-Poncet m'avait dit il y a quelques jours : le Président reste persuadé qu'il fallait rencontrer Brejnev à Varsovie en mai dernier, et qu'il faut, le mois prochain, participer à la conférence de Madrid.

Il ne fait pas grand cas d'Edward Gierek, « démissionné » il n'y a pas longtemps. Et raconte une conversation qu'il a eue avec lui bien avant les événements de Gdansk : « J'ai vu Gierek, raconte-t-il. Il me disait qu'il voulait développer le secteur des petites et moyennes entreprises en Pologne. Je lui répondais : oui, mais alors il faut assouplir le Plan ! Vous n'y pensez pas, m'a-t-il répondu, pas question de toucher au Plan ! »

VGE conclut que Gierek n'était pas, contrairement à certains dirigeants polonais ou tchécoslovaques, en train d'imaginer la moindre réforme du système existant. « C'était un communiste, un vrai ! » juge-t-il.

J'ai rapporté à Paul-Marie de la Gorce, spécialiste de la Défense – je pense que Giscard ne le mettait sans doute pas au nombre de ceux qui connaissent le sujet, mais le connaît pourtant pas mal –, cette conversation sur l'armée française. Sa réaction : « Il s'est fait bourrer le mou par Schmidt, voilà tout. »

*9 octobre*

Six jours après l'attentat de la rue Copernic, je rencontre dans un dîner Simone Veil, bouleversée[1]. Elle est émouvante, parce que vraiment touchée au fond d'elle-même. Elle n'est pas religieuse, mais remuée au plus profond par tout ce qui lui rappelle les traitements subis par les Juifs. « Trente-cinq années passées à tenter de passer l'éponge sur la violence, qui resurgit d'un coup. »



Sur les réactions de Giscard et de Barre, elle se montre très dure : « Jamais je n'ai vu deux personnes plus imperméables aux problèmes de la communauté juive, encore que je n'aime pas ce terme. On peut en parler à Jacques Chirac. Mais pas avec le président de la République ! »

Que la panique, l'improvisation aient été compréhensibles le soir même, soit ; mais elle appuie : « Il est lamentable que personne ne soit venu le matin à la synagogue. Quand j'ai posé la question à l'Élysée, on m'a répondu : "On n'y a pas pensé !" C'est pire que tout... »

Il faut dire que Giscard était à la chasse lorsque l'explosion a eu lieu. Il n'a pas cru nécessaire de rentrer à Paris. Quant à Raymond Barre, il y est allé pour dire des conneries qui lui colleront longtemps à la peau. Les « Français innocents » qui auraient pu mourir, ça, vraiment, il fallait l'inventer ! Je ne sais même pas comment cette phrase lui est venue à la bouche, même si je ne suis pas particulièrement, moi non plus, perméable aux problèmes de la « communauté juive », parce que je trouve que dans la France il n'y a pas de communautés, il y a des Français !

---

1. Le 3 octobre 1980, une bombe explosait devant la synagogue de la rue Copernic à Paris, tuant quatre personnes. La France vit très intensément ce drame. Une manifestation de solidarité, d'union nationale presque, réunit 300 000 personnes. Le Premier ministre condamne cet « attentat odieux qui voulait frapper les Juifs et qui a frappé des Français innocents ».

Barre « bouclier » de Giscard, Barre « fusible » du président de la République ? Cela fait plusieurs mois que nous, les journalistes, nous posons la question d'un journal à l'autre. En la circonstance, Barre a plutôt « plombé » l'exécutif dans son ensemble, non ?

*10 octobre*

Je n'ai pas vu Chirac depuis longtemps. Michel Debré me fait le récit de leur dernier tête-à-tête, avant-hier. Jacques Chirac fait irruption dans la pièce où l'attend Debré (privilège de l'âge) et lui livre tout de go son analyse. Celle-ci repose sur deux points.

D'abord, assure-t-il, VGE n'est pas assuré de se représenter. *Le Canard enchaîné* se préparerait à rendre publique une révélation (laquelle ?) de Jean-Bedel Bokassa sur lui, cela l'énerve au plus haut point : « Il est très nerveux, affirme Jacques Chirac ; la preuve, c'est qu'il va tout le temps à la chasse. »

Deuxième point : « Les conversations avec François Mitterrand, dit-il encore, sont très avancées. Je n'ai pas déjeuné avec lui, mais je suis assuré d'avoir le désistement socialiste au deuxième tour de l'élection. »

Debré est certain, au contraire, que Jacques Chirac a bel et bien dîné avec François Mitterrand, parce que Jean de Lipkowski, chez qui le repas aurait eu lieu, le lui a dit. Mais il ne croit pas utile d'engager la polémique sur ce terrain. Il répond aussi calmement qu'il le peut à Chirac : 1) Qu'il pense que Giscard se représentera ; 2) Que, dans ce cas, le candidat socialiste arrivera, quel qu'il soit, en deuxième position ; 3) Que la question du désistement socialiste au deuxième tour ne se posera donc pas ; 4) Qu'il n'y a donc pas de raison que lui, Debré, se retire, et que d'ailleurs il ne le fera pas.

Le message que voulait faire passer Chirac peut paraître compliqué ; en réalité, il me semble qu'il veuille simplement dire à Michel Debré : j'ai des chances de passer au deuxième tour, ne divisez pas les voix gaullistes au premier !

Chirac, qui a écouté les quatre points de l'argumentation de Debré, change la sienne : « Vous n'avez pas d'argent, lui dit-il. Et, croyez-moi, il en faut beaucoup pour une campagne présidentielle, plus que vous n'en aurez jamais !

– Commencez donc, rétorque Debré, par ne pas raconter à ceux de vos amis industriels qui pourraient financer ma campagne que je suis un sous-marin de Mitterrand, et aux militants du RPR que je suis là pour aider Giscard ! »

Dans quel climat se sont-ils quittés, je ne sais pas, mais j'imagine la poignée de main peu chaleureuse sur le pas de la porte entre les deux hommes...

*17 octobre*

C'est Pierre Mauroy qui me raconte le deuxième tête-à-tête de la semaine, jeudi dernier. Il s'agit de celui entre Valéry Giscard d'Estaing et Pierre Mauroy. À l'occasion de sa visite officielle à Lille, Giscard se plaint auprès de Mauroy de ne pas trouver le dialogue (« dialogue républicain », reprend Mauroy) qu'il souhaite avec de véritables interlocuteurs au PS :



« Vous êtes le seul, lui dit VGE.

– Oui, mais je ne suis pas un interlocuteur valable ! » réplique Mauroy.

Suit une visite à l'hôtel de ville de Lille, la première depuis l'élection de Giscard, où Mauroy le trouve finalement « plus léger » – c'est son expression – qu'il ne s'y attendait !

Nous parlons aussi avec Mauroy de Rocard, bien sûr. Il pense qu'à un moment donné, il lui faudra bien tout de même un peu « violer » le Parti socialiste. D'ailleurs, juge-t-il, pour une élection présidentielle, il faut toujours s'élever au-dessus du parti auquel on appartient. Mais quand, comment Rocard le fera-t-il ? Il m'assure n'en avoir pas la plus petite idée.

Évidemment, si Michel Rocard pouvait obtenir la majorité des voix dans un congrès où se présenterait contre lui Pierre Joxe ou Jean-Pierre Chevènement, ce serait formidable. Mais s'il ne les a pas, ces 51 % de voix nécessaires, Mitterrand aurait alors beau jeu d'apparaître comme le rassembleur.

Mais comment, aujourd'hui, et pourquoi organiser un congrès que les rocardiens seraient les seuls à réclamer ? Rocard peut-il, vers la fin octobre, déclarer, contrairement à ce qu'il a dit à Metz, que sa candidature sera irréversible à partir de maintenant, même si Mitterrand est candidat ?

Face aux questions que je viens de lui poser, Mauroy reste dans le vague. Il pense que Mitterrand est trop englué dans le parti, dans ses amitiés, dans sa stratégie, dans sa volonté profonde, aussi, pour ne pas se présenter. Sa conviction, ce soir, est que la détermination de Michel Rocard faiblit un peu.

Il y a quelques jours, Maurice Faure rencontre François Mitterrand dans les couloirs de l'Assemblée nationale. Ils se parlent pendant une demi-heure.

« Tout de même, prenez-le comme vous le voulez, dit Maurice Faure, vous ne pouvez pas continuer à jouer au chat et à la souris !

– Mais je ne joue pas ! proteste Mitterrand.

– Je veux dire : vous ne pouvez pas continuer à faire durer ce suspense. Et puis, attention, il vous faut six mois pour être candidat : trois mois pour que le Parti socialiste se ressoude derrière vous, puis trois mois pour battre la campagne !

– Eh, dit Mitterrand, bien sûr que je le sais ! Soyez certain que j'en ai conscience. Rassurez-vous : cela ne durera que jusqu'à la mi-novembre ! »

Soit dans quelques semaines... Pas trop tôt !

Ce mot d'Edgar Faure au congrès radical : « Moi, je suis imbattable pour l'ancienneté, pas pour la permanence ! »

*19 octobre*

Coup de téléphone de Christian Blanc, à 9 h 30 du matin, dimanche. Je dors encore. Il me dit dans un état d'excitation avancée : « C'est le jour J ! »

Je balbutie.

Il insiste : « Le jour J pour Rocard, tu comprends ? »

Je me dresse, comprenant que j'ai fini de dormir.

Quelques minutes plus tard, branle-bas de combat à RTL où toute la rédaction politique a été rameutée.

Commence une longue attente. À 11 h 54 exactement tombe la première dépêche de l'AFP, laconique : « Michel Rocard s'adressera au pays dimanche soir à 19 h 15 depuis la mairie de Conflans-Sainte-Honorine (Yvelines), annonce un communiqué du secrétariat du député des Yvelines. »

Le parallèle avec Giscard annonçant en avril 1974 sa candidature depuis la mairie de Chamalières s'impose.

Je passe la journée à essayer d'obtenir des informations, sans succès, évidemment, mais sans me donner énormément de mal, puisque tout l'état-major rocardien doit être bouclé dans la mairie de Conflans avec ordre d'attendre l'heure fixée, 19 h 30, et, d'ici là, de ne communiquer avec personne.

Je n'obtiens au téléphone que Jean-Paul Ciret, chargé auprès de Christian Blanc de la communication de Rocard, qui me dit... qu'il n'a rien à me dire !

Ce qui n'empêche pas toutes les rédactions d'envoyer des journalistes, tout au long de la matinée et de l'après-midi, dans les bistrots et autour du charmant petit hôtel de ville de Conflans.

C'est dans la salle des mariages prestement transformée en studio de télévision que Michel Rocard prend la parole un peu plus tard qu'annoncé, à 19 h 40. Il ne parle que cinq minutes ; je commente immédiatement sa déclaration à l'antenne.



Cette déclaration de Rocard me fait un effet bizarre. Il ne se situe ni dans le Parti, ni ailleurs. Il présente certes sa candidature, mais appelle dans le même temps sa fédération, celle des Yvelines, « à en délibérer et à présenter sa candidature dans le respect de nos règles et de mes engagements ».

Ce qui veut dire qu'il n'est, au sein du parti, qu'un candidat – le premier, certes – parmi d'autres possibles.

Une fois de plus, je n'ai pas trouvé dans ses phrases de quoi décourager qui que ce soit d'autre, au PS, de se présenter après lui. Plus précisément, je n'ai pas trouvé dans ce qu'il a dit de quoi empêcher Mitterrand de le faire. Qu'est-ce qui pourrait par exemple interdire que la fédération de ce dernier, celle de la Nièvre, « délibère et présente sa candidature dans le respect de nos règles et de nos engagements », pour reprendre les termes de Rocard ?

Au surplus, rien n'est prévu, dans l'intervention de Rocard, pour amadouer Mitterrand ou plus exactement ne pas susciter une réaction offensive de sa part. Lorsqu'il dénonce la part de responsabilité des socialistes dans les échecs précédents, lorsqu'il fait allusion au Programme commun, qu'il appelle à la « construction d'un Parti socialiste puissant », comme si celui de Mitterrand ne l'était pas ou pas assez, il prend le risque, il me semble, de réveiller le fauve.

Je ne sais trop si j'ai fait part de cette analyse dans mon premier commentaire, mais je sors à peine de l'antenne que Gilles Martinet m'appelle depuis Conflans.

Il me dit que j'ai tout à fait tort de croire qu'au bout du compte, Mitterrand se présentera après que Rocard a ainsi, aujourd'hui, pris date. Je lui réponds qu'à mon avis Rocard n'a pas montré toute la détermination qu'il fallait. Il aurait dû se présenter devant le pays, pas devant le Parti. Je ne convaincs pas Martinet, qui m'assure que les éditoriaux de tous mes confrères, demain, ne jugeront pas l'affaire de la même façon que moi. Eh bien, attendons demain.

*Ajouté deux heures plus tard*

Mitterrand vient de réagir, comme je le pensais, en faisant savoir que « nul ne peut porter les couleurs du Parti socialiste, etc.[1] ».

Claude Estier, que je joins tard dans la nuit, me dit que Michel Rocard avait prévenu Mitterrand, la veille, samedi, de l'initiative qu'il prendrait le lendemain. À son avis, la brèche ouverte par Rocard en mettant en avant sa fédération des Yvelines va être utilisée par Mitterrand. Il est convaincu, lui, aujourd'hui, que Mitterrand va se présenter.

*20 octobre*

*Le Figaro* parle de Michel Rocard s'emparant de la candidature « à la hussarde ». Mais *Le Matin* – que Mitterrand considère néanmoins comme rocardien – se montre beaucoup plus prudent. Alexis Liebaert écrit que Mitterrand pourrait, en fin de compte, avoir le dernier mot[2].

Mitterrand d'un côté, Président dans sa tête aussi loin que remonte ma mémoire. Rocard sûr de lui, de son savoir, de sa vérité. L'un amateur de femmes, d'arbres, de paysages et d'étangs. L'autre fou de bateau, de mer, d'immensité. L'un mesurant ses amitiés. L'autre aimant le tutoiement, les militants, les camarades, la promiscuité des

---

1. La déclaration complète de François Mitterrand est : « Nul ne peut porter nos couleurs dans une circonstance aussi grave qui n'ait pour première vertu d'unir les socialistes et de défendre leur projet. »

2. Alexis Liebaert écrit : « La campagne interne pour la désignation du candidat socialiste s'annonce donc sans concession, mais son issue et son ton dépendent essentiellement de la décision finale de François Mitterrand. On voit mal, en tout cas, comment le député des Yvelines pourrait échapper à cet affrontement sans se renier. » (*Le Matin*, 20 octobre 1980.)

camps scouts. L'un tortueux, compliqué, veillant à tout, surveillant tout, devinant beaucoup, redouté et redoutable. L'autre plus jeune, plus nouveau dans les milieux politiques, encore qu'il y milite depuis très longtemps, incarnant un socialisme plus moderne, misant sur l'opinion publique, la presse, les médias.

Et, entre eux, un nouveau gourou de la politique : Claude Marti[1].

*23 octobre*

À nouveau Philippe Mestre à Matignon. Car, après tout, j'ai beau être plongée dans l'histoire Mitterrand/Rocard jusqu'au cou, le gouvernement existe !



Le comportement de la majorité ne l'inquiète pas particulièrement, par ces temps agités : au contraire, il me parle d'apaisement systématique entre les deux composantes de la majorité. Le budget, contrairement à ce qu'il craignait la fois précédente, sera adopté sans difficulté.

Le Plan seulement a entraîné deux protestations du RPR : Claude Labbé s'est demandé s'il était opportun de parler d'un Plan à cinq mois des élections, et dans le même sens un autre député RPR a fait remarquer que le Sénat n'aurait sans doute pas le temps d'être consulté.

Par-delà ces considérations de technique parlementaire, Philippe Mestre est toujours aussi optimiste : il ne pense pas que Jacques Chirac sera candidat – « à moins de schizophrénie ».

« D'autant, ajoute-t-il, qu'il ne serait pas en seconde position, s'il se présentait ! »

Il énumère les obstacles dressés devant Chirac : conjoncture économique difficile, conjoncture internationale telle que le RPR ne voudra pas gêner le gouvernement. Il fait enfin état de la baisse de popularité qu'il juge considérable de Jacques Chirac dans le pays. « S'il y va, conclut-il, c'est qu'il a une pêche considérable ! »

Quant à Rocard et Mitterrand, pour lui c'est blanc bonnet, bonnet blanc : Rocard a fait sa campagne dans l'ambiguïté, il sera obligé d'en sortir ; il sera sans doute plus fort que Mitterrand au premier tour,

1. Claude Marti est un des premiers « communicateurs » de la politique. Après avoir conseillé Michel Rocard, il fondera en 1982 la société « Claude Marti Communication » dont les conseils seront sollicités plus tard par François Mitterrand, devenu président de la République.

mais, au second, il ne bénéficiera pas des mêmes soutiens. « À peu près le même tabac » : tel est son jugement.

Et Raymond Barre dans tout cela ? Philippe Mestre ne songe même pas à me le cacher : on n'en est plus au triomphalisme de la réforme. Les objectifs sont désormais plus modestes : « Il faut essayer de tenir le coup dans une vie économique et sociale agitée. Cela nous occupe à plein temps. Pour nous, il n'y a plus de grande réforme à lancer. Le Président le fera peut-être en février ou mars prochain. Nous, nous maintenons. »

Un mot sur l'attentat de la rue Copernic : Mestre est conscient du reproche qui a été fait au Premier ministre de ne pas s'être rendu à la synagogue dès le lendemain de l'explosion. « Mais, plaide-t-il, le rabbin n'avait pas dit au ministre de l'Intérieur Christian Bonnet que, le lendemain, il y aurait un culte à Copernic. Voilà pourquoi Raymond Barre ne s'y est pas rendu. »

*23 octobre, suite*

Voilà que Marie-France Garaud est candidate à son tour ! Et un candidat de plus, un – ou plutôt une !... La « femme de l'ombre » désireuse d'apparaître au grand jour, quoi de plus romantique ? Avec son air altier, son chignon strict, son allure distinguée, la dame de fer française – d'un conservatisme musclé sous un enrobage de miel –, vient renforcer le clan des femmes : avec Arlette Laguiller (Lutte ouvrière), Huguette Bouchardeau (PSU), elles sont donc désormais trois à prendre le départ. Rien ne dit qu'elles iront jusqu'au bout.

Vingt-deux ans après la naissance de la Ve République, le gaullisme se divise ainsi en trois courants, si tant est qu'on puisse considérer que Marie-France Garaud est gaulliste.

Pourquoi a-t-elle fait acte de candidature ? Lorsque je la lui pose au téléphone, elle répond à ma question en déclarant qu'elle se lance dans la bataille parce qu'elle juge, non sans quelque prétention, qu'elle seule peut asséner des vérités avec assez de courage.

Jacques Chirac n'a pas réagi. Mais, tout de même, cette candidature ne peut pas le laisser indifférent. Pour une raison personnelle, d'abord : Marie-France a longtemps partagé ses secrets et ses ambitions. Il a eu pour elle *du* sentiment, sans aller jusqu'à dire *des* sentiments. La voir aujourd'hui prendre le départ, d'une certaine façon contre lui, doit être une pilule amère à avaler.

*26 octobre*

De François Mitterrand, en déplacement à Marseille, je dirais, après avoir assisté au meeting qu'il a tenu, qu'il est aujourd'hui à moitié candidat. Pourquoi à moitié ? Il le sera si les fédérations socialistes (combien, je ne sais pas ?) le lui demandent le 8 novembre prochain.

Autrement dit, il le sera.

En quelques phrases, derrière la tribune où il s'apprête à parler, il commence par me confier que Michel Rocard ne l'a pas seulement déçu sur le fond, mais sur la forme. Bon prince – ou plutôt faux prince... –, il fait mine de comprendre : « Après tout, cela m'est assez arrivé, d'être mauvais, pour que je puisse ne pas m'étonner. Mais, sur le fond, ajoute-t-il, sur le fond, quoi ? Pas une fois le mot "gauche" dans la déclaration de Michel Rocard ! Pas une fois ! Comment accepter qu'un candidat de gauche ne dise pas qu'il est à gauche ? Ensuite, estime-t-il, sa déclaration était ambiguë : s'adresser à la fois à la fédération des Yvelines et au pays, c'est une erreur ! »



Le moins qu'on puisse dire est que Mitterrand en a profité.

Le meeting de Marseille, organisé par Defferre, lui a servi de mise en route.

*28 octobre*

Claude Estier me raconte hier, *27*, qu'en juillet dernier Rocard avait demandé à le voir. Ils se rencontrent au bar de l'hôtel Méridien à 7 h 45 du matin. Rocard lui tient alors à peu près ce langage : « Je n'arrive pas à parler à Mitterrand ni à ses amis. Sauf à toi. Que dois-je faire ? Je voudrais m'entendre avec vous, mais quel chemin emprunter ? »

Claude Estier discute avec lui un moment de ses intentions, de celles de Mitterrand, tout en restant évidemment plus que prudent.

Lorsqu'ils s'apprêtent à sortir du bar avec des airs de conspirateurs, le barman leur dit, au moment où ils font mine de payer : « Messieurs, la maison est heureuse de vous offrir ce petit déjeuner. »

*30 octobre*

À plusieurs reprises, pendant le déjeuner à l'Élysée auquel Giscard a convié tous les élus du Massif central, le Président, me raconte aujourd'hui Maurice Faure, a promis à ses interlocuteurs des crédits supplémentaires. Raymond Barre, dont il sollicite le regard et l'accord, ne dit mot.

Trois, quatre fois, mêmes promesses et mêmes regards vers son Premier ministre. Puis, d'un coup, Barre se lève et prend la parole pour émettre quelques phrases :

« Je suis ici entouré d'Auvergnats, dit-il. Les Auvergnats ont la réputation de ne pas dépenser plus qu'ils n'ont. Et même d'en garder pour eux. Je m'efforce de faire miens ces principes. Vous me comprendrez. »



Puis il s'est rassis. Tête des élus, et tête de Giscard !

*3 novembre*

Vu Gilles Martinet hier à Bruxelles où je suis venue lui demander comment il voyait la suite du duel Rocard/Mitterrand. Je le trouve désappointé, sans ressort, et Dieu sait s'il en a, d'ordinaire !

Michel Rocard va rester en piste, présenté par la fédération des Yvelines, pour ne pas se retirer tout de suite. Les deux hommes, selon lui, ont intérêt à ralentir le mouvement. « Mitterrand, on le sait, veut le freiner. Quant à Rocard, maintenant, il va vouloir attendre une redistribution du jeu. »

Je sens que Martinet hésite à croire, pour sa part, que le jeu puisse être redistribué.

Pour le coup, je ne comprends pas ce qu'il espérait et ce qu'espéraient sans doute les rocardiens avec lui. Que Mitterrand se dégonfle après l'annonce de Conflans ? Comment pouvaient-ils croire ça ? Ou alors il fallait être candidat devant les Français et couper l'herbe sous le pied à Mitterrand !

*4 novembre*

Mitterrand m'emmène à Soissons où il va parler d'énergies nouvelles. Dès que sa voiture démarre, il n'y va pas par quatre chemins. Je reviens sur le meeting de Marseille. Lui, tout de suite, parle de

Michel Rocard. Passons sur son appréciation du personnage qui ne me surprend pas : « Vous en avez connu, vous en connaissez, des hommes politiques, me dit-il. Ne parlons pas de ses qualités, réelles. Mais enfin, il n'a rien ou pas grand-chose par rapport aux autres ! » Sur la stratégie, le jugement est pire : « Il a travaillé deux ans pour dégringoler en quelques minutes ! »

Avant la déclaration de Conflans, Mitterrand me raconte – ce qui était passé inaperçu de la presse – qu'il a envoyé une lettre manuscrite à Rocard, dans les premiers jours d'octobre, juste après avoir défilé avec lui en signe de solidarité avec les victimes de la rue Copernic. Dans cette lettre qui n'était pas celle d'un enfant de chœur, Mitterrand disait à Rocard qu'il ne s'exprimerait pas, lui, avant le 19 octobre, date à laquelle il était attendu à Mulhouse, et il lui assurait que dans le discours qu'il prononcerait ce jour-là il n'y aurait pas le moindre mot sur son éventuelle candidature.



« Je le lui ai écrit manuscrit, ça n'est pas rien ! Il aurait pu me croire au lieu de se précipiter ! »

Et puis bureau exécutif du PS. Rocard et Mitterrand s'isolent dans la salle même du bureau, lorsque les autres sont partis. Rocard demande à Mitterrand quand et où il pourra l'appeler. « Au Vieux-Morvan, samedi, à l'heure du déjeuner », répond Mitterrand.

Rocard lui laisse alors entendre qu'il fera acte de candidature. Il ne prononce pas le mot, mais enfin, m'assure Mitterrand, c'est bien cela que cela voulait dire.

Lorsque, le samedi, Rocard appelle Mitterrand au Vieux-Morvan, il lui confirme la date, le lieu et l'heure de sa déclaration. Mitterrand se contente de lui répondre qu'ainsi qu'il le lui a dit, il parlera quelques heures auparavant à Mulhouse.

« Il a commis une gigantesque erreur, celle de croire que la campagne menée contre moi avait fini par m'abattre !... Bref, ajoute-t-il non sans perfidie, il a fait l'erreur de croire que j'étais comme lui ! »

Une pause. Puis il enfonce le clou : « Une chose est certaine, désormais, c'est que Michel Rocard ne se présentera pas. Vous témoignerez dans vos Mémoires que je ne voulais pas être candidat, mais que, d'une certaine manière, Rocard m'y a forcé. »

Il ne manque pas d'air ! Je prends un air sceptique.

« S'il voulait être mon successeur légitime, insiste Mitterrand, il ne fallait pas sans arrêt jouer contre moi. À partir du moment où il avait dit à Metz qu'il ne se présenterait pas contre moi, il ne devait pas faire le tour de quelques petites fédérations pour me retirer des voix. J'ai fini par perdre confiance, il y avait de quoi ! »

Je lui demande ce qu'il aurait fait, lui, à la place de Rocard.

« J'aurais dit : je suis minoritaire au Parti socialiste, mais, malgré cela, je suis candidat. Que la loi de la majorité m'abatte... Et là, moi, j'étais bien embêté ! Je ne pouvais plus l'abattre sans me forger une image effroyable ! »

Il enchaîne sur Pierre Mauroy : « Ah, et votre ami Mauroy ! Lui aussi, il aurait dû se tenir tranquille ! Au fond, ces gens me pressaient de me déclarer candidat pour obtenir précisément que je ne le sois pas. Seuls ceux qui ne voulaient pas que je sois candidat me pressaient d'en faire l'annonce ! »

Il fait un geste de la main comme pour chasser son irritation : « Mais je n'ai rien contre lui. Il aurait pu faire un très bon candidat. Il n'est pas dit, d'ailleurs, qu'il ne finisse pas par l'être. Il n'a comme ennemi que lui-même ! »

Tout de même, quelle histoire ! Il jubile à l'idée d'avoir pu coincer Rocard entre les Français et la fédération des Yvelines.

« Vous remarquez, poursuit-il, on parle toujours de mon âge. Le vieillard infect, etc. Tout de même, j'ai encore une heure de lucidité par jour ! »

Une fois de plus, je me rends compte que ce qu'il ne pardonne pas aux uns et aux autres, c'est d'avoir souligné son âge, de l'avoir jugé trop vieux pour continuer alors qu'il se sent, lui, si jeune ! Plus jeune qu'eux...

Je lui dis qu'avoir « coincé » Rocard ne suffit pas et que je crains, pour lui, l'échec. Il me lâche un grognement qui veut dire : « Moi aussi ! »

Assez parlé. Il prend son livre, celui qu'il vient d'écrire en collaboration avec Guy Claisse[1], et le feuillette avec plaisir. Il se cite lui-même : « Un œuf, j'ai écrit un œuf : c'est vrai qu'il pond, Giscard ! » La partie qu'il préfère dans ce dernier ouvrage, c'est la politique étrangère. « Lisez-la avec soin, me conseille-t-il, je l'ai écrite avec soin. »

Il a trouvé honnêtes, sans être complaisantes, les questions que lui a posées Guy Claisse. Il repose le livre et constate : « Un livre, ça se regarde, et puis après ça s'oublie complètement. » Il n'empêche qu'il

1. Journaliste au *Matin de Paris* après avoir été chef du service politique de *L'Express*.

le pèse, le soupèse, le trouve sobre, peste parce qu'il y a ici ou là quelques fautes d'impression non corrigées malgré les relectures.

Puis il revient à son sujet : « Tout de même, être candidat en novembre, c'est bien tôt ! »

Le sera-t-il dès samedi prochain ? Il rit, tout heureux de manifester son pouvoir : « Ah, vous voudriez bien le savoir, hein, pour faire un scoop ! N'y comptez pas. Je ne vous dirai rien ! »

Nous arrivons à Soissons. Il se lance dans un discours qu'il n'a pas rédigé et dont il n'a pris connaissance que pendant quelques minutes, dans la voiture. Comme s'il ne pensait qu'aux énergies nouvelles depuis sa petite enfance ! Les écolos qui sont là, toutefois, restent sceptiques.

Mais son verbe se fait soudain plus violent : il parle de VGE qui, à propos des économies d'énergie, fait une bonne analyse, mais se hâte d'ajouter que, malheureusement, avec lui, « la conclusion ne vient jamais. Il n'y a rien à attendre du gouvernement de la France », ajoute-t-il pour faire bon poids.

Je reviens, pendant qu'il tente de séduire les écolos du coin, sur ce qu'il m'a dit tout à l'heure à propos de Rocard : « Le Parti socialiste n'avait qu'un ennemi pour son unité, c'était lui. C'était un danger à éviter. »

On le sent tout de même plus préoccupé qu'il ne le dit par le phénomène Rocard. À ses yeux ce n'est rien, que du vent. Mais il sent bien que Rocard « est à la mode », et qu'il l'est moins que lui.

Comment ai-je pu oublier comment notre conversation a commencé tout à l'heure ? Par une métaphore. Il nous a raconté (il y avait aussi dans la voiture, en dehors du conducteur, lorsque nous avons quitté Paris, un de ses amis qui sortait lui aussi du domicile d'Alain Savary chez qui Mitterrand avait déjeuné) comment, dans l'étang que je connais, il avait, cet été, pêché huit truites.

« Et Untel, grand pêcheur, n'en a pris que six ! »

Nous avons éclaté de rire :

« Il vous a laissé gagner !

– Non, non, a répondu Mitterrand. C'est difficile à pêcher, à sortir de l'eau, une truite ! Ça se débat beaucoup, ça fatigue le poignet, il faut laisser du mou, attendre le bon moment. Laisser la truite s'enfoncer, puis refaire surface, s'enfoncer à nouveau ! »

Pas possible : c'est bien de Michel Rocard qu'il parle ainsi !

Retour de Soissons dans la nuit avec la jeune femme qui lui sert pour le moment d'attachée de presse, une jeune femme assez charmante qui s'appelle Marie-Pierre.

« Comprenez-moi bien, répète-t-il, à peine monté en voiture. Je n'ai rien fait contre Rocard. Je l'ai même mieux traité qu'il ne m'a traité... »

Puis, faisant mine de ne pas avoir pris sa décision :

« Qu'est-ce que vous me conseilleriez ? »

Je dis : « Allez-y !

– Cela ne va pas être facile. »

Je le sais d'autant mieux qu'en août dernier, je pensais qu'il ne pouvait qu'être battu par Rocard.

« La situation n'est pas ce qu'elle était alors. Aujourd'hui, sans doute ne peut-on pas vous accuser d'avoir tué Rocard.

– Ça c'est vrai. Il s'est tué tout seul ! »

Il ajoute aussitôt : « Vous vous rendez compte, tout de même : je serai écrasé par les premiers sondages ! »

Mais il n'y tient plus : « Vous comprenez bien que si je laisse Rocard se présenter samedi, je le laisse fermer le jeu. Je peux à la rigueur laisser Chevènement ou Jospin faire acte de candidature. Mais, face à eux, je ne pourrai pas empêcher que Michel Rocard soit désigné. »

Donc, CQFD : il se présentera devant le Parti, samedi. Je l'ai, mon scoop !

Il se croit obligé d'ajouter que s'il est désigné, cela ne changera rien, qu'il pourra se retirer plus tard, s'il le désire.

La conclusion, en un mot, au moment où la voiture le laisse rue de Bièvre avant de nous ramener, Marie-Pierre et moi, à nos domiciles respectifs :

« Je ne suis pas sûr, en fin de compte, de me présenter. Mais Michel Rocard, en tout cas, ne se présentera pas ! »

*8 novembre*

Mitterrand candidat à la candidature devant le comité directeur du PS, comme tout le laissait prévoir, ce samedi.

*12 novembre*

Je reviens sur la séance du comité directeur du 8 novembre. Dès l'ouverture de la séance, la hiérarchie du Parti se trouve en présence de deux lettres, l'une de Michel Rocard, l'autre de Mitterrand, tous deux candidats à la candidature.

Dans l'après-midi, surprise : Rocard retire sa candidature. Du coup, Mitterrand reste seul candidat, ce qui paraît aux yeux de beaucoup comme un incompréhensible tour de passe-passe.

Le renoncement de Michel Rocard ne manque certes pas d'allure. Dans une déclaration aux membres du comité directeur et à la presse, il explique son retrait par sa volonté de ne pas diviser le Parti. Il avait fait acte de candidature auprès des socialistes au moment, écrit-il, où François Mitterrand avait affirmé n'avoir ni le désir, ni l'intention d'être candidat. « La déclaration du premier secrétaire du Parti socialiste entraîne donc le retrait de ma candidature[1]. »



Je me demande ce qui se serait passé si Rocard était resté en piste. Certes, il n'a pas derrière lui la majorité du PS, mais il a sans doute encore, à l'heure qu'il est, la préférence des électeurs. Les dirigeants socialistes auraient-ils osé prendre la décision de voter contre Rocard, donc contre les sondages, au profit d'un Mitterrand aujourd'hui au creux de la vague ?

Je n'en sais rien, et je suppose que je n'en saurai jamais rien. Je sais que ce retrait sans combat, si élégant qu'il soit, a laissé le champ libre à François Mitterrand.

À y bien réfléchir, la presse de lundi et mardi ne fait pas un événement de l'abandon de Michel Rocard. On aurait pu concevoir qu'il y ait, à l'issue de ce tour de passe-passe, davantage de commentaires. Nous nous contentons les uns et les autres d'enregistrer la chose. La presse baptisée rocardienne, comme *Le Matin*, se tait. Ce qui donne *a posteriori* tort à Mitterrand lorsqu'il parlait, il y a quelques semaines, de « complot » de la presse rocardienne à son encontre.

1. Dans cette courte lettre (un feuillet, quatre paragraphes), Michel Rocard dit également : « Le dimanche 19 octobre, j'ai proposé aux socialistes d'être leur candidat à la Présidence de la République. Je l'ai fait pour répondre à l'attente et à la confiance de militants socialistes, de Français et de Françaises chaque jour plus nombreux. Aujourd'hui, François Mitterrand vient d'annoncer sa candidature, il a pris sa décision parce qu'il estime être le mieux placé pour battre l'actuel président de la République. Chacun a donc pris ses responsabilités. »

*Même jour*

Alain Peyrefitte est furibard contre *Le Monde*. Il me téléphone hier (11 novembre, sans doute parce qu'il s'ennuyait avec les cérémonies officielles !) pour se défouler contre le quotidien dont il dit que « tant va la cruche à l'eau qu'à la fin, elle se casse ». Qu'il a montré assez de patience avec *Le Monde*, que le journal ne reflète que l'opinion des magistrats de gauche, évidemment hostiles à la réforme. « Remarquez, me dit-il, lucide, tout cela retombe vite. Il y a eu l'affaire Croissant, il y a quelques semaines, et puis maintenant, c'est la loi Sécurité et Liberté qui fait l'actualité. Cette affaire s'affaissera comme les autres. »

*1980*

*18 novembre*

Conférence de presse de Marie-France Garaud sous les lustres et les lambris de l'hôtel Lutétia. Des jeunes filles de bonne famille filtrent invités et journalistes.

Marie-France arrive, parfum et tailleur Chanel. Elle explique sa décision de se présenter par le souci de donner du contenu au débat politique, pour le moment « artificiel, vain et creux. J'aurais souhaité que d'autres le disent, ils ne l'ont pas dit ».

Son analyse est claire, elle l'exprime sur un ton à la limite de l'agressivité, avec, chose rare chez une femme non habituée à la scène publique, une voix harmonieuse, grave mais pas trop. Selon elle, le débat politique, au début des années 1970, était tout entier polarisé entre partisans et adversaires du Programme commun. Les temps ont changé : aujourd'hui, explique-t-elle, les communistes n'ont plus la même stratégie. Ils ne veulent plus accéder au pouvoir, mais faire pression sur ceux qui l'exercent. « Dès lors, le clivage majorité/opposition n'a plus de fondements. Notre choix de société, problème essentiel d'aujourd'hui, n'est pas menacé par un changement politique interne. Désormais, il y a des Français qui croient que la France, pays libre et indépendant, a encore une histoire à écrire, et d'autres qui n'y croient pas. Tout le reste, politique étrangère, défense, etc., dépend de cela... »

Elle est la première dans cette campagne, je crois, à dire tout haut que les communistes français sont sortis du jeu, que le Grand Soir n'existe plus que dans l'imagination des imbéciles. Voilà pourquoi, selon elle, le débat gauche/droite, tel qu'il se déroule en cette pré-campagne, n'a pas de sens.

Ses propos plongent, il me semble, l'assistance dans l'étonnement : ils ne s'attendaient pas à ce que cette pasionaria intelligente et chic enterre ainsi la hache de guerre au moment où chacun, à gauche et à droite, se prépare à la brandir.

Questionnée sur le financement de sa campagne, elle affirme qu'« à sa surprise » des Français, de ce point de vue, se sont spontanément mobilisés.

« J'ai été élevée, répond-elle, par Georges Pompidou. Pas un franc ne provient de l'étranger. Les autres candidats ? Je n'en suis pas sûre, et je sais ce que je dis... » Et pan pour l'argent américain, à moins qu'il ne s'agisse de celui des pays arabes...



Question sur l'Europe. Elle répond, comme je m'y attendais, dans le sens de l'appel de Cochin, dont je me suis souvenue, au moment où elle parlait, qu'elle l'avait sinon écrit, du moins inspiré.

« Je me suis interrogée, dit-elle avec gravité, sur les raisons qui pouvaient nous conduire à faire de la Constitution européenne l'alpha et l'oméga de notre construction politique. J'en suis venue à penser que le président de la République pensait que la France était une puissance trop moyenne pour avoir une politique à elle seule, et qu'il convenait de la fondre dans un ensemble dont elle pourrait assumer la direction au moins morale. Il me paraît clair que l'Europe politique n'est pas une réalité à laquelle nous pouvons adhérer actuellement. »

La suite est un festival de vacheries en tous genres. Interrogée sur la loi Sécurité et Liberté, elle ne peut s'empêcher de retrouver, à propos d'Alain Peyrefitte, l'ironie acide qui l'a rendue si redoutable dans les milieux du pouvoir : « Dans le conflit entre *Le Monde* et Peyrefitte, Peyrefitte, dit-elle, me fait penser à un dinosaure. Il a été égratigné en 1979 et il ne s'en est aperçu qu'en 1980. » Suit un couplet corrosif sur les dinosaures qui ont péri par bêtise, en somme, parce que le chemin entre leurs membres et leur cortex était trop lent. L'assistance est ravie. Le couplet fini, elle exécute la loi :

« Pour moi, explique-t-elle, il y a deux attitudes en politique : une attitude purement politique, et puis une autre qui est faite pour masquer que l'on n'a pas de politique. La loi Sécurité et Liberté appartient de toute évidence à la deuxième catégorie. »

Puis vient une brillante sortie contre Giscard et les technocrates : « En 1974, pour la première fois de son histoire, la France n'a été gouvernée que par des technocrates. Je le sais, j'étais la seule à ne pas l'être ! Ils ont été élevés dans un univers d'où le risque était exclu ! »

Sans oublier une tirade contre Barre : « Je ne suis pas la meilleure économiste de France, je ne suis pas économiste du tout, d'ailleurs. Je me demande si nos économistes n'oublient pas que ce qu'ils prévoient, ou ce qu'ils dirigent, ce sont des hommes ! »

Ne pense-t-elle pas que Debré, plus elle, cela fait beaucoup de monde contre Chirac ? « Si Chirac est candidat sur la case de Michel Debré, il n'a qu'à s'arranger avec Michel Debré ! »

Pour finir, elle annonce qu'elle accepte un débat avec Georges Marchais, lequel ne pensait sûrement pas à elle lorsqu'il a proposé – sans succès, jusqu'à aujourd'hui – un face-à-face aux autres candidats.

La conférence s'achève. Tout le monde a l'air comblé. Elle a été sûre d'elle et dominatrice. L'humour, la méchanceté, l'intelligence : elle a utilisé tous ses atouts.

*19 novembre*

Jacques Chirac, qui m'avait invitée à venir le voir hier dans son immense bureau de l'hôtel de ville de Paris, m'a proposé de l'accompagner en Aveyron où se déroulent dimanche des élections législatives partielles. Me voici donc dans l'avion qui l'y emmène. J'écris ces lignes tandis qu'il prépare, comme un écolier, son discours pour le meeting du soir.

Je me suis demandée pourquoi il m'a priée de venir le voir, hier, à 19 h 30. Peu importe : c'est évidemment de l'élection présidentielle qu'il veut me parler longuement (nous nous sommes quittés largement après 20 h 30).

Se présenter ? Il en a envie. Malgré Debré dont il continue à penser qu'il se retirera à un moment donné, et dont il estime d'ailleurs qu'il prendrait autant de voix à Giscard qu'à lui.

Se présenter tout de suite ? Impossible, car les médias, assure-t-il, lui seraient hostiles. C'est à la télévision qu'il doit, m'explique-t-il, son image droitière : on a passé pendant des mois des images de lui, menton en avant, bras levés. S'il annonçait tout de suite sa candidature, ce serait aller « à un casse-pipe formidable ».

Il a donc intérêt à retarder le plus possible sa déclaration.

« De toute façon, pour le moment, le silence me va bien. Beaucoup de gens – environ 90 % des députés RPR ou des simples Corréziens – me suppliaient il y a quelques semaines de ne surtout pas me présenter. Et puis, depuis quelque temps, la proportion tend à s'inverser lentement... »

Nous parlons du financement de la campagne. Je ne lui dis pas que Michel Debré m'a rapporté tout ce que lui, Chirac, lui avait dit à ce propos pour le dissuader de se présenter. Il me répète donc ce qu'il lui a dit mais que je ne suis pas censée savoir :

« Il faut beaucoup d'argent pour faire une campagne présidentielle : 10 milliards pour Giscard, 5 pour Chirac et Mitterrand, 2 au moins pour Debré » (pas un mot sur Marie-France Garaud). D'où la certitude qui est la sienne : c'est l'Élysée qui a poussé Michel Debré à se présenter, au moins dans un premier temps. Pour une raison simple et que, pour tout dire, j'ai compris depuis longtemps : si Jacques Chirac n'est pas candidat, VGE fera au premier tour largement plus de 35 % des voix. Si Chirac est candidat, en revanche, tout change.



Chirac fait tout haut ce calcul devant moi : « Les écolos et les marginaux feront aux alentours de 12 %. Reste 88 %. *Grosso modo*, les votes se répartissent : 44-45 % pour la majorité, 43-44 % pour l'opposition. Le problème, pour Giscard, c'est d'obtenir un pourcentage de voix convenable au premier tour. C'est à ce moment que j'interviens : si je suis candidat, son score risque d'être désagréable. D'où son désir de me lancer Debré d'abord, puis Marie-France dans les pattes. C'est Jacques Wahl qui est responsable de la candidature de Marie-France : personne d'autre. Même s'ils s'aperçoivent aujourd'hui – trop tard – que la campagne de Marie-France va se retourner contre VGE... »

Il paraît très inquiet de son image droitière, puisqu'il y revient en fin de conversation : « Ce ne sont pas Pierre et Marie-France qui m'ont fait passer pour un homme très à droite. C'est le montage savamment distillé par la télévision qui m'a filmé dans des meetings durs, en 1978, et n'a montré de moi que des images vengeresses et guerrières. »

Ce qui a modifié son calcul, il me le répète : s'il fait acte de candidature tout de suite, les médias joueront à fond contre lui. S'il attend le dernier moment, le plus tard possible, ce sera la campagne officielle, et il ne sera pas démoli.

Hier, il m'a convaincue que, pour lui, il était urgent d'attendre.

J'ai fini de rédiger ce compte rendu fidèle de ce qu'il m'a dit hier. Nous atterrissons. Au trot, il rejoint le meeting qui a commencé avant qu'il n'arrive. Il prononce son discours à vive allure, pour tout dire sans y croire beaucoup. À peine a-t-il terminé que nous reprenons l'avion. Il s'aperçoit que je me crispe au décollage : je redoute ce moment, surtout lorsque la nuit est tombée. Il demande au steward de lui donner les sandwichs jambon-baguette que les cuisiniers de la mairie de Paris ont préparés pour lui ; il m'en tend un tout en me démontrant que rien n'est plus sûr que le transport aérien : « Et puis, j'ai la baraka. Il ne peut rien m'arriver ! »

Le plus fort, c'est qu'il y croit dur comme fer.

D'un déjeuner avec Christian Bonnet, quelques jours plus tard, je retiens deux formules.



– Sur Barre et Giscard : il commence par démentir qu'il y ait quelque difficulté que ce soit entre eux deux. Puis, devant l'ironie générale qui accueille ses propos, il se reprend : « Ce qui est certain, dit-il, c'est que nous avons d'un côté un homéopathe, de l'autre un chirurgien. Ils ne traitent pas les patients de la même façon ! »

– Sur la candidature de Michel Rocard, il raconte l'histoire suivante en se tordant de rire. Le jour de la déclaration de Conflans-Sainte-Honorine, Bonnet, qui a passé la journée dans sa circonscription, en Bretagne, regagne dans la soirée son ministère. À peine assis dans son bureau, le téléphone sonne. À l'autre bout du fil, son fils de 33 ans :

« Papa, il s'est suicidé !

– Qui ça ? dit le père, affolé que ses services ne l'aient pas plus tôt mis au courant.

– Michel Rocard ! » répond son fils.

Nom de Dieu, se dit Christian Bonnet, et dire que je ne le savais pas ! Cela va faire un foin de tous les tonnerres !

« Oui, reprend son fils : à la télé ! »

Ouf, souffle Christian Bonnet, soulagé.

*23 novembre*

Retour sur Raymond Barre dont je n'ai pas parlé depuis de longues semaines. Christian Bonnet nous l'a dépeint hier ou avant-hier comme un chirurgien. De fait, on dirait qu'il le fait exprès : par deux fois depuis le début du mois, le Premier ministre a paru sinon critiquer le président de la République, du moins se démarquer de lui.

Première scène le 4 novembre au Conseil économique et social. Invité dans le petit hémicycle de la place d'Iéna, Barre ne s'embarrasse pas de formules pour parler de l'avenir de la France. Après quelques phrases relativement optimistes sur son action passée, il s'est mis à brosser un tableau accablant de ce qui attend le pays : expliqué par l'arrivée chaque année de 200 000 jeunes sur le marché du travail, un chômage qui monte en flèche ; une dépendance énergétique, notamment à l'égard du pétrole, qui grève à tout moment l'économie ; une inflation difficile à maîtriser. Au passage, il trouve le moyen de qualifier assez gratuitement les économistes du RPR de « muscadins ». Le propos fait rire, mais est inutilement agressif à l'égard du parti chiraquien, particulièrement chatouilleux en ce moment. *1980*

Ses propos bien peu électoraux étonnent l'assistance. Les membres du Conseil économique s'interrogent dans les couloirs lorsque le Premier ministre a pris congé : Barre savonne-t-il la planche de Giscard ?

Deuxième scène à Lyon, vendredi matin. Que pense le Premier ministre des 29 actions que le président de la République lui demande de bien vouloir porter à leur terme avant la fin du septennat ? Raymond Barre rigole franchement quand on lui pose la question : « Rien de très nouveau là-dedans ! Je connaissais déjà ce catalogue depuis le dernier Conseil des ministres », dit-il.

Ses paroles sont banales. Ce qui surprend, c'est la désinvolture du ton, l'insouciance de ses propos lorsqu'il parle de Giscard.

Est-ce suffisant pour conclure que Barre ne roule plus pour Giscard ? Pour la moitié de la presse, aucun doute : les deux hommes ne s'entendent plus. Giscard le sait et s'en irrite. Pour une autre moitié, Barre est plus fidèle que jamais au chef de l'État. Plus il souligne les dangers qui menacent la France, plus les Français auront besoin de Giscard.

Je pense que la vérité est au milieu : comme tous les Premiers ministres, il sait bien qu'il est condamné par le temps, sinon par l'Élysée. Il en prend son parti, et d'ailleurs que peut-il faire d'autre ? Il n'a pas néanmoins l'envie de quitter la scène politique et de rendre son tablier en baissant le nez. Il lui faut donc se fabriquer une image, une identité, sans se préoccuper outre mesure de la campagne électorale, qui, après tout, ne le concerne pas.

Ce qu'il fait en restant fidèle à son personnage, mi-Cassandre, mi-Poincaré. Il rappelle les grands principes gaullistes de la primauté de l'exécutif, il parle le langage de la pureté doctrinale, il ne perd pas une occasion de dénoncer les couloirs et les antichambres, les politiciens et leurs petitesses. Il choisit la *Revue des Deux Mondes*, comme il l'a fait dès le mois de septembre, pour se décerner des bons points sur la réduction du déficit budgétaire, l'augmentation des réserves de la Banque de France, la libération du prix des produits industriels. Et il ironise sur « l'interrogation abyssale des commentateurs, tiraillés entre des sondages dont ils se délectent et des faits qui les déconcertent [1] ».

*1980* Le moment approche où il doit dire au revoir. Il lui faut désormais exister sans intermédiaire.

Je m'aperçois que je n'ai pas fait mention plus tôt – parce que entre Rocard et Chirac, je n'en ai pas eu le temps – de ces objectifs fixés par le président de la République à son Premier ministre, l'autre vendredi. Cela sent évidemment la fin du gouvernement, mais aussi celle du septennat. Cette mort prévue, programmée, inscrite au calendrier politique de l'année 1981, place Raymond Barre dans une situation ambiguë, pour ne pas dire intenable. Classique, sous la V^e^ République.

*24 novembre*

Résultats des élections partielles du 23. Dans la majorité, primaires généralisées sauf en Gironde, avec avantage au RPR (21,7 %) par rapport à l'UDF (16,8 %). Ces chiffres sont intéressants, car, dans ces mêmes circonscriptions, lors des élections européennes de 1979, le RPR avait été distancé par l'UDF.

Dans l'opposition, avantage au PS. Là où il était confronté au PC, les socialistes obtiennent 30 % des voix contre 15 au PC.

1. Interrogé sur l'inflation, Raymond Barre a répondu : « J'admets volontiers la critique selon laquelle la politique du gouvernement aurait pu être plus rigoureuse encore. À ceux qui l'expriment, je répondrai que la politique est l'art de savoir jusqu'où on peut aller trop loin. »

Surtout, ne rien en conclure : l'élection présidentielle est d'une nature toute différente.

*1er décembre*

André Chadeau me parle de Raymond Barre dans des termes non pas nouveaux, mais inattendus. Il découvre un Barre qu'il ne connaissait pas, décontracté, disant leur paquet aux uns et aux autres, tel qu'en lui-même.

« Il me fait penser à René Mayer, président du Conseil sous la IVe République, qui, mis en minorité par l'Assemblée, est remonté à la tribune pour engueuler tout le monde, la droite et la gauche, le centre et le milieu ! »



*2 décembre*

François Mitterrand déjeune à RTL à l'invitation de Jacques Rigaud.

Il est déjà reparti... pour 1983 !

« De deux choses l'une, démontre-t-il à Jacques Rigaud et aux autres convives légèrement éberlués. Il n'est pas tout à fait exclu que je gagne. Mais, si je perds, Giscard ne pourra pas gouverner. Avec le PS ? Je veillerai personnellement à ce qu'il ne se rapproche pas de lui. Il faudra qu'il gouverne avec Poniatowski, d'Ornano, Peyrefitte [sur le ton : Je lui souhaite bien du plaisir...]. Il ne pourra pas dissoudre l'Assemblée pour avoir une nouvelle majorité, parce que avant le deuxième tour de la présidentielle, il se sera engagé auprès des RPR à ne pas le faire. Donc, il ne gouvernera pas plus de deux ans. Jusqu'en 1983 ! »

Jacques Rigaud, qui, comme nous tous, a la primeur de cette analyse, demande :

« Et Chirac ?

– Si j'étais lui, je me présenterais. S'il ne le fait pas, il n'existe plus ! »

Puis il change de ton : « En réalité, Giscard serait balayé par l'union de la gauche. Sa survie, il la doit au Parti communiste qui préfère le faire élire, lui, Giscard, plutôt que moi ! »

Un mot sur les partielles qui viennent de se dérouler. Heureuse surprise : il ne s'attendait, dit-il, qu'à deux sièges (Dordogne et

Gironde). Il note que partout le PS améliore ses performances. Il n'entre pas dans le détail du comportement du PS dans le Doubs et du RPR dans l'Ain. Dans le Doubs, il semble que les socialistes aient voté RPR, et que l'inverse se soit passé dans l'Ain[1].

J'en profite pour lui poser une question sur les convergences entre Jacques Chirac et lui. Il hausse les épaules sans répondre. Quand je l'interroge sur le dîner qui aurait eu lieu entre eux chez Lipkowski, il change de conversation[2].

*3 décembre*

Déjeuner avec Alain Peyrefitte. Il parle de Giscard d'une drôle de façon que j'avais déjà observée, d'autant plus libre que sa stratégie, elle, ne l'est pas : elle passe par la victoire de VGE en 1981, et il redoute que la candidature de Chirac ne complique les choses.

Il décrit Giscard comme un « gaullien a-gaulliste », formule que je trouve assez bonne, car elle tient compte de l'allergie de Giscard au gaullisme en général, mais, en même temps, de son comportement volontiers gaullien dans la vie politique.

*13 décembre*

Georges Marchais, samedi, rédacteur en chef au « Journal inattendu » de RTL : il a accepté de faire l'émission à condition de rester à l'endroit où il passe quelques jours de vacances. Nous sommes donc à Pleumer-Bodou, sous la pluie et le vent, dans un paysage breton magnifique balayé par les embruns.

Décor : une étonnante auberge aux tables en Formica, vieux papier aux murs, appelée La Hutte. Accueil glacial des gardes du corps. Le journaliste de *L'Huma* Jean Le Lagadec, gêné, vient me rejoindre pour mettre un peu d'animation. Au lieu de me laisser attendre dans la salle à manger de l'auberge, tandis que le technicien s'affaire pour mettre au point le direct, il m'emmène admirer la lande bretonne. Manifestement, le chauffeur qui nous conduit est écœuré par cette collusion avec la presse bourgeoise...

1. Dans le Doubs, plutôt que de voter communiste ; dans l'Ain, plutôt que de voter Giscard d'Estaing.

2. Le dîner Mitterrand/Chirac aurait bien eu lieu non pas chez Lipkowski, comme Michel Debré me l'avait confié, mais chez Édith Cresson.

Je rentre à l'hôtel pour apprendre que Georges Marchais refuse absolument de sortir de sa chambre et de nous rejoindre avant les dix minutes qui précéderont l'émission, à 13 heures. Je mets au point les thèmes que je compte aborder avec lui et que relaiera, depuis Paris, le présentateur : la Pologne, bien sûr, la politique intérieure et la gauche, les hausses de prix, la santé, le soixantième anniversaire du PC.

Toujours pas de Marchais.

Au lieu de cela, nous sommes aimablement prévenus que si nous voulions déjeuner, « on » pourrait nous chercher quelque chose ailleurs, parce qu'« ici il n'y a pas de place ».

Nous montrons du regard les nombreuses tables vides dans la salle à manger où nous avons installé nos appareils. Le « on » fait semblant de ne pas comprendre. Il n'y a pas de place : voilà tout.



Sinistre, caricatural, imbécile : où sont donc les banquets communistes d'antan ?

Marchais descend de la chambre qu'il occupe au premier étage de l'auberge, l'œil irrité sous ses sourcils abondants. Pas moyen de lui tirer un sourire. L'émission commence sans que nous ayons échangé un mot au préalable.

Je passe sur les réponses aux questions bateau pour arriver à la question essentielle, qui est celle-ci (je l'écris ici telle que je l'ai rédigée samedi, car elle est un peu longue) : « Manuel Azcarate, n° 2 du PC espagnol, a dit hier que le Parti espagnol romprait avec l'URSS en cas d'intervention soviétique en Pologne. Berlinguer, secrétaire général du PC italien, a fait savoir qu'il adopterait la même attitude. Vous-même aviez dit, début septembre, que tout ne marchait pas pour le mieux en Pologne. Que ferait le PC français en cas d'intervention soviétique à Varsovie ? D'abord, croyez-vous cela possible ? »

La réponse de Georges Marchais est marquée par le courroux. Il commence par objecter que chaque parti communiste est libre, et qu'il ne se sent pas concerné par les prises de position de tout un chacun. Il en profite pour s'insurger contre le fait que la question sur une « prétendue intervention » puisse lui être posée. Quant aux communistes italiens, « ils compromettent le processus de la démocratisation polonaise ». Marchais, lui, est confiant : il souhaite plein succès au Parti ouvrier polonais.

Que dire ? Je suis découragée autant par l'accueil qui m'a été réservé que par la pauvreté des réponses fournies.

Nous voici revenus à la guerre froide. Il y a quelque chose de dépassé, je dirais même de franchement ridicule dans l'attitude de Marchais.

*16 décembre*

Marie-France Garaud écrit une lettre ouverte à VGE. Michel Debré, qui me téléphone de la Réunion, en commente la forme : « Ma propre lettre au Président était sévère. La seule différence, c'est que je ne l'ai pas publiée. Ce n'est pas seulement une différence de style, mais une différence de mœurs. »



*22 décembre*

Bruno Cortes, qui rentre d'Israël où il a accompagné Mitterrand pour RTL, raconte cette anecdote : François Mitterrand, sortant d'un rendez-vous avec un membre du gouvernement israélien, tombe sur un tas de jeunes gens, congressistes de l'Union mondiale des Jeunes Juifs. Il répond amicalement aux questions qu'ils lui posent.

À quelques mètres de là, un touriste américain demande qui est cet homme qui parle au milieu du groupe, devant lui.

« C'est le leader du Parti socialiste français, lui indique-t-on.

– Ah, s'exclame l'Américain, Léon Blum ? »

*23 décembre*

De Gilles Martinet, cette autre petite histoire qui en dit long sur l'amertume des rocardiens. Christian Blanc parle de François Mitterrand au cours d'une réunion rocardienne. Il s'exclame : « C'est un putschiste ! – Tu exagères un peu ! » lui objecte Martinet.

Christian Blanc convient qu'il est allé un peu loin.

Sur l'insistance de Jacques Attali, Mitterrand a accepté un dîner chez Claude Perdriel[1] avec quelques journalistes. À la fin du repas,

1. Claude Perdriel est propriétaire du *Nouvel Observateur*. Gilles Martinet, cofondateur de *France Observateur*, est resté administrateur de l'hebdomadaire lorsque Perdriel l'a racheté.

Perdriel l'assure du soutien de ses journaux : « Vous avez *Le Matin* à votre disposition, vous pouvez y compter ! » Mitterrand explose : « J'ai appris à m'en passer ! assure-t-il. Faites ce que vous voulez, je me fiche complètement de la presse écrite ! »

# 1981

*5 janvier*

Déjeuner avec Jean-Marie Poirier, toujours en charge de la communication à l'Élysée. Il me fait part lui aussi, après d'autres, de la difficulté de cerner le personnage Giscard. Quelles sont ses craintes, ses espoirs, sa stratégie ? Il n'en sait rien. Et nous sommes à quelques semaines seulement du scrutin !

Ses réactions lui paraissent également imprévisibles. Un exemple : l'article de *L'Express* sur la contre-attaque de Giscard a suscité chez lui une énorme colère. Pourquoi ? Parce qu'il parlait précisément de contre-attaque. L'hypothèse de Jean-Marie Poirier est que, pour Giscard, ce serait se rabaisser que de contre-attaquer ! L'idée qu'on puisse penser à lui en ces termes lui est intolérable.

« Il persiste à penser qu'une douzaine de réunions politiques à travers toute la France lui suffiront pour l'emporter ! » soupire Poirier.

VGE ne veut pas voir que son image se ternit. Comme le général de Gaulle en 1965, il attend la dernière ligne droite pour s'imposer sans combat. D'où son attitude à l'égard de la presse : tout, venant d'elle, lui paraît être un manquement, sinon une insulte faite à son personnage.

Cela étant, Combret[1] ne serait plus en odeur de sainteté, Jacques Wahl lui ayant mordu les mollets : Giscard le soupçonne d'avoir fait des confidences à *L'Express*.

Dîné ce soir chez Jean François-Poncet. Il est persuadé que, dans la campagne, la politique extérieure de Giscard ne sera pas remise en

1. Polge de Combret, secrétaire général adjoint de l'Élysée.

cause par ses adversaires. Selon lui, la rencontre de Varsovie avec Brejnev aurait finalement été très bien accueillie par l'opinion publique.

« Dans le pays, peut-être, lui dis-je, mais dans l'électorat giscardien ? »

Il convient que c'est là effectivement que le bât blesse. Il ne semble pourtant pas le redouter outre mesure.

Après le dîner, Jean Serisé, hôte lui aussi du ministre des Affaires étrangères, m'entreprend sur Michel Rocard :

« Il y a un effet Rocard, me dit-il. Peut-être Michel (il l'appelle par son prénom parce qu'il a été son patron à la direction de la Prévision) aurait-il eu du mal, physiquement, à tenir jusqu'au bout, mais il aurait, j'en suis sûr, plus sérieusement menacé Giscard que Mitterrand. »



Je m'amuse : maintenant que les dés sont jetés, ils parlent ! Ils ont dû alors être sacrément soulagés lorsque Michel Rocard a abandonné ! Mais ils se trompent s'ils croient Mitterrand incapable de susciter un effet quelconque.

On verra...

*Le lendemain, 6 janvier*

Ce matin, premier sondage qui donne Mitterrand vainqueur contre VGE : 51/49. Il s'agit d'un sondage d'Indice Opinion sur lequel je fais les plus vives réserves. La presse étrangère est moins circonspecte : *Die Welt*[1] souligne que l'avance enregistrée par François Mitterrand « confirme une tendance sensible depuis plusieurs semaines. L'hôte du Palais de l'Élysée, poursuit l'article allemand, n'a plus le vent en poupe. Sa réélection, qui paraissait encore certaine à l'automne, est brusquement devenue douteuse ».

Que s'est-il passé depuis le mois de novembre, quand VGE, selon le même institut de sondages, était donné élu haut la main avec 58 % des voix ? Montée des mécontentements, ou plus exactement polarisation des mécontentements sur celui qui est à l'Élysée et qui n'est pas encore candidat ? Impression que Giscard s'est davantage occupé de politique extérieure qu'il n'a été proche des gens ? Sans doute les deux à la fois.

1. Dépêche AFP DD67.

« Les choses peuvent encore changer d'ici le premier tour », ajoute néanmoins le journal de Springer.

L'amitié entre Giscard et Helmut Schmidt n'est d'aucun secours.

Vœux à la presse de Valéry Giscard d'Estaing : il nous recommande « la raison, la mesure et l'exactitude... ».

*8 janvier*

Déjeuner avec Christian Blanc, encore tout endolori de la défection de Michel Rocard. Il sent, comme moi, qu'au dernier moment Rocard n'a pas osé sortir de la légalité du PS. « Il a un sens aigu de la démocratie, du militantisme, du Parti. Trop, en tout cas, pour s'être finalement lancé dans l'aventure ! Au bout du compte, soupire-t-il, c'est le caractère qui fait les hommes politiques, et rien d'autre ! »



Il revient sur le film de ces dernières semaines. Christian Blanc aurait d'abord souhaité que Rocard se batte plus tôt. Puis, surtout, qu'il emploie dans sa déclaration de Conflans le mot « irréversible ».

Rocard a donc reculé. Sans solliciter l'avis de ses conseillers, se plaint Christian Blanc, qui me cite le commentaire d'Edgard Pisani, le 19 octobre au soir : « C'est la première fois que quelqu'un d'autre que moi tourne une page de ma vie sans me consulter ! »

S'agit-il d'un recul, d'une sorte de pudeur protestante, ou d'une incapacité à considérer qu'il représentait quelque chose pour les Français ?

L'erreur, sans doute, l'erreur principale date du congrès de Metz : « Surestimation, me dit-il, par Pierre Mauroy du poids de Rocard dans le Parti. Mauvais discours de Rocard le premier jour du congrès. Phrase fatidique, à la fin : "Je ne serai pas candidat si vous l'êtes." Trois ans d'incessants travaux pour déboucher sur une dérobade... »

La déception se lit sur le visage de ce jeune lieutenant qui a trop cru à une aventure qui n'était pas la sienne. Pour un temps, il abandonne la vie politique. Avant, plus tard, de jouer la partie – pour lui, cette fois, je présume.

La signature d'un accord entre Elf-Aquitaine et la Libye suscite aujourd'hui une énorme polémique. À retardement, car l'accord a été signé en réalité le 1er décembre dernier. L'affaire fait un foin du tonnerre parce que l'annonce, ces jours-ci, par la Libye, de l'accord conclu avec le groupe pétrolier, purement commercial, tombe pile au moment où le colonel Kadhafi annonce que la Libye absorbe une partie du Tchad. Le ministre de l'Industrie, André Giraud, qui n'a jamais aimé Albin Chalandon, le désavoue.

Que d'hypocrisie ! Le gouvernement français, mais aussi Giscard, savaient, parce qu'Albin Chalandon le leur avait dit, l'intérêt que présentait la Libye pour le groupe pétrolier : des découvertes y avaient été faites par Elf à la fin des années 1970. Les négociations avec la Libye duraient depuis deux ans, tout le monde était au courant.

Albin Chalandon, que je rencontre aujourd'hui, me raconte, agenda en main, qu'il s'est rendu à Tripoli en novembre dernier, après que le colonel Kadhafi lui-même a finalement accepté de reprendre personnellement la négociation. Il n'était pas parti sans prévenir l'Élysée. Il s'était même inquiété de savoir si les mauvaises relations diplomatiques entre la France et la Libye posaient problème. L'Élysée, par la voix de son secrétait général, lui avait fait dire qu'il n'y en avait aucun : « *Business as usual* »...

Son voyage, donc, n'a pas été secret le moins du monde : il avait rencontré là-bas des hommes d'état libyens, dont le fameux commandant Jaloud. Il était lui-même accompagné de ses collaborateurs. Rien de tout cela n'était clandestin. L'ambassadeur de France avait été mis au courant. Les dépêches diplomatiques en avaient fait mention.

En trois jours, l'accord attendu depuis deux ans avait été signé, le 1er décembre donc.

Le malheur est que les Libyens, qui ne sont pas des enfants de chœur, ont mis l'accord dans un tiroir, et l'ont ressorti pile au moment où ils sont entrés dans la capitale du Tchad.

La concomitance est fâcheuse, en effet, pour le gouvernement français qui ne veut pas donner l'impression d'avoir autorisé le dépeçage du Tchad en contrepartie d'un accord commercial. De là à essayer de faire porter le chapeau à Chalandon !

André Giraud, le ministre de l'Industrie que je questionne, fait mine de ne pas avoir été mis au courant, l'Élysée ne pipe mot.

Il n'y a que Raymond Barre qui, courageusement, accepte de « couvrir » Chalandon. Ce qu'il fera d'ici à quelques jours, il le lui a assuré, en mettant fin à l'hypocrisie générale.

*9 janvier*

Kissinger aurait dit, paraît-il, à Jean Daniel : « VGE est un traître, nous préférons à tout prendre Mitterrand. Varsovie, l'annonce du retrait des troupes soviétiques, c'est trop ! »

Je suis bien incapable de vérifier, bien sûr, ni auprès de Kissinger, ni même auprès de Jean Daniel.

Autres sondages en sens inverse aujourd'hui : Giscard gagne. Et même largement.

Quant à Coluche, il continue à recueillir un nombre important de suffrages : 11 % des voix, qu'il prend à la gauche.

Je n'ai pas encore parlé ici du phénomène Coluche parce que j'ai tendance à voir en lui un amuseur, de talent certes, mais avant tout révélateur d'un véritable désarroi des électeurs de gauche. Est-ce parce que je n'ai jamais aimé Coluche, contrairement à tant de Français ? Non, je pense que c'est simplement parce qu'il n'entre pas dans mes propres schémas. Pauvre argument, je l'avoue...



*10 janvier*

Réunion de Michel Debré au Palais des Congrès. Dès que cesse le ton incantatoire, la phrase est belle et le propos sévère contre le chef de l'État.

De jour en jour, j'ai l'impression que sa sévérité s'accroît. D'autant plus qu'il préfère concentrer ses attaques sur Giscard et ne dit pas un mot contre Jacques Chirac, qu'il ignore volontairement.

Formidable optimisme de Michel Debré : il croit que la montée vers les cimes est plus aisée que la dégringolade aux abîmes, et que tous les Français comprennent les propos les plus compliqués.

Mais il s'attend, bien sûr – il me le dit après le meeting –, à ce que les intentions de vote en sa faveur baissent sitôt que Jacques Chirac sera officiellement candidat.

*12 janvier*

Élection partielle dans l'Eure, la dernière du septennat. Intéressant, parce que l'antagonisme entre UDF et RPR y était si fort qu'une partie des électeurs UDF ont préféré voter dès le premier tour pour le candidat socialiste. Le communiste est certes arrivé en tête.

Il n'en reste pas moins que le comportement des centristes sera sûrement analysé, à l'Élysée, avec le soin que l'on imagine.

Comité central du Parti communiste. La direction a tourné la page sur les « oppositionnels » : elle les passe désormais par profits et pertes en soulignant que, d'Hélène Parmelin à Antoine Spire, de Robert Merle à Édouard Pignon [1], ils n'avaient plus grand-chose à voir depuis longtemps avec le Parti.

En revanche, Marchais est aujourd'hui au pied du mur : il a pensé que son équation personnelle lui tiendrait lieu à la fois de stratégie et de ligne politique. Qu'il pouvait se situer dans une ligne pure et dure, et séduire en même temps les électeurs. Les sondages montrent qu'il n'y parvient pas. D'où le comité central d'aujourd'hui qui réfléchit – un peu tard – à la suite du feuilleton.



*14 janvier*

Adieux de la presse parlementaire à Raymond Barre. Je dis adieux alors qu'il s'agissait de la cérémonie traditionnelle des vœux du Premier ministre à la presse. Les journalistes lui ont offert le disque célèbre d'Édith Piaf : « Non, rien de rien, je ne regrette rien... » Lui, Barre, a dit qu'après le deuxième tour, il remettrait sa démission au Président élu. En annonçant qu'il quitterait Matignon quoi qu'il arrive, il a perdu d'un coup tout son pouvoir. Les vœux se sont donc transformés en adieux.

Lui a-t-on demandé « en haut lieu », comme on dit, de ne pas abuser de son langage trop direct, souvent pessimiste et parfois maladroit ? Difficile évidemment, pour Giscard, de faire de Barre son faire-valoir !

Paul Guilbert me dit par ailleurs qu'officieusement, Chirac a posé deux conditions à l'Élysée pour son ralliement au deuxième tour : pas d'élections législatives dans la foulée de l'élection présidentielle, pas de modification du régime électoral.

1. Hélène Parmelin et Robert Merle sont écrivains ; Antoine Spire est l'ancien directeur des Éditions sociales ; Édouard Pignon est peintre.

*15 janvier*

Hier, au Conseil des ministres, Giscard a surpris tous ses ministres en se lançant dans une vaste digression sur la « chance » que la campagne présidentielle représente pour la France. Il a souhaité un débat « élevé » et « exemplaire ». Si ce n'est pas une déclaration de candidature, cela y ressemble sacrément ! D'autant qu'il y a encore quelques jours, le mot « campagne » était interdit à l'Élysée. Je ne sais pas si les arguments de ses conseillers l'ont finalement convaincu : en tout cas, on a l'impression que, d'un coup, Giscard presse le pas.

Pourquoi ? Est-il donc moins assuré de la facilité de la compétition ? Le doute dont me faisait part il y a quelques jours un de ses plus proches collaborateurs, Jean-Marie Poirier, l'a-t-il finalement gagné ?

Aujourd'hui, d'un coup, on se met à en savoir plus long sur les gens qui accompagneront Giscard dans cette nouvelle aventure. Il tient, paraît-il, à distinguer scrupuleusement le président de la République et le candidat. Son état-major de campagne sera différent de son entourage élyséen. Ainsi – je le dis au conditionnel – c'est Jean-Philippe Lecat qui assurerait les rapports avec la presse pour la campagne tandis que Poirier devrait rester à l'Élysée. Et c'est Philippe Sauzay, actuel préfet de la Sarthe, qui devrait coordonner la campagne.

Le plus drôle est que Giscard ramène à ses côtés, pour la campagne, des gens qui ont travaillé pour lui avant qu'il ne soit élu : Lecat était son porte-parole avant 1974 ; Sauzay, son ancien chef de cabinet. Est-ce à dire qu'il n'a trouvé personne, en sept ans, en qui il ait une plus grande confiance ?

Les propos de Giscard signifient-ils son départ dans la course politique ? Le calendrier des festivités est-il accéléré ? Lorsqu'il se sentait invincible pour 1981, le Président pensait pouvoir attendre l'ultime limite pour faire acte de candidature, c'est-à-dire l'ouverture de la campagne officielle, le 10 avril. Aujourd'hui, choisira-t-il d'être le premier des trois candidats les plus importants (Giscard, Mitterrand, Chirac) à mettre un terme à la course de lenteur qui voit les trois protagonistes faire du surplace sur la cendrée ?

Il faut croire que les sondages ont assez vite fait leur effet : il a suffi que sa cote personnelle traduise des signes de fléchissement pour qu'il se lance le premier dans la bagarre...

À noter que François Mitterrand vient de faire exactement le contraire en annulant son émission « Cartes sur tables » avec Elkabbach et Duhamel.

*16 janvier*

Le chômage a augmenté de plus de 11 % en 1980, atteignant 7,2 % de la population active. La moyenne européenne est 6,9 %. Ennuyeux, pour un début de campagne.

*21 janvier*



Jacques Chirac annoncera donc sa candidature entre le 2 et le 4 février. Le RPR, évidemment, le soutiendra. L'état-major de sa campagne sera formé du triumvirat Messmer-Labbé-Pons (d'après Michel Debré).

Je suis plutôt sceptique : je ne vois pas Chirac faire confiance à ce trio-là pour animer sa campagne.

*24 janvier*

Congrès du Parti socialiste à Créteil. J'écris pendant que la séance se déroule dans un climat que je n'aurais pas imaginé il y a seulement trois mois, quand tout le Parti, y compris les proches de Mitterrand, s'interrogeait sur ses chances de succès face à Michel Rocard.

Arrivant en retard, je rate le rapport de Jean Poperen qui ouvre les débats. Il se poursuit par la longue litanie de tous les premiers secrétaires fédéraux qui appellent à se prononcer pour Mitterrand. Vote et résultat final : 83,64 % pour François Mitterrand. Une désignation de président d'une république africaine !

Annonçant le résultat, Gaston Defferre fait de l'humour : « Je n'aurais pas la prétention de dire que les Français vous choisiront à une telle majorité. » Suit un de ces cafouillages dont Gaston a le secret, où il assure que Mitterrand peut devenir le premier président de la V$^{e}$ République. Après un instant de stupeur, les militants socialistes rectifient d'eux-mêmes : Mitterrand serait, s'il est élu, le premier président socialiste de la V$^{e}$ République !

La salle, bon enfant et habituée aux approximations de Gaston, applaudit quand même chaleureusement.

Suit une séance du comité directeur au cours de laquelle Lionel Jospin est élu premier secrétaire par intérim. Louis Mermaz dit ensuite quelques mots et Pierre Bérégovoy lui succède à la tribune. Quelques mots seulement : « Béré » se félicite de cette « victoire sur le doute, sur l'injustice, sur l'équivoque. Bon courage, François Mitterrand, bon courage au PS ! » clame-t-il dans un enthousiasme fou, doublé d'un chahut d'enfer.

Fraîchement désigné, Lionel Jospin prend la parole à son tour. Un hymne à Mitterrand pour commencer, avec une éloquence que je ne soupçonnais pas encore chez ce nouveau premier secrétaire, et des trémolos dans la voix qui traduisent, chez cet être austère et peu communicatif, une grande émotion.

« Cet homme – il parle de François Mitterrand –, renonçant au pouvoir pour ne pas renoncer à ses idées, a rencontré sur sa route le PS, il a été compris par lui au point de l'incarner. Le voilà avec un autre rendez-vous, avec nous, avec les masses, et peut-être avec la majorité !

« Il m'a beaucoup appris – continue Jospin qui doit en vérité à Mitterrand sa carrière fulgurante au sein du PS –, et notamment le sens du temps et la ténacité. Cet homme, il n'est pas question de le remplacer, mais de mettre le Parti à ses côtés dans la nouvelle bataille ! »

Un passage en direction du PS, qui, à l'entendre, a « des grandes vertus et des petits travers », qu'il présente comme « produit de phases historiques successives, lieu de rencontre de sensibilités s'enchevêtrant parfois, se heurtant et se contredisant... ».

C'est le moins qu'on puisse en dire alors qu'il se déchire depuis près de trois ans, que les clans et les camps s'y dénombrent sur les doigts des deux mains !

Je mesure, tandis que Lionel Jospin termine son discours, le chemin qu'il a parcouru depuis qu'il est entré au Parti il n'y a pas si longtemps. Premier secrétaire par intérim, ça n'est pas rien. D'autres auraient pu y prétendre autour de Mitterrand, qui sont ses compagnons depuis plus longtemps : Charles Hernu, Louis Mermaz, Claude Estier. Non, il leur a préféré un plus jeune, plus jeune adhérent et plus fraîchement rallié à sa cause. Un élément très important dans la montée de Jospin : le rapport dont Mitterrand l'avait chargé il y a deux ou trois ans sur le Parti communiste français. Apparemment, les siennes conclusions ont été proches de celles que souhaitait le candidat. D'où l'ascension de Lionel.

Il est 12 h 40 quand Mitterrand s'adresse au congrès. Plus tôt dans la matinée, il a fait circuler une sorte de manifeste politique qui résume les Tables de la Loi de la future campagne. S'il ressent, au moment où il prend la parole, une certaine émotion, il la maîtrise. Pas le moindre tremblement de voix, pas le moindre signe de satisfaction ni de tension. Tout au plus remercie-t-il les socialistes de l'honneur qu'ils lui ont fait, en les assurant que « cet honneur, je ne l'ai pas sollicité pour mettre mon drapeau dans ma poche ».

Il appelle au rassemblement du PS derrière lui. Un mot pour Michel Rocard « qui pouvait prétendre à nous représenter ». Un mot pour Lionel Jospin à qui revient la charge de tenir la maison. Et, tout de suite, l'appel à l'ensemble des forces populaires. Rien sur le Parti communiste : chacun comprend pourtant à qui il s'adresse lorsqu'il souligne « la lourde responsabilité de ceux qui ont retardé l'heure du changement et cru qu'il leur serait possible d'arrêter le mouvement de l'Histoire ».

Quelques phrases encore sur la droite, le camp des privilégiés et le grand capital, et il termine par cette phrase d'orateur qui lui vaut les ovations des délégués socialistes debout : « Rien ne sera facile, je ne promets rien d'autre que le courage, la continuité de l'effort et de la volonté de gagner. »

Et voilà ! Il n'a pas gagné la course de lenteur, puisque, des trois candidats les plus importants, il est le premier à se déclarer. Pour le PS, en tout cas, le suspense est terminé.

Un déjeuner suit. Au café, il s'approche de la table où j'ai pris place pour parler à la cantonade : c'est le signal donné aux journalistes qui, répartis à différentes tables dans la salle, affluent autour de lui, suspendus à ses propos.

Tout à l'heure, à la tribune, je le trouvais d'une froideur glaciale, calculée. Ici, d'un coup, tout s'éclaire dans son visage et dans ses yeux. Il parle beaucoup en riant de son couvre-chef, une casquette à la Helmut Schmidt, et conclut qu'il lui faut maintenant s'en retourner au béret basque puisque les Français, selon lui, préfèrent ce couvre-tête.

Nous lui parlons des rocardiens. « Mais qui est-ce, dit-il, agacé, les rocardiens ? » et il passe à autre chose. Au drapeau qu'il ne mettra pas dans sa poche, et à Épictète – il cite à nouveau cette formule qu'il affectionne, qui explique souvent son comportement : « Ne pas se préoccuper des choses sur lesquelles on ne peut rien. » Je traduis sans peine : au moins au début de sa campagne, il va tenir le PC pour quantité négligeable, puisqu'il ne peut rien sur lui.

Il a quelques formules couvertes par le brouhaha autour de lui. J'entends néanmoins qu'il tombe dans le piège de reconnaître qu'au-delà de 25 % des suffrages au premier tour, il n'a pas de chances au second (ce qu'on lui resservira évidemment s'il n'obtient que 24 %).

Je lui demande quand va commencer la campagne. « Eh, me dit-il, que croyez-vous que je fasse aujourd'hui ? Elle commence ce soir, la campagne ! »

Je le sens jubiler à l'idée de ce nouveau recommencement ! Formidable itinéraire que le sien, sans cesse repris, reparcouru !

Il parle également, pendant ces quelques minutes, de ce que Pierre Messmer a dit sur France Inter, hier ou avant-hier. En des termes peut-être un peu moins nets, il aurait déclaré ce que Mitterrand résume ainsi devant nous : « Il ne faut pas que VGE soit réélu. Nous n'avons que cette convergence avec le Parti socialiste. » Il rit de bon cœur : « Ah, dit-il, celle-là, de convergence, me suffit ! »



Quant aux relations avec le Parti communiste, sur lesquelles il s'est peu attardé au cours du congrès, elles sont vraiment paradoxales. On en arrive à une situation extraordinaire : plus les dirigeants communistes attaquent Mitterrand, plus ils le dédouanent ; plus Mitterrand exprime sa différence, mieux il existe. Le pire, pour lui, serait que les communistes lui sautent au cou pour lui donner ce que Gilles Martinet appelle le « baiser de la mort » !

*27 janvier*

Déjeuner avec Jacques Chaban-Delmas. Une fois de plus il me fait une démonstration que je n'attendais pas. La voici : de très nombreux éditorialistes jugent qu'ensemble, Jacques Chirac et Michel Debré réunissent plus de voix aujourd'hui dans les sondages que ne le ferait un candidat gaulliste solitaire. « C'est faux, dit-il. Vous verrez : lorsqu'il sera évident que Chirac et Debré se présentent l'un contre l'autre, les électeurs considéreront qu'ils n'ont l'un et l'autre aucune chance de gagner. Ils ne voteront donc pas pour eux. Les deux candidats ne feront pas davantage de suffrages ; ils en obtiendront moins. » Fort de cette certitude, Chaban s'apprête à demander ce soir, 27 janvier, à Jacques Chirac de renoncer à se présenter. Ce que Chirac répondra, je ne le saurai peut-être pas, à moins qu'il ne me le dise lui-même. Merde, sans doute...

Chaban poursuit la conversation en revenant longuement sur Giscard d'Estaing en 1974. Lorsque celui-ci est entré à l'Élysée, il craignait le pire. C'est-à-dire qu'en matière de défense et d'atlantisme, Giscard soit en dessous de tout. Il veut dire qu'il a redouté l'alignement de Giscard sur les États-Unis et l'abandon de la doctrine gaulliste de la dissuasion. Il raconte assez drôlement un épisode aujourd'hui oublié de la vie politique, qui date du début du septennat de Giscard : celui du départ de Jean-Jacques Servan-Schreiber, ministre des Réformes dans le gouvernement Chirac, parce qu'il avait condamné justement la dissuasion, croyant par là faire plaisir à Giscard, anticiper même un de ses désirs.



« Lorsque Chirac a immédiatement rappliqué chez Giscard en hurlant, Giscard lui a dit : "Ne vous inquiétez pas, je le morigènerai au prochain Conseil des ministres. – Vous le morigénerez sans moi, lui a alors répondu Chirac, je ne serai plus là s'il est encore ministre au prochain Conseil !" C'est parce que Chirac a fait le forcing que Giscard a pris la décision de se séparer de J.-J. S.-S. Pas de gaîté de cœur ! »

Chaban, donc, nourrissait les plus grands doutes sur le « gaullisme » de Giscard en début de septennat. Il reconnaît aujourd'hui que ses doutes n'étaient pas fondés. Plus exactement : moins qu'il ne le croyait.

Ce soir, intervention télévisée de VGE sur la politique extérieure. Pourquoi ? Parce qu'il continue à vouloir s'expliquer sur la rencontre de Varsovie dont il sent – et dont sans doute les sondeurs lui disent – qu'elle passe mal dans l'opinion. Lorsqu'il a rencontré le leader soviétique, c'était pour « continuer le dialogue », même après l'entrée des chars russes en Afghanistan, et affirmer sa foi en la détente. C'est précisément ce qui lui est reproché : le dialogue a été jugé inopportun et même dangereux.

Il y a beaucoup de mauvaise foi, je trouve, dans le procès qui lui est fait. Les attaques, finalement, viennent de la droite la plus à droite, et puis de la gauche socialiste qui profite de la circonstance. Les gaullistes devraient approuver l'attitude « non alignée » de Giscard. Ils se gardent bien de le faire pour ne pas risquer, serait-ce un seul moment, de donner le moindre encouragement au concurrent de Jacques Chirac. Mais ceux qui sont le plus hostiles à la rencontre de Varsovie, c'est chez les giscardiens qu'on les trouve. Quant aux socialistes, leur réaction est de pure stratégie électorale.

*2 février*

Une immense photo de Mitterrand, ce matin, sur deux pleines pages des hebdomadaires. En surimpression, sur la page de gauche, Françoise Sagan, d'une phrase, explique pourquoi elle s'est rangée, après Pompidou, dans le camp de Mitterrand. Dans un autre hebdo, Haroun Tazieff explique pourquoi la vulcanologie l'a amené à Mitterrand !... Jacques Séguela est passé par là. C'est l'entrée de la publicité dans la politique. Je me rappelle qu'en 1974, c'était Claude Perdriel, un professionnel de la presse et non pas de la pub, qui avait supervisé, avec des heurs et des malheurs, la campagne de Mitterrand.



Dans la guerre des boîtes de publicité, une filiale de Havas roule pour Chirac. Giscard et les communistes ont depuis longtemps leur staff de sondeurs, de sociologues et de conseillers. Il paraît qu'au PC, le choix du bon profil de Georges Marchais est l'objet de soins constants.

*Même date*

Les ministres communistes au gouvernement après une éventuelle victoire de Mitterrand ? Le thème va être évidemment le cheval de bataille de la droite pendant toute la campagne. Il y a là un réel danger pour Mitterrand. Si le PC lui demande d'un côté de prendre des ministres communistes, et, de l'autre, fait tout pour lui savonner la planche, il risque de perdre sur tous les tableaux.

Du coup, Jospin a été mandaté aujourd'hui pour préciser que si les communistes voulaient être au gouvernement, ils devaient commencer d'abord par changer de langage. Pour calmer le jeu avant la présidentielle, sans doute, il a dit aussi que Mitterrand gouvernera avec la majorité qui sera élue aux prochaines législatives s'il est vainqueur dans la course élyséenne. Cela suffira-t-il pour calmer le double assaut de Giscard d'un côté, des communistes de l'autre ? J'en doute.

*3 février*

Au tour de Jacques Chirac d'entrer en piste. Il est 11 h 16[1], ce matin, quand, expédié depuis son bureau de l'hôtel de ville de Paris, son communiqué tombe sur les fils de l'AFP.

Sa déclaration de candidature était attendue, on ne parlait que de cela depuis un an. Pour ma part, j'étais convaincue depuis plusieurs mois que, malgré les dangers politiques qu'il y avait à le faire, Chirac se déclarerait. Mais, comment dire, cela restait virtuel, du domaine de l'hypothèse politique, de la spéculation. Aujourd'hui, tout change. Il n'y a plus de place pour le doute. Il est vraiment candidat, vraiment sur la ligne de départ.



Longuement pesé, son communiqué est un modèle du genre. D'abord parce qu'il est d'une concision remarquable. En une quinzaine de lignes, pas plus, sont résumées les grandes lignes et les raisons de sa candidature : la lutte contre le déclin de la France, avec quelques mots qui rappellent l'appel de Cochin. (Ce qui montre par parenthèse qu'il ne l'avait peut-être pas rédigé tout seul, mais qu'il avait bel et bien mis la main à la plume !) « La France est riche d'espoir et de culture. Elle a les moyens de la grandeur et du progrès, et pourtant elle s'affaiblit... Il faut arrêter ce processus de dégradation. »

L'anti-impérialisme, destiné à aller droit au cœur des anciens gaullistes : « À condition de le vouloir, la France peut renforcer sa sécurité et sa présence dans le monde, et porter son message de paix et de dignité à tous les peuples qui veulent continuer à disposer d'eux-mêmes. »

Le volontarisme : « Aucune fatalité ne condamne notre pays au repliement. Seules lui manquent aujourd'hui l'ambition du rang et la volonté de l'effort. »

Tout est dit, effectivement, en ces quelques lignes.

Michel Debré m'appelle dans la matinée sans manifester le moindre signe de détresse. Il a néanmoins demandé à ses « compa-

1. AFP DX 78. On lit également dans le communiqué cette phrase qui montre que la préoccupation de sécurité est présente : « À condition de le vouloir, la France peut montrer l'exemple de la vraie démocratie en refusant toute complaisance à ceux qui bafouent la loi par la violence en exerçant sans faiblesse l'autorité républicaine qui garantit la liberté et la sécurité du citoyen. »

gnons » gaullistes de ne pas participer au congrès du RPR, samedi, pour ne pas entériner la déclaration de Chirac.

Pourtant, je ne vois pas ce qui sépare, sur le fond, les deux candidatures du RPR. Et pas davantage dans le vocabulaire. Je me demande – mais je n'ose le lui demander – ce que sa candidature va devenir maintenant, et quel sens elle a. Selon le dernier sondage publié par *Paris Match*, il est tombé à 2,5 %.

*4 février*

Il ne s'est pas écoulé vingt-quatre heures depuis la déclaration de Chirac que Giscard réplique de façon détournée dans *Jours de France* par un « Je suis fier d'être français[1] ! ».



Sans doute a-t-il senti que Jacques Chirac avait, dans sa déclaration, touché à quelque chose d'important dans l'esprit des Français. La France est une puissance moyenne, certes. Mais Giscard a-t-il raison de le dire, de le répéter avec insistance et sur tous les tons ? Chirac parle de l'affaiblissement de la France et entreprend de lutter contre sa désagrégation. Du coup, Giscard affirme que « parmi les pays du monde, la France est un des pays qui sont considérés comme ayant une vie exemplaire ! ».

Quant à réserver ses premières confidences de la campagne à *Jours de France*, le journal « des rois et des reines », est-ce bien raisonnable ?

À propos de roi, je reste persuadée que si Chirac a changé, s'il s'est ainsi transformé de Premier ministre souvent brimé en candidat déterminé à la Présidence de la République, c'est en grande partie par la faute – inconsciente, certes – de Giscard lui-même. Je me rappelle cette interview télévisée où celui-ci, bien calé dans son fauteuil Louis XV, bien calme, bien serein, a parlé de Jacques Chirac sans même le nommer, en suggérant qu'il avait été un Premier ministre « agité » ! Phrase qui avait plongé Chirac dans l'indignation et qui, surtout, lui avait causé un tort politique immense.

Le problème est de savoir pourquoi réellement, aujourd'hui, Chirac défie Giscard. Pour le convaincre de changer ? Dans ce cas, il fera voter pour lui au deuxième tour après l'avoir combattu au premier.

---

1. Interview accordée à Paul Giannoli. La formule refera surface un quart de siècle plus tard sous la plume de Max Gallo.

Ou pour changer de président ? Le défi de Chirac, dans ce cas, servirait à faire élire Mitterrand !

*5 février*

Hervé de Charrette trouve qu'avoir convoqué le congrès de l'UDF juste après la date qui sera sans doute celle de la déclaration de Giscard est une très, très mauvaise idée. « Copier le RPR, qui a également annoncé son congrès sitôt après la déclaration de candidature de Jacques Chirac, n'était pas une démarche nécessaire à Giscard ! » Il précise sa pensée : « VGE avait là la seule occasion d'apparaître au-dessus des partis. Il la perd en apparaissant inutilement comme le candidat de l'UDF. Il n'y gagne rien. »

D'autant – je termine sa phrase – que l'UDF n'ayant toujours pas réussi à peser politiquement plus que le RPR, c'est, pour Giscard, tenir sa candidature du plus petit des partis de la majorité.

*7 février (J – 77)*

Le congrès extraordinaire du RPR est réuni au Parc floral de Vincennes. Je ne choisirais pas ceux qui ont décoré la salle pour rénover mon appartement : la salle est bleue, les tables recouvertes de feutrine verte, les fauteuils sont rouges ! Il n'empêche : par ses dimensions, par la foule qui s'y presse, par la majesté de la haute tribune au milieu, la cérémonie, puisque c'en est une, a une gueule folle.

Peu de temps me suffit néanmoins pour m'en convaincre : ce congrès est inutile, fabriqué de toutes pièces pour donner aux uns et aux autres le bonheur de participer à une aventure, celle de Chirac, sur laquelle aucun d'entre eux n'a pesé, et qu'ils acceptent avec joie, certes – à 95 % des voix ! –, mais sans l'avoir décidée. Les « barons » hostiles à la candidature de Jacques Chirac contre Giscard ne sont pas venus : Guichard, Chaban, Peyrefitte et Guéna sont restés chez eux.

Sans grand intérêt, donc, sauf que j'y vois, comme tout le monde, la confirmation que le gaullisme a volé en éclats. Et ces deux informations :

– René Tomasini me prend à part pour me raconter que dans son département, l'Eure, il était parvenu à déplacer quatre cents de ses adhérents qu'il avait persuadés de voter communiste au premier tour des législatives de 1978 pour battre son concurrent socialiste ! Ces quatre cents-là, il en fait ce qu'il veut : en tout cas, ils ne voteront Giscard ni au premier, ni au deuxième tour de la présidentielle...

– Charles Pasqua pense que si Valéry Giscard d'Estaing tarde trop à se présenter, sa dégringolade deviendra irréversible. Il devrait donc faire acte de candidature avant le mois de mars. Sinon, il a de réelles chances d'être battu par Mitterrand.

Curieux, Charles Pasqua : il tient auprès de Jacques Chirac un rôle éminent, celui d'homme orchestre, tantôt organisateur de meetings, tantôt conseiller électoral, tantôt boute-en-train. Il ne prétend pas, comme Pierre Juillet ou Marie-France, être son directeur de conscience, ni son stratège en chef. Il a compris ce qu'eux n'avaient pas voulu voir : que Chirac n'en faisait jamais vraiment qu'à sa tête et qu'il était loin d'être la sorte de pantin qu'ils croyaient qu'il était. 

La bonhomie de Pasqua, réelle, n'a pas empêché qu'il ait passé, à un moment, pour le patron du SAC, bras musclé, sinon armé, de l'UDR, puis du RPR. Ce qui explique la sorte de considération bizarre dont il est entouré chez les chiraquiens : Pasqua, combien de divisions ?

En outre, me dit-il, le RPR ne souhaite pas avoir des ministres dans un gouvernement socialiste. En cas de victoire de la gauche, il jouerait le recours.

Cette confidence-là est plus qu'intéressante : elle montre que Pasqua, pas plus donc que Chirac, ne croit pas à une possible victoire. L'objectif est de prendre date et, surtout, de prendre place.

Vu Michel Debré après la cérémonie chiraquienne. Impavide, mais déconnecté.

*8 février*

Réflexion faite, Michel Debré me rappelle le lendemain matin pour me dire : « Si vous avez un conseil à me donner, allez-y ! C'est le moment ! »

Je bégaie. Il insiste. Je n'ose lui dire qu'il faut qu'il se retire : pas par lâcheté, mais parce que, tout simplement, je pense que ce n'est pas mon rôle. Je suis journaliste, pas conseillère. D'ailleurs, je ne me fais aucune illusion : les conseils ne servent à rien auprès de cette race d'hommes qui ne suivent que leur propre pente.

Je lui dis donc qu'il doit, à mon sens, porter témoignage sans se faire d'illusions.

Il n'est pas très gai, en m'écoutant.

Paul-Marie de la Gorce, qui a pour Debré respect et admiration, et avec qui j'évoque cette conversation, me dit dans un style qui n'est pas toujours le sien : « Complètement con : le plus tôt il s'en va, le mieux cela vaudra ! »

*9 février*

Déjeuner avec François Ceyrac, patron des patrons. Il s'anime au cours du repas pour dire que, Programme commun ou pas, il ne votera pas, on s'en douterait, pour Mitterrand. Que le programme économique de Chirac, mis au point par Jean Méo, comprendra l'abandon de la TVA, l'allégement des impôts, la réduction des taxes sur les entreprises. Le plus important est le couplet qu'il nous fait sur Raymond Barre, dont il juge l'action formidable : liberté rendue à des secteurs économiques entiers, compétitivité accrue et recherchée. Pas un mot sur Giscard, mais il réitère trois fois son hommage à Barre.

Dernière indication, enfin : le CNPF n'interviendra pas, ne donnera pas de consignes de vote avant le premier tour, mais il se réserve d'intervenir fortement, à ce qu'il semble, entre les deux tours.

*10 février*

Déjeuner avec Mauroy juste avant la conférence de presse de Chirac, prévue pour l'après-midi. Il raconte avec assez de drôlerie comment Mitterrand, parti pour contrer les rocardiens sur une ligne de gauche extrême, au congrès de Metz, a rejoint petit à petit la ligne politique du même Michel Rocard. Une réussite totale auquel le livre de Mitterrand publié en novembre dernier, *Ici et maintenant*[1], vendu à une centaine de milliers d'exemplaires, a beaucoup contribué.

Mauroy continue à penser que Michel Rocard aurait été un meilleur candidat au premier tour. Mais, il le concède, peut-être pas au deuxième, à cause du réflexe des électeurs communistes qui, ayant

1. Entretiens avec Guy Claisse, Fayard, 1980.

pour la plupart déjà voté Mitterrand en 1965 et 1974, pourront mieux récidiver.

Conférence de presse de Jacques Chirac dans les salons de l'hôtel Sheraton. Le décor, orange et bleu, est sans difficulté plus sobre que celui du Parc floral, la semaine dernière. Après avoir rendu public un communiqué particulièrement bref, il était naturel que cette conférence de presse soit d'une longueur inusitée.

Pourquoi s'est-il décidé ? Passons sur les raisons proprement irrationnelles (il en rêvait, il ne veut que cela, c'est son moteur, il n'en a pas d'autre) dont il ne parle pas. Il a choisi de se présenter, dit-il, parce que « le bilan de Giscard ne conduit pas spontanément de gaieté de cœur certains d'entre nous à lui redonner un bail de sept ans ». Tandis que, parallèlement, le candidat socialiste, même s'il n'est plus le candidat du Programme commun, ne peut cependant être élu qu'avec les voix communistes.

Entre les deux, donc, sa volonté est d'ouvrir une nouvelle voie entre le « libéralisme affiché » et le « collectivisme rampant » : le changement sans risque, voilà ce qu'il promet. Rendre la responsabilité aux hommes et aux entreprises, lutter par priorité contre le chômage, seule condition pour réduire l'inflation qui ronge notre monnaie, bâtir une nouvelle politique sociale qui ne cède pas à deux tentations : la généralisation de l'assistance et la démagogie.

Suit un couplet, en réponse à une question posée par André Passeron, du *Monde*, sur les prélèvements fiscaux en France, passés de 36 % du PIB en 1974 à 42 % en 1981 : « Au rythme du septennat, dit-il non sans user de la démagogie qu'il dénonçait une phrase auparavant, encore une période de sept ans et les Français travailleront un jour sur deux pour payer leurs impôts ! »

Aucun doute : les attaques qu'il formule contre Giscard sont essentielles dans sa conférence de presse où il parle peu, en définitive, de Mitterrand et de la gauche. D'emblée, l'adversaire désigné est de manière évidente Giscard. Même s'il entend définir une « nouvelle politique », Chirac présente une politique plus libérale que Giscard avec l'affichage sur la baisse des impôts et la baisse des charges des entreprises. Il apparaît ainsi – je ne sais pas si c'est volontaire – plus à droite, plus « reaganien » que Giscard. Ce n'est pas sans risques pour lui : Giscard peut ainsi, sans doute, se retrouver dans une situation stratégique idéale. Entre Mitterrand et Chirac, il incarnera, s'il se débrouille, un centre droit bien plus consensuel.

Beaucoup de questions économiques et internationales. Et ces quelques phrases, dites à sa manière, avec un curieux mélange de force et de désinvolture à la fois : on lui demande s'il compte gagner ; il ne va pas dire non. « Évidemment, si je n'avais pas la conviction de gagner, je ne serais pas devant vous ! Je ne vais pas faire un petit tour ! »

Michel Debré ? « J'ai exposé mes raisons. Michel Debré a exposé les siennes. Elles sont respectables. Je n'ai aucun commentaire à faire ! »

L'impôt sur la fortune ? « Pour le moment, non. Plus tard, on verra. »

Désarmement, Camp David, Afrique, Iran : il répond avec appétit à la litanie des questions usuelles.

Quant aux institutions de la Ve République, il les défend : ce qu'il attaque, c'est l'usage qu'en fait Giscard.

Pour résumer d'une phrase la conférence de presse de Chirac, je dirais : « Ah, que la Ve République serait belle sans Valéry Giscard d'Estaing ! »

Je reviens, tard ce soir, sur la fin de ma conversation avec Pierre Mauroy, que je n'ai pas notée sur le moment. Il ne comprend rien – pas plus que tellement d'entre nous – au comportement des communistes : il impute leur dérive actuelle à la panique. Craignant de ne pas faire un bon score, ils s'affolent. Ils ont rompu avec les socialistes pour conserver leur rang ; ils s'aperçoivent que la rupture ne leur a rien rapporté. Mais ils ne referont pas si facilement dans l'autre sens le chemin qu'ils ont parcouru en cassant tout sur leur passage. Il est vrai que Mitterrand a besoin de leurs voix. Peut-être, après tout, est-il prêt, si les communistes le veulent, à faciliter leur retour ?

Pierre Mauroy, lui, en partant de son analyse des forces communistes dans le Nord et le Pas-de-Calais, ne croit pas que les communistes s'effondreront, ni même qu'ils feront un score médiocre. Il parie avec moi, au contraire, qu'ils atteindront 19 à 20 % des voix. Il pense qu'en mettant les pauvres au cœur de sa campagne, le PC choisit une bonne stratégie, parce que, justement, la France s'appauvrit. Ce n'est pas un thème politicien, mais une réalité.

« Je vois maintenant, dans le Nord, me dit-il, des gens sans aucune ressource. Des gens qui font la queue devant la mairie pour obtenir une aide d'urgence de 50, 100 francs par semaine ! Nous en avons tant, maintenant, aux portes des services sociaux, que j'ai été obligé de fragmenter l'aide sociale dans les différentes mairies pour que les files d'attente ne fassent pas trop mauvais effet ! »

Après avoir fait acte de candidature, François Mitterrand a trouvé moyen de partir pour la Chine, ce qui en a choqué plus d'un. Il trouve, lui, au contraire, que c'est une assez bonne idée : d'abord parce qu'il montre une autre image de lui, internationale, ensuite parce qu'il a choisi d'attendre la candidature officielle de Giscard pour prendre le départ en même temps.

*12 février*

Après de longs mois, Roland Leroy, qui n'en avait pas franchi le seuil depuis plusieurs mois, et même, je crois, plusieurs années, accepte de venir chez moi. Je le trouve très libre vis-à-vis de Georges Marchais qu'il continue de dépeindre comme ignorant, excessif, outré. Il a l'air en grande forme, ayant repris du poil de la bête au sein du PC : mon impression est que cet homme n'est pas du tout (ou plus du tout ?) hors jeu dans le Parti. Il convient sans difficulté que la campagne de Marchais ne marche pas aussi bien qu'elle le devrait. Il a d'autant plus raison que les sondages actuels font état d'un recul : il ne serait plus aujourd'hui qu'à 15 %[1].



La dernière phrase de Leroy, avant de prendre congé, alors que je lui demande si, finalement, les communistes préféreront Giscard à Mitterrand, est : « Bien sûr que nous avons la volonté de faire battre Giscard ! Ne vous y fiez pas ! »

Nous verrons.

*16 février*

Bu un verre avec Jean-Pierre Soisson, toujours dans le staff politique de Giscard. Il me parle spontanément de la candidature de Jacques Chirac. Il est convaincu que la seule façon de limiter les dégâts est de feindre de considérer qu'il a eu raison de se présenter, certes, mais aussi qu'il est dans la majorité, et destiné à y rester au deuxième tour. En quelque sorte il faut minimiser la portée du geste de Jacques Chirac en feignant presque de l'avoir organisé. Ce serait

1. Dans le sondage *Le Point*. Aux législatives de 1978, le PC avait obtenu plus de 20 % des suffrages.

en somme la meilleure façon de le gommer. Telle est la position de Soisson, de Michel Pinton et de Jean-François Deniau : dédramatiser la candidature Chirac.

Quant à l'entrée en campagne de Giscard, elle se fera progressivement : les formations giscardiennes ou proches de lui ouvriront la course présidentielle l'une après l'autre – le PR, le CDG, les radicaux de droite, les clubs Perspectives et Réalités. Et puis tous se transformeront en comité de soutien à Giscard d'Estaing.

« Vous vous rappelez, me dit Soisson, la fameuse phrase de Paul Valéry : "Il faut passer de l'ordre au désordre." Eh bien, le démarrage de la campagne de VGE, ce sera exactement le contraire : Nous, nous devrons passer de la désorganisation à l'organisation ! »

## *1981*

### *17 février*

Incroyable Parti communiste ! Impayable, aussi ! Le maire communiste de Cormeilles a envoyé dans la nuit un bull-dozer détruire un foyer d'immigrés ! En accusant de surcroît une des familles hébergées de se livrer au trafic de drogue ! L'argument du Parti est que le regroupement de la plupart des immigrés dans les banlieues hérisse les habitants qui y vivaient depuis longtemps. « Vous ne vous rendez pas compte – sous-entendu : vous, les bourgeois des beaux quartiers –, vous exilez les ouvriers hors des murs de Paris et vous croyez que le problème de l'immigration est résolu. Nous avons simplement voulu montrer qu'il est urgent de trouver d'autres solutions. »

Tel est le langage officiel de la hiérarchie communiste qui justifie cette opération « coup de poing » en voulant apparaître ainsi *seule* contre tous les partis, mais *avec* le peuple pauvre de la périphérie de Paris.

À l'Assemblée, les socialistes joignent leurs voix à ceux qui trouvent ahurissante l'initiative du PC. J'avoue que je suis stupéfaite, même si je trouve qu'effectivement tout le monde est assez content – sans le dire – de voir les immigrés parqués ailleurs qu'à Neuilly ou devant le Palais-Bourbon...

Émission de Jacques Chirac. Assez bonne, franchement. Il me paraît mieux préparé, plus à l'aise. Le temps a fait son œuvre : il a gommé les arêtes du visage, l'acuité du menton, les brusqueries du geste, transformant son impatience en énergie.

Le premier, il donne le ton de la campagne. Comme prévu, il accentue, pour exister, ses attaques contre Valéry Giscard d'Estaing. Il me paraît même, après avoir entendu les réflexions de Jean-Pierre Soisson, que c'était inévitable.

Vu, le lendemain, d'Ornano, puis, le surlendemain, Poniatowski, devenu entomologiste de la politique, et enfin Jean-Marie Poirier. Ce qui me frappe, c'est leur inquiétude. Jean-Marie surtout me confie qu'aujourd'hui, chez les giscardiens, tout le monde « patine dans la choucroute » *(sic)*. « S'il n'y a pas d'idées supplémentaires, dans l'état actuel des choses il lui manquera 500 000 voix ! »

Giscard annoncera sa candidature le 1er ou le 2 mars. Les locaux de campagne sont déjà installés. Une émission est prévue le 10, et un premier sondage, me dit Ponia, le 15. Pour le reste, que d'indécision ! Sur le rôle de Lecat, sur celui de Jean-François Deniau, brillant et fragile. Bref, tous s'interrogent : un Valéry Giscard d'Estaing désorganisé, pour eux, c'est proprement inimaginable ! Surtout, je les trouve tous – y compris Ponia, dont je connais les talents d'organisateur et qui en a fait la preuve en 1974 – paralysés par Giscard, et surtout par l'ignorance dans laquelle celui-ci les tient.



Le même jour, Jacques Toubon m'affirme que Jacques Chirac n'a voulu aucun « communicant » pour définir les deux mesures les plus importantes de son programme : un septennat non renouvelable et un référendum sur la peine de mort. Il les a rendues publiques sans dire un mot à personne, pas même à lui. Il n'en revient pas. Que Chirac décide quelque chose tout seul, cela semble surprenant même à ses inconditionnels : c'est le comble !

Il me raconte aussi, de façon plus légère, que c'est André Chambraud, directeur politique du *Point*, qui a fait changer, sans le vouloir, une phrase de la publicité de Jacques Chirac. Ce qui avait été envisagé, c'était « La France au pas » ou « La France en marche ». Chambraud a trouvé l'expression « La France au pas » trop droitière. « La France au pas » a été abandonnée illico.

*22 février*

Thierry de Beaucé[1] me raconte chez Jacques Rigaud cette extravagante histoire :

À l'occasion du dernier sommet avec Schmidt, Carter et Margaret Thatcher, les « Grands » s'en vont dîner dans un restaurant japonais. Margaret Thatcher, incapable de tenir des baguettes, réclame des fourchettes. Carter s'ennuie à périr. Giscard commence une conversation avec une geisha.

« C'est joli, ici ! commence-t-il, mondain.

– Vous avez raison, dit la "chef" des geishas, qui montre le superbe kakémono sorti pour honorer ses hôtes.

– Effectivement ! convient VGE avec enthousiasme.

– Ce qui est à vous est à nous, dit la geisha, pleinement dans son rôle. Ce qui est à nous est donc à vous. Le voulez-vous ? »

À la grande surprise des autres convives, Giscard prend le kakémono et l'emporte.

*24-25 février*

Voyage de Jacques Chirac à Toulon, Digne, Marseille, Aix : tout le Sud-Est en deux jours, qui dit mieux ?

Nous commençons par atterrir à Toulon. Là, sous un chapiteau aux portes de la ville, les militants RPR attendent Chirac, ravis qu'il les ait choisis pour entamer sa campagne.

Son premier meeting, donc, avant l'heure du déjeuner, est annonciateur de la campagne qui suivra. Par le vocabulaire, d'abord : les mots espérance, espoir, redressement, volonté, autorité, fermeté dessinent le fond de son discours. Puis par son opposition non pas à Giscard, qu'il ne nomme même pas, mais au gouvernement. Celui-ci s'est trompé : son principal responsable, Raymond Barre, passe son temps à dire qu'il ne peut pas faire mieux que ce qu'il fait, notamment contre le chômage.

« Il n'est déjà que trop tard » ; « Si nous voulons sauvegarder la démocratie, il faut l'exercer avec la fermeté nécessaire pour sauvegarder

1. Énarque (promotion 1967-1968), Thierry de Beaucé a été membre de plusieurs cabinets ministériels dans les gouvernements Chaban-Delmas, Chirac et Barre. Directeur des Relations internationales d'Elf-Aquitaine de 1981 à 1986, il sera directeur des Relations culturelles au Quai d'Orsay avant de devenir secrétaire d'État auprès du ministre des Affaires étrangères de 1988 à 1991, dans le gouvernement Rocard. Il sera par la suite chargé de mission à l'Élysée auprès de François Mitterrand.

les libertés et la sécurité » : tels sont les principaux leitmotive martelés par Chirac.

Le constat qu'il dresse de l'activité gouvernementale est en tout point négatif, et je ne vois pas ce qui, d'ici la fin de sa campagne, pourrait le faire changer de ton. Il parle de la voie de la résignation ouverte au pays, de l'acceptation de la fatalité, de l'affaiblissement intérieur et extérieur, de l'absence d'espoir, de graves désillusions. Conclusion à Toulon : « Entre la résignation et l'aventure, il est possible d'ouvrir un autre choix ! »

Sitôt terminée son adresse aux Toulonnais, Jacques Chirac saute dans un hélicoptère qui l'attend au bout de la jetée, pour rejoindre Digne. Bernard Pons et moi – privilégiée, j'en conviens, par rapport aux autres journalistes invités à se rendre directement à Marseille où le candidat RPR doit revenir en fin d'après-midi – sommes seuls admis à monter dans l'appareil.



À peine installé, Chirac s'endort. Il ne voit pas le brouillard tomber sur la montagne au fur et à mesure que nous nous éloignons de la côte. Pons et moi nous remarquons non sans angoisse le pilote et le copilote consulter des cartes, des carnets de bord. Comme toujours, ils ne nous donnent pas d'indication.

Au bout d'un quart d'heure, qui me semble durer très longtemps, le brouillard se lève. Un hélicoptère de la gendarmerie, envoyé pour retrouver l'hélico de Chirac dont on nous dit seulement maintenant qu'il s'était perdu, nous montre le chemin. Nous voici débarquant sur le stade de football de Digne. Bernard Pons et moi sommes verts de peur. Chirac, lui, ne se réveille que lorsque les pales s'arrêtent de tourner. Il n'a rien vu, rien senti. Il rit quand nous lui racontons notre aventure qui était aussi, sans qu'il en ait eu conscience, la sienne. « Vous voyez bien que j'ai la baraka » : tel sera son seul commentaire.

Après son allocution de Digne où il faut bien dire qu'il n'y a pas un monde considérable, nous reprenons – en ce qui me concerne, toujours morte de peur – le même moyen de locomotion. Dans l'hélicoptère où, cette fois, il ne s'endort pas, Chirac parle comme à son habitude, rigolard et potache, sérieux et détendu à la fois.

Pour le moment, il juge que sa campagne ne va pas trop mal, et même qu'elle marche bien. Il ne veut pas pour autant se faire d'illusions : « Je suis tout seul, alors évidemment ça marche. Lorsque Giscard prendra le départ, les choses changeront. Je ressentirai un à-coup, je baisserai ; et puis je remonterai... D'ailleurs, poursuit-il, il a tort de trop attendre, il aurait dû partir plus tôt. C'est Mitterrand qui a raison ! »

Il éprouve néanmoins une véritable inquiétude : après le 9 mars, date prévue pour son débat électoral télévisé, aucun autre passage à la télévision n'est prévu pour lui en dehors de la campagne officielle organisée dans les quinze derniers jours.

C'est un désavantage, certes, mais je pense que c'est la loi du genre. Tous les candidats ne peuvent pas passer à « Cartes sur table » ou au « Grand débat » en même temps, le jour précédant le vote ! La campagne officielle est organisée justement dans le but de mettre *in fine* tout le monde sur le même plan.

Après en être convenu, il me parle à nouveau de Marie-France Garaud et de Pierre Juillet pour lesquels il m'avoue pour la première fois avoir gardé quelque amitié. Il m'a dit le contraire il y a quelques mois, mais les choses ont pu changer, et sa colère s'effacer derrière des souvenirs de collaboration plus plaisants.

Cela ne l'empêche pas d'estimer que Marie-France ne se retirera pas avant le premier tour. Sauf si, d'aventure, elle ne réunissait pas les 500 signatures nécessaires[1]. Pour Michel Debré, c'est autre chose : « Admets qu'il obtienne 2 % des voix et moi 20 %, et qu'il m'empêche d'être en numéro 2 : on le lui reprochera toute sa vie. C'est cela, le plus triste ! »

« Pour la première fois, dit-il encore, je ne vois pas qui peut être élu. Giscard ? Je suis certain qu'il ne le sera pas. Mitterrand ? Il n'a pas changé, c'est le même homme, le même programme qu'en 1974, avec sept ans de plus. Comment pourrait-il l'emporter ? Georges Marchais, c'est exclu, et même moi, je ne me vois pas élu. Alors je suis dans le bleu, moi qui ne le suis jamais ! En 1969, j'étais sûr de la victoire de Georges Pompidou ; en 1974, de celle de Giscard. En 1978, je n'ai jamais cru à une possible victoire de la gauche. Cette fois, c'est différent ! »

Ces perspectives pessimistes tracées, il reconnaît, sur un ton plus serein, sa joie de n'avoir plus aujourd'hui de conseillers.

Bernard Pons, qui l'écoute, sourit. Ce médecin de province, député du Lot quoique né à Béziers, tout petit, presque malingre, aux yeux étonnamment bleus dans un visage osseux, qui accompagne maintenant Chirac partout, n'a jamais brigué ce titre : il pense sans doute

1. Tout candidat à l'élection présidentielle doit recueillir au moins 500 parrainages. Ces signatures doivent venir d'élus d'au moins trente départements distincts. C'est au vu de ces signatures, et après les avoir authentifiées, que le Conseil constitutionnel établit la liste des candidats habilités à se présenter aux suffrages des Français.

avoir parcouru un tel chemin, depuis son cabinet médical et son élection à l'Assemblée nationale, que peu lui importe de ne pas être officiellement qualifié de « conseiller ».

Nous voici arrivés à Marseille où Chirac, tout à son affaire, se paie le luxe d'une descente de la Canebière, serrant des mains à s'en briser les doigts, entouré, fêté par ses militants. Un « Club de la presse » l'attend à 19 heures.

Je saisis au vol, telles qu'elles viennent dans l'émission, ses réponses aux journalistes locaux. Interrogé sur les comptes de sa campagne, il annonce qu'il les publiera et qu'il souhaiterait que tous les candidats fassent de même.

À propos de l'Espagne où un coup d'État militaire vient d'avorter dans la nuit[1], il tire la leçon que le régime démocratique est le meilleur des régimes, mais aussi le plus fragile : « Ne jamais oublier que la démocratie est un régime d'autorité, on a parfois trop tendance à l'oublier. »



Il y revient tout de suite pour redire, en réponse à une question sur la sécurité : « Il y a urgence à prendre conscience de l'autorité de la démocratie pour appliquer la loi sans faiblesse et sans états d'âme. »

Ce qui ne l'empêche pas de convenir avec plus de force que je ne le pensais que « la meilleure politique de prévention, c'est une politique culturelle qui prenne en compte un certain nombre de marginalisations intellectuelles ».

Un passage, à ce sujet, sur le décalage entre le discours politique et la jeunesse : « Je crois finalement que cela est dû au fait qu'aujourd'hui nos concitoyens sont confrontés à des problèmes concrets : inflation, chômage, sécurité. Or, la plupart de nos discours politiques restent désespérément axés sur un jeu intellectuel qui nous conduit trop souvent à développer des thèmes purement politiciens. »

Il n'a pas le temps de développer cette analyse. Il est attendu dans moins d'une heure salle Vallier. Le temps de nous rapprocher de la salle et nous voici pris dans un début d'embouteillage, la foule des militants RPR de Marseille s'étant mobilisée comme un seul homme. Chirac atteint finalement la tribune au son d'une symphonie de

1. Le 23 février 1981, une tentative de coup d'État militaire eut lieu à Madrid. Le plus spectaculaire fut l'assaut des Cortes par des gardes civils en armes. À une heure du matin, après des scènes d'affrontement dans les provinces espagnoles, l'intervention télévisée du roi Juan Carlos, en uniforme de capitaine général des armées, mit fin à la tentative de putsch.

Mozart. Il reprend d'une manière plus ou moins répétitive tous les thèmes qu'il a développés depuis Toulon et Digne.

À cette différence près que, cette fois, il s'en prend directement à Giscard, à son « inconséquence et à son gaspillage », à son abandon d'une « certaine idée gaulliste de la France ». Il parle même de la « voix chevrotante » de la France. Allusion au maréchal Pétain, carrément injurieuse pour Giscard !

Quand je l'écoute, je remarque qu'il emploie souvent les mêmes mots que Michel Debré ; leurs discours pourraient parfois se révéler interchangeables : autorité, abandon, affaiblissement, effort... Tout cela rend dérisoire la double candidature au sein du mouvement gaulliste. Je ne comprends pas comment ils se sont débrouillés pour en arriver là.



Après une nuit d'hôtel à Marseille où, après Toulon, les journalistes parisiens ont rejoint le peloton, nous voici, le 25 à 9 heures du matin, à Châteaurenard. Il y a peu de monde, évidemment, dans la salle.

Chirac, mal réveillé, lunettes sur le front, chemise bleue, costume beige, cravate marron, chaussures avachies, a confié à la petite troupe qui l'accompagne qu'il lui faut une heure pour se réveiller. Ce matin, il est donc apparu dans le hall de l'hôtel vers 8 heures au lieu de 7 h 30, mais peu importe, il sera en retard, il en prend toujours son parti, au moins le matin. C'est le contraire de François Mitterrand, qui, lui, n'est en retard que le soir.

Il m'a dit, hier, avoir commandé quatre œufs au petit déjeuner, puisqu'il n'a jamais ou presque le temps de dîner, ni même souvent de déjeuner. Ce matin, il me répète qu'il mourait de faim, hier dans la nuit : tout était fermé à l'hôtel lorsqu'il a voulu appeler le room service. Il a donc perdu quelques kilos depuis qu'il a commencé sa campagne. Il en avait perdu dix, dit-il, au moment de son accident, mais il les a repris presque aussitôt. Les hommes politiques aussi ont des problèmes de ligne !

À Châteaurenard, nous arrivons en retard pour le marché. Il parle d'élargissement de l'Europe. Son programme n'a pas changé, dit-il, de ce point de vue : avec la Grèce il est possible de passer un accord. C'est un problème qui peut être maîtrisé sans graves perturbations à condition de mener une négociation « ferme » et « serrée ». L'entrée dans l'Europe de l'Espagne et du Portugal fait en revanche davantage question : « Je m'y suis opposé avec détermination. Après avoir exercé toutes les pressions possibles, j'ai enregistré que, tout d'un coup, le Président a décidé qu'il fallait reporter à des temps meilleurs l'entrée de l'Espagne et du Portugal dans le Marché commun. Je reste hostile à cette idée, car je ne vois aucun moyen technique pour protéger les régions du Sud-Ouest et du Sud-Est contre l'entrée des produits espagnols et portugais sur nos marchés. »

Ah ça ! Il ne fait pas dans la dentelle. Après un petit passage par la fiscalité – naturellement, il juge que la charge fiscale a beaucoup trop augmenté dans la France giscardienne –, un couplet sur les agriculteurs du Grand Sud-Ouest-Sud-Est dont l'intérêt, dit-il, n'est pas de limiter la production agricole, mais au contraire de la développer. « Ce que demandent les agriculteurs, ajoute-t-il, évidemment très applaudi, ça n'est pas la charité, mais la justice ! »

Un mot sur la sécurité pour terminer, et le voici à Aix-en-Provence une heure plus tard. Il parle dans une église désaffectée. Curieux de le voir à la place du prêtre, à l'autel, sous les chapiteaux gothiques. C'est l'heure du discours sur l'autorité et sur les rapatriés.



Puis vient enfin le moment de détente. Il va rendre visite, aux Baux-de-Provence, au vieux restaurateur Raymond Thuillier, 85 ans, un de ses plus fidèles supporters, je ne sais pas pourquoi, depuis près de vingt ans. Ému et honoré, Thuillier ne ménage pas ses encouragements : « Vous avez gagné la première manche, Jacques, vous possédez l'amitié du cœur et le sens de l'humain, cette chaleur que nous aimons chez l'homme. »

Et hop ! Remontée dans l'hélicoptère. Direction : Gap. Une salle bondée l'attend à 16 h 30. Dans l'hélico, il ne peut s'empêcher de me parler de Giscard, sur lequel son discours public est jusqu'à présent resté muselé. On sent bien qu'il souhaiterait s'exprimer davantage. Avec moi, il se défoule :

« Songez qu'à Londres, l'autre jour, Valéry Giscard d'Estaing et Margaret Thatcher déjeunaient ensemble pendant qu'un chalutier français a été arraisonné par la marine anglaise ! Pendant qu'ils déjeunaient ! Et Giscard n'a pas bronché ! Il n'a pas dit un mot !

« En 1974, François Mitterrand avait proposé le recrutement de 300 000 fonctionnaires. Giscard, pendant sa campagne, a dit que c'était tout à fait irresponsable. Eh bien, figurez-vous qu'il en a engagé le double : 650 000 ! Assurément, ce n'est pas pour cela que les Français l'ont élu ! »

Est-ce parce qu'il m'a parlé de Giscard dans l'hélicoptère ? À Gap, il se démarque de lui dès les premières phrases : « Entre les deux voies, celle du Président et celle de Mitterrand, il y a une troisième voie : la mienne ! »

Pendant quarante-cinq minutes, la salle se tait, fascinée, éberluée par les chiffres, le ton, l'autorité, la force aussi qui émane de cet animal politique. En fait, c'est ce qu'il voulait : être candidat pour montrer qu'il était prêt à occuper le devant de la scène, qu'il n'était pas toujours, comme les photographies l'ont si souvent représenté pendant qu'il était à Matignon, au deuxième rang derrière Giscard, loin derrière. Même lorsque, pendant la revue navale de Toulon en 1975, il avait manifesté la plus grande mauvaise humeur, grimaçant presque tandis que Valéry Giscard d'Estaing faisait la roue devant les téléspectateurs, il tirait la tronche, certes, mais il n'avait pas alors le premier rôle.

Aujourd'hui, surtout à Gap, dans cette petite salle archibourrée, devant ses militants surchauffés, il fait ses classes d'apprenti président de la République. Même s'il n'a aucune illusion sur le score final, c'est pour lui un galop d'essai nécessaire, un parcours obligé composé d'autant de figures imposées. Les militants évidemment ne le voient pas comme cela : ils y croient. Ils s'enthousiasment lorsqu'ils entendent Jacques Chirac leur dire, comme au bon vieux temps, que la voix de la France s'est éteinte, que la France n'est plus ce qu'elle était, qu'elle est affaiblie, qu'il suffirait d'un rien, de lui, sans doute, pour qu'elle retrouve son rang.

L'hélico nous attend déjà. Le journaliste du *Monde* André Passeron, qui est à l'arrière de l'appareil, me certifie, avant que les hélices ne fassent un bruit infernal, que des consignes strictes ont été données par l'Élysée pour que la presse de province ne parle jamais de « candidat gaulliste », mais de « candidat du RPR ».

Voici déjà Avignon où 3 000 personnes attendent Chirac au Palais des expositions. À la tribune, il est tout seul puisqu'il a décidé aujourd'hui que, désormais, aucun autre orateur que lui ne sera sur l'estrade. C'est une décision qu'il a prise hier soir après les discours insipides de Joseph Comiti, député de Marseille, et de Claude Labbé, président du groupe parlementaire. Je ne sais comment il s'y est pris pour qu'ils acceptent sans rechigner. Mais enfin, ils sont là, dociles, au premier rang, sans autorisation de haranguer les foules. Fermeté, autorité, sécurité : il martèle ses mots favoris devant une salle conquise.

La chute de son discours marque cependant un nouveau degré dans l'affrontement avec Giscard, ravalé, sur le même plan que

Mitterrand, au rang des adversaires à battre : « À tous ceux qui sont satisfaits, je dirai qu'ils doivent reconduire un nouveau septennat. À ceux qui ne craignent pas les communistes, je dirai de voter pour le candidat socialiste. Aux autres, je dis qu'ils se rassemblent derrière moi. »

Retour à Marseille où les journalistes reprennent l'avion. Jacques Chirac abandonne son hélicoptère. Nous voici tous rentrés à Paris dans l'après-midi.

Je ne sais comment ces hommes politiques font pour tenir le coup à ce rythme. Moi, pendant ces deux jours, j'ai rédigé ces notes, certes, et fait deux éditoriaux. Mais je n'ai pas serré des milliers de mains, je n'ai pas exhorté des militants à me suivre, je n'ai pas embrassé des enfants, je n'ai pas prononcé de discours. Pourtant je suis éreintée. Il n'y a pas à dire : ces gens ne sont pas comme nous. Ils sont dopés à je ne sais quelle substance qui les fait tenir, qui les fait croire à ce qu'ils disent, même lorsque, quelques instants auparavant seulement, en confidence, ils affirment ne pas être dupes d'eux-mêmes. Curieux dédoublement qui fait peut-être leur force : s'ils doutaient d'eux-mêmes autant qu'ils le prétendent, ils ne pourraient pas avancer.



*26 février*

Conférence de presse de Raymond Barre. Égal à lui-même, vraiment. Je l'avais déjà entendu, début janvier, au forum de *L'Expansion*, se livrer à une sorte de démagogie de la non-démagogie en commentant un sondage de la Sofres sur « les mesures capables de permettre une lutte efficace contre la crise ». Il y avait été plus sarcastique que de coutume contre les Français sondés, qui, il est vrai, proposaient tout à la fois l'abaissement de l'âge de la retraite, la limitation de la durée de travail à 35 heures sans diminution de salaire, et une forte augmentation des bas salaires !

Un mois et demi plus tard, il ne change pas. Il présentait hier à la presse les mesures proposées par le gouvernement en faveur de l'emploi. Il était temps ; les candidats, officiels ou officieux, ont ceci en commun qu'ils ont fait du chômage l'axe de leur campagne contre Giscard. Le Président a dû demander à son Premier ministre de mettre les choses au point et de montrer que le gouvernement n'était pas sans idées sur la question.

Une occasion d'ironiser sur la pauvreté d'esprit de son auditoire, c'est-à-dire nous : « Je ne vous dirai pas que le gouvernement se propose en six mois de réduire le chômage par l'effet d'une action que j'appellerai charismatique ! » Et il proteste avec la dernière vigueur quand on lui demande pourquoi il se tait : « Parce que, répond-il à l'instar de M. Prudhomme, il ne faut jamais beaucoup parler ! »

S'abstiendra-t-il de prises de position publiques pendant toute la durée de la campagne ? « Vous le verrez bien ! »

Quand, alors, parlera-t-il ? « Le moment venu ! »

Bref, il était exaspéré. Et nous aussi. Tout de même, je me dis que si sa politique était mieux comprise, Giscard serait plus assuré de la victoire en avril prochain. À ce stade, j'ai tendance à penser que Barre fait du sabotage !



*26 février au soir*

Paule Dayan a invité François Mitterrand à dîner. Il y a là énormément de ses amis : Claude Estier, Charles Hernu, Roland Dumas, André Rousselet, Louis Mermaz et d'autres plus anciens, que je ne connais pas.

Ce soir, Mitterrand est visiblement fatigué. Cela semble contredire mes réflexions sur la résistance des candidats. Il m'explique qu'il a attrapé froid, qu'il se sent mal fichu. Je finis par comprendre qu'il vit en ce moment sa période la plus difficile : il a fait acte de candidature mais attend, pour descendre dans l'arène, que Giscard y entre. Il piaffe et tourne en rond. Lui qui se vit uniquement en combattant, s'oblige à attendre pour combattre.

Après le dîner, où il a avalé plus d'une douzaine d'huîtres, il est en meilleure forme. Il commence à parler, comme il le fait d'habitude, en faisant mine de poser des questions dont il a préparé les réponses :

« Et vous, Mademoiselle, que pensez-vous de tout cela ?

– Bof, dis-je, je n'en pense pas grand-chose ! »

Il insiste : « Dois-je continuer à me taire ?

– Oui », dit Mermaz.

Les autres lieutenants, prudents, ayant peur de se faire contredire par leur chef, restent cois.

François Mitterrand se tourne vers moi comme si, en réalité, la réponse de Mermaz ne le satisfaisait pas.

Il a raison : je ne suis pas d'accord avec Mermaz. Vais-je le lui dire ? Après tout, ce n'est pas très utile. Mitterrand a sûrement déjà pris la décision d'arrêter ou de poursuivre cette période de précampagne. Il n'a nul besoin d'un autre avis que le sien.

Tant pis : il sera contraint de prendre position, je pense et je le dis, avant l'intervention de Giscard à la télévision, émission prévue pour le 10 mars. Il me donne raison sans préciser la date qu'il a retenue pour plonger dans la bataille.

Son argumentation : le désordre, aujourd'hui, c'est Giscard qui l'incarne. Il n'obtiendra que le quart de l'électorat au premier tour : l'intérêt de la candidature de Jacques Chirac est à ses yeux de le faire descendre en dessous des 30 %. Dans ce cas, il pourrait évidemment tenter de se passer de Chirac et de gouverner avec les socialistes. Mais « il n'aura pas leur soutien, j'y veillerai, croyez-moi ! » gronde Mitterrand, babines retroussées.



Ou alors il sera élu au deuxième tour avec le concours des voix chiraquiennes. Dans ce cas, il lui faudra avoir négocié avant le deuxième tour avec Chirac des élections législatives anticipées, et le *statu quo* du RPR. « Et avec qui gouvernera-t-il, dans ce cas ? Avec les mêmes ? Pour sept ans ? Je lui souhaite bien du plaisir !

« S'il est élu avec les voix communistes, si les communistes finissent par voter pour lui, et donc contre moi, il faudra tout de même que leur soutien ne soit pas flagrant. Et puis, ce sera tout de même plus compliqué que cela : rien n'est signé, écrit, définitif avec eux !

« Dans ce cas, je dirai : moi, je désirais faire entrer les communistes au gouvernement, c'est Georges Marchais qui ne l'a pas voulu. Je voulais faire sortir les communistes du ghetto, et Marchais l'a empêché. Ce sera difficile, et pour les communistes et pour lui ! »

Tout de même, envisager que les communistes fassent voter Giscard, c'est colossal ! Les propos de Mitterrand m'apportent néanmoins une réponse négative à la question que je me posais depuis quelque temps : pour qu'il envisage cette possibilité dans une conversation devant une partie de ses lieutenants – y compris ceux qui, comme Claude Estier, sont les plus proches des communistes –, c'est qu'aucun rapprochement ne s'est effectué en coulisse avec le PC, qu'il n'y a même pas de négociation clandestine avec lui.

Il en revient à Jacques Chirac : il croit possible que Chirac prenne 4 % des voix à Giscard. Ce qui donnerait 19 à 20 % pour Chirac, pas davantage. Mais Giscard serait donc à moins de 30 %. Dans ce cas, tout est possible pour Mitterrand au deuxième tour.

Mermaz lui expose que, pour le moment, les sondages montrent qu'il reste 12 % d'indécis. Que ces indécis sont, d'après les spécialistes, plutôt pour Giscard – 7 % pour Giscard, 5 % pour Mitterrand – et que rien n'est donc joué.

« Tout de même, dit Mitterrand, enjoué, en un mois ce n'est pas si mal. »

Fini pour la politique : Mitterrand se met à raconter avec délices comment Jean-César est entré dans sa vie. Jean-César est le factotum d'une quasi-centenaire, Mme Monnot, dont le mari est connu de Mitterrand pour avoir, je ne sais en quelle occasion, traversé le



Yangzi Jiang à la nage. Mitterrand lui écrit, elle lui donne rendez-vous, il tombe dans une maison inouïe, figée au début du siècle, sur une femme à moitié morte qui lui raconte interminablement sa vie. Le lendemain, la brave dame se casse le fémur. Depuis qu'elle est à l'hôpital, Jean-César, abandonné par sa patronne, dite « Marraine », s'est raccroché à Mitterrand, son seul espoir. Il l'appelle deux fois par jour, il le suit, il demande à lui parler. Ce nouvel amour d'un type particulier le touche. Les hommes politiques aiment à séduire, mais tout de même, Jean-César... !

*27 février*

Vu Jean Serisé à l'Élysée. Il me dit se préoccuper davantage de l'image de Giscard que des thèmes de sa campagne. Son image « reste » bonne, m'assure-t-il, comme s'il craignait qu'elle ait été écornée par le septennat. « Si elle s'était détériorée, nous devrions le savoir. »

L'enjeu, selon lui, est de faire apparaître que VGE est capable de sentir la nouveauté de la situation, qu'il n'est pas figé, qu'il peut se renouveler, aborder autrement le futur septennat. Il lui faut continuer à incarner la majesté – c'est son mot – présidentielle, mais, en même temps, il doit se montrer accessible, ouvert. Apparaître comme un candidat en même temps qu'un président.

« Tout est dans le ton, dans sa façon de s'exprimer. Les thèmes de campagne importent peu ! La campagne, pour lui, ne va pas porter sur la taxe professionnelle, Valéry Giscard d'Estaing ne doit pas se battre sur ce terrain » – telle est la conclusion de Serisé.

Il reste très optimiste ; à partir de maintenant, le combat, m'explique-t-il, va aller en se simplifiant : Mitterrand est un collectiviste et Giscard un libéral. Pour le reste, les programmes de campagne, cela se fabrique. VGE aura à lutter contre l'usure, le ras-le-bol, mais, pour le moment, personne, à l'Élysée, ne sent de vague de fond en faveur de François Mitterrand.

Quant à la politique extérieure, à Varsovie et à la rencontre avec Brejnev qui lui a tant été reprochée, Serisé est convaincu que les choses n'iront pas très loin. La réponse est simple : la politique extérieure de Giscard est sinueuse, certes, il lui serait très facile de suivre une politique plus simple, mais il faudrait alors opter pour un bloc et renoncer totalement à notre indépendance. Ce que Giscard ne veut justement pas faire.



« Non, continue-t-il, ce qui me tracasse, ce sont le chômage et les prix. Les choses, sur ce point, vont sans doute être beaucoup plus difficiles. Les Français nourrissent des sentiments contradictoires : ils se sentent heureux, plus heureux qu'ailleurs, et pourtant la montée du chômage obscurcit leur vision. »

Il fait mine de ne pas être tracassé outre mesure par la candidature Chirac. À ses yeux, celui-ci cherche à faire le maximum de voix pour négocier, voilà tout. Et il le fait bien : « Il est régionaliste à Rennes, planificateur ailleurs ; il en fait un peu trop partout. Naturellement, il ne tiendrait pas ces discours contradictoires s'il voulait vraiment être président. Il arrivera plus probablement en numéro 3, et, dans ce cas, il devra bien négocier avec nous ! »

Et Mitterrand ? Il a un fil à la patte : les communistes. Giscard ne se privera pas d'exploiter la peur des Français : « Avec Mitterrand, voilà ce que vous risquez : l'inconnu, l'aventure ! »

Quant aux communistes, il en sait autant que nous tous, pas davantage : il avoue son incertitude. Veulent-ils barrer la route de l'Élysée à Mitterrand ? Ou, au contraire, finiront-ils par s'y rallier ? Serisé se rassure aussitôt : « S'il n'y avait pas le problème de l'entrée de ministres communistes au gouvernement, Mitterrand l'emporterait sans doute. Le Président le sait, il est lucide. Mais le problème se pose. Et c'est là-dessus qu'il va gagner ! »

Tout cela est bel et bon, mais quand le Président compte-t-il entrer en campagne ? À ma surprise, j'ai peine à le croire, Serisé avoue n'en rien savoir. Il m'explique que tous les collaborateurs de

VGE ont passé avec lui un pacte : « Ne nous dites rien ; lorsque vous vous déciderez, nous serons là. »

Suit un long passage sur ses relations à lui avec Giscard. Un homme politique, surtout lorsqu'il est au pouvoir, est entouré d'ambitions. De gens qui pensent inévitablement à leur carrière. « Cet homme, me dit-il – il parle de Giscard –, ne peut avoir confiance en personne. Il y a quelques jours, il m'a demandé ce que je voudrais faire, après l'élection. Je lui ai demandé s'il était prêt à répondre à n'importe laquelle de mes demandes. Oui, m'a-t-il assuré. Alors, lui ai-je dit, je ne vous demanderai jamais rien ! »

Ce dialogue entre un président et son conseiller préféré ne manque pas d'allure.

« Croyez-moi, conclut Serisé, il faut rester libre ! »



Et Raymond Barre, dans tout cela, quelle sera sa place dans la campagne ? Le Premier ministre parlera, certes, mais quand ? Je me trompe peut-être, mais il me semble que Serisé n'est pas trop pressé...

*Même jour, plus tard*

Je reviens sur quelques échanges que je n'ai pas notés sur le moment après le dîner d'hier avec Mitterrand. Il s'attend bien sûr à une offensive de la droite sur les ministres communistes. Il souligne cependant que dans les sondages où il est à 50/50 avec Giscard, 80 % des Français ont déjà pris leur parti : ils accepteraient des ministres communistes.

« Vous verrez, plaisante-t-il ; à la fin de ma campagne, je serai obligé de dire : "Certains, au début, ont cru pouvoir mettre en doute ma volonté de prendre des ministres communistes au gouvernement. Non, je n'ai pas varié sur ce sujet : il faut des ministres communistes au gouvernement !" »

Plutôt réticent, André Rousselet lui fait remarquer qu'à propos de communistes, ceux-ci lui préparent un fabuleux rendez-vous pour la prochaine fête du travail : ou Mitterrand se rend au 1er Mai unitaire, et il fait peur à tout le monde ; ou il n'y va pas, et le PC dénoncera son absence. Mitterrand hausse les épaules : il verra bien.

Dernière chose remarquée au cours du dîner : l'agressivité à l'égard de Giscard monte de façon continue chez Mitterrand. Comme s'il avait besoin de s'échauffer, à l'instar d'un boxeur avant d'entrer sur le ring. On lui dit que Jean-François Deniau l'appelle, lui, Mitterrand,

« Fantômas ». « Tout de même, ricane-t-il, Fantômas, lui, portait des diamants. Je dirai à Deniau, si je le vois : “Vous vous trompez, les diamants, ça n’est pas moi !” »

Même type de sortie à l’intention de Michel d’Ornano : « Il a dit à Pierre Mauroy, paraît-il : “Votre Programme commun, vous allez le passer dans une valise, clandestinement, en échappant à la douane !” Là encore, je dirai qu’il se trompe d’homme : moi, je déclare tout à la douane. Pas Giscard ! »

*28 février et 1er mars*
Congrès des radicaux de gauche.

Pour commencer, beau morceau d’éloquence de l’avocat Jean-Denis Bredin qui s’interroge sur l’apport du Parti radical à la gauche : « D’abord, le doute laïque, l’esprit libre, méfiant à l’égard des dogmes, le doute à l’égard des Églises. En second lieu, la méfiance à l’égard de tous les pouvoirs. Enfin, le respect de l’individu, qui n’empêche pas de traquer les injustices, les privilèges, les inégalités ! » 

Suivent de belles phrases sur la fiévreuse attente que manifeste le pays pour une nouvelle gauche « libre, sincère », pour une nouvelle espérance, pour un avenir radieux.

Au-delà de ces grands mots, les radicaux vont-ils persister dans leur désir de présenter leur président, le maire de La Rochelle, Michel Crépeau, à la présidentielle ? Dans cet espoir, le congrès déroule devant lui un véritable tapis rouge lorsque Maurice Faure intervient pour tenter de ramener les délégués à la raison. Il le fait avec une autorité sur ce parti qui diminue de jour en jour. Je ne l’ai jamais vu s’opposer ainsi à un auditoire hostile, composé en grande partie de gens qui ont été ou sont toujours ses amis, et qui sont aujourd’hui prêts à le déchirer à belles dents. Tout cela pour faire un petit tour dans la course présidentielle.

Il n’est pas, en politique, le plus courageux des hommes. Aujourd’hui, il choisit de faire front, tant il sent venir une déroute inutile. Las, Maurice Faure a beau démontrer que les résultats ne seraient pas faramineux pour le Parti radical, que la candidature de Michel Crépeau ferait davantage la preuve de son impuissance politique que de la force éternelle du radicalisme, son discours tombe dans un puits profond. Il n’en a pas l’habitude. Brutalement, il renonce à une mise en garde qu'il sait inutile, à voir l'atonie de ceux auxquels il s'adresse, et il achève son propos d'une phrase abrupte :

« Michel Crépeau croit sa candidature nécessaire. Ce que je crois, c'est qu'il se trompe sur ce point précis. Je pense le contraire. »

Michel Crépeau est désigné en fin d'après-midi par 80 % des membres du congrès.

*2 mars*

Ça y est, le suspense qui n'en était pas un est terminé : depuis l'Élysée, Giscard vient d'annoncer sa candidature, à 19 heures, par une déclaration de candidature de huit minutes. Il a choisi la mise en scène que le général de Gaulle avait adoptée avant lui dans la même circonstance, le 4 novembre 1965. Et la même dramatisation : ou bien un « oui franc et massif », comme avait dit le Général, et la France prend un élan nouveau ; ou elle cède à son mauvais démon – et ce mauvais démon-là n'a pas changé, c'est bien de François Mitterrand qu'il s'agit.

*3 mars*

Tous les acteurs sont désormais en scène.

Jean-Philippe Lecat me reçoit, accompagné d'une jolie jeune femme brune et vive qui l'assistera dans sa tâche pendant la campagne de Giscard : Véronique Cayla. Il la regarde comme Rodrigue regardait Chimène, mais elle feint de ne pas s'en apercevoir.

Pour l'heure, Lecat est plus que confiant. La campagne de Giscard, selon lui, commence sous les meilleurs auspices. Chirac, qui a choisi de faire une campagne de droite, libérale, rejette Valéry Giscard d'Estaing vers le centre. C'est exactement ce que voulait le Président, qui craignait que sept ans de pouvoir l'aient éloigné de sa position stratégique initiale : la France « doit être gouvernée au centre ». Le conservatisme de Jacques Chirac, me dit Lecat, fait apparaître Giscard, par contraste, comme plus ouvert, réformateur.

« Jacques Chirac s'est enfermé à droite beaucoup plus que ne l'était Chaban-Delmas en 1974. C'est inespéré ! Nous allons pouvoir expliquer la différence entre l'électorat de Chirac et le nôtre. De ce point de vue, Giscard va être aidé par l'échec de Margaret Thatcher dont la politique a aggravé le chômage et dont le conflit avec les syndicats radicalise le pays. »

Il insiste sur la politique étrangère : selon lui, Chirac s'est « reaganisé », comme Thatcher précisément ; il est hostile à la construction européenne, il livre l'Allemagne fédérale à la solitude.

Quant à l'attitude de Mitterrand, elle paraît très dangereuse à Jean-Philippe Lecat : « Il ne parle pas des communistes, il les piétine. Après quoi, comme il a besoin de leurs voix pour être élu, il essaiera de s'engager dans une opération séduction pour les rouler. Irresponsable, non ?

« Croyez-moi, conclut-il, tout cela cassera, à un moment ou à un autre. Un Président qui s'adresse au centre, un François Mitterrand qui n'a pas réglé intellectuellement le problème communiste, un Jacques Chirac qui regarde à droite : c'est l'équation idéale pour Giscard. »



La candidature officielle du Président se fera « ni trop tôt, ni trop tard. Elle obligera Mitterrand à sortir de sa tranchée. Le dialogue, dit-il, s'établira vite entre eux deux, marginalisant tous les autres. Ils seront en même temps au stand de tir ».

Il me dit également qu'il n'y aura pas de directeur de campagne, hormis le Président lui-même. L'état-major se trouvera rue Marignan. Jean-François Deniau animera le secteur des études, des données et des argumentaires. Philippe Pontet aura en charge l'administration générale de la campagne, les réunions, les meetings. Monique Pelletier s'occupera des comités de soutien, Philippe Sauzay sera le directeur de cabinet du Président-candidat. Lecat, lui, en sera le porte-parole : il démissionne donc aujourd'hui de son poste à l'Élysée.

*4 mars*

Vu Jean Lecanuet à midi. Il s'interroge avec lucidité sur ce que Valéry Giscard d'Estaing va pouvoir dire sur le chômage, surtout sur le chômage des jeunes.

Il m'explique la galaxie de l'UDF : « Les militants qui viennent du CDS et plus largement les démocrates-sociaux n'ont sociologiquement et structurellement que peu d'atomes crochus avec Giscard. Les plus giscardiens, naturellement, ce sont ceux qui ont tenté – et réussi – avec lui l'aventure de 1974. »

Dans le discours qu'il devait faire à l'UDF à l'occasion du début de la campagne, Lecanuet avait prévu deux parties : Mitterrand ou l'incohérence, Chirac ou l'inconstance. L'Élysée lui a demandé d'ôter le passage sur Chirac en arguant : « Giscard aura besoin de ses voix au deuxième tour. » Lecanuet a obtempéré. Cela lui a beaucoup coûté, m'assure-t-il, car son combat contre Chirac est « son combat depuis trente ans » !

De ce point de vue, sa stratégie a été désavouée. Il a perdu. Cela ne l'émeut pas outre mesure. Il est le président de l'UDF, certes, et il sera toujours correct avec Giscard. Pourtant il ne l'aime pas. Au surplus, lorsque, comme lui, on a mis le général de Gaulle en ballottage seize ans auparavant, on considère qu'on a son avenir derrière soi. Et on se fiche un peu de l'avenir des autres.

*1981*

Le hasard fait qu'après Lecanuet, je croise Jean-Pierre Soisson. Il se plaint d'être en défaveur à l'Élysée. Pourquoi ? Parce qu'il a recommandé à Giscard de « gommer » Chirac. Moins on souligne son existence, mieux cela vaut, soutient-il.

L'un, Lecanuet, voulait attaquer Chirac bille en tête : il a été empêché de le faire. L'autre, Soisson, veut au contraire l'ignorer : ses propos déplaisent. J'ai du mal à comprendre, derrière ce double refus, la stratégie qui va être celle de Giscard.

Jacques Chirac a parlé aujourd'hui sur France Inter, pour la première fois, de la « défaite possible » de Giscard. Hors antenne, il a dit à Joseph Paletou[1], qui me le rapporte presque instantanément au téléphone : « Je ne vais pas pleurer si Giscard perd et si je gagne ! » La formule, colportée à travers les rédactions, fait un foin du tonnerre.

Chirac m'appelle longuement, en fin d'après-midi. Il tente d'éteindre le feu : « Il faut être tordu, me dit-il, pour interpréter les choses hors de leur contexte ! »

Il n'empêche : ce qui est dit est dit. Jean-Marie Poirier, avec qui je dîne, me confie que, malheureusement, Giscard écoutait l'émission de Chirac au moment où celui-ci a envisagé sa défaite. Encore n'a-t-il pas entendu la conversation qui a suivi hors antenne ! Giscard a tout de même été furibard : il a immédiatement convoqué Jean-Marie Poirier et envisagé avec lui une éventuelle riposte. Il a fini par prendre la décision de ne pas ouvrir de polémique avec Jacques Chirac.

1. Chef du service politique de France Inter.

Anecdote : le Président lui-même a demandé à Jean-Marie Poirier qui, resté porte-parole de la Présidence, ne sera pas celui du candidat Giscard (c'est Jean-Philippe Lecat qui tiendra ce rôle), de ne plus parler en son nom. Il lui reprochait de bafouiller lors d'un de ses comptes rendus à la presse, ou je ne sais quoi d'autre. « Ou alors, lui a dit Giscard, prenez des cours de diction. Avec Jacques Toja, par exemple [1] ! »

C'est ce que Giscard a fait lui-même, pendant son septennat.

*6 mars*

Vu Michel Debré hier soir. Pas du tout déboussolé, pas du tout inquiet. Au contraire, il a tout à l'heure redonné du cœur au ventre à ses (maigres) troupes.

Bien grand caractère pour une bien petite espérance... *1981*

Aujourd'hui, longue conversation avec André Rousselet qui juge consternant l'état dans lequel se trouve le Parti socialiste au moment où la bataille va commencer. Les relations que le PS entretient avec la presse, notamment, l'inquiètent considérablement. Il me cite en exemple le conflit entre Lionel Jospin et RTL. Évoque le cas Fabius, qui se sent quelque peu délaissé. Me parle de Maïté Jourdan, la présidente du comité de soutien à François Mitterrand, qui est restée injoignable pendant quarante-huit heures. Ce ne serait pas grand-chose si la responsable de la communication n'était elle-même le plus souvent absente. Quant à Pierre Mauroy, désigné comme porte-parole de Mitterrand pendant la campagne, il devrait être aussi disponible que l'est Jean-Philippe Lecat, ce qui est loin d'être le cas.

« Si Mitterrand ne veut pas de directeur de campagne, il devrait au moins s'adjoindre quelqu'un qui puisse, en toutes circonstances, être mobilisable et mobilisé ! »

Comment une telle impréparation est-elle possible ? se demande André Rousselet dont l'entreprise, les Taxis G7, est précisément un modèle d'organisation. Depuis des mois, Mitterrand ne pense qu'à l'empoignade électorale. Mais personne, derrière lui, ne s'est préoccupé de mettre le Parti socialiste en ordre de bataille.

Je note que ce n'est guère mieux ailleurs : Giscard en est encore à s'interroger sur l'attitude à avoir avec Chirac. Debré compte ses

1. Comédien, sociétaire de la Comédie-Française, Jacques Toja est administrateur général de la Comédie-Française de 1979 à 1983.

bataillons. Pas de nouvelles de Marie-France Garaud. On a peine à croire que l'élection a lieu dans quelques semaines.

Je reviens sur une phrase de Michel Debré, l'autre soir : « La chance de Giscard, m'a-t-il dit, est que le programme de François Mitterrand n'est pas crédible. Sinon, il serait balayé ! »

*9 mars*

François Mitterrand est moins inquiet qu'André Rousselet sur l'impréparation du PS. Au contraire. Dans son bureau, il me montre aujourd'hui la future affiche de la campagne. Il en est littéralement ravi : derrière lui, sur la photo, Jacques Delors, Charles Hernu. « Cela fait équipe de gouvernement ! » dit ce loup solitaire, enchanté de voir devant lui un pouvoir devenu accessible.

Il me paraît moins fatigué que la semaine dernière, sans doute parce que, maintenant, l'action est proche.

Je l'accompagne à Beauvais où a lieu, après les semaines de silence qu'il s'est imposées, son premier meeting. Pour la première fois, me semble-t-il, il prononce un discours d'une agressivité inouïe contre Giscard, comme si, maintenant sur la ligne de départ, il ne prenait plus de précautions. La guerre, c'est la guerre. Il s'en donne les moyens, voilà tout !

*10 mars*

Une heure avec Pierre Mendès France chez lui, rue du Conseiller-Colignon. Un appartement bourgeois, un bureau de style anglais sur lequel il a disposé des livres, à côté des pièces de réception.

Son jugement sur la présidentielle ? « Il y a quelques mois, me dit-il, j'aurais mis ma main au feu que Giscard serait réélu ! Aujourd'hui, je continue à penser qu'il finira par être élu, mais je n'en donnerais pas ma main à couper. »

La prestation de Jacques Chirac, qu'il connaît à peine, l'a, me dit-il, « ébloui ! Son programme économique, c'est zéro. Les 30 milliards qu'il affiche, on chercherait en vain où il les trouverait et à qui il les prendrait. Mais cela n'a aucune importance ! ».

Il se ralliera à Mitterrand avant le début du mois d'avril, de façon spectaculaire. Oubliées de sa part, les relations difficiles, irrégulières, depuis près de trente ans, entre les deux hommes. Je doute que Mitterrand, plus rancunier, pardonne, lui, à Mendès France son attitude ancienne pendant l'affaire des fuites[1], pas plus que ses réticences à lui venir en aide à l'occasion de l'élection présidentielle de 1965. Il enregistrera néanmoins avec bonheur son ralliement final !

« D'autant, poursuit Mendès, que je comprends très bien les gens que Giscard a déçus. Je l'ai été moi-même. Je pensais que l'homme, arrivé au sommet de sa carrière, allait prendre une stature politique nouvelle et changer les choses ! Je l'ai souvent rencontré lorsqu'il était ministre des Finances. Il ne m'avait jamais paru avoir une ligne économique, une stratégie très fermes. Sur le plan financier, c'est un opportuniste, il arrange les choses au coup par coup, contrairement à ce que l'on croit ! »

*1981*

Pourtant, Mendès avoue « y avoir cru » en 1974 : « Je pensais, s'excuse-t-il presque, qu'en accédant à la Présidence de la République il aurait assez de force pour vouloir marquer son septennat. J'attendais qu'il fasse beaucoup. Il n'a rien fait ! Je fais donc partie des gens déçus par Valéry Giscard d'Estaing. Croyez-moi, j'expliquerai pourquoi ! »

Visage vieilli, cheveux d'un noir brillant, prenant appui sur une canne, il est presque beau à force de laideur. Sa voix, toujours aussi magique qu'au temps de ses causeries au coin du feu[2], est devenue plus faible aujourd'hui.

Il rit en comparant Jacques Chirac à un ancien ministre des Finances de la IVe République, Maurice Petsche, qui, dit-il, « n'était pas un génie ». Cela ne l'avait pas empêché de se faire ovationner par les députés lors d'un débat budgétaire. Pourquoi ? Parce qu'il leur avait expliqué sur un ton péremptoire que si l'on additionnait les recettes et l'impasse, on tombait sur le montant exact des dépenses ! CQFD ! « Voyez comme c'est bien fait ! » expliquait Petsche, ravi.

---

1. Sans le dire publiquement, et même sans le dire à certains de ses amis, François Mitterrand a toujours reproché à Pierre Mendès France d'avoir fait enquêter sur lui, lorsque, ministre de l'Intérieur du gouvernement Mendès France, il avait été mis en cause pour haute trahison dans l'affaire des fuites, en 1954. Le 7 mars 1956, après avoir porté plainte, François Mitterrand est blanchi : ce n'est pas lui qui, en 1953, a fait passer jusqu'au bureau du communiste Jacques Duclos des documents confidentiels sur l'effort de guerre français en Indochine.

2. Pendant les sept mois et demi durant lesquels « PMF » a été président du Conseil de la IVe République, il retrouvait toutes les semaines les Français en s'adressant à eux à la radio.

Voilà qui en dit long sur le niveau des débats économiques sous la IVe...

Dans la soirée, Giscard s'exprime à la télévision. Pour la première fois, il accepte de répondre aux questions posées sur les fameux diamants de Bokassa. Les « cailloux » sont restés à l'Élysée, puis, assure-t-il, ont été vendus pour des œuvres. L'ensemble des documents correspondants figurent dans la comptabilité de l'Élysée.

Pour le reste, il a surtout abordé le problème de l'emploi. Passant « au tableau », comme il aime à le faire, il démontre que la France ne va pas si mal, qu'elle pourrait aller mieux encore s'il est réélu. Je le trouve comme toujours brillant, à l'aise, supérieur dans la forme. La performance est éblouissante. Seulement, à peine a-t-il fini de parler qu'elle apparaît bien légère.

Noter que Mitterrand, de son côté, reste flou pour le moment en matière de programme. Je ne vois pas comment il pourrait gagner.

*11 mars*

Bernard Rideau, l'homme des sondages de Giscard, commente pour moi les premières enquêtes Sofres sur l'élection présidentielle.

Giscard obtiendrait au premier tour 29 % des voix, Jacques Chirac 15 %, Michel Debré 3,5 %, et Marie-France Garaud 2 %. À gauche, François Mitterrand est à 25 %, Georges Marchais à 16 %, tandis que Michel Crépeau ne dépasse pas les 1 %.

Commentaire de Bernard Rideau : la campagne de Jacques Chirac ne marche pas. « Son coup est en train de foirer, m'assure-t-il, ravi. Il enlève des suffrages à Michel Debré et à Marie-France Garaud, pas à Giscard ! »

Il en est convaincu : au moment où VGE s'apprête à entrer dans l'arène, sa baisse est enrayée. « La chute est stoppée, Giscard n'est pas Carter ! »

*15 mars*

Retrait de Coluche. Cela faisait quelques semaines qu'il se faisait discret. Il était lui-même étonné du succès que lui accordaient les sondages : jusqu'à 12 % des intentions de vote, les bons jours ! La bonne blague était allée trop loin, au-delà des espérances de son imprésario. Coluche avait cru jeter un pavé dans la mare, il ne s'attendait pas à provoquer un raz de marée.

Et puis, évidemment, les grands candidats, les gros mastodontes sont entrés en campagne et la cote de Coluche s'est rabougrie comme peau de chagrin. Les Français sont des gens plus sérieux qu'ils ne veulent le paraître. Coluche aussi : il a renoncé.

*16 mars*

Voici aujourd'hui Mitterrand à « Cartes sur table », l'émission de Jean-Pierre Elkabbach et Alain Duhamel. Un des deux lui demande si, après tant d'années de combats, il se sent à l'aise pour un nouveau départ. Il feint de s'étonner : « Valéry Giscard d'Estaing a été pour la première fois ministre des Finances du général de Gaulle il y a dix-neuf ans ! Il a de l'ancienneté sur moi ! » plaisante-t-il.



Son programme ? Relance économique, réduction du temps de travail à 35 heures hebdomadaires[1], grands travaux, avantages accordés aux entreprises créatrices de main-d'œuvre, formation professionnelle, recrutement de 210 000 agents de l'État et des collectivités locales, allocation chômage aux sans-emploi. « Bien entendu, dit-il avant qu'on ne lui pose la question, cela suppose un nouvel impôt, donc une réforme fiscale. Et sans doute la taxation des grandes fortunes ! »

Voilà pour l'économie. À 21 h 39, il en vient à la politique extérieure. Je suis surprise du changement de timbre de sa voix lorsqu'il évoque la dernière rencontre de Giscard avec Leonid Brejnev à Varsovie. Il dépeint avec une ironie amère, une indignation faussement contenue, le Président français s'en allant rencontrer Leonid Brejnev en Pologne à l'instar d'un « petit télégraphiste » passant sous les fourches caudines soviétiques.

Le quotidien russe la *Pravda* a publié aujourd'hui, paraît-il, un commentaire laudateur sur le Président sortant. « Il fallait bien que le voyage à Varsovie reçoive un salaire ! » réplique-t-il. Il ajoute : « La *Pravda* peut être contente de M. Giscard d'Estaing ! »

Il sait sans doute ce qu'il fait : il y a quelques mois, toute une partie de la droite française a été choquée par cette rencontre inédite entre le numéro 1 russe et le Français. Pas les gaullistes, à qui le Général en avait fait voir bien d'autres. C'est plutôt la droite giscar-

1. Déjà...

dienne, celle des Républicains indépendants, qui avait été prise à contre-pied. Et voilà que des mois plus tard, Mitterrand ressort Varsovie de son chapeau. De bonne guerre ? De guerre, tout court !

Pour lui, il est évident qu'un duel à mort commence. « Le moment est venu du changement, résume-t-il. Sept ans, c'est déjà bien long ! »

Son plus grand échec ? lui demande-t-on. D'avoir mis si longtemps à convaincre les Français (encore n'est-il pas sûr, à l'heure où il parle, de l'avoir fait !).

Sa plus grande réussite ? L'unification du Parti socialiste.

Quant aux communistes, comment dire, Mitterrand a l'air d'être plus libre vis-à-vis d'eux qu'il ne l'a jamais été, essentiellement parce qu'il n'est pas empêtré dans d'interminables négociations, dans l'élaboration ligne à ligne d'un programme commun auquel il n'a jamais vraiment cru. La phrase qu'il a employée au cours de l'émission : « Il n'est ni juste ni raisonnable d'envisager que des ministres communistes entrent au gouvernement tant que leur ligne restera la même ! »

*17 mars*

Intervention de Raymond Barre à la télévision. Il ne lui faut pas longtemps pour lâcher : « J'ai été révolté par les propos de Mitterrand, hier. »

Il fait évidemment allusion à la phrase sur le « petit télégraphiste », qui a déclenché aujourd'hui une incroyable levée de boucliers. Barre met ce soir le point d'orgue à la bagarre du jour !

Je n'ai pas pour habitude d'être tendre avec lui. Ce soir, exceptionnellement, il se montre plus prudent, il ne fait pas étalage de son aversion pour le microcosme. Il parle de son souci de ne pas voir désindustrialiser la France, de ne pas détruire le tissu des relations sociales conventionnelles dans ce pays.

Pourtant, il revient vite sur la sortie de Mitterrand : « Les Français ne sont pas impressionnés par le dénigrement systématique de la France à l'intérieur et à l'étranger. La France est respectée, il faut que les Français le sachent ! »

Barre n'est pas un homme politique habitué des coups tordus. Il est sincèrement indigné : du coup, il défend Giscard comme je ne l'ai pas entendu le faire depuis plusieurs mois. Il a eu cette phrase, au début, que j'ai trouvée presque sympathique : il n'a pas d'« exhibitionnisme du cœur ».

Voilà. Le « petit télégraphiste » a fait couler beaucoup d'encre aujourd'hui. Cela continuera, j'en suis sûre. Je trouve l'attaque assez médiocre. Il n'empêche : j'en ai ri toute la journée.

*20 mars*

Coup de téléphone de Mitterrand, ce matin. Ravi de son effet, il me demande comment je l'ai trouvé, à la télévision, et, sans attendre une réponse très approfondie, me dit qu'après tout, « l'émission ne s'est pas trop mal passée ! ».

Je le sais très méfiant – depuis 1968 ! – vis-à-vis de la télévision. D'ailleurs, me confie-t-il, il a beaucoup travaillé son « Cartes sur table ». Quand cela ? Il était en déplacement à Chartres et à Orléans le jour même. « Je me suis imposé un long silence depuis quatre mois, et une réflexion de quatre mois. C'est dans ma tête que je l'ai préparée, cette émission ! »



Il ne peut s'empêcher, tant il jubile, de revenir sur « le petit télégraphiste » : « C'était rude, mais je l'ai dit gentiment, non ? Alors, sur le plateau, nul n'y a prêté attention. C'est pour cela que personne n'est arrivé à en faire une affaire du tonnerre ! »

Qu'est-ce qu'il lui faut !

Il rit : « Vous n'avez pas entendu Jean-Philippe Lecat commenter l'émission : à lui non plus ces propos n'ont pas paru énormes. À moins qu'il ne soit du même avis que moi ? »

Il redevient sérieux : « Cela étant, nous sommes à 50/50. Comment gagner au-delà ? »

Il n'a manifestement pas la réponse.

Vu Lecat tout de suite après cette conversation rapide. C'est vrai, il n'est pas tourneboulé par le « petit télégraphiste ». Je le trouve même plutôt confiant dans l'avenir. Ce que j'apprécie chez lui, c'est qu'il ne cherche pas, contrairement à tant d'hommes de communication, à me dorer la pilule. Il commence par énumérer les points positifs de la campagne de Giscard en cet instant précis : pas d'effet Chirac, pas d'effondrement de Giscard, comme l'espérait Jacques Chirac, pas davantage de raz de marée Mitterrand. Les points négatifs : une bonne tenue du candidat Mitterrand. Un risque sur la crédibilité de Giscard-candidat. Il s'explique : Mitterrand, dans l'esprit des Français, n'est jamais apparu que comme un candidat. Ce n'est pas le cas de Giscard, dont l'image de Président s'est installée depuis 1974. Peut-il « capitaliser » sur son action passée à l'Élysée pendant sept ans et apparaître en même temps comme un candidat tout neuf ? La difficulté existe.

Dans les jours qui viennent, Lecat prévoit un tournant majeur de la campagne : la semaine commencera par une interview de Giscard à *L'Express*, elle continuera mercredi par la sortie de son livre sur l'*État de la France*[1]. « Cartes sur table », lundi prochain. Il fera au cours de l'émission des propositions concrètes et précises sur le chômage. Sans vouloir définir un plan d'ensemble. Il juge qu'il vaut mieux proposer quatre ou cinq mesures sur le chômage plutôt que de se lancer dans une vaste dissertation sur la politique économique.

Nous verrons.

*1981*

*24 mars*

Au tour de Georges Marchais de se produire à la télévision. Franchement, ceux qui pensent voter Mitterrand doivent vraiment le vouloir, le vouloir ardemment, parce que l'avenir que leur promet Georges Marchais n'est pas gai. De deux choses l'une : ou Mitterrand prend des communistes dans son gouvernement, et tout va bien (enfin, façon de parler !) ; ou il n'en prend pas, et alors Marchais promet aux Français un sacré bordel. Un « état de grâce » qui a plutôt des airs de « coup de grâce » !

En attendant, il fixe une sorte d'ultimatum à Mitterrand : « Je ne souhaite pas m'abstenir (au deuxième tour). » Mais il veille à laisser planer le doute : il n'assure pas du tout Mitterrand de son soutien inconditionnel.

Le blocage à gauche existe donc toujours. C'est son principal handicap, tout le monde le sait depuis longtemps.

La violence de Mitterrand contre Giscard : il faut voir son irritation lorsqu'il dit, comme il l'a fait l'autre jour, parlant du Président et de son parti, l'UDF : « Ces gens qui croient incarner la France alors qu'ils n'ont réuni que 30 % des suffrages ! Moins que ce que j'ai eu, moi, en 1974, et à peine plus que je n'aurai cette fois-ci au premier tour ! »

---

1. Chez Fayard. Ce fut un relatif échec de librairie, comparé à *Ici et maintenant*, de François Mitterrand, paru chez le même éditeur.

Il sent venir, m'a-t-il dit, le procès fait par la droite contre lui : pas seulement pour incompétence ni même en illégitimité, mais en usurpation.

*27 mars*

Mitterrand en campagne à Laon. Dans sa voiture que son chauffeur Pierre conduit vite, comme à l'habitude, il aborde, sans en avoir l'air, un peu tous les sujets. Il juge que la campagne de Giscard a mal débuté : « Il doit s'agacer, dit-il, que cela ne démarre pas mieux pour lui ! » Il a sous la main les trois sondages IFOP sur les émissions télévisées. La sienne est celle qui a le plus marqué le comportement des électeurs, lesquels se sont déclarés « disposés à changer d'avis » sur le candidat Mitterrand et sa politique. Celle de Giscard n'a pas modifié la donne. Chirac, en revanche, est très bien passé. « Que dire sur Chirac ? me dit-il, sauf ce que je dis le plus souvent : il fait le boulot que je ne peux pas faire ! »



Sur Georges Marchais : « Avec Michel Rocard, il aurait été plus facile de demander aux communistes de s'abstenir. Pas avec moi ! Je suis celui qui, avec Mauroy, résiste le mieux aux entreprises de démolition du PC. Bref, Marchais n'a pas dit qu'il ne ferait pas voter pour moi, et il n'a pas dit non plus qu'il voulait me faire battre ! Il a dit ce qu'il ferait *après* ma victoire ! »

Plus prosaïquement, il est furieux de l'organisation de ses déplacements. Effectivement, il y a de quoi : dîners dégueulasses alors qu'il préférerait se rassasier d'un sandwich tranquillement dans sa voiture. Arrêts n'importe où sans qu'il ait le temps d'aller se laver les mains. Nous évoquons la campagne de 1965 où il avait autour de lui une vingtaine de personnes seulement, et 100 millions de francs à dépenser. La multiplication des responsables l'irrite au plus haut point. Je prends conscience une fois de plus de ce que j'avais oublié depuis les dix ans qu'il est à la tête du PS : Mitterrand n'est pas, ne sera jamais un homme de parti. L'idée d'être accueilli par un secrétaire fédéral ou des cadres socialistes qu'il ne connaît pas toujours l'ennuie profondément.

Puis, au beau milieu d'une phrase, il me demande à brûle-pourpoint : « Comment faites-vous pour ne pas être un robot ? Enfin, lorsque vous aviez 10 ans, 15 ans, 20 ans, vous aviez des sentiments, vous pensiez quelque chose. Et maintenant, où êtes-vous passée ? On ne peut quand même pas se confondre à ce point avec un métier ! »

Après quelques secondes de stupeur, je comprends que c'est à lui qu'il pose la question. C'est si vrai qu'il ne marque pas de temps d'arrêt avant d'enchaîner : « Si je suis battu, je suis battu par les communistes. Ce ne sera pas parce que c'est moi. Au contraire, personne mieux que moi ne leur aura résisté ! Être battu à la fois par la droite et les communistes, avouez que ce serait original[1] ! »

Il ne pense qu'à l'échec, finalement ! Même s'il me dit qu'il se sent beaucoup moins fatigué aujourd'hui qu'en 1956, par exemple, où il avait alors trouvé très rude la campagne des législatives[2].

« Peut-être en aviez-vous marre, de la IVe République ? »

La réponse qu'il me fait m'étonne : « Non, c'est que j'avais traversé deux ans de fureur noire à voir Mendès France gâcher toutes ses chances ! Deux ans de formidable colère intérieure ! Peut-être ma fatigue était-elle psychosomatique... »

Il éructe contre tous les conseils qu'on lui prodigue. Les uns lui disent de ne jamais parler d'histoire : il refuse, bien sûr, de leur obéir. Les autres d'en parler, au contraire. Il me montre, en retournant ses poches, un petit tas de notes différentes qu'il ne lit même pas.

D'histoire il parlera au cours de sa réunion publique d'Amiens où il commence par évoquer la Révolution française et les conquêtes de la Liberté. Il parle longuement, trop longuement : une heure et quart. Son discours n'est pas très bien ficelé, il est même plutôt bâclé, dirais-je, trop vague, avec des hymnes aux prolétaires datant du XIXe siècle. Mais, en cours de meeting, il se ressaisit et place son couplet sur Giscard et le désordre : « J'entends le président de la République parler de désordre ; alors je réponds : le désordre, il est déjà là ! » Et parle des communistes : « J'ai vu avec tristesse la façon dont le PC a gâché l'espérance populaire, mais je ne vis pas sur des rancœurs, des rancunes... »

1. Ce fut déjà le cas de Mendès France à l'Assemblée nationale en février 1955...

2. Celle du scrutin du 2 janvier 1956 qui vit la victoire relative du « Front républicain » et porta Guy Mollet à Matignon, et non pas Mendès France comme la plupart l'espéraient.

*30 mars*

Sondage publié demain par le quotidien *Sud-Ouest*[1] : 29 % des Français estiment que François Mitterrand est le mieux placé pour réduire le chômage, contre 14 % pour Georges Marchais et 12 % seulement pour Giscard. Mais les choses se compliquent pour Mitterrand : 49 % des électeurs français proposent, pour lutter contre le chômage, de « favoriser la présence de la femme à la maison, par exemple avec un salaire ». Ce sont les ouvriers qui y sont le plus favorables (59 %), ainsi que les partisans de Valéry Giscard d'Estaing (54 %) et de Georges Marchais (50 %), mais 45 % seulement parmi les électeurs de Mitterrand.

La femme à la maison : nouveau thème de campagne moderne ?



*Même jour*

Jacques Chirac au déjeuner de la presse présidentielle. Au moment où il commence à s'adresser à nous, je note son extrême mauvaise humeur. On me dit qu'un autre sondage n'y est pas étranger : sa cote serait toujours en dessous des 20 %. Il a sans doute l'impression que les chiffres ne correspondent pas à l'ampleur du soutien qu'il recueille en France au cours de ses déplacements. Du coup il s'irrite, car il imagine que les sondeurs sont aux ordres de Giscard. Il lui arrive de penser que les journalistes aussi, d'ailleurs. Aujourd'hui, c'est un jour *sans*. Je note, en marge, les confidences que me fait René Andrieu, l'éditorialiste de *L'Humanité*. Il me dit qu'il s'ennuie, que la campagne l'ennuie, que tout le monde s'essouffle. Parle-t-il pour Marchais ? Il m'assure que non. Alors, pour qui ? Pour Mitterrand ?

*31 mars*

Me voici, avec Chirac, sur le départ pour Dole et Besançon. Charles Pasqua est du déplacement.

Aujourd'hui, Chirac est tout sourire. Il sourit davantage encore lorsqu'il assaisonne Giscard de quelques phrases bien senties dans l'avion qui nous conduit à l'aéroport de Besançon. Charles Pasqua trouve que Chirac se sent de mieux en mieux, dans les meetings. Il raconte qu'à Grenoble, il y a deux ou trois jours, il s'est lancé

1. Sondage effectué du 20 au 24 mars sur un échantillon de 1 000 personnes.

dans une improvisation à propos de l'autoroute, que les Grenoblois attendent toujours, tirade complètement hors sujet qui, néanmoins, par son éloquence, a laissé auditeurs et accompagnateurs sans voix.

À l'arrivée, Lhomond, le chauffeur de Jacques Chirac, nous attend au pied de l'appareil : depuis son accident, Chirac ne veut plus laisser sa sécurité aux mains d'un conducteur qu'il ne connaît pas. Ainsi Lhomond le rejoint-il en voiture quelques heures auparavant, en roulant la nuit le plus souvent, et attend-il l'arrivée du jet privé qui conduit Chirac à destination.

Je trouve que l'atmosphère autour de lui a changé depuis Marseille. Un public plus populaire, plus enthousiaste aussi, qui l'interrompt par des clameurs : « On va gagner ! » ou qui scande son nom : « Chirac ! Chirac ! » L'organisation est parfaite, contrairement à ce que j'ai pu constater à l'occasion du déplacement de Mitterrand à Amiens. Ici les affiches Chirac couvrent tout le département. Celles de Giscard sont présentes, plus discrètement. Aucune affiche socialiste.

Dans la voiture, entre Dole et Besançon, Charles Pasqua me livre plusieurs éléments d'analyse : « La chance a tourné pour Giscard, me dit-il. Il est lâché par le cœur de son électorat. Le ras-le-bol vis-à-vis de lui est considérable. Il est dans un véritable état de désamour. Donc, au soir du premier tour, il y aura des pleurs et des grincements de dents : pas chez nous, chez lui ! » Il est redevenu optimiste : « Notre campagne a marqué un palier à la mi-mars. Nous reprenons, maintenant. »

D'ailleurs, Chirac m'a dit tout à l'heure que, selon Jérôme Jaffré, de la Sofres, 6 à 9 % de l'électorat de Giscard était prêt à voter pour lui. Toute la question est évidemment de savoir si c'est 6 ou 9 %.

L'organisation Chirac est très ramassée, une dizaine d'hommes, pas plus : Jean Méo, Alain Juppé pour les dossiers à préparer, Messmer et Toubon pour le tout-venant, Pasqua pour les meetings.

Pasqua assure que l'état-major de Giscard et celui de l'UDF ont eu tendance à écouter leurs conseillers en marketing : ceux-ci ont plaidé qu'il fallait mettre de la distance entre l'UDF et le candidat-Président. Giscard a donc placé l'UDF en vacances. Lecanuet, Jacques Blanc, Michel Pinton ont été privés de sorties, de meetings. Les militants se sont démobilisés en même temps qu'eux.

Pasqua continue : « Si, en avril, au premier tour, nous nous retrouvons dans le schéma Giscard/Mitterrand, Giscard sera battu : il aura contre lui au deuxième tour 70 % des voix communistes et 25 % des voix de Jacques Chirac. » Sa conclusion : « De toute façon, la solution est entre nos mains. Si nous ne gagnons pas, nous serons incontournables pour les législatives qui suivront. Giscard a été d'une maladresse insigne avec nous, et il continue ! »

Pasqua ne se berce pas d'illusions : lorsqu'il ne se laisse pas emporter par son optimisme, il révèle le vrai calcul de Chirac. Pour lui, il est moins question de gagner la présidentielle que de survivre à Giscard, à moins qu'il ne finisse par lui être indispensable...

Je ne sais pas comment la conversation en est venue sur le cas de Maurice Arreckx, maire UDF de Toulon, que connaît bien Pasqua. « Vous verrez qu'il se ralliera à Chirac, m'assure-t-il. J'ai déjeuné avec lui, l'autre jour. À la fin du déjeuner, il s'est étonné de ce que je ne lui demande rien. "Non, rien", lui ai-je répondu. "Les autres me demandent de rester avec eux, a-t-il protesté. Et vous, rien ?" "Je ne vous demande rien, lui a dit Pasqua. Vous n'êtes plus à l'aise chez les giscardiens. Vous savez bien que vous n'êtes pas dans le sérail, que vous êtes toléré, pas aimé. Si vous restez à l'UDF, tant pis pour vous. Mais je crois que vous finirez par venir avec nous." »



Nous reparlons de Chirac que Pasqua semble considérer comme un adolescent de génie, non maîtrisable, à surveiller comme le lait sur le feu. Sur la peine de mort, par exemple, Jacques Chirac s'est « laissé freiner dans ses pensées et dans ses élans ». Il était favorable à son abolition. Il n'a pas osé en parler pour des raisons électorales. « C'est une erreur, affirme Pasqua. Un homme politique doit dire ce qu'il pense. Il s'est laissé avoir par gentillesse et par habitude. Il lui faut sortir de sa chrysalide ! »

Aurait-il les mêmes tentations castratrices que Marie-France Garaud et Pierre Juillet ? « Ils ont été tous deux très utiles, avoue Pasqua. Mais ils ont poussé les choses à l'extrême. Chirac ne pouvait être prisonnier de leurs chimères ! »

Et puis, cet aveu : « À partir de 1976, notre ambition était de reconquérir le pouvoir ! »

*Grey, 15 h 20*

Chirac arbore ce curieux sourire qu'il a lorsqu'il parle de lui devant les électeurs, comme incrédule et ravi de ce qui sort de sa bouche. Il est sur un petit nuage et se lance dans ses couplets favoris dont il sait qu'ils marchent à tous coups. Il fait un tabac sur la Grande-Bretagne et le Marché commun, se paie les bureaucrates de Bruxelles, « excellents lorsqu'il s'agit de faire des rapports en trois points, mais nuls lorsqu'il s'agit de faire du commerce ! ». Ovations garanties !

Dans ces rencontres avec les Français, on entend tout et n'importe quoi.

Quelqu'un, Dieu sait pourquoi, pose une question sur les pompes funèbres. Chirac lui répond illico en annonçant une réforme capitale desdites pompes funèbres, sur laquelle il serait bien incapable d'articuler un seul mot.

Question sur les emplois « au noir » des gendarmes et des militaires, qui, à écouter l'interlocuteur de Chirac, nuisent gravement aux chômeurs. Il s'agit, à l'en croire, de pas moins de 700 000 emplois volés en quelque sorte aux sans-emploi. Réponse de Chirac : « Le problème du chômage n'est pas de savoir mieux répartir la famine,

comme le veut le candidat Giscard d'Estaing ! »

Forte attaque, enfin, à propos de la politique étrangère du Président, sur un thème connu : « Jamais l'esprit de Munich, l'esprit de dialogue systématiquement recherché, n'a conduit à la paix ! »

Giscard, ennemi numéro un ? C'est inévitable à partir du moment où les deux hommes chassent le même électorat, celui de la majorité. Mitterrand, au milieu, bénéficie de cette bataille dans laquelle, un jour comme aujourd'hui, par exemple, il n'apparaît même pas.

*17 heures*

Rencontre avec la presse à Besançon. Différence de Chirac avec VGE : il joue sur la relance de la croissance, pas VGE. « D'ailleurs, suggère-t-il non sans culot, le Président ne me cite pas trop ; cela veut dire qu'il ne conteste pas le bien-fondé de mes propositions ! »

Automobile, textile, horlogerie : il regrette les contraintes excessives pesant sur l'économie, qui vont d'une taxation inadaptée à de trop astreignants contrôles ; réclame des protections communautaires ou nationales sur les produits qui viennent de l'étranger ; affirme son hostilité à quelque nationalisation que ce soit ; et joue la carte libérale : « Je ne suis pas dirigiste », conclut-il.

En marge de la rencontre, les pronostics vont bon train : le responsable fédéral du RPR assure qu'en Haute-Saône, Chirac sera à égalité avec Giscard ; que, dans le Doubs, il le devance. Dans le Jura, en revanche, Giscard devrait l'emporter. À Belfort, enfin, le PS sera largement en tête.

Je m'émerveille une fois de plus devant cette faculté qu'ont les militants politiques – et leurs dirigeants, le plus souvent – à s'illusionner sur des résultats électoraux. Peut-être ce moteur leur est-il nécessaire ?

Un peu plus tard, à Besançon, dans une autre salle du Palais des sports.

Une note discordante parmi les questions : « À plusieurs reprises, vous avez entre vos mains la clef de voûte, lui dit un mécontent, et vous avez choisi de ne pas abattre la voûte en ne déposant pas de motion de censure ! »

Pour la première fois, je l'entends faire cette réponse sur l'avenir : « Si je suis élu, assure-t-il, je ne dissoudrai pas l'Assemblée nationale. Il n'y aura pas d'élections législatives. »

Pourquoi donne-t-il cette assurance ? Pour montrer qu'il n'ouvre pas une période de désordre, sans doute. Est-ce aussi pour rassurer ses propres troupes qu'il sent peut-être hostiles à Giscard, certes, mais pas assez pour risquer l'avenir de la majorité ?



Je n'aurai pas la réponse. Nous reprenons l'avion en toute fin d'après-midi et Chirac n'a plus aucune envie de parler sérieusement. Il joue au potache, fait quelques plaisanteries de garçon de bain, s'endort quelques minutes avant l'arrivée au Bourget où son avion atterrit.

Difficile d'échapper à cette atmosphère tourbillonnante de réunions, de meetings. Je sais d'expérience que la réalité des électeurs est bien différente de celle des militants. À la question que je lui posais, Chirac m'a répondu tout à l'heure qu'il estimait, au-delà des 18 % qu'on lui prête, pouvoir faire basculer une frange d'électeurs de la majorité indécis (entre 6 et 9 %) qui avaient voté pour Giscard en 1974 et ont été, depuis lors, déçus par lui.

François Mitterrand au « Grand débat », ce soir.

Patrice Duhamel pose la question qui s'impose : *quid* des communistes ? Mitterrand est plus clair que je ne l'imaginais : la ligne du PC reste inchangée, il ne lui est donc « pas possible, juge-t-il, d'engager des conversations avec eux sur la façon dont seront menées les affaires publiques au lendemain de l'élection ».

Mitterrand se dit donc candidat des seuls socialistes, pas au-delà.

Le voilà pourtant qui se projette après le 10 mai en déclinant son calendrier : il nommera un Premier ministre pour un « gouvernement de transition ». Comment se formera, dans ce cas, la majorité ? Elle se forme, dit-il, citant Giscard lui-même, le jour de l'élection présidentielle qui lui donne son impulsion essentielle.

Puis viendra le temps des toutes premières mesures : Mitterrand demandera « à des gens qualifiés » d'établir un bilan du septennat précédent. Il engagera aussitôt avec les partenaires sociaux des consultations sur le SMIC, la réduction du temps de travail, le chômage des jeunes, les salaires, y compris les salaires féminins, la famille. « Sur ces propositions, conclut-il, j'engagerai mes actions. Le gouvernement s'engagera sur cette politique. » Là encore, le souci de rassurer est évident : Mitterrand veut montrer que tout est prévu, contrairement à ce que disent ses adversaires, et qu'aucun désordre n'attend la France. Ne pas faire peur, surtout ne pas faire peur !

Alors, les communistes ? « J'ai posé des questions à la direction du PC. D'accord, elle est revenue sur l'union de la gauche. Je lui ai demandé qu'elle cesse de pratiquer une campagne antisocialiste, qu'elle cesse de jouer double jeu entre la gauche et la droite. J'attends à ces questions des réponses claires sur le fond et dans la forme. Mais ce n'est pas à moi de discuter de ces choses ! »

Je me dis, en l'écoutant, que, loin de lui nuire, la distance mise par le PC à son endroit est plutôt un atout pour lui avant le premier tour. Il peut ainsi ne pas répondre sur le Programme commun ni sur la composition de son gouvernement. Il paraît libre vis-à-vis des communistes. Même si, je suppose, il compte bien sur leurs voix au deuxième tour. Beaucoup repose sur le pourcentage exact de voix communistes qui, malgré les affrontements entre les deux partis, incessants depuis septembre 1977, se reporteront sur lui.

« Je ne récuse personne, je ne refuse personne, je veux une autre politique », martèle-t-il avec une autorité de candidat qui se sent presque déjà élu.

Ou alors, c'est bien imité.

*4 avril (J – 23)*

Conférence de presse de Valéry Giscard d'Estaing.

Il a trois quarts d'heure de retard, ne s'excuse pas, mais énonce son premier jugement sur le déroulement de sa campagne depuis un mois. Il a déjà rencontré plus de 50 000 personnes, « chiffre, assure-t-il, très exact et vérifiable ».

Ce qu'il a ressenti à l'occasion de cette quatrième campagne à laquelle il ait participé, candidat ou pas ? Il trouve les auditoires plus nombreux et plus attentifs que jamais, ouverts à « un vrai débat démocratique digne de la France ».

Reste qu'il reconnaît qu'il est accroché sur le thème de la paix (effet inévitable du « petit télégraphiste ») : « Ceux qui déforment l'action de la France pour la paix se trompent. Les Français approuvent le combat que je mène. »

Quant à ses propositions sur le travail et le chômage, il est certain que « ses auditoires ont compris l'importance de mon plan : calculé, méthodique, vérifiable ».

Il annonce qu'il parlera par la suite de la vie des banlieues, du logement, de l'accession des jeunes à la propriété. Et qu'il parlera aussi d'économie – après avoir abordé aujourd'hui le travail – mercredi après-midi.



Un face-à-face télévisé avec Chirac ? C'est non. « Je ne dirai rien qui puisse compromettre l'unité de la majorité, pour offrir aux Français le spectacle d'un Président discutant avec le Premier ministre qu'il a nommé. »

*6 avril*

Mitterrand rend public son plan pour le plein-emploi : six mesures dont réduction du travail à 35 heures, création de 150 000 emplois dans le secteur public, réduction des charges sociales des entreprises de main-d'œuvre, exonération de l'impôt sur le revenu des bas salaires, impôt sur la fortune, exonération de la TVA sur les biens de première nécessité. Tel est le « Ce que je ferai » de François Mitterrand. L'interview qu'il donne à *L'Express* dans la foulée reprend ces propositions.

*7 avril*

Est-ce un tournant dans la campagne ? Au « Club de la presse », hier ou avant-hier (les choses vont vite : entre mes éditoriaux et ces carnets, je n'ai guère de temps), Georges Marchais m'a paru plus ouvert, si j'ose dire, vis-à-vis de François Mitterrand. Bien sûr, il a mis en cause la cohérence du programme économique du candidat socialiste, mais, en fait, il a proposé un scénario politique et de réformes de première nécessité qui ressemble à celui de Mitterrand.

En cas de victoire de celui-ci, je suis convaincue que les propositions de Marchais peuvent éventuellement servir de base à un accord entre socialistes et communistes.

Je suis incapable de dire ce qui, en coulisse, s'est passé entre PC et PS ; en revanche, il me semble déceler non pas peut-être un rapprochement, mais une inflexion. La suite dira si j'ai raison.

*8 avril*

Nouvelle conférence de presse de Giscard. Il veut montrer qu'il voit les choses de haut, qu'il laisse à d'autres les polémiques, qu'il fait appel à l'intelligence des Français, non pas à leurs sentiments. Qu'il vit dans le concret tandis que ses adversaires, eux, rêvent.



Comment être candidat quand on est déjà Président ? C'est toute la difficulté pour Giscard. Que diable ne l'a-t-il fait auparavant ? se disent sans doute les Français quand il propose un nouveau plan, un nouvel emprunt de 15 milliards de francs, comme il le fait aujourd'hui, de nouveaux crédits d'action conjoncturelle, ou encore une incitation fiscale à l'investissement et à la recherche. « Le Premier ministre, conclut-il, donnera toutes les explications techniques nécessaires. » D'un coup, plus vite qu'il ne l'aurait voulu, le candidat est redevenu Président. Or il n'est pas sûr que l'appel à Raymond Barre le fasse progresser dans l'électorat.

Plus tard, à Saint-Denis, en plein fief communiste, Giscard ironise sur le plan Mitterrand visant le plein-emploi : « C'est le jeu des 35 erreurs, ce plan ! »

*9 avril*

Il est cinq heures de l'après-midi. Me voici à Provins où Giscard tient meeting. J'ai tenu à voir de près si son appel à l'intelligence et à la raison, au moment où Mitterrand et Chirac jouent de l'émotion, était compris.

Pour commencer le spectacle, un film plutôt bon de Frédéric Rossif sur la campagne. À noter qu'aucune image de Raymond Barre n'y figure ! Et que Chirac y est au moins autant pris à partie que Mitterrand ou Marchais.

La salle est assez exiguë, mais bien remplie à cette heure de l'après-midi peu propice aux débats politiques. Alain Peyrefitte, maire de

Provins, organisateur de la journée, introduit la réunion par une plaisanterie facile : « La rose de Provins, dit-il, est sans épines. On ne saurait le dire de toutes les roses ! » Allusion, bien sûr, à la rose socialiste de Mitterrand. Ministre de la Justice, gaulliste, Peyrefitte, depuis longtemps, a choisi le camp de Giscard après de multiples tentatives pour remettre Chirac dans la voie du « bon choix ». Son soutien, aujourd'hui, est important pour Giscard ; d'ailleurs, Peyrefitte ne le lui monnaie pas chichement : évocation de la visite de De Gaulle à Provins en 1965, alors que Giscard était déjà ministre du Général ; assurance donnée que « l'héritage gaulliste a été maintenu, et au prix de quels efforts ! ». « La crise internationale, ce serait votre faute ! L'industrialisation du tiers-monde, ce serait votre faute ! Le mauvais temps, la faute à Giscard ! La vraie question, demande Peyrefitte, est de savoir si notre République saura résister aux assauts de ceux qui veulent la détruire. Votre seul adversaire est celui qui a combattu le général de Gaulle. C'est la V^e^ République qu'il veut abattre ! »



Une touche supplémentaire contre Mitterrand, pour finir, lorsqu'il le décrit avec horreur comme un successeur possible du Général, après Georges Pompidou et Giscard d'Estaing : il s'agit « d'une imposture que tous les vrais gaullistes dénonceront avec indignation ».

Habile, comme toujours, Peyrefitte. Efficace, de surcroît : démontrer que Giscard est le dernier gaulliste, désigner clairement Mitterrand comme son seul adversaire, appeler les « vrais gaullistes » à l'aide contre les faux, somme tout cela revient à « gommer » Chirac.

Il est vrai qu'après avoir été ministre chiraquien, Peyrefitte se doit de justifier son ralliement à Giscard. Il ne peut le faire qu'en se revendiquant du gaullisme. Il a d'ailleurs de vrais titres à le faire.

Giscard, qui prend la parole après lui, me semble plutôt réconforté par ces propos. Le Conseil constitutionnel vient tout juste de rendre aujourd'hui officielles les candidatures à l'élection présidentielle. Giscard annonce qu'il a le numéro 7 parmi les dix candidats retenus. Il note que sur les dix, neuf sont contre lui.

Comme toujours, il plaide l'intelligence, se prétend « choqué » de voir la légèreté avec laquelle les autres candidats traitent de problèmes sérieux. Il a pourtant compris qu'il ne pouvait pas se borner à rendre compte de son action passée à l'Élysée, qu'il lui fallait incarner autre chose qu'un bilan, donner de l'espoir à ceux qui l'écoutent.

Moins d'une heure sépare le cortège de Troyes où, après Provins, le Président doit parler plus tard dans la soirée. Il y a là près de 7 000 personnes que le maire gaulliste de Troyes, Robert Galley, a réunies pour applaudir Giscard.

À ma stupeur, je remarque, au moment où j'entre dans la salle, à quelques mètres seulement des travées, une sorte de tente blanche luxueusement agencée : sur une table basse, des chandeliers argentés ; deux couverts seulement, pour Giscard et Robert Galley sans doute. Stupéfaite, je me faufile rapidement dans la tente et prends connaissance du menu : aspic d'écrevisses, belons aux asperges du Lubéron, pigeons au foie gras. Diable !

Tout près, deux autres tentes, plus vastes celles-là. Dans la première, un tonneau de vin rouge et de la charcuterie : pour les services d'ordre et l'organisation. Dans la seconde, quelques bouteilles de vin et des sandwiches : pour les journalistes. L'un de nous plaisante, la première surprise passée : « La société de classes », commente ce journaliste du *Figaro*.

Pendant ce temps, Giscard commence son intervention par un propos volontairement populaire : « Je figure dans cette campagne avec un numéro porte-bonheur, le 7, qui m'a été conféré par le tirage au sort : c'est un clin d'œil du destin ! »

Je le trouve plus détendu que quelques instants auparavant, à Provins. Plus orateur de foule, moins de salon. Il dit encore, dans l'atmosphère à la fois tendue et enthousiaste de son meeting : « Le roc giscardien tient bien. Je viens d'une province bâtie sur le granit. Demain, nous gagnerons ! » Applaudissements fournis, puis : « J'en porte la certitude en moi, chaude et rayonnante comme le soleil ! »

Ces phrases-là ne sont pas dans son style, elles passent d'autant mieux que peu nombreux sont ceux qui ont entendu jusqu'ici Giscard parler du soleil. Ce doit être une petite concession à la campagne électorale !

Pendant qu'il parle, en face de moi, Jean-François Deniau, qui a accompagné le Président aujourd'hui, fait semblant de prononcer lui-même, et en même temps, le discours que Giscard tient à la tribune. Je ne comprends pas : il mime les phrases avec une sorte de souffrance interne dont l'intensité me sidère. Est-ce pour montrer qu'il les a écrites de sa main ? Ou bien regrette-t-il, en cet instant, de ne pas être à la place de Giscard ? En fait, il nous avait dit, à Roger Stéphane et à moi, un soir de mauvaise humeur, que le sort aurait pu le choisir, lui, au lieu de Giscard : même formation, davantage de culture, autant d'éloquence, plus d'humour. Est-ce à cela qu'il pense aujourd'hui ? Il me paraît difficile de le lui demander. J'ai l'impression de lui avoir dérobé un secret qu'il devrait taire.

À retenir de cette réunion à Provins, comme de celle de Troyes, plus tard dans la soirée, où Robert Galley a manifesté son soutien à Giscard avec la même solennité que Peyrefitte, que les ministres gaullistes ont choisi leur camp. Ils ne sont pas mécontents de montrer qu'ils sont capables de monter au front pour Giscard comme ils l'ont fait en d'autres temps pour de Gaulle.

Il me semble que Giscard aborde ce soir plusieurs angles nouveaux, beaucoup plus personnels, davantage destinés à faire battre le cœur de ses électeurs.



Premier thème : je suis seul contre tous. Une victime désignée, mais combattante.

Deuxième thème : j'ai atteint le sommet de ma carrière politique. Je n'en attends plus rien pour moi-même. Je ne peux vouloir que le bien de la France.

Troisième nouveauté dans son discours : je viens d'un pays de granit, l'Auvergne, et je tiendrai bon.

Il dit encore : je suis celui que les sondages mettent tous les jours en tête au premier tour.

La référence au granit, au roc : voilà pour ceux qui parlent de son manque de résistance. Le sommet de sa carrière politique, c'est pour dénoncer *a contrario* ceux qui ont des ambitions : Chirac et Mitterrand. L'allusion aux sondages est un rappel à son électorat : pour le moment, c'est lui qui gagne. Qu'on s'en souvienne !

Un ton nouveau, en tout cas, révélateur de son inquiétude et de celle de ses proches. Quelqu'un lui a dit qu'il passait au-dessus de la tête des gens, qu'il fallait faire appel aux sentiments, au cœur, pas uniquement à l'intelligence.

*13 avril*

Fabrice à Waterloo, je « sens » de moins en moins cette campagne. Giscard, me semble-il, remonte. Cela ne se voit pourtant pas encore dans les sondages. Les communistes pensent – c'est Roland Leroy qui me le confie – que Mitterrand sera battu. Au Parti socialiste, beaucoup, au contraire, le plus grand nombre, croient à la victoire.

En fait, deux interrogations dominent : quel score fera Chirac au premier tour ? Menacera-t-il réellement Giscard ? Autre question-clef pour le deuxième tour, cette fois : que feront les communistes ? Malgré le tournant, l'inflexion que j'avais cru déceler chez Georges Marchais l'autre jour, le fait est que communistes et socialistes iront au combat sans être liés par le moindre pacte électoral.

*14 avril*



Campagne officielle à la télévision. Drôle de voir pour la première fois le défilé des dix candidats – sept hommes, trois femmes. Marie-France Garaud était assassine, mais ingénument vêtue (en Chanel) de probité candide et de soie grège. Huguette Bouchardeau était faussement novice. Michel Crépeau est apparu comme l'héritier persifleur du radicalisme divisé. Jacques Chirac est apparu étrangement sévère, Michel Debré plutôt plus jovial que d'habitude, Arlette Laguiller plus prolétaire que jamais. Mitterrand était comme revêtu de l'éternité du socialisme, et Giscard, présidentiel en diable.

*18 avril*

Tous les hommes politiques partagent ce mois-ci la même vie : les mêmes Mystère 20 des compagnies privées (ou de certains grands patrons !), les mêmes pilotes les emmènent d'une ville à l'autre, les mêmes chapiteaux les accueillent, les mêmes autocars transportent leurs troupes, les mêmes gendarmes, débonnaires et affairés, surveillent leurs mouvements, cachés derrière les haies s'il s'agit de candidats de l'opposition, à découvert s'il s'agit du président de la République.

Chacun a ses petites manies, ses angoisses.

François Mitterrand passe son temps à chercher ses lunettes, toujours glissées sous un coussin de l'automobile qui le conduit, ou dans l'accoudoir de son siège d'avion.

Jacques Chirac, lui, est obsédé par sa serviette, une sorte de cartable en cuir noir, fortement usagée, qu'il a sans cesse peur de perdre. C'est une file impressionnante de voitures françaises – il y tient – qui les conduisent, lui et ses accompagnateurs, d'une ville à l'autre, et toujours, pour ce qui le concerne, le même chauffeur.

Depuis qu'il est candidat, Giscard conduit lui-même sa 505 Peugeot verte, encadrée de représentants des services de sécurité.

François Mitterrand est toujours escorté de deux fidèles organisateurs ou supposés tels, François de Grossouvre et Joseph Franceschi, député-maire socialiste d'Alfortville. Ce sont ses accompagnateurs personnels qu'il a choisis hors des troupes habituelles et des militants du PS généralement préposés à la campagne politique.

Par le style aussi les hommes sont différents : François Mitterrand met d'emblée une vraie distance avec la foule. Peu de gens le tutoient ou osent l'appeler « camarade ». Moins encore se jettent à son cou. En ces circonstances, il n'aime pas manger, déteste s'attarder à table, ne boit que de l'eau. Son côté frugal surprend et, pour dire le vrai, choque presque les élus locaux, navrés de voir les journalistes et les militants ravager des buffets soigneusement agencés, auxquels Mitterrand ne touche pas.



En revanche, qui n'a pas vu Jacques Chirac dévorer, lors d'une halte, n'a rien vu. Il y a chez lui une sorte d'ogre buveur de bière et amateur de bonne chère qui ravit restaurateurs et amis. À moins qu'il ne se mette, sur le coup de minuit, après le dernier meeting, à chercher un bistrot ouvert dans un petit village d'Alsace ou aux alentours de Roubaix-Tourcoing. Je me rappelle même l'avoir vu, il y a quelques semaines, s'adresser à des gendarmes, remontés dans leur fourgonnette à une heure du matin, pour leur demander une baguette de pain et du jambon. Embarrassé, le capitaine de gendarmerie a dit qu'il n'avait pas le droit de garder de la nourriture à bord.

Meeting à 20 h 30 pile pour Giscard, 21 heures pile pour Jacques Chirac et Georges Marchais. Chez François Mitterrand, les horaires sont élastiques : Roger Hanin a mis au point, de 21 heures à 22 heures, la partie spectacle, avec le plus souvent Pierre Douglas et Daniel Balavoine. Le spectacle précède l'arrivée du candidat, et sa longueur varie au gré de son retard.

Michel Debré affectionne le style conférence. Marie-France Garaud anime des dîners-débats provinciaux. Michel Crépeau fait peu de meetings : il se déplace à travers la France en choisissant ses restaurants ; tradition radicale oblige : cèpes et foie gras sont au rendez-vous.

Ce qui est certain, c'est qu'il y a beaucoup de monde dans les réunions publiques : des stades remplis, des salles bondées.

Si je faisais aujourd'hui un bilan des différentes campagnes, je dirais que Jacques Chirac a mené, depuis le début, la campagne la plus offensive, et, j'ajoute, la plus sympathique, avec plongeon dans les foules massées sur son passage, poignées de main, petits enfants embrassés.

Georges Marchais a mené la plus longue, la plus régulière aussi, sur le même rythme depuis sa déclaration de candidature. François Mitterrand, lui, a volontairement commencé le plus tard possible, il n'a pris le mors aux dents que depuis quelques jours.

Quant à Valéry Giscard d'Estaing, après un début de campagne plus flottant qu'on ne s'y attendait, il a trouvé son allure depuis avant-hier seulement. Il a commencé par des performances moyennes à la télévision, suivies de bonnes prestations dans les meetings publics.



J'ajoute que jamais une campagne n'a autant « gommé » les lieutenants : on a beau trouver bien brillant Jean-François Deniau, froide l'ardeur guindée de Lionel Jospin, on a beau estimer que la voix de Charles Fiterman ressemble à s'y méprendre à celle de Georges Marchais, et que le style de Charles Pasqua n'a rien à voir avec celui de Jacques Chirac, une chose est certaine : élection présidentielle oblige, la personnalisation de l'enjeu n'a jamais été aussi grande.

À noter que Giscard vient, avec une belle colère, de refuser de passer sur les antennes de RTL pour le « Grand Jury » que la radio offre à tous les candidats. Explication : rendant compte d'un déplacement à Ajaccio, hier, Anita Hausser, qui le suivait pour cette station, a minimisé, selon lui, l'attentat[1] qui a eu lieu sur l'aéroport corse au moment où son avion atterrissait. D'où un coup de téléphone direct – auquel j'ai assisté, muette – à Jacques Rigaud, patron de la station, pour se plaindre de la couverture des faits. Je n'entends pas ce qu'il dit. En raccrochant, Rigaud, rouge vif de colère, me répète ses propos : « Vos journalistes, a-t-il dit, se sont comportés comme des journalistes de bas étage ! »

Pas de « Grand Jury », donc, Giscard en guerre avec RTL ;

1. Quelques minutes avant l'atterrissage de Valéry Giscard d'Estaing à Ajaccio, le 17 avril 1981, une explosion a eu lieu dans l'aéroport. Les journalistes qui accompagnaient le Président n'en ont pas eu connaissance immédiatement. L'attentat a fait néanmoins une victime.

Rigaud, en tout cas, a été formidable. Son sort à la tête de RTL dépend maintenant de l'élection.

Michel Debré me raconte ce soir au téléphone les pressions exercées sur lui par Pasqua pour qu'il se retire. Inouï !

*20-21 avril*

Suivi François Mitterrand dimanche et lundi à Latche, à moins d'une semaine du premier tour. Il y a là quelques jeunes femmes assez jolies, plusieurs journalistes étrangers, deux photographes et les petits-enfants du candidat. Sa femme Danielle et la sœur de celle-ci, Christine, sont là également, avec Roger Hanin, bien entendu.



Béret rouge sur la tête – il faut le voir ! –, Mitterrand paraît dans sa vieille veste bleue, son pull rouge et son ample pantalon de velours beige.

À table, on parle peu de Giscard. Renard ou tueur ? Mitterrand écourte volontairement la conversation. Il reste vague lorsqu'on lui demande s'il acceptera un débat télévisé avec Giscard entre le premier et le deuxième tour.

Fugitivement, je me dis : « Et si Giscard était premier et Chirac second ? »

Ce serait un épouvantable échec pour Mitterrand et le PS. Il est vrai que c'est une hypothèse d'école, qui n'a aucune chance de se produire.

Le lendemain, déjeuner de tout le groupe au Pavillon landais, à Soustons. Le restaurateur a préparé des asperges. La serveuse demande si nous les voulons à la vinaigrette ou avec sauce hollandaise. La moitié des convives clame : « Vinaigrette ! », tandis que l'autre moitié hurle : « Hollandaise ! »

« Eh oui, dit Mitterrand, comme toujours en France : 50/50 ! »

*22 avril*

Rendez-vous avec Jacques Chirac à l'Hôtel de Ville. Je m'interroge – et je l'interroge – sur l'« effet Chirac ». Existe-t-il, cet effet ? Existe-t-il ailleurs que dans ses déclarations quotidiennes où il assure qu'il sera présent au deuxième tour ?

Dans les sondages[1], il n'existe guère : la semaine dernière, il ne réunissait toujours qu'entre 16 et 20 % des suffrages. Il n'a pas gagné une voix depuis le début de la campagne. Pourtant, les sondeurs que j'ai vus hier sont beaucoup plus flous lorsqu'on les interroge : tous me disent qu'étant donné la courbe ascendante des intentions de vote en faveur de Chirac en fin de semaine dernière, il pourrait peut-être arriver en numéro 2. Mais en numéro 2 derrière Mitterrand, car si l'électorat de la majorité se divisait en deux, ce serait Giscard qui aurait des problèmes pour être premier, et non pas Mitterrand.

Chirac répond à mes questions sans manifester d'impatience. Pas l'ombre d'une dissimulation, ce soir, chez lui, ni de comédie sur son visage ! Il pense qu'il n'arrivera pas en deuxième position, mais en troisième ; qu'il y aura, entre le premier et le deuxième tour, un débat télévisé Mitterrand-Giscard ; que 30 % environ de ses électeurs au premier tour ne voteront pas pour Giscard (« J'ai été surpris, me dit-il, dans toutes mes réunions électorales, par les ravages que Valéry Giscard d'Estaing avait causés dans l'électorat gaulliste – ou chiraquien, comme vous voudrez ! Dans ces 30 %, 10 % voteront Mitterrand, 20 % s'abstiendront ») ; que, dans ce cas, Mitterrand sera élu, que VGE retournera à Chamalières et disparaîtra de la circulation, et que lui, Chirac, sera Président dans trois ans (« Car cela ne durera pas sept ans ! »).

Il me dit aussi que Marie-France Garaud « roule » pour Giscard (je lui dis que je pense au contraire que, divisant les voix de la majorité, elle « roule » objectivement pour Mitterrand ; il n'en croit rien) ; que Michel Debré, qui, lui, ne roule pour personne, aurait mieux fait de se rallier à lui à l'occasion de son dernier meeting au Parc des Princes ; enfin qu'il a fait, lui, Chirac, ce qu'il a pu, et qu'il en est content.

Je lui raconte ensuite, parce que je l'estime nécessaire, notre différend avec Giscard à la veille du premier tour. Celui-ci a refusé, contrairement à tous les autres candidats, le « Grand Jury » RTL-*Le Monde*. Personne ne comprenant pourquoi, je l'explique donc à Chirac qui s'étonne de l'absence du candidat n° 1 sur notre antenne. Nous avons, selon Giscard, mal couvert l'attentat d'Ajaccio, avec l'intention maligne de cacher qu'il avait échappé à un véritable attentat, pas à une petite démonstration d'intimidation à la corse...

En fait, le premier accès de mauvaise humeur de Giscard à l'égard

1. Conformément à la loi, les sondages sont interdits durant la dernière semaine précédant l'élection.

de la station remonte à quelques mois. Je m'aperçois que je n'ai pas noté sur ce carnet, en temps voulu, le premier incident qui m'a opposée, en tant que chef du service politique de RTL, à l'Élysée. J'en profite pour résumer les chapitres précédents à Chirac et pour les consigner ici en même temps le plus brièvement possible.

Il manquait depuis longtemps à RTL, radio populaire, une émission de prestige. Raymond Castans, directeur des programmes, avait envisagé, à la fin de l'année 1980, une émission commune avec *Le Monde*. En tant que chef du service politique, ce fut à moi de monter le projet. Inutile de dire que je n'avais pas à tenir l'Élysée au courant de ce rapprochement avec le quotidien du soir, et que personne, d'ailleurs, pas plus Jacques Rigaud que Raymond Castans, n'avait jugé bon de le faire : RTL n'était pas une radio d'État, mais un média indépendant ! *1981*

L'accord signé, j'ai cru utile d'en dire un mot à Jean-Marie Poirier. Je l'appelai, il était chez le Président, on me dit qu'il me rappellerait. Dans l'intervalle, la dépêche AFP annonçant la création de l'émission était tombée. Le téléphone a sonné dans ma voiture alors que je revenais chez moi. C'était Jean-Marie Poirier :

« Une émission avec *Le Monde* ? m'a-t-il demandé, une certaine angoisse dans la voix.

– Oui, c'est bien, non ?

– Le président de la République ne vous pardonnera jamais cette alliance avec *Le Monde* ! Un conseil : vous devriez renoncer à ce projet.

– Trop tard. »

Le lendemain matin, pas flambarde, j'étais allée proposer ma démission à Jacques Rigaud de crainte de perturber durablement les relations entre Rigaud, les Luxembourgeois et l'Élysée ! « Vous avez conclu cet accord en notre nom à tous. Il n'est pas question d'y renoncer ! » me répondit Jacques Rigaud.

En fait, assez vite, je m'aperçois que cette conversation gêne plutôt Chirac. Comme s'il se disait qu'après tout Giscard n'avait pas tort, comme si sa démarche vis-à-vis d'une radio comme RTL était somme toute naturelle ! Si les dirigeants des radios se mettent à ne pas consulter les hommes politiques sur leurs initiatives, où allons-nous ? J'exagère un peu, mais je suis sûre que c'est ce qu'il pense.

L'entretien avec Chirac a duré plus d'une heure. L'éclat de ses yeux (je veux dire l'angoisse que j'y lis) quand il me dit au revoir... Les jeux sont faits, rien ne va plus !

*25 avril*

La campagne s'achève. Que dire, ce soir, quand les lampions sont éteints ? Je sais maintenant – les Français le savent aussi – que Chirac est allergique à la musique, mais adore la peinture abstraite. Que Giscard aime Flaubert et Maupassant, mais déteste l'art moderne. Que Mitterrand préfère Chateaubriand. Que la mère de Georges Marchais était une catholique croyante et qu'il a un fils de 12 ans. Qu'Arlette Laguiller ne s'est volontairement pas mariée. Qu'Huguette Bouchardeau est agrégée de philosophie. Que Michel Debré a une passion, le théâtre, particulièrement Eugène Labiche.

## *1981*

*28 avril*

Un premier tour où le score de François Mitterrand est inespéré (26 %)[1], celui de Giscard aussi (28,32 %). Chirac est troisième avec un score (18 %) que je juge décevant pour lui, même s'il est supérieur de 3 points à celui de Jacques Chaban-Delmas en 1974. Avec seulement 15 %, Georges Marchais a en main la possible victoire de François Mitterrand. Il est clair que certains des électeurs communistes ont voté pour Mitterrand dès le premier tour : c'est le cas dans le Nord et le Pas-de-Calais, notamment.

Il faut voir, pendant les premières minutes de la soirée électorale à RTL, le coup d'œil qu'échangent hors antenne Bernard Pons et Gaston Defferre : « Giscard est cuit », me glisse Bernard Pons à l'oreille !

*29 avril*

J'ai Michel Rocard au téléphone, car je me suis plainte auprès de ses services de ne pas avoir pu le joindre pendant toute la durée de la campagne. Il n'est pas ravi, bien sûr, du succès de Mitterrand, ce 26 avril, même si d'aucuns lui disent qu'après tout il est aussi responsable du bon score du PS, puisqu'il a contribué à moderniser son image. Il en prend acte, mais, lorsque je lui demande s'il accepterait d'être Premier ministre de Mitterrand, il me dit, assez sec : « Tu

1. Scores du PS aux différentes élections depuis 1974 : 22,58 % aux législatives de 1978 ; 23,53 % aux européennes de 1979.

parles ! Non, je ne le serai jamais. Cela m'étonnerait bien, en tout cas ! »

Je me rends évidemment compte à quel point ce succès de Mitterrand lui bouche l'horizon. Pour longtemps, peut-être.

Dans la journée, déplacement à Bourges de Giscard où il rencontre les parlementaires et conseillers généraux RPR et UDF du Cher, du Loiret, des départements de Loir-et-Cher, d'Indre-et-Loire, de la Vienne, de la Haute-Vienne, sans oublier l'Indre et l'Allier. Apparemment, la jonction s'est faite avec le parti chiraquien sans trop de problèmes. Mais je mesure mal la mobilisation des RPR derrière Giscard.

Premier élément d'appréciation : les quelques phrases que profère Boinvilliers, gaulliste, comme il le dit, depuis quarante ans, et qui donnent le ton ; il a soutenu au premier tour Michel Debré, « le meilleur d'entre nous », et s'adresse aujourd'hui « à ses amis gaullistes pour leur dire que, maintenant, il n'y a plus de préférences ni de sympathies : François Mitterrand est l'homme politique le plus éloigné du général de Gaulle. Constant adversaire de la V^e^ République, son élection en marquerait la fin » !



*Dans la nuit, en descendant de l'hélicoptère qui m'a amenée à Bourges puis m'en a ramenée*

À suivre les deux candidats présents au deuxième tour, on s'aperçoit que leur tactique est tout à fait opposée. Pour VGE, il s'agit maintenant de réunir la majorité et de réveiller chez les électeurs de Jacques Chirac des ardeurs unitaires oubliées. De ce point de vue, même si on me dit que ça l'a exaspéré, Giscard se satisfait de ce que Jacques Chirac ait finalement fait savoir qu'il voterait pour lui uniquement « à titre personnel », sans donner de consigne de vote. Il a dit qu'il votait Giscard, c'est bien suffisant. Valéry Giscard d'Estaing ne retient pas les réserves émises par Jacques Chirac : il n'a retenu que l'intention de déposer dans l'urne un bulletin à son nom.

De la même façon, les paroles de Jean Boinvilliers, tout à l'heure, ont suscité d'abord quelques remous, vite recouverts par l'ovation de l'ensemble de la foule.

La stratégie de Mitterrand est rigoureusement inverse. Même si Georges Marchais s'est retiré en sa faveur, Mitterrand ne compte pas appeler à l'unité de l'opposition au sommet. À la base, entre électeurs communistes et socialistes, à la rigueur. Au sommet, avec Marchais, pas question !

Il y a une seconde différence entre les stratégies : VGE met l'accent sur la stabilité des institutions, qu'il n'a jamais menacées pendant sept ans. François Mitterrand met l'accent sur ce qui n'en a pas été respecté.

« Le gâchis est pour demain » : c'est ce que promet VGE si Mitterrand est élu.

« Le gâchis, il est aujourd'hui ! Tournez la page ! » C'est le thème essentiel de la campagne de Mitterrand.

*1981* *30 avril*

Drôle de sensation, tout de même : le sondage du *Point*-IFOP donne aujourd'hui 51,5/48,5 en faveur de Mitterrand. Autour de Giscard, qui ? Les barons gaullistes ralliés se sont fait déborder par Jacques Chirac. Ils ont certes soutenu Giscard avant le 26 avril, mais font mine de découvrir seulement maintenant que Chirac veut faire battre Giscard. Eh quoi ! Si je le savais, ils ne le savaient pas ?

C'est avant le premier tour, s'ils voulaient sauver Giscard, qu'il fallait avoir le courage d'attaquer Chirac bille en tête. Comme Chirac en d'autres temps – en 1974 – l'avait fait en soutenant Giscard contre Chaban. Mais tout le monde n'est pas Chirac.

Vu Alain Peyrefitte tout de suite après avoir écrit, à l'heure du déjeuner, ces lignes désagréables sur les barons gaullistes. Il ne décolère pas :

« Chirac a été ravageur d'abord et surtout pour lui-même. Si Mitterrand est élu, ou bien, au mieux, ce sera le retour à la IV$^{e}$ République, ou, au pire, le Front populaire conduisant à la démocratie populaire. Il fera des élections. S'il les gagne, ce sera la ferveur du Front populaire, à la faveur de laquelle le PC posera ses conditions, car, pour les législatives, leur force est bien plus grande. Je me résume : ce sera ou le régime des partis, ou le Front populaire ! »

Qu'aurait-il fait à la place de Giscard ? Sa première réponse à la question fuse : « D'abord, je n'aurais pas pris Chirac comme Premier ministre en 1974 : il ne fallait pas récompenser la trahison. J'aurais ensuite tenté un rapprochement immédiat avec les gaullistes. Après, seulement, j'aurais pratiqué l'ouverture. Au lieu de cela, il a laissé Chirac "pasquaïser" le mouvement gaulliste. »

« Chirac fait un mauvais calcul, insiste-t-il. Nos électeurs ne pourront pas ne pas lui en vouloir. Chirac, c'est Pinochet qui voudrait faire élire Allende pour prendre ensuite sa place[1] ! »

*2 mai*

Roland Leroy me parle de l'atmosphère régnant à la direction communiste au soir du premier tour. Ils s'attendaient à 5 à 6 millions de voix : en comptabiliser à peine plus de 4 n'a pas contribué à réchauffer l'ambiance. Et puis, au moment où aucun doute n'était plus permis, l'un d'eux (il ne me dit pas qui) ironise : « Nous devrions, dit ce plaisantin, envoyer aux agences de presse un communiqué ainsi rédigé : Nous espérons que nos camarades français trouveront en eux-mêmes de quoi surmonter leurs difficultés ! »



*3 mai*

Cette fois-ci, Mendès est venu soutenir Mitterrand. Il vient de rendre compte du travail des experts socialistes réunis toute la journée au Sénat sur les dossiers sociaux et économiques. Nous sommes dans la salle Médicis : fauteuils rouges, murs clairs ; il est 15 heures. Parmi l'assistance, tout ce que la gauche non communiste compte de grandes voix ou de jeunes maîtres à penser, de Pierre Mendès France à Jacques Attali. Avant que Mitterrand ne prenne la parole, PMF présente leurs contributions. Il distingue deux psychologies différentes d'hommes politiques : « Il y a, dit-il, les hommes qui estiment devoir faire face, au jour le jour, le moins mal possible, quitte à laisser les grandes options fondamentales se déterminer d'elles-mêmes. Et puis ceux qui, plus ambitieux ou plus déterminés, estiment nécessaire d'analyser les situations, de prendre des décisions pour orienter l'ensemble d'une action constructive. »

On imagine dans quelle catégorie Mendès se situe lui-même ! Il continue par une critique en règle de la pensée libérale « qui a pour

1. Socialiste, Salvador Allende a été élu président du Chili le 3 novembre 1970. Il est renversé le 11 septembre 1973 par un coup d'État militaire dirigé par le général Augusto Pinochet.

conséquence non seulement de ne pas résoudre le problème de fond, mais aussi de l'aggraver ».

Le voici, sage parmi les sages, autorisant, si j'ose dire, en jetant tout son poids moral dans la bataille, Mitterrand à gagner la partie.

Mitterrand intervient après lui, largement moins théorique. Il lui rend hommage en une phrase : Mendès, « c'est une autorité, une expérience et une présence que je juge indispensables ! ». D'autant que le candidat redoute aujourd'hui, à quelques jours du deuxième tour, la dramatisation faite par Giscard et ses partisans autour de la victoire possible d'un socialiste à la présidentielle : « Le voici agité et perdant son contrôle. Il n'a plus qu'une idée : éveiller le réflexe en brandissant l'épouvantail d'un changement de société ! L'argument a trop servi ! »



En ce sens, la présence de Mendès aujourd'hui est importante pour Mitterrand : elle a pour vertu essentielle de rassurer ceux qui redoutent une aventure économique.

« En appeler à la peur, poursuit-il, l'organiser, parler de valse de la mort, c'est perdre le sens commun. La réalité est que Valéry Giscard d'Estaing incarne une politique qui a échoué ; j'incarne l'autre politique, qui repose sur l'adhésion du pays. La peur, c'est la méfiance envers soi-même ; c'est le chômage et le désordre. Pour redonner toutes ses chances au pays, il faut unir et non diviser » – telle est sa conclusion.

À peine Mitterrand a-t-il terminé son propos que je file porte de Pantin écouter Giscard. Passer de l'un à l'autre en quelques heures, quelques minutes, rien ne m'amuse autant. Les deux hommes sont si différents que c'en est caricatural : physiquement, l'un est aussi longiligne que l'autre est ramassé. Leur éloquence est aux antipodes : froide chez Giscard ; romantique, volontiers emphatique chez Mitterrand. Le public qui les écoute est différent, leurs lieutenants le sont aussi.

Devant une foule de plus de 100 000 personnes, canotiers tricolores sur la tête, Giscard, ce soir, porte de Pantin, ne mégote pas ; il appelle les gaullistes à sa rescousse : « Dans cette élection, affirme-t-il, je suis le seul à pouvoir maintenir l'héritage institutionnel du général de Gaulle. »

Hommage à Chirac (ces phrases doivent avoir du mal à sortir de sa bouche !) qui « a eu raison de défendre les idées de liberté contre la bureaucratisation rampante, et de souhaiter une France forte et active. J'ai le devoir de reprendre ses termes, je le ferai d'autant plus facilement que ses idées sont les miennes. Voici mon devoir ! ».

Appel lyrique, pour la première fois dans cette campagne, à l'unité de la majorité : « Ouvrons à deux battants les portes de l'avenir vers une société de liberté et de responsabilité, vers une société de l'espoir ! »

« Allez-vous briser l'élan de la France ? » demande-t-il encore à son auditoire conquis. C'est sa voix à lui qui se brise. On lui tend un verre d'eau. Il respire un instant et poursuit par un formidable lapsus : « Vous voulez une société sans protection... ? » Il s'arrête, se reprend : « ... une société *sans besoin de* protection ? »

Je reviens, quand il en a terminé, sur son discours : excellent de bout en bout, sauf l'appel final, à la limite du ridicule, à « Madame la France ». La dramatisation de ce soir laisse pressentir ce que va être la semaine prochaine. Il a d'ailleurs eu cette phrase qui, venant de lui, est révélatrice de son inquiétude : « L'angoisse m'étreint le cœur ! »



*9 mai*

Demain, le deuxième tour. Rien, dans ce cahier, sur le face-à-face télévisé du 5 mai. Parce que je n'ai eu que le temps de le préparer avec Jean Boissonnat, choisi comme moi pour l'animer, d'un commun accord entre Mitterrand et Giscard.

Quelques dates, néanmoins, pour servir de repères.

Le soir même du premier tour, VGE a fait savoir qu'il proposait à Mitterrand deux débats, l'un sur les problèmes intérieurs, l'autre sur la politique extérieure. Dès le 29 avril, Robert Badinter, avocat et ami de Mitterrand, a formulé les treize – pas une de moins – conditions indispensables pour que Mitterrand accepte un débat télévisé. Parmi elles (je vais vite), l'arbitrage des débats par deux journalistes jugés indépendants.

Réponse de Giscard depuis Bourges où il présidait un « dîner républicain » : il préfère un face-à-face classique, sur le modèle de ce qui avait été fait en 1974. Mitterrand commence par refuser, car il craint, dit-il, le coupe-gorge. Ses adversaires parlent alors de dérobade. Il faut dire que Giscard n'a pas peur de ce débat qui lui a si bien réussi en 1974, tandis que Mitterrand s'en méfie, car il garde une impression désastreuse de cette joute oratoire perdue sept ans auparavant. Les représentants des deux candidats continuent néanmoins de discuter.

Le samedi matin, 2 mai, Fabius m'appelle à RTL, et m'interroge sans y toucher : « Arbitrer le face-à-face, tu ne serais pas contre ? »

Je dis que non, que je n'ai rien contre. J'en dis deux mots à Jacques Rigaud et à Raymond Castans. Ils me donnent leur feu vert éventuel. Nous pensons tous trois qu'étant donné le tour qu'ont pris les relations entre Giscard et RTL, serais-je retenue par Mitterrand que je n'aurais guère de chances d'être acceptée par Giscard.



C'est le lundi que mon nom est publié comme étant retenu parmi les arbitres du duel avec celui de Jean Boissonnat. Notre rôle est au surplus de « veiller au bon déroulement du débat », comme si celui-ci, sans nous, pouvait à tout moment tourner au pugilat.

Nous nous sommes isolés tous deux, dans son appartement de la rue de Varenne (en face de Matignon), pour préparer nos questions. Inutile de dire que nous n'avons parlé, que nous ne sommes entrés en contact direct ou indirect avec aucun des candidats. Nous ne savions même pas que les contacts continuaient entre les deux états-majors pour régler les problèmes pratiques : lieu de la rencontre, place de la commission de contrôle, réalisation, nombre de caméras, etc.

Ce face-à-face, donc, je l'ai fait entre un Giscard glacé et un Mitterrand épanoui qui a été pourtant bien mauvais sur les institutions et les nationalisations, mais bon en tous autres domaines. J'ai joué ce rôle avec une trouille épouvantable : je n'ai jamais fait de télévision, c'est d'ailleurs pour cela que j'ai été choisie, et l'épreuve, en direct devant la France entière, me paraissait hors de portée.

Bref, au début, Giscard a paru agacé par moi. Il a manifestement davantage confiance dans la science économique de Boissonnat. À la fin, pourtant, à quelques reprises, nous échangeons un sourire. Moi, c'est parce que je le sens épuisé et surtout angoissé. J'ai même, au cours du débat, eu l'impression fugitive qu'il avait perdu la partie. Giscard m'a regardée à un moment donné tandis que Mitterrand faisait un développement sur les nationalisations et l'économie : s'il avait pu lever les yeux au ciel, il l'aurait fait. Il avait l'air de me dire presque avec indignation, quêtant ma sympathie : « Vous voyez bien qu'il dit n'importe quoi ! »

Cela n'a pas empêché Mitterrand de poursuivre sa démonstration comme s'il ne remarquait pas l'exaspération de Giscard. En 1974, lors du premier duel qui l'avait opposé à Giscard, il s'était, m'avait-il dit un jour, « désuni » – comme on dit d'un cheval – en plein milieu du débat. Il avait pensé un instant à autre chose, et c'en avait été fini de sa concentration. Quand Giscard lui avait sorti le « monopole du cœur », il avait été paralysé. Cette fois, il avait préparé son coup de l'« homme du passé et l'homme du passif », il l'a asséné dès qu'il a pu, puis a tenté de pousser son avantage jusqu'au bout.

Seule note gaie durant ce face-à-face : un petit conflit qui a surgi entre les deux hommes avant le débat, au maquillage. Les deux candidats, arrivés à quelques minutes d'intervalle à la Maison de la Radio, où se trouve le studio d'enregistrement du débat, ont demandé ensemble la même maquilleuse, dont je ne me rappelle que le prénom : Nelly. Ce n'était pas prévu par la commission de contrôle. Nelly a arbitré avec un grand sang-froid : elle a choisi Mitterrand. Giscard n'a pas manifesté d'émotion. Il était simplement ahuri qu'on puisse lui préférer Mitterrand !

Pas d'empoignade directe entre les candidats au cours de l'émission. Chacun était finalement assez content de sa performance : Mitterrand craignait que le débat ne tourne uniquement autour de la question de la présence des ministres communistes au gouvernement. Cela n'a pas été le cas. Giscard voulait séduire les électeurs de Chirac au premier tour ; il s'est adressé à eux en priorité, et je pense qu'il est parvenu à leur faire craindre l'élection de Mitterrand.

Le lendemain du face-à-face, le vent tourne. Chirac se sent obligé, après s'être enfermé quarante-huit heures à l'hôtel de ville de Paris, de prendre une position plus manifeste en faveur de Giscard. Mitterrand descend dans les sondages, puis remonte. À la veille du deuxième tour, ils sont à 52/48. Aujourd'hui samedi, seul un miracle pourrait empêcher Mitterrand d'être élu.

Je reviens encore une fois sur la chronologie de la semaine. Après le débat du 5 mai, André Rousselet m'a proposé de me joindre au dîner qui suivait, chez Bofinger, place de la Bastille. Je n'aurais peut-être pas dû y aller, mais le débat était fini, j'y étais restée une arbitre neutre de bout en bout, et il ne m'a pas semblé que c'était m'engager que de m'y rendre.

Au cours du repas, je dis à Mitterrand en riant : « Qu'allons-nous faire, nous tous qui vous suivons en campagne ?

– Eh bien, me dit-il, nous allons commencer par manger ! De toute façon, poursuit-il, je ne compte pas habiter à l'Élysée.

– Rien ne sera plus jamais comme avant ! »

Il m'interrompt en riant : « Alors, on rompt ? »

Autour de la table, j'ai remarqué que cela ne faisait pas rire grand monde. Chacun s'interroge sur la suite de l'histoire...

Au demeurant, l'humeur n'est pas au beau fixe. Jacques Delors, qui est assis à côté de moi, Jacques Attali, André Rousselet, de l'autre côté de la table, tous sont perplexes. En gros, ils pensent – et je pense comme eux – que Mitterrand n'a pas été étincelant, dans ce face-à-face.

*1981* « Mais enfin, lui dit Delors qui n'y tient plus, pourquoi avez-vous dit que vous nationaliseriez toutes les banques ?

– Oui, j'ai un peu exagéré », répond Mitterrand, lointain.

Attali déplore de son côté qu'il ait laissé dire que 50 % de l'économie allait être nationalisée, s'il était élu. Delors lui souffle, assez bas pour que personne ne l'entende, hormis ses voisins immédiats, c'est-à-dire moi : « Il faudra préparer une note dès demain ! »

Je ne comprends trop rien à cette campagne. Je n'arrive pas à comprendre comment les Français pourraient élire Mitterrand alors qu'il leur propose une crise de régime et de nouvelles élections !

Jeudi, Rousselet m'a appelée. Sa voix est réjouie, il n'éprouve plus aucune crainte. « C'est dans la poche, m'a-t-il dit, les sondages sont à 52/48. Il aurait pu, comme en 1974, perdre ce face-à-face. À partir du moment où il a tout simplement résisté à Giscard, il a gagné ! »

Pourtant, j'ai vu Mitterrand faire campagne en 1965 et en 1974. Celle de cette année est de loin la plus mauvaise. De sa part à lui. Parce qu'il s'est le plus soumis à l'avis d'autres que lui, qui ont choisi laquelle de ses photos mettre sur les affiches, ou quel était son meilleur slogan de campagne. S'il gagne demain, quelle aventure !

Elle commencera, à 11 heures du matin, lundi, par un dépôt de fleurs, au cimetière de Montparnasse, sur la tombe de Georges Dayan. C'est André Rousselet qui en a eu l'idée après le face-à-face.

Ce soir, je demande à André s'il compte se rendre à Montparnasse si Mitterrand perd. « Non, me répond-il. Si François ne gagne pas, on ne va pas aller déranger Georges avec nos emmerdes ! »

Au cours du dîner chez Bofinger – j'y reviens, les choses remontent à mon esprit par paliers successifs –, Mitterrand m'a dit : « Eh oui, c'est que je reviens de loin ! Marchais, Rocard, Chirac, Giscard... Si je gagne, je serai finalement venu à bout de tous ! » Puis, se tournant vers moi : « Une fois de plus, je fais tous les chapitres de votre livre ! »

*10 mai*



Victoire de Mitterrand. Angoisse de ce qui va arriver maintenant.

Extraordinaire soirée électorale. Dans le studio de RTL, pendant que nous tenons l'antenne, Alexandre Baloud, Philippe Alexandre et moi, nous ne voyons qu'à peine, enchaînés que nous sommes à nos micros, le spectacle qui a lieu dans les pièces de réception attenantes. Nous n'en recevons que les échos.

Goldsmith, l'homme d'affaires devenu le tout-puissant patron de *L'Express*, pâlit, manque de se trouver mal, et quitte la rue Bayard[1] plus mort que vif. Ailleurs, dans les autres rédactions, les journalistes qui m'appellent me le confirment : certaines figures s'allongent, d'autres arborent des sourires épanouis. À la télévision, qui la première a montré, dans une sorte de suspense graphique, le visage du gagnant se dessiner petit à petit, ligne après ligne, les buffets restent vides : les dirigeants de l'ORTF n'ont pas faim.

Tandis que la soirée se déroule, nous mesurons mieux l'ampleur du bouleversement en cours pour la France.

Dans la soirée, Maurice Faure m'appelle au téléphone. Je lui dis : « Quelle aventure ! » Il me répond d'un ton presque lugubre : « Cela ne fait que commencer. »

*11 mai*

Extraordinaire destin que celui de Valéry Giscard d'Estaing ! Jusqu'à hier soir, il n'avait jamais connu aucun échec, si l'on excepte la période, d'ailleurs brève, où le général de Gaulle l'écarta du pouvoir, de 1966 à 1969. En dehors de cet accroc, depuis le jour de 1959 où il fut nommé secrétaire d'État aux Finances jusqu'à son entrée à l'Élysée en 1974, sa carrière a été bénie des fées. Son échec doit lui apparaître comme particulièrement injuste et insupportable.

1. Siège de RTL.

François Mitterrand, c'est tout le contraire. Il arrive à l'Élysée après un parcours heurté, difficile, inégal. Il a gagné au moment où ses propres amis commençaient à douter de lui.

*12 mai*

Enfermé au 22, rue de Bièvre, le Président s'est entouré de ses amis et conseillers. Il consulte. C'est sans doute Pierre Mauroy qui sera chargé du principal rôle politique dans le futur gouvernement. Comme Premier ministre ? Peut-être pas. Comme ministre d'État, sûrement. Charles Hernu, député-maire de Villeurbanne, barbu et parfois exubérant, proche de Mitterrand depuis plus de vingt ans, héritera sans doute de la Défense. Jacques Delors devrait être chargé des problèmes sociaux et économiques. Il faudra aussi des radicaux dans le premier gouvernement de la gauche : Maurice Faure est tout désigné pour cela. Il s'en lamente par avance : « Je ne veux pas de ministère politique, me dit-il ; ce serait la fin de ma tranquillité. J'aimerais la Construction ou l'Équipement. Je ne suis pas fait pour penser, conclut-il modestement. À la rigueur, un ministère technique... »

Il est loin d'être enthousiaste : il craint de voir trop rapidement la gauche se désintégrer sous les coups de boutoir des communistes.

Sur la tombe de Dayan, hier, nous n'étions que quelques-uns. C'était émouvant pour la petite Irène, sa femme.

Pour moi, je me disais que c'était presque un adieu à Mitterrand. C'est naturel : je le prévoyais.

Lui est égal à lui-même sous son grand chapeau marron.

Dans la soirée, il confirme que des élections législatives, comme il s'y était engagé, auront lieu après sa prise de fonction, sans doute les 21 et 28 juin.

Et si la majorité élue fin juin n'est pas à gauche, qu'est-ce qui se passe ?

*13 mai*

Tandis qu'enfermé chez lui rue de Bièvre, François Mitterrand consulte à tour de bras, Pierre Bérégovoy me reçoit dans le bureau de la rue de Solferino, baptisée « Antenne de François Mitterrand », encombrée par des caisses et des cartons. C'est lui, désormais, qu'il faut voir, puisque c'est l'organisateur en chef de la transition.

Drôle de petit homme que ce Pierre Bérégovoy, devenu, au fil des ans, indispensable dans la galaxie Mitterrand [1]. Dans cet univers, c'est un des plus « populaires », je veux dire le contraire d'un bourgeois. Au milieu des énarques et autres inspecteurs des Finances de gauche, il ne peut revendiquer qu'un certificat d'études et un CAP d'ajusteur. Lui, pour monter dans la hiérarchie politique, n'a eu que son expérience de militant : alors qu'il était agent technico-commercial à Gaz de France, il a quitté la SFIO pour devenir, auprès de Mendès France, dans les années 1960, conseiller aux affaires sociales. Son visage est rond, ses propos sont ronds, un sourire naïf illumine parfois ses traits. Aujourd'hui, il est à la fois épanoui et ébahi. L'idée que, dans une semaine, il sera à l'Élysée, je ne sais pas à quel poste, était pour lui inespérée. Plus : inimaginable. Son aventure personnelle se confond avec celle de Mitterrand. Le voici donc dans le hall de cet immeuble bourgeois qui a abrité les collaborateurs de Mitterrand pendant la campagne, qui les abrite encore, avant que certains d'entre eux ne franchissent la Seine pour s'installer faubourg Saint-Honoré.



Bérégovoy m'explique que c'est Rousselet qui est en charge de la cérémonie de passation des pouvoirs, dans quelques jours. Lui s'occupe des liaisons avec l'Élysée et les giscardiens sur le départ.

Pendant qu'il me parle arrive du ministère des Affaires étrangères un pli « secret-confidentiel-strictement personnel ».

---

1. Pierre Bérégovoy est né le 23 décembre 1925 à Deville-lès-Rouen. Fils d'un capitaine russe blanc et menchevik. Titulaire d'un CAP d'ajusteur, résistant en 1941, il adhère à la SFIO au sortir de la guerre, participe à la fondation, en 1959, du futur PSU et y devient, à partir de 1960, un des plus proches collaborateurs de Pierre Mendès France. Il rejoint le nouveau parti socialiste au congrès d'Alfortville en 1969, participe au congrès d'Épinay en 1971, puis aux négociations avec les communistes sur le Programme commun. Il sera secrétaire général de l'Élysée après l'élection, puis ministre des Affaires sociales à partir de juin 1982, ministre de l'Économie et des Finances en 1984, avant de devenir Premier ministre d'avril 1992 à mars 1993. Il se suicide le 1er mai 1993 à Nevers.

Il est également en contact avec le préfet de police de Paris, Pierre Somveille, et prépare surtout les rencontres sociales avec toutes les organisations syndicales et politiques représentatives.

Et le PC, qui s'en occupe ? Pas lui, me dit-il. « Rien, au niveau de l'Antenne, en direction des communistes. »

Claude Estier et Roland Dumas doivent, ailleurs, avoir pas mal de pain sur la planche !

*13 mai, suite*



Jean-Marie Poirier, avec qui je déjeune en quittant Bérégovoy, me raconte – je cite ses mots – dans quel état de « sécheresse physique et morale » il a trouvé Giscard depuis quelques semaines. Il ne m'en avait rien dit pendant la campagne, par correction ; il le dépeint aujourd'hui comme n'écoutant rien, n'entendant rien, mal entouré par des conseillers persuadés qu'il viendrait facilement à bout de ses adversaires, sans vraiment combattre.

Aujourd'hui, Giscard mesure autour de lui la lâcheté et le lâchage de certains de ceux qui l'avaient soutenu pendant qu'il était président de la République. Le patronat, par exemple, aurait fait savoir sans attendre que, pour la future campagne des législatives, tout l'argent de l'organisation irait en direction des formations de Chirac et de Mitterrand, bien sûr !

Lettre de Michel Debré datée du 10 mai : « Plusieurs fois dans ma vie j'ai senti le froid de la solitude. Cette fois-ci, le froid qui va tomber sur moi sera glacial et définitif. Comme dit le poète : “Seul le silence est grand, le reste est faiblesse...” »

« Trahison préméditée » : l'expression est forte. C'est celle qu'a employée Valéry Giscard d'Estaing à propos de Jacques Chirac. Il aurait pu dire : embûche, piège, croche-pied ou croc-en-jambe. Il a dit trahison, en pesant le mot. Ce n'est pas un mot anodin.

Pourquoi l'emploie-t-il ? Il ne le dit qu'en privé : il a acquis la certitude que Jacques Chirac – son état-major, surtout – a envoyé une lettre à quelques-uns de ses militants dûment répertoriés pour leur recommander de voter pour François Mitterrand au deuxième tour. Je ne sais pas sur quoi Giscard fonde sa conviction : inutile de dire que Chirac, prévenu par de bons amis, rejette farouchement l'accusation.

Le climat n'est donc pas le meilleur pour affronter, à droite, les élections législatives. En réalité, ce que veut empêcher Giscard, c'est que Chirac profite de la situation, c'est-à-dire de son échec à lui, VGE, pour rassembler autour de lui l'ensemble de l'ex-majorité totalement déboussolée. Chirac rassembleur ? Le sang de Giscard n'a fait qu'un tour. Il a immédiatement refusé l'appel à la candidature unique pour les futures législatives. Giscardiens et chiraquiens iront donc en ordre dispersé à la bataille.

Qui conduira l'ex-majorité ? Même si Giscard ne le veut pas, Chirac semble tout de même le mieux placé. Avant Raymond Barre, en tout cas, si toutefois celui-ci en exprimait le désir. Avant Poniatowski, réapparu dans les jours sombres et dont la cote, après la défaite d'avant-hier, a bizarrement remonté. Et sûrement avant Jean Lecanuet, qui, depuis le début, lucide et désabusé, a vu Giscard courir à sa perte.



*18 mai*

Incroyable, l'atmosphère des jours que nous vivons : élu le 10 mai, Mitterrand est Président sans l'être. Sa première semaine de pouvoir, il l'a passée la plupart du temps chez lui, à remercier ses équipes, à encourager quelques parlementaires, ou encore à faire ses adieux aux conseillers généraux de la Nièvre.

Jeudi seulement, le 21, viendra le moment des décisions politiques : la nomination du Premier ministre et du gouvernement, et surtout la dissolution de l'Assemblée nationale. Pierre Mauroy reste favori pour Matignon. Le gouvernement, paraît-il, est déjà à moitié constitué.

Une fête est prévue, le soir, place de la Concorde, pour marquer la prise de pouvoir socialiste, et, du même coup, le départ de la campagne des législatives. Si les deux tours ont lieu les 14 et 21 juin, les candidats doivent se déclarer dès le début de la semaine prochaine.

Il faut dire aussi que ces jours, longs pour Mitterrand, le sont sans doute encore plus pour Giscard. Pour la première fois dans l'histoire de la V^e^ République, un Président sortant cédera la place à son successeur. Cette fois, c'est VGE en personne qui devra remettre à François Mitterrand le code atomique. Il quittera ensuite l'Élysée après une courte cérémonie de passation des pouvoirs qui ne sera sûrement pas des plus agréables pour lui.

*19 mai*

Qui n'a pas vu, hier après-midi, entrer dans le misérable couloir de l'« antenne présidentielle », 6, rue de Solferino, le chef du protocole de l'Élysée, Jean Mérimée, sinistre, solennel et figé, suivi des chargées de presse de Giscard, Évelyne Richard et Marie-France Sodini, ainsi que d'un représentant de la préfecture de police, ne connaît rien à ce qu'on appelle l'alternance. Tous ont été reçus par André Rousselet, costume rayé impeccable, chemise giscardienne et cigare aux lèvres. Le socialisme à visage plus qu'humain...

Dans les couloirs toujours encombrés de cartons et de dossiers à peine emballés ou déballés, à la pagaille du déménagement socialiste, on mesure l'ampleur du changement. Après vingt-trois ans d'opposition arrivent au pouvoir des gens qui, pour la plupart, n'ont jamais exercé de fonctions gouvernementales. Qui n'ont jamais connu les contraintes du pouvoir. Qui n'en ont jamais éprouvé non plus les délices.

Tout cela, à ce qu'il m'apparaît, fait un peu peur aux Français, même lorsqu'ils l'ont voulu. Du coup, chacun à gauche essaie de rassurer.

Jacques Delors annonce, s'il est ministre de l'Économie et des Finances, son intention de garder à ses côtés le plus grand nombre de fonctionnaires de l'ancienne équipe gouvernementale : le directeur du Trésor, par exemple, Jean-Yves Haberer, ancien collaborateur de Michel Debré dont celui-ci ne cessait d'ailleurs de me faire l'éloge, ces derniers mois.

« Pas de chasse aux sorcières ! » ne cessent de dire les conseillers audiovisuels de Mitterrand. « Pas de valse des préfets ! » ajoute l'entourage de Pierre Mauroy, qui a d'ailleurs l'intention – c'est ce qu'il m'a dit hier au téléphone – de prendre l'actuel préfet du Nord-Pas-de-Calais, qu'il connaît depuis longtemps et avec lequel il a eu, quoique dans l'opposition, de bons rapports, André Chadeau, comme directeur de cabinet.

Bref, la classe politique reste la classe politique, la classe dirigeante reste la classe dirigeante. Par-delà toutes les majorités, elle assure la continuité.

Dans le protocole choisi, même désir d'affirmer des valeurs désormais présidentielles : c'est en voiture découverte que François Mitterrand remontera, jeudi, les Champs-Élysées. Et on jouera *La Marseillaise* au rythme d'avant Giscard[1].

Tout est fait pour rassurer l'Argent, les Douanes, la Bourse ! Ce qui rassure beaucoup la droite, c'est, paradoxalement, la perspective des élections législatives : la plupart des militants et responsables politiques du RPR ont d'autant moins peur qu'ils espèrent un succès de Chirac et non pas une future majorité socialo-communiste.

Le problème de Jacques Chirac est de ne pas apparaître comme un conservateur, mais comme un libéral. Il s'inventerait, s'il le pouvait, une droite à sa droite, comme Mitterrand lui-même s'inventerait un centre !

*Même date, le soir*



Le soir, à 20 heures, Giscard prononce ses adieux aux Français. Un texte composé de phrases courtes, assez sobre, au moins au début où il souligne qu'il a lui-même voulu que la transition se fasse selon les règles de la continuité républicaine. Je pense que beaucoup de ses amis lui ont suggéré de n'en rien faire, mais qu'il leur a résisté.

Il dit qu'il a perdu, qu'il a néanmoins nourri, pendant ces sept années, un rêve : « Que la France devienne une nation forte et paisible », qu'elle « reste le pays de toutes les libertés », que « les Français soient fiers de la France ».

Dans son message de départ, il estime donc très important de dire aux Français qu'il les quitte en leur laissant la France en bon état, que sa monnaie, le franc, se porte bien, que sa situation dans le monde ne saurait être meilleure. Tout cela, pourquoi ? Pour apparaître à nouveau, le plus vite possible, dans quelques mois seulement, peut-être, comme un recours[2]. D'ailleurs, dans une interview qui doit paraître jeudi, Poniatowski écrit avec force ce que Giscard pense tout bas : « La porte de sortie peut devenir, demain, une porte d'entrée ! »

D'où vient que Giscard choisit, après une dernière phrase sur la Providence dont il souhaite qu'elle veille sur la France, de se lever,

1. Valéry Giscard d'Estaing avait, en arrivant à l'Élysée, ralenti le tempo de l'hymne national.

2. « Tourné vers l'avenir et fort de l'expérience acquise, je ferai en sorte de me tenir à la disposition de mon pays pour défendre les principes et les idées qui ont guidé ma vie et inspiré mon action de sept ans » – et encore : « Chaque fois qu'il le faudra, je saurai pouvoir compter sur vous ! » (Allocution de Valéry Giscard d'Estaing, le mardi 19 mai 1981.)

de quitter son fauteuil et de gagner la sortie dans une mise en scène à la limite du grotesque ?

*20 mai au soir*

Longue conversation, hier, avec Michel Poniatowski à qui je suis allée demander d'expliciter son propos sur la « porte de sortie » qui pourrait bien devenir une « porte d'entrée ». Il me parle de l'état d'esprit de Giscard. Je ne le sens pas mécontent d'être à nouveau très proche de celui qu'il aime tellement et dont il a été si attristé de n'être plus autant le complice depuis quelques années : il faut dire qu'après l'échec du 10 mai, l'air se raréfie, il y a beaucoup moins de monde autour de Giscard...



Ponia pense, contrairement à ce qu'une partie de la droite, surtout au RPR, commence à dire aujourd'hui, que les futures élections législatives seront perdues par l'ex-majorité. « Jacques Chirac, me dit-il, a réussi à se débarrasser de Giscard, mais il va perdre les élections : il sera alors compromis et discrédité par cet échec vers lequel il se précipite.

« Je ne me présenterai pas aux prochaines élections, ajoute-t-il, car je suis député européen, et numéro 2 de mon groupe au parlement de Strasbourg. De toute façon, je ne veux pas m'associer à une magouille chiraquienne. »

Dans la mesure où, dans les faits, le grand organisateur de ces élections, celui qui en a pris la direction et en dirige l'exécution, sera forcément Jacques Chirac, l'échec que prévoit Ponia ne lui cause pas un grand déplaisir. Il souhaite au contraire, il me le dit tout net, qu'avec une défaite électorale l'hypothèque Chirac soit levée : il voit déjà le maire de Paris devoir endosser ce fiasco. « Chirac, insiste Ponia, c'est deux trahisons et deux échecs. Il a trahi Chaban et Giscard. Il a échoué comme Premier ministre et il échouera demain aux législatives. »

Que va-t-il donc se passer ? « Eh bien, Mitterrand va remporter les législatives. Nous allons aller à la catastrophe dans les deux ans qui viennent ! »

L'analyse de Ponia est claire : même si Mitterrand obtient une majorité à l'Assemblée nationale, il n'en a pas pour autant fini. Il lui faudra gouverner : or il sera confronté à d'énormes difficultés économiques, il sera ligoté par ses promesses électorales, ou, s'il ne les respecte pas, menacé par les travailleurs en colère. « Ce sera alors le désordre dans la rue ! On va courir à la catastrophe ! » ressasse-t-il.

Dans ce cas – il y croit dur comme fer –, tout reste possible à l'homme, jeune encore – plus jeune que Mitterrand –, qui quittera demain le pouvoir à 55 ans, et pour qui l'échec actuel n'est, comme il l'a dit lui-même hier soir, qu'un « maillon dans la chaîne de l'histoire ».

« Je vois, continue-t-il, la possibilité de récupérer les choses avant l'automne 1983. Aujourd'hui, il faut regarder sans rien dire. »

S'asseoir au bord du fleuve, en quelque sorte, et regarder passer les cadavres de ses ennemis...

Nous revenons sur la campagne présidentielle : il me raconte que le 3 avril, donc quinze jours avant le premier tour, il a déjeuné à l'Élysée avec Giscard. Jean Lecanuet s'était joint à eux. « Nous lui avons dit qu'il fallait rectifier le tir. Ou, plus exactement, qu'il fallait revoir tous ses contacts avec la presse. Les thèmes qu'il avait choisi de développer pendant sa campagne ne posaient pas problème, à notre sens, car ils étaient constamment améliorés. Ce qui ne marchait pas, c'était en réalité son état-major, toute l'équipe qui était autour de lui à son siège électoral, rue de Marignan ! »



Intérieurement, je souris quand il me dit cela : il est évident qu'il s'est senti écarté de cette campagne, au moins à ses débuts. Normal qu'il trouve qu'autour de Giscard il y ait eu trop de monde, notamment, insiste-t-il, « pas un seul vrai professionnel ». Le seul, évidemment, aurait dû être lui !

Il pense cela si fort qu'il continue : « Le 8 avril, j'ai déjeuné avec Deniau et Pelletier. J'ai trouvé qu'ils étaient dans une pagaille intellectuelle complète ! Ils se félicitaient parce que l'organigramme était au point ! Comme si on gagnait une élection avec un organigramme ! Beaucoup trop de monde, beaucoup trop de moyens ! Il fallait un état-major le plus léger possible. En revanche, sur le terrain, il fallait faire donner les notables, les députés qu'on s'était au contraire ingénié à démobiliser ! »

Ponia rougit d'émotion à ce souvenir : « Bernard Rideau a commis les erreurs habituelles : un excès de radicalisme franc-maçon de centre gauche. À force de faire du "riolaccisme[1]", nous avons perdu notre clientèle. Il fallait jouer les PME, les PMI, l'artisanat et le commerce : c'est cet électorat-là qui a bougé. On a gagné un franc-

1. Du nom du conseiller politique de Valéry Giscard d'Estaing, Jean Riolacci.

maçon et perdu dix électeurs du Parti républicain qui avaient voté Giscard en 1974 ! »

Barre a-t-il été un atout ou un handicap, tout ce temps-là ? Ponia n'a nul besoin de réfléchir longtemps pour répondre à la question : « J'avais suggéré au Président de s'en séparer en juin dernier. On constatera que Raymond Barre laisse certes une bonne situation, que l'abandon des règles économiques qu'il a mises en place se révélera désastreux. Le seul problème est de savoir s'il est allé lentement ou s'il a sprinté vers la catastrophe ! »

Pourquoi cette réticence de Giscard à changer de Premier ministre avant le début de la campagne ? Il me dit : « Qui prendre ? Jean-François Deniau ? Trop diaphane, quoique très proche de Valéry ! »

Il en veut manifestement à Deniau à qui Giscard avait délégué l'organisation de sa campagne : « Confier à Deniau, qui n'avait jamais commandé à personne, l'organisation d'une affaire mettant en cause 200 personnes au QG de la rue de Marignan, et 800 autres sur le terrain dans toute la France ! »

Il me confie que, dès le mois de février, Giscard lui avait dit : « J'ai perdu la partie avant décembre. Aujourd'hui, les jeux sont faits. »

Son analyse : Giscard a laissé le terrain vacant en janvier et février. Il a même empêché que ses partisans se mobilisent sur le terrain « alors qu'il fallait faire un battage considérable autour du bilan, qui était bon. Son bilan social était bon, son bilan énergétique, son bilan sur le niveau de vie des Français étaient bons. Son bilan militaire était correct. Les caisses étaient pleines. Au lieu de cela il s'est tu, il nous a demandé de nous taire, tandis que nous avons entendu, dans un silence de mort de notre côté, Mitterrand dire que le bilan était mauvais. Il revenait peut-être aux ministres de le dire : il est vrai qu'ils étaient émasculés. Giscard n'a pas lâché les chiens dans les premières semaines, mais une fois qu'il a fini par les lâcher, il s'est aperçu que ses chiens étaient en réalité de gentils toutous ! ».

Il ne peut s'empêcher, après cette phrase, de me dire avec tristesse : « J'ai la preuve que Riolacci et Rideau ont montré au Président, juste avant le démarrage de la campagne, un faux sondage me concernant, montrant que j'étais définitivement *out* ! »

Retour à l'analyse du scrutin : il voit plusieurs causes à l'échec, et en énumère trois. La première, fondamentale, tient à Jacques Chirac : « Pour que VGE gagne le 10 mai, il fallait que 83 % des électeurs de Chirac au premier tour se reportent sur Giscard au deuxième : 69 % seulement l'ont fait. La deuxième cause a été la crise internationale sur laquelle le Président sortant n'a pas su rassurer les Français. Enfin il y a eu l'usure de l'image de Giscard, qui tient à une sorte de distance, de hauteur propre à son milieu social. Son attitude a été perçue comme une forme d'affectation, d'arrogance. C'est par la bourgeoisie qu'il a été battu. Ce qui rend très ambiguë, soit dit en passant, la victoire de Mitterrand. Celui-ci a été élu par des communistes, d'une part, mais aussi par des bourgeois et des petits-bourgeois. Il sera bien obligé d'en tenir compte ! »

« Être battu par les communistes et les socialistes, bon, d'accord, lui a dit Giscard après sa défaite. Mais être battu à cause d'une trahison, c'est vraiment difficile à admettre ! »

Après cette phrase qui l'émeut lui-même, Ponia se laisse aller, à sa... – je cherche le mot : je ne dirais pas rancœur, plutôt son chagrin. « Giscard a usé du monde sans prendre beaucoup de précautions : Lecanuet, Guichard, et même Alexandre de Marenches. Je l'ai servi dix ans, je n'ai jamais eu de pépin, et pourtant j'ai fait un certain nombre de "coups tordus" pour lui. Il en a usé sans témoigner de rien. Ce qui me choque, c'est le gâchis des hommes ! Il est vrai que c'est une mécanique horriblement compliquée. Il y a des aspects très contradictoires, chez lui ! »



Un coup de téléphone l'interrompt. Un ancien député du Nord, Georges Donnez, demande s'il peut envoyer un mot à Giscard : « Oui, répond Ponia, écris-lui 9, rue de Bénouville, cela lui fera plaisir. »

Il en profite pour répéter à Donnez : « Chirac, qui, politiquement, a assassiné Giscard, va maintenant perdre les élections : lourdement ! Il aura 80 sièges dans la vue. Il va le payer ! »

Son interlocuteur lui demande – je ne l'entends pas, mais je reconstitue tant bien que mal la conversation – si un quidam, que je ne connais pas, est un proche de Charles Pasqua : « Sont-ils du même village, ironise méchamment Ponia, ou de la même prison ? »

Je lui demande, en prenant congé, ce qu'il va faire dans les temps qui viennent. Il m'exprime clairement sa volonté de se mobiliser. Contre Mitterrand ou contre Chirac ? Les deux à la fois, sans doute, encore qu'il me désigne d'abord Chirac : « Le 29 au matin, me dit-il, je veux pouvoir parler librement. Je veux pouvoir dire : deux trahisons et deux échecs, c'est trop ! » Il ajoute : « Il faut six mois pour vider les caisses. D'ici là, on aura une dévaluation de l'ordre de 15 % à 25 %. »

Il continue, à mon usage : « Ça va secouer, pour moi : si je fais ce que j'ai à faire, je vais me foutre à dos toute l'opposition, tout le RPR et une partie de l'UDF. Tous ceux-là n'apprécieront pas que je tienne le langage de la vérité. Si on veut préparer quelque chose qui ne soit pas Chirac – qui serait un danger pour le pays –, si on veut préparer quelque chose de sérieux, il faut quelqu'un qui ose dire avec fermeté ce qui est la vérité. »

J'en conclus que, pour le moment, celui qu'il veut éliminer au premier chef, c'est Chirac. Pour Ponia, le combat contre la gauche commencera après.

*22 mai*



Journée historique, vraiment, que celle du 21 mai. Journée folle, inouïe, qui monterait à la tête de plus d'un, et dont je me demande comment Mitterrand lui-même en sortira. Toutes ces heures m'ont paru échevelées, frisant tour à tour l'émouvant et le ridicule, et pourtant historiques, je ne trouve pas d'autre mot.

Mitterrand a tenu à montrer qu'il était un Président socialiste. Cela a commencé dès son premier discours sous les dorures de la salle des fêtes de l'Élysée où il a évoqué Jean Jaurès dans ses toutes premières phrases. Cela a culminé dans l'après-midi par le dépôt d'une rose sur sa tombe, au Panthéon.

Les symboles étaient partout : Mitterrand a situé son arrivée à l'Élysée dans la ligne du Front populaire et de la Libération. Chez Jacques Chirac qui le recevait plus tard à l'Hôtel de Ville, il a parlé de la Révolution et de la Commune de Paris.

Autre symbole : la présence autour de Mitterrand de ses amis étrangers de l'Internationale socialiste, pour la plupart les leaders socialistes les plus en vue dans leurs pays : du Suédois Olaf Palme au Portugais Mario Soares, de Léopold Sedar Senghor à Willy Brandt. Façon, pour Mitterrand, de montrer qu'il s'inscrit dans un vaste courant démocrate et socialiste. Qu'il n'est pas le seul socialiste à devoir exercer le pouvoir : d'autres l'ont fait avant lui.

Pour autant, personne autour de lui, lui-même surtout, n'a oublié le souvenir qu'a laissé, en France avant-guerre, l'exercice du pouvoir par la gauche. Après la liesse du Front populaire, il y a eu les caisses vides de 1938. Il sait aussi qu'après l'euphorie de la Libération, il y a eu toutes les difficultés de la IVe République et de la reconstruction.

Toute la journée, j'ai pris des notes que je mets ce soir « au propre », comme disent les écoliers. Mitterrand, un peu froid, presque figé, est donc arrivé à l'Élysée en voiture. Il a été accueilli sur le perron par Valéry Giscard d'Estaing. Le tête-à-tête entre l'ancien et le nouveau président a duré une demi-heure. Ils ont, comme c'est la tradition, paraît-il (encore je ne sache pas quelle tradition, puisqu'une telle scène ne s'est encore jamais produite sous la Vᵉ République[1]), assuré la transmission de secrets d'État. Inutile de dire que nul n'a su ce que les deux hommes s'étaient dit.

Suit le ballet des partants et des entrants : André Rousselet salue Jean-Marie Poirier, qui s'en va et qu'il retrouvera peut-être, ce soir ou demain, dans un dîner parisien. André Chadeau, le préfet qui dirigera sans doute demain le cabinet du Premier ministre, salue son homologue qui sera quelques instants plus tard prié de quitter Matignon.



À 10 h 15, Giscard quitte l'Élysée. Il a le tort de partir à pied, pour faire simple : le problème est que les badauds qui se sont massés le long de la rue du Faubourg-Saint-Honoré ne sont pas de son bord. Il se fait huer lorsqu'il sort. Assez minable, de la part de ceux qui le sifflent.

Giscard parti, Mitterrand, qui l'a accompagné jusqu'au bout du tapis rouge, dans la cour, regagne le salon dit Pompadour où on lui remet les insignes de grand-croix de la Légion d'honneur. Puis, accompagné du président du Sénat et de celui de l'Assemblée nationale – Poher consterné, Chaban plus serein –, il rejoint la salle des fêtes où l'attendent les corps constitués.

Proclamation officielle des résultats, saluée par 21 coups de canon, et première allocution du nouveau Président. À peine a-t-il terminé qu'il se rend sur la terrasse, face au jardin, où il salue seul le drapeau avant de passer les troupes en revue. Puis il prend possession de son bureau.

Une scène marquante, auparavant : dans la salle des fêtes s'est assis, invité par le nouveau Président, Pierre Mendès France. Lorsque Mitterrand passe devant lui, les deux hommes s'étreignent. Mendès, qui m'a paru à l'image très fatigué, a les larmes aux yeux. Je me demande s'il pleurait de joie parce que Mitterrand était élu ou s'il pleurait sur lui-même qui n'était pas parvenu à l'être. Moment

1. Le général de Gaulle avait quitté l'Élysée au soir du référendum perdu d'avril 1969, sans attendre l'élection de son successeur. Georges Pompidou est mort en avril 1974, avant donc l'élection présidentielle qui a suivi.

néanmoins symbolique, si on parvient à oublier tout ce qui a séparé depuis des années les deux hommes.

Il est midi lorsque, sur le perron, la nomination de Pierre Mauroy à Matignon est annoncée. Et 12 h 25 lorsque Mitterrand, accompagné de son tout nouveau Premier ministre, part par la grille du Coq en voiture découverte pour l'Arc de Triomphe. Willy Brandt, le chancelier autrichien Bruno Kreisky, Mario Soares, Olaf Palme, Mme Allende, la femme du chef d'État chilien assassiné, le grec George Papandréou l'y attendent.

Retour à l'Élysée à 13 heures. Déjeuner avec ses amis ainsi qu'avec certains journalistes qui ont suivi quotidiennement sa campagne. Je n'en suis pas.

Tout cela, le matin, je l'ai « couvert », comme nous disons dans notre langage de journaliste, minute après minute, en direct à l'antenne.



Première destination, l'après-midi : l'Hôtel de Ville. À 17 h 15, Mitterrand doit y saluer le maire de Paris et le conseil municipal. 17 h 30 : courte allocution du Président, puis départ vers le Panthéon où Mitterrand a convié, ce sont les termes retenus, « le peuple de Paris » à une grande manifestation populaire.

Voilà qui n'est certes pas dans la tradition, mais François Mitterrand a voulu tout le monde, sans hiérarchie ni protocole.

Je n'ai aucune chance, partant de la mairie de Paris, d'arriver à temps au Panthéon et de voir la foule assemblée au quartier Latin applaudir le nouveau Président. Mais Mitterrand me prend à bord de la voiture qui l'y conduit, où s'entassent certains de ses accompagnateurs, dont Claude Estier. Pour des raisons de protocole, le chauffeur me laissera en chemin, quelque part sur le boulevard Saint-Michel.

Dans la rue, entre les quais et le dôme du Panthéon, l'atmosphère est inouïe. Je n'ai jamais vu cela : les voitures officielles sont comme avalées par la foule. Celle de Mitterrand passe, celle de Mauroy est arrêtée. J'en profite pour foncer vers la Sorbonne et rejoindre la foule au bas du Panthéon.

Lorsque j'arrive, je vois de loin Mitterrand remonter la rue Soufflot, presque porté par la foule, entouré de ses amis qui, de sa vie, ne seront, je pense, jamais plus aussi nombreux. Je ne le vois que de dos. Je suis à quelques dizaines de mètres de lui lorsqu'il entre dans le Panthéon avec sa petite rose à la main et son pantalon trop court, pour fleurir la tombe de Jaurès. *La Marseillaise* éclate, celle de Berlioz : un orchestre, sur le côté gauche de la place du Panthéon, et une voix magique, celle du ténor Placido Domingo. La scénographie a été fixée par Jack Lang.

Pour le reste, je suis perplexe : je trouve, je l'avoue, cette cérémonie un peu grandiloquente et néanmoins émouvante, parce qu'une page – que dis-je, une page ! un chapitre – de la V^e^ République est tournée. Que sera demain ? Comme tout le monde en France, j'ai peur, absurdement, de l'arrivée au pouvoir d'une gauche qui, telle qu'elle est aujourd'hui, n'a jamais gouverné. Ce qui ne m'empêche pas de trouver que l'aventure de Mitterrand et des siens est romantique à souhait.

Je n'ai pas le temps de m'interroger longtemps sur l'espèce d'angoisse que je ressens : à peine les voitures officielles sont-elles parties qu'une effroyable averse s'abat sur la place. La foule se disperse en courant ; les forces de l'ordre n'auront pas eu besoin de vider les lieux, le ciel s'en est chargé.



*23 mai*

Composition du gouvernement de transition destiné à gérer les affaires courantes jusqu'aux législatives : autour de Pierre Mauroy, beaucoup de monde, mais pas de communistes, Mitterrand ayant dit qu'il gouvernerait après les élections avec la majorité sortie des urnes. En revanche, toutes les tendances de la gauche non communiste y trouvent leur place : de Michel Rocard, ministre d'État, à Michel Jobert, ancien ministre de Georges Pompidou et animateur de la gauche gaulliste ; de Jean-Pierre Chevènement à Maurice Faure ; de Jacques Delors, venu du syndicalisme et passé par Chaban-Delmas, à Gaston Defferre, éternel ancien rival malheureux de Guy Mollet au PS. Le point commun entre tous les membres, peut-être trop nombreux, de ce gouvernement : ce sont des sociaux-démocrates qui n'ont pas de couteau entre les dents, qui parlent réforme, certes, en aucun cas de révolution.

Déjà, au pif, je pressens quelques frictions : Michel Rocard avait demandé l'Éducation nationale, Mitterrand s'y est opposé. Il sera ministre d'État, certes, mais au Plan et à l'Aménagement du territoire. Quant à Jean-Pierre Chevènement, il voulait le ministère de l'Économie, il doit se contenter de la Recherche. Avec, comme Rocard, ce titre de consolation : ministre d'État.

L'innovation qui prête à sourire, c'est la création d'un secrétariat d'État au Temps libre, confié à un syndicaliste de l'Éducation nationale. Roger Priouret[1], qui est à côté de moi à l'antenne de RTL pendant que j'analyse la composition du gouvernement, prend le micro pour dire en ne plaisantant qu'à demi : « Un ministère du Temps libre au moment où tant de Français cherchent du travail, c'est d'un raffinement inouï ! »

Quant à la nomination de Pierre Joxe, le doctrinaire du PS, à l'Industrie, elle risque de faire trembler d'effroi les chefs d'entreprise ! La présence au gouvernement d'Alain Bombard, le navigateur solitaire des années 1950, ne m'étonne pas vraiment : il a été nommé à l'Environnement, domaine dont il était le responsable au PS depuis des années.



*25 mai*

Le problème, c'est que tout confirme l'inquiétude dont Pierre Mauroy faisait preuve le 21 mai, avant même que le gouvernement ne soit nommé : le franc est attaqué et montre des signes de faiblesse face au dollar et même face aux autres monnaies européennes. Quelles qu'aient été les premières mesures prises (dans, me confie Mauroy, la quasi-indifférence de Mitterrand), il continue d'être attaqué. Ce sera donc à Jacques Delors[2] de convaincre les petits porteurs que le franc restera fort, d'éviter la fuite des capitaux, de rassurer les investisseurs étrangers.

Parmi eux, les pays arabes et surtout l'Arabie saoudite. C'est de cela qu'est chargé Michel Jobert, qui, comme ancien ministre des Affaires étrangères de Georges Pompidou, est connu comme un interlocuteur privilégié du monde arabe. Aujourd'hui, il doit convaincre les rois du pétrole de ne pas « désinvestir », de ne pas évacuer hors de France les capitaux de l'or noir.

À ce propos, on me raconte – mais je n'ai pas les moyens de vérifier – que le jour du deuxième tour de la présidentielle, le 10 mai dernier, beaucoup de bateaux ont pris le large, entre Saint-Raphaël et Monaco, hors des eaux territoriales, avec toute la fortune de leurs propriétaires à bord. Pourquoi ? Pour éviter de se faire dépouiller par

1. Journaliste économique à *L'Express*, puis au *Figaro* et à RTL.
2. Ministre des Finances dans le gouvernement de transition conduit par Pierre Mauroy.

les rouges en cas d'insurrection communiste à Paris ? J'ai peine à croire que la victoire de la gauche fasse si peur aux milieux d'affaires.

Quant à rassurer les milieux politiques, si c'est possible, Mitterrand s'en charge personnellement : il a reçu aujourd'hui tous les leaders des partis, dont ceux de l'opposition, Jean Lecanuet et Jacques Chirac.

*26 mai*

Restent les dirigeants européens : ceux d'entre eux qui sont socialistes connaissent bien Mitterrand, mais tous s'inquiètent de l'entrée éventuelle des communistes dans un futur gouvernement. Le premier, Helmut Schmidt est venu rendre visite à Mitterrand, porteur (autre « petit télégraphiste » ?) d'un message de Ronald Reagan.



Je ne sais quelle a été l'atmosphère de la rencontre entre les deux, si Helmut Schmidt a fait état de sa proximité avec Giscard. De toute façon, Mitterrand a toujours été, lui aussi, persuadé de la nécessité de l'axe franco-allemand pour construire l'Europe. L'amitié est une chose, encore que je ne sache pas les liens exacts, dont Giscard s'est prévalu, entre ce dernier et Helmut Schmidt ; l'exercice du pouvoir en est un autre. Mitterrand et Schmidt sont assez grands pour oublier leurs amitiés quand il le faut.

*27 mai*

Premier Conseil des ministres du gouvernement Mauroy. Dans le même salon Murat, à l'Élysée, les quarante-trois ministres se sont assis ce matin autour de la table, recouverte du même tapis qui a vu se succéder tous les présidents de la République. Mitterrand occupera la place de son prédécesseur, et les mêmes huissiers à chaîne ouvriront les mêmes portes aux nouveaux ministres. Les dossiers qui y ont été discutés ont été préparés par Marceau Long, secrétaire général du gouvernement précédent. Celui-ci a persuadé Pierre Mauroy d'adopter le même ordre du jour pour ce Conseil[1]. Voilà pour la continuité.

Au chapitre du changement, les cabinets du gouvernement Mau-

1. La première partie du Conseil des ministres était traditionnellement consacrée aux projets de loi, la seconde aux nominations, la troisième à l'élaboration des propositions et des projets. La séance commence toujours par un compte rendu sur l'état du monde présenté par le ministre des Affaires étrangères.

roy regorgent de fonctionnaires mis « au placard » sous Giscard, qui reviennent dans les bagages des ministres de gauche. Ou d'hommes qui n'auraient en aucun cas figuré dans un ministère d'« ancien régime » : Gaston Defferre, par exemple, a embarqué dans son équipe à l'Intérieur un syndicaliste de la police, le premier à entrer Place Beauvau !

Dans ce palais de l'Élysée envahi par les assistantes personnelles de Mitterrand, auxquelles se sont jointes les secrétaires du PS, Rousselet me raconte, après cette conversation, comment et pourquoi Mitterrand n'a pas pris Claude Estier, son fidèle de toujours, dans le premier gouvernement : parce que Estier a décidé, malgré ses avis, de se présenter contre Roger Chinaud dans le XVIIIe arrondissement
*1981* de Paris aux prochaines législatives. Mitterrand pense qu'il perdra ce combat, et comme il ne veut pas d'un ministre battu sitôt nommé, il a préféré ne pas lui confier un poste gouvernemental. Dur, dur...

À part cela, tous les gens qui voient Mitterrand me le décrivent comme extraordinairement tendu. Au premier étage de l'Élysée, je parle un instant avec Jean Glavany. Nous évoquons les personnalités de tous ces socialistes qui, dans le monde entier, ont perdu le pouvoir du fait de leur idéalisme. Il me dit que le personnage d'Allende est ici présent dans tous les esprits. « Pourvu que beaucoup de socialistes en soient conscients, me dit-il. C'est la seule chance de succès ! »

François Mitterrand a choisi le bureau du général de Gaulle tandis qu'André Rousselet a pris possession de celui de Giscard. C'est une étrange atmosphère : personne n'a été mis dehors, de sorte que coexistent dans les différentes pièces, étriquées ou vastes, d'anciens partisans de Giscard et les nouveaux arrivants. Des huissiers font la tête, renâclent à porter les plis à leurs destinataires ; d'autres, au contraire, sourient aux anges. Personne n'a confiance en personne, et Jean Glavany, hier, s'est aperçu, me dit-il, qu'il dictait une note confidentielle à la secrétaire de Jean Riolacci !

François Mitterrand demande à Xavier Gouyou-Beauchamps (via André Rousselet, qui voit Jean Serisé) de présenter sa démission de la présidence de la Sofirad[1]. On va voir ce que cela donne : Mitter-

1. Chef du service de presse de l'Élysée de 1976 à 1978, Xavier Gouyou-Beauchamps a été nommé président de la Sofirad par Giscard en 1977. La Sofirad est une société chargée de gérer les intérêts de l'État dans le secteur privé de l'audiovisuel.

rand nomme Michel Caste, un homme de Michel Jobert, qui s'est rallié à Mitterrand avant le deuxième tour. La nomination de cet hurluberlu, grand amateur de femmes, au demeurant sympathique, va faire rigoler tout Paris : mais c'est le retour d'ascenseur promis à l'ancien directeur de cabinet de Georges Pompidou qui a apporté son soutien au moins tacite, depuis six mois, à François Mitterrand.

*29 mai*

Rencontre entre communistes et socialistes (Jean Poperen du côté socialiste, Charles Fiterman pour les communistes). En dehors de l'entrevue officielle à l'Élysée, lundi, entre Marchais et Mitterrand, c'est la première concertation entre les deux partis en vue des législatives. À l'ordre du jour, le gouvernement commun ? Lionel Jospin, hier, a fixé ses conditions : pas de gouvernement commun sans accord sur l'Afghanistan, la Pologne et les Pershing.



Je n'arrive pas à savoir ce que veulent exactement les communistes : Pierre Juquin a déclaré hier en leur nom que « les communistes soutiendraient toutes les mesures positives prises par le gouvernement ». Alors, veulent-ils soutenir sans participer ? Pourtant, ce n'est pas ce qu'ont compris les socialistes à la fin de l'entrevue. Au contraire, me dit Poperen que j'ai joint au téléphone en fin de journée, le discours du PC a été : « Comment ? Nous vous disons que notre objectif est de participer au gouvernement, et vous, vous ne nous dites pas ce que vous voulez ! »

Et Mitterrand ? Ma conviction est qu'il prendra des communistes au gouvernement s'il arrive, avant les législatives, à un accord politique avec eux. Pourtant, j'entends autour de moi beaucoup de gens qui m'assurent qu'il n'en fera rien. À droite, parce qu'on y présente Mitterrand comme quelqu'un qui ne tient pas ses promesses, qui ne pense, donc, qu'à « couillonner » les communistes ; parmi la gauche proche du *Nouvel Observateur* (la « deuxième gauche », comme dit Mitterrand), parce que l'idée d'un seul communiste au gouvernement lui est pratiquement intolérable.

*1er juin*

Soirée inattendue à l'Élysée où le Président regarde, dans un studio de cinéma aménagé au sous-sol de la salle des fêtes, le film polonais qui vient d'être primé au Festival de Cannes, *L'Homme de fer*, de Wajda. Il a convié quelques amis et quelques journalistes. Déjà, il est assez drôle de regarder à ses côtés un film sur Gdansk et le PC polonais, au moment où le monde politique s'agite dans la perspective des futures élections législatives et à la veille de nouvelles consultations entre PS et PC français.

Le film dure deux heures pendant lesquelles Mitterrand ne lâche pas un mot. Le film terminé, le petit groupe remonte pour dîner, et passe par la salle du Conseil des ministres que je n'avais encore jamais visitée. Je note au passage qu'il y a trois trompe-l'œil et une colonne Vendôme en miniature entre les deux fenêtres. Il y a aussi deux bibliothèques basses sur lesquelles sont posés des ouvrages de Buffon, de Bossuet et je ne sais combien de volumes de la Sainte Bible. Pourquoi la Sainte Bible ?



À table, je suis assise à côté de Mitterrand. Je le regarde à la dérobée, m'étonnant presque que ses traits n'aient pas changé. Mais, après tout – il me le rappelle comme s'il avait surpris mon regard –, dix jours seulement se sont écoulés depuis son entrée à l'Élysée.

Il pense que les élections législatives vont être gagnées par la gauche. « Après, me dit-il, on sera tranquille pour cinq ans ! » Il n'exclut cependant pas une défaite, car, dans la phrase qui suit, il ajoute : « Si la majorité reste la même, je ne pourrai pas éviter les heurts ! »

Ce qui l'étonne, c'est la disparition subite, depuis dix jours, de tous les acteurs de la vie politique. La secrétaire du groupe parlementaire socialiste, Mme Théobald, raconte que le Parlement est désert : les nouveaux ministres socialistes ont embarqué leurs secrétaires parlementaires, parfois même le petit personnel de l'Assemblée.

Nous parlons du score communiste au premier tour de l'élection présidentielle. « Je n'avais pas prévu un tel effondrement, reconnaît Mitterrand. Je l'avais imaginé à long terme, certes, mais je ne pensais tout de même pas qu'ils s'effondreraient aussi vite. »

Puis nous évoquons Giscard qui vient d'envoyer aux parlementaires UDF une lettre leur annonçant qu'il va prendre incessamment une initiative politique. Laquelle ? Il ne le précise pas. À Jean Riboud qui dit ne pas voir Giscard en situation de remonter la pente, François Mitterrand ne répond rien. Il parle en revanche de la stratégie de Chirac avec une sorte de considération purement tactique : « C'est dur à passer, pour Giscard, dit-il, Chirac l'a tout de même littéralement étranglé ! Et il a appelé la majorité à l'union tout de suite après ! Il faut le faire ! »

Mitterrand parle enfin de ses rencontres récentes : avec les syndicalistes, tout a baigné dans l'huile – « presque trop », dit-il. Avec François Ceyrac, les choses ne se sont pas trop mal passées : la seule question que se pose Mitterrand est de savoir si Ceyrac a perçu toute l'ironie qu'il a mise dans ses propos. Exemple : Ceyrac se lance dans un tableau apocalyptique des charges des entreprises et de leurs problèmes. « Diable ! lui a répondu Mitterrand. Mais alors, ceux qui avaient le pouvoir étaient des criminels ! » La scène réjouit Mitterrand au moment où il nous la raconte. Je ne suis pas sûre qu'elle ait autant réjoui François Ceyrac.



Au cours du même dîner, Christine Gouze-Raynal[1] me dit sur un ton mi-drôle, mi-sérieux : « C'est fou ce qu'on s'y fait vite, à cette vie ! »

J'ai l'impression que si Mitterrand peut inviter ici, à l'Élysée, tous ceux qu'il a conviés à Latche, tous ceux qui le suivent quand il gravit la butte de Solutré, la vie pour lui deviendra possible. Plus quelques femmes, évidemment – Anne en particulier –, qui ne sont jamais très loin de lui. Danielle est prête à jouer le jeu, cela fait si longtemps qu'elle s'y prête ! D'autant qu'elle compte bien rester rue de Bièvre, sans emménager elle-même à l'Élysée.

Sera-t-il possible à Mitterrand de rester aussi libre en étant président ?

Le dîner s'achève. Nous parlons des communistes. Les élections législatives s'annoncent difficiles pour eux. À Sotteville-lès-Rouen, par exemple, Roland Leroy, qui n'a jamais été menacé depuis tant d'années, est aujourd'hui en difficulté. Pourquoi ? Parce que, m'a-t-il dit lui-même, la candidature unique de la droite RPR-UDF est dangereuse, bien des électeurs communistes, ils le lui avouent, étant décidés, face à ce péril de droite, à voter directement socialiste pour faire barrage à la réaction dès le premier tour. « Oui, commente Mitterrand, il y aura beaucoup de défections parmi les électeurs traditionnels du PC ! »

1. Sœur de Danielle Mitterrand, mariée au comédien Roger Hanin, Christine Gouze-Raynal est productrice de cinéma.

*3 juin*

Je reviens sur la préparation des législatives. Même si leurs leaders disent, pour des raisons électorales, qu'ils vont gagner, les experts, du côté de l'UDF et du RPR, pensent au contraire que sur les 281 sièges détenus par la majorité en 1978, ils vont en conserver au maximum 200.

Ce qui est clair, c'est que Chirac et Lecanuet, malgré leur alliance électorale circonstancielle, campent sur des positions tout à fait différentes : Chirac veut apparaître comme celui qui, à temps, a sauvé pour les législatives l'unité compromise – surtout par lui, d'ailleurs ! – lors de l'élection présidentielle. Lecanuet, lui, préserve au nom de l'UDF les chances de Valéry Giscard d'Estaing, lesquelles chances ne sont pas jouables pour le moment. Un jour, peut-être ?

Cela étant, si l'UDF et le RPR remportaient ces élections-ci, tout serait à revoir, et Mitterrand devrait reprendre sa copie : il a dit qu'il gouvernerait avec la majorité sortie des urnes, il serait donc obligé de cohabiter avec elle.



Les socialistes, eux, mènent une campagne d'enfer pour éviter ce cas de figure. Quant aux communistes, ils ont d'autant plus peur de perdre leurs 86 députés qu'ils remarquent partout, comme me le disait Leroy l'autre jour, que nombre d'électeurs communistes voteront pour les socialistes dès le premier tour. Ce qui explique sans doute que la première réunion entre socialistes et communistes, vendredi, ait tourné en eau de boudin. D'autant plus que Lionel Jospin a expliqué à ses interlocuteurs du PC qu'« il pardonnait, mais n'oubliait pas les offenses passées » !

*4 juin*

Avec Michel Jobert, que je vois aujourd'hui, nous parlons de la présence de ministres communistes au sein du prochain gouvernement, celui qui sera mis en place après les législatives. Il doute sérieusement que cela soit possible dans le monde tel qu'il est : « Au moindre secrétaire d'État communiste, me dit-il, le roi Khaled ferme les vannes du pétrole à la France ! »

Cette considération n'a pas empêché le PS et le PC de finir par signer, il y a quelques heures, un accord politique. Ils ne parlent pas de pacte gouvernemental : ils se contentent d'énumérer, comme dans un catalogue, leurs convergences. Et d'envisager ensemble « une majorité cohérente et durable ».

*5 juin*

Au Conseil des ministres, me raconte Maurice Faure, Mitterrand a sévèrement « engueulé » – c'est le mot employé par lui – Louis Le Pensec[1], qui avait annoncé la fin de Plogoff[2], ce qui, au surplus, n'était pas de son ressort. Il a également passé un savon à Charles Hernu, qui avait parlé, lui, de la fin du Larzac. Il n'a pas non plus épargné Maurice Faure, qui, comme garde des Sceaux, avait évoqué une réforme de la Cour de sûreté de l'État alors que Mitterrand envisage, lui, sa disparition pure et simple.

Puis Mitterrand a donné lecture d'un texte, impérial et incisif à la fois, incitant ses ministres à ne pas dépasser les bornes...

Maurice Faure annonce au cours de ce même Conseil qu'il nomme Maurice Arpaillange, magistrat, ancien directeur de campagne de Marie-France Garaud, au poste de procureur général de Paris en remplacement de Paul Sadon, épouvantail des magistrats de gauche depuis des années.



« Ah, observe Mitterrand. Le seul problème de cet homme, ce sont ses relations avec Marie-France Garaud !

– La raison qui l'a fait agir, répond Maurice Faure, plaidant sa cause, me semble bien naturelle et compréhensible : vous n'êtes pas homme à lui reprocher d'avoir cédé au charme d'une très belle femme ! »

Mitterrand sourit. Arpaillange est nommé.

Cela étant, Maurice Faure se demande s'il n'aurait pas été bien avisé de refuser la Chancellerie et de viser la présidence de la commission des affaires étrangères à l'Assemblée nationale. Le ministère de la Justice exige une présence constante. Il pensait qu'il aurait encore un peu de liberté, qu'il ne serait pas obligé d'avaler dossier sur dossier, ni dérangé la nuit parce qu'un condamné s'est échappé. Comme il est consciencieux, il a du remords à l'idée qu'il ne sera pas à la hauteur de la tâche qui l'attend, non pas sur le plan intellectuel, bien sûr, mais par son excès de scrupules. Il s'aperçoit en

1. Louis Le Pensec est ministre de la Marine dans le premier gouvernement de Pierre Mauroy.

2. Il s'agit de la construction, commencée dans les années 1970, d'une centrale nucléaire sur le territoire de la commune de Plogoff. L'opposition à sa construction a été la première manifestation majeure contre la politique nucléaire française. Le conflit n'est pas réglé dix ans plus tard, quand la gauche arrive au pouvoir.

outre que sa vie va se trouver désormais complètement sous contrôle, sans la moindre possibilité d'aller flâner dans la campagne lotoise !

Ce qui le tourmente en réalité, c'est le projet de loi, qu'on lui demande en haut lieu de mettre au point, sur l'amnistie. Jusqu'où doit-elle s'étendre, cette amnistie ? À propos des détenus corses, par exemple (c'est à leur sujet que Maurice Faure se pose un véritable cas de conscience), peut-on faire sortir de prison aujourd'hui tous les condamnés à moins de six mois, ou à moins de deux ans de prison [1] ? Il est très hostile, en réalité, à cette amnistie qu'il juge trop large et dangereuse. Il n'a pas caché son point de vue au Conseil. Il paraît qu'il a lancé à la cantonade, c'est-à-dire à l'ensemble des ministres, sans oser poser la question publiquement à Mitterrand ou à Mauroy : « Qui voulez-vous amnistier ? Les condamnés à six mois de prison, à quinze mois, à vingt ans ? Jusqu'où voulez-vous aller ? Jusqu'aux crimes de sang ? »

Je lui conseille de ne pas rendre tout de suite son tablier. Quinze jours après la formation du gouvernement, sa réputation de dilettante en serait renforcée. Au surplus, est-il bien raisonnable, pour lui, de se couper de Mitterrand en début de septennat ?

*6 juin*

Dans le cabinet de Mitterrand coexistent, comme à Latche, les amis de toujours (Rousselet, François de Grossouvre, Paul Guimard), les jeunes loups (Jean Glavany, Michel Vauzelle), les fils ou filles d'amis disparus (Paule Dayan), sans qu'aucun lien apparent ne lie les uns aux autres. Souvent, d'ailleurs, les amis de Mitterrand ne se connaissent pas entre eux, tant il a mis de soin, jusqu'à présent, à compartimenter les différents cercles de ses proches.

Rousselet me confie ainsi, à ma stupeur, qu'il n'avait jamais vu Grossouvre avant de mettre les pieds à l'Élysée !

Tout ce monde-là est bien sympathique, mais je ne vois pas comment cela ferait un cabinet présidentiel !

1. La loi d'amnistie de juillet 1981 prévoira en effet l'amnistie des peines d'emprisonnement inférieures ou égales à six mois sans sursis, ou avec application du sursis avec mise à l'épreuve, et les peines d'emprisonnement inférieures ou égales à quinze mois avec sursis simple.

*9 juin*

Rousselet me raconte que je ne sais qui a dit à Mitterrand au déjeuner d'hier : « Tout de même, Maurice Faure n'a pas pris de socialistes à son cabinet ! »

Mitterrand s'énerve : « Au cas où vous ne l'auriez pas remarqué, rétorque-t-il, Maurice Faure n'est pas socialiste. On ne peut pas me demander de mettre au gouvernement des ministres non socialistes et s'étonner ensuite qu'ils ne composent pas leurs cabinets de la même manière que les socialistes ! »

*10 juin*

Premier discours présidentiel de Mitterrand, qu'il a tenu à prononcer dans la commune de Suze-la-Rousse, chez son ami Henri Michel, député-maire socialiste du coin. Il s'agit d'une sorte d'adresse aux Français sur le thème : pour mener à bien la politique qu'il propose, il faut que ceux-ci lui en donnent les moyens.



Le propos n'est pas neuf : tous les présidents ont souhaité que la majorité législative soit conforme à la majorité présidentielle.

Claude Estier me l'assure : il sera président du groupe parlementaire socialiste. Mitterrand le lui a promis. Si toutefois il parvient à être élu contre Roger Chinaud dans le XVIIIe arrondissement de Paris.

*11 juin*

Anniversaire du congrès d'Épinay. Pour le fêter, à la tribune, ceux qui, à l'époque (en 1971), croyaient en Mitterrand et ceux qui n'y croyaient pas : Michel Rocard est là aux côtés de Lionel Jospin ; Roger Fajardie, collaborateur estimé de Pierre Mauroy, voisine aujourd'hui sur l'estrade avec Pierre Bérégovoy, lequel était alors, avec Alain Savary, opposé à l'OPA de Mitterrand sur le Parti socialiste.

Jean-Pierre Chevènement, en revanche, n'est pas là. Une bonne langue me dit qu'il est furieux de son ministère de la Recherche et trouve trop étriquées ses attributions.

Roger Fajardie, que je rencontre à cette occasion, me raconte que les mollétistes n'ont jamais pardonné à Mauroy son attitude au congrès d'Épinay, précisément. Il me décrit l'enterrement de Guy

Mollet en 1975 : Ernest Cazelles, qui était en quelque sorte l'exécuteur testamentaire du patron de la SFIO, fit savoir à Mauroy et à Fajardie lui-même que leur présence n'était pas souhaitée à la cérémonie.

Il me cite la fameuse phrase qui, au congrès de Metz, servit à tous les mollétistes pour condamner Mauroy et voter Mitterrand contre Rocard : « Mitterrand est un adversaire, mais Mauroy est un traître : nous préférons l'adversaire ! »

*12 juin*



De ce « Grand Jury [1] » qui nous a amenés en Corrèze pour interviewer Jacques Chirac, je retiendrai surtout que celui-ci n'a pas l'air le moins du monde atteint par le procès que lui font aujourd'hui les giscardiens. De toute façon, il est ici chez lui et nous fait les honneurs de son département : présentation au maire de Meymac, un de ses supporters, visite des maisons du village corrézien, nourriture abondante fournie aimablement à la dizaine de membres du « Grand Jury » mobilisés pour le mettre sur le gril : rien ne manque à la réception.

Nous enregistrons l'émission dans une salle de la mairie de Meymac. Dehors, à quelques mètres de nous, un camion de pompiers dont l'alarme se déclenche bruyamment au moment où Chirac s'apprête à répondre à la première question. Le pin-pon recouvre sa voix : impossible d'arrêter, nous sommes en direct. Je ne saurai jamais si les pompiers de Meymac manifestaient ou non, de cette façon, leur hostilité à Jacques Chirac. Toujours est-il qu'un de ses collaborateurs bondit pour leur intimer l'ordre de faire taire leur bazar !

L'émission continue sans autre incident. Nous posons toutes les questions qu'il faut sur l'avenir : que se passera-t-il si, comme Chirac le souhaite, la majorité législative n'est pas la même que la majorité présidentielle ? *Quid*, en cas de ministres communistes au gouvernement ? Y a-t-il une menace pour les libertés en France ?

À questions classiques, réponses classiques.

---

1. Le « Grand Jury » est, à l'époque déjà, l'émission-phare de RTL. En période électorale, il est composé à égalité de journalistes politiques de RTL et de personnalités de la société civile, dont, cette fois, en Corrèze, le criminologue Jacques Léauté.

Jean Lecanuet, que je rencontre, me dit que la perspective de ministres communistes est certes, à ses yeux, catastrophique, mais qu'il ne voit pas comment Mitterrand pourrait aujourd'hui l'éviter.

Alors que la campagne du premier tour s'achève, un indice : Georges Marchais a dit hier sur FR3 qu'il souhaitait « un retrait le plus rapide possible des troupes soviétiques d'Afghanistan ». C'était une des conditions qu'avait mises Lionel Jospin à la signature d'un pacte politique avec les communistes. Condition remplie.

*14 juin.*
Premier tour des élections législatives



Pendant que les résultats défilent et que je les commente à l'antenne, Mitterrand est au premier étage de l'Élysée avec Danielle, Christine Gouze-Raynal et Roger Hanin, auxquels se sont joints Irène Dayan, André Rousselet et Gaston Defferre.

« Depuis Gambetta, a dit Mitterrand à Defferre que je joins au téléphone dans la soirée, on n'avait pas vu cela : nous aurons la majorité à nous tout seuls, même sans les radicaux de gauche[1] ! »

L'échec communiste, c'est le moins qu'on puisse dire, n'a pas plongé le petit groupe dans l'affliction. « Quand je pense, a dit Mitterrand, aux esprits fins qui ne voulaient pas que je procède à des élections législatives, qui me conseillaient de ne pas prononcer la dissolution de l'Assemblée nationale existante ! »

Gaston Defferre l'a interrompu : « Et encore, je ne vous en avais pas parlé : j'ai eu de véritables algarades avec des députés socialistes qui n'avaient pas avalé la dissolution ! – Non, ce n'est pas vrai ? » s'est exclamé Mitterrand, incrédule et rigolard.

De Mitterrand encore, ce soir-là : « Nous avons dix-huit mois difficiles devant nous, et, après, trois ans et demi pour remonter la pente ! »

La vague socialiste place en réalité Mitterrand dans une position différente : il ne sera plus obligé, si le deuxième tour confirme le

1. François Mitterrand avait obtenu au premier tour de l'élection présidentielle, le 26 avril 1981, près de 26 % des voix. Le Parti socialiste obtient près de 38 % des voix au premier tour des législatives. Bien des leaders communistes, dont Roland Leroy, Charles Fiterman, Paul Laurent, sont distancés par des candidats socialistes. Ils ne demanderont pas aux candidats socialistes arrivés devant eux de leur laisser la place.

premier, et si les socialistes ont à eux seuls la majorité, de prendre des communistes au gouvernement.

*20 juin*

En quatrième vitesse, une fois de plus, voyage de Pierre Mauroy, hier, à Rouen, Dreux, Tours, Châlons-sur-Marne et Provins. Tout cela dans l'après-midi, le même gros hélicoptère transportant la troupe de Matignon et celle des (quelques) journalistes qui suivent le Premier ministre dans la campagne.

Plaisir inouï, pour Pierre Mauroy, que se balader en hélicoptère du GLAM[1], salué par les préfets (plutôt mal dans leur peau !) en grand uniforme, précédé par les motards de la gendarmerie, alors qu'il a fait tant de déplacements quasi clandestins, discrets, en tout cas, avant son arrivée à Matignon !

Le voyage se termine à Provins où Alain Peyrefitte, blême, l'accueille aux portes de la salle où Mauroy doit tenir son meeting sur les coups de minuit (le cortège socialiste a deux heures et demie de retard). Peyrefitte, non sans un certain cran, réclame la parole. Mauroy, qui a l'air de ne pas comprendre ce qu'on lui demande – dans son cas, c'est un truc qui lui permet de gagner du temps –, finit par la lui donner en disant noblement : « Je crois à la force des arguments. Allons-y ! »

On y va. Dans un charivari indescriptible, personne, ni Mauroy ni Peyrefitte, n'arrive à se faire entendre, la salle étant composée à moitié de partisans de l'un et de partisans de l'autre. Les socialistes locaux ont manifestement été en dessous de tout dans l'organisation de cette réunion ! « Je ne prendrai pas un préfet parmi les membres de la fédération locale », ironise un accompagnateur de Mauroy, Thierry Pfister, journaliste au *Monde*, qui vient de passer à son cabinet comme responsable de la presse. Alors, dans une de ces grandes envolées lyriques dont il a le secret, d'autant plus difficile pour lui qu'au bout de sept heures de meetings il est pratiquement aphone, Pierre Mauroy demande à ses troupes de se disperser et de se retrouver, en cortège silencieux, devant la mairie.

Ce qu'ils font sans que nous sachions, nous les journalistes qui ne connaissons pas les lieux, où ils vont exactement. Puis, après un dernier

1. Groupement des liaisons aériennes ministérielles. Il s'agit d'un parc d'avions et d'hélicoptères militaires mis à la disposition du chef de l'État et des ministres.

tour dans les rues dont les fenêtres restent obstinément closes, où les cafetiers abaissent précipitamment leurs rideaux de fer, nous regagnons derrière Mauroy l'héliport non sans avoir eu beaucoup de mal à retrouver au préalable les voitures qui nous avaient pris en charge !

Épilogue comique d'une campagne où le Premier ministre – puisque Premier ministre il y a – m'a paru assez bien dans sa peau. Il s'est coulé dans le rôle de chef du gouvernement comme s'il exerçait ces pouvoirs-là depuis des années : un élève de Guy Mollet et de François Mitterrand à la fois réserve ainsi bien des surprises !

Dans l'hélicoptère du retour, bien qu'il soit très tard – 2 heures du matin largement passées –, il ne résiste pas à l'envie de nous raconter une fois de plus son dîner, en 1978, chez Gaston Defferre, à Saint-Antonin. Celui-ci avait invité Mitterrand et Mauroy aux fins de les réconcilier pour qu'ils vident leur sac avant le congrès de Metz. Edmonde Charles-Roux[1] sert elle-même à table, debout derrière les hommes. Nul n'y prête cas, hormis Pierre Mauroy qui se lève et attend qu'elle s'assoie. Edmonde Charles-Roux lui explique : « Non, non, pour les sujets importants, je laisse les hommes entre eux ! »



Ce soir-là, la réconciliation est en marche. Mais deux jours plus tard, c'est le fameux « appel des 30 » signé, entre autres, par Michel Rocard et Pierre Mauroy, suivi d'une brouille plus grave entre Mitterrand et Mauroy.

Tout cela semble aujourd'hui bien effacé.

Pour l'avenir, la seule confidence que laisse échapper Mauroy au retour de Provins, c'est qu'il souhaite – pour les neutraliser, précise-t-il – la présence de ministres communistes au gouvernement. Il ne dit pas que François Mitterrand lui-même en veut, il ne dit pas non plus le contraire. Je connais néanmoins assez Mauroy pour savoir que s'il s'enhardit à dire cela, tout juste nommé Premier ministre, c'est qu'il est sûr de ne pas être contredit dans quelques jours par le Président.

*21 juin*

Deuxième tour : confirmation et amplification des résultats du premier tour[2].

---

1. Fille d'un célèbre ambassadeur de France, écrivain, Prix Goncourt pour l'ouvrage *Oublier Palerme*, Edmonde-Charles Roux est également la deuxième épouse de Gaston Defferre depuis 1973. Présidente de l'Académie Goncourt.

2. Le PC, l'UDF et le RPR perdent la moitié de leurs députés. 283 députés socialistes font leur entrée au Parlement. Le scrutin majoritaire a accentué au second tour la « vague rose » du premier.

*23 juin*

Effectivement, des ministres communistes dans ce nouveau gouvernement, il y en a, et même quatre[1] ! Dont Charles Fiterman, ministre d'État, ce qui n'est pas rien. Je ne peux m'empêcher de penser que Mitterrand charge un peu la barque. Qu'il a préféré son image personnelle, celui de l'homme qui a mis fin à des années de rupture entre le PS et le PC, qui a fait ce qu'il avait annoncé dans son programme, aux dangers qui menacent le franc et l'équilibre monétaire de la France.

Ce n'est un mystère pour personne que Michel Jobert et Jacques Delors pensent et disent que la présence des communistes à leurs côtés risque d'atténuer la confiance, combien fragile, que manifestent au nouveau gouvernement de la France les milieux financiers, nationaux et internationaux.



Peut-être, dans l'esprit de Mitterrand, y a-t-il surtout l'idée qu'il vaut mieux forcer les communistes à prendre leurs responsabilités au moment précis où ils sont le plus faibles depuis 1945. Les laisser en dehors de l'expérience gouvernementale en cours, ce serait risquer de les voir, à un moment précis, face à la première difficulté, reprendre leurs distances et tirer à boulets rouges sur les socialistes.

Enfin, que dire ? Comme copains, j'aime bien les communistes, mais je me méfie de l'image qu'ils renvoient aux autres. C'est tout à fait hypocrite, j'en conviens. Mais André Rousselet, avec qui j'en parle et qui n'est pas plus enthousiaste, m'assure : « C'est le seul moyen de les liquider ! »

Mauroy disait : les neutraliser. André Rousselet va plus loin. Qu'est-ce que cela donnera au gouvernement, et pour combien de temps ? En tout cas, aujourd'hui, il n'est question que de cela. Malgré les assurances publiques qu'avait données Mitterrand, le monde poli-

1. Un accord programmatique entre le PC et le PS a été au préalable signé le 22 juin. C'est la première fois depuis la Libération que le gouvernement comprend des communistes. Outre Charles Fiterman (Transports), Anicet Le Pors (Fonction publique), Marcel Rigout (Formation professionnelle) et Jack Ralite (Santé) font leur entrée dans le gouvernement Mauroy. Les dirigeants du PC, Georges Marchais et Roland Leroy, ont choisi de ne pas en être, sans doute pour préserver l'unité du Parti. Au comité central, en effet, deux tendances se sont exprimées : une tendance favorable à la participation, fût-ce au prix fort, c'est-à-dire en acceptant de passer sous les fourches caudines mitterrandiennes, et une tendance plus dure, finissant par accepter l'accord gouvernemental et l'entrée des communistes au gouvernement mais mettant en garde le Parti sur le danger de perdre sa personnalité s'il n'affirme pas sa différence.

tique, à droite, bien sûr, mais pas seulement, chez les rocardiens aussi, ne voulait pas y croire. La nomination des quatre ministres communistes est ce que la presse – et sans doute les Français – retient de la formation du second gouvernement Mauroy constitué d'après la majorité législative qui recouvre et corrobore la majorité présidentielle du 10 mai dernier.

*24 juin*

Voilà donc Fiterman, Anicet Le Pors, Jack Ralite et Marcel Rigout devenus en une matinée les vedettes du gouvernement. Il fallait les voir aujourd'hui, arriver ensemble et en avance au Conseil des ministres. Charles Fiterman, pourtant particulièrement peu jovial, s'est montré le plus souriant ; Anicet Le Pors, le plus à l'aise[1]. Il fallait encore les voir affronter, toujours groupés, photographes et caméras dans la cour de l'Élysée !



Tous les autres ministres sont verts de rage : on ne parle pas – ou à peine – d'eux !

En fin d'après-midi, je suis dans la cour du Sénat lorsque je croise Jean-François Deniau, venu assister à une cérémonie de remise de Légion d'honneur. Je le trouve dans un état de fureur noire contre la gauche et le gouvernement « socialo-communiste » : « Je suis entré en résistance, me dit-il, et, croyez-moi, je ne suis pas tout seul ! »

Sa vigueur me surprend : je le croyais le plus « à gauche » des giscardiens... Cela ne suffit manifestement pas à lui faire accepter des communistes au gouvernement.

*26 juin*

Le premier déplacement de Mitterrand président a lieu à Dun-les-Places, dans le Morvan. Il est 11 h 45 lorsqu'il dépose, sous une pluie battante, une couronne au monument aux morts où il y a exactement trente-sept ans, le 26 juin 1944, 27 maquisards et résistants tombaient sous les balles allemandes. Ironie du sort : ces 27 sont morts dix-neuf jours après que les forces alliées eurent débarqué en Normandie. Le massacre de Dun-les-Places fut, comme celui

1. Ingénieur, Anicet Le Pors, membre du comité central du PC, est sénateur communiste des Hauts-de-Seine depuis 1977. Il est chargé de cours à l'ESSEC en 1980. Il sera plus tard membre du Conseil d'État.

d'Oradour-sur-Glane, le fait de troupes ennemies remontant vers le nord dans une retraite précipitée.

Précédé par les enfants des écoles, Mitterrand remonte ensuite vers les tombes des victimes : il connaît le chemin, Dun-les-Places est dans sa circonscription, ou plus exactement dans son ancienne circonscription. Tous les ans, depuis la Libération, jeune député puis ministre, puis chef de l'opposition, enfin comme président de la République, il s'incline devant les mêmes dalles, dans le petit cimetière au sommet de la colline qui domine le village.

Cette fois, notable différence, le préfet est là. Et aussi, témoignage d'unité nationale, bien rare en ces moments, le candidat RPR qui s'est présenté les 14 et 21 juin dernier. Lorsque celui-ci, fair-play, le salue, Mitterrand lui conseille gentiment de changer de circonscrip-
*1981* tion la prochaine fois !

Puis, dans la maison du directeur du Parc national du Morvan où il a dû s'abriter de la pluie battante, il parle pour la première fois, depuis qu'il a été élu, des ministres communistes. Je prends des notes à toute allure :

« J'ai défini une politique, dit-il, et je prendrai avec moi tous ceux qui l'ont votée. J'ai la majorité de cette politique. Tous ceux qui l'ont acceptée, je les accepte sans céder aux phantasmes historiques. Tous ceux qui m'ont soutenu sont des Français comme les autres. »

« Leur parti – poursuit-il en parlant des ministres communistes – n'a pas les mêmes objectifs que les miens. Que m'importe à partir du moment où ils font ma politique. Moi, je veux faire l'histoire en marchant, pas en restant figé sur des données historiques anciennes. »

À l'intention de ceux qui ne veulent justement pas marcher derrière lui, il a cette phrase : « Leur réaction à la présence des ministres communistes, c'est leur affaire. Ma décision, c'est la mienne. Entre les deux, chacun pour soi ! »

Et puis aussi celle-ci à destination des Américains dont il ne cache pas à son auditoire qu'ils sont plus qu'hostiles à l'entrée des communistes au gouvernement : « Je les comprends, les Américains ; je voudrais qu'ils me comprennent aussi bien que je les comprends ! »

Enfin, en présence des journalistes qui l'écoutent, Mitterrand ne résiste pas au plaisir de raconter – ce que je ne l'avais jamais entendu faire auparavant – la scène « dramatique », dit-il, du Conseil des ministres de 1947 où Paul Ramadier, président du Conseil socialiste, demanda aux quatre ministres communistes de donner leur démission. Ceux-ci avaient voté à l'Assemblée nationale, la veille, contre leur propre gouvernement. Georges Marrane, le cinquième d'entre eux, n'avait pas voté, lui, la censure contre le gouvernement. Il ne fut pas « démissionné » ce jour-là, mais partit le lendemain.

« Eh bien, nous dit Mitterrand à la fin de son récit, vous voyez : la boucle est bouclée ! »

*27 juin*

Jacques Delors, que j'ai interviewé aujourd'hui sur RTL, parle de « troisième tour économique ». Je lui demande ce que cela veut dire. Il parle, me dit-il, de tous ceux qui, ayant subi la première victoire de Mitterrand à la présidentielle, le 10 mai dernier, puis la seconde victoire, législative celle-ci, de la gauche, le 21 juin, espèrent aujourd'hui la faillite économique du nouveau régime socialiste. De qui s'agit-il ? De quelques patrons, me dit-il, de certains hommes politiques, ou encore d'économistes qui spéculent sur la baisse du franc. À tous ceux-là Delors démontre que la clef de voûte de la V^e^ République est le Président, que l'Assemblée n'a pas les moyens de voter contre lui une motion de censure, qu'il n'y a pas aujourd'hui de crise politique possible. Conclusion de Delors : inutile de jouer la politique du pire, Mitterrand est là pour sept ans.



Ce n'est pas du tout ce que pensent certains, comme Deniau, qui sont « entrés en résistance » et espèrent ne pas y rester longtemps.

*1^er^ juillet*

Après Dun-les-Places, Mitterrand s'exprime une seconde fois. Dans une interview fleuve, il annonce qu'il est favorable, pour ce qui concerne le mandat du président de la République, à un mandat non renouvelable de sept ans, et qu'il compte agir dans ce sens en proposant sur ce point une réforme constitutionnelle. Il expose ensuite l'agenda qu'il s'est fixé : en juillet, amnistie et loi de décentralisation ; à l'automne, statut de l'audiovisuel et calendrier des nationalisations dont le rythme dépendra de l'Assemblée nationale. Demain, il adressera un message au Parlement, et le Premier ministre prononcera son discours-programme le 7 juillet. Lui-même n'apparaîtra pas à la télévision avant la mi-juillet.

Pour finir, cette conclusion : « Les institutions n'étaient pas faites à mon intention. Mais elles sont bien faites pour moi ! »

Comme il n'a pas oublié ce qu'il a écrit sur la Constitution gaulliste de la Ve République, il ajoute qu'elles ont tout de même, ces institutions, quelques « petits défauts » : « Je crois bien, plaisante-t-il, avoir écrit quelque chose là-dessus [1]. » Trop faible rôle du Parlement, poids excessif du Président ? « J'exercerai, promet-il, dans leur plénitude les pouvoirs que me confie la Constitution, ni plus, ni moins. »

*2 juillet*

Pour une rentrée parlementaire, ce fut une rentrée !

Le doyen de l'Assemblée nationale, Marcel Dassault, en jaquette, prononce, comme il convient, le discours d'ouverture de la session. Il paraît assez décontracté – beaucoup plus, en tout cas, que beaucoup de grands patrons que je connais. On dirait un vieux surveillant général de collège mettant en garde à sa façon, courtoise, finaude, acide, les jeunes classes à peine sorties du certificat d'études. Il s'adresse à des potaches mal assurés, qui, tout à l'heure, ont cherché la porte d'entrée de l'hémicycle dans lequel ils n'avaient jamais pénétré, et qui, pendant que leur aîné parle, se sont installés de guingois à leurs étroits pupitres de parlementaires. Et il feint de ne pas voir que Raymond Barre, à sa place, s'irrite lorsque l'orateur profite de la situation que lui vaut son grand âge pour dénoncer malignement les erreurs commises par le gouvernement précédent.



« Puisque le chômage est toujours à l'ordre du jour, je vais vous parler du chômage », dit Dassault, visiblement ravi d'occuper, ne serait-ce que pour quelques instants, le « perchoir », la place du président de l'Assemblée nationale. Le temps de dire qu'il voudrait que le pays sorte de la crise mondiale en ayant supprimé le chômage, Dassault tire au sort les noms des scrutateurs chargés de veiller à l'élection du président, et ceux de leurs suppléants, dont Raymond Barre, précisément, réélu dans le Rhône [2]. Enfin on passe au vote et il ouvre le scrutin.

Sans surprise, Louis Mermaz est élu au « perchoir » par 295 voix contre 149. Le nouveau président prend la parole en célébrant un « tournant décisif dans l'histoire de notre pays ». Il promet « une

1. Il s'agit du livre *Le Coup d'État permanent*, publié en 1964.

2. Raymond Barre a été élu dans le Rhône pour la première fois aux élections législatives de 1978. Réélu en 1981, il sera député du Rhône de 1981 à 2002. Il a été maire de Lyon de 1995 à 2001.

grande politique de réformes de structures, qui marquera incontestablement une rupture avec l'ordre ancien ». Après s'être efforcé de rassurer les députés de l'opposition sur leurs prérogatives, et avoir préparé l'assistance à la « tâche immense qui l'attend », il précise qu'il aura à cœur de diriger les débats « avec impartialité ».

Curieux, ce Louis Mermaz qui appartient depuis toujours au premier cercle des amis de Mitterrand. Derrière son visage qui n'est pas des plus riants, il est en réalité plein d'un humour acide qui s'exerce sur tout un chacun, et parfois aux dépens de lui-même. Il n'aura peut-être pas l'occasion de l'exercer au perchoir où le voici élu.

Que de changements chez les députés d'aujourd'hui ! Âge moyen : moins de la cinquantaine. Origines : beaucoup de professeurs. Allure générale : décontractée. Apparence : chevelue et même souvent barbue. Volonté : réformer le monde. Diable ! Beaucoup seront déçus...



*6 juillet*

Dîner avec Jacques Chirac, qui, tout content du culot qu'il a montré, me raconte son entrevue avec François Mitterrand après sa prise de fonctions. Mitterrand lui a demandé :

« Allez-vous contester mon pouvoir ?

– Sûrement pas, lui a-t-il répondu, puisque j'ai bien l'intention de vous succéder ! »

François Mitterrand l'a pris assez bien, m'assure Chirac, lui confiant qu'il ne se représenterait pas après son premier septennat.

Je demande à Chirac s'il compte, à la rentrée, réunir les journées parlementaires du RPR. Il feint de rigoler et répond, mi-figue, mi-raisin : « Eh bien, on n'a plus besoin d'une extraordinaire infrastructure hôtelière, maintenant ; une petite pension de famille suffira ! »

*8 juillet*

Ce n'est pas une déclaration d'investiture, c'est le premier discours-programme, et fleuve, de Pierre Mauroy devant les députés. Il est précédé, comme toujours, du message du président de la République à l'Assemblée nationale[1]. Tous les députés se lèvent, c'est la coutume,

1. La Constitution de la V$^{e}$ République n'autorisait pas le président de la République à s'adresser directement aux députés. En revanche, celui-ci adressait lors de son élection un message au Parlement, lu le plus souvent à l'Assemblée nationale par le Premier ministre, ce qui a été modifié par la réforme constitutionnelle de juillet 2008.

à sa lecture. Deux parlementaires seulement restent assis. Je n'en connais qu'un seul : La Combe.

Dans son message, Mitterrand a quelques phrases pour les députés de l'opposition auxquels il dédie ses vœux : « Tous sont, à titre égal, représentants du peuple. La République n'appartient à personne. » Il assure tous les parlementaires que « le rôle du Parlement est appelé à s'élargir », qu'il attend d'eux qu'ils « participent au redressement national ».

Quelques mots pour affirmer qu'il aura recours le plus souvent possible « à la voie contractuelle » pour ce qui concerne la durée du travail, le temps libre, insistant sur le fait que la vie moderne appelle d'autres équilibres : information libre, droits des travailleurs dans l'entreprise, décentralisation. La fin du message de Mitterrand porte sur l'Europe et les perspectives européennes.



Massif dans un costume bleu marine, assez bel orateur populaire avec tout ce qu'il faut – et peut-être un peu trop – de lyrisme et de romantisme, Pierre Mauroy fait maintenant face aux députés. Pour préparer son discours, m'a-t-il dit tout à l'heure, il a relu celui sur la « nouvelle société » prononcé par Chaban-Delmas dans les mêmes circonstances, en septembre 1969. « À quelques détails près, m'a-t-il confié, ce texte n'a pas vieilli. » Hommage inattendu du premier Premier ministre de la gauche au premier Premier ministre de Georges Pompidou qui crut qu'il pouvait, lui aussi, changer la société. La seule différence, pense Mauroy, c'est que Chaban n'avait pas la majorité de sa politique. Il dispose en revanche, lui, de la plus confortable majorité que la gauche ait jamais connue.

Pour commencer, Mauroy revient sur les trois roses de Mitterrand au Panthéon :

« Une rose pour Jean Jaurès, celle de l'héritage. Dans cette longue marche, le moment que nous vivons n'est qu'une étape. À nous de dominer la machine : c'est le défi de la première rose.

« Une rose, poursuit-il, pour Jean Moulin, qui a su réunir toutes les composantes de notre peuple dans la lutte contre l'envahisseur. Une rose enfin pour Victor Schœlcher, qui, en son temps, a su faire de la France la terre de la liberté. »

Signification de ces trois symboles : « L'homme doit devenir la mesure de toute chose, et c'est à l'échelle humaine qu'on juge une politique. »

Je ne sais combien de députés savent qu'*À l'échelle humaine* est le titre d'un ouvrage. Moi qui, enfant, ai entendu mon père, après la guerre, commenter indéfiniment les phrases de l'ancien président du Conseil du Front populaire, cette allusion à Léon Blum me semble signer tous les propos du Premier ministre, qui se situe dans le droit-fil de la social-démocratie française.

« Non au langage des chiffres, non à la déshumanisation du travail, non à l'invitation à gérer l'imprévisible : les Français savent bien que les lendemains ne seront pas faciles, mais ils ont choisi de se battre. Mon programme n'est pas celui d'une France frileuse, d'une France qui renoncerait à ses engagements internationaux. C'est celui d'une France forte du travail de tous les siens, d'une France entreprenante et volontaire, fière de son message universel, d'une France des droits de l'homme, championne du nouvel ordre international ! »

Bref, Mauroy s'emploie à calmer l'opposition pendant qu'il assure la majorité de sa volonté socialiste.



Suit un discours très long, assez classique dans le genre. J'en retiens l'annonce d'un plan de deux ans dont l'objet principal sera de combattre le chômage, ce qui passe obligatoirement, selon Mauroy, par la réduction du temps de travail, et dont les artisans seront les partenaires sociaux à qui il revient au premier chef de « faire progresser les transformations nécessaires ».

Le discours est, comme toujours chez Mauroy, très optimiste : l'État sera rendu aux citoyens, les syndicats sont les gardiens vigilants du bien commun, les policiers ne s'occuperont que de prévention, les Français doivent être réconciliés avec leur industrie. Moyennant cependant quelques rendez-vous précis qui ne sont pas du goût de l'opposition : Mauroy affiche clairement la volonté de la gauche de procéder à des nationalisations, notamment celle du secteur bancaire, et, dans les groupes industriels, celle, immédiate, de Dassault, suivie de celle d'Usinor-Sacilor.

Sur une conclusion prosaïque : « Nous avons du pain sur la planche ! », Mauroy se rassoit à son banc. Son discours, commencé à 15 h 13, s'achève à 16 h 45. Une heure et demie pour « changer la vie » !

Jean-Claude Gaudin répond pour l'opposition. Pour une fois, cet amateur d'histoires drôles et de bonne chère ne sourit pas. Transformé en statue du Commandeur, il prend « rendez-vous, pour l'avenir, au nom des responsables de la nation ». Il termine d'une phrase : « La république des professeurs, dit-il, ne réussira pas à faire croire aux Français qu'ils étaient dans la misère économique et privés de toutes les libertés. »

*9 juillet*

Michel Rocard donne une conférence de presse sur la mission qui lui a été confiée : il a en charge le Plan.

Il se force pour faire croire à son auditoire et à lui-même qu'il occupe désormais un des tout premiers postes ministériels de l'État. Il est le premier à savoir qu'il n'en est rien. Il manque vraiment de chaleur ; sa voix même est voilée. Ce qui ne l'empêche pas de démontrer, comme pour s'en convaincre lui-même, que le Plan est un irremplaçable lieu de dialogue social et régional.

Il annonce néanmoins son calendrier en même temps que sa volonté d'aller vite : le nouveau Plan doit entrer en application le 1er janvier 1982 ; les textes seront présentés au Sénat et à l'Assemblée nationale à la mi-septembre, le Conseil économique et social sera consulté en novembre.

La première priorité qu'il affiche est, comme Mauroy hier, l'emploi. Il le fait en tentant de garder ce qui a été une des premières causes de son succès politique et médiatique des années 1978-1980 : ce que les journalistes avaient appelé le « parler vrai » de Michel Rocard. Moins romantique que Mauroy, plus précis que Mitterrand, il affirme sa volonté de ne pas « bluffer » les Français, d'apporter des réponses « concrètes » à leurs préoccupations. Interrogé sur les nationalisations sur lesquelles il a émis depuis quelques années d'importantes réserves, il en défend aujourd'hui le principe, tout en reconnaissant la « fragilité momentanée » de cette politique...

*10 juillet*

Ça y est : la République mitterrandienne est en marche, elle peut continuer sans moi. C'est le moment de partir en vacances pour être là avant la rentrée !

*Fin juillet*

Pierre Mauroy m'a appelée il y a quelques jours pour me demander si j'accepterais la présidence de Radio France. Je ne sais pas au juste ce que cela veut dire. Je connais bien France Inter où j'ai été éditorialiste quotidienne, puis hebdomadaire, de 1976 à 1980, date de mon entrée à RTL. Mais je n'en connais rien d'autre. Mauroy, qui respecte la présidente sortante, Jacqueline Baudrier, et hésitait à la débarquer de la radio, ne m'en avait pas parlé avant qu'il ne lui trouve une sortie convenable. Aujourd'hui, Jacqueline Baudrier est ambassadeur à l'Unesco. Pierre Mauroy m'appelle donc à Beauvallon où je passe mes vacances. Elles seront écourtées : j'ai hésité, puis dit oui.

Autant la perspective d'appartenir à un cabinet, fût-ce celui de l'Élysée, me rebutait, car je trouvais que ce n'était pas ma place, autant Radio France me paraît intéressant, même si je ne connais rien au fonctionnement administratif de la maison ronde. Sait-on jamais pourquoi on dit oui ou non ? En tout cas, c'est fait : j'ai dit oui.

Sans mesurer ce que je mesure ce soir : fini, sans nul doute, ces notes politiques quotidiennes. Fini, les congrès politiques, les sessions parlementaires, la salle des Quatre-Colonnes où j'ai rencontré la terre entière et écrit des milliers d'articles. J'arriverai néanmoins, j'en suis sûre, à continuer de m'intéresser à la politique, en espérant que je ne serai pas trop loin du terrain, comme on dit. Je prends de toute façon la résolution de continuer la rédaction de ces cahiers, quitte à en consacrer d'autres, en parallèle, à Radio France et à ses couloirs. Même si j'écris moins sur la politique, j'écrirai encore, dès que j'en aurai le loisir, et même si je ne l'ai pas.



Pierre Mauroy me dit que, proposant mon nom pour Radio France en même temps que celui de Pierre Desgraupes pour Antenne 2, François Mitterrand a accepté en ajoutant : « C'est d'accord, mais ce sera sur votre contingent, alors ! » J'apprends à cette occasion que Mitterrand et Mauroy sont tombés d'accord pour se partager les nominations. Ainsi, après que Mauroy a avancé mon nom, Mitterrand a immédiatement tranché : Jacques Boutet sera président de TF1 à la place de Jean-Louis Guillaud, et Guy Thomas, le bouillant journaliste d'Europe 1, prendra les commandes de FR3[1].

Mauroy ajoute en me rapportant cette conversation qu'il ne sera pas interventionniste et que son cabinet ne le sera pas davantage.

Je lui demande : « Et l'Élysée ? »

Il me répond en s'esclaffant : « Ça, j'en suis moins sûr ! »

1. Jusqu'à la création de la Haute Autorité de la Communication audiovisuelle en août 1982, les présidents des chaînes de télévision publiques sont nommés en Conseil des ministres.

*5 août*

Dîner chez Roger Stéphane qui veut me faire rencontrer le directeur de France Culture, Yves Jaigu, que je ne connais pas. Pourquoi ? Parce qu'il craint qu'à peine arrivée à la présidence de Radio France, on ne me demande sa tête. Qui ça, *on* ? Le pouvoir, dit Stéphane sans plus de précision. Sans chaleur non plus, car il n'a jamais aimé Mitterrand (on se souvient de la fameuse émission de télévision où il lui avait demandé à partir de quand il s'était senti socialiste !).

Ce Jaigu, lui avais-je dit la première fois qu'il m'avait fait part de ses craintes pour quelqu'un qui était un de ses meilleurs amis, pas précisément à gauche, ce Jaigu, je ne le connais pas. Je ne vois pas pourquoi je le garderais avec moi s'il me tire dans les pattes. Je pensais même, pour dire la vérité, que s'il fallait accorder à un moment

donné un gage au pouvoir, autant que ce fût lui, puisque précisément je ne le connaissais pas !

Donc, Roger Stéphane a organisé, sans attendre, un dîner sur sa terrasse, rue Psichari, par une belle soirée d'été. Le charme a pris. Nous sommes restés à parler de tout pendant plusieurs heures. L'un parlait de Malraux et de Gide, l'autre des journées de Salamanque. Nous nous sommes quittés en jurant de nous revoir, dans cette formation, le plus souvent possible. Jaigu n'a pas essayé une seconde de parler de France Culture. J'ai trouvé cela plutôt élégant.

Quelques heures hors du temps...

*13 août*

J'ai Mitterrand au téléphone, soulagé par la fin du drame avec l'Iran. La veille au soir, les Français retenus contre leur gré à Téhéran depuis plusieurs jours ont finalement eu l'autorisation des autorités iraniennes de regagner la France. La crise durait depuis le début du mois, après que, fin juillet, les deux principaux opposants au nouveau régime iranien ont demandé et obtenu l'asile politique en France.

Mitterrand trouve que sa position dans ce moment difficile n'a pas été bien expliquée par la presse. La France avait bien accepté de recueillir Bani Sadr et son compagnon d'infortune, mais à condition qu'ils ne se livrent pas à des démonstrations publiques. La réaction des Iraniens, celle d'interdire quelques jours après au gouvernement français de faire revenir à titre préventif près de 200 ressortissants français a exposé Mitterrand à sa première crise internationale de grande importance. Il soutient que la presse française n'y a rien compris. Je lui fais valoir que les services de l'Élysée, loin de renseigner à temps les journalistes, les ont au contraire tenus à l'écart. Il en convient sans difficulté.

*20 août*

Vite, avant qu'elles ne s'effacent, les deux entrevues que j'ai eues avec Pierre Mauroy et avec François Mitterrand...

Avant-hier, Pierre Mauroy : rien en lui n'a changé, je trouve, ni sa tolérance, ni sa façon de se tenir, de parler aux autres, ni surtout son jugement amical vis-à-vis de ceux qui l'entourent. Il me raconte l'histoire de l'espion soviétique détenu par les services secrets, histoire dont on l'a avisé dès son arrivée à Matignon. Lesdits services ne voulaient pas le garder 107 ans, ils auraient souhaité s'en débarrasser, mais ils ne trouvaient pas à l'échanger.



Deux jours plus tard, un fonctionnaire est-allemand de l'Unesco est enlevé, ramené à Berlin-Est. Sous quel prétexte ? Il s'agit d'un espion occidental, disent les autorités de l'Est, qui, naturellement, proposent son échange. Tout cela, monté de toutes pièces, n'est connu des services spéciaux français que parce que la mère du diplomate allemand de l'Unesco prévient sa belle-fille, restée à Paris, qu'elle ne doit pas s'inquiéter, puisque son mari va rentrer bientôt en France. L'échange a donc eu lieu. Fin de l'histoire, qui a tout de suite montré à Mauroy la diversité des secrets que l'on détient lorsqu'on est Premier ministre !

Suit une conversation sur les écoutes téléphoniques : Mexandeau, paraît-il, s'irrite de devoir signer les commandes d'écoutes téléphoniques sans même avoir le droit de savoir qui est écouté. En fait, me dit Mauroy, à part les écoutes du grand banditisme, seuls sont écoutés les gens dits dangereux. Il a eu la surprise, huit jours après son entrée à Matignon, de voir un de ses collaborateurs directs sur la liste des « correspondants » d'un individu écouté. André Chadeau lui a assuré que cela ne prêtait pas à conséquence, qu'il arrivait effectivement qu'à force de surveiller quelqu'un, les services de police en arrivent à répertorier ceux qui lui téléphonent. « Et puis, dit Mauroy en riant, j'ai été complètement rassuré lorsque j'ai vu deux ministres, à leur tour, apparaître parmi la liste des écoutes ! »

Il a fait le tour des bureaux de Matignon, autour du 15 août, pendant que tout était désert, et constaté la place énorme qu'occupaient les collaborateurs du secrétaire général du gouvernement, Marceau Long, au détriment de ses propres collaborateurs. Toujours des problèmes de bureau !

J'entends dire que tout le monde, les nouveaux ministres surtout, ne cesse de se plaindre de l'exiguïté de leurs installations. Il faut dire que l'arrivée au pouvoir de la gauche a été marquée par une inflation des membres des différents cabinets. Entre les proches des ministres, plus politiques qu'administratifs, les énarques de gauche, qui débarquent dans tous les ministères (sauf peut-être précisément à Matignon), les responsables de l'administration précédente qui restent en fonction car ils sont au courant de tout ce qui se passe, cela fait beaucoup de monde.

*1981*

Le lendemain, François Mitterrand. Ciel ! Quelle douche ! Est-il donc devenu en quelques semaines à ce point intolérant ! En si peu de temps ! Et au moment où la vie lui a souri !

Je le retrouve comme en 1978, après son échec, aigri, persuadé que la presse ne cesse de comploter contre lui. Comme s'il ne savait pas (d'ailleurs, lorsque je le lui dis, il a l'air de ne pas le savoir) que les journaux, télévisés ou écrits, le ménagent plutôt, et essaient pour le moment de ne pas trop parler de l'inflation et du chômage. Pas plus, soit dit en passant, que de sa vie privée ! Il ne retient que quelques commentaires, même pas vraiment désagréables, sur l'Iran, comme si, désormais, il ne s'attendait plus qu'à l'éloge de sa politique.

Il me parle de Pierre Desgraupes et de François-Henri de Virieu [1] pour condamner le 20 heures d'Antenne 2, l'esprit des journalistes et des présentateurs qui le font.

Quant à moi, il me dit que, lors de la passation de pouvoirs, j'ai fait trop de ronds de jambe à Jacqueline Baudrier. Je n'épilogue pas sur les ronds de jambe ; en revanche, j'invoque la volonté des journalistes de faire sinon de leur mieux, du moins le moins mal possible pour couvrir l'actualité. Il me balance, sévère : « Excusez-moi, mais vous n'avez que des arguments spécieux. »

Inutile de préciser que je ne souffle pas mot, en sortant de cette entrevue, sur ce qui m'y a été dit.

1. Alors respectivement P-DG et directeur de l'information d'Antenne 2.

*27 août*

Deux jours plus tard, le 23, il m'appelle. J'ai raison, me donne-t-il acte. Mais il a raison, lui aussi, de trouver certains journalistes imbéciles. L'un d'entre eux (un correspondant local de France Inter) lui pose cette question à Sion où il a reçu Willy Brandt : « Vous êtes ici dans une résidence secondaire d'un de vos amis ; comptez-vous nationaliser également les résidences secondaires ? »

« Bon, conclut Mitterrand, qui ne me cite pas le nom de ce correspondant, vous pouvez en convenir avec moi : il y a des imbéciles partout, mais aussi des provocateurs à Radio Inter *(sic)* ! »

J'ai vu hier François de Grossouvre. Il me demande le plus sérieusement du monde d'intégrer un indic parmi le personnel de Radio France, et me démontre longuement, dans son petit bureau feutré au premier étage de l'Élysée, qu'il a depuis le début « télécommandé » Marie-France Garaud pour qu'en se présentant elle enlève des voix à Giscard. Le personnage de Grossouvre me dérange et m'inquiète. Le côté agent secret d'opérette me saute aux yeux. Je ne le connais qu'à peine, car jamais, moi non plus, je ne l'avais approché avant l'entrée de Mitterrand à l'Élysée. Il n'est pas antipathique, au demeurant, mais je passe mon temps, pendant qu'il me parle, à essayer de démêler le vrai du faux, ce à quoi il croit lorsqu'il m'en parle, et ce qu'il invente.



*4 septembre*

Vu Jacques Chirac. Bronzé, costume gris perle, celui qu'il portait lors de l'un de ses derniers meetings, au Parc des Princes ou je ne sais où dans Neuilly, yeux plus clairs dans un visage plus brun, pas une ride, pas un pli. Avec un air d'extraordinaire gaîté dans le regard, il me fait l'analyse suivante : Mitterrand est, au contraire de Giscard (c'est lui qui parle), un homme d'État, et pas un homme de carrière. « Mais son but, me dit Chirac, est d'écrire une page de l'histoire de France, ou plutôt une page de l'histoire du socialisme.

« C'est ce qui le perdra, continue-t-il ; il y a trop de contradictions dans sa politique économique, trop d'aveuglement dans sa politique étrangère. Ce sera bientôt l'inflation à 20 points, le chômage, les communistes le lâcheront, ils quitteront le gouvernement. Vous verrez, cette expérience ne durera pas longtemps : à ce rythme, pas plus de deux ans ! »

Ce qu'il en conclut : qu'il lui faut immédiatement commencer sa campagne, ou plutôt recommencer, car il en sort à peine. Il ne croit pas qu'on lui reprochera longtemps l'« assassinat » de Giscard – dont il me dit, c'est son expression, qu'il a un « demi-chromosome » en plus que tout le monde, ce qui explique son comportement !

Il m'annonce que Giscard s'apprête à publier les lettres que lui a adressées Chirac pendant son septennat. Il ne le redoute pas : « Certaines d'entre elles, me dit-il, font preuve de clairvoyance. »

Ce qu'il ne dit pas, c'est que, paraît-il, dans certaines de ces lettres, Chirac rend un hommage vibrant à Giscard, et cela, quelques semaines seulement avant son départ de Matignon !

*1981*

Pendant ce temps-là, je m'initie à mon nouveau métier : mi-journaliste, mi-assistante sociale. Sans oublier qu'il y a des orchestres à Radio France, deux, même, que chacun des deux jalouse l'autre et que je dois remettre de l'ordre là-dedans. Heureusement, la plupart des « cadres » qui sont là jouent vraiment le jeu. Le directeur général, le directeur financier (un petit homme plutôt drôle qui a le génie du produit financier !) sont irremplaçables : aussi, malgré bien des pressions, syndicales et politiques, je ne les remplacerai pas. Je les garde. À tout moment je me pose la question de savoir non pas jusqu'où je peux aller, mais où je vais aller. Le sort de plus de 2 000 personnes dépend désormais de moi : écrire des articles, je sais, mais diriger les autres ? Encore une fois, les dirigeants de la maison sont formidables. Plus ceux que j'ai amenés avec moi, pas très nombreux mais fiables.

De temps en temps, je regarde à travers la fenêtre, comme un prisonnier, la Seine qui coule au-dessous de mon bureau. Envie parfois de prendre le pont qui l'enjambe et de disparaître de la circulation...

Il reste que Mitterrand continue, il ne perd pas une occasion de me le dire, de s'irriter contre la presse, ses dirigeants et sa « base ». Nous pressentons sans nous l'avouer, Pierre Desgraupes et moi, la fin de l'état de grâce. Et moi, ma fin tout court !

*10 septembre*

Rentrée parlementaire. Le RPR dépose une motion de censure. Inutile ? Du moins est-ce un moyen pour ses élus de rappeler leur existence !

L'envie que j'ai d'aller encore à des manifestations politiques, de voir ce qui se passe aux Quatre-Colonnes ou à l'Élysée, dans les couloirs des congrès, de prêter l'oreille aux confidences politiques ! Cette envie n'est contrebalancée que par une certitude : désormais, je fais moi aussi de la politique.

*15 septembre*



Je déjeune à l'Élysée avec Paul Legatte, Michel Caste et une syndicaliste que je ne connaissais pas, Jeannette ou Jeannine Lahot, je ne me souviens plus de son prénom. Tous, sauf peut-être Jean-Claude Colliard, amicaux et libéraux, me dispensent encouragements et conseils... de résistance à l'égard de la dictature du PS ! De fait, un article violent de *L'Unité*, le journal socialiste que dirige Claude Estier (Claude Estier ! mon plus vieil ami !) m'esquinte. Moins que Pierre Desgraupes, certes. L'auteur de l'article traîne plus bas que terre une partie des éditorialistes que je viens de désigner : Georges Valance et Dominique Jamet. Des hommes qui ne sont pas de gauche, que j'ai fait entrer dans un souci d'équilibre politique, justement, aux côtés de Guy Claisse, un ancien de *L'Express* et du journal *Le Matin de Paris* avec lequel Mitterrand a écrit l'année dernière son livre de campagne, et Michel Cardoze, de *L'Humanité*, avec qui je partage depuis près de quinze ans la même vie de chroniqueur politique.

La présence des communistes sur l'antenne de France Inter est nouvelle. Elle ne me gêne pas le moins du monde, puisqu'elle reflète la réalité politique d'aujourd'hui. À condition que d'autres voix puissent se faire entendre : pendant des années, la gauche a condamné l'ORTF parce que seuls gaullistes ou giscardiens pouvaient s'y faire entendre, ce n'est pas pour recommencer la même chose ! Bon. Le moins qu'on puisse dire est que *L'Unité* n'est pas d'accord...

Je reviens sur ce déjeuner de l'Élysée. Je raconte à Jeannine Lahot que Claude Estier m'a dit effectivement la veille au téléphone : « Les syndicats trouvent que tu n'en as pas fait assez ! » Comme si le métier des syndicats était d'aller trouver le porte-parole de Mitterrand pour se plaindre !

En fait de syndicats, Jeannine Lahot, syndicaliste assidue, me paraît beaucoup plus astucieuse. À table, elle me réconforte en prononçant quelques phrases de bon sens qui vont dans le sens de mes propres réflexions : elle me parle de la difficulté des syndicats d'entrer dans un processus de responsabilité.

« Il faut les obliger à discuter avec leur base, me dit-elle. Au besoin, il faut créer des unités dans lesquelles les salariés puissent se retrouver pour se faire une idée des choses en dehors des syndicats. »

Elle m'écrira son plan la semaine prochaine.



Quel plaisir, le soir, de retrouver ce cahier ! Avec mes enfants, c'est tout ce qui me reste de mon passé. Au fond, ce qui donne le plus de prix à l'expérience que je vis, c'est que je ne sais pas du tout comment elle va tourner : qui, des dirigeants de chaînes fraîchement nommés, démissionnera le premier, et comment, avec ou sans éclat !

*27 septembre*

Rien dans ce cahier sur ma dernière entrevue, il y a une semaine, avec Mitterrand qui m'écoute lui exposer, à sa demande, comment marche France Inter, et mes problèmes avec le PS. J'ai été outrée, je le lui dis, par le papier de *L'Unité*. Le jeu n'en vaut pas la chandelle, si les gens qui m'ont placée à l'endroit où je suis me sont devenus hostiles. Il me dit qu'il comprend. Sans plus.

*4 octobre*

Vu Jean-François Deniau, hier ou plutôt avant-hier, vendredi. Il souhaite prendre la présidence des clubs Perspectives et Réalités. Il n'a rien à y gagner et tout à y perdre, me semble-t-il. Je suis sidérée que les courtisans autour de lui disent qu'il a été épargné, que la chute de Giscard ne l'a à aucun moment atteint, et qu'il doit donc, lui, occuper le terrain laissé désert par Giscard. Mais de quel terrain s'agit-il ? Quel intérêt peut avoir Deniau à remplacer le pauvre Jean-Pierre Fourcade ? Tu parles d'un enjeu !

En plus, je repense à ma conversation de l'été avec Poniatowski :

qui peut croire que Deniau n'a pas été au centre de la campagne électorale giscardienne ?

*7 octobre*

De la conversation que j'ai eue hier avec Marie-France Garaud, je retiens deux affirmations.

La première, c'est que Giscard, juste avant de partir, a eu la curieuse idée de faire venir auprès de lui Pierre Juillet. C'est avec lui qu'il aurait élaboré sa dernière émission télévisée, ses adieux à la Présidence. À l'exception, insiste Marie-France, de la mise en scène ultime du fauteuil vide. Pourquoi Juillet à l'Élysée ? Quelle drôle d'idée ! Elle ne s'étend pas là-dessus.



La seconde, c'est qu'elle est, me dit-elle, la seule, dans l'opposition aujourd'hui, à ne pas jouer l'apocalypse, encore moins à la prédire. Elle ne croit pas que Mitterrand sera contraint de partir dans les deux ans. Elle pose à l'inverse sur Mitterrand de vraies questions : est-il idéaliste ou réaliste, jusqu'au-boutiste ou, au contraire, en ce qui concerne la politique économique, prêt à changer son fusil d'épaule ? Socialiste ou opportuniste ?

Vu Rousselet qui ne me dit pas grand-chose, si ce n'est que le *Bulletin quotidien* de Bérard-Quélin est souvent la première lecture de Mitterrand, le matin. « Je le lis, dit-il, ça me donne souvent des idées pour des nominations ! » Je pense à ceux qui font tout pour que leur nom soit cité dans le fameux « *BQ* ». On les comprend !

*13 octobre*

Vite, avant que j'oublie, ce voyage avec Pierre Mauroy, ouvert, libéral, pas du tout encombré de sa fonction, ni grosse tête, ni humilité, lui-même, inaltérable, fils de Guy Mollet et de Mitterrand, faisant, comme le lui dit paraît-il Mitterrand, « des progrès tous les jours ».

Il me parle de Delors pour lequel il nourrit des sentiments mitigés. Delors était complètement isolé au dernier Conseil des ministres (il ne me dit pas sur quoi) jusqu'au moment où lui, Mauroy, tout en discutant plusieurs de ses propositions, lui donne raison sur quelques autres. « Quelle chance, dit Mauroy, que Delors déteste Rocard, car autrement... »

Qu'est-ce que cela veut dire ? Qu'ensemble, Rocard et Delors, les « réformateurs », pourraient tordre le cou aux idéaux des socialistes purs et durs ? Je n'en saurai pas plus.

Justement, nous parlons maintenant de Michel Rocard. Mauroy trouve imbécile cette volonté (de Mitterrand) de l'avoir réduit, de lui avoir donné une trop petite place dans le gouvernement. Il dit – assez justement, il me semble – que la logique, après la victoire de Mitterrand, aurait été l'élimination, au moins partielle, de Michel Rocard. Mais agir ainsi, en lui donnant le Plan, c'était presque l'humilier...

Tout cela affecte Rocard, c'est certain. Mais il résiste sans doute mieux que beaucoup ne le pensaient. Il ne cesse de prendre date, ce qui, bien sûr, insupporte les autres. Delors lui a dit l'autre jour en plein Conseil des ministres : « Oui, je sais, vous, Michel Rocard, vous ne cessez pas de prendre date. Vous prenez date depuis le premier jour ! »

Pierre Mauroy affirme qu'il n'a, lui, aucun problème avec Mitterrand. Il en aurait plutôt avec le PS, qui, me confie-t-il, par la voix de Claude Estier, « déconne ».

Sur le chapitre des nationalisations, une information : Hachette devrait rester en dehors, ce qui, selon Mauroy, exaspère André Rousselet. Et un sourire : il paraît que Dassault, en cédant, contraint et forcé, 28 % de ses actions à l'État, a poliment dit à Pierre Mauroy : « Vous êtes bien gentil, Monsieur le Premier ministre ! »

Rousselet, au téléphone, se plaint d'un collaborateur de Mauroy : « Il ne sait même pas ce qu'est une minorité de blocage ! Il croyait qu'elle servait à tout et à n'importe quoi ! C'est moi qui lui ai révélé que la minorité de blocage ne servait qu'à s'opposer à une augmentation de capital ! Et ce type négocie sur les nationalisations ! C'est à mourir de rire ! »

Vu Pierre Juquin, hier, pour enterrer la hache de guerre Cardoze[1] ! Après notre conversation, je ne donnerais pas cher de Georges

1. Le Parti communiste, dans le dossier de l'audiovisuel dont Pierre Juquin a été chargé, avait proposé pour France Inter un autre journaliste communiste, François Helvaing. Comme présidente de Radio France, j'avais refusé, confiant le poste à Michel Cardoze, chroniqueur politique que je connaissais depuis longtemps.

Marchais : coincé entre les ministres communistes, qui ont tendance à n'en faire qu'à leur tête, et, à l'intérieur du Parti, les libéraux, attirés par les sirènes du Parti socialiste, le secrétaire général du PC pourrait facilement être pris entre deux feux.

*14 octobre*

Violente opposition entre les proches de Mitterrand et ceux de Mauroy sur la nationalisation de Hachette. Rousselet, Dumas, Jean Riboud reprocheraient à Pierre Mauroy d'avoir laissé Jean-Luc Lagardère à la tête de la maison. « Quand on pense, aurait dit Riboud, que Lagardère a racheté Hachette pour le compte de Valéry Giscard d'Estaing, et qu'on le lui laisse ! On marche sur la tête ! »



Il paraît que Yves Sabouret, le lieutenant le plus proche de Jean-Luc Lagardère, en apprenant que Hachette échappait à la nationalisation, aurait soupiré, soulagé : « C'est Lourdes ! »

*16 octobre*

Première crise sérieuse à Radio France : le patron des orchestres et de France Musique a claqué la porte pendant le conseil de direction de ce jeudi. Pourquoi ? Parce qu'il m'a accusée d'avoir reçu les syndicats sans lui. Baron le plus en vue de Radio France, il tient depuis des années les musiciens sous sa coupe. Professionnellement, c'est un type indiscutable ! Il n'a pas son pareil pour recruter les musiciens, les faire travailler, choisir les chefs d'orchestre. Il connaît tout en matière de musique et jouit d'une réputation en béton dans le petit monde international de la musique.

Dans les premiers jours de ma nomination, il m'a fait visiter toute la maison de la cave au grenier : il m'a montré les merveilleux instruments, contrebasses et flûtes à bec, violoncelles et hautbois, entreposés dans les sous-sols de la maison de la Radio. Il m'a emmenée à quelques concerts, et j'ai adoré cela.

C'est vrai : c'est un domaine auquel je ne connais pas grand-chose. Ce que n'a pas compris Pierre Vosinski, c'est que, dans la foulée de la victoire de la gauche en mai dernier, les représentants syndicaux des musiciens ont voulu avoir accès à moi. Je n'avais aucune raison – ni aucun moyen, d'ailleurs – de refuser de les recevoir. Que devais-je leur dire ? Que Vosinski m'interdisait de les voir ? Que j'avais des comptes à lui rendre ? Que j'étais incompétente ? En matière musicale, peut-être, mais pas pour ce qui est de la gestion des personnels qui, au poste que j'occupe aujourd'hui, m'incombe totalement.

Enfermé dans son narcissisme au point de nier mon existence, il a donc pris pour une insulte le fait que j'aie passé quelques minutes avec le responsable CGT des orchestres, Pierre Noguera, un homme plus que sympathique, au parler rocailleux du Sud-Ouest, avec lequel, au demeurant, je n'ai échangé que quelques idées générales.

Première crise, donc. Je m'aperçois qu'une telle crise ne me fait pas peur. Pour tout dire, je m'en fous. Le problème est de trouver, vite, quelqu'un qui puisse le remplacer. Pas commode, d'autant qu'il s'attend, en adversaire politique, au naufrage de Radio France parce que j'en suis la présidente. Comme si seule la droite, même à Radio France, était légitime !

D'ailleurs, dans le procès qu'il m'a fait, jeudi, en quelques phrases, à moi, et, à travers moi, à la majorité élue en mai dernier, je comprends bien qu'il englobe Mitterrand, Mauroy, le ministre de la Culture et celui de la Communication. Cet homme de musique est aussi un partisan – sinon un militant – politique. À défaut, d'ailleurs, il ne serait pas à Radio France au poste supérieur où il fut antérieurement nommé.

Déjeuner avec Michel Rocard. De cela, franchement, je ne me fous pas. Je le trouve au demeurant en meilleure forme que jamais. Impression qui, venant de moi, est plutôt rare.

Il est intarissable sur les nationalisations. D'après lui, la nationalisation d'un pourcentage seulement du capital des entreprises concernées aurait dispensé le gouvernement d'indemniser les actionnaires ! Et d'évoquer le cas de la nationalisation de je ne sais quelle boîte industrielle dont la Caisse des dépôts et consignations était actionnaire : du coup, la logique a voulu qu'on indemnise la Caisse des dépôts !

Logique mais absurde, évidemment !

Il me raconte le Conseil des ministres sur les nationalisations. Lorsque vient son tour de parler, il dit tout ce qu'il a sur le cœur après que Mauroy a développé la position inverse.

Il faudra que je vérifie ce point, car, d'après Mitterrand qui s'en est souvent plaint auprès de moi, Rocard gardait bouche cousue pendant les comités directeurs socialistes alors qu'en sortant, son premier souci était de déclarer aux journalistes qu'il avait exposé tout ce qu'il s'était en réalité bien gardé de dire !

« Curieusement, continue Rocard, j'ai été soutenu par Robert Badinter, peu pressé de devoir défendre la position de la France dans toutes les cours de justice internationales. Fabius et Delors se sont contentés d'énumérer des chiffres. Et Mauroy a conclu. De Mitterrand je n'ai pas entendu grand-chose. Pourquoi ce silence ? Parce que si les nationalisations ratent, il pourra en faire porter la responsabilité à Mauroy ! »

Pour le reste, il ne cache pas qu'il se sent maltraité. Lui, au passage, traite carrément Quilès et Jospin de « fascistes ». Il se reprend immédiatement : « Non, dit-il, plutôt des psychopathes ! »

Il aurait souhaité, dit-il, que le prochain congrès socialiste, celui qui va se tenir à Valence, soit celui de la gestion du pays. Ce sera, prévoit-il, celui de la victoire d'un clan.

*1981*

Le congrès de Valence me démontre en effet que les socialistes ont joué l'esprit de clan contre l'unanimité ! Malgré les efforts de Mauroy, en séance, pour affirmer que le gouvernement est aujourd'hui celui de tous les Français, on a assisté, télévision et images aidant, à un formidable défoulement collectif. Mermaz, le doux Mermaz, l'historien Mermaz, appelle à la fin de la « dictature des banques » sur un ton de colonel de l'Armée rouge. Quant à Paul Quilès, beau polytechnicien aux yeux bleus, il a demandé, d'après ce que j'ai pu en comprendre, à faire tomber les têtes.

De Cancun où il était en voyage officiel, François Mitterrand a compris, à ce qu'on lui en a rapporté, que les choses allaient trop loin. Comme Mauroy, il a rappelé aux socialistes qu'aujourd'hui au pouvoir ils devaient rechercher l'unité nationale plus que la division.

Il n'empêche : le choc est rude.

Lorsque, le lundi matin, je retourne au bureau, je vois quelques-uns des principaux cadres esquiver mon regard. Je comprends pourquoi lorsque je lis les journaux : les discours qui ont été prononcés ont manifestement choisi comme cibles les présidents de la radio et de la télévision publiques. Au bout de quelques minutes de lecture, je comprends le malaise perceptible autour de moi : beaucoup – pas précisément de mes amis – pensent que mes jours sont comptés, que je vais être débarquée dans l'heure. En continuant à lire la presse du jour, je suis effarée par les phrases de Paul Quilès réclamant que « les têtes tombent [1] ».

1. La phrase de Paul Quilès est : « La naïveté serait de laisser en place des gens déterminés à saboter la politique voulue par les Français, recteurs, préfets, dirigeants d'entreprises nationales, hauts fonctionnaires. Il ne faut pas non plus dire : "Des

*5 novembre*

Jacques Chirac au téléphone. Il m'appelle en même temps que je l'appelle. Il sait que je compte me rendre – en observatrice, bien sûr – au prochain congrès du RPR.

Si je veux continuer à suivre, depuis l'endroit où j'exerce présentement, la politique, il faut que j'assiste au moins aux congrès des différents partis. Je ne suis pas allée à Valence parce que je n'y étais pas invitée. Bien m'en a pris, d'ailleurs, car j'aurais été obligée de quitter la salle ! Tandis qu'au RPR, en me mettant dans un coin, je pourrai peut-être écouter, ne serait-ce que pour me rappeler les congrès d'antan qui me semblent déjà si loin, au bout de quelques mois !

« Pas question, me dit Chirac passant au tutoiement. Si tu viens au congrès, ce sera dramatique. Fillioud se roulera par terre. Je te le dis dans ton propre intérêt. Ne viens pas ! »



Entendre de lui des conseils de prudence, c'est époustouflant ! Mais il ne parle pas seulement en pensant au ministre de la Communication : « L'atmosphère se durcit entre socialistes et RPR », ajoute-t-il – sous-entendu : si tu viens, tu vas en prendre plein la figure.

Je lui réponds qu'à mon sens, François Mitterrand est plutôt au contraire désireux, on l'a vu après Valence, de calmer le jeu du côté des socialistes et de les exhorter à plus d'ouverture. Chirac en convient à demi : peut-être bien que Mitterrand fait tout pour ramener la sérénité politique, mais ce n'est assurément pas le cas de la majorité socialiste au Parlement. « Et crois-moi, ajoute-t-il, c'est la majorité, en ce domaine, qui impose toujours sa loi. La majorité est maître du jeu et du ton qu'elle donne à ce jeu... »

*12 novembre*

De Rousselet, cette petite histoire qu'il colporte en souriant, de la même façon que les Juifs racontent parfois des histoires juives :

« Savez-vous comment faire une petite fortune, sous Mitterrand ?

– Non.

– En en ayant eu une grande... avant ! »

---

têtes vont tomber", comme Robespierre à la Convention, mais il faut dire lesquelles, et rapidement. C'est ce que nous attendons du gouvernement, car il va de la réussite de notre politique. »

Mitterrand s'indigne, il me le dit au téléphone, que j'aie pu nommer André Jouve, le second de Vozinski, à la tête de France Musique sans lui en parler. Il se trouve que j'en avais parlé à Georges Fillioud[1]. Devais-je passer par-dessus la tête de Fillioud et parler directement à Mitterrand de la nomination d'un chef de service ? Le Président est maître des armes, des arts et des lettres, certes ! De là à solliciter son avis sur tout – sur la musique, en l'occurrence, qui n'est certes pas sa spécialité... Devais-je lui en dire un mot, ne fût-ce que par courtoisie ? Je n'en sais rien. Peut-être n'ai-je pas la manière...

Il y a tout de même des moments, dans la vie d'un caravansérail comme Radio France, où il faut faire vite. J'ai appris de J.-J. S.-S. que ce qu'il y avait de pire, dans une entreprise, c'était le vide. Je suis donc allée vite pour nommer Jouve. Lequel, quoique lié à Vosinski et nommé par Jacqueline Baudrier[2], est totalement fiable : il aime bien trop France Musique et les orchestres de Radio France pour tenter, pour des raisons politiques (je ne connais d'ailleurs pas ses convictions, et je m'en fiche), de les déstabiliser.



*15 novembre*

Chirac au « Club de la presse »... Je ne l'ai pas entendu, pas plus que ne l'a fait Claude Imbert chez qui je dînais. Parmi les convives, Michel Glotz, l'ami, l'imprésario, le directeur musical de tant de chefs d'orchestre et d'interprètes. Il me parle de France Musique en m'assurant de son aide, si j'en ai jamais besoin. J'en ai besoin. Nous prenons donc rendez-vous pour la semaine prochaine.

Il m'assure, en attendant, que Lorin Maazel, premier chef invité de l'orchestre national de France, serait peut-être prêt à assumer, auprès des musiciens, la relève de Vosinski.

Je ne trouve pas, pour le moment, que je m'éloigne beaucoup de la politique. Tout, au contraire, m'y ramène. Notamment cette impression que mon travail est avant tout politique. Même s'il n'en a pas l'air.

Cela étant, je suis furieuse d'avoir raté Chirac.

1. Ministre délégué à la Communication.
2. Précédente présidente de Radio France.

Aujourd'hui, journée dont je me souviendrai, je pense, toute ma vie. Drame subit, inimaginable, inconnu de tous !

Lorsque je pénètre dans le bureau de Mitterrand, il m'apparaît livide, figé en lui-même. À trois reprises, dans la conversation, il me parle de maladie. « Kreisky[1], me dit-il la première fois, est malade, maintenant. »

Il s'arrête, me regarde de ses yeux que je trouve en cet instant étrangement pâles. Il ajoute avec un sourire acide : « Moi aussi. »

Puis il me dit qu'il a mal au dos, qu'il souffre le martyre depuis plusieurs mois.

Enfin, sur le pas de la porte, il me regarde à nouveau, cette fois sans sourire : « Quand je pense que pendant soixante-cinq ans je n'ai jamais été malade ! C'est malin ! »



Que répondre, que dire ? Je commence une phrase imbécile du genre : « C'est peut-être psycho-somatique. » Je m'arrête devant l'angoisse que je lis dans ses yeux.

En remontant dans ma voiture dans la cour de l'Élysée, je me dis que je viens de vivre une minute historique. Cet homme s'est battu depuis qu'il a 30 ans pour arriver au pouvoir. Il a passé vingt-trois années dans l'opposition, il a construit le Parti socialiste sur les décombres de la SFIO, il a vaincu les communistes ; et, aujourd'hui, cinq mois après avoir été élu à la Présidence de la République, il est malade. Pour qu'il m'en parle ainsi, c'est qu'il ne s'agit pas d'un simple rhume ni d'une vague indisposition. Le cœur ? Dans ce cas, pourquoi a-t-il mal au dos ? Un cancer ? Mais il n'a pas du tout l'air d'un cancéreux. Depuis que je le connais, il arbore souvent un visage de marbre, un teint cireux. Il l'avait encore aujourd'hui, ce qui fait que ça ne m'a pas paru plus grave que d'habitude.

Tout de même, quelle malédiction ! Après Pompidou, Mitterrand, frappé à peine élu... Mais ne suis-je pas en train de me raconter des histoires ? Après tout, si ce n'était rien, ou peu de chose, une grosse fatigue passagère, une maladie bénigne ?

Dans l'après-midi, je suis à Radio France en train d'évoquer les problèmes de France Culture et de France Musique, dans une salle de réunion sans fenêtre baptisée depuis des générations de dirigeants de la maison le « sous-marin », lorsque le téléphone sonne. C'est

1. Chancelier d'Autriche.

André Rousselet. Je prends le téléphone et m'isole autant que je le peux du groupe qui continue de discuter.

À peine ai-je le temps de lui dire que j'ai trouvé ce matin Mitterrand très inquiet de se savoir atteint d'un mal dont je ne sais rien, qu'il me coupe, des larmes dans la voix : « Les pronostics sont pessimistes », me dit-il seulement.

Je raccroche, j'ai trop peur que cette conversation téléphonique n'intrigue le petit groupe resté autour de la table de conférence. Et je ne tiens pas à paraître trop perturbée.

Je regarde sans mot dire les gens réunis autour de moi. Je me dis que toute cette histoire est absurde, qu'elle est presque surréaliste. Ce long combat politique de Mitterrand, sa victoire au bout du chemin, qui a amené certains de ses proches à l'Élysée, d'autres à Matignon, d'autres encore, comme moi, à Radio France, voici qu'il pourrait s'achever comme cela, stupidement, sur un coup du destin ! J'ai du mal à me replonger dans la discussion collective. J'abrège la réunion.



Ce soir, c'est l'anniversaire de ma fille. Elle a dix ans.

*26 novembre*

André Rousselet encore. Cette fois, il nous a demandé, à Pierre Desgraupes et à moi, de venir à l'Élysée. Mitterrand ne s'est pas encore adressé au pays par le biais de la télévision depuis juin dernier. Lorsque je l'ai eu au téléphone, Rousselet n'avait pas du tout la même voix que la semaine dernière. Je lui ai demandé avec une pointe d'angoisse comment allait Mitterrand. Il m'a dit rapidement qu'on s'était inquiété pour rien et que tout, désormais, était sous contrôle. Il ne m'en a pas dit davantage. Assez, cependant, pour que je me dise qu'une nouvelle fois mon imagination m'avait entraînée trop loin. Tout de même...

Nous voici donc aujourd'hui, Desgraupes et moi, dans son bureau.

Rousselet commence par nous raconter en riant comment il a bâti une petite fortune. Il était chez Simca, après son passage au ministère de l'Intérieur dans le cabinet de Mitterrand[1]. Il se voit proposer de superviser la construction des Halles. Michel Debré s'oppose à sa nomination. Retournant chez Simca, rendu assez morose par le refus dont il vient d'être l'objet, il se voit confier, presque à titre de consolation, le dossier des taxis – dossier que tout un chacun

1. En 1955.

considérait comme « pourri ». Il n'avait rien d'autre à faire qu'accepter.

C'est ce qu'il a fait. Les Taxis G7 ont marché, sont devenus une société solide. Et il y a fait fortune. « Quelle est la part du hasard ? se demande-t-il humblement. 90 %, 80 % ? »

Pierre Desgraupes et moi devons interviewer Mitterrand le 7 décembre prochain.

*30 novembre*

Évidemment, rien d'autre ne compte que la santé de Mitterrand. Je ne sais pas pourquoi, tout le monde en parle. Une indiscrétion ? Sans doute. Pas de moi, en tout cas. Michel Debré, par exemple, me raconte aujourd'hui à quel point Giscard et Chirac font des rêves en inventant leur avenir à partir de la maladie supposée de Mitterrand.

Rencontré Charles Hernu[1], toujours gai, flanqué d'un capitaine d'ordonnance qui manifestement est sous le charme, et d'un amiral ébahi par la vitalité du nouveau ministre. Avoir soutenu, sinon créé, au bon moment, des syndicats dans l'armée, a donc conduit ce fils de gendarme, ancien mendésiste devenu mitterrandiste, à la Défense. Je pensais qu'il serait mal accueilli par les militaires. Pas du tout ! Il me dit qu'il se livre et se livrera à tous les exercices requis dans le genre : appontement, vol à bord d'un avion supersonique, descente en sous-marin atomique, virée sur un porte-avion, etc.

Le plus important aujourd'hui, c'est la « pause ». Jacques Delors la demande sur RTL. Mauroy l'accorde. Ouf ! Le rythme des réformes, qui se succèdent depuis juin dernier, devenait endiablé, intenable pour le ministre des Finances.

*7 décembre*

Nous sommes avec Desgraupes dans le bureau de Bérégovoy pour lui faire part des grands thèmes que nous voulons aborder dans l'émission. Nous restons évidemment dans le vague, lorsque la porte s'ouvre (il frappe avant d'entrer), et Mitterrand apparaît. Au premier regard, je suis frappée par le teint cireux, les yeux enfoncés, l'air inquiet. Et puis il parle. Sa voix est inchangée, ironique. Il me dit : « Il faut que vous me posiez des questions sur ma santé, par exemple... »

1. Ministre de la Défense dans le gouvernement Mauroy.

# 1982

*2 février*

Il fallait s'y attendre : j'écris moins souvent sur ce carnet, parce que le temps fuit entre mes doigts. Pourtant, quelques repères depuis le mois dernier :

Un cafouillage gouvernemental important à propos du gaz soviétique. Jacques Delors, au micro de France Inter, en ignorait tout. Stupeur : ni Mauroy ni Mitterrand ne l'avait prévenu. Stupeur, oui, à l'idée que l'action gouvernementale soit aussi décousue !

Mauroy, rencontré aujourd'hui. Lorsque je lui parle de Mitterrand, il ne me cache pas : 1) qu'il est malade ; 2) qu'il le lui a dit lui-même ; 3) que la maladie ne met pas immédiatement ses jours en danger.

*23 février*

Il faudra qu'un jour je raconte cette incroyable expérience de Radio France : ces gens qui, tous pris individuellement, ont des tas de qualités, et qui, collectivement, ne parlent que des catastrophes, que dis-je, de l'apocalypse qui nous attend ; ces hommes et ces femmes qui ne s'aiment pas, et qui, tout en détestant l'audiovisuel, ne vivent que pour lui !

Tristesse de ce monde de l'audiovisuel public, voué à l'abîme. Mais joie de retrouver tous ceux qui l'animent : dirigeants, animateurs, ou... syndicalistes !

*23-24 février. Minuit*

Soirée avec André Rousselet, le « Parrain », et Jean Riboud. Ils me racontent, en se tordant de rire tous les deux, leur déjeuner avec Mitterrand et Edgar Faure, aujourd'hui à midi. Un déjeuner extraordinairement drôle, détendu, où Edgar a fait, paraît-il, assaut de bons mots et de formules juteuses. Comme celles-ci :

« Au fond, dit-il à un moment du déjeuner, tu seras un jour à l'Académie française. Dépêche-toi : je t'y accueillerai ! »

Ou : « Moi, j'aurais pu être à ta place. Mais je n'ai pas ton sens de l'ascèse : vingt-trois ans d'opposition, c'était trop pour moi, tu te rends compte ! »



Mitterrand sourit, se rendant compte en effet ! Ravi de son déjeuner, il fait faire à Edgar, avec Jean Riboud, un grand tour du jardin. « Rose, coloré », me dit Irène Dayan, qui, après un déjeuner avec Danielle, le rencontre dans le parc.

Ultime conseil d'Edgar à Mitterrand, sous forme de boutade : « Il ne faut pas craindre, dit-il, de prendre des mesures populaires ! »

Une fois de plus, je m'étonne de cette sorte de connivence que la IVe République a établie entre ces hommes qui en ont été les ministres. Je doute que Mitterrand eût souri à cette phrase si l'un de ses plus jeunes collaborateurs l'avait prononcée, même en guise de plaisanterie.

Une fois de plus, derrière ces quelques mots, Edgar Faure a mis le doigt avec intelligence sur la plaie. Des mesures populaires, Dieu sait que Mitterrand et le gouvernement Mauroy en ont pris à l'automne dernier : le SMIC, les 39 heures, la retraite à 60 ans. Et puis il y a eu la pause, à la demande de Delors à qui le déficit faisait peur. D'où l'arrivée de mesures moins populaires...

Aujourd'hui, en février, le mécontentement monte. Mitterrand est persuadé que c'est affaire de communication : voilà pourquoi il s'irrite contre la télévision. En réalité, je trouve que c'est plutôt la presse écrite qui véhicule cette impression que la relance voulue par les socialistes, annoncée par eux avant l'élection présidentielle, a quelque chose d'économiquement hérétique, même si elle se veut, sans le dire, « keynésienne ». Lorsque les journalistes de la télévision et de la radio en parlent, c'est le plus souvent pour reprendre exclusivement les articles du *Figaro* ou de la presse de droite. Et pour souligner que l'inflation ne faiblit pas, pas plus que le déficit du commerce extérieur. Je ne vois pas comment ils pourraient faire autrement.

Restent deux exceptions qui n'ont rien à voir avec la télé ou la radio publiques, c'est Jean Boissonnat à Europe 1 et Philippe Alexandre à RTL. Pour les deux, la critique est un fonds de commerce : ils ne changeront pas de ton. Mieux vaut les laisser continuer plutôt que d'essayer de les éloigner de leurs rédactions respectives. Je fais là allusion à une démarche de Rousselet auprès de Rigaud pour qu'il se débarrasse d'Alexandre. Erreur ! Rigaud a résisté à Giscard ; il résistera à Mitterrand, d'autant plus que son poste ne dépend pas de lui.

Un mot encore sur ce que m'a raconté Jean Riboud. Il a rencontré à New York François Polge de Combret[1], qui lui a dit avec tristesse qu'il avait voué quatorze ans de sa vie à Giscard, et qu'en quatorze ans, Giscard l'a invité quatre fois seulement à s'asseoir. Et qu'il n'a jamais été reçu non plus rue de Bénouville. Si c'est vrai, c'est inouï !

Je raconte à Riboud, du coup, la visite d'Anne-Aymone Giscard d'Estaing à Radio France à l'occasion de je ne sais quelle exposition à la Maison de la Radio. Devant les gens qui m'accompagnaient, et alors que je venais au-devant d'elle pour la saluer, ce que je n'étais pas obligée de faire, elle m'a traitée comme une usurpatrice, avec une hauteur telle que je n'ai pu répondre que par un éclat de rire, avant de tourner les talons.

Moyennant quoi Polge a dit à Ribout que, lorsqu'il a accepté de partir pour les États-Unis, Giscard lui a dit : « Partez, c'est très bien, à condition que ce soit pour dix-huit mois ; dans deux ans, Mitterrand sera mort, et je reviendrai. »

Pour Polge, il ne pouvait s'agir que de mort politique. Pour Giscard, je n'en suis pas si sûre. Il brûle de se débarrasser de Mitterrand. En attendant, c'est Chirac qui s'est débarrassé de lui.

Rien d'autre à signaler, sinon la première grève à laquelle j'aie eu affaire. Seize heures et deux jours de négociations difficiles pour se retrouver finalement entre syndicats et patronat (le patronat, c'est moi !) dans une curieuse atmosphère de complicité, chaleureuse et ouatée. Qualité de ces sentiments complexes, joints à la difficulté de vivre ensemble.

1. François Polge de Combret, après avoir été secrétaire général de l'Élysée sous Valéry Giscard d'Estaing, a quitté l'administration en 1981 pour entrer à la Banque Lazard. Sa première affectation dans la banque d'affaires a été New York.

*25 février*

Mitterrand et Helmut Schmidt à l'ambassade d'Allemagne. De Schmidt je retiens un toast étonnant où il dit, comme pour s'excuser, qu'il n'a pas trouvé, pour condamner les événements de Pologne [1], les mêmes accents démocratiques que Mitterrand. C'est que, explique-t-il, dans l'histoire, l'Allemagne s'est tellement mal conduite avec la Pologne...

Il est meurtri, malheureux du dessin de Tim, dans *L'Express,* qui l'a représenté avec une botte de Hitler, une botte de Staline, léchant les pieds de Brejnev en lisant le *New York Times.*

Mitterrand, hiératique, pâle, parcheminé... J'apprends, parce qu'il me le dit, que je suis un de ses invités à l'occasion du voyage officiel qu'il va faire à Rome, dans quelques jours.



1. Dans la nuit du samedi 12 au dimanche 13 décembre, le général Jaruzelski instaure l'état de guerre. Il met fin ainsi au processus du renouveau socialiste amorcé un an auparavant après les grandes grèves menées par Lech Walesa aux chantiers navals de Gdansk. Des dizaines d'opposants sont arrêtés dans la nuit, comme l'ancien Premier ministre Edward Gierek. Lech Walesa est placé en résidence surveillée. Le 10, l'agence soviétique Tass avait annoncé que Solidarność préparait le renversement du pouvoir communiste en Pologne.

Dans un premier temps, la position officielle de la France, exprimée par Pierre Mauroy le 14 décembre, est que la France n'étant pas en mesure de mettre un terme aux rapports de force sanctionnés par les accords de Yalta, elle ne peut intervenir tant qu'il s'agit d'une action nationale « sans intervention étrangère massive ». Même tonalité à Bonn et à Rome où l'on pense que la tentative de Jaruzelski est sans doute la dernière tentative « pour éviter le pire », c'est-à-dire l'intervention des tanks soviétiques.

Tandis que les intellectuels français, de Bernard Kouchner à Michel Foucault en passant par Yves Montand et Jorge Semprun, évoquent la guerre d'Espagne et la non-intervention de la France, la Pologne a été l'occasion, le 16 décembre, du plus long échange sur la politique étrangère lors du Conseil des ministres. Charles Fiterman, ministre communiste, se déclare alors « tout à fait solidaire de l'attitude du gouvernement ». Mitterrand conclut ainsi : « Qu'attend-on de nous ? Des mots. Des vivres. Des armes ? Pour les mots je suis preneur, pour les vivres je suis d'accord. Pour les armes, pas question... »

Dans une deuxième phase, quand il apparaît que la répression s'intensifie et que les droits de l'homme sont plus gravement violés, les communistes et les socialistes ne sont plus sur la même longueur d'onde, surtout quand Mitterrand durcit le ton malgré la présence de communistes dans son gouvernement. Pour la première fois, il les met en garde au Conseil : « Ne posez pas des problèmes qui aboutiraient à la rupture de la coalition gouvernementale. »

Lech Walesa, le leader de Solidarność, ne sera libéré que trois jours après la mort de Brejnev, en novembre 1982.

(Cf. P. Favier, M. Martin Rolland, *La Décennie Mitterrand,* t. 1, *Les ruptures (1981-1984)*, Paris, Fayard, 1990, p. 373-380.)

J'entame un nouveau cahier, le vingt et xième – il y en a tant que je n'ai pas leur chiffre en mémoire – après mon voyage à Rome.

Rome où je vais donc retrouver Gilles Martinet, devenu ambassadeur de France, aussi à l'aise au palais Farnèse qu'il l'était il y a des années dans les couloirs du PSU. Voix modulée, gestes de prélat, propos de diplomate...

Dans l'avion qui nous emmène à Rome, Mitterrand met en boîte Lang sur ses velléités d'être ministre de la Communication et de prendre la place de Georges Fillioud, il plaisante Édith Cresson sur ses propres relations avec elle, moi sur mes relations supposées avec Gilles Martinet. « Et si on lui parlait de sa nouvelle poule ? » glisse Jack Lang à mon oreille.



Mitterrand rit à gorge déployée lorsque je lui raconte le dessin de Faizant, dans *Le Figaro*, qu'il n'a pas vu. On l'y voit dire, l'air pensif : « Dites-moi donc le nom de celui qui a fait taire Claude Cheysson ! »

Cheysson, je le vois au Farnèse où il est déjà lorsque nous arrivons. J'en profite pour lui parler de Radio France Internationale que finance (mal) le Quai avec lequel d'incessantes escarmouches l'opposent sur des questions secondaires. Il est présent, précis, attentif, jusqu'au moment où, ayant prestement cerné et compris le problème, il me signifie qu'il s'en occupera. Je ne sais pas si personne ne peut le faire taire, en tout cas voilà quelqu'un qui a la compréhension rapide. Drôle de type, intelligent et séduisant, maladroit et pourtant habile...

Le premier soir, en privé, Mitterrand reprend la distinction de 1978 entre le socialisme historique et la deuxième gauche catholique, en s'indignant encore à l'idée que la seule chose que ces gens (il a en tête Jean Daniel et *Le Matin de Paris*) voient et veulent, c'est le départ des ministres communistes du gouvernement.

À je ne sais quel propos, il passe un savon à Cheysson avec une rudesse inhabituelle. Il me semble qu'ils ont un désaccord sur la politique arabe française, ou bien sur la Pologne. Je n'ai pas entendu le début de la conversation parce que je visitais le palais de l'ambassade de France, mais, en arrivant dans le somptueux salon où tout le monde s'était installé, j'ai trouvé très âpres les propos de Mitterrand, d'autant plus qu'ils étaient tenus en public et devant un ambassadeur, de surcroît.

J'ai pris conscience à cette occasion qu'on ne contredisait pas le Président. Avant qu'il le soit, il est vrai, on le contredisait peu.

Aujourd'hui, pas question. Gilles Martinet, muet dans son fauteuil, et moi n'avons d'ailleurs pas pipé mot. Nous avons commenté l'échange plus tard en nous disant l'un et l'autre que Cheysson n'en avait plus pour longtemps[1].

Pendant son discours, au début du dîner officiel, Villa Madame, Mitterrand commence par lire le texte qui lui a été préparé. Je suis à côté d'Hubert Védrine, le jeune membre du cabinet en charge de l'international. C'est évidemment lui qui a rédigé le texte de l'intervention de Mitterrand. Voilà qu'au bout de quelques minutes, Mitterrand, d'un geste agacé, jette sur la table les quelques feuillets qu'il a sous les yeux et se lance dans une grande improvisation. « Il me fait toujours le coup, me dit Védrine. Il a raison : il est bien meilleur. »

*1982* Je vois, à quelques convives de nous, Michel Vauzelle adresser à Védrine des sourires complices : ils jouent sans doute à parier sur les textes qu'écarte Mitterrand au moment où il en prend connaissance, c'est-à-dire au moment où il prononce son allocution officielle, et sur ceux qu'il conserve. Ils ont trouvé le moyen, et c'est tant mieux pour eux, de transformer en jeu ce qui pourrait constituer une humiliation. Ils retiennent à grand-peine leur amusement lorsque Mitterrand, après une bonne demi-heure d'improvisation, ne trouve pas sa chute et entame une digression de dix bonnes minutes supplémentaires, qui consterne l'assistance : car les convives n'ont toujours rien avalé.

Je remarque un certain trouble autour du président italien : c'est, m'explique Védrine, que le protocole veut que le chef de l'État hôte réponde aussi longuement, ou presque, que son invité. Or celui-ci n'a pas prévu la longueur du toast de Mitterrand, il faut donc qu'il improvise, à partir de son intervention prévue pour durer vingt-cinq minutes, de quoi prononcer une réponse d'une longueur bien supérieure. Tout cela devant des invités qui n'ont encore ni mangé ni bu. Il faudra près de trois quarts d'heure avant que les serveurs commencent à passer les plats !

Voilà pour la petite histoire. Sur le fond, et notamment sur les événements de Pologne dont il a beaucoup parlé ce soir, la présence des communistes au gouvernement ne lui fait pas changer de langage.

---

1. Ce qui est faux : Cheysson restera ministre des Affaires étrangères jusqu'en décembre 1984.

Il condamne la Russie, voilà tout. Au fond, sur les grands problèmes internationaux, il n'a pas changé d'un iota depuis 1965. Le paradoxe est que cet européen convaincu, militant de la liberté, démocrate et socialiste, aura été celui qui a fait entrer des communistes dans son gouvernement...

Quelqu'un qui a changé, en quelques mois, c'est moi. Mes yeux ont vieilli : je ne peux plus lire sans lunettes ! Tragique tournant. Il n'y a pas que mes yeux, d'ailleurs. Tout, cou, menton, ventre, peau, a changé. En si peu de temps que j'en suis stupéfaite. C'est la vie. Et aussi Radio France.

*Le Monde* sort aujourd'hui un rapport d'écoutes de Francisci, un des grands patrons des jeux et autres casinos. Il semble que celui-ci ait téléphoné à l'avocat Paul Lombard pour obtenir une intervention de Roland Dumas auprès de Defferre, sans doute en faveur d'un nouveau cercle de jeux. Est-ce une nouvelle affaire des diamants ? Pourquoi *Le Monde* sort-il cela ?



Paradoxe de la presse, que les hommes politiques ne comprennent jamais. Ils imaginent, derrière un scoop, un complot, un mauvais coup visant à les abattre. Pour les journalistes, un scoop est un scoop, voilà tout. Cela étant, la « deuxième gauche », aux rangs de laquelle il faut sans doute compter *Le Monde*, a un art qui n'appartient qu'à elle d'anéantir – ou de chercher à le faire – le régime qu'elle a contribué elle-même à mettre en place. Masochisme ?

*9 mars*

Déjeuner avec Robert Badinter et Pierre Bénichou. Robert Badinter raconte en vrac :

1) L'attitude des nouveaux magistrats qui se sentent abandonnés par la Chancellerie parce que celle-ci ne leur donne plus d'ordres individuels. Du coup, ils font parfois n'importe quoi : ainsi ont-ils, par exemple, condamné le père d'une victime de l'attentat de la rue Copernic pour outrage à magistrat ! Il cite d'autres exemples que je ne retiens pas ce soir.

2) Lombard-Dumas : dans le compte rendu des écoutes téléphoniques publié par *Le Monde*, il y aurait eu, nous assure-t-il, une censure. Une phrase où Lombard aurait dit avoir reçu 60 000 francs

pour intervenir. Du coup, Dumas ne peut plus que charger Lombard. « Et encore, susurre Badinter, dans la meilleure des hypothèses : celle où Dumas n'était au courant de rien ! »

*13 mars*

Je me demande ce que cache cette nouvelle boulimie de voyages qu'a Mitterrand. Une façon de se prouver à lui-même qu'il n'est pas vraiment malade ? Ou l'envie, au contraire, de laisser sa marque sur le monde entier ? Pourquoi ce rythme endiablé, de Rome à Washington, de Washington à Tokyo : après quoi court-il ?

Tandis qu'en France, le malaise de la gauche – suicidaire, comme avant 1971 – s'accentue de jour en jour.



*17 mars*

Échec cuisant de la gauche, au premier tour des élections cantonales, dimanche dernier, le 14.

Comment s'en étonner ? Depuis quelque temps, la gauche flotte. Sa ligne politique devient illisible, les perspectives encombrées, le paysage brouillé.

Nous avons tous, les uns et les autres, voté pour un Mitterrand libéral, démocrate et socialiste. Nous avons voté le plus souvent *malgré* ses promesses, en espérant qu'il ne les honorerait pas toutes. Or voici qu'il les tient.

Plus : les socialistes ne cessent d'en faire de nouvelles. Et comme Mitterrand est divers, multiple, chacun se croit soutenu par un Mitterrand différent.

Les uns se disent libéraux, car en Mitterrand il y a du libéral. D'autres crient au complot de la droite comme il y crie lui-même. D'autres encore s'irritent de voir le Parti communiste freiner tel ou tel projet. Les derniers s'indignent de voir la gauche chrétienne, cette gauche que Mitterrand a réveillée à force de la dénoncer, envisager, pour s'en réjouir, le départ des communistes du gouvernement.

Tout cela dans une ambiance confuse au sein du gouvernement. Mauroy n'y a pas que des amis. Pierre Joxe, pour ne citer que lui, mène un véritable combat contre Matignon : il met en cause la lenteur du Premier ministre à mettre en œuvre les réformes sociales, le trouve long à la détente, manquant d'énergie. Il ne perd pas, c'est du moins ce qu'on me rapporte, une occasion de le dire à Mitterrand. Celui-ci l'écoute, semble sans doute lui donner raison, et n'en dit pas un mot à Mauroy. De toute façon, voilà longtemps que Pierre Mauroy connaît les réticences de Pierre Joxe à son endroit. Il n'en est même pas fâché. Il pense sincèrement que la démocratie implique qu'il y ait des débats à l'intérieur du gouvernement entre les ministres.

Les frictions, effectivement, ne manquent pas : la presse et les Français, du coup, parlent de désordre. Je ressens, moi, une sorte de mélange quotidien d'intolérance et de laxisme.

Je lutte, à ma place, celle où Mitterrand m'a mise, en me demandant ce que je fais de ma vie, ce que la gauche fait de son histoire. Et ce que l'audiovisuel fait de lui-même.



*21 mars*

Deuxième tour des cantonales.

Maison de la Radio à Paris. Il est évident, au fur et à mesure que se déroule la soirée[1], que ce scrutin n'est pas un succès pour la gauche. Je prends note des départements qui passeront à l'opposition : l'Eure, la Côte-d'Or, la Haute-Saône, celui de Meurthe-et-Moselle. Ils sont une dizaine environ. Ces élections ne sont certes que partielles, elles ne sont pas nationales. Elles n'ont donc pas l'importance de législatives ou de présidentielles. Et pourtant, ce soir, les gens qui m'entourent, journalistes ou politiques qui commentent le scrutin, parlent pratiquement de l'illégitimité de la gauche au bout de moins d'un an de pouvoir !

Suis-je paranoïaque ? Il me semble qu'hormis ceux des amis, les visages autour de moi changent. Ceux qui m'ont acceptée parce que Mitterrand avait gagné se demandent – je lis dans leur tête – combien de temps il me reste. C'est la grande différence avec ma vie d'avant. Avant, je ne devais mon sort qu'à moi-même : je pouvais changer de journal si je le voulais, et je ne m'en suis d'ailleurs pas

1. Les élections cantonales ont lieu les 14 et 21 mars 1982. Les cantons concernés par l'élection appartiennent à la série de 1976, auxquels s'ajoutent 186 nouveaux cantons, surtout urbains. Le taux d'abstention est faible : 31,8 % au premier tour. Résultats du deuxième tour : la droite (RPR et UDF) obtient 264 sièges de conseillers généraux, la gauche en perd 90. L'opposition de droite enregistre un gain de 8 départements, elle détient désormais 59 présidences sur 95.

privée. Je pouvais être sanctionnée pour une bêtise, ou un ratage, ou un mauvais éditorial. Mais je ne devais mon salut qu'à moi. Nommée par le pouvoir politique à la présidence de Radio France, je ne dois mon salut qu'à lui. J'aurais dû y penser davantage. Et avant... Trop tard.

Ce qui est compromis, d'ores et déjà, j'en mettrais ma main au feu, c'est la marche vers la décentralisation. Donner le pouvoir à des régions quand celles-ci sont dans l'opposition relèverait, pour un gouvernement, du suicide.

*22 mars*

L'angoisse me gagne sans que j'y puisse rien.

Une gauche qui me déçoit de jour en jour, reprise par ses démons ancestraux.

Des amis (Paul Granet, Jacques Toubon) avec lesquels le dialogue tourne à vide, parce qu'ils sont pour la première fois de l'« autre bord ».

Un dialogue politique qui se tend, et moi-même qui me « radicalise » au-dedans.

Un boulot terrible, coincée que je suis entre les syndicats et la droite, l'administration et les saltimbanques, les journalistes et les gestionnaires, les ringards et les mauvais professionnels, les stars de la radio et les sans-grade.

Je découvre la haine des uns, la haine des autres, la connerie de beaucoup. J'emmerde ceux qui se croient détenteurs du monopole de la Culture, de la Création, les gens péremptoires, que dis-je, la multitude des péremptoires, les sectaires, les pauvres types, ceux qui font la loi et ceux qui la défont, ceux qui méprisent les autres sous prétexte de faire leur bonheur malgré eux.

Amis perdus ou au pouvoir, ennemis gagnés et désireux de revenir aux affaires, amis-ennemis dont je ne sais plus où ils sont, sinon ligués contre moi.

*26 mars, minuit quarante-cinq*

Extraordinaire dîner avec Mitterrand. Historiquement, un des plus intéressants depuis que je le connais. Intéressant, à défaut d'être enthousiasmant.

Nous sommes donc à l'Élysée après le deuxième tour des cantonales perdues par la gauche. Essayons de prendre les problèmes les uns après les autres pour mieux me remémorer les expressions de Mitterrand.

Il y a là Mauroy, Rousselet, Fillioud, Jérôme Clément et moi. L'analyse du Président est celle-ci :

« Nous avons, dit-il, sous-estimé les cantonales. Nous n'avons donc pas fait ce qu'il fallait dans ces cas-là : nous n'avons pas lâché le moindre petit avantage à nos électeurs. Bref, nous avons péché par excès de confiance.

– D'autant, ajoute Pierre Mauroy, que nous avons eu une sacrée série noire : le franc, par exemple... »

François Mitterrand ne lui cache pas que le gouvernement a aussi commis des « maladresses ». Je suis formelle : il n'a pas dit « erreurs », il a dit « maladresses ». Il fait allusion, bien sûr, à la lenteur des réformes sociales, à la difficulté de mise en place des nombreuses allocations de toute nature (orphelins, deuxième enfant, dernier enfant, agriculteurs) promises pendant la campagne électorale et pas encore traduites dans les textes, encore moins dans les faits.

La conclusion de Mitterrand est qu'il faut hâter la réforme de l'audiovisuel, « car sinon, dit-il à l'adresse de Jérôme Clément – en réalité, c'est à Mauroy, dont Clément est le conseiller, qu'il parle –, vous ne serez plus au pouvoir. Si on commence à dire que le gouvernement n'a pas d'autorité, qu'il flotte sur tout, vous ne serez pas longtemps au pouvoir. Vous l'aurez perdu : vous, pas moi. Moi, je resterai. Vous, pas : vous serez bien avancé, après ! ».

Pour cela, il préconise d'avancer la loi : Fillioud répond qu'il fait ce qu'il peut pour aller vite. Les choses ne vont pas de soi. Mitterrand insiste. On dégagera l'argent et les budgets nécessaires. Il faut presser le mouvement, car il y a, dit-il, un problème de calendrier : « Réfléchissez, il faut aller vite, car en janvier prochain auront lieu les municipales. Nous n'allons pas risquer de grands bouleversements en décembre, à quelques semaines des élections. »

Georges Fillioud lui dit que la loi est prête, qu'elle compte une centaine d'articles. Mitterrand l'interrompt : « Cent articles ? Mais vous êtes fou, c'est beaucoup trop : trouvez le moyen de condenser tout cela ! »

Il (le Président) prévoit neuf membres pour la Haute Autorité, conformément au précédent du Conseil constitutionnel dont le mode de nomination ne fait plus problème.

À plus long terme, il ne cache pas son pessimisme. Il dit à Mauroy : « C'est une question de vie ou de mort. » Il ajoute : « Le fascisme est là. Je le reconnais : j'avais 18 ans en 1934. Aujourd'hui, c'est la même chose. Et Chirac est très organisé. D'autant qu'il a parfaitement réparti les rôles : sur tous les sujets, il a un Bernard Pons ou un Charles Pasqua qui attaque. Et lui se donne les gants de dire : je n'attaque pas les hommes, j'attaque les idées...

« Remarquez – ajoute-t-il avec gaîté, une gaîté subitement retrouvée – qu'il a déjà fait ça avec Giscard. C'est même pour cela que nous sommes là aujourd'hui ! »

Parmi les « maladresses », il cite celle de Laurent Fabius parlant en Conseil des ministres du découvert budgétaire dix jours avant le premier tour. Il en profite pour dire : « Notez que si personne ne racontait le Conseil des ministres, si nous étions entre gens sérieux, cela ne se produirait pas !

– Oui, lui dis-je, nous avons tous, journalistes ou pas, tendance à penser que le Conseil des ministres, c'est la même chose qu'un comité directeur du PS, une assemblée de bavards. »

Dernière conclusion à laquelle il arrive : il faut se garder de la presse écrite, qui est dans sa majorité hostile au gouvernement. Et créer de nouveaux médias, de nouvelles radios, de nouvelles télévisions locales.

Tout cela a été précédé, tandis que dans la bibliothèque de l'Élysée nous attendions Mitterrand avant le dîner, d'une conversation entre Rousselet, Mauroy, Clément, Fillioud et moi, où je dis tout le mal que je pense à ce stade de la réforme de l'audiovisuel. Ou bien la loi donne tous les pouvoirs à la Haute Autorité, et, dans ce cas, les P-DG des différentes chaînes ne sont que des directeurs généraux et la Haute Autorité devient l'équivalent du *Board* des directeurs de la BBC ; ou bien elle n'a pas le pouvoir exécutif, et alors il faut qu'elle n'ait pas non plus le pouvoir de nomination, mais qu'elle se contente d'un pouvoir de contrôle.

Georges Fillioud me réplique que je suis trop « impliquée » dans mon rôle pour en parler sereinement. Entre nous, on peut dire que la communication ne passe pas.

J'oubliais notre échange avec Mitterrand sur les journalistes communistes. Certains, au sein de la gauche, me reprochent de ne pas en avoir pris davantage, comme à FR3, par exemple, où Guy

Thomas, son président, ne cesse de nommer des directeurs régionaux communistes. Mitterrand m'interrompt :

« Attention, les communistes, il faut s'en servir ! Et ne pas tout leur donner. Comment s'en débarrassera-t-on ? Ça aussi, c'est un problème ! »

Il le dit sur un tel ton que j'en conclus peut-être hâtivement qu'une rupture entre socialistes et communistes est éventuellement possible en 1983...

Bref, au cours de cette soirée, nous avons parlé essentiellement de l'information. Comme si elle pouvait tout ! En dehors de cela, il faut bien dire que Mitterrand et ceux qui l'entourent énoncent bien peu de remèdes pour gagner les futures élections municipales et régionales. C'est à Georges Fillioud et à moi de résoudre tous les problèmes. Quand l'information va, tout va !



Je suis un peu – c'est une litote – perturbée. Pour la première fois, me voici au pied du mur. Durcir ? Je ne le peux ni ne le veux. Encore que Mitterrand m'ait dit : « Vous êtes celle des P-DG nommés qui a fait le meilleur chemin. » À ses yeux, ce n'est pas parfait, mais un tout petit peu mieux que les autres. Car aucun des présidents ne trouve grâce à ses yeux : pas plus Jacques Boutet, qu'il a choisi, que Guy Thomas ou même Pierre Desgraupes dont la chaîne marche pourtant rudement bien. J'essaie de plaider la cause de ce dernier :

« Antenne 2, lui dis-je, ce n'est pas la même chose !

– Pourquoi ? me répond-il, agacé.

– Parce que la maison marche. Et mieux qu'avant ! »

Il me regarde sans répondre.

Qu'attend-il de moi ? Que j'épure, que je vide l'eau de la baignoire ? Je suis incapable de le faire. Je ne le ferai pas.

« Dans trois mois, m'a dit Chirac, qui, hasard du calendrier, est venu déjeuner aujourd'hui avec moi à la Maison de la Radio, dans trois mois tu n'oseras plus m'inviter ! »

Je repense ce soir à cette prophétie. Ce qui est terrible, à y réfléchir, c'est que Mitterrand n'a pas tort de parler des dangers que la droite fait courir au gouvernement. Elle existe et se démène, c'est vrai, prête à réapparaître partout. Mais, quelque part, aidée par les syndicats, et surtout par la CFDT.

Allez y comprendre quelque chose ! Je crois que le vrai problème est d'abord un problème du socialisme avec lui-même.

*27 mars*

J'ai écrit à Mitterrand une longue lettre que j'ai confiée à Irène Dayan pour qu'elle la lui remette. Je lui dis que la loi en préparation me paraît inutilement touffue. Que les seules choses à régler me semblent concerner la Haute Autorité, le mode de désignation des présidents de chaînes, la décentralisation et les problèmes de production. Je lui dis aussi que les présidents-directeurs généraux de l'audiovisuel ne sont pas, depuis le 10 mai, à la fête.

Dès juillet, Georges Fillioud, dont j'apprécie la loyauté et l'humour, avait déjà parlé de convention unique du personnel, encouragé les syndicats à résister aux présidents de chaînes, aboli la loi Vivien sur le programme minimum.

Ce que j'écris aussi à Mitterrand, c'est que, dans les différentes chaînes, nous avons tous hérité de structures et de gens que nous n'avions pas choisis. Nous étions donc sur un terrain mouvant, c'est le moins qu'on puisse dire. Certains d'entre nous ont échoué, peut-être. Mais déstabiliser les autres me semblerait injuste et inefficace. Mieux vaudrait encourager Desgraupes, puisque c'est à lui que je pense, qui a réussi l'essentiel : créer de bons programmes. Lui faire confiance, ainsi qu'aux vrais professionnels qui sont à ses côtés (Ockrent, Labro), plutôt que de déstabiliser une antenne qui est précisément en train de se rééquilibrer...

D'autant que l'information, même si elle pose parfois problème, ne fait pas tout, loin de là. N'a-t-il pas été élu malgré elle, même s'il ne s'en souvient pas ?...

Je ne reçois pas de réponse. Je me demande même si cette lettre lui est parvenue.

*30 mars*

Dîner à la maison avec Maurice Faure et André Rousselet.

Maurice Faure commence, en guise de préambule, par rappeler cette définition de Paul Ramadier[1] : « La politique, ce n'est ni la morale, ni la logique, c'est une dynamique irrationnelle. »

Pour eux, le principal problème de la gauche est de retrouver un centre gauche. Ce qui passe d'abord par une refonte du PS et la

1. Président du Conseil de la IVe République au moment du départ des communistes du gouvernement, en 1947.

création d'un mouvement sur son aile droite. Mais avec qui ? Edgar Faure ? Trop vieux. Bariani ? Non. Bernard Stasi ? Oui, ce serait le plus proche, mais léger. Roger-Gérard Schwartzenberg ? Il manque de cœur, dit Maurice Faure. Alors ? De toute façon, tout cela ne fait pas un véritable mouvement politique.

*23 avril*

Réunion de l'Union européenne des radios-télévisions, à Copenhague.

Conversation, le soir, avec Branko Dadić, président de la télévision yougoslave, tout juste débarqué dans le monde de l'Ouest, qui rentre de Tchécoslovaquie. Il a trouvé son homologue, le président de la pesante et orthodoxe télévision tchèque, horrifié par ce qu'il appelle la « liberté polonaise », et, en même temps, par la participation des communistes au gouvernement français où, croit-il, ils perdront leur âme. *1982*

Puis, le lendemain, j'échange quelques mots avec le directeur de Radio Vatican, un jésuite qui, la slivovitz aidant, me confie que le pape l'inquiète beaucoup : l'attitude belliqueuse de Jean-Paul II sur la Pologne est l'objet de son angoisse. Ses phrases me font penser à ce que m'avait dit Roger Stéphane lorsque Jean-Paul II fut désigné par ses pairs : « Ce sera la guerre en Europe », avait-il prédit au moment où, en France, beaucoup se réjouissaient de l'élection d'un pape non italien, en profonde communion avec la Pologne et les Polonais anticommunistes.

Hier, j'ai inauguré Radio Berry, station locale de Radio France qui rejoint les autres stations décentralisées mises en place sous la présidence précédente.

Conversation avec Georges Fillioud dans l'avion qui nous ramène :

« Moi, dis-je, ce dont j'ai le plus peur, dans la vie, c'est l'avion.

– Moi, dit Nicole Covillers, du cabinet de Fillioud, c'est la voiture !

– Moi, coupe Fillioud en rigolant, ce qui me fait le plus peur, c'est lorsque Laignel prend la parole ! »

André Laignel[1], député de l'Indre, nous a en effet accueillis à Issoudun avec un discours longuet et un peu décousu...

1. Député de la 2e circonscription de l'Indre depuis juin 1981.

Nouvelle cascade d'erreurs gouvernementales : Gaston Defferre, trop brutalement pour les électeurs de gauche, se dit favorable aux contrôles d'identité. Pour un ministre de l'Intérieur, cela me paraît normal. Mais Robert Badinter, ministre de la Justice, répond qu'il est contre. Normal aussi.

Pierre Mauroy, voulant arranger les choses, publie dans *Le Monde* une tribune où il affirme qu'il est normal, presque souhaitable, démocratique en tout cas, que les ministres débattent entre eux publiquement d'un problème. Ce qui a fortement déplu au Président, qui prône précisément le contraire et s'irrite de voir son Premier ministre revendiquer le droit à la pagaille au sein de son gouvernement. C'est à ce moment que Joxe, aidé de Jospin, qui se veulent tous deux les interprètes de la pensée présidentielle, tombent à bras raccourcis sur le Premier ministre, qu'ils accusent de ne pas garder ses réflexions pour lui.



Inutile bagarre au sommet. On croit rêver devant tant d'irresponsabilité.

*26 avril*

Début de la discussion de la loi sur l'audiovisuel à l'Assemblée nationale. Finalement, je ne sais pas combien la loi compte d'articles. Je sais seulement que 500 amendements au moins ont été déposés. Les choses vont durer plus longtemps que prévu.

Quant à l'atmosphère, elle ne peut être bonne, lorsqu'on voit toute l'opposition – qui n'a pas de conseils de pluralisme à donner – rivaliser d'astuces pour ralentir les débats [1].

*10 mai*

Reste que Mitterrand a été élu il y a un an.

Un dîner d'anniversaire est prévu chez Cecconi's, sur les Champs-Élysées.

Après avoir été, avec Jack Lang je crois, voir Catherine Ribeiro sur scène, Mitterrand rejoint la petite foule de journalistes et d'amis – d'amis, surtout – qui l'attend. Il est plutôt lointain et, me semble-t-il, très pressé. Il embrasse Irène Dayan. À ceux qui lui disent :

1. La loi Fillioud sur l'audiovisuel sera promulguée le 29 juillet 1982.

« Bon anniversaire ! », il répond, comme s'il faisait semblant de ne pas entendre : « Mon anniversaire, c'est le 26 octobre. » Ce qui veut dire, je pense, que sa vie à lui ne saurait être confondue totalement avec son accession à l'Élysée. « La différence, lui dis-je, c'est qu'il y a un an vous n'en étiez pas là. » Il rit en s'en allant.

*27 mai*

Trois jours avec Mauroy en Grèce où il est reçu par les socialistes grecs, et par Melina Mercouri qui, à elle seule, vaut le déplacement.

En un an, je n'ai pas entendu Pierre Mauroy faire acte de sectarisme. Il n'a ni petitesses ni petits propos. Il est allé au Liban, hier, bravant le terrorisme et la folie des petits ou grands chefs, chrétiens ou prosyriens. Il a parlé avec les uns, me dit-il, le langage de la fermeté ; avec les autres, celui de la compréhension. Il aime les gens, essaie de les comprendre, ne dit jamais de bêtises lorsqu'il ne sait pas quelque chose. D'ailleurs, son expérience au sein des partis socialistes européens lui a appris en politique internationale davantage de choses que ne le croient les gens – et peut-être Mitterrand lui-même.



Il sait parler sans démagogie : au colonel Paris, qui l'a accompagné au Liban, il dit devant moi, sans sécheresse, mais sans faiblir : « Le budget militaire, je n'accepterai pas qu'il me soit dicté par l'armée. Si chaque ministre, chaque administration me demande la reconduction de son budget, il est inutile que j'essaie d'en faire un ! »

À Nicole Questiaux qui refuse de faire des économies et qui proposait à Mitterrand et à Mauroy, en guise de solution, l'augmentation d'un point des cotisations de Sécurité sociale, il a répondu que si elle persistait, elle devrait s'en aller. « Dans tes demandes, il y a largement de quoi ne pas terminer un septennat », lui a-t-il dit sans hausser le ton, en souriant presque. Il paraît que Mitterrand et lui ont ri devant l'air courroucé de l'intéressée.

Il est digne, amical, chaleureux, vivant. Peu importe que son costume éternellement bleu ne sorte pas de chez un tailleur renommé (bonne question : je ne sais absolument pas où il s'habille ; je le sais pour Delors et pour Lang, mais nul ne le sait pour Mauroy).

À bord d'un énorme bateau à moteur, nous partons pour Hydra, une des îles à quelques miles d'Athènes. Melina Mercouri occupe le salon du bateau, où, majestueuse, elle parle à Mauroy de sa belle voix rauque. Ne regardant qu'elle, je n'aperçois que plus tard la présence du Premier ministre socialiste grec, Andreas Papandréou. Ils conversent tous trois pendant que nous sommes sur le pont. Lorsque nous arrivons à Hydra, en toute fin d'après-midi, des danseurs de sirtaki attendent. Et voilà Mauroy, entraîné par Melina, dans un sirtaki torride ! Nous nous demandons, avec Jérôme Clément qui accompagne Mauroy dans ce voyage grec, quel effet feront sur le public du journal télévisé les images des caméras de TF1 ou d'Antenne 2 qui ont naturellement délégué leurs équipes. Mais la Grèce est la Grèce, avec sa magie. Le soir tombe, le soleil rouge se couche, projetant des couleurs de feu sur les visages.

Le lendemain, coup de téléphone affolé de Marie-Jo Pontillon, l'assistante de Pierre Mauroy depuis des années : les images diffusées au JT de 13 heures ont montré un Premier ministre rouge vif (les dernières lueurs du couchant) dansant avec une star grecque ! À Paris, je l'apprends à cette occasion, les Français pensent que le Premier ministre bamboche ! Ce qui l'incite, le dernier soir, à rester enfermé plutôt qu'à s'en aller flâner dans les rues. Ce que nous faisons, nous.

*6 juin*

Versailles. Fin du Sommet des pays industrialisés qui se tient en France depuis le 4 juin.

La soirée commence par un loupé magistral. Les grands de ce monde, leurs proches collaborateurs et une partie de l'élite française sont conviés, avant le dîner, à un court spectacle musical baroque qui doit se jouer dans le fameux petit théâtre à l'italienne, restauré, de Versailles. L'opéra, dirigé par le chef anglais William Christie et sa compagnie, les Arts florissants, doit être retransmis simultanément par la télévision et par France Musique.

Horreur : après les trois coups, ou ce qui en tient lieu, le rideau de scène ne se lève pas. William Christie, qui a levé sa baguette, la repose. Chacun se regarde, s'interroge ; Mitterrand s'impatiente, et, plus terrible, Reagan s'endort ! Il ne pique pas du nez, non, il s'assoupit profondément devant tout le monde. C'est tout juste s'il ne ronfle pas. Un fou rire s'empare de quelques-uns, dont je suis, à l'idée que cet incident – une panne, paraît-il – pourrait se prolonger. Nous finissons par penser que le spectacle n'aura jamais lieu, lorsque, hourra, le rideau se lève, au grand soulagement de tous les assistants.

Reagan se réveille. Je ne sais pas si, la salle à peine replongée dans le noir, il ne s'est pas rendormi.

Suit un dîner dans la salle des Batailles. Une immense table a été dressée au milieu des dorures pour clôturer ce Sommet des pays industrialisés. Impressionnant, vraiment. Ministres socialistes et communistes découvrent pour la plupart la beauté des lieux. Et aussi le faste – il n'y a pas d'autre mot – de la V^e^ République mitterrandienne.

Le fait qu'au menu du Sommet figurent essentiellement les crédits accordés aux pays de l'Est, et que Ronald Reagan cherche à les contrôler, ne chagrine pas les communistes français. Il faut voir Charles Fiterman, se penchant à une des fenêtres et interpellant un autre ministre communiste, penché lui aussi à la fenêtre voisine. Parmi tant d'autres qui s'émerveillent comme des enfants. Il faut dire qu'il y a de quoi : à la lumière des bougies, les salons de Versailles offerts aux dirigeants des pays industrialisés sont véritablement féeriques.



Pendant que nous festoyons assez loin des grands de ce monde, au bout d'une immense table, le Liban est envahi par Israël et le combat fait rage aux îles Malouines.

Tant de luxe me dérange, finalement, après un premier coup d'œil émerveillé. D'abord, je n'aime pas follement ça. Et puis je me demande ce que l'opinion publique en retiendra. Que les socialistes, décidément, ne menacent personne, qu'ils sont loin d'être révolutionnaires, même en occupant Versailles ? Ou bien que le gouvernement et le Président dînent fastueusement pendant que le chômage continue de frapper les Français, et, parmi eux, leurs électeurs ?

Je n'en sais trop rien. Cette soirée me gêne, comme si moi-même je considérais dans mon for intérieur que seule la droite avait droit à Versailles ! J'exagère probablement : la proportion des Français éblouis par les chandelles et les laquais en habit équilibrera les mauvais coucheurs.

Plus tard, à la fin de la soirée, Jacques Attali, qui a été le grand organisateur de la rencontre, m'explique que, malgré le luxe apparent de ce sommet de Versailles, le plus dur est devant le gouvernement : il s'attend à des soubresauts, prône l'austérité, et m'annonce que le pouvoir s'attaquera au déficit de la Sécurité sociale en juillet. Voire, me dit-il, dès le prochain Conseil.

*11 juin*

Tout va mal. Le dollar se porte trop bien, le mark aussi, tandis que le franc chute, l'or aussi, signe, paraît-il, de grande tension. Mitterrand, dans cette crise, a néanmoins curieusement retrouvé une bonne mine. L'état de grâce, cependant, est fini et bien fini.

*12 et 13 juin*

Attali avait parlé d'or. Coup sur coup, hier et aujourd'hui, dévaluation du franc (12,5 %) et blocage des prix et salaires[1]. Ce que la gauche voulait éviter d'entrée de jeu, la dévaluation, se fait aujourd'hui dans un climat différent, parce que l'état de grâce n'est plus de mise : peut-être aurait-il finalement mieux valu dévaluer dans la foulée de la victoire électorale ? Quant au blocage des prix et des salaires, il suscite l'émotion partout.



Il semble bien, d'après quelques phrases de Mauroy, que j'ai eu avant-hier au téléphone, qu'il ait eu quelques difficultés à imposer son point de vue à Mitterrand, ou plus exactement à convaincre Mitterrand de la nécessité de modifier sa politique économique. En quelques mois, la gauche a augmenté le SMIC, créé des emplois publics, tenu la plupart des promesses du programme du candidat à la présidentielle. Mitterrand attendait la reprise par la consommation ; manifestement, elle n'a pas eu lieu et la situation est assez grave pour que l'on sorte des engagements pris durant la campagne.

L'atmosphère politique est particulièrement lourde. L'opposition n'est pas en état de se battre, mais n'en pense pas moins. La presse économique, qui a longtemps reproché à la gauche ses penchants keynésiens, se plaint aujourd'hui du tournant de la rigueur, qu'elle réclamait. Sale temps pour Mitterrand !

---

1. Pierre Mauroy, favorable désormais non seulement à une pause, mais à la mise en œuvre d'une véritable politique de rigueur, avait fait mettre au point par ses services, dès la fin mai, un document détaillant les mesures à prendre : dévaluation, blocage des prix, restrictions budgétaires, resserrement du crédit. François Mitterrand décide, lui, d'attendre le Sommet des pays industrialisés pour prendre une décision. Les conclusions du Sommet n'ayant pas été celles qu'il attendait, et notamment la relance par la consommation n'ayant pas été retenue, Pierre Mauroy convainc alors Mitterrand de la nécessité de changer de cap.

*16 juin*

Ce que je peux savoir du Conseil des ministres de ce matin va dans le sens d'une forte houle. Il paraît que Jean-Pierre Chevènement s'est élevé, avec l'énergie qu'on lui connaît, au cours du tour de table demandé par Mitterrand, contre l'abandon de la politique de 1981, et que Charles Fiterman, tout communiste qu'il est, est resté plus mesuré. Et Rocard, là-dedans ? Il a dit, me rapporte l'entourage de Mauroy, que tout le monde savait faire le blocage des prix, mais que le blocage des salaires était une opération beaucoup plus difficile.

Quand je pense que je vais devoir annoncer cela aux salariés de Radio France, j'en ai froid dans le dos...

*21 juin* 

Je suis conviée ce soir par Ladislas Poniatowski et son père à un dîner auquel ils ont voulu inviter tous ceux qui leur sont chers, au-delà des clivages politiques. Il y a là une quinzaine d'amis de Giscard, trois ou quatre de Mitterrand, une dizaine de Georges Pompidou. Je suis contente de figurer parmi eux. Nous sommes là hors du temps, dans un univers de roman, véritablement, cet univers qu'aime tant Michel Poniatowski.

À la fin, celui-ci évoque longuement les erreurs du pouvoir actuel. Est-ce parce que c'est à moi qu'il les raconte ? Toujours est-il qu'il a, pour les analyser et même les dénoncer, un ton d'une sagesse, d'une compétence et d'une sérénité uniques dans l'univers politique en noir et blanc d'aujourd'hui. Mieux aurait valu, à ses yeux, une dévaluation de 15 points, pour que la marge d'action dégagée soit plus confortable.

Nous parlons de Giscard. Il revient trop tôt, convient Ponia, mais peu importe : c'est qu'il ne veut pas laisser le terrain libre à d'autres qui se montreraient encore plus actifs. « Tout ce qui se passe, tout ce qui s'est passé, me dit-il, ne joue pas assurément pour lui. Il n'est pas exclu qu'à ce jeu, tout le monde, Chirac aussi bien que Giscard, perde. »

Mais enfin, ajoute-t-il, personne ne s'est affirmé à droite depuis un an, sauf peut-être Raymond Barre qui joue bien, et qui, selon lui, a raison sur toute la ligne.

Avant ce dîner, j'ai vu Mitterrand, vers 18 heures. Il ne me paraît pas guilleret. Évidemment, je n'ose l'interroger sur les difficultés économiques du moment, car mon incompétence est telle qu'il me pulvériserait. Et, surtout, il apprendrait que Mauroy me parle plus qu'il ne l'imagine. Je le connais, cela lui déplairait beaucoup : il compartimente tellement ses amis, l'un dans une case, l'autre dans une autre, sans porte de communication, qu'il ne peut imaginer qu'en dehors de lui, et malgré lui, des liaisons néanmoins s'établissent...

Pas guilleret, donc, mais il va mieux. Son teint est redevenu normal. Je veux dire : pas cireux, ni parcheminé. Il m'invite à l'accompagner dans son voyage officiel en Hongrie, début juillet.

*1982* *24 juin*

Ce matin, inauguration de Radio Vaucluse, entre deux avions. Je raconte dans mon discours quelques salades sur les beautés d'une station de radio locale, avant de rentrer dare-dare à Paris pour m'occuper de la négociation sur les 39 heures. Ça n'a l'air de rien : la durée du travail à Radio France était non pas de 40 heures, mais de 40 heures et demie. Ramener le temps de travail à 39 heures est donc plus difficile qu'en beaucoup d'autres endroits.

Lorsque j'entends la logomachie des représentants syndicaux CFDT, lorsqu'ils me disent, s'adressant à moi comme si j'étais la représentante du CNPF : « Nous n'avons pas confiance en vous parce que vous nous trompez depuis huit ans (*sic*) », me mettant ainsi dans le même panier que ceux qui m'ont précédée, je pense vraiment que si l'esprit du 10 Mai est bien mort, et puisque tel est le cas, c'est leur faute. Ils n'ont pas voulu, comme l'ensemble des syndicats d'ailleurs, assumer les responsabilités, pas voulu prendre leur part du pouvoir, ce que nous payons aujourd'hui par le blocage des salaires et des prix. La social-démocratie confrontée aux syndicats, quelle misère !

Puis dîner chez Marie-France Garaud. Elle crée un institut international de géopolitique. Je suis sceptique. Nous verrons bien. Mais enfin, cette diablesse de femme a trouvé à s'occuper. Elle plaisante drôlement sur son activisme en racontant, comme à son habitude, une petite histoire marrante :

« C'est comme dans l'histoire de la *Jument verte*. Il y a une femme qui a violé tous les hommes. Le jour de la procession, on lui donne à porter une croix très lourde, qui pèse trente kilos. Comme cela, ses mains sont occupées. Eh bien, moi, c'est la même chose. »

*4 juillet*

Remaniement gouvernemental. Sortent du gouvernement Nicole Questiaux, qui, par ses certitudes, avait réussi à horripiler à la fois Mitterrand et Mauroy, et Dreyfus, touché par la maladie. Montent en grade Jean-Pierre Chevènement (ce qui prouve que Mitterrand ne lui a pas tenu rigueur de sa position hostile à la politique de rigueur proposée par Mauroy) et Pierre Bérégovoy. Celui-ci quitte l'Élysée pour devenir ministre des Affaires sociales. Belle promotion !

C'est Jacques Attali que Mitterrand a pressenti pour remplacer Bérégovoy au secrétariat général de l'Élysée. Révolution de palais : tous, du plus petit au plus haut, du plus humble au plus gradé, demandent qu'il n'en soit rien. Le côté « enfant prodige » d'Attali, la façon dont le Président le traite, c'est-à-dire comme un objet précieux, en a sans doute énervé beaucoup ! Et François Mitterrand sursoit : c'est Bianco qui sera secrétaire général. Mais Attali assistera au Conseil des ministres. Bizarre répartition des rôles, qui rend tout le monde rêveur. *1982*

C'est Mauroy qui, devant Hervé Bourges [1], qu'il connaît bien, raconte le détail de cette histoire durant le déjeuner.

*Nuit du 7 au 8 juillet*

Voyage en Hongrie, donc, avec Mitterrand. Dans l'avion qui nous emmène à Budapest, il me fait appeler à l'avant de l'appareil. C'est une habitude qu'il a prise depuis qu'il est président : l'appareil ayant à peine décollé, il choisit de convoquer, dans la cabine qui lui sert à la fois de bureau et de salle à manger, un ou plusieurs heureux élus. Il faut voir la tête de ceux qui, cette fois, ne le sont pas, et me regardent me déplacer à l'avant de l'avion, précédée par un aide de camp ou quelque chose comme cela.

1. Hervé Bourges est directeur de Radio France Internationale à la fin de 1981. Président de l'École de journalisme de Lille, il connaît depuis longtemps le Premier ministre.

Mitterrand me parle longuement – une heure à peu près, c'est-à-dire presque la durée du voyage – de la télévision. Il me demande si je pense toujours que Michel May, dont je lui avais soufflé le nom lors d'une conversation, serait un bon candidat pour TF1. Puis il m'interroge sur la pièce maîtresse de la loi en gestation sur l'audiovisuel : la Haute Autorité. Son principe n'a pas été mis en cause par l'opposition lors de la discussion de la loi, qui n'a pourtant pas été facile. C'est une bonne chose qui devrait, selon lui, faciliter sa mise en place.

André Rousselet, me révèle-t-il, m'y pousse beaucoup. Je réponds en bref qu'il serait dommage de me faire quitter Radio France au bout de quelques mois seulement.

« Oui, me dit-il, vous avez raison, il ne faut pas toujours changer. »

*1982* Ce qui ne l'empêche pas de décrire la personnalité qu'il souhaite mettre à la tête de cette instance. Il lui faut, m'explique-t-il, quelqu'un qui sache prendre les coups, « comme Georges Fillioud », qui ne se laisse pas griser par l'audiovisuel, qui connaisse le métier, et en qui il ait confiance. « D'autant que des pressions inouïes s'exerceront sur les membres de la Haute Autorité, et qu'il va falloir, répète-t-il, encaisser les coups. »

Nous en restons là. Il me demande de lui préparer une liste de présidents possibles.

Nous parlons ensuite de Jacques Chirac et de la mairie de Paris. Il fallait, dit-il – faisant allusion à la modification du statut de Paris, qu'il réclame –, ramener Chirac à la raison : « Dans les arrondissements où la gauche est élue, Jacques Chirac et ses hommes ont fait en sorte qu'elle ne bénéficie d'aucune subvention. Vous savez que dans le XVIII$^{e}$ arrondissement, poursuit-il, il y a autant d'habitants qu'à Rennes. Eh bien, regardez les investissements : les constructions à Rennes, et celles du XVIII$^{e}$ ! Vous serez étonnée. Rien dans le XVIII$^{e}$, parce qu'il s'agit d'une circonscription socialiste, et des tas de HLM à Rennes : cela fait réfléchir !

« Je l'ai dit à Chirac, poursuit-il. Il m'a répondu qu'il ne supporterait pas qu'on touche aux arrondissements. Lorsque ses lieutenants ont attaqué, Labbé, Pons, Pasqua – il prononce curieusement *Pasca* – j'ai fait dire à Chirac : "Vous ne calmez pas vos lieutenants, je laisse donc agir les miens." C'est ce que j'ai fait : cela a donné un nouveau projet pour Paris. »

Il se radoucit : « Et puis, maintenant, on va négocier : il sera une sorte de président du conseil général, en respectant les droits de nos élus. C'est une situation tout à fait normale. Pas de quoi en faire un drame ! »

Nous atterrissons à Budapest. Là, devant l'édifice néogothique du Parlement, a lieu une sorte de cérémonie presque rigolote tant elle frise le ridicule. Devant l'imposant monument sont alignés, derrière le président de la République et le Premier ministre hongrois, un tas d'hommes dont je pense qu'ils sont membres du gouvernement. Mitterrand et tous ceux qui l'accompagnent, y compris les invités personnels dont je fais partie, leur serrent la main à tour de rôle. Incroyable ballet où les deux cohortes, la française et la hongroise, se croisent, se saluent sans se connaître et en n'échangeant que des sourires muets.



*8 juillet*

Longue conversation au bord du Danube avec le médecin personnel de Mitterrand, le docteur Gubler, qui ne manque aucun des voyages présidentiels où il veille de très près sur le Président. J'essaie de lui demander comment va Mitterrand ; il me répond, comme je m'y attendais, qu'il va très bien.

En revanche, il me donne, à moi, des conseils de santé assez inattendus : comme, refusant un whisky, je lui dis que j'ai mal à l'estomac, il me dit que c'est l'eau de Perrier et non l'alcool qui en est responsable. « Un doigt de whisky, croyez-moi, c'est meilleur pour l'estomac que deux verres de Perrier ! »

Consultation gratuite.

Un peu plus tard, en attendant le dîner, je passe un moment avec Pierre Joxe dont j'ignorais qu'il aimait et connaissait à ce point la Hongrie. Il me conseille de passer mes vacances sur le Danube, dans un bateau qui, paraît-il, relie lentement Vienne à Budapest. Il paraît que c'est magnifique.

Les voyages présidentiels servent tout de même à quelque chose : je n'avais aucune sympathie pour Pierre Joxe avant qu'il ne me parle, au soleil couchant, et de cette façon, du beau Danube bleu...

Scène inouïe dans le restaurant hongrois où Mitterrand a invité un certain nombre de membres de sa « suite », ainsi que quelques-uns des journalistes qui ont fait le voyage. Dans la salle du restaurant, Mitterrand a réclamé un poste de télévision : c'est aujourd'hui, dans le cadre du Mondial de football 1982, que la France rencontre l'Allemagne à Séville. Il ne veut pas manquer le match.

Tout le monde s'agglutine tant bien que mal autour de lui. Il adore le football, comme d'autres sports, d'ailleurs. Il est notamment imbattable sur le vélo. Ce soir, il commence, comme nous tous, par se réjouir des trois buts marqués par la France. Et puis, et puis, le match se termine, nous en sommes à trois à un lorsque entre sur le terrain, dernier atout allemand, Karl Heinz Rummenigge. Nous le voyons exhorter les joueurs allemands à se reprendre, les galvaniser. En quelques minutes à peine, pendant les prolongations, l'Allemagne égalise. Lorsque l'avant-centre allemand Schumacher fauche le gar-



dien de but français, qui répond, je crois, au nom de Battiston, nous hurlons, Mitterrand le premier, contre cette formidable agression, tout à fait exceptionnelle par sa brutalité dans un Mondial de foot.

Mais il n'y a plus rien à faire : aux tirs au but, l'Allemagne gagne.

Nous quittons le restaurant, encore ahuris par la charge inouïe de l'Allemand. Et aussi par la rapidité de leur victoire alors même qu'ils étaient largement devancés. Mitterrand a-t-il pensé que, comme en politique, on pouvait toujours gagner en seconde mi-temps, même en ayant été largement dominé à la fin de la première ? Je n'ai pas eu l'occasion de le lui demander. Je ne le saurai jamais.

*17 juillet*

Pas trop tard (sans doute l'ai-je voulu ainsi) pour écrire sur les deux derniers jours du voyage hongrois. Impression grave, triste, floue, que « rien ne va plus ». Obsédé par ses ennemis, Mitterrand s'en crée chaque jour de nouveaux. Convaincu que son gouvernement n'est pas en tort, pas plus que lui-même, il accuse le diable et son train de vouloir abattre le régime. Persuadé, surtout, que la presse est responsable de tous ses maux, il s'indigne, s'insurge, souffre et tonne.

Certes, il a raison, la haine contre lui existe, et je la sens aussi bien que tout autre – *cf.* un récent article du journal *Minute* contre moi –, mais il me semble que le meilleur moyen de la juguler, cette haine, est de gouverner. Et de ne pas trop s'occuper de la presse. Les journaux ne sont que le reflet, et non la cause, des ennuis de la gauche au pouvoir. Je n'arrive à le formuler qu'à demi-mot, et ma conviction se heurte à ma révérence. Dur combat dont je sors épuisée...

*5 août*

Je suis à peine arrivée sur mon lieu de vacances, à Beauvallon, qu'un lumbago me terrasse. Je me retrouve complètement immobilisée, une seule position – en chien de fusil, sur le côté – ne m'arrachant pas des cris de douleur. C'est dans cette situation que m'a trouvée Georges Fillioud, qui, passant ses vacances sur la Côte, voulait me parler de la Haute Autorité. Il me conseille de ne pas en accepter, si Mitterrand m'en fait la proposition, la présidence. Je serais en première ligne, ce qui ne serait pas une sinécure. Tandis qu'à Radio France je suis relativement préservée des fureurs et des pressions, les hommes politiques ne pensant toujours qu'à la télévision qu'au demeurant ils ne regardent pas.



Ai-je le choix ? De deux choses l'une : ou Mitterrand me le propose, et, si je refuse, je ne suis pas sûre de ses réactions, et je ne vois pas pourquoi la Haute Autorité à venir me renommerait à Radio France. Ou il ne me le propose pas, et nous parlons pour ne rien dire.

Et puis, c'est bête, mais j'y crois à cette Haute Autorité ! Je veux dire que je crois vraiment que l'audiovisuel doit rattraper son retard par rapport aux autres télévisions du monde « civilisé » : partout le monopole de la diffusion a disparu ; partout les désignations des présidents de chaînes sont le fait d'organismes indépendants, avec ou sans l'intervention des parlementaires ou d'une représentation politique. Et partout, surtout, sauf en Afrique noire ou dans les pays de l'Est, l'opposition a droit à l'existence audiovisuelle.

Dans l'état d'immobilité où m'a mise mon lumbago, je doute que Mitterrand me confie la moindre tâche qui devrait nécessiter la plus petite dépense d'énergie.

*14 août*

Voilà donc que je « vole seule vers mon destin », comme me l'a dit tout à l'heure en riant Paul-Marie de la Gorce, en m'accompagnant à l'aéroport de Toulon-Hyères où l'avion présidentiel m'attendait[1]. Car c'est dans un avion du Glam que j'écris, en route vers Latche, via Mont-de-Marsan, pour dérouter les journalistes. L'Élysée m'a fait savoir hier (et Rousselet avant) que le Président souhaitait me voir à Latche. Si j'ai encore du mal à marcher, le lumbago n'ayant pas complètement disparu, je peux néanmoins prendre l'avion !

Il s'agit donc de parler de la Haute Autorité. Qu'elle soit nécessaire ? J'en suis maintenant convaincue. Est-ce que je sais ce que je veux ? Je suis incapable de le savoir, donc de le dire. Comme si je me dirigeais vers Dieu le Père en attendant qu'Il choisisse pour moi !

Tout de même, en cherchant bien, ce que je veux lui dire, néanmoins, je le lui ai déjà dit pendant l'heure et demie que nous avons passée ensemble, le 25 ou le 26 juillet, avant mon départ.

*1982* Je l'avais trouvé, ce jour-là, attentif, quoiqu'ayant toujours au fond du cœur le sentiment que « les autres » étaient responsables de tous les échecs, et pas son gouvernement ni lui-même. J'avais donc pu exprimer ma conviction que la presse en général, et l'audiovisuel en particulier, ne voulait pas mettre un terme à l'expérience socialiste. Qu'il ne fallait pas envisager de les contraindre, mais de les convaincre. Que peut-être cela lui prendrait du temps.

En passant, je me suis aperçue que ce terme, « expérience socialiste », l'énervait profondément par tout ce qu'il sous-entendait d'éphémère, de précaire. Il a l'intention de montrer qu'il n'est pas là juste le temps d'une expérience !

Je me rappelle qu'il s'inquiétait pour la première fois, ce jour-là, de la chute de la cote de Pierre Mauroy dans les sondages.

Sur sa conception de la Haute Autorité, et sur sa nécessité, il m'a ce jour-là proposé une comparaison : celle de la rue de Vaugirard. « Personne ne peut concevoir, me dit-il – ce ne sont pas ses propos exacts, mais c'en est la substance –, qu'à certaines heures, toutes les voitures puissent avancer de front rue de Vaugirard sans que la circulation soit bloquée : il faut donc prévoir un système de régulation, avec feux rouges et feux verts, pour limiter l'accès à une artère facilement embouteillée. »

Qui doit faire passer les voitures et réguler le trafic ? Si c'est le gouvernement, il sera facilement accusé de tous les maux. Si c'est un

1. Comme chaque année, je partage une maison louée sur la Côte avec mes amis de la Gorce. Leurs enfants et les miens ont le même âge et ne se quittent pratiquement pas depuis leur naissance.

organisme indépendant, ce devrait être plus facile. Et moins pénalisant, en cas d'échec, pour l'exécutif, Président ou gouvernement.

Atterrissage dans quelques minutes...

*14 août (suite)*

Ce soir, je prends le temps de consigner ces notes, ne serait-ce que pour savoir où j'en suis.

J'ai retrouvé Mitterrand en pleine forme dans la cour de la maison aux deux ailes à angle droit dans laquelle il vit à Latche : bâtiment principal pour les activités collectives, familiales ou amicales, bâtiment plus petit pour la lecture et le travail.

Au premier coup d'œil, il a compris que j'éprouvais quelque difficulté à marcher. « Ce n'est rien, lui ai-je dit, un simple lumbago qui se termine. »



Son visage est devenu très sérieux : « Un lumbago, m'a-t-il dit, vous êtes sûre ? Souvent, on croit que c'est un mal de dos sans importance, et puis c'est autre chose. Moi, c'est ce qui m'est arrivé à l'automne dernier. J'ai cru que c'était un lumbago, et puis, finalement, c'était beaucoup plus grave.

– Et maintenant, lui ai-je demandé à mon tour, comment ça va ?

– Maintenant c'est fini, mais je sais ce que c'est d'avoir mal au dos. Savez-vous que, quelquefois, il m'était même pénible de monter dans une voiture ? D'autant que j'étais obligé de ne pas montrer la moindre gêne devant les photographes. »

Il m'emmène, sans plus s'appesantir sur le sujet, et sans plus d'ailleurs se soucier de mes difficultés à marcher, faire une longue promenade dans la forêt, en laissant sur la terrasse de la maison Danielle et sa sœur, Roger Hanin, Jack et Monique Lang.

Il est soucieux d'une seule chose : de ne pas nommer à la Haute Autorité quelqu'un qui le « trahisse ». Il a compris qu'il fallait un rempart entre l'État et l'audiovisuel public – ce que recommandait la commission Moinot en 1981[1] :

1. Haut fonctionnaire, écrivain, Pierre Moinot a été nommé président, à l'été 1981, du Comité d'orientation et de réflexion sur l'audiovisuel : quatorze membres chargés de proposer de nouvelles structures de l'audiovisuel public. Il est à ce titre le père de la Haute Autorité de la communication audiovisuelle. Il sera procureur général près la Cour des comptes en 1983, avant de prendre sa retraite en 1986. Membre de l'Académie française, il est décédé en 2007.

« Je ne veux ni ne peux, me dit-il, me mêler de la marche quotidienne de l'audiovisuel. Je ne veux – ce sont ses termes – ni éclabousser, ni être éclaboussé ! »

Il ne demande pas, insiste-t-il, d'homme ou de femme lige. Mais quelqu'un qui le « protège » (il répète ce mot plusieurs fois). « Je veux que la fonction présidentielle ne soit pas atteinte. Votre déontologie, me demande-t-il, vous empêche-t-elle de tenir ce rôle ?

– Non, lui dis-je. Depuis vingt ans que nous nous connaissons, soyez sûr que je ne rechercherais pas volontairement le conflit avec vous. Je ne ferais rien pour les créer, évidemment, mais je pense que j'aurais sans doute des conflits sur des points mineurs avec le gouvernement ou avec vous. Il me semble que c'est la règle du jeu. En revanche, il peut m'arriver d'être un jour en désaccord grave avec vous, et, dans ce cas, je démissionnerais... »

Il acquiesce. Le sort en est jeté. Sauf que je ne sais pas lequel.

*18 août*

Vu Georges Fillioud. Réflexions (avec lui) sur le secret dont aime à s'entourer Mitterrand. Il me cite en exemple ce déjeuner récent (qui a eu lieu où ? peu importe !) dont l'objet était la désignation du président de la Haute Autorité, où Mitterrand avait convié Louis Mermaz, Gaston Defferre, Pierre Mauroy et lui-même. Pendant la discussion à bâtons rompus, Mitterrand ne cite pas un nom, n'évoque personne. Il parle en général des choix à opérer, des réformes à faire. Puis, d'une phrase, il donne congé au Premier ministre, à Defferre et à Mermaz. « Excusez-moi, dit-il, il faut que vous nous laissiez : je vais parler d'audiovisuel avec Georges Fillioud. Je vous verrai vendredi à Latche. »

Resté seul avec Fillioud, il évoque quelques noms (Fillioud ne me dit pas lesquels) sans dire son propre choix, mais il ajoute : « Il ne m'a toujours pas dit quels candidats Alain Poher avait désignés ! »

Revenue dans ma maison de vacances, c'est dimanche, il est 20 heures et je suis à la cuisine lorsque la nouvelle tombe : je suis donc nommée présidente de la Haute Autorité de la communication audiovisuelle. J'ai beau ne pas être tout à fait prise au dépourvu, il reste que Mitterrand n'a pas cherché à me joindre après notre rencontre à Latche et que j'avais fini par penser qu'il avait choisi quelqu'un d'autre.

Le téléphone a sonné presque immédiatement, pendant le journal. C'était Mitterrand. Après un premier cafouillage – un enfant a décroché le téléphone et raccroché d'émotion en entendant que le président de la République était au bout du fil –, il me dit qu'il me souhaite bonne chance. Quelques instants après, c'est au tour de Rousselet : il était, lui, dans la confidence depuis quelques jours.

Bon, il est temps de rentrer à Paris.

*30 août. Écrit dans la nuit*

Aujourd'hui, cérémonie – il n'y a pas d'autre mot – d'installation de la Haute Autorité. La scène s'est passée dans le studio 103 de la Maison de la Radio. Radio France m'a habituée à prononcer des discours officiels. Aujourd'hui, je n'en menais pas large, car les circonstances étaient bien différentes : contrairement au protocole, paraît-il, qui veut que le président de la République intervienne toujours en dernier, il a voulu que je parle après lui.

J'ai un peu la tête qui tourne si je fais le compte de tout ce qui m'est arrivé depuis la fin août. Me voici accollée à huit personnes dont je ne connais qu'une ou deux (Marc Paillet et Paul Guimard) ; j'en ai aperçu deux autres au cours de ma vie professionnelle (Gabriel de Broglie et Jean Autin), et il en reste quatre autres que je n'ai jamais croisées.

En dehors du discours que j'ai voulu bref et que j'ai vraiment beaucoup « chiadé », la seule chose qui m'ait posé problème c'est la robe que je devais mettre dans une telle circonstance. J'ai choisi audacieusement la robe rouge et noire que je portais pour l'inauguration de Radio France Berry.

Je ne vais pas reproduire ici le discours que j'ai prononcé. Mitterrand, lui, a mis l'accent sur la concertation qui a précédé le vote de la loi (commission Moinot, etc.), il a désigné la Haute Autorité comme la « clef de voûte » du nouveau dispositif audiovisuel. Il a insisté sur le fait qu'aucun président avant lui n'avait voulu que des compétences élargies soient confiées à une commission indépendante du pouvoir. Sur le pluralisme, aussi, dont nous sommes désormais les garants.

Moi, en réponse à Mitterrand, j'ai insisté sur la séparation par consentement mutuel entre l'État et l'audiovisuel. Je n'écris ici que la seule phrase dont je sois vraiment contente : « Nous vivrons séparés sans nous perdre de vue, sans complaisance mais en bonne harmonie, sans indulgence mais sans agressivité. »

Les mots traduisent exactement ma pensée – et ma volonté. Je ne serai pas provocatrice, je ne vois pas pourquoi je le serais : ce n'est pas tellement dans mon tempérament. Mais je ne serai pas non plus complaisante. Enfin, j'espère...

*3 septembre*

La création de la Haute Autorité[1] mériterait d'être racontée en détail :

– mon entrevue avec Mitterrand, le 14 août, à Latche. Sur cela, j'ai déjà écrit quelques lignes, insuffisantes mais qui ont néanmoins le mérite d'exister ;

– les complications de dernière heure pour la nomination des membres qui la composent. Jacques Boutet était prévu parmi les nominations du président de la République. Conseiller d'État, il a refusé de siéger à un conseil dont la présidente n'était que journaliste. Édouard Balladur était sur la liste proposée par le président du Sénat ; il s'est récusé lui aussi, mais pour d'autres raisons : l'impossibilité de tout cumul financier entre ses différents postes. Tout cela débouchant sur la nomination, à la place de Jacques Boutet, de l'ambassadeur Stéphane Hessel que le directeur de cabinet de Georges Fillioud a joint au Sofitel de Lyon, alors qu'il partait en vacances, et sur celle de Gabriel de Broglie par Alain Poher, en remplacement d'Édouard Balladur.

1. La Haute Autorité, telle qu'elle a été définie par la loi, est composée de 9 membres, comme le Conseil constitutionnel : 3 personnalités désignées par le président de la République, 3 par le président de l'Assemblée nationale (Louis Mermaz), 3 par le président du Sénat (Alain Poher).

La Haute Autorité désignée en 1982 rassemble autour de sa présidente : Jean Autin, ancien président de TDF, Gabriel de Broglie, écrivain, haut fonctionnaire, qui a fait toute sa carrière dans l'audiovisuel public, et Bernard Gandrey-Réty, réalisateur de radio et de télévision, tous trois nommés par le président du Sénat. L'écrivain Paul Guimard, Stéphane Hessel, ancien ambassadeur de France, Daniel Karlin, réalisateur, membre du Parti communiste, le journaliste Marc Paillet et Marcel Huard, ancien technicien de la SFP, ont été nommés par le président de la République et le président de l'Assemblée nationale.

*12 septembre*

La Haute Autorité, à peine née, a son lot de partisans et d'adversaires. Je n'entends, on ne me rapporte que les voix de ses adversaires. Je dois bien avoir quelque part des partisans !

Georges Fillioud pense que j'ai fait une grosse bêtise, que je n'aurais pas dû accepter ce poste où, dit-il, je finirai par prendre des coups.

*16 septembre*

Qui, quel chercheur, quel fouineur, racontera l'histoire de la Haute Autorité ? Faite de hasards et de nécessités, d'amitiés et de rencontres. De conflits aussi, hélas !



Conflits avec l'administration, jalouse de ses prérogatives, qui veut rogner les ailes de cette instance de régulation – c'est comme cela que ça s'appelle – naissante.

Conflits avec les petits types des cabinets ministériels, avides d'audiovisuel, navrés de ne pas en être.

Conflits immédiats, quoique ouatés, avec Georges Fillioud, pour des questions de domaines de compétence. Nous avions beau nous y attendre l'un et l'autre, les premiers contacts entre ses collaborateurs et les miens sont plus rudes que nous ne le pensions.

Conflit, donc, avec la terre entière, sauf avec Pierre Mauroy et François Mitterrand.

Le plus grave est cependant le conflit qui m'oppose d'emblée aux communistes. Pierre Juquin, toujours lui, exige la nomination de Michel Cardoze à Radio France, et du réalisateur communiste Maurice Failevic à la présidence de TF1. Au téléphone, il me menace de tous les maux : il parle de rompre la solidarité gouvernementale, quelques mois, naturellement, avant les municipales, ou d'organiser un vrai désordre dans toutes les sociétés de l'audiovisuel.

Pour un baptême du feu, c'est un baptême du feu ! Les propos de Juquin sont graves, d'abord parce qu'ils dépassent la seule Haute Autorité en mettant en cause la cohésion gouvernementale. Et puis, aussi et surtout, parce qu'ils semblent entendre que la Haute Autorité n'est que l'émanation du pouvoir socialiste dans l'audiovisuel au moment où elle est là justement pour prouver le contraire.

Il me semble que l'intimidation touchant à la solidité de l'équipe gouvernementale, ce n'est pas manquer à la notion d'indépendance que de mettre en garde Mauroy : je le trouve, face à cette menace communiste, irrésolu et même carrément flou.

Il prévient néanmoins Mitterrand, qui me rappelle de je ne sais où : il imagine mal les communistes rendant publiques les raisons de leur rupture avec les socialistes, c'est-à-dire invoquant mon refus de nommer deux présidents communistes à la tête de sociétés de l'audiovisuel. Il supporte encore plus mal le chantage qui vise à mêler l'alliance gouvernementale et les décisions de nomination de la Haute Autorité. Il ne me donne pas de consigne : moins d'un mois après sa création, la Haute Autorité fait la démonstration que la « rupture du cordon ombilical » entre l'État et l'audiovisuel est une bonne chose.



Je me sors du conflit avec Pierre Juquin en l'envoyant aux pelotes – ce que le gouvernement n'aurait pas pu faire. Et cela se termine en eau de boudin.

« Dans ce genre de coups, ne mouille jamais Mitterrand » : c'est le conseil que me donne Maurice Faure à qui j'ai raconté le chantage du PC.

*18 septembre*

Le cafard, d'un coup, me saisit. Je remets les clefs de Radio France à Jean-Noël Jeanneney. Difficile d'abandonner ce à quoi on s'est consacré, ce pour quoi on a lutté pendant quatorze mois. J'aimais cette maison, les gens qui y travaillent. Adieu.

Je me fais ces réflexions en écoutant la 9e symphonie de Beethoven dirigée par Bernstein. La face 3, celle que je préfère.

Je me dis aussi – et c'est une des causes de mon cafard nocturne – que cette Haute Autorité n'existe que si elle est tenue. Ce qui n'est pas le cas aujourd'hui : Karlin convoque Claude Otzenberger pour lui demander sans doute s'il veut présenter sa candidature à TF1. Jean Autin, lui, va parler seul à Michel May. Nous serons déconsidérés dans les deux mois si nous continuons de la sorte.

Il faudra d'urgence établir un code de bonne conduite entre nous : évidemment, nous ne nous connaissons pas bien. Justement, il faut s'y prendre tout de suite. Répartir le travail, créer des commissions, préciser les responsabilités collégiales et individuelles.

À ce propos, lorsque j'annonce à André Rousselet la nomination, à l'unanimité des membres de la Haute Autorité, de Corinne Fabre[1], sans penser mal faire, celui-ci me fait savoir que l'Élysée avait en tête quelqu'un d'autre pour ce poste. Je suis d'autant plus étonnée que je n'ai pas pensé une seule seconde que cette nomination puisse se faire autrement qu'à la Haute Autorité et par la Haute Autorité. D'ailleurs, Rousselet en convient tout de suite et n'insiste pas. Mais le décret au *Journal officiel* nommant Corinne Fabre à ce poste n'est pas encore sorti[2].

*19 septembre*



Nous avons commencé sans attendre, depuis quelques jours, le 7 septembre précisément, à nous pencher sur ce qui est notre première épreuve : la nomination des présidents des sociétés publiques de radio et de télévision. Curieusement, cela ne se passe pas trop mal. Plus facilement que je n'aurais cru, en tout cas. Sans doute parce qu'il est plus facile de nommer cinq présidents à la fois qu'un seul : lorsqu'il y a cinq nominations à faire, l'équilibre s'impose – équilibre politique, s'entend. Et là, tout s'est déroulé sans problèmes entre nous.

Comme nous sommes logés pour le moment dans quelques bureaux de Radio France, nous avons été obligés, pour des raisons de discrétion, de convoquer les impétrants – ceux à qui nous pensions – dans des bureaux occupés par Jean Autin dans la tour Montparnasse.

Nous commençons à aligner chacun des noms. Spontanément, sans nous être concertés, nos propositions ne sont pas tellement éloignées les unes des autres, qu'elles émanent des membres nommés par la majorité[3] ou de ceux nommés par le président du Sénat : Pierre Desgraupes n'est récusé par personne, pas plus que Jean-Noël

1. Corinne Fabre, énarque, est sortie l'année précédente du secrétariat général du gouvernement, où elle travaillait aux côtés de Marceau Long, pour me rejoindre à la direction de Radio France. Rompue aux rapports avec l'administration, elle sera en charge des relations avec les différents ministères et devra organiser les travaux de l'institution en tenant compte du décret dans lequel l'administration nous a préalablement enfermés, et sans que ses membres le sachent (décret du 29 août 1982)...

2. Mauvaise humeur ou insouciance, sa publication attendra plusieurs semaines.

3. Nommés par le président de la République et le président de l'Assemblée nationale.

Jeanneney. Bertrand Labrusse est dès le départ favori pour la société de production nationale, la SFP. Les grands noms de la télévision sont évoqués par chacun de nous : Pierre Badel, Jacques Chancel, Igor Barrère, Jean Kerchbron, Serge Moati, Claude Santelli, Maurice Cazeneuve.

Bref, je craignais le pire, c'est-à-dire, dès le départ, une impossibilité de se mettre d'accord, une paralysie, voire l'éclatement, au premier feu, de la Haute Autorité. Je vois maintenant que nous arriverons sans difficulté à nous mettre d'accord.

Reste l'interrogation, capitale en matière de direction de la télévision : hommes (femmes) de programmes ou gestionnaires ? De manière évidente, les deux sont nécessaires à la tête des sociétés. L'idéal serait un tandem, un « ticket » formé d'un président et d'un directeur général, l'un connaisseur en matière de programmes, l'autre sachant manier les chiffres. Hélas, on sait ce qu'il advient des « tickets » ! À peine nommés, le plus souvent, président et directeur général n'ont de cesse de se combattre, chacun estimant qu'il a une légitimité supérieure à l'autre. Nous décidons, renonçant au « ticket », de choisir des présidents ayant des profils différents. Libre à eux de choisir, une fois désignés, leur équipe.

*20 septembre*

Dernière séance[1] ce matin : le vote.

Tout s'est bien passé. Pas de clash entre nous : de manière surprenante, c'était notre première épreuve, et l'épreuve n'en a pas été une. Presque unanimement, à la place de Jacques Boutet[2] qui avait été nommé l'année précédente à la présidence de TF1 et qui ne s'y sentait pas à l'aise, nous nous sommes mis d'accord sur Michel May, socialiste, néanmoins candidat favori de Jean Autin qui l'avait connu à TDF. Gabriel de Broglie s'est rangé dans le camp des partisans de Jean-Noël Jeanneney pour Radio France : responsable d'émissions historiques à l'INA lorsque de Broglie en était le président, fils d'un grand ministre du général de Gaulle, ils s'étaient bien entendus. Pour Antenne 2, pas de problème, la volonté de garder Desgraupes a été unanime. Restait FR3 : son président actuel, le journaliste Guy Thomas, s'est fait beaucoup d'ennemis en peu de temps, a négocié

1. De la Haute Autorité réunie en assemblée plénière.
2. Conseiller d'État.

n'importe comment sur sa chaîne la convention collective, tout en conservant les faveurs du gouvernement. Plusieurs conflits nous ont en outre opposés l'année dernière, dont l'un portait sur les radios de FR3. Bref, exit Guy Thomas, même si nous savons que Georges Fillioud en sera furieux.

À sa place, je ne sais qui a proposé en premier le nom d'André Holleaux, conseiller d'État lui aussi, ce qui rassure de Broglie et Autin. André Holleaux est un homme délicieux qui a dirigé la commission des fréquences sur les radios privées, créée l'an dernier, sans doute chrétien de gauche, plutôt écolo, volontiers régionaliste, qui ne roule qu'à vélo. Je le connais à peine ; le portrait qu'on m'en fait est séduisant pour le poste. Va pour Holleaux !

Nous avons voté selon un système compliqué[1] qui arrive à quelques résultats simples : nous avons auditionné neuf candidats, nous nous sommes mis d'accord sur quatre, que nous avons donc nommés. Une exception : celle de Daniel Karlin, qui n'a pas pris part au vote parce que la majorité d'entre nous a récusé les réalisateurs communistes qu'il proposait.



*21 septembre*

Vu Mitterrand hier, en fin d'après-midi, après le vote. Je ne vais pas chez Mitterrand pour solliciter son avis et ses recommandations, simplement pour lui communiquer les choix de la Haute Autorité. Si je compare cela avec ce qui se passe dans l'audiovisuel depuis 1958, c'est déjà un progrès considérable ! La démarche me semble compatible avec ma déontologie : nous avons délibéré, désigné ; les nominations ne sont pas encore publiques. Je me suis demandée si je sortais de mon statut en allant voir le Président avant qu'elles le soient. Peut-être est-ce limite. J'avoue qu'en entrant chez lui, je me suis dit : et s'il n'est pas d'accord, qu'est-ce que je fais ?

Cela n'a pas été le cas. Il me laisse faire, confiant. Pourvu que ça marche : c'est l'autre face de la liberté. Si cela ne marche pas, si nos

1. En commençant par exclure certains des candidats, puis en donnant, par un vote secret, les trois personnalités que chacun d'entre nous souhaitait retenir, puis enfin en désignant, toujours par bulletin secret, le nom d'une de ces personnalités pour la présidence d'une société précise : TF1, Antenne 2, FR3, Radio France et la SFP.

choix ne sont pas les bons, c'est sur nous et surtout sur moi que cela va retomber.

Nous n'avons parlé de cela que quelques minutes. Il a préféré aborder longuement les problèmes du Liban et des massacres qui s'y sont déroulés[1]. Il me raconte qu'il y a quelques mois, il avait recommandé à Menahem Begin de ne surtout pas entrer dans Beyrouth-Ouest. « Cela lui aurait évité, affirme-t-il, d'être accusé aujourd'hui d'avoir couvert (au mieux), provoqué (au pire) les horribles tueries de Beyrouth ! »

Lorsque je suis arrivée, les huissiers m'ont conduite à la bibliothèque au rez-de-chaussée de l'Élysée. Avant que j'entre, celui qui m'accompagnait a fermé quelques portes comme pour m'isoler du visiteur précédent. En entrant dans la bibliothèque, un parfum me saisit : une femme était donc là, avant moi. Inutile de dire que je ne demanderai pas laquelle.



*22 septembre*

Jusqu'ici, ça va.

*23 septembre*

Daniel Karlin présente un film sur les enfants sourds, qu'il vient de terminer, juste avant d'accepter d'entrer à la Haute Autorité. Au premier abord, j'avais trouvé Karlin insupportable, se comportant en ennemi de classe de chacun des huit autres membres. Ma première impression était la mauvaise. Ce soir, je me ravise : il y a quelque chose de très fort, de très convaincu chez ce type. C'est un vrai créateur. Cela étant, je ne sais pas quels sont ses liens réels avec le Parti communiste, et s'il saura s'en affranchir. J'espère qu'il le saura, et qu'il le pourra. Pour le moment, il est légèrement marginalisé dans notre groupe qui joue la consensualité. Il ne le serait pas s'il ne cherchait pas à l'être.

1. Il s'agit des massacres de Sabra et Chatila qui ont vu l'assassinat de centaines de civils palestiniens, dans les camps du Liban, par des milices libanaises de droite, sous l'œil des soldats israéliens.

*24 septembre*

*Le Parisien* titre : « Accord complet entre Georges Fillioud et Michèle Cotta. »

Je trouve cela dangereux : si l'organisme de régulation de l'audiovisuel est trop proche du ministre en charge de l'audiovisuel, il y a quelque chose qui ne va pas.

*2 octobre*

Concert fantastique (le mot est faible, mais, à cette heure-ci, je n'en trouve pas d'autre) avec Rampal, dont on fête les 60 ans, Isaac Stern et Rostropovitch (Haydn, Mozart, Brahms). Un concerto pour violon et violoncelle où l'un et l'autre se répondent, s'interpellent. Avec son visage de clown génial, Rostro regarde Stern. Stern, sorte de petit Belge rougeaud, tire de son violon des sons inimaginables. Rampal, avec sa flûte, joue Mozart, fait pour lui.



Je reviens sur la Haute Autorité : trouverai-je mon chemin ?

*3 octobre*

Pas de roman à écrire. Mais c'est un roman que je vis, avec mes amis vieillissant comme moi, donc ne me voyant pas vieillir, qui se croisent et se décroisent, menant leur barque à la fois ensemble et séparément ; avec des rencontres, gens peut-être vite oubliés, peut-être jamais perdus de vue ; avec les couples qui se font et se défont, les amitiés éternelles, les amours de circonstance, ceux qu'on va oublier et ceux qu'on garde en soi, pourquoi, comment ? De quel être profond sommes-nous, en surface, le reflet ?

*19 octobre*

Le plus difficile sera de définir notre territoire, de le faire savoir et surtout de le faire respecter. À peine sommes-nous installés que les syndicats de journalistes me demandent rendez-vous. Eh quoi, la Haute Autorité pourrait s'immiscer dans le travail des journalistes ? FO, la CGT, le SNJ s'élèvent contre cette insupportable atteinte éventuelle à la liberté d'expression !

Nous leur expliquons – essentiellement Marc Paillet et moi, journalistes la veille encore – que nous n'avons pas l'intention de diriger l'information en nous substituant aux directeurs qui en ont la charge. Nous n'interviendrons que si nous en sommes saisis, en cas de déséquilibre flagrant ou de manquement à l'honnêteté de l'information. Nous sommes garants du pluralisme : c'est la loi qui le prévoit. Et c'est la loi que nous observerons dans sa lettre et dans son esprit.

Je sais que beaucoup d'observateurs doutent de notre faculté à défendre le pluralisme dans l'information télévisée. Je suis peut-être naïve, je crois que c'est possible.

*1982* *23 octobre*

Ça commence bien !

La bataille pour la direction de l'information de TF1 est commencée. Les uns, à l'Élysée, Laurence Soudet par exemple, mènent campagne pour qu'elle soit confiée à François Lanzenberg, journaliste de talent, mendésiste de cœur et de raison. Certains autres ne sont pas chauds (sans doute parce qu'être ou avoir été mendésiste n'est pas pour eux un brevet de fidélité à Mitterrand, au contraire). On avance le nom d'un autre journaliste : Alain Denvers, dont le père est président du conseil général du Nord.

Le directeur de l'information en exercice, Jean-Pierre Guérin, nommé en février dernier, est un professionnel sans reproche, assez prudent pour que personne n'ait jamais connu ses idées politiques. Il a pris la succession de Jean-Marie Cavada lorsque celui-ci, qui n'était pas en odeur de sainteté à gauche, a jeté l'éponge. Le mieux serait de le laisser à la place où il est. Je ne vois pas pourquoi tout le monde s'affole, en haut lieu, comme on dit, où au surplus les différents conseillers ne tiennent pas le même langage.

En tout cas, l'agitation devient telle que Mitterrand m'appelle. Voix douce, chaleureuse, pour me dire : « Occupez-vous de cette affaire ! » Je pense qu'il penche pour la nomination d'Alain Denvers, je lui parle de François Lanzenberg et m'appuie, pour semer le doute, sur Laurence Soudet. Il me dit, formule dont il a l'habitude : « Voyez ça ! »

Je n'ai aucun moyen de débrouiller cet écheveau, entre des gens que je ne connais à peine. Au surplus, ce n'est pas la mission de la

Haute Autorité de le faire. Mitterrand le sait parfaitement et c'est pourquoi il dit la même chose, ou à peu près, à Georges Fillioud. Heureusement, Georges Fillioud me téléphone un instant après. Quelques minutes de conversation téléphonique nous suffisent : nous ne sommes pressés, ni l'un ni l'autre, de trouver une solution aux désirs différents – et parfois contradictoires – de ceux qui parlent au nom du président de la République.

Mauroy, avec qui je déjeune aujourd'hui en compagnie d'Hervé Bourges, nous raconte qu'il en voit des vertes et des pas mûres :

« Chez Mitterrand, il y a toujours deux politiques. Surtout, ne lui dites pas que vous essayez d'éviter les conflits avec Fillioud, il ne pardonnerait à aucun de vous deux !

« En ce qui me concerne, continue-t-il, c'est encore plus difficile. Il me dit : "Soyez ferme", et me balance le discours de Figeac aux limites de la démagogie... Il me dit : "Et le pouvoir d'achat, que faites-vous pour le pouvoir d'achat ? – Ah ça, je lui réponds, je ne peux pas résoudre la quadrature du cercle !" »



Mitterrand était-il comme ça avant ? Cela s'aggrave-t-il depuis qu'il est élu ? Mauroy me dit encore : « Il a toujours la formidable volonté de détruire ce qu'il aime ou ce qu'il vient de construire. »

Sans doute vrai : les Scorpions sont les Scorpions[1].

*24 octobre*

Je n'ai pas raconté ici ma rencontre, jeudi dernier, avec tous les gouverneurs et les directeurs de la BBC. Dans le bâtiment de la télé britannique, le président du *Board* des gouverneurs, George Howard, un conservateur grand teint, costume de velours pourpre et chemise rose, me dit à quel point il est aujourd'hui honni par Margaret Thatcher : « Fini la tranquillité ! Vous verrez, me met-il en garde, c'est inévitable. Vous serez à droite pour un gouvernement de gauche, comme je suis à gauche, et la BBC derrière moi, aux yeux de notre Premier ministre. Moi, conservateur depuis toujours, propriétaire du plus vieux château d'Angleterre, il n'est pas un jour sans que je sois dénoncé pour dérive gauchiste ! »

Il ajoute, presque navré d'avoir à me dire cela : « C'est dans l'ordre

1. Né le 26 octobre 1916, François Mitterrand est né, comme le général de Gaulle, sous le signe du Scorpion.

des choses, vous n'y changerez rien. Il est même recommandable que les choses se passent ainsi. Autrement, c'est que l'indépendance n'existe pas. »

Peut-être ai-je une chance historique ? Peut-être ne suis-je pas à la hauteur ? C'est trop difficile de devoir se heurter structurellement aux gens qui vous ont donné précisément mission de leur faire barrage.

Moi qui ne sais pas dire non – ou qui ne savais pas dire non –, me voilà obligée de m'opposer à ceux qui sont de mon bord, étant bien entendu que j'ai déjà perdu ceux qui ne l'étaient pas.

Et puis, quelque chose me trouble : depuis des années que je tiens ce journal, je n'ai pas parlé de moi, ou presque pas. Mes problèmes personnels, mes interrogations, mes difficultés (et j'ai eu, je continue d'affronter quelques épreuves que je ne souhaite à personne), je les ai gardés pour moi. Parce que je regardais les autres en spectatrice privilégiée. Et puis voilà que je suis devenue un acteur de la vie politique, et je n'arrête pas, dans ce cahier, de me poser des questions. Insupportable !

*25 octobre*

Coup de téléphone de Jacques Chirac. Il a décidé de mettre la Haute Autorité à l'épreuve des balles et me demande de désavouer un reportage, qu'il juge déséquilibré, malhonnête, sur une maison d'handicapés dépendant de l'Assistance Publique de Paris. Il voit et dénonce, dans la concomitance entre le reportage de TF1 et un article paru dans *Libération*, une collusion répréhensible.

Je ne sais s'il est sincèrement indigné – avec lui, on ne sait jamais – ou s'il s'agit d'un test, mais son ton, officiel, sans la moindre trace de complicité, me montre que c'est à la présidente de la Haute Autorité qu'il s'adresse, et qu'il souhaite la mettre au pied du mur.

Cela ne m'émeut pas outre mesure : nous allons visionner le reportage et nous prendrons notre décision. Pas de quoi en faire une maladie. S'il croit me piéger, il se trompe !

*26 octobre*

Soixante-six ans de Mitterrand. Que je note bien les choses :

Vendredi, à 20 heures, il me téléphone : « Comment allez-vous, etc., etc. » Il finit par me dire : « Je vous délègue l'affaire Lanzenberg. » Il est évident que c'est là un cadeau empoisonné : si je commence à nommer les directeurs de l'information de telle ou telle chaîne, je vais être tirée à vue comme un lapin ! Ce n'est pas dans le décret qui fixe les attributions de la Haute Autorité !

Vendredi à 21 heures, Georges Fillioud m'appelle : « Tout capote. Mitterrand ne veut pas de deux rédacteurs en chef, il n'en veut qu'un seul. »

Samedi 13 heures, pendant que je déjeune avec Pierre Mauroy, Georges Fillioud déjeune, lui, avec Mitterrand, rue de Bièvre, en compagnie de Claude Estier. Il se fait étriller par Mitterrand, qui lui reproche de ne pas être en mesure d'imposer un rédacteur en chef à TF1.



Nous nous persuadons à cette occasion, Fillioud et moi, que le Président fait tout pour nous opposer, puisque, une fois de plus, nous sommes mis en concurrence, en quelque sorte, pour dénouer un imbroglio sur lequel nous n'avons aucun pouvoir ni aucune compétence face au président de chaîne, en l'occurrence Michel May, dont c'est le boulot.

Lundi matin, Jean-Claude Colliard me téléphone : Mitterrand ne veut plus s'occuper de rien. Jean-Claude Colliard est chargé de me dire qu'il se désintéresse de nos affaires.

Pour conclure, mardi, coup de téléphone de Rousselet qui, comme d'habitude, calme le jeu : pas de vagues, mais Jean Lanzi[1] doit rester comme conseiller auprès de Michel May. C'était mon avis depuis le début. Je m'y range donc avec plaisir.

« Tu prends des notes ? » m'interroge hier Jérôme Clément.

Je lui réponds : « Plus que jamais. »

Il me raconte cette scène inouïe : l'autre jour, Conseil interministériel autour de Mitterrand. Delors expose son point de vue. Mitterrand l'écoute, puis se tourne vers Mauroy. Il lui dit simplement :

1. Journaliste proche du Parti socialiste, Jean Lanzi est animateur de l'émission « 7 sur 7 » en 1981, en alternance avec Anne Sinclair. Sa connaissance du monde politique de la gauche est censée équilibrer le point de vue volontiers iconoclaste de Michel May.

« J'espère que vous n'êtes pas d'accord avec le ministre des Finances. Sinon, j'appelle directement, et tout de suite, Margaret Thatcher à Matignon ! »

Tête de Delors...

*29 octobre*

Pour notre première saisine, venant de Chirac de surcroît, nous avons été on ne peut plus consciencieux. Nous avons regardé à plusieurs le reportage qu'il dénonçait, et regretté en effet un déséquilibre grave dans la façon dont il était traité par la télévision.

Crime de lèse-majesté aux yeux des journalistes : la presse de tous bords se déchaîne.



Drôle de passer de l'autre côté du miroir ! Je ne comprends vraiment pas la réaction des journalistes, confrères et amis d'hier. La Haute Autorité a été saisie, par le RPR, d'une protestation sur la manière dont était couverte une actualité. Normal qu'elle donne son avis, elle est faite pour cela ! Pas pour donner des conseils de déontologie, ce dont je serais bien incapable, mais pour dire si telle ou telle information était de bonne ou de mauvaise foi, honnête ou déséquilibrée.

Je m'attendais à susciter des réactions indignées du côté du pouvoir, puisqu'en l'occurrence nous donnions raison à l'opposition.

Pas du tout. Les coups ne sont pas partis de là : ils sont partis des journalistes qui, parce qu'ils n'ont pas pris la peine de lire la loi instituant la Haute Autorité, jugent que nous sommes sortis de notre rôle. Incompréhensible ! En d'autres temps – sous Giscard, il y a moins de deux ans –, ils fustigeaient la servilité de la presse télévisée. Aujourd'hui, ils jugent au contraire que l'intervention d'une instance de régulation est insupportable. Pourquoi ? Parce que ce n'est pas une instance entièrement composée de journalistes.

Je repense à la façon dont j'ai longtemps entendu les hommes politiques se plaindre de la télévision. Ai-je franchi le pas, suis-je passée de leur côté ? Les journalistes sont devenus mes censeurs.

Même la presse de droite, qui aurait dû apprécier notre indépendance vis-à-vis du pouvoir, nous voue aux gémonies. Et Philippe Alexandre, qui n'a pas son pareil, de dire que notre intervention est condamnable. Et Guy Claisse qui y va de son éditorial indigné. Je ne parle même pas de Philippe Tesson. Que sont nos amis devenus ?

Le problème est que nous avons raison. La télévision militante ne fait pas de la bonne télévision. La télé n'appartient à personne, ni à la majorité, ni à l'opposition ; elle appartient à ceux qui la regardent.

*6 novembre*

Première tempête, donc, à la Haute Autorité. Qui retombe sur moi en premier lieu, particulièrement attaquée et suspectée d'avoir donné cet avis pour rallier le camp de Chirac. Absurde.

Tout cela parce qu'un reportage a rageusement assommé une clinique de la Ville de Paris. Nous avons été appelés à dire ce que nous en pensions. Nous avons dit : trop, c'est trop ; la « télévision, la Voix de son maître », ça suffit ; et voilà que l'univers politico-corporatiste s'enflamme. Je ne m'y attendais pas du tout.



Chirac m'appelle. Il me dit qu'il n'aurait jamais pensé que la Haute Autorité, trois mois après avoir été nommée, prenne ce risque vis-à-vis du pouvoir. Je lui réponds que c'est normal, que ses membres ont pris cette décision ensemble, et qu'en aucun cas ce n'est un gage que nous lui donnons en général ou que je lui donnerais en particulier.

Il rigole. Au fond, il n'y croit pas, lui non plus, à cette Haute Autorité. Il a sollicité ou fait solliciter son avis pour nous mettre à l'épreuve et démontrer, dans un but politique, qu'il était maltraité par TF1. Tel que je le connais – et je le connais bien –, il aurait préféré que la Haute Autorité lui donne tort, pour pouvoir crier qu'elle ne servait à rien. Je lui ai coupé l'herbe sous le pied, en quelque sorte. Je ne suis pas sûre que cela l'arrange.

Condamnée par la majorité et par la presse, tenue sous surveillance par l'opposition, je suppose qu'il me faudra bien avancer ainsi, cahin-caha.

Toute cette agitation contre la Haute Autorité ne déplaît pas au ministre de la Communication, évidemment, mais Fillioud ne cherche pas à l'exploiter. Il refuse au contraire, devant tous les micros qui s'ouvrent devant lui, de commenter notre décision. J'apprécie sa discrétion.

L'idée qu'une telle tempête médiatique puisse se déchaîner parce que la Haute Autorité essaie de faire respecter les droits de l'opposition me donne une idée lamentable de l'état de la démocratie en France.

Durant toute cette période, une voix discordante, celle de Daniel Karlin. Comme à l'occasion de la nomination des présidents de chaînes, il est le seul à avoir pris ses distances et à émettre un vote négatif.

*11 novembre*

Après la tempête, l'accalmie. Provisoire, sans doute. Accompagnée d'une petite provocation que j'ai du mal à comprendre et qui ne peut émaner que de l'un d'entre nous, ou de l'un de ses proches.

Un inconnu qui se fait passer pour Karlin appelle Antenne 2 pendant l'émission spéciale, ce soir, sur la mort de Leonid Brejnev. Il exige l'arrêt instantané de l'émission, qu'il juge anticommuniste. Pierre Desgraupes me prévient immédiatement, outré par cette intervention grossière. Je sonne le branle-bas de combat.

Lorsque j'appelle Karlin pour m'étonner (le mot est faible) de son initiative, il tombe des nues. Il me propose de dire lui-même à Pierre Desgraupes ou à Pierre Lescure[1] qu'il n'est pour rien dans cet appel, que quelqu'un a dû imiter sa voix.

Au moment précis où il appelle Lescure, l'autre, celui qui se fait passer pour Karlin, appelle Christine Ockrent, elle-même ayant à peine quitté l'antenne. « Pourquoi Desgraupes a-t-il prévenu Cotta ? s'étonne-t-il. Vous trouviez vraiment choquant que j'intervienne ? »

Le mystère de la chambre jaune... Dans quel piège suis-je tombée ? Si Lescure et le vrai Karlin n'avaient pas été en communication au moment précis où le faux Karlin a appelé Christine, j'aurais pu penser que Daniel Karlin était, quoi qu'il jurât du contraire, forcément à l'origine du premier appel menaçant à Desgraupes.

Là, les choses se compliquent. Antenne 2 ou la Haute Autorité, ou les deux, peut-être, ont été écoutées au moment où Desgraupes m'a téléphoné. Mais par qui ? Est-ce un tour de Pierre Juquin, auquel un conflit sérieux m'a opposée en septembre ? L'appel émane-t-il d'un journaliste d'Antenne 2 qui, jouant la provocation, voulait faire accuser la Haute Autorité de censure sur le thème : après la condamnation d'un reportage sur Chirac, arrêt de l'émission sur Brejnev ?

Conclusion : attention aux coups bas, aux coups tordus.

1. Pierre Lescure, présentateur du journal télévisé, journaliste, est un des collaborateurs les plus proches de Pierre Desgraupes. Il sera nommé en décembre 1982 directeur de la rédaction d'Antenne 2.

*15 novembre*

Reçu le premier tome des Mémoires d'Edgar Faure.

Maurice Faure évoquait pour moi, tout à l'heure, ses dons de divination. En 1956, paraît-il, soit deux ans avant le retour du Général au pouvoir, Edgar lui avait dit : « Mon cher, pour la décolonisation de la Tunisie, il a fallu Mendès France. Pour le Maroc, il a fallu Pinay et moi. Pour l'Algérie, vous verrez qu'il nous faudra de Gaulle ! »

En 1979, à l'occasion de la première élection européenne, Edgar disait à Maurice : « Nous devrions faire une liste commune. D'abord parce que nous sommes les deux meilleurs orateurs de l'Assemblée nationale, ensuite parce que notre homonymie aurait séduit les électeurs. »



Déjeuné avec Jean-Marcel Jeanneney, ancien ministre du général de Gaulle, père de Jean-Noël que nous venons de nommer président de Radio France. Je ne sais si ceci explique cela : il promet à la loi audiovisuelle de 1982 les meilleures destinées. Ce en quoi il est plus optimiste que moi. Il pense que dans dix ans l'institution sera installée. Dix ans, une paille...

Pendant ce temps, les présidents de chaînes font leur chemin à eux, je colmate les brèches en en ouvrant d'autres, et je fais du surf. Pourrai-je surfer pendant six ans ?

*21 novembre*

Deux jours en Angleterre à me pencher sur les câbles et les satellites. Merveilleux Anglais, préoccupés de concilier, comme nous, le service public et les télévisions privées, dans cette élégance, ce confort, cet art de vivre uniques ! Comment diable font-ils pour n'avoir jamais l'air occupé, comment sont-ils aussi sereins, pleins d'humour, désenchantés, présents et chaleureux ? À la fausse chaleur latine je préfère de loin celle, il est vrai plus alcoolisée, des Anglais...

Légitime défense à Troyes, aujourd'hui. Un type, cambriolé dix fois, met un piège dans son garage. Le onzième voleur se présente. Le piège explose : il meurt à l'hôpital. L'homme, le garagiste, a été acquitté aujourd'hui.

La gauche, PS en tête, proteste. Mais l'opinion publique, il me semble, est sur ce point à l'extrême opposé de la réaction de la gauche, même si l'acte est disproportionné à l'agression. Peut-être une peine assortie du sursis aurait-elle été préférable pour ne pas inciter les gens à se faire justice eux-mêmes ? Quoi qu'il en soit, je suis sûre que la volonté des Français d'être protégés de la petite criminalité est essentielle. Si la gauche n'en tient pas compte, elle fait mauvaise route.

*29 novembre*

Deux phénomènes politiques se conjuguent, me semble-t-il :



– le divorce, chez les socialistes, entre les gestionnaires et les idéologues. Classique mais réel ;

– le divorce entre le parti du Président et ceux qui luttent contre le système présidentiel. Classique aussi, mais tout aussi réel dans la vie politique d'aujourd'hui.

S'ajoute à cela l'effort désespéré des giscardiens et des chiraquiens pour réaliser l'unité nécessaire. Il faut voir la tête de Chirac à la sortie du déjeuner avec Giscard organisé par Pierre de Bénouville chez Drouant. Constipé, mais assuré d'avoir fait un bon coup. Et il faut entendre Giscard hier, dimanche, au congrès de l'UDF, convaincu d'avoir réussi un rapprochement à son profit avec Jacques Chirac : on imagine sans peine, à les entendre, que l'unité, qu'ils s'enorgueillissent d'avoir réalisée, n'est pas encore pour demain.

*30 novembre*

Déjeuné avec Claude Estier qui s'interroge sur cet acharnement mis par Mitterrand à défendre parfois des médiocres, ou des gens qui ne correspondent pas aux fonctions sollicitées, sous prétexte qu'il connaît leur père, leur mère ou leur cousin ; sur cette volonté, qui relève parfois du caprice, d'imposer l'un ou l'autre, l'un à l'autre.

Et puis, cet art de dresser les uns contre les autres ! Claude Estier me raconte le déjeuner de samedi (voir *supra*), rue de Bièvre, avec Georges Fillioud, pendant que moi-même je déjeunais chez Mauroy avec Hervé Bourges. Mitterrand a donc sérieusement houspillé

Georges Fillioud. Il sait pourtant, ce jour-là, qu'il m'a délégué la veille au soir le soin de régler le problème, et que c'est moi qui ai envisagé, pour renvoyer tout le monde dos à dos, cette combinaison hybride, très sociale-démocrate, d'adjoindre Lanzenberg à Denvers. Pourtant c'est à Fillioud qu'il fait mine d'en vouloir, et qu'il en veut sans doute. Petits côtés d'un grand homme...

Nous en parlons longuement en tête à tête, Claude Estier et moi, comme nous ne le ferions pas avec un adversaire déclaré de Mitterrand. Tout de même, c'est bien difficile à avaler...

*6 décembre*

Mon fils subit une première opération. En attendant la seconde le 29.



Pendant l'opération, Mitterrand m'appelle dans la salle d'attente de l'hôpital de Garches. Il a quelques mots merveilleux sur la vie, sur Thierry, les maladies de la colonne vertébrale, les greffes osseuses. Et puis, me dit-il, il faut faire confiance aux forces de l'esprit[1].

Les forces de l'esprit, je ne sais pas exactement ce que c'est, moi qui suis athée. Je ne demande qu'à croire que l'esprit suffise quand le corps s'éteint. Il n'empêche : ce coup de téléphone passé à ce moment-là me touche plus que je ne saurais l'écrire.

*11 décembre*

Jean Morin[2] me raconte que Bénouville, faisant mine de présenter Giscard à Chirac pour leur déjeuner pseudo-historique chez Drouant, leur a demandé à leur arrivée : « Vous vous reconnaissez ? »

Je ne lui savais pas tant d'humour. Il paraît qu'il en a.

1. François Mitterrand emploiera cette phrase très souvent par la suite, notamment, le concernant, dans la longue période précédant sa mort.

2. Ancien résistant, gaulliste, Jean Morin fut nommé par le général de Gaulle à la tête de la délégation générale du gouvernement en Algérie en novembre 1960.

*11 décembre, toujours*

Pierre Mauroy aurait dit dans un avion le conduisant à la Réunion : « Je reste pour un an ! » Aussitôt la presse s'empare de cette fausse confidence : restera, oui ou non ? combien de temps ? pourquoi a-t-il dit cela ? est-ce pour demain ? etc.

Je m'irrite de ce déballage d'interrogations sans intérêt, puisque personne ne peut y répondre. Le Premier ministre n'existe que par la volonté du Président. S'il paraît douter un instant de sa survie, il est fini. Pourtant, c'est le Président, et lui seul, qui tranche. En outre, chacun sait bien que le Président lui-même ne peut avoir de certitude sur le moment où il convient, ou pas, de changer de Premier ministre : c'est affaire de volonté, certes, mais aussi de circonstances. D'où la nécessité, évidente sous la V$^{e}$ République, qu'éprouve périodiquement le Premier ministre de dire autour de lui – et de faire savoir – qu'il reste, faute de quoi il perd sa crédibilité. D'où, parallèlement, l'impossibilité qui est la sienne de savoir où et quand il devra quitter la partie, étant donné que celui qui détient le pouvoir, et peut le lui retirer en quelques heures, n'en sait rien, lui non plus.

Tant de phrases, tant d'articles écrits depuis 1958 sur la dualité Président-Premier ministre. La seule chose certaine est qu'il faut, pour être à Matignon, le cœur solide et une foi bien ancrée. Et puis du caractère. Dépressifs s'abstenir.

*27 décembre*

Pauvre Maurice Biraud, il aura raté sa mort ! Frappé d'une crise cardiaque au volant de sa voiture, il a disparu le même jour qu'Aragon. Tandis que Paris se prépare à honorer le poète comme il le mérite, je pleure mon comique foudroyé à un feu rouge.

Dix-huit mois après le 10 mai, où en sommes-nous ? Jean-Claude Héberlé à Radio Monte-Carlo, May à TF1, moi à la Haute Autorité, entre autres. Les syndicats sont nos ennemis acharnés, comme si tous leurs efforts convergeaient pour nous abattre. S'ils préféraient l'opposition, encore on comprendrait. Mais non : indifférents au sort d'une opposition qui ne peut rien faire, ils considèrent ceux qui se sont installés aux postes de commande, le 10 mai, comme leurs ennemis prioritaires. Les Français se foutent d'eux-mêmes et de leur avenir : les privilèges des uns sont dénoncés par les autres, et réciproquement.

Les socialistes ont découvert l'audiovisuel, qui, soit dit en passant, ne se porte pas si mal : c'est le seul secteur industriel aujourd'hui à 10 milliards de chiffres d'affaires chez lequel l'endettement n'est que de 500 millions. Le nombre de téléspectateurs a monté, leur taux de satisfaction aussi. Le secteur s'autofinance et équipe câbles et satellites, domaines dans lesquels notre pays a pris, en dix ans, un retard considérable par rapport aux autres pays européens. Eh bien, malgré tout cela, il semble que le pouvoir soit définitivement allergique à l'audiovisuel ! Pour de mauvaises raisons, évidemment : parce que le porte-parole du gouvernement se plaint que le compte rendu du Conseil des ministres, qu'il fait tous les mercredis, ne soit pas autant relayé qu'il le voudrait par le journal télévisé. Parce que tel ou tel député juge que le directeur de la station locale de FR3 lui est hostile. Et surtout parce que chaque dirigeant politique a son avis sur la télévision.



Un avis d'autant plus prononcé qu'il ne la regarde pas. À l'exception du journal télévisé, je suis convaincue qu'aucun homme politique ne regarde une minute d'un film ou d'un téléfilm. Ils nous disent chaque jour regretter le *Don Juan* de Marcel Bluwal ou *Les Perses* de Jean Prat, comme si les créateurs, auteurs, réalisateurs n'existaient plus dans le monde d'aujourd'hui !

*28 décembre*

Je ne veux pas que mes digressions sur l'audiovisuel relèguent au second plan, dans ces carnets, l'observation de la politique et de ses acteurs. J'ai donc pris la décision de noter sur des cahiers à part le résumé de mon activité à la Haute Autorité. En revanche, dans ce cahier-ci, je ne retiendrai que les événements politiques. Je ne parlerai pas des autorisations que nous accordons chaque semaine aux radios privées, qui ne cessent de proliférer : à peu près 1 600 dans la France entière. Je ne parlerai pas ici de la vie quotidienne de la Haute Autorité, des luttes qu'il lui aura fallu mener pour définir ses pouvoirs, voire tout bonnement exister, mais uniquement de ce qui, en elle, touche à la politique.

Schizophrénie volontaire entre l'actrice et la spectatrice. Même si les choses seront sans doute plus difficiles à dissocier que je ne le crois.

Déjeuner, donc, avec Pierre Mauroy aujourd'hui. Cet homme est tout sauf médiocre. Il paraît que Mitterrand lui répète : « Vous ne cessez de faire des progrès ! » Ça ne l'énerve ni ne le réconforte, comme si, depuis longtemps, Mauroy avait pris ses distances avec les choses et les gens, content lorsqu'il est complimenté, indifférent quand il ne l'est pas. Encore une fois, quelqu'un qui a fait ses études secondaires avec Guy Mollet et a passé sa maîtrise avec Mitterrand ne saurait être un naïf.

Il parle de François Mitterrand avec une désinvolture que je ne lui connaissais pas. Il me semble, contrairement à ce que j'écrivais il y a quelques jours, qu'il a déjà fait son deuil de Matignon. Je ne sais pas ce qui s'est passé avec l'Élysée : toujours est-il qu'il se pose aujourd'hui le problème de sa sortie.

Autant que je le comprenne, voici ce qu'il m'a dit : que le problème, pour lui, désormais, n'est pas de tenir six ou huit mois de plus ; l'important est de bien tomber. Il ne veut pas se positionner au centre, mais rester le recours de l'union de la gauche, d'une « sage » union de la gauche. Dans ce cas, il lui faut refaire le plein du courant A, c'est-à-dire faire réexister son propre courant, le faire renaître : « Il faut, dit-il, nager dans le courant A ! » Dans son esprit, il ne devrait faire qu'une bouchée de Joxe et de Jospin.

Par ailleurs, il est conscient d'avoir réussi son passage à Matignon. De n'avoir pas raté son coup. C'est cela, je trouve, qui l'a le plus changé : cette impression, par exemple, qu'il a réussi la désinflation contre tout le monde, *et même contre le Président*. Voilà ce qui lui donne cette force et cette certitude : le Premier ministre peut sortir du jeu et redistribuer ses cartes. Le président de la République, lui, est ficelé pour sept ans.

*30 décembre*

« Eh oui, prendre le Parti, me dit Georges Fillioud auquel je raconte – en partie seulement – ma conversation de la veille. Mais Mauroy oublie qu'il y aura à ce moment-là un autre Premier ministre ! »

C'est vrai. Ambiguïté, limites, « insupportabilité » de la V$^{e}$ République pour le Premier ministre en poste. À Matignon, il est condamné à être, tôt ou tard, le rival du président de la République. À moins que, prisonnier de ses filets, il n'existe tout bonnement plus. Hors de Matignon, il est dans l'ombre, condamné à voir immédiatement un autre Premier ministre, son successeur, mener le jeu.

# 1983

# 1983

*2 janvier*

Dans la nuit du 31, effroyable raté de TDF[1] à Latche.

Résumé de l'affaire : une équipe d'Antenne 2 conduite par Pierre Lescure était arrivée à Latche où Mitterrand a choisi de passer le réveillon de fin d'année. Il a accepté de répondre, le 1er janvier, aux questions du journaliste d'Antenne 2. L'interview ne présentait pas de difficulté particulière. Techniquement, la chose est habituelle : la réalisation est assurée par la chaîne, la diffusion est à la charge – comme son nom l'indique – de Télédiffusion de France.

Les essais ont eu lieu la veille au soir, sans problème. Tout va bien, donc, jusqu'à l'heure de l'interview où Lescure s'aperçoit que TDF ne peut en assurer la diffusion faute d'un relais mobile qui doit être perché très haut, donc sur une grue. Où est donc passée cette satanée grue ? Quelque part sur la route qui mène à Latche ? On ne l'y trouve pas. Et le camion qui transporte la grue ? Même disparition.

C'est une erreur grave, évidemment, du jamais vu pour une interview présidentielle. La direction de l'information d'Antenne 2, gênée, c'est peu dire, fait une annonce au journal de 13 heures, au moment prévu pour la diffusion de l'entretien avec le Président, et assure que l'émission est reportée au jour suivant.

Sur le moment, Mitterrand a avalé le contretemps avec gentillesse, il a accepté les excuses de Pierre Lescure et il a même retenu à déjeuner toute l'équipe de télévision. Cela ne l'empêche pas d'appeler Georges

1. TDF (Télédiffusion de France) est la société chargée de la transmission des différentes chaînes. Il s'agit d'une société indépendante, créée par la loi audiovisuelle de 1974 et confirmée par celle de 1982.

Fillioud en fin d'après-midi pour lui signaler les faits, demander une enquête sur cette incroyable bourde professionnelle et réclamer le limogeage de l'actuel président de TDF, Maurice Rémy.

Inutile de dire que ni la Haute Autorité, qui ne nomme pas le président de TDF, ni Pierre Desgraupes, ni Georges Fillioud n'y sont pour rien. Enquête faite : la grue, nécessaire pour la transmission du message de bonne année de François Mitterrand, n'est pas arrivée à temps. On a retrouvé le camion qui la transportait... à Nancy !

J'imagine sans peine la fureur de Mitterrand contre nous tous, des incapables, des moins que rien !

Je lui téléphone dans l'après-midi. Quoique je ne sois responsable de rien, je lui présente mes excuses au nom de tout l'Audiovisuel. Il me répond qu'il sait très bien qu'effectivement, je n'y suis pour rien.
*1983* Ce qui ne l'empêche pas de décocher quelques phrases acides sur l'efficacité du service public. Assorties, avec ce soupçon de sadisme dont il a le secret, de considérations sur la bonne marche de cet audiovisuel dont je suis, de par la loi, la « clef de voûte ».

Je le sens, il en veut à Pierre Desgraupes qui ne l'a pas même appelé. J'essaie d'expliquer que Desgraupes n'est pas plus responsable de cette erreur technique que moi. Il n'empêche : ses excuses auraient été bienvenues. Je comprends que Mitterrand n'est pas homme à pardonner une contre-performance qui a pris de court – ou même fait carrément rigoler – une bonne partie des Français.

Desgraupes n'était pas à Paris. Il m'appelle le 3 au matin. Je lui conseille, s'il ne l'a pas déjà fait, de passer un coup de téléphone à Latche.

« Non, je ne lui ai pas téléphoné, je n'allais pas le déranger pour cela, grommelle Desgraupes. D'autant que je n'y suis pour rien. Si j'avais été le premier responsable, j'aurais été le premier à l'appeler. J'ai pensé que lui téléphoner revenait à reconnaître ma culpabilité. Or, je n'en ai aucune !

« Et puis, conclut-il, je n'ai jamais de ma vie appelé un président de la République sur son lieu de vacances, un 1er janvier au matin ! »

Sa réaction m'étonne. Je la comprends pourtant assez vite : Desgraupes est entré à la télévision sous de Gaulle, dans la première et unique chaîne qui existait. À l'époque, on ne dérangeait pas le général de Gaulle pour une grue.

Plus tard, dans les années 1970, nommé par Chaban-Delmas, il n'a eu affaire qu'au Premier ministre ou à son cabinet, jamais à l'Élysée où Marie-France Garaud et Pierre Juillet réclamaient à cor et à cri son départ, tandis que Chaban faisait mine de ne pas les entendre.

En 1983, il est dans les mêmes dispositions : on ne dérange pas pour rien un président de la République. On s'en tient même le plus loin possible.

Humilité ? Indifférence ? Mépris ? Autour de François Mitterrand, ses proches chargent la barque. Ils jugent que c'est bel et bien du mépris.

Mauroy, Fillioud et moi comprenons la psychologie de Desgraupes. Nous plaidons sa cause. Sans succès.



*4 janvier*

Le bruit que fait cette histoire de grue est incroyable. Comme personne n'y comprend rien, comme personne n'arrive à croire que TDF n'ait pas mieux préparé l'intervention d'un président de la République, la non-présence de la grue à Latche, le 1er janvier, fait couler des hectolitres d'encre. Sabotage ! disent les uns. Incompétence ! disent les autres. Le plus clair est que les jours de Maurice Rémy, président de TDF, sont comptés.

*7 janvier*

Quelques mots sur l'expérience que je vis. Premier et rapide bilan de la Haute Autorité : que retiendrai-je ?

D'abord, cette étonnante convergence des esprits, ces étonnantes affinités, ces singuliers rapprochements, ces mystérieuses complicités entre nous qui venons d'univers si différents et que le choix du Prince, des princes, a arbitrairement rapprochés.

Clin d'œil, par exemple, entre de Broglie et moi :

« En matière de bonnes mœurs, dit-il l'autre jour alors que nous étions en train de parler de je ne sais quel programme de télévision un peu leste, rien ne peut me choquer ! »

Je lui réponds sans réfléchir : « Ciel, qui l'eût cru ? » – tant, à mes yeux, un homme de droite est forcément bégueule. Il fait semblant de ne pas entendre, mais nous savons désormais l'un et l'autre à quel point je suis attentive, sans avoir sa sensibilité, à ses raisonnements, à ses démarches, même si je n'ai pas en lui une confiance illimitée.

Merveilleux Stéphane Hessel, séduisant et attachant Paul Guimard. Daniel Karlin lui-même tombe de plus en plus le masque, comme si le Parti s'éloignait de lui chaque jour un peu plus.

Je me réjouis d'avoir de tels compagnons de fortune.

Deuxième conclusion : dans tout l'audiovisuel public, la Haute Autorité, au 100, avenue Raymond Poincaré, est la seule maison où il fait bon vivre. L'esprit de corps a gommé bien des différences. Pas toutes, mais les principales. Nous sommes parvenus à cette certitude : que neuf personnes sont en gros plus intelligentes qu'une seule. Miracle de la collectivité !

Notre indépendance, de ce fait, progresse. Mais pas, hélas, celle de TF1 !

*1983*

Reste : eh bien, tout le reste, l'audiovisuel qui s'enlise, soubresaute, toussote, turbote, dérape, virevolte, incohérent et attachant, unique et magique, emmerdant, emmerdatoire, emmerdissime mais fascinant !

*16 janvier*

Jérôme Clément me raconte :

1) C'est François Mitterrand qui a ordonné à Mauroy, à l'aéroport d'où il partait pour l'Afrique, d'annuler l'opération Delors faisant passer le taux d'intérêt des caisses d'épargne (livret A) de 8, 5 % à 7,5 %.

2) Mauroy est donc arrivé devant la presse pour la traditionnelle cérémonie des vœux à Matignon avec trois quarts d'heure de retard, malade à l'idée d'avoir à désavouer publiquement Delors.

3) Dans l'après-midi, Delors l'appelle. Ce qu'a été la conversation entre les deux hommes ? Effroyable. La plus difficile, me dit Clément, qu'il ait entendue de sa vie.

*19 janvier*

Réflexions sur la Ve République :

– force des institutions : sans elles, comme l'a dit Mauroy au comité directeur du PS, la gauche aurait été balayée dès les premiers mois ;

– elle a donc appris, cette gauche, le poids des réalités, celui des faits par rapport à celui des mots, etc. ;

– montée presque inéluctable du césarisme et du népotisme. De Gaulle l'avait évité. Pas Giscard, pas non plus Mitterrand ;

– faiblesse tragique, institutionnelle, des rapports entre le Président et son Premier ministre. Pour asseoir son autorité, ce dernier dispose de très peu de temps. Et d'encore moins de marge de manœuvre : six mois pour apprendre, six mois pour exister. Le déclin commence à la fin de la première année. À peine tient-il les rouages que déjà il n'est plus en mesure de procéder à quelque nomination que ce soit. Déjà tout lui échappe. Il est attiré dans l'orbite présidentielle, ou bien rejeté ;

– le poids des entourages devient écrasant. Seul, isolé dans son palais, le Président est accaparé par un entourage jaloux et attentif. Sans compter les femmes, trop heureuses de récupérer dans le luxe leurs hommes enfin au pouvoir.



*21 janvier*

Un ami allemand, l'intendant de la Hessischer Radio, a rencontré Mitterrand hier à Bonn. Il me dit au téléphone qu'il l'a trouvé – et les parlementaires qui l'accompagnaient également – « *so yellow !* ». Tellement cireux que chacun, là-bas, a pensé qu'il était très malade. D'autant qu'il revenait d'Afrique où il avait passé quatre jours, sans que le moindre hâle vienne colorer son teint.

J'ai beau dire à Hennig que Mitterrand a souvent le teint cireux, il ne me croit pas.

*26 janvier*

Je retire tout ce que j'ai écrit de désagréable sur Daniel Karlin dans ce cahier. Il est sans doute une des figures les plus intéressantes de toute la petite bande de la Haute Autorité. Quelle mystérieuse intervention l'a sorti de son univers communiste ? Lui-même ? Après tout, pourquoi pas ?

Lang saisit la Haute Autorité sur les rapports entre cinéma et télévision. La lettre qu'il m'envoie est d'une extraordinaire brusquerie. Inouïe dans la forme, désobligeante sur le fond. Il se sent investi de la confiance aveugle de Mitterrand. Il en profite. Je n'aime pas les hommes de cour. Et je n'aime pas qu'on aime les hommes de cour.

Moment rare avec Mitterrand. Bonne mine, et pas « *so yellow* » du tout ! *Le Monde* a révélé hier que Jack Lang avait saisi la Haute Autorité en la morigénant en quelque sorte. Mon sang n'a fait qu'un tour : puisque Lang pense qu'il peut tout faire au nom de Mitterrand, c'est auprès de Mitterrand qu'il m'a semblé utile de contre-attaquer.

Je dis donc à Mitterrand, après des préliminaires écourtés : « Je voulais vous parler des rapports entre cinéma et télévision, mais je ne pensais pas que les choses prendraient un tour aussi grave. Et que votre ministre de la Culture me flinguerait sans me prévenir... »

Mitterrand décroche aussitôt son téléphone et appelle Lang. Il lui fait, devant moi, reproche d'avoir saisi la Haute Autorité sans en parler à Mauroy.



J'entends Lang rétorquer qu'il a prévenu Jérôme Clément à son cabinet.

« Quand un ministre saisit la Haute Autorité, insiste Mitterrand, il doit prévenir le gouvernement, donc le Premier ministre. »

J'entends Mitterrand continuer : « Comment cela, pas une saisine ? Mais c'est comme cela que *Le Monde* l'interprète, et la Haute Autorité aussi ! Donc, c'est un problème de gouvernement. Je vous le répète, vous deviez prévenir Mauroy ! » Il conclut : « Non, non, c'est très malencontreux. Je trouve que c'est une erreur. Merci beaucoup de la rectifier. »

Il raccroche. Nous parlons. À peine lui ai-je dit que les cahiers des charges sont bien difficiles à appliquer pour les chaînes de télévision, que des contraintes excessives dans le domaine du cinéma iraient à l'encontre du but recherché, il reprend son téléphone et appelle Mauroy sur l'interministériel. Celui-ci a tout fait, depuis une semaine, pour arbitrer en notre sens. Et il est donc vrai que Jack Lang a essayé de le contourner, persuadé qu'il aurait l'aval de Mitterrand.

« Il faudra que vous receviez Michèle Cotta, lui dit-il, pour cet arbitrage. Il ne faut pas céder à Jack Lang. J'aime beaucoup le cinéma, mais enfin, les téléspectateurs sont rois ! Bon, voyez-la ce soir ou demain. Vous verrez : elle est tout à fait impartiale sur ce problème. »

Mauroy ne lui dit pas qu'il m'a déjà reçue plusieurs fois, avec d'autres membres de la Haute Autorité, sur ledit problème. Et que Lang lui a fait une petite entourloupe.

*17 février*

Plus de quinze jours sans écrire (une grippe monumentale, du boulot qui s'est accumulé).

Revu Mitterrand hier à l'Élysée à l'occasion de la Légion d'honneur remise à notre vieil ami Ernest Cazelles [1]. Il plaisante, naturellement, sur mes relations avec Paul Guimard, présent lui aussi : comme il le fait souvent, il feint de croire qu'à l'intérieur de la Haute Autorité, nous avons tous deux noué des rapports extraprofessionnels. Nous le savons depuis longtemps : les cancans, les « qui baise qui », les « qui va être avec qui », tout cela le distrait beaucoup. Il adore interroger, sans en avoir l'air, les uns et les autres sur leur vie privée, même s'il sait faire la part des choses.

Voilà que Paul Guimard et moi en sommes la cible. Une cible amusée et qui joue le jeu.



« Alors, nous dit-il, vous allez vous marier ? Dès que vous serez débarrassés de vos partenaires actuels, ça y est, vous m'inviterez à la noce... »

Nous ne prenons pas la peine de démentir, cela ne servirait à rien et gâcherait sans doute son plaisir.

Ensuite seulement nous parlons du récipiendaire honoré aujourd'hui : Ernest Cazelles [2]. Comme Mitterrand s'étonne de me voir ici, invitée de Cazelles à cette petite cérémonie, je lui rappelle que j'ai continué à voir ce dernier de loin en loin depuis des années. Je lui demande s'il sait que, en mémoire de Guy Mollet, Cazelles poursuit toujours Pierre Mauroy de la même haine depuis le congrès d'Épinay de 1971, c'est-à-dire depuis douze ans.

Il rit : « Oui, me dit-il. C'est d'ailleurs assez injuste. Moi, j'étais l'adversaire de Guy Mollet : c'était honorable. Mauroy, c'est le traître : celui qui m'a choisi contre l'avis de Mollet. Il l'est resté ! »

Il rit franchement à ce souvenir. Puis nous dit au revoir sur une

1. Adhérent du Parti socialiste SFIO avant la guerre, proche de Guy Mollet, secrétaire général adjoint du Parti socialiste, Ernest Cazelles, quoique dans l'opposition au congrès d'Épinay de 1971, est resté proche de François Mitterrand lorsque celui-ci a pris le contrôle du Parti.

2. Le président de la République a coutume de décorer en une seule cérémonie plusieurs récipiendaires de la Légion d'honneur ou du Mérite. Il fait un petit discours sans notes au cours duquel il retrace la vie de chacun de ceux qu'il décore. Ces discours, largement improvisés à partir de notes fournies par ses services, sont l'occasion, à laquelle Mitterrand tient beaucoup, de faire montre de son talent d'orateur et de sa mémoire.

phrase qui nous laisse songeurs, Guimard et moi : « Allons, au prochain tournant ! »

*28 février*

Campagne pour les élections municipales. Ça tangue en politique, ça tangue donc à la Haute Autorité. Il est évident que si, après l'échec aux cantonales de l'année dernière, la gauche accentuait son dérapage, son pronostic vital serait engagé. Les sondages, pour la gauche, varient sans que l'on sache trop bien s'il s'agit ou non d'intoxication : ils ont d'abord été très mauvais, puis meilleurs depuis quelques jours. La gauche est partie de très bas, et, brutalement, la rumeur est qu'elle tiendra le coup.

La vérité, comme le dit Mitterrand à Paul Guimard, est sans doute au milieu. La majorité actuelle va perdre toutes les villes qu'elle avait gagnées à 600 voix près. Ailleurs elle va conserver ses bastions.

Il est évident que la perte de 50 villes sonnerait d'une certaine façon le glas de l'expérience. À moins de 30 villes perdues, la gauche s'en sort. Entre 30 et 50, ce sera affaire d'appréciation.

*6 mars*

Défaite cuisante de la gauche au premier tour des municipales. Lionel Jospin, Paul Quilès, Gaston Defferre, Mauroy lui-même sont très sévèrement secoués.

La querelle de la légitimité de la gauche ne se pose pas tout de suite – ou du moins personne ne la pose encore. Mais jusqu'à quand ?

Sur les 82 villes que détenait le PS, 31 ont été conservées, 4 perdues dès le premier tour, 30 sont en ballottage.

Sur 106 villes, le PC en a 21, le PS 31, l'UDF 19, le RPR 24, les divers droite 11. Succès, donc, du RPR dans le camp de l'opposition.

*13 mars*

Deuxième tour des municipales : « Le coup passa si près que le chapeau tomba... » (Victor Hugo).

*15 (ou 16) mars*

Grève à la télévision.

François Mitterrand, qui attend pour remanier son gouvernement, ne sait plus à quel saint se vouer : comment annoncer un gouvernement fort avec une télévision en grève ?

J'interroge Gabriel de Broglie, dont la connaissance du service public est proportionnelle au temps qu'il y a passé, c'est-à-dire immense, sur la durée probable de la grève. « Rien à faire, me dit-il, c'est une situation idéale où la CFDT peut faire monter les enchères : vous vous rendez compte, la formation d'un gouvernement ! et les syndicats qui sont maîtres de le faire savoir ou pas ! »

Jean-Claude Colliard m'appelle depuis l'Élysée. Je lui dis que personne n'est à même de dire quand la grève s'arrêtera. Je parle à mots à peine plus couverts. De deux choses l'une : ou bien Mitterrand annonce la formation de son gouvernement tout de suite, ou alors, s'il veut que la télé en parle, il attend la semaine prochaine.



Quelques minutes après, annonce officielle de l'Élysée : le remaniement est reporté à huitaine.

Est-ce l'effet de mon échange avec Colliard ? Je ne sais.

*18 mars*

Ce n'était sans doute pas l'effet de ma conversation avec Jean-Claude Colliard : le remaniement annoncé n'a donc pas eu lieu. On l'attend toujours, pour le 23 mars.

Le vrai problème, m'assure-t-on, tient à Pierre Mauroy. Mitterrand, s'il est persuadé qu'il lui faut tenir compte du demi-échec des municipales, tient néanmoins à le garder. Mais Mauroy ne veut pas être l'homme d'une troisième dévaluation. Mitterrand voudrait au contraire – il l'a dit à Maurice Faure – le garder jusqu'à la fin de l'année, quitte à l'user jusqu'à la corde.

Autre difficulté pour lui : il ne peut aisément se débarrasser des ministres qu'il juge « médiocres », auxquels il demande au surplus de ne pas se représenter à des législatives partielles, car il a peur qu'ils les perdent et que leur échec rejaillisse sur le gouvernement tout entier.

André Rousselet plaisante devant moi : « Defferre et Chevènement auraient été battus que cela aurait fait de la place ! »

Certes, mais il aura du mal à me démontrer que, pour que

Mitterrand se porte mieux, pour qu'il ait les coudées plus franches, il fallait que davantage de ses proches soient battus.

La résistance de Mauroy doit prodigieusement agacer Mitterrand. Ce qui complique les choses, me semble-t-il, c'est qu'à ces élections tous deux ont gagné le deuxième tour, après avoir perdu le premier, en attirant à eux des électeurs de gauche, voire d'extrême gauche, qui, au premier, jugeaient le gouvernement trop modéré. Alors, dire à ces électeurs-là, qui ont fait hier la différence, que tout doit être fait pour sauver la monnaie : difficile !

*21 mars*

*1983*

Vite, avant que le souvenir ne s'estompe ! Une heure et demie avec Pierre Mauroy, aujourd'hui, qui me raconte l'histoire des quinze derniers jours.

Lundi 14, Mitterrand lui demande de rester Premier ministre. Il est, lui, Mauroy, personnellement opposé à ce que la France sorte du serpent monétaire[1]. François Mitterrand, lui, y est favorable. Mauroy lui objecte qu'il ne pourra rien faire, qu'il ne saura rien faire si la France s'isole en sortant du système monétaire européen. Il lui fait également valoir que, lorsqu'il était secrétaire général adjoint de la SFIO, il a beaucoup réfléchi à l'exemple de Harold Wilson[2]. Que la France, en sortant du système monétaire européen, ne pourra de toute façon jamais maintenir la parité du franc par rapport au dollar.

Mitterrand est interdit par la détermination de Mauroy. Sans doute ne l'imaginait-il pas aussi ferme sur des problèmes économiques et financiers qui, *a priori*, n'étaient pas son fort.

Mercredi matin : Pierre Mauroy a réfléchi pendant la nuit. Il a changé d'avis parce qu'il s'est persuadé que sous la V$^{e}$ République, un Premier ministre loyal ne peut rien refuser au président de la République. Il revoit Mitterrand et lui dit qu'il accepte de constituer un autre gouvernement « pour, dit-il, n'importe quelle politique ! ».

C'est François Mitterrand, cette fois, qui bloque. Il s'est renseigné.

1. Allusion au dispositif économique en vigueur de 1971 à 1978, qui limitait les fluctuations du taux de change entre les pays membres de l'Union européenne. Le système monétaire européen a succédé, en 1979, au « serpent », qui reste la référence en matière de limitation des fluctuations des monnaies européennes.

2. Premier ministre travailliste anglais qui avait démissionné à l'âge de 60 ans le 16 mars 1976.

Effectivement, il n'y a plus assez de réserves. « On me l'a caché », se plaint-il. Mauroy lui répond que ce n'est pas lui, en tout cas, qui le lui a dissimulé.

« Dans ces conditions, conclut Mitterrand, il n'est pas dit que nous quittions le serpent. Donc, pour le moment, vous restez. Mais je continue à réfléchir. »

Le soir, dîner plutôt amical rue de Bièvre.

Vendredi, nouveau changement : « Non, lui dit Mitterrand dans un accès de sincérité. Ce ne serait pas bien de vous user. Car vous pouvez me resservir, et resservir dans deux ans : je ne peux exclure cette hypothèse. Comme je ne peux pas non plus exclure l'hypothèse Rocard. S'il le fallait, d'ailleurs, je le prendrais. Dites-vous bien que ce serait en dernière extrémité. »

Bon. Il ne demande pas, toutefois, la démission de Mauroy. Il lui donne rendez-vous pendant le week-end. 

Le lendemain, Pierre Mauroy fait l'aller-retour entre Lille et Paris, juste le temps d'être élu maire de Lille, puis revient à Matignon où François Mitterrand l'appelle à trois reprises.

Jacques Delors se montre, pendant toute cette période, solidaire de Pierre Mauroy : s'il recommande une dévaluation, que le Premier ministre affirme, lui, ne pas pouvoir assumer, il trouve en revanche, comme Mauroy, qu'une sortie du système monétaire européen, dans ces conditions, serait catastrophique. Il ne cesse de défendre son point de vue devant Mitterrand, alors qu'il le sait : Jean Riboud, qui a beaucoup d'influence sur Mitterrand, plaide le contraire. Les oreilles du Président sont très sensibles à ces « visiteurs du soir » – ainsi que les appelle Pierre Mauroy – qui, en fin d'après-midi, viennent convaincre Mitterrand que son gouvernement ne fait pas ce qu'il faut.

Finalement, le lundi matin (je livre ici la chronologie car elle est importante pour se représenter l'atmosphère dans laquelle tout cela se passe, d'une heure à l'autre, d'une nuit à l'autre), François Mitterrand accepte le plan que lui propose Jacques Delors : réévaluation du mark, dévaluation du franc de 2,5 %.

Dans ces conditions, il l'a dit et redit, Mauroy quittera ses fonctions. Le déjeuner que nous prenons dans la salle à manger de Matignon est le dernier.

De bout en bout, pendant cette semaine folle, le flottement et l'indécision ont prévalu. Ce qui risquerait de donner aux Français, s'ils pouvaient connaître les tractations et hésitations qui ont lieu dans les coulisses du pouvoir, l'impression que le remaniement est en quelque sorte imposé par les difficultés monétaires françaises et les froncements de sourcils de Bruxelles.

Mauroy m'a vidé son cœur pendant ce déjeuner, mais pas entièrement : « Et encore, dit-il pour finir, je ne raconterai jamais toutes les allées et venues que j'ai faites en deux ans ! »

Je n'arrive même pas à savoir s'il est triste de quitter Matignon aujourd'hui. Pour l'heure, il me paraît plutôt soulagé. Cela ne durera peut-être pas.

À Matignon, donc, on fait les paquets dans la plus grande morosité. Je croise Michel Delebarre, directeur de cabinet. Une seule phrase : « Je suis écœuré », me dit-il.

*1983*

*21 mars (suite)*

Évidemment, il faudrait disposer de l'autre version, celle de François Mitterrand, que j'aurai peut-être un jour. D'ailleurs, il est hors de question que je rapporte quoi que ce soit, dans un bref avenir, de cette conversation avec Mauroy. « Ne dis pas à Mitterrand que je t'ai parlé ! » m'a-t-il recommandé à la fin de notre déjeuner.

En tout cas, à peine l'ai-je quitté que je lui envoie un petit mot de réconfort. Sans lui, après tout, je ne serais pas là où je suis, puisque c'est sur son contingent – il me l'a rappelé tout à l'heure – que j'ai été désignée présidente de Radio France en 1981.

Et puis je m'aperçois qu'il me rassurait : je savais que, tant qu'il serait en charge du gouvernement, il n'y aurait pas de guerre civile. Non que je m'y attende aujourd'hui. Mais lui, en tout cas, était véritablement l'image de la France tranquille.

J'ajoute que voilà maintenant deux ans que je m'occupe d'audiovisuel. Je pourrais témoigner que Pierre Mauroy n'a pas une seule fois tenté d'intervenir dans le contenu des journaux. Je sais, parce qu'il me l'a dit, qu'au congrès de Valence il a trouvé inepte et malsaine l'atmosphère de coupage de têtes qui était de mise chez les militants et certains dirigeants.

Toujours est-il que Mauroy va partir. Était-ce cela le « prochain tournant » dont nous avait parlé Mitterrand ? En tout cas, c'en est un !

Je m'interroge sur le prochain Premier ministre : Bérégovoy, plein de qualités, mais incroyablement vaniteux ? Après la cour de Mitterrand, la basse-cour de Bérégovoy ?

Et tout cela pour déboucher sur quoi ? Sur Mauroy, Premier ministre !

Que s'est-il passé depuis notre déjeuner d'hier ? Ce matin encore, Michel Delebarre m'envoyait un petit mot pour me remercier d'avoir déjeuné avec Pierre Mauroy et de l'avoir réconforté.

Et puis, à 19 heures, tombe une dépêche qui me laisse bouche bée, stupéfaite, interloquée : « M. Mitterrand a accepté la démission du gouvernement et a chargé M. Mauroy de former le futur gouvernement. »

Le premier réflexe de surprise passé, je me dis que, pour Mauroy, le départ de Matignon aurait tout de même constitué un risque d'éloignement de la vie politique. Car il reste encore cinq ans avant la future présidentielle.



Même si Mauroy voulait prendre la tête du Parti socialiste, le conquérir de haute lutte après son départ de Matignon, il lui aurait fallu tenir compte du Premier ministre en exercice, qu'il se fût appelé Delors, Rocard ou Bérégovoy. Je ne vois pas comment un de ces trois-là aurait laissé le champ libre à un ex-Premier.

En vertu de la formule : « Un tiens vaut mieux que deux tu l'auras », ou de cette autre : « On sait ce qu'on perd, on ne sait ce qu'on aura », Mauroy doit penser aujourd'hui, une fois l'émotion passée, qu'il valait mieux rester. Après tout, il n'est pas si usé, et tout lui reste possible. Y compris de tirer, quand il le voudra, son épingle du jeu.

Reste à savoir si Mitterrand a vraiment hésité autant que Mauroy l'a ressenti, ou s'il a simplement voulu tester sa force de résistance. Ce serait bien dans le personnage de Mitterrand, cela, de voir jusqu'où l'autre peut aller !

Ce qui donnerait sens à ce que m'a dit tout à l'heure Paul Guimard, beaucoup plus familier que moi de Mitterrand et que je soupçonne – c'est même plus qu'un soupçon – d'avoir gardé un fil direct avec l'Élysée : lorsque je lui ai dit, entre deux réunions de la Haute Autorité : « Mauroy, c'est fini ! », il m'a répondu à 17 heures, donc deux heures avant le communiqué, que rien n'était moins sûr. Il savait donc, de la bouche du cheval, si j'ose dire, que la partie n'était pas terminée.

Le gouvernement Mauroy III est-il de la même sorte que le gouvernement Messmer III à la fin de l'ère Pompidou ? Le maintien de

Mauroy ne s'explique-t-il que parce qu'au dernier moment, Mitterrand a eu peur du vide ?

Après la dépêche de l'AFP, soirée complète avec la 7e symphonie de Mahler, et Lorin Maazel qui vient de diriger l'orchestre de Radio France.

*24 mars*

Maazel encore, à déjeuner.

Lorin Maazel – que Lang m'avait fait le reproche d'avoir engagé comme premier chef invité à Radio France sous prétexte qu'il n'était pas français... Comme si la musique l'était ! Passons – c'est :

– la rigueur alliée à la passion : bon Dieu, c'est possible ! Chacun croit que Maazel est un chef d'orchestre froid, sans âme. C'est, au contraire, un passionné qui s'est raisonné ;

– la musique liée à la mathématique : il connaît la balance entre les chiffres et les notes ;

– le travail, la sévérité, le souci de l'autre. Encore, dit-il, qu'il a souvent tendance à ne pas être assez exigeant pour lui-même, parce qu'il est optimiste et croit en sa chance. Il dit aussi que le souci de l'autre, qu'il ne ressentait pas lorsqu'il n'était qu'artiste, il l'a aujourd'hui. C'est ce qui l'a fait passer du rang de chef d'orchestre international adulé à celui de directeur de théâtre.

Nous parlons de Karajan. Il ne l'aime guère, mais ne rêve que de lui succéder, tout en sachant que Karajan ne fera rien pour l'aider. Comme tous les hommes politiques qui ne pensent qu'à l'élection présidentielle, lui, Maazel, ne pense en effet qu'à prendre la suite de Karajan.

Soir. Le remaniement est très mal accueilli. Après les quinze jours qu'ont duré les allers-retours entre l'Élysée et Matignon, on attendait un gouvernement restreint et restructuré. Au bout du compte, après tant de palabres, le gouvernement compte 42 ministres ou secrétaires d'État au lieu de 43. Tempête dans un verre d'eau.

*6 avril*

Première crise avec Mitterrand. J'écris ces quelques mots tard dans la nuit avant que le sommeil ne me terrasse.

Mécontent de l'information télévisée, mécontent de tout, y compris de la loi Fillioud, il m'appelle, jeudi, pour stigmatiser la façon dont TF1 présente les mesures prises par Jacques Delors. Son ton aigre, sa violence (il me redit deux fois au cours de cette conversation téléphonique : « C'est une question de vie ou de mort ! ») montrent à quel point il en veut à tout le monde, de Georges Fillioud aux présidents de chaînes, quels qu'ils soient.

Il envisage donc de changer la loi. Dans le sens d'un accroissement des pouvoirs de la Haute Autorité ? C'est en tout cas ce que me disent Paul Guimard, qui l'a vu au cours du dernier week-end, et Georges Fillioud, qui me demande ce que j'en pense.



Cet accroissement des pouvoirs, je le voulais en octobre dernier. J'estimais nécessaire, par exemple, que la Haute Autorité, qui nomme les présidents de chaînes, ait un droit de regard sur leurs finances. Aujourd'hui, les choses sont différentes : je ne réclame pas davantage de compétences. La Haute Autorité est conçue comme un organe indépendant du pouvoir. Elle n'est pas conçue, elle ne peut l'être, comme un instrument de remise en ordre. Une extension de ses pouvoirs ne réglerait pas le seul problème qui, en réalité, intéresse le Président : l'information.

Rendez-vous aujourd'hui avec lui. Je n'en ai pas fait part à tous les membres de la Haute Autorité : seuls Guimard et Paillet sont au courant de cette simili-convocation. Sans oublier Georges Fillioud auquel Mitterrand n'en avait évidemment pas parlé et que j'ai tenu, moi, à prévenir pour qu'il ne croie pas à un coup fourré.

Dans la bibliothèque de l'Élysée où m'ont emmenée les huissiers, j'ai entamé, en l'attendant, la lecture de *Hernani* en édition de luxe, rangé sur une des étagères. Je compte plaider ma thèse à contre-emploi, si l'on peut dire. Il veut me donner des pouvoirs dont je ne veux pas et que je sais ne pas pouvoir exercer.

Je m'aperçois tout de suite qu'il est de meilleure humeur qu'au téléphone ces derniers jours. Il m'écoute lui dire que personne, aucune institution, encore moins si elle est indépendante, aucun ministre de la Communication ne peut dicter aux journalistes leur déontologie. Il comprend : aussi bien ne sont-ce pas les journalistes qu'il faut changer, ce sont les présidents de chaînes !

Je ne le montre pas, mais je suis atterrée : ces présidents, nous venons de les nommer. Je ne sais même pas comment on pourrait les révoquer, ou même tout simplement les « démissionner ». Je choisis de gagner du temps, espérant que la divine colère va s'apaiser, les jours passant.

Il n'est pas content de Michel May, la Haute Autorité non plus, mais pas pour les mêmes raisons que lui : Michel May, que nous avions nommé parce qu'il connaissait déjà très bien le secteur public et qu'il ne se heurtait pas à un « feu rouge » de la majorité socialiste, dont il était proche, se révèle de jour en jour bien décevant. Il déteste les programmes, ne cesse de se plaindre des saltimbanques qui l'en-
*1983* tourent, s'élève contre ses directeurs généraux et voue aux gémonies l'équipe de Pierre Desgraupes qu'il nous accuse de favoriser.

La conversation avec Mitterrand s'achève. Nous convenons – sagement – que le plus urgent est d'attendre. Efforçons-nous d'insuffler de l'énergie à ce service public toujours souffreteux, et nous verrons plus tard pour ce qui est des pouvoirs de la Haute Autorité.

Ce dont j'avais peur, c'était non pas, bien sûr, que la Haute Autorité ait davantage de pouvoirs. C'était, en en ayant davantage, qu'elle se retrouve désormais en première ligne, là où la colère des politiques en général et du Président en particulier m'atteindrait de plein fouet. C'était non pas cette étape que je redoutais, mais celle qui suivrait.

Je me suis aperçue que peu de gens sont capables de refuser les faveurs qu'on leur fait, même lorsqu'ils savent pertinemment qu'elles deviendront très vite un bouquet de chardons. Je ne voulais pas triompher aujourd'hui pour mieux tomber demain.

Le fait est que Mitterrand m'est apparu, à l'occasion de ma visite à l'Élysée, en pleine forme physique, alors même que je m'attendais à le trouver fatigué. Ironique, mordant même vis-à-vis de lui-même.

« Quelle est votre explication de l'issue des élections municipales ? lui ai-je demandé en fin de conversation.

– Qu'on a pris une tape ! » m'a-t-il répondu, presque enjoué.

Curieux homme, partagé entre les forces de la nuit (passion, fureur, violence, peut-être désespoir) et celles du soleil (humanisme, gaîté, brio, séduction, sagesse).

Enfin, voilà la Haute Autorité passée à côté de la tourmente. Pour combien de temps ?

Je note, en relisant les feuillets précédents, que Mitterrand avait déjà dit à Mauroy, le 26 mars, comme il me l'a redit au téléphone un peu plus tard : « C'est une question de vie ou de mort ! »

*7 avril*

Les jours se suivent et ne se ressemblent pas. Aujourd'hui, j'ai reçu avec Daniel Karlin les représentants des Antillais indépendantistes qui ont refusé le regroupement que nous leur proposions et n'ont pas obtenu l'autorisation d'émettre de la Haute Autorité. Je leur ai proposé de venir m'en parler.



Ils arrivent, six ou sept armoires à glace, assez décidés à obtenir l'autorisation que nous ne pouvons leur accorder. Après quelques palabres et explications, nous sommes donc accusés de racisme, ce qui nous insupporte. Puis deux ou trois d'entre eux s'assoient devant la porte et signifient que sans autorisation, ils ne nous laisseront pas partir.

Séquestrés ? Au début, cela nous fait rire, d'autant qu'aucun de nos interlocuteurs musclés n'a pensé à couper le téléphone du bureau de Daniel Karlin où nous étions réunis. Nous ne voulons pas d'emblée appeler à la rescousse le personnel de la Haute Autorité. Nous continuons donc, avec les colosses assis par terre, notre conversation, par ailleurs instructive, sur l'indépendance de la Guadeloupe.

Nous leur expliquons que leur engagement indépendantiste ne fait pas problème à la Haute Autorité, qui n'a aucun moyen de refuser une radio pour des raisons politiques : voudrions-nous le faire que nous ne le pourrions pas ; la loi a en effet tout prévu, sauf le refus d'une radio libre pour motifs politiques. Ils pourraient, s'il s'agissait de notre part d'une telle motivation, nous attaquer aussitôt devant le Conseil d'État et obtenir gain de cause.

Notre babil les laisse complètement indifférents. Ce qu'ils veulent, c'est une radio tout de suite, et à eux, rien qu'à eux ! Pas question de se retrouver avec un autre petit groupe d'Antillais autonomistes.

Nos explications pour leur dire que, techniquement, il n'y a plus de fréquences disponibles ne les convainquent pas davantage.

De guerre lasse, au bout d'environ deux heures, ce qui me semble un temps suffisant, je décroche le téléphone, à la grande surprise de nos apprentis « séquestrateurs » qui avaient oublié qu'il fallait commencer par le couper, et appelle l'intendant de la Haute Autorité.

Quelques secondes plus tard, comme dans les meilleurs scenarii, deux ou trois de nos collaborateurs donnent un grand coup dans la porte, qui cède tout de suite, les malabars n'ayant même pas tenté la moindre résistance.

Nous les avons finalement raccompagnés à la porte d'entrée où ils nous ont dit au revoir très civilement, sans doute ravis d'aller pouvoir dire à leurs camarades de combat antillais comment ils nous avaient séquestrés.

Bref, aujourd'hui, on s'est bien amusés !

## *1983*

*13 avril*

À nouveau les difficultés. À nouveau dans la bibliothèque de l'Élysée où Mitterrand nous reçoit, Guimard, Paillet, Fillioud et moi. Il nous répète que la seule chance que la majorité ait de gagner les législatives de 1986 passe par l'information. Autrement dit, c'est nous qui sommes en train de faire perdre la gauche ! Et Pierre Desgraupes surtout, avec Antenne 2.

Combien de mois tiendrai-je ? Et quelle angoisse à l'idée de la France qui sortira de cette période. Angoisse sur ce que je dois faire, sur la conduite à tenir, sur ce que Mitterrand attend de moi, de nous.

Jack Lang a dit l'autre jour à Jérôme Clément, qui me le répète : « Quand je pense que Mitterrand s'appuie sur Michèle Cotta et la Haute Autorité ! Ce n'est pas sérieux ! Elle n'est pas une amie politique ! »

Il n'a pas tort, en réalité. Je ne suis pas une amie qu'on peut dire vraiment politique. C'est mieux, mais c'est moins sûr.

Bref, aujourd'hui, je suis effectivement persuadée que, tôt ou tard, je serai amenée à la rupture avec Mitterrand. Avec lui que je connais depuis près de vingt ans, dont j'ai suivi instant après instant les chutes et les ascensions. Je suis convaincue que l'information n'est pas domesticable dans nos pays, et d'ailleurs que les journalistes ne sont pas tous des adversaires du pouvoir en place, loin de là !

Si on a créé une autorité indépendante pour imposer la loi du pouvoir à la presse audiovisuelle, on a eu tort, voilà tout. À aucun moment la Haute Autorité n'a dans ses prérogatives la déontologie des journalistes. Nous pouvons intervenir lorsque tel ou tel acteur de la vie publique nous saisit à propos d'un déséquilibre, ou parce qu'il a été injustement traité, comme nous l'avons fait il y a quelque temps pour Jacques Chirac. C'est sans doute ce qui fait dire à Jack Lang que je ne suis pas une « amie politique » !

Dieu, quelle angoisse ! En deux ans, que de cartes gâchées !

Mais comment faire, partir ? Quelle raison invoquer ? Je n'éviterai pas les remous et serai la première à en payer le prix. Tout en risquant de susciter un vrai scandale politique, et de le faire, ce qui est encore plus lourd, contre ceux, ou plutôt contre celui qui m'a nommée.

Oui, ma vie professionnelle est bel et bien arrivée à son terme. Je ne vois pas, ce soir, comment je me remettrai de cette histoire.

Faudra-t-il tenir ? Faudra-t-il aller jusqu'à défier le pouvoir en disant : « Je suis inamovible pour six ans ; changez la loi, si vous voulez que je m'en aille » ?



Faudra-t-il démissionner pour raison de santé, ce qui ne sera crédible aux yeux de personne ?

Ou bien n'est-ce qu'une bourrasque qui sera retombée d'ici quelques jours ?

À ce stade, la vérité m'oblige à dire : 1) que les journalistes charrient parfois, oscillant entre platitude et provocation ; 2) que Mitterrand, à Latche, lorsqu'il m'a parlé de la Haute Autorité, ne m'a jamais proposé de les « mettre au pas », ce que j'aurais refusé instantanément, mais de « faire attention à l'information ».

*16 avril*

Je m'ouvre de mes angoisses à André Rousselet, qui, à certains égards, n'est pas loin de penser la même chose que moi, et d'émettre les mêmes interrogations sur le pouvoir.

Les législatives, pourtant encore lointaines, dominent toute la vie du personnel politique. C'en est presque pathétique. Elles auront lieu dans trois ans et la gauche parle déjà de les perdre, comme si c'était inéluctable. La politique est une descente en ski : des heures pour monter, quelques minutes seulement pour la descente.

*20 avril*

Il me reste tant de choses à découvrir, tant de gens à aimer, tout à apprendre !

Michel Glotz, qui, ce soir, s'est fait la tête de Karajan, m'a emmenée hier soir à la soirée où jouait Weissenberg. Puis nous avons dîné chez lui, sur les quais de Seine.

Ma vie bouge sans arrêt. C'est comme aux Galeries Lafayette : il s'y passe toujours quelque chose de différent.

*23 avril*



À quel point je parle peu, dans ce cahier, de Paul-Marie et de Danielle de la Gorce, pourtant mes compagnons de tous les jours, sans qui je ne serais pas ce que je suis, je ne ferais pas ce que je fais. Qui m'accompagnent, m'écoutent, me rassurent, m'avertissent lorsque je fais fausse route.

C'est sans doute qu'ils me quittent peu et que l'on a davantage tendance à moins parler de nos repères quotidiens, immuables, que des météorites qui traversent notre vie.

Pourtant, le *Hitler* de Paul-Marie fait un véritable boom en librairie. Tant mieux. Sans doute est-il, avec *La France pauvre*, le plus rigoureux de ses livres. Le mieux construit, aussi. Sa *IV*[e] *République*, son *De Gaulle entre deux mondes* étaient de ce point de vue plus touffus, presque trop riches. Mais ce livre-là est bien tombé : il lui a redonné confiance dans ses talents d'historien du temps présent.

MIP-TV à Cannes. Je n'y fais pas grand-chose, hormis rigoler avec Paul Guimard. Curieux sentiments que ceux que j'éprouve pour lui : formidable attirance, défiance instinctive et maîtrisée, bonheur de faire avec lui ce bout de chemin à la Haute Autorité. Mais Dieu qu'il n'a pas l'air joyeux lorsqu'il ne se surveille pas ! Lorsqu'il ne plaisante pas, lorsqu'il ne fait pas un de ces bons mots qui font rire ses amis, il arbore même parfois une sorte de cruauté sur le visage. Le contraire du personnage dont il veut se donner l'apparence. Cet écrivain qui se veut autodidacte et le fait savoir n'est pas seulement l'homme exquis, courtois, amusant que ses amis décrivent. « Ah, tu as dit un jour à Paul qu'il avait l'air cruel ? m'a dit il y a peu Benoîte Groult, sa femme. Je croyais être la seule à m'en être aperçue ! »

*30 avril*

En dehors du MIP-TV où je ne suis pas restée longtemps, la semaine est occupée par ce que nous appelons entre nous l'« affaire Gallo ». Je connais bien Max Gallo, écrivain, député socialiste de Nice et actuellement porte-parole de l'Élysée. Un des hommes les plus proches, dit-on, de Mitterrand. Ce n'est pas une raison pour qu'on lui offre quatre fois – je dis bien quatre –, pendant le mois d'avril, l'antenne de TF1 pour qu'il s'adresse aux Français [1]. S'il avait parlé de littérature, passe encore. Mais non, il a répondu la plupart du temps à des questions politiques sans se rendre compte que les interventions gouvernementales sont comptabilisées, et qu'à ce titre, l'opposition peut demander un temps d'antenne compensatoire [2].

Ce qui est fait par une lettre que nous envoie un jeune loup RPR, président du conseil général de Savoie, Michel Barnier, qui demande évidemment un droit de réponse pour l'ensemble de l'opposition.



Je m'arrête à cette histoire parce qu'elle me semble significative. Max Gallo ne peut pas ne pas savoir que nous ne sommes pas dans un système africain, que le porte-parole du souverain ne peut pas s'exprimer indéfiniment sur la première chaîne de service public sans qu'un droit de réponse soit accordé à l'opposition. Il sait bien, aussi, que si la Haute Autorité existe, c'est précisément pour empêcher que le pouvoir s'empare des antennes du service public comme si elles lui appartenaient.

Eh bien, il sait tout cela, mais semble s'en foutre complètement : il pense pouvoir biaiser parce que l'émission est une émission en principe non politique et qu'elle est diffusée durant l'après-midi.

Je passe ici sur l'agitation créée par cette affaire dont je sais déjà qu'elle me sera reprochée par l'Élysée. Le président de TF1 nous dit qu'il compte proposer quatre émissions identiques à l'opposition. Nous l'approuvons. Mais ne voilà-t-il pas qu'il va dire à Gallo, lorsque celui-ci tempête, refusant le droit de réponse de l'opposition, que ce n'est pas de sa faute, qu'il s'agit d'un oukase de la Haute Autorité !

Les hommes sont faibles, et celui-là particulièrement.

---

1. Dans le cadre d'une émission de fin d'après-midi, « C'est à vous ».
2. En matière de temps de parole dans l'information, la Haute Autorité a repris, faute de mieux, la doctrine de l'ancienne ORTF : l'équilibre doit être assuré selon la règle des 3 tiers : un tiers pour les membres du gouvernement, Premier ministre compris, un tiers pour les formations de la majorité qui le soutiennent, un tiers pour l'opposition. Le système a été maintenu par la CNCL et, plus tard, par le CSA.

Naturellement, la tempête s'apaise : l'opposition passe à l'antenne. Beaucoup de bruit pour rien. Et la démonstration est faite que, lorsque quelque chose ne va pas, c'est notre faute. Et qu'à l'inverse, lorsque rien ne fait problème, c'est que nous n'y sommes pour rien.

*1er mai*

Michel Debré, que je vois dimanche après-midi, soupire : « Moi, me dit-il, si j'étais aux affaires aujourd'hui, trois choses m'empêcheraient de dormir. D'abord, la politique industrielle ; ensuite, la politique en matière d'éducation nationale ; ensuite, la dénatalité dramatique de ce pays... »



*22 mai*

Je revois encore Mitterrand tel qu'il m'est apparu aujourd'hui, pâle, bourré d'herpès. Il succombe devant moi à une brutale colère : « C'est une catastrophe, cette télévision ! C'est moi qui serai jugé par l'histoire, pas vous ! »

*7 ou 8 juin*

Tout déraille. La TV : un monde fou. La politique : tout foire. L'allocution du Président, ce soir, n'y change rien. Il est bon, sans plus. Peut-être n'ai-je pas suivi d'assez près ses propos. Mais, s'il avait été aussi convaincant que d'habitude, il me semble que je l'aurais davantage écouté.

Sans doute en suis-je arrivée au niveau du principe de Peter : ces interventions multiples, ces pressions constantes émanant de chacun et de tout le monde, sauf de Mauroy, je trouve tout cela, comment le cacher, très éprouvant, difficile à supporter nerveusement. Mon trouble est partagé par beaucoup de gens autour de moi : fatigue, désarroi de Jacques Léauté[1] qui regarde s'effondrer toute la réforme pénale qu'il met au point depuis de longs mois et qui ne verra pas le

1. Professeur émérite à l'université de droit de Paris, pénaliste, directeur de l'Institut de criminologie de Paris, Jacques Léauté, proche du garde des Sceaux Robert Badinter, est membre depuis 1981 de la commission Delmas-Marty sur la réforme du Code pénal.

jour, parce que les temps ne le permettent pas. Doute des ministres eux-mêmes sur la cohésion gouvernementale.

Quand je dis doute, je minimise les choses. Il faudrait écrire : certitude que rien ne va.

Dans cette mauvaise phase, on ne me parle que de problèmes subsidiaires. La télé, en fait, serait responsable de tout : de la déprime française, de la remontée de l'opposition, de je ne sais quoi encore.

*11 juin*

Déjeuner avec Robert Badinter, avant-hier. Peut-être est-il trop sévère (sûrement, même) dans l'appréciation qu'il porte sur la police – et sur le ministre de l'Intérieur[1]. Il me raconte, et avec quels accents, que les flics hurlent son nom dans tous les commissariats. Qu'il est celui qui, à leurs yeux, donne aux délinquants les meilleurs moyens d'échapper à un jugement équitable. « Du coup, dit-il, je suis devenu l'homme le plus détesté des flics ! »



Il me confie comment il n'a été prévenu qu'au tout dernier moment du siège de la Chancellerie ; comment il a vu les flics chargés d'assurer sa surveillance soulever leur casquette lorsque leurs collègues fonçaient contre le ministère.

Je sens, à l'écouter, cette peur que je partage : la montée de la haine, de l'injustice dans une société que nous voulions sereine, humaine et apaisée.

Mitterrand, paraît-il, est torturé par cet antagonisme d'une force inouïe entre la Police et la Justice. Après les municipales, m'assure Badinter, il a demandé au Président de se débarrasser à la fois de Defferre et de lui : « Licenciez-nous tous les deux, et vous n'aurez plus à redouter l'antagonisme entre Police et Justice. Il ne sera plus question que l'un des deux remporte une victoire sur l'autre ! »

Mitterrand ne l'a pas fait. Résistance au changement ?

Impression que la confiance politique échappe au gouvernement et que le double départ de Defferre et de Badinter accroîtrait le malaise au lieu d'y mettre fin ?

Déjeuner aujourd'hui avec Raymond Barre au siège de la Haute Autorité, aujourd'hui, puisque nous avons décidé de recevoir tous les

1. Il s'agit de Gaston Defferre, ministre de l'Intérieur depuis le début du septennat.

leaders de l'opposition ou de la majorité. Avec un tact inouï, inconnu de moi, il parle de l'institution, la nôtre, qu'il trouve intéressante, et qui, selon lui, va dans le bon sens. Il compare notre cénacle de neuf membres à la Commission européenne, qu'il connaît bien : même volonté de trouver la solution équitable, même volonté d'additionner des énergies pour aller dans la même direction.

Lettre de Michel Debré, le 12 juin : « Le pouvoir se liquéfie, mais l'opposition ne se solidifie pas pour autant... »

*15 juin*



Entourée des membres de la Haute Autorité au grand complet, nous avons donc convoqué Michel May pour tenter de savoir où il conduisait TF1 et quelles étaient ses perspectives pour la chaîne.

Dieu sait que Michel May n'est pas un homme dont j'aimerais *a priori* m'entourer. Mais son procès ressemble, nous ressemblons à des juges du procès de Moscou. Sans doute n'a-t-il pas réussi. Il a trouvé TF1 en mauvais état financier, sans beaucoup de stocks. Et il patauge, indécis sur les mesures à prendre.

Ce qu'il nous dit aujourd'hui frise le catastrophisme. Les journalistes ne sont pas « transparence et loyauté montées sur pattes » (j'ai noté les mots avec soin), la restructuration proposée n'a pas été suivie d'effet, les stocks de fictions se sont effondrés. Et ce ne sont pas les 200 millions d'économies nécessaires que Michel May a décidées qui lui auront permis de les reconstituer.

C'est alors que Paul Guimard a posé doucereusement une question en apparence anodine :

« Maîtrisez-vous TF1 ? » lui a-t-il demandé.

Sur cette question, le pauvre Michel May a trébuché. Il a répondu qu'à son avis, TF1 n'était pas redressable !

Il est sorti et m'a envoyé sa lettre de démission.

Qu'allons-nous faire de TF1 ?

Derrière cette interrogation, ne sommes-nous pas en train, en réalité, de faire tomber une tête, en l'occurrence celle de May, pour éviter de faire ce qu'on me demande presque quotidiennement : me débarrasser de Desgraupes qui continue à déplaire en haut lieu ?

Je ne toucherai pas à Pierre Desgraupes. C'est sûr. Je le dis. Je n'y toucherai pas, même si je dois, pour ce faire, partir avant lui.

Je le dis en me foutant de tout le reste.

Pourquoi ? Parce qu'il est devenu, depuis 1972 surtout mais déjà bien avant, lorsqu'il n'était qu'un des trois Pierre de « Cinq colonnes à la une », une sorte de symbole. Un modèle pour les journalistes de ma génération qui ont passé leur jeunesse à attendre, le premier vendredi du mois, de 1959 à 1968, les reportages du premier magazine télévisé digne de ce nom.

Je ne cite même pas toutes ses autres émissions, ses interviews remarquables d'écrivains ou de médecins. Ni surtout sa manière bourrue, dynamique et professionnelle, de diriger l'information télévisée. La façon dont il est tombé la première fois en 1972, ou plutôt celle dont Jacques Chaban-Delmas a été flingué par l'Élysée, en partie à cause de la liberté de ton de l'information que Desgraupes donnait alors à TF1, lui a conféré un véritable brevet d'indépendance. Il n'y a pas un professionnel en France qui comprendrait aujourd'hui, sans s'insurger, son départ d'Antenne 2.



Inventer quelque chose pour faire partir Desgraupes et donner satisfaction à ceux qu'il irrite, dont le président de la République, serait signer mon arrêt de mort et celui de la Haute Autorité avec moi.

« Je ne peux vous donner de conseil, me disait Michel Debré hier, car je connais mal les personnes auxquelles vous avez affaire. La seule chose que je puis vous dire, c'est que vous devez veiller à l'essentiel : votre responsabilité vis-à-vis de vous-même. »

Mais quelle dureté, tout de même, quel monde, et quelles petitesses !

Après cette entrevue poignante – je devrais plutôt parler de comparution – avec le pauvre Michel May, tellement en dessous de sa tâche, après avoir lu la lettre de démission qu'il m'a adressée, je me dis que j'ai trahi les promesses de mes vingt ans.

À peine après avoir écrit cela, et au moment même où je l'écris, je me dis que ce n'est pas vrai. Que May est si inférieur à l'enjeu, que, pressions ou pas, il ne vaut pas en tout état de cause la peine qu'on le sauve.

Mais soyons franche : je sais que je n'ai agi dans cette affaire que pour sauver Desgraupes. Tant qu'à donner une tête, je préfère donner celle de May – même si c'est moi qui ai beaucoup fait, auprès de mes collègues de la Haute Autorité, pour le nommer il y a seulement quelques mois. Cela s'appelle un compromis (ou une compromission ?).

*16 juin*

Au fond, je rêve d'une France dont Mitterrand serait le président, d'où Michel Debré ne serait pas exclu, où Michel Rocard aurait son mot à dire, d'un gouvernement dont Chirac et Mauroy seraient ministres d'État, où Laurent Fabius, Jean-Pierre Chevènement, Albin Chalandon seraient ensemble aux Finances, où Jacques Delors, Soubie, Chaban seraient conjointement aux Affaires sociales, Marie-France Garaud et Maurice Faure en charge de la politique étrangère, Roland Leroy [ou Ralite ?] à la Culture, Fiterman à l'Aménagement du territoire, Claude Estier aux relations avec le Parlement avec Jacques Toubon à ses côtés.

Je rêve.

Mais la France ne rêve pas. Elle a bien tort.

*18 juillet*

Longue interruption dans ce cahier due à mon déménagement, et surtout au départ de Michel May, remplacé par Hervé Bourges le 14 juillet.

Je reviens donc en arrière. Lorsque, à Radio France, j'ai demandé à Hervé Bourges de venir travailler à Radio France Internationale, je n'avais, dans l'innocence des débuts et sans doute la méconnaissance des usages, pas prévenu Claude Cheysson. Le ministère des Affaires étrangères finançant largement Radio France Internationale, il eût été effectivement normal de parler avec le ministre de la désignation de son directeur. J'avais donc nommé Hervé Bourges sans solliciter d'avis, et d'autant plus que je savais le PS favorable à un autre candidat !

Au lendemain de cette désignation, Mitterrand m'a appelée. Il m'a reproché, pas vraiment content, mais pas non plus aussi violent qu'il peut l'être, d'avoir procédé à une nomination qui relevait en partie du ministère des Affaires étrangères, donc du gouvernement.

« Et puis vous allez voir, a-t-il conclu. Bourges, avec son passé, c'est un chrétien, un tenant de la deuxième gauche, je vous souhaite bien du plaisir ! »

Je me rappelle avoir répondu à Mitterrand : « Lorsque vous le connaîtrez, vous changerez d'avis ; c'est un type qui vous plaira ! »

Cela a d'ailleurs été le cas : dès le mois de janvier ou de février, Mitterrand l'a invité à le suivre en Afrique noire à l'occasion d'un voyage officiel. Depuis lors, il n'est pas un déplacement en Afrique ou au Moyen-Orient où il ne lui demande de participer au cortège présidentiel. « Vous aviez raison, m'a dit Mitterrand quelques jours après son premier voyage avec Bourges, c'est vraiment un homme hors du commun ! » Il a même ri en évoquant le côté « roi nègre » de Bourges, partout à l'aise, et parfois encore plus que lui, en Afrique noire.



Je reviens sur cette affaire parce qu'elle reflète l'extrême vérité des choses telles qu'elles se sont passées.

... Je reprends donc mon récit de ce début de juillet. Michel May a d'abord repris sa démission, puis démissionné pour de bon après des heures et des heures de conversations téléphoniques, le plus souvent nocturnes, avec moi, où il se disait alternativement incapable de diriger un bazar comme TF1 et désireux d'y rester. Je ne sous-estime pas, dans cet abandon, les pressions politiques qui ont dû s'exercer sur lui pour qu'il jette l'éponge.

« À qui pensez-vous pour remplacer May ? » m'a alors demandé Mitterrand.

Je lui ai dit : « À Hervé Bourges.

– Bonne idée », m'a-t-il répondu.

Je connais bien les défauts d'Hervé, mais aussi ses qualités de meneur d'équipe. Il est devenu, en cette période, un ami très proche : nous dînons généralement le dimanche soir dans un des restaurants algériens qu'il connaît, où il est d'ailleurs reçu comme un roi en déplacement avec sa cour. Il sera difficile de l'imposer à Gabriel de Broglie et à Jean Autin, fortement hostiles à son côté « porteur de valises du FLN », à son engagement auprès de Ben Bella au début de l'indépendance algérienne, ainsi qu'à son « tiers-mondisme ».

Mais je suis sûre d'une chose : c'est que le soutien affiché de l'Élysée à Bourges est le meilleur moyen de compliquer les choses. En tentant de l'imposer, au lieu de me laisser jouer, Mitterrand me rend la tâche infiniement plus difficile ! Paul Guimard aussi, qui passe pour le plus proche de Mitterrand parmi nous, et qui fait montre d'une impatience fébrile à procéder à la nomination de Bourges. « C'est la dernière fois, me dit-il, qu'on fait ce qu'Il (Dieu) veut ! »

Mais cela me gêne précisément dans mon plaidoyer en faveur de Bourges, qui, avant d'être le candidat de Mitterrand, est tout de même le mien ! Libre, je l'aurais fait, ce plaidoyer, de façon autrement convaincante. Là, lorsque je parle d'Hervé Bourges à la minorité de la Haute Autorité qui lui est hostile, voyant à leurs regards qu'ils ne croient pas un mot de ce que je leur raconte, qu'ils m'estiment instrumentalisée par l'Élysée, je me freine moi-même.

Je sais que le côté « fellagha mégalo » de Bourges est un cliché largement abusif : Hervé Bourges est beaucoup moins mégalo, beaucoup moins engagé, bien plus ambigu – après tout, il a appartenu au cabinet d'un ministre gaulliste – que ne le craignent de Broglie et Autin.

Bref, suivent des séances atroces où, à tout moment, tout a failli exploser entre nous. La Haute Autorité surtout, à laquelle j'ai la faiblesse de croire.

Mitterrand, pour montrer que c'est lui qui gagne, est prêt à prendre tous les risques, ou plus exactement à me les faire prendre !

Pour couronner le tout, pendant que nous sommes en train de délibérer dans la salle de réunion de la Haute Autorité, ce 14 juillet, et tandis que certains, réticents ou hostiles à Hervé Bourges, proposent d'autres noms pour TF1, Jacques Attali, sur la pelouse du jardin de l'Élysée, en pleine garden-party de la fête nationale, laisse tomber : « Le président de TF1 sera ce soir Hervé Bourges. »

Façon de montrer que l'Élysée a la situation en main, et même qu'il la domine !

Aussitôt, sur les fils de l'AFP, la déclaration d'Attali, qui nous est transmise par nos secrétariats alors que nous sommes retranchés à huis clos, manque de faire capoter les choses.

Heureusement, nous nous interrompons pour déjeuner : le graves qui accompagne le canard en gelée y est-il pour quelque chose ? Toujours est-il que l'arrivée du plat de résistance met un terme provisoire à l'empoignade générale. Miracle des institutions collégiales : nous redevenons chaleureux, amicaux, presque mondains.

Je me rappelle que nous avons alors parlé du festival lyrique d'Aix-en-Provence où la majorité d'entre nous étions invités, et même du château d'Ansouis que la grand-tante de De Broglie, la duchesse de Sabran, projetait de nous faire visiter.

Et puis, à 15 heures, nous avons voté. Sept voix pour Bourges, dont celle de Bernard Gandrey-Réty qui s'est ainsi désolidarisé des autres membres nommés par le président du Sénat.

Je suis rentrée chez moi et j'ai dormi jusqu'au lendemain matin.

*19 juillet*

Gabriel de Broglie fait une « déclaration dissidente » sur le choix d'Hervé Bourges. Je ne savais même pas que cela existait, une déclaration dissidente ! Il paraît que c'est la coutume au Conseil d'État et à la Cour des comptes : lorsque quelqu'un n'est pas d'accord sur un vote et qu'il souhaite le faire savoir, il rédige une déclaration dissidente...



Celle de Gabriel de Broglie ne m'étonne pas, car je savais ce qu'il en pensait, et je n'ai pas pu le convaincre du contraire. Il dénonce un « choix préalablement arrêté ailleurs ».

Sombre bilan : voilà une nomination en principe sans histoire mais qui a suscité entre nous les plus vives tensions depuis l'automne dernier. Et que le pouvoir en place considère comme imposée par lui, et dont, du coup, il ne me sait même pas gré !

*26 août*

Coup de téléphone de François Mitterrand après le journal de PPDA en pleine affaire du Tchad. Je ne l'ai pas rencontré ni appelé – ce qu'il n'a pas fait non plus – depuis juillet.

« Tout de même, me dit-il, certains font semblant de croire que Faya-Largeau, c'est la cathédrale de Strasbourg ! Le Tchad, ça n'est quand même pas l'Alsace-Lorraine ! »

Il est chaleureux, me dit avoir dîné avec André Rousselet pendant ses vacances, m'assure qu'il m'invitera à déjeuner en septembre.

« Tout cela change les choses, non, à la télévision ? » – c'est sa dernière phrase, sibylline.

*6 septembre*

Festival de Télévision européenne à Berlin. Dans une autre vie, j'aimerais habiter Berlin, « ville névrotique », comme le disent les

Allemands. Berlin avec son mur, son absurdité, son passé, Hitler présent à tous les coins de rue, mais aussi Nina Hagen qui chante à l'Est, ses jeunes qui ressemblent aux jeunes de partout ailleurs. Et cet univers clos qui, lui, ne ressemble à aucun autre, et, surtout, ce mur obsédant, ce mur que tant de gens sont morts d'avoir voulu franchir.

*17 septembre*

Berlin : *Lucia de Lamermoor* à l'Opéra de Berlin-Est – et une lettre écrite à Mitterrand sur Desgraupes.

Pas de réponse, cette semaine.



Il faut dire qu'il avait autre chose à faire. Avant-hier, interviewé à la télévision par François de Closets, il a annoncé la baisse d'un point l'année prochaine du taux de prélèvement obligatoire. Il paraît que cela a fait un beau chahut, car il n'avait prévenu personne, pas même le Premier ministre, encore moins le ministre des Finances. Il a trouvé ça en direct, même si tous les Français croient sans doute que cette mesure a été soigneusement réfléchie et mise au point. Et maintenant, une fois que la chose a été dite, il faut bien qu'elle soit appliquée !

Cela confirme ce que je sais de Mitterrand : il n'est pas ignorant des choses économiques, comme me le disait naguère Jean-Jacques Servan-Schreiber. Il pense simplement que la politique domine l'économie, qu'elle doit lui imposer son rythme et sa loi. Jamais il n'a si bien parlé, buvons à sa santé !

Je retranscris ici cette lettre à Mitterrand que j'ai moi-même tapée sur ma machine personnelle pour qu'il ne puisse y avoir de fuite, écoutant en cela les conseils que m'avait prodigués il y a quelques années Michel Charasse : pour être sûr qu'un texte ne se retrouve pas dans *Le Canard enchaîné*, l'écrire à la main, ou à la rigueur sur sa propre machine à écrire. La mienne est une petite Japy vert clair dont je ne me suis pas servie depuis que j'ai été nommée. Je l'ai ressortie pour l'occasion.

> « Monsieur le Président, craignant de ne pouvoir arriver à vous dire, de vive voix, l'état de mes réflexions sur le cas Desgraupes, je préfère les coucher sur le papier, maîtrisant mieux l'écriture que la parole.
>
> Je n'entrerai pas dans la querelle juridique sur le départ de Pierre

Desgraupes[1]. Nous savons bien que nous trouverons dix professeurs de droit et quatorze maîtres des requêtes au Conseil d'État pour nous assurer, textes à l'appui, qu'il doit partir – ou rester !

Ma position n'est due qu'à des considérations politiques et stratégiques.

Au bout d'un an d'existence de la Haute Autorité, où en est-on, aujourd'hui, en effet ?

Nous avons assez largement réussi à imposer notre tutelle sur l'ensemble du service public audiovisuel. Débordant le plus souvent le cadre strict de la loi, prenant les gens de front ou par la bande, au prix d'interminables conversations, nous avons obtenu des résultats non négligeables. À TF1, vous le savez, et à Antenne 2 aussi. Pierre Desgraupes a toujours été à notre égard d'une loyauté bourrue, certes, mais sans faille.

Il reste que tout cela est encore fragile. Hervé Bourges débarque. Il a un lourd héritage que personne ne lui envie et dont il découvre chaque jour la complexité. Pas un jour ne se passe sans que nous échangions, parfois à des heures tardives, nos points de vue. Son échec serait en grande partie celui de la Haute Autorité, et surtout le mien. Le redressement de TF1 est en vue. Il est loin d'être achevé, ni même certain. La désorganisation d'Antenne 2, le remplacement de son président entraînerait pour moi un risque presque insurmontable.



J'ajoute que, pour la Haute Autorité qui a nommé Desgraupes pour trois ans, ce serait un coup pratiquement fatal. Ce serait limiter publiquement son autorité morale. Ce serait déstabiliser et diviser l'institution que vous avez voulue pluraliste, et qui l'est vraiment. Ce serait la transformer en champ de bataille, ce que nous avons jusqu'à présent, ici, à neuf, réussi à éviter.

Restent les préoccupations plus purement politiques. Que vous le vouliez ou non, que cela vous agace ou non, le départ de Desgraupes diviserait profondément les professionnels, la presse, donc l'opinion publique. Je ne peux m'empêcher de penser, et d'écrire : à quoi bon ?

D'autant que si Desgraupes reste, il ne sera plus question, dès l'année prochaine, les gens étant ce qu'ils sont, que de sa succession légale, qui, chacun sait, doit être préparée longtemps à l'avance.

Au moment où vous m'avez nommée, vous m'avez dit, phrase étrange : "Protégez-moi !"

Vous entendiez – ou du moins est-ce ainsi que je l'ai interprété : "Ne me laissez pas en première ligne. Évitez que je sois pris, moi, dans la fonction que j'occupe, dans les remous de l'audiovisuel français !"

1. La Haute Autorité a nommé Pierre Desgraupes pour trois ans à partir de 1982. Pierre Desgraupes aura 65 ans à la fin de l'année 1983. La Haute Autorité a décidé de le laisser terminer son mandat. Ce que la loi alors permettait (avant sa modification en 1984). Et ce que l'Élysée contestait.

Je manquerais à tous mes devoirs si je ne vous demandais pas de réenvisager votre point de vue. Irais-je jusqu'à vous révéler le fond de ma pensée ? Peut-être pourriez-vous vous-même trancher la querelle juridique qui s'amorce. Et la trancher en faveur du maintien de l'homme de télévision dont, pour le pratiquer quotidiennement, je connais mieux que personne les défauts, mais qui reste, à l'heure actuelle, le seul "saltimbanque", dans l'opinion et dans la profession, à passer la rampe. »

*19 septembre*

Guy Béart : il est loin, le chanteur de mes vingt ans ! Il est capable aujourd'hui de me démontrer qu'il a toujours été socialiste et que son amitié pour Pompidou n'a jamais existé. Je ne lui en demande pas tant !



*30 septembre*

Quarante-huit heures à New York où François Mitterrand est reçu à l'ONU. Rien, pas d'échanges avec lui.

Son discours à l'ONU est impeccable, d'une forme exemplaire.

Sa peau parcheminée (non, plus exactement tendue au contraire, mais comme morte, indépendante de la chair en dessous), blanche, presque grise.

Je converse longuement avec Roland Dumas, avec Jean Daniel qui sont du voyage. Hourra ! Personne ne m'a parlé de télévision !

*9 septembre*

Reçu, à la Haute Autorité, Edmond Maire à déjeuner. Le charme d'Edmond Maire ? J'y suis assez indifférente. Plus il affirme parler vrai, moins je le crois efficace. À l'entendre, il est réformateur, prêt à lutter pour des rapports sincères et positifs entre syndicats et pouvoir. Sur le terrain, ses troupes sont autrement moins réformistes !

Georges Marchais juge utile, à propos du Boeing de la Korean Air lines abattu la semaine dernière par les Soviétiques, de monter au créneau pour défendre l'Union soviétique. Inutile et inopérant.

Étrange phénomène que celui, en tous temps, de la collaboration et des collaborateurs : ils en font toujours plus qu'on ne leur en demande.

*8 octobre*

Haute Autorité : le forum permanent. Ça fatigue, mais j'aime.

J'aime les gens, aussi. Leur diversité. Leurs cultures différentes. L'un écrit sur les orléanistes, l'autre sur Haussmann. L'un est un romancier, l'autre un ex-militant communiste qui écrit, avec un alter-ego, bouquin sur bouquin. L'ex-ambassadeur de France exerce sa diplomatie auprès des dirigeants – si on peut les appeler comme cela – des radios libres.



Au milieu de tout cela, Corinne Fabre garde un maquillage impeccable et un art consommé des relations avec l'Administration, haute et moins haute.

Le droit de l'audiovisuel n'existe pas, nous avons à le définir sans arrêt. Franchement, le journalisme ne me manque pas du tout ! J'ai l'impression de faire un reportage quotidien sur la Haute Autorité...

*19 octobre*

Dîner avec Alain Duhamel et Catherine Nay chez Mauroy. Optimisme complet, que ne mettent pas à mal les chiffres, catastrophiques pour la CGT et la CFDT, des élections à la Sécurité sociale.

L'inflation, en revanche, s'apaise : elle est sur la voie des 7 %.

Le chômage ? ça va mieux qu'avant. Le commerce extérieur : les indices sont bons.

Bref, tout va bien : selon Pierre Mauroy, « l'augmentation des impôts n'est plus un problème. Les Français rechignent un peu, mais c'est fini : économiquement, ce n'est plus un problème ! ».

Restent... justement les Français ! « Ça passera », nous dit-il.

Le lendemain 20, dîner avec Jean Riboud. Les prévisions qu'il fait, lui dont le Président n'a pas voulu suivre les recommandations en mars dernier (la sortie du serpent), sont catastrophiques. Rien ne va. Les Français ne le supporteront pas, dit-il, ils réagiront. Et ce, avant 1986. Contre Mitterrand, d'abord.

Il parle très fort dans un restaurant bourgeois près de Beaubourg, Chez Benoît, je crois, tandis que les voisins, qui l'ont reconnu, et, à côté de lui, André Rousselet, suivent la conversation. J'espère qu'ils n'écoutent pas avec l'attention nécessaire pour céder au désespoir.

*28 octobre*

Congrès du Parti socialiste à Bourg-en-Bresse. C'est Mitterrand qui en a choisi le lieu. Pouvoir présidentiel, pouvoir du Parti socialiste, pourtant secoué par l'actualité, pouvoir de la Cour...

*10 novembre*



De ce combat incessant, minute après minute, comment sortirai-je ? Rien dans les mains, rien dans les poches : me voici, moi et la Haute Autorité, au milieu du maelström de la communication.

Georges Fillioud défend son territoire contre la Haute Autorité. Normal. Je pensais, nous pensions que nous pourrions éviter le combat. Je m'épuise tandis qu'il déploie contre moi la force (négative) du gouvernement. On aurait dû me dire qu'il fallait que la Haute Autorité échoue, que, surtout, pour que ma cote monte chez les socialistes, il me fallait imposer leur loi à l'audiovisuel français. Comment ai-je pu être aussi naïve après en avoir tant vu ? Je les connaissais pourtant, ces hommes politiques !

J'aurais dû savoir que personne – y compris parfois ceux qui l'ont mise au point, l'ont proposée aux parlementaires, l'ont fait voter –, non, personne ne croyait à cette loi, et que j'étais priée de ne pas y croire moi non plus.

De ces petits coups bas où chacun – la Culture, la Communication, la Haute Autorité – se livre à de misérables petites joutes, je suis écœurée. Quand Fillioud demande par la bande, en les convoquant l'un après l'autre, aux présidents des sociétés de télévision de se prononcer contre le rapport que nous venons de faire sur la télévision publique, la fureur m'étouffe. J'ai raison : l'esprit de la loi est tourné, tout cela me dégoûte.

Ou alors c'est la bagarre. S'ils la veulent, on la fera ! Mais comment, avec qui ? Où sont nos alliés ? Mitterrand m'en veut pour mon refus de me séparer de Desgraupes, Mauroy n'ose pas s'en mêler, et d'ailleurs, le voudrait-il que Mitterrand ne lui dit pas tout !

Pot de fer contre pot de terre. Ils m'auront à l'usure.

Je prends mon téléphone pour dire à Fillioud ce que j'ai sur le cœur.

*13 novembre*

Dîner, ce soir, avec lui. Je lui suis reconnaissante d'être venu chez moi malgré notre conversation téléphonique apocalyptique de l'autre jour. Comme toujours, dès que nous nous parlons sans intermédiaire, le courant passe.

Mais pourquoi déclenche-t-il des combats inutiles comme celui sur les « espaces libres[1] » ? Ne comprend-il pas qu'il n'a rien à y gagner, que seule la Haute Autorité peut être l'arbitre de la télévision institutionnelle ? Si notre instance a été créée, c'est précisément pour éviter que le ministre de la Communication se mêle des équilibres politiques, opération dans laquelle il est forcément suspect !



Comment éviter au gouvernement les erreurs qu'il s'acharne à commettre ?

*14 novembre*

Simone de Beauvoir à dîner chez moi. Tête de momie, mais étonnamment jeune, avec des yeux si clairs, comme éclairés du dedans. Turban gris, chemise en soie grise, veste rose et grise sur un pantalon de flanelle. Lorsqu'elle marche, alors seulement son âge – 75 ans – apparaît. Autrement, c'est une vieille petite fille formidable.

Nous ne parlons de rien, parce que nous sommes trop nombreux. Mais elle est là. Et nous toutes – Catherine Clément, Benoîte Groult, Françoise Verny et moi –, nous ne serions pas ce que nous sommes si elle n'avait pas été là avec *Les Mandarins*, *L'Invitée* et surtout avec *Le Deuxième Sexe*.

1. Sorte de fenêtres publicitaires, réceptacles de la communication institutionnelle – donc gouvernementale – sur lesquels, à l'en croire, la Haute Autorité n'aurait pas compétence.

*20 novembre*

Anniversaire de ma fille. Douze ans de bonheur. Savais-je, au moment où, à peine âgée de quelques heures, elle s'accrochait à moi de ses petits doigts parfaits, savais-je que nous nous aimerions à ce point ? Savais-je que notre vie, nos joies, nos bonheurs, nos peines aussi seraient ainsi inextricablement mêlés ?

Michel Delebarre et Jérôme Clément, mardi ou mercredi dernier.

Ils arrivent en retard chez moi : François Mitterrand a déjà commencé à parler à la télévision.

« Je t'en prie, me dit Michel Delebarre, tu ne peux pas arrêter cela, ça va, je connais ! »



Je baisse le son.

« Non, arrête carrément ! » soupire Delebarre.

Voilà qui en dit long, en tout cas, sur les rapports entre l'entourage de l'Élysée et celui de Matignon.

Nous parlons de la démission de Georges Valbon[1] des Charbonnages de France. « Nous avons frôlé la crise », me disent-ils.

J'interroge :

« Comment cela, la crise ? Si les communistes quittent le gouvernement, ce n'est quand même pas la faute de Mauroy !

– Peut-être, me répondent-ils, mais il ne resterait pas une heure Premier ministre sans eux ! Il démissionnera plutôt cinq minutes avant leur départ ! »

C'est clair : Mauroy, qu'il envisage ou non de succéder à Mitterrand, a définitivement misé sur l'union de la gauche. Il ne démordra pas de cette politique, même si Mitterrand en change !

Entre deux plats, Delebarre me parle de Charles Fiterman. Après un énième Conseil des ministres au cours duquel le Président a parlé des missiles, Charles Fiterman lui dit, sans doute pour que ce soit répété : « Qu'est-ce qu'il a, Mitterrand, à me parler sans arrêt des missiles ? Il ne croit tout de même pas que nous allons quitter le gouvernement pour ça ! » Fiterman a ajouté, mi-figue mi-raisin : « On est très anticommuniste, ces temps-ci, à l'Élysée... »

Voilà pourquoi, dans ce climat devenu difficile entre l'Élysée et le

1. Ancien résistant, communiste, président du conseil général de Seine-Saint-Denis de 1968 à 1982, Georges Valbon est devenu président des Charbonnages de France en 1982. Il en a démissionné à la fin 1983.

PC, n'importe quel court-circuit peut déclencher un incendie ravageur.

Autre phrase de Fiterman : « Il sortira tout nu de Matignon, le camarade Mauroy, s'il reste jusqu'en juin prochain ! »

Je comprends maintenant comment Pierre Mauroy s'est lancé à corps perdu dans la loi sur la presse : c'est pour donner un gage, ou à tout le moins faire un signe aux communistes qui la réclament, et aux socialistes qui l'attendent.

Ultime clin d'œil de Mauroy, donc, dont on sait depuis le printemps dernier que ses jours à Matignon sont comptés : s'il n'en reste qu'un, dans quelques mois, à se revendiquer de l'union de la gauche, ce sera lui.

Pendant ce temps-là, les premiers euro-missiles arrivent en Europe. Les sociaux-démocrates allemands, dans l'opposition[1], ont dit non à leur installation en Allemagne. Mitterrand, lui, dit oui.



*6 décembre*

Desgraupes a 65 ans dans treize jours. Dans l'esprit de François Mitterrand – sauf lorsqu'il est concerné –, 65 ans est un bon âge pour la retraite. Il fera jouer, il m'en prévient, cet argument irréfutable, et sans discussion possible.

Les juristes que consultent Desgraupes et ses conseillers ne savent toutefois pas si la loi de 1972[2] s'appliquera à son cas : Desgraupes ayant été nommé pour trois ans en 1982, son mandat doit-il être interrompu dès ses 65 ans, c'est-à-dire un an après sa désignation par la Haute Autorité, ou peut-il durer jusqu'à l'expiration du mandat qui lui a été confié ?

Inutile attente dont je ne peux parler officiellement dans nos

1. Helmut Kohl, chrétien démocrate (CDU), a succédé à Helmut Schmidt à la Chancellerie allemande le 22 septembre 1982.

2. La situation juridique est en effet confuse. Un décret du 20 mars 1972 étend aux entreprises et aux sociétés nationales la loi du 31 décembre 1970 sur la limite d'âge des dirigeants des sociétés commerciales. De son côté, la loi de 1982 reprend, pour les sociétés de programmes, la législation sur les sociétés anonymes. Les statuts d'Antenne 2, approuvés par un décret du 20 octobre 1982, prévoient que la limite d'âge des administrateurs de la société est fixé à 70 ans et que le conseil d'administration ne doit pas comporter plus d'un tiers de membres de plus de 65 ans.

*A priori*, Pierre Desgraupes, nommé en 1982, peut terminer son mandat à 67 ans, en 1985.

réunions de la Haute Autorité. Nous faisons entre nous comme si le mandat de Desgraupes devait aller jusqu'à son terme.

Pourtant, je sais – cela remonte de tous côtés, mais Mitterrand ne m'en parle même plus, malgré la lettre que je lui ai envoyée à l'automne – que l'Élysée attend impatiemment le départ de Desgraupes.

Je ne comprends pas : les problèmes de TF1 sont réglés avec Bourges qui a pris les choses en main et mène sa barque avec habileté, navigant entre les récifs, précautionneux avec la majorité, ouvert à l'opposition. Celle-ci, en tout cas, ne se plaint pas à nous de mauvais traitements.

Antenne 2 est une chaîne bien organisée, avec une équipe dirigeante solidaire et efficace. Là non plus, pas de problème majeur, et un indice de satisfaction des téléspectateurs en hausse.



L'audiovisuel français marche bien, ou du moins pas trop mal. Mieux, en tout cas, que lorsque la Haute Autorité a été créée.

Pourquoi aller déclencher la tempête dans un univers calme ? Pourquoi remplacerait-on un président de chaîne qui, de l'avis général, réussit dans sa mission ?

Parce qu'on n'a pas encore pardonné l'affaire de la grue de Latche ? Parce que la présentatrice du journal de 20 heures sur Antenne 2, Christine Ockrent, lui semble mal disposée à l'égard du pouvoir socialiste ? Parce que, paraît-il, au moment de l'affaire de l'Observatoire, il y a un siècle, Desgraupes a écrit un ou deux articles qui ont déplu à Mitterrand ? Ou par simple caprice du président de la République ?

Il y a, dans cette bataille anti-Desgraupes, quelque chose de dérisoire. Il n'est partout question que de missiles, de crise internationale, d'une éventuelle nouvelle guerre froide entre l'Est et l'Ouest, et voici que le maintien de Desgraupes à son poste pose un problème politique de première grandeur ! On croit rêver, vraiment !

Je ne m'y fais pas.

*22 décembre*

Je rédige vite, à mon usage, l'histoire de ces derniers quinze jours, la chronique de l'affaire Desgraupes.

Flou total, donc, avec Mitterrand depuis ma lettre de septembre ou d'octobre. Il m'invite à déjeuner, le 9 décembre, avec Hélène

Cixous, brune et anguleuse, Jean-Pierre Faye, pour une fois presque intimidé, et Kathleen Even, aiguë et attentive.

Le déjeuner à peine terminé, Mitterrand me retient longuement. Il se montre disert, chaleureux.

En sortant, de peur d'oublier, je couche noir sur blanc, dans la voiture, sur quelques feuilles volantes (je savais que je ne pourrai prendre de notes devant lui, et n'avais donc pas pris ce carnet), un rapide résumé de notre échange, car c'en a été un :

FM : « Je n'ai rien contre Desgraupes. Si la loi le permet, je ne ferai pas obstacle à son maintien. J'ai beaucoup de considération pour lui, etc.

Moi : Si vous le faisiez, je vous assure que ce serait une erreur. Il est de mon devoir de vous l'éviter.



FM : Ça, ne me sortez pas d'argument de ce genre. Je n'y crois pas un instant. Vous faites cela pour vous, pour votre image, ce que vous appelez l'image de la Haute Autorité, voilà tout. Inutile d'essayer de me raconter des histoires !

Moi : Ne déstabilisez pas l'audiovisuel : les sondages montrent qu'Antenne 2 domine TF1, que Desgraupes a réussi.

FM : Ça, c'est injuste pour TF1 ! »

Suit une discussion sur les programmes de TF1 :

FM : « Je regarde les programmes de TF1, je trouve cela pas mauvais du tout. »

Et il décline plusieurs phrases de ce genre.

« Nous ne pouvons pas rester dans cette indécision », dis-je, ignorant si le gouvernement va vouloir et surtout pouvoir appliquer la règle des 65 ans avant la fin du mandat de Pierre Desgraupes, ou s'il le laissera aller jusqu'au terme de sa mission.

FM : « Indécision ? Cela fait des mois que vous répétez que la Haute Autorité l'a nommé en 1982 pour trois ans. Vous n'avez pas changé d'avis ?

– Non. »

François Mitterrand réfléchit quelques instants : « On pourrait peut-être consulter le Conseil d'État ? »

J'ose : « Je n'en vois pas la nécessité. Laissons courir les choses, laissons Desgraupes en place ; nous allons bien voir si quelqu'un forme un recours ! »

Il rit, me trouvant un peu culottée, et passe à un autre sujet. Suit alors une longue conversation sur l'Europe, et le ministre européen qu'il cherche. Ce sera, trois jours plus tard, Roland Dumas !

Je redis, alors que je sens la conversation faiblir : « N'essayez pas de changer les présidents de chaînes, ne vous lancez pas dans cette bataille, après celle de la presse écrite ! »

Il rétorque : « Ça, ça ne vous regarde pas ! Vous vous êtes assez trompée dans votre vie privée, non ? Figurez-vous qu'il peut vous arriver aussi d'avoir tort ! »

Puisque après tout la conversation a pris un tour personnel, je lui réponds sur le même ton :

« Excusez-moi, mais vous exagérez un peu. D'abord, je n'ai pas la prétention de ne jamais me tromper. Ensuite, parce que je ne me suis pas tellement trompée dans ma vie privée. En tout cas, pas plus que vous ! »

À un autre moment de la conversation, qui a tout de même duré plus d'une heure, il me dit aussi – ce qui tend à prouver qu'il n'a pensé, pendant tout le temps de notre échange, qu'au moyen de se débarrasser de Desgraupes :

« Desgraupes ? Il a été le premier président de chaîne nommé en 1981 ! Personne ne pourra dire que l'on n'a pas été gentil avec lui ! Il est à Antenne 2 depuis près de deux ans et demi, ça n'est pas si mal ! »

Voilà la conversation telle que je l'ai eue avec lui et telle que je l'ai résumée en voiture en quittant l'Élysée, avec, donc, peut-être quelques mésinterprétations ou erreurs.

J'en sors sûre de tout et de rien. Son ton, qui a été de bout en bout amical et même, à certains moments, complice, ne m'inquiète pas. En revanche, il ne m'a donné aucune indication sur ce qu'il pense réellement. Tout se passe comme si je devais comprendre entre les mots ce qu'il souhaite, ce qu'il pense que je dois faire, ce qu'il pense que je ferai ! Insondable bonhomme...

Son « si la loi le permet, je ne ferai pas obstacle à son maintien » ne l'engage à rien : il lui suffirait de donner, le moment venu, avec quelques juristes bien choisis, sa propre interprétation de la loi.

Grande ambiguïté, donc, de ses propos.

Il me joint au téléphone, le mardi ou le mercredi suivant, entre 11 h 30 et 11 h 45. Nous allons un peu plus loin que la dernière fois, mais à pas comptés. On pourrait faire, dit-il, une loi rétroactive pour que le problème ne se repose plus, en tout cas pour les suivants.

Donc, si je comprends bien – et, hélas, je comprends bien –, il m'annonce que l'Élysée a consulté officieusement le Conseil d'État. Le but : faire préciser si un mandat de trois ans commencé deux ans avant l'âge de 65 ans doit être interrompu. Résultat de la consultation : jeudi.

« Mais, ajoute-t-il, toujours aussi flou, je ne suis pas tenu de suivre son avis !

– Alors, à quoi bon ?

– Mais c'est que j'ai des dizaines de gens qui sont dans la même situation que lui ! »

Au moment de raccrocher, il ajoute : « Dites-bien toute mon amitié à Pierre Desgraupes. Ou plutôt non, ne lui dites rien. Nous verrons jeudi. »



Quelques instants plus tard, Jérôme Clément me confirme, depuis Matignon, que François Mitterrand vient de confier le dossier « Départ de Desgraupes » à Pierre Mauroy. Je respire.

Le jour suivant, jeudi donc (nous sommes à quelques jours de l'anniversaire de Pierre Desgraupes, le 18 décembre), coup de téléphone de Mauroy. Rassurant, comme d'habitude, sans aucune ambiguïté. Les avis de Pierre Nicolay[1] et Jean Kahn[2], tous deux consultés à titre officieux, sont négatifs : Desgraupes peut achever son mandat. Le gouvernement ne juge pas nécessaire de consulter officiellement le Conseil d'État.

Le lendemain, date de la réunion plénière de la Haute Autorité – et de l'anniversaire de Desgraupes –, Mauroy joint avec difficulté Mitterrand, en déplacement en Yougoslavie. Il me rappelle pour me dire que la loi m'y autorise : nous pouvons garder Desgraupes à son poste.

De peur que quelqu'un, dans la chaîne des interventions de l'exécutif, ne change d'avis, et considérant que je n'ai pas à rappeler le président de la République, je me hâte de donner à l'AFP, pendue au bout du fil, l'information que Pierre Desgraupes achèvera en 1985,

1. Entré au Conseil d'État en 1942, Pierre Nicolay est depuis août 1982 son vice-président. Il a été président d'Havas de juin 1981 à août 1982.

2. Ironique, volontiers irrévérencieux, résistant communiste de la première heure, Jean Kahn a été reçu au concours d'auditeur au Conseil d'État en 1946, à 24 ans. Il passera quarante ans dans cette institution, président de la deuxième sous-section puis de la section de l'Intérieur, en 1982.

comme convenu, le mandat de trois ans que lui a confié la Haute Autorité en 1982[1].

Patatras !

Mitterrand me fait appeler vendredi en fin d'après-midi, toujours de Yougoslavie, par Attali. Visiblement, personne ne sait là-bas que le maintien de Desgraupes a été annoncé à l'intéressé d'abord, à la presse ensuite.

Je dis à Attali, avec le soulagement de quelqu'un qui s'est sorti d'une situation difficile : « Alors, tout est bien qui finit bien. As-tu lu notre communiqué ? »

Suffoqué, glacial, il me dit : « Je rappelle ! »

Rien.

Un téléphoniste de l'Élysée me prévient un peu plus tard que j'ai à être chez moi à 20 heures pour y attendre un appel du Président. Rien.

Le lendemain, à peine a-t-il atterri qu'il me téléphone. Quelle engueulade ! « Vous avez eu tort, vous serez démentie par les faits, et gravement ! » Et le reste à l'avenant.

Je dis : « Vous pensiez bien que si la consultation juridique de Nicolay et de Kahn avait été autre, si je n'en avais pas eu la confirmation par Pierre Mauroy lui-même, je n'aurais pas balancé ce communiqué avec autant de certitude de ne pas être démentie par le Conseil d'État. Mauroy m'a donné son feu vert juridique, je m'en suis tenue là !

– Vous n'auriez pas dû, conclut Mitterrand. Personne d'autre que moi ne pouvait vous le donner ! »

Je ne peux m'empêcher de penser que ce qui est fait est fait. Nous voilà débarrassés du problème jusqu'à la fin du mandat de Desgraupes, ouf !

Je rappelle tout de même Pierre Mauroy et Georges Fillioud qui en sont tous deux sur le cul ! Mitterrand a-t-il changé d'avis à Belgrade ? Nous ne le saurons jamais. Pas davantage le Premier ministre et le ministre de la Communication que moi.

Nous convenons tous trois de faire le gros dos et d'attendre la fin de l'orage.

1. Il y est dit que les neuf membres de la Haute Autorité « ont pris la décision formelle d'annoncer le maintien de Pierre Desgraupes à la présidence d'Antenne 2, jusqu'à la fin de son mandat en 1985 ».

À ce moment du récit que je fais de ces jours de crise, je dois être honnête. Quelqu'un, récemment, dans l'entourage de Mitterrand – je cache son nom, même ici [1] – m'a dit : « Mais qu'est-ce que tu en as à foutre, de Desgraupes ? Ce n'est ni ton ami ni ton amant ! »

C'est vrai. Desgraupes n'a pas de réelle amitié pour moi. Il m'a connue jeune journaliste, puisque c'est lui qui me confia le premier reportage télévisé sur Jacques Chirac, en 1970. Il me reconnaît comme une professionnelle, placée à la tête de la Haute Autorité. Cela ne lui déplaît pas, il s'en fiche. D'ailleurs, lorsque j'essaie d'harmoniser les programmes d'Antenne 2 avec ceux de TF1 – comme la loi de 1982 en confie le soin à la Haute Autorité –, il ne cache pas son irritation à voir quelqu'un d'autre que lui intervenir dans la marche de sa chaîne.

Il ne comprend pas ou affecte de ne pas comprendre comment son sort pourrait être suspendu à une décision de la Haute Autorité. Il ne me sait même pas gré de mon intervention, tant il est persuadé que sa réussite et son talent de professionnel suffisent à le faire reconnaître en haut lieu. D'ailleurs, ses collaborateurs, et surtout le tout jeune conseiller juridique d'Antenne 2, Philippe Belingard, le tiennent peu au courant des consultations qu'ils demandent à des agrégés connus, comme le professeur Ribero, pour soutenir éventuellement une controverse juridique avec le Conseil d'État sur le terme légal du mandat du président d'Antenne 2.

Alors, pourquoi m'acharner ? Il m'arrive de me le demander avec découragement. Je crois que je sais pourquoi : la Haute Autorité, déjà ébranlée, à tort, par la nomination d'Hervé Bourges à l'été, volerait en éclats si ses membres – surtout les trois d'entre eux qui y représentent l'opposition – devaient entériner une éviction politique de Pierre Desgraupes.

Si la loi imposait son départ, ils s'y seraient évidemment soumis. Si c'était le fait du Prince, ils auraient tôt fait de m'offrir leur démission, faisant ainsi exploser un organisme indépendant dont ils démontreraient alors qu'il ne l'est pas.

Je suis certaine que cette explosion aurait les plus graves conséquences non pas sur moi, qui m'en remettrais toujours, ni sur chacun des membres de la Haute Autorité, tous hauts fonctionnaires ou

1. L'auteur n'est même plus en mesure, plus de vingt-cinq ans après, de retrouver l'identité de cet interlocuteur… André Rousselet, peut-être.

professionnels de l'audiovisuel, mais sur le gouvernement, sur la Présidence, sur la gauche tout entière.

Je suis sûre qu'une intervention politique dénoncée comme telle par l'opposition susciterait un véritable tollé politique qui déshonorerait la Haute Autorité, donc moi au premier chef, mais ajouterait de surcroît aux difficultés actuelles de ceux qui nous gouvernent.

S'ils ne voulaient pas d'un organe indépendant pour l'audiovisuel, s'ils voulaient nommer eux-mêmes les présidents de chaînes, ils n'avaient qu'à ne pas créer la Haute Autorité. Personne d'autre qu'eux ne le leur a demandé !

Lorsque j'ai plaidé auprès de Mitterrand que la décomposition de la Haute Autorité allait lui porter, à lui qui en était l'initiateur, un coup politique sérieux, il m'a répondu quelque chose comme : « Occupez-vous de vos affaires, je m'occupe des miennes ! » Il avait même ajouté, ce que j'ai oublié de noter plus haut : « J'en ai plus qu'assez des gens qui prétendent me donner des conseils politiques, et disent que c'est pour mon bien qu'ils font ce qu'ils font ! »



J'ai passé, à suivre l'action politique de Mitterrand, nombre d'années avant 1981. Depuis le 10 mai 1981, il m'est arrivé de le défendre avec fidélité. Et me voici, de ce point de vue, un an à peine après ma nomination, en conflit ouvert avec lui.

Il doit avoir raison : c'est aussi pour mon image que je fais cela. Comme s'il n'y avait que lui qui devait tenir à son image !

Cela étant, je ne me fais pas d'illusion : si je suis malheureuse aujourd'hui, c'est que je sais bien que je l'ai sinon trahi, du moins gravement déçu, car il n'attendait de moi aucune résistance.

Il m'avait demandé de le « protéger », c'est ce que je lui ai rappelé dans ma lettre d'octobre dernier. En toute honnêteté, je suis sûre que c'est ce que je fais. Le hic, c'est qu'il pense le contraire.

# 1984

*29 janvier*

Je suis passée à « 7 sur 7 »[1]. Je suis mollassonne au début, pas trop mauvaise à la fin.

Vendredi, donc avant-hier, nouvelle rencontre avec François Mitterrand que je n'avais plus revu depuis notre dernier échange téléphonique, vif de son côté, résigné du mien. Une nouvelle fois, il est hors de lui. Sa cote baisse, et il en rend responsable, bien sûr, la télévision et même la radio. Dernier exemple : Paul Nahon, à propos du Tchad, a fait un sujet, d'ailleurs médiocre – ce qui n'est habituellement pas son cas –, qui irrite au plus haut point le Président.

« RTL m'est hostile : je trouve cela normal, ce n'est pas une radio publique. Mais tout de même, la télévision d'État !... Et avez-vous écouté France Inter entre 19 et 20 heures ? poursuit-il. Jean-Noël Jeanneney n'était pas nommé par vous, je pense, pour engager André Chambraud[2] ! Je connais bien Chambraud, c'est un opposant farouche à la gauche ! »

Nous reparlons de la loi sur les 65 ans : « Je vais la changer, m'assure-t-il. Vous n'imaginez pas que vous avez gagné jusqu'en 1985 ? Vous ne pensez pas que je vais aller ainsi à l'élection de 1986 ! »

Je comprends qu'il ne s'agit plus maintenant de la loi sur la retraite obligatoire à 65 ans, mais de la loi audiovisuelle de 1982.

Manifestement, il croit qu'en nommant les présidents lui-même,

1. Émission politique du dimanche sur TF1, animée par Anne Sinclair.
2. Ancien rédacteur en chef politique de l'hebdomadaire *Le Point*, devenu directeur de l'information de France Inter en 1982.

il pourra tout changer. Inutile de lui dire que les journalistes, même appartenant à une télévision publique, ne se commandent pas comme des chefs de bureau ; il me coupe d'une phrase avant même que j'ouvre la bouche : « Un homme fort peut tenir ces gens-là ! »

Lorsque je lui fais remarquer qu'il peut être dramatique – contre-performant, en tout cas – de changer la loi, sa réponse fuse : « Sur les conséquences politiques, laissez-moi faire, c'est mon métier ! Un simple texte suffit à l'Assemblée nationale, il passera en quelques heures », ajoute-t-il pour bien me faire comprendre que mes jours sont comptés, ce dont je commence à me foutre complètement !

Puis il démolit Bourges, pourtant « son » candidat du 14 juillet dernier, puisqu'il l'a revendiqué comme tel ! Selon lui, Hervé Bourges – au bout de six mois ! – a à demi échoué dans sa tâche. Je lui fais remarquer que le choix du président de chaîne directement par le président de la République, dans ce cas, ne changerait rien, puisque s'il l'avait pu, en juillet dernier, c'est également Bourges qui aurait eu ses faveurs.



Ce compte rendu que j'écris de notre conversation, mot pour mot, ne reflète pourtant pas le ton qu'il a employé avec moi. Il m'a parlé avec cordialité, comme si la rudesse de ses propos et la perspective de la suppression de la Haute Autorité ne devaient rien changer entre nous, comme si nous étions l'un et l'autre en dehors de tout cela.

Comment dire : la seule chose qui lui importe est la victoire de la gauche aux élections législatives de 1986. Il est persuadé qu'une « bonne information » lui est nécessaire. Le reste l'indiffère.

Vendredi soir, à Lille, loin du bruit et des fureurs, dîner avec Pierre Mauroy. Il compte les jours. Mitterrand lui en fait voir des vertes et des pas mûres : ainsi l'annonce de l'abaissement de 1 % du taux des prélèvements obligatoires, qu'il a faite sans en prévenir personne.

Il ne s'étend pas sur ses propres difficultés, mais, à la façon dont il me dit de Mitterrand : « C'est un curieux garçon ! », je me dis qu'entre eux les choses sont aujourd'hui tendues, alors qu'elles ne l'étaient pas il y a seulement quelques semaines.

Mauroy aura été le plus fidèle et le plus honnête des Premiers ministres de la V^e^ République. Mitterrand n'en aura plus comme celui-là.

Vu aussi Rocard, la semaine dernière, le 19 janvier. Il m'annonce à l'avance que de sérieux incidents vont avoir lieu avec les agriculteurs bretons[1]. Contrairement à ce qu'il m'avait dit il y a quelques mois, il s'attend à être Premier ministre et me dit que, pour accepter ce poste, il poserait un certain nombre de conditions draconiennes, notamment celle d'avoir les mains libres sur la presse. C'est cela, évidemment, qu'il tenait à me dire. Encore que je ne sache pas très bien à quoi correspond cette expression : « Les mains libres sur la presse. » Je me dis que, de toute façon, je le vois mal tempêter, comme d'autres, après les journalistes qu'il a si longtemps séduits.

Il est sympathique, plus que cela même, mais, comment dire ? Il me fait toujours un effet d'inachevé. Comme si le baptême du feu lui manquait réellement. Comme si le moindre souffle pouvait le faire s'envoler.

Pourquoi inspire-t-il confiance à de si nombreux Français ? Il m'inspire plutôt, à moi, de la sympathie, un peu de tendresse et beaucoup de respect.

Mais confiance, non.

*31 janvier*

Au milieu des complications de FR3, vu hier une nouvelle fois Michel Debré. Pas un mot sur la télévision : un bol d'air frais !

Il parle je ne sais à quelle occasion d'Antoine Pinay. Il me dit : « Entre nous, je ne l'écrirai jamais dans mes Mémoires, mais je me serais méfié de Pinay : entouré – je cite *verbatim* – de médiocres honnêtes et d'intelligents douteux. »

*25 février*

Cinq jours de voyage à la Guadeloupe et à la Martinique pour attribuer des fréquences radio aux Antilles. Quelle différence entre les deux îles ! La Martinique, créole et assoupie ; la Guadeloupe, sauvage et revendicative.

Un préfet chiraquien, un président du conseil général plutôt

1. Michel Rocard est devenu ministre de l'Agriculture du gouvernement Mauroy le 23 mars 1983.

habile, un procureur de la République imbécile, tout cela se dirige en tout cas vers l'embrouille.

En réalité, je m'aperçois que lorsqu'il s'agit d'accorder des fréquences à des radios privées, le scénario est toujours le même. Les hommes politiques sont généralement hostiles à la multiplication des moyens de communication, sauf ceux d'entre eux qui en possèdent déjà. Trop de radios leur fait peur, ils craignent que s'y expriment leurs adversaires politiques, les nationalistes, les autonomistes, que sais-je.

À leurs côtés, l'administration technique qui distribue les fréquences – Télédiffusion de France – est ce qu'on pourrait appeler « malthusienne » : pendant des années, TDF a vécu en disposant d'un monopole de diffusion. L'idée qu'aujourd'hui il lui faut distribuer à des tas de radios des fréquences qui sont autant de biens précieux lui est insupportable.



Un exemple : à la Martinique et à la Guadeloupe, qui sont des îles, le nombre des fréquences est quasi infini. Pourtant, si on additionne les hommes politiques qui ne veulent surtout pas en donner à des adversaires potentiels, et les techniciens assis sur leur pseudo-savoir scientifique, on s'aperçoit qu'il y a moins de licences ici que dans n'importe lequel des départements français.

Au grand dam du sous-préfet, je réunis dans une salle de Pointe-à-Pitre tous les demandeurs de radios privées. Ils auront tous – ou à peu près – gain de cause. Je ne sais si les radios qu'ils vont animer atteindront trente, cinquante ou cent mille auditeurs, ou si elles seront favorables à l'autonomie ou à l'indépendance. Peu importe : si elles s'appellent radios libres, c'est précisément pour l'être.

Mitterrand est très présent dans mon esprit au cours de ce voyage, puisque je l'avais accompagné ici, en 1979, avec son conseil général. Le plus souvent, mes interlocuteurs me le rappellent. De la gauche à la droite, la seule unité se fait contre la télévision et la radio.

*9 mars*

Jacques Chirac au téléphone. Nous parlons des prochaines élections européennes. Je lui explique – ce qu'il sait déjà, puisque Gabriel de Broglie a appelé Romani à la mairie de Paris – que la loi de 1977 sur les élections européennes ne prévoit qu'une campagne officielle par liste, et non par formation politique. Le RPR, s'il entre dans une liste unique de l'opposition ainsi qu'il l'a décidé, n'aura donc pas droit, en tant que tel, à l'accès officiel à la télévision.

Il rit : « De toute façon, ironise-t-il, chaque fois que Simone Veil ouvre la bouche, elle perd des voix. Je l'ai convoquée – c'est le terme qu'il emploie – pour lui dire : si vous visez 43 % des voix, vous pouvez parler, vous pouvez dire ce que vous voulez ; en revanche, si vous en visez 50 %, par pitié, taisez-vous ! »

Je lui fais remarquer que Simone Veil, croyais-je, était une de ses amies.

« Ça ne change rien, elle fait une mauvaise campagne, voilà tout ! »

Puis il me parle de Bernard Pons, toujours secrétaire général du RPR : « C'est entendu, il viendra, me dit-il, entre les seins de Simone ! Encore que je ne peux pas perdre mon secrétaire général. J'ai encore besoin de lui !



– Si l'interprétation sur la loi de 1977 ne te satisfait pas, suggéré-je, fais travailler tes juristes !

– Tu rigoles, ça les fatigue ! » plaisante-t-il.

Je ris : « Quand grandiras-tu ? »

Il me répond avec gaîté : « Tu vas voir, on va gueuler comme des putois contre ta loi ! »

Coïncidence, Maurice Szafran vient me voir tout de suite après que j'ai raccroché le téléphone avec l'Hôtel de Ville. Il finit un livre sur Jacques Chirac[1]. Je lui demande pourquoi il a pensé à venir me voir sur ce (si vaste) sujet. Il m'explique que Chirac lui a dressé une liste d'une cinquantaine de personnes à interroger pour parfaire son portrait. « Il n'y avait pas de femmes, me dit Szafran. Je le lui ai fait remarquer. “Tiens, c'est vrai”, a dit Chirac qui a rajouté votre nom à la liste déjà faite. Voilà pourquoi je suis ici. »

Je parle donc de Chirac à Szafran, puisqu'il est là pour ça. Il en ressort que je ne crois rien de ce qu'il dit, mais que, dans l'action politique, il ne ment jamais. Exemple : le soutien à Giscard en 1974, après avoir, en 1972 et 1973, dit tout haut le mal qu'il pensait de Chaban ; la prise du secrétariat général du RPR à la fin de l'année : depuis l'automne, il ne cessait de prévenir ses adversaires de ce qu'il allait faire. Et beaucoup d'autres choses encore.

---

1. *Chirac ou les passions du pouvoir*, Grasset, 1986.

Szafran me demande si sa personnalité, ce qu'il peut faire, ce qu'il peut devenir m'inspire des craintes.

Je trouve, pour répondre, les mots qui reflètent exactement ma pensée : « Ma crainte, pour lui, est qu'on dise un jour : Jacques Chirac est passé à côté de Jacques Chirac ; il aurait pu faire mieux ; il a été quelqu'un qui est passé à côté de lui-même. »

Pauvre audiovisuel qui se cherche, se défait dès qu'il s'est (un peu) trouvé ! Quelle merveille d'absurdité, quelle absurde merveille ! Droguée d'audiovisuel, oui, je le suis. Et contente de l'être, de surcroît !

*2 avril*

1984

Quelques lignes en rentrant du Gabon et du Tchad où le Premier ministre m'a emmenée pour montrer à Bongo, en quelque sorte, que la presse française était libre. Je raconte vite l'histoire : un document diffusé en France, réalisé au Gabon par un réalisateur de TF1, filmé avec l'accord d'Omar Bongo, a, selon le chef de l'État gabonais, offensé son pays. Il s'en est plaint violemment à Pierre Mauroy au moment où celui-ci se rendait en Afrique.

« Le gouvernement n'a aucune influence sur les programmes diffusés par les chaînes de télévision ! » a protesté Mauroy, qui n'était même pas au courant de la diffusion de ce documentaire.

On ne me la fait pas, à moi, a en quelque sorte répliqué Bongo, qui a commencé par bouder la délégation française. Du coup, Mauroy m'a appelée depuis sa résidence gabonaise et m'a demandé de plaider auprès de Bongo l'indépendance des médias français... En voilà une mission !

Quelques heures après mon arrivée matinale, j'apprends qu'Omar Bongo m'attend dans son palais. Il fait 45 degrés dans la ville, à peine plus de 15 degrés dans le salon – que dis-je, dans l'immense pièce où m'attend Bongo. Il se lève, vient à ma rencontre. Je m'aperçois à cette occasion qu'il est à peine aussi grand que moi. Puis il s'asseoit sur une espèce de trône en bois sculpté et verni, et fait approcher un fauteuil, moins vaste et moins sculpté, où il me demande de prendre place.

Je commence, en grelottant dans le souffle de l'air conditionné, à lui parler longuement de la télévision française, à lui dire que les choses ont changé en France aujourd'hui, que le gouvernement ne nomme plus les présidents de chaînes, qu'il ne contrôle plus les programmes.

Il me prend la main, écoute encore quelques phrases de ma laborieuse plaidoirie et éclate de rire : « Bien sûr que je sais tout cela, me dit-il. Qu'est-ce que vous croyez ? Que je ne lis pas les journaux ? Je pourrais même retrouver le discours de François Mitterrand et votre réponse, le jour où la Haute Autorité a été officiellement installée. Je voulais simplement ennuyer un peu Pierre Mauroy, le mettre en difficulté, voilà tout ! »

Il me dit néanmoins, à propos du documentaire qui a fait problème, avoir été choqué par les images de sa vieille mère, prises je ne sais où, même si je m'étais fait projeter le film à toute allure avant de partir. Au nom de la télévision française, sans qu'il y croie une seconde et sans que j'y croie moi-même, je présente mes regrets à sa mère, et l'échange à ce sujet s'arrête là. *1984*

Suit une conversation un peu surréaliste où il me parle de la France et de l'Afrique, des rapports avec les dirigeants français, de Mitterrand, qu'il respecte, de ses maisons dans le monde, innombrables.

Une heure se passe ainsi. J'ai droit à une embrassade en sortant. La délégation française ne sera plus embêtée au sujet du maudit documentaire.

Quelques heures plus tard, au cours de cette première journée, Pierre Mauroy se débrouille pour me ramener dans le salon de la superbe villa mise à sa disposition pour son séjour au Gabon. Il me dit sans préliminaires : « Les communistes quittent le gouvernement. Alors, excuse-moi, mais le Gabon est le cadet de mes soucis ! »

Il a l'air sûr de son fait. Il doit d'ailleurs rencontrer Georges Marchais le mardi suivant son retour d'Afrique, à 11 heures – soit à quelques heures du moment où j'écris ces lignes.

Atmosphère inouïe de ce salon gabonais où, d'un coup, j'ai l'impression que l'histoire se fait, et même se défait.

« Le Conseil d'État, poursuit-il, vient encore d'annuler deux élections. Ce ne sera public que le 12 avril, mais la décision est déjà prise pour Longwy. Cela, plus la politique du gouvernement sur la sidérurgie, c'est trop. Ils vont partir ! Deux solutions pour moi, ajoute-t-il sur un mode interrogatif : partir avec eux ou continuer sans eux. »

Je trouve, et le lui dis, que partir serait une mauvaise solution. D'autant plus si c'est justement la politique en matière de sidérurgie, qu'il a voulue, lui, tardivement mais avec courage, qui sert de prétexte à la rupture.

Il n'empêche : « Je suis l'homme de l'unité. Comment rester si je ne le suis plus ? »

François Mitterrand, mis au courant du dernier tête-à-tête entre Mauroy et Marchais, juste avant le départ du Premier ministre pour le Gabon, a conseillé à Mauroy d'attendre paisiblement. Il pense, lui, qu'il s'agit encore d'un bluff des communistes, d'une dernière tentative pour lui forcer la main.

Tandis qu'au retour nous survolons Hassi Messaoud, Georges Marchais s'exprime sur Antenne 2 à l'occasion de la fameuse émission politique, « L'Heure de vérité ».

Nous ne pouvons pas l'écouter, et pour cause, puisque nous sommes en vol.

Au pied de l'appareil, lorsque nous atterrissons, Michel Delebarre attend Mauroy. Marchais a, paraît-il, attaqué férocement la politique du gouvernement. Il n'en a pas moins terminé l'émission en affirmant que les communistes y resteraient.

Suite du feuilleton avec la conférence de presse de Mitterrand, prévue pour ce 4 avril – c'est donc dans quelques heures, puisque j'écris ce récit dans la nuit de lundi à mardi, à 3 h 30.

*4 avril*

Conférence de presse du Président. La situation de la sidérurgie pose problème à l'exécutif, et plus encore aux communistes, qui ne cessent de trouver que le gouvernement auquel ils appartiennent ne débourse pas assez d'argent pour les travailleurs. C'est le gros morceau de la rencontre de Mitterrand avec la presse.

Sur les communistes, François Mitterrand se contente d'avoir quelques phrases sans ironie, mais sans faiblesse.

« J'écoute, dit-il, j'observe, je constate une situation nouvelle qui découle d'une lecture et d'une pratique différentes des engagements souscrits[1]. Le temps est venu, conclut-il, de mettre les choses au net. »

1. François Mitterrand parle de la « lecture et de la pratique » de l'accord gouvernemental signé entre les communistes et les socialistes en 1981.

Même si Mitterrand se garde bien de le dire, chacun a l'impression qu'entre communistes et socialistes, la fin de l'idylle approche.

Sur le reste, je le trouve excellent, tant sur la sidérurgie que sur l'Europe, etc., tous thèmes qui ne sont justement pas les favoris du PC.

Un journaliste lui demande s'il a l'impression, à un moment donné, de s'être trompé. Il répond : « Pas davantage que tout le monde. » Pauvre réponse, évidemment, mais le moyen de dire autre chose ?

Il parle de Fabius, en outre, comme d'un super-ministre, et annonce que les prochaines élections législatives se feront sans doute à la proportionnelle. Comme Georges Pompidou, il évoque le profit pour s'en féliciter.

Vient le passage sur la publicité dans les radios privées, qui me laisse sans voix, de même que Georges Fillioud et les autres membres de la Haute Autorité présents. Voilà que Mitterrand autorise la pub sur les radios privées, donnant ainsi raison à la Haute Autorité qui trouvait, depuis deux ans, et le faisait savoir, qu'il était illusoire et même assez hypocrite d'autoriser des radios à émettre sans qu'elles aient les ressources pour le faire...



*5 avril*

Georges Fillioud, avec qui j'ai conclu une sorte de pacte, celui de ne pas laisser François Mitterrand nous utiliser l'un contre l'autre, me raconte le dernier Conseil des ministres, celui qui a précédé la conférence de presse de Mitterrand, ce 28 mars. Jusqu'au dernier moment, la chaise de Charles Fiterman est restée vide, ce qui a fait penser à tous les ministres socialistes que la crise entre socialistes et communistes était imminente. Et puis, au dernier moment, quelques minutes avant le début du Conseil, les huissiers ont avancé sa chaise.

Mitterrand arrive en retard, à peine revenu de son voyage aux États-Unis. Il a reproché assez vivement à Pierre Mauroy de ne pas avoir assez préparé le Conseil des ministres sur la sidérurgie. C'est-à-dire de ne pas avoir arbitré à temps.

Mauroy lui a répondu nettement : « J'étais face à des positions inconciliables et irréductibles. Sur un tel sujet, je ne pouvais arbitrer sans vous. »

Agacement visible de François Mitterrand : « Il est trop tard, maintenant ; j'entends des avis contradictoires, en effet, et je donne raison à celui qui parle en dernier. C'est pourquoi le dossier aurait dû m'être présenté autrement. »

Du coup, la semaine suivante, dans sa conférence de presse du 4 avril, Mitterrand n'a pas dit un mot sur Pierre Mauroy. Ce que celui-ci a remarqué, bien sûr. Tout comme il a remarqué la place accordée par le Président à Laurent Fabius, « super-ministre ».

*22 juin*



Un mois sans écrire : élections européennes obligent. Plutôt que de m'affaler sur mon lit, la nuit, et de m'endormir aussitôt, je ferais mieux assurément de continuer ce journal. Et d'y raconter les remous internes à la Haute Autorité, au lendemain de ces élections européennes. Où Marc Paillet, sous prétexte de me défendre, a dénoncé curieusement une note de Gabriel de Broglie sur l'équilibre de l'information, note peut-être maladroite, malhabile, mais où je ne m'étais pourtant pas sentie particulièrement attaquée. En jouant les chevaliers blancs quand je ne lui demandais pas de le faire, Paillet a failli provoquer entre nous une crise de première grandeur.

Ai-je mauvais esprit, suis-je devenue particulièrement méfiante ? Je ne peux m'empêcher de me demander s'il ne s'agit pas d'un geste sur commande pour créer un drame entre les membres de l'Institution. La Haute Autorité se déchire, son mécanisme s'enraye, adieu la Haute Autorité ! Cela correspondrait, de façon assez habile, aux menaces émanant tous les jours du sommet...

Gabriel de Broglie, qui éprouve la même crainte que moi, enterre la hache de guerre.

Si j'étais André Gide, j'écrirais, comme il le fait parfois dans son journal, ou dans celui des *Faux-monnayeurs*, ces quelques lignes, transparentes quant à l'identité de celui qui en est le sujet, mais rédigées comme s'il s'agissait d'un début de roman.

Que F. soit malade, il n'en fallait pas douter. De quelle volonté était-il armé ! Marcel B.-B. disait de lui que, jeune, il lui arrivait, à force d'opiniâtreté, de battre au tennis des joueurs dix fois mieux classés. Dans la durée, déjà, il était le meilleur.

Cette rare opiniâtreté, F. était capable d'en faire preuve face à la maladie et face à la mort. Peut-être, après tout, pensait-il que la maladie et la mort, si fortes, reculeraient ?

F. n'en était sans doute pas convaincu. Se le demandait-il même ? Pourtant, là comme ailleurs, il avait choisi de lutter. Le temps, son ami, longtemps son adversaire, l'avait-il fait gagner, cruauté suprême, pour mieux le perdre l'instant d'après ?

*27 juin*

« Mitterrand, me dit hier soir Michel Debré, me fait penser, toutes choses égales, à de Gaulle. Ils ont tous deux perdu le contact avec les Français de la même façon ; ils se sont enfoncés dans la politique étrangère, dans laquelle ils ont fort bien réussi, et, du coup, ils ont perdu les Français. »



Puis, dîner avec Maurice Faure. Mitterrand l'a invité à le suivre en Russie où il s'est rendu en voyage officiel la semaine dernière. Le but était évidemment politique : cela fait des années que Mitterrand consulte Maurice Faure sur sa stratégie politique. Le plus souvent, il ne suit pas ses avis ; il l'écoute toujours, néanmoins, avec une extrême attention.

Au cours d'une conversation, donc, un soir, Maurice Faure a proposé son plan au Président : que François Mitterrand, sans attendre les législatives, propose aux Français un abaissement de la durée du mandat présidentiel à cinq ans, qu'il le fasse voter par référendum, et qu'il se représente à la présidentielle dans la foulée, donc avant même les législatives. « Dans ce cas, plaide Maurice Faure, il prend tout le monde de court. » Il ajoute avec son romantisme méridional : « Et il passe le premier le pont d'Arcole ! »

C'est le pari de Pascal. S'il gagne, tant mieux S'il perd, il aurait perdu de toute façon !

Mitterrand, intéressé, a retenu Maurice Faure plus d'une heure au Kremlin, après le dîner officiel, pour continuer la conversation.

Le fera-t-il ? Et, surtout, s'il le faisait, gagnerait-il ?

*28 juin*

Difficile, l'équation pour l'exécutif est désormais celle-ci : continuer ou non avec les communistes ? Ceux-ci, réunis en comité central hier, gardent leur langue de bois. Pierre Juquin a apparemment demandé une modernisation du Parti, les autres s'en tamponnent. Le problème n'est effectivement pas là : Mitterrand peut-il continuer à mener sa barque, Mauroy à gouverner avec des communistes trop critiques envers le gouvernement ? Continuer sans eux ? Mais alors, avec qui ?

Mitterrand hésite : reprendre en main l'information, qui, selon lui, lui a fait tant de mal ? Accepter le plan de Maurice Faure ? C'est prendre un risque énorme. Quel président de la République, ou plutôt qui, président de la République, oserait ainsi renverser la table de jeu ?

*30 juin-1er juillet*

*1984*

Dernier, je crois, voyage officiel de Pierre Mauroy. Je dis le dernier, car, en revenant du Gabon il y a quelques semaines, sans savoir jusqu'à l'atterrissage de son avion si les communistes partaient ou restaient dans son gouvernement, le Premier ministre m'avait assurée que, symboliquement, après ces moments d'incertitude partagés, il me demanderait d'être son invitée pour le voyage officiel dont il pensait qu'il serait le dernier.

Du coup, lorsque son cabinet m'a appelée il y a quelques jours pour me proposer de partir pour Rome – Rome, la ville de mon cher Gilles Martinet –, j'ai su tout de suite que c'était, pour Mauroy, la fin du chemin.

Présage qui ne m'a pas trompée : j'ai cassé le talon (haut) de l'unique paire de chaussures emmenée à Rome. C'est en claudiquant que j'ai rejoint dans la Ville Éternelle la suite du Premier ministre qui ne l'était pas, lui, éternel.

Heureusement, les magasins de chaussures ne manquent pas à Rome, notamment près de l'ambassade de France. Moins d'une demi-heure plus tard, j'avais réparé le mal. C'est idiot, mais à partir de cet incident, ce voyage commençant mal, j'étais sûre qu'effectivement les jours de Mauroy étaient comptés ! Car pas question d'un Mauroy IV, comme il y eut, l'année dernière, *in extremis*, un Mauroy III !

À Rome, Gilles Martinet l'accueille chaleureusement. Lui aussi, apparemment, pense que si Mauroy revient un jour à Rome, ce ne sera plus en qualité de Premier ministre.

Au Palais Farnèse, je retrouve, en dehors des « mauroyistes » qui l'ont accompagné, Marcel Rigout[1] qui me raconte le dernier comité central du PC, après les européennes, au cours duquel, ô miracle, cette instance a désavoué les conclusions du bureau exécutif. Rigout me dit que, depuis qu'il est au PC, il n'a jamais vu ça !

Entre Georges Marchais, dont la moitié des membres du comité central demande le départ, et Charles Fiterman, la lutte est ouverte. Lucien Sève, le fidèle, est pourtant le premier à stigmatiser les « conservateurs » du Parti : « Nous allons mourir de soif à deux pas de la source ! » dit-il.

Traduction : nous avons gagné en 1981, nous sommes tout à côté du pouvoir, et même au pouvoir. Et nous allons maintenant le perdre.

Dans l'avion qui nous ramène de Rome, nous parlons longuement avec Marcel Rigout. Il dénonce pêle-mêle la langue de bois des dirigeants communistes, l'erreur de stratégie du PCF qui n'a jamais voulu fédérer des courants, qui a cru qu'il pouvait les dominer sans les entendre : « Nous sommes des cons, vous entendez, des cons ! », répète-t-il aux journalistes médusés. 

Il est émouvant, disert, sympathique. Cela sent le sapin.

*17 juillet*

Effectivement, c'était le dernier voyage du Premier ministre. Il a démissionné aujourd'hui. Coup sur coup, en cinq jours, Mitterrand a retiré le projet de loi sur l'éducation d'Alain Savary, qui avait été adopté en première lecture à l'Assemblée fin juin et avait mis des centaines de milliers de personnes dans la rue. Annonce qui a surpris d'autant plus que le président de la République avait dit et redit qu'il ne le retirerait pas. Il faut croire que la mobilisation des tenants de l'école privée, qu'il ne pensait pas aussi massive, à plusieurs mois des élections législatives, l'a fait réfléchir. Et reculer.

Il a annoncé, pour faire bonne mesure, un référendum sur l'article 11 de la Constitution, c'est-à-dire un référendum sur la procédure du référendum. Il faut l'inventer !

---

1. Marcel Rigout, député communiste de la Haute-Vienne jusqu'en 1981, est ministre de la Formation professionnelle dans le gouvernement Mauroy jusqu'en 1984.

Il a accepté le départ de Mauroy, pris à contrepied par l'abandon de la loi Savary. Et précipité celui des communistes du gouvernement. De ce côté, pas de surprise : c'était une question de jours.

Mitterrand regrettera Mauroy.

Laurent Fabius arrive, il est déjà installé, comme s'il avait fait cela toute sa (courte) vie [1].

Sans doute est-ce le grand coup annoncé par Mitterrand. Maurice Faure avait parlé d'un référendum, Mitterrand choisit d'en faire un autre, mais la volonté est la même : tenter de reprendre la main avant les législatives, qu'il juge mal engagées. Mieux vaut périr tout de suite ou gagner tout de suite : telle est la stratégie retenue.

L'astuce du référendum suffira-t-elle ? Ne risque-t-on pas d'être trop habile ? En tout cas, une nouvelle page de l'ère Mitterrand s'est ouverte.



*1er août*

La loi autorisant la publicité sur les nouvelles radios locales privées est enfin passée au *Journal Officiel*. C'est fou ce qu'il a fallu de temps pour démontrer que la réforme de 1982 accordait beaucoup de choses aux radios privées, sauf la possibilité de vivre ! Fou de voir aussi comment la décision a été prise de leur permettre de faire de la pub légale.

Au début, en 1982, Fillioud était pour, Mauroy était contre, pour éviter que ces radios ne deviennent commerciales. « Pas de radio-fric », avait dit le Premier ministre. Fillioud, évidemment, s'est rangé à la position gouvernementale qu'il n'était pas parvenu à influencer. À l'argument que la Haute Autorité a avancé dès les premiers jours « À quoi bon donner la vie aux radios libres si vous la leur retirez aussitôt en ne les autorisant pas à collecter des recettes publicitaires ? » –, le gouvernement a répondu en allouant un fonds annuel à ces radios, sans revenir sur sa décision de leur fermer la publicité. Résultat : elles ont toutes empoché les fonds mis aimablement à leur disposition, et, en même temps, inventé une sorte de spots publicitaires qui n'en étaient pas, une publicité rédactionnelle en quelque

1. Laurent Fabius est nommé Premier ministre le 17 juillet 1984. La composition du gouvernement est annoncée le 19. Georges Fillioud reste à la Communication, mais il n'est plus que secrétaire d'État auprès du Premier ministre, chargé des techniques de la communication.

sorte, mélangeant le contenu des émissions avec la réclame, bref, une publicité beaucoup plus malsaine que s'il s'agissait, comme sur Europe 1 ou RTL, de messages publicitaires encadrés par des jingles reconnaissables.

Bon. Le temps a passé. Il est arrivé que le gouvernement s'étonne de ne pas voir la Haute Autorité sévir contre ces pratiques. Ce que nous n'avons pas voulu faire, car c'était condamner à mort lesdites radios ! Nous avons donc dit, en langage ô combien diplomatique, que nous ouvrions une « période de tolérance », c'est-à-dire que nous ne prendrions pour l'heure aucune sanction contre les radios qui faisaient de la publicité sans le dire.

Et puis, lors d'un voyage en Amérique où Gonzague Saint-Bris, invité par François Mitterrand, lui a confié ses difficultés à faire vivre la radio libre dont il est le responsable, le président de la République, répondant publiquement à une de ses questions, a simplement lâché qu'il n'était « pas hostile à la publicité ».



Et voilà ! Il a suffi d'une petite conversation mondaine entre Mitterrand et Gonzague pour que, sans concertation aucune, ni avec Fillioud ni avec la Haute Autorité, le statut des radios privées change en cinq minutes. Si ce n'est pas le fait du Prince, cela !

Le plus drôle est, autant que je me souvienne – car la scène date déjà d'il y a plusieurs semaines –, que nous avons été, la veille de l'annonce de la déclaration présidentielle, invités, Fillioud et moi, par une dizaine de radios libres, qui nous avaient évidemment demandé notre avis sur cette sacrée publicité. J'avais répondu que j'y étais favorable. Entraîné par la solidarité gouvernementale, Fillioud avait dit – mollement, il est vrai – qu'il lui était hostile. Le lendemain, Mitterrand annonçait le changement de cap de l'exécutif.

*8 août*

Départ de Mauroy, départ des communistes, arrivée de Fabius, référendum. Tout se passe comme si ce que je vis, moi, au premier degré, quotidiennement, ne m'intéressait pas vraiment.

Ou plutôt pas seulement. Les cahiers que j'accumule parallèlement sur la Haute Autorité suffiraient à remplir des volumes ; je m'acharne pourtant à tenir cette chronique politique avec plus ou moins de difficulté, car je suis loin du « terrain ». Peut-être – ceci compense cela – suis-je cependant, de l'autre côté de la barricade, en train de découvrir d'autres aspects de ce personnel politique que je fréquentais depuis tant d'années comme journaliste.

De ces quelques semaines, que retenir d'autre que les conversations avec Pierre Mauroy, désœuvré, après son départ ? Il me raconte les dernières minutes qu'il a passées avec François Mitterrand après que celui-ci eut annoncé le retrait de la loi sur l'école et le nouveau référendum. L'émotion l'a envahi pendant qu'ils faisaient ensemble le dernier tour du jardin de l'Élysée.

« Que Dieu vous garde ! » a-t-il fini par dire à Mitterrand.

Étonnante phrase lorsqu'on pense qu'une des raisons de son départ est le retrait de la loi sur l'école privée...

Ce que j'écris ici ne tient pas compte de l'étonnante qualité humaine de Mauroy, sans amertume, sans haine, lucide et serein. Qualité d'un Premier ministre « démissionné » par Mitterrand et qui trouve néanmoins le moyen de lui dire, les larmes aux yeux : « Que Dieu vous garde ! »

Vu Fabius, le même jour. Notre première rencontre en tête à tête a donc lieu à Matignon, ce 8 août. Il m'accueille courtoisement. Il n'y a jamais eu aucun problème entre nous, je n'ai jamais écrit sur lui quelque chose qui lui déplaise particulièrement. Il est vrai que je ne lui ai pratiquement jamais consacré d'article.

En revanche, j'ai appris qu'il était, en 1981, fortement hostile à la création de la Haute Autorité. Chargé, au sein du Parti socialiste, des contacts avec les médias, il en a gardé le sentiment que les seuls rapports à entretenir avec eux sont des rapports de force. La Haute Autorité, il l'a dit à de nombreuses reprises avant d'arriver à Matignon à Georges Fillioud qui me l'a répété, lui paraît utopique et inutile : à son sens, l'État est l'actionnaire principal de la télévision française, c'est à lui et pas à une institution indépendante de la contrôler, autant que faire se peut. Et donc d'imposer ses hommes à la tête des différentes sociétés de programme.

C'est une attitude que je comprends très bien, à cette nuance près que la Haute Autorité existe aujourd'hui et que chacun a à en tenir compte.

Il me le dit sitôt les formules de politesse échangées : l'indépendance des médias, c'est mon problème. Ce n'est pas le sien.

J'ai cependant à régler avec lui un problème mineur, mais urgent, celui de la retransmission par la Télévision des débats sur le référendum[1] ; mais ce n'est pas de cela, de toute évidence, que Fabius souhaite me parler. Nous parlons certes du référendum et de politique. Puis (encore ! c'est devenu obsessionnel !) de Pierre Desgraupes.

« Nous avons notre candidat pour Antenne 2 », me dit-il

Je demande :

« Qui ça, nous ?

– Le Président et moi. C'est Jean-Claude Héberlé ! »

Les mots sortent de ma bouche sans que je puisse, il me semble, les contrôler. Je dis : « Manque de chance, ce n'est pas le mien ! » Ni d'ailleurs celui de plusieurs membres de la Haute Autorité.

La rencontre s'achève à peu près sur ces mots : il m'a dit ce qu'il avait à me dire. Y compris la phrase qui tue : « Je sais bien que vous êtes journaliste de profession, que la Haute Autorité peut espérer survivre à une défaite de la gauche. Vous pouvez certes penser cela, encore que je n'y croie pas. Mais mon métier à moi, c'est de tout faire pour gagner ! »



En dehors de la gracieuseté qui consiste à me dire que je prépare mes arrières, je comprends que sa logique n'est pas la mienne.

D'abord, il n'a jamais cru en la Haute Autorité, et donc n'a jamais menti, lui, sur ce qu'il en attendait. Et puis sa logique, la logique politique, est à l'inverse de celle de l'institution que je préside. Il a été chargé, deux ans avant les législatives, d'enrayer et si possible inverser le déclin du Parti socialiste, puis de gagner les élections. Il se fiche du tiers comme du quart de notre indépendance ! Et il croit – assez naïvement, je trouve – qu'il suffit au Président et au gouver-

---

1. Dès les premiers jours d'août a commencé à l'Assemblée nationale, puis au Sénat, le débat sur le référendum, qui finira d'ailleurs par échouer. Matignon a fait savoir, dès la nomination de Laurent Fabius, qu'il serait inopportun de retransmette les débats du Sénat, alors que ceux de l'Assemblée nationale ont déjà commencé à l'être. Seulement voilà : l'article 22 des cahiers des charges de TF1 et d'Antenne 2 précise que « le choix des débats à retransmettre est effectué en accord avec les bureaux des Assemblées qui règlent les conditions dans lesquelles le temps d'antenne est réparti entre les différents orateurs dans le respect de l'obligation générale de l'équilibre et du pluralisme ».

Il n'est donc pas question, pour le gouvernement, d'empêcher le président et le Bureau du Sénat, s'ils sont d'accord, de demander aux télévisions la retransmission de ses débats.

Ignorant de l'article 22, Matignon est directement intervenu auprès des présidents de TF1 et d'Antenne 2, qui ont instantanément fait appel à la Haute Autorité pour demander la marche à suivre.

nement d'imposer ici ou là un homme à eux pour renverser le cours des choses.

Cela étant, quand je suis sortie de son bureau, je me suis demandée ce que voulait dire ce « nous » dans la phrase : « *Nous* avons décidé : c'est Jean-Claude Héberlé. » Est-ce là vraiment la volonté du président de la République ? Dans ce cas, après les conversations difficiles que nous avons déjà eues sur Pierre Desgraupes, est-ce qu'il ne veut plus avoir de contact avec moi à ce sujet et a-t-il chargé son Premier ministre de « passer en force » par-dessus la Haute Autorité ? Avant 1985 ? Mais comment ?

Ou bien s'agit-il d'un pluriel de majesté qui n'englobe pas le président de la République ? Dans ce cas, Fabius, dont Héberlé est un ami, et qui pense sans doute qu'il s'agit de l'homme à poigne idéal pour changer l'information à la télévision, me donne-t-il simplement son nom à titre d'indication de sa préférence ?

Tout de même, par rapport à Mauroy, quel changement ! Je ne déteste pas Laurent Fabius. Il ne m'aime pas. Que faire ? Nous serons bien obligés de nous supporter !

Je reviens sur la phrase de Laurent Fabius tout à l'heure, qui voulait être assassine : « Je sais que vous êtes journaliste... » Je m'en énerve encore, à cette heure tardive. On ne peut le dire plus clairement : à ses yeux, ma réticence à exécuter les volontés du gouvernement ou du Président s'explique par mon désir de préserver l'avenir avec la future majorité chiraquienne ! Je n'ai même pas eu l'esprit de répondre que, de toute façon, je ne suis nommée que jusqu'en 1988, date de la fin du septennat de Mitterrand. Je retournerai alors à mon métier – certes, enfin je l'espère ! –, mais je n'aurai nul besoin pour cela de jouer au plus fin entre la majorité actuelle et la future !

Il est clair que ma volonté de préserver la cohésion de la Haute Autorité est étrangère à sa réflexion.

De cette conversation je n'ai pas dit un mot à mes collègues. Sans doute seul Paul Guimard (qui a ses entrées à l'Élysée) est-il parfaitement au courant de ma conversation avec Fabius. Je préfère pour le moment ne pas en parler, y compris avec lui.

*6 septembre*

Fabius, justement, hier à la télévision.

Je ne le regarde que quelques minutes, mais tout est dit. Son ton, son air : moderne, pas « baderne ». Désidéologisé. Mais n'est-ce point trop tard ?

Je crains pourtant que, derrière le discours apparemment moderne, le fond reste assez sectaire (voir plus haut).

Alors qu'il parle de « décrispation », il me souffle de recourir à des sanctions contre des journalistes qui parlent sans y voir malice de Jean-Edern Hallier.

Parenthèse sur Jean-Edern, que je connais fort bien et depuis très longtemps. Il a été un des premiers à m'appeler lorsque j'ai été nommée à la Haute Autorité. Comme tant d'autres, il voulait une émission de télévision, tout de suite, dès le lendemain matin. Rousselet, me disait-il, la lui avait promise, le Président aussi.

Je l'avais accueilli assez fraîchement, trouvant sa démarche franchement intempestive. Prématurée, de surcroît, et singulièrement maladroite : il me demandait, ce qui prouve qu'il n'avait rien compris au rôle de la Haute Autorité, que je l'impose, tout à trac, dans les cinq minutes, à un président de chaîne qu'au demeurant nous n'avions pas encore nommé ! *1984*

Bref, il ne l'a pas eue, cette émission. Il en a conçu une grande haine envers François Mitterrand. A-t-il finalement écrit, depuis lors, son ouvrage assassin contre Mitterrand, Mazarine (puisque c'est ainsi que, maintenant, je sais qu'elle s'appelle) et les femmes ? Je pense que oui.

En tout cas, il n'est plus en odeur de sainteté ni à l'Élysée ni à Matignon. De là à sanctionner – pourquoi, comment ? – les journalistes qui parlent de ses livres (souvent fort bons) ou de ses actes (souvent insensés), il y a un monde !

Grandes manœuvres entre François Mitterrand et Valéry Giscard d'Estaing, paraît-il, sur le scrutin à la représentation proportionnelle. Je ne peux m'empêcher de penser qu'une assemblée parlementaire élue à la proportionnelle équilibrerait davantage le pouvoir absolu du Président. Je sais néanmoins que ce n'est pas pour cette raison, à l'évidence, que Mitterrand a choisi de changer le mode de scrutin. Il cherche simplement un moyen de donner à la majorité socialiste une dernière chance de gagner.

Est-ce que cela suffira ? Michel Debré, qui est aussi un expert électoral, même s'il n'aime pas en convenir, me dit que non, que la gauche sera battue de toute façon, proportionnelle ou pas. D'autres que lui pensent le contraire.

Tout est mieux, en tout cas, il me semble, qu'un Parlement aux ordres et qu'un système purement majoritaire.

*2 octobre*

Hervé Bourges m'a parlé aujourd'hui, confidentiellement, du quart d'heure du Premier ministre sur TF1. Celui-ci m'en avait déjà parlé en août dernier sans que j'y prête peut-être assez d'attention. Son projet, ou plutôt celui de ses collaborateurs, consiste à intervenir sur les antennes tous les mois dans le journal de 20 heures. Je lui avais répondu, je m'en souviens, qu'une périodicité régulière tôt ou tard lui poserait forcément problème, car il serait un jour ou l'autre obligé de répondre publiquement à une question d'actualité à un moment où il ne le jugerait pas souhaitable[1].

Bourges me demande s'il est possible que le temps de parole du Premier ministre ne soit pas pris en compte dans celui du gouvernement. J'en suis restée sans voix : comment pourrait-on dissocier les interventions du Premier ministre de celles du gouvernement ?

En plus, il paraît, me dit Bourges, très ennuyé, que Pierre-Luc Séguillon[2] et même Alain Denvers, devenu dans l'intervalle directeur de l'information – non sans appui ! –, râlent contre la présence obligatoire, au JT, d'un invité systématique, aussi politique que le Premier ministre.

Bref, il demande l'intervention de la Haute Autorité sur l'opportunité d'un quart d'heure laissé au Premier ministre. Je lui dis que je ne crois pas possible d'accorder un temps de parole au Premier ministre sans droit de réponse accordé à l'opposition.

Bien sûr, j'en parlerai en séance plénière de la Haute Autorité[3].

1. Ce qui se passera un an plus tard à propos du *Rainbow Warrior*.

2. Pierre-Luc Séguillon est chef du service politique de TF1 et Alain Denvers, directeur de l'information.

3. La première émission « Parlons France » a lieu le 17 octobre. Le droit de réponse est exercé, après une période de mauvaise humeur des uns et des autres, par les partis socialiste et communiste ainsi que par les partis d'opposition, RPR et UDF.

*3 octobre*

Je n'ai rien voulu consigner ici des trois semaines que je viens de passer. Objectif : une nouvelle fois, la succession de Pierre Desgraupes ! Pourquoi ? Parce qu'une nouvelle loi, votée opportunément pendant l'été, l'oblige cette fois expressément, sinon nominativement, au départ[1]. Personne ne pourra l'empêcher. Le bout de la route, pour lui, est à 66 ans.

Rien voulu écrire pour – réflexe inouï chez quelqu'un qui rédige son journal tous les jours depuis l'âge de 15 ans ! – ne pas retenir dans ma mémoire écrite ces moments si peu glorieux.

Quelques éléments, pourtant, qui plus tard, sans me faire trop de mal, me rappelleront cette douloureuse affaire.

Le 13 septembre, d'un commun accord, nous avons décidé, à la Haute Autorité, de nous pencher sur le problème de la nomination du successeur de Desgraupes. En prenant notre temps, puisque son départ ne devait prendre effet qu'en novembre, c'est-à-dire, conformément aux termes de la loi, deux mois après la publication de la loi au *Journal officiel*. En tout état de cause, le président que nous allions nommer ne serait désigné que pour neuf mois, c'est-à-dire jusqu'en octobre 1985, terme initial du mandat du président en place d'Antenne 2. Mais aussi, malheureusement pour la période des législatives, ce qui n'échappe pas aux trois membres de la Haute Autorité nommés par l'opposition.



Nous échangeons donc des noms, parmi lesquels des professionnels comme Claude Santelli, Jean-Marie Drot, Joseph Pasteur (le

---

1. Fin août 1984, le Parlement vote la loi Le Pors sur la retraite à 65 ans s'appliquant aux établissements publics et aux sociétés à capitaux publics. Conçue pour accélérer le renouvellement des responsables de la haute administration, la loi s'applique, sans ambiguïté cette fois, au cas de Pierre Desgraupes. D'autant qu'un paragraphe a été ajouté en séance publique, qui fixe la limite d'âge à 65 ans dans les établissements publics et autres sociétés dans lesquelles l'État, les collectivités ou les personnes publiques détiendraient ensemble plus de la moitié du capital, et dans lesquelles les nominations aux fonctions énoncées sont proposées par décret.

Ce paragraphe, visant directement Pierre Desgraupes, a été ajouté par la majorité parlementaire à l'Assemblée nationale. Le Sénat introduit un amendement permettant au président d'Antenne 2 de rester à son poste jusqu'au terme de son mandat. L'amendement a été rejeté en deuxième lecture par l'Assemblée nationale.

(Voir à ce sujet la thèse d'Agnès Chauveau, *L'Audiovisuel en liberté*, Paris, Presses de Sciences Po, 1997. Interrogé par l'auteur le 20 juin 1994, Jean-Claude Colliard, directeur de cabinet de François Mitterrand, confirme que le paragraphe ajouté en séance publique par les députés visait expressément Pierre Desgraupes.)

lieutenant, l'alter ego de Pierre Desgraupes depuis des années) ; des personnalités extérieures à l'audiovisuel comme Georges Kiejman ou Jean-Denis Bredin. Pierre Desgraupes lui-même, de mauvaise humeur, digne pourtant, propose les noms de Christian Dutoit qui, sur Antenne 2, tient en main les clefs de la production, ou de Janine Langlois, alors directeur général de la SFP. Dans ces deux cas, la succession se passerait en douceur : il est évident que, dans le cas contraire, les choses seront plus difficiles, et le président désigné, moins bien accueilli. D'autant plus que Jean-Claude Héberlé, soutenu à grand renfort de trompettes par Matignon, est déjà présenté à Antenne 2 et dans toute la presse comme le candidat du pouvoir.

Je choisis donc pour ma part de proposer Janine Langlois au vote des neuf. Elle connaît mieux que bien l'audiovisuel public, elle maîtrise la production, elle a des idées en matière de programme. Elle est reconnue et estimée. Surtout, elle n'est pas politique : elle s'est rapprochée de la gauche depuis trois ans, mais n'est pas inféodée au PS. Professionnelle, elle est souhaitée par Desgraupes lui-même.



Je rencontre le président de la République dans le courant du mois d'octobre. Je lui rapporte ma conversation désagréable du mois d'août avec Laurent Fabius et lui dis que je ne voterai en aucun cas pour Jean-Claude Héberlé, journaliste estimable mais piètre animateur de groupe. Je le jure : le Président se contente de me dire que la candidate que je soutiens n'est « pas un mauvais choix ».

Il ne me dit rien d'autre, ne me recommande personne. Termine la conversation par cette phrase, une fois de plus sibylline : « Je vous ai donné les moyens de me résister. »

La suite à demain.

Je m'aperçois que je suis intarissable sur ce dont je ne voulais pas parler...

*4 octobre*

Je reprends le récit de ces derniers jours. Il est évident que, sans que ce soit de mon fait, les chances d'Héberlé progressent du côté des membres de la Haute Autorité nommés par le président de la République et celui de l'Assemblée nationale. Je me dis que si Mitterrand ne m'a rien imposé, il a – lui ou d'autres – peut-être convaincu, sans me le dire, certains de ses proches.

À un moment donné de nos discussions, alors que je ne parviens pas à convaincre mes collègues du choix de Janine Langlois, une majorité d'entre nous, alors que l'heure est tardive, tombe d'accord sur le nom de Jean-Marie Drot, homme de culture, réalisateur d'inoubliables émissions sur André Malraux, connu pour ses opinions de gauche sans être le moins du monde un fanatique.

Cette solution me paraît être celle du salut, puisqu'elle met d'accord une partie de ceux qui annoncent depuis le début qu'ils veulent voter pour Héberlé, ainsi que ceux qui envisageaient d'autres solutions[1].

J'appelle sans tarder dans la nuit Jean-Marie Drot qui, nommé en 1982 attaché audiovisuel en Grèce, se trouve être de passage à Paris. Conversation à demi-mot (j'ai peur des écoutes) dans laquelle chacun se comprend très bien. Je dis à Jean-Marie Drot que la Haute Autorité souhaiterait le désigner comme patron d'Antenne 2. Il n'est pas chaud, parce qu'il pressent que ce ne sera pas une partie de plaisir. Il me demande si tout le monde est d'accord sur son nom ; je lui réponds honnêtement qu'un autre candidat aurait manifestement les faveurs de l'Élysée et de Matignon. Il me dit qu'il va réfléchir, car il ne se sent pas homme à se battre sur tous les fronts : il a des tas d'idées sur la chaîne, mais de là à devoir affronter tout le monde, Mitterrand, Fabius, c'est une autre paire de manches ! Je le sens faiblir et n'insiste pas outre mesure : difficile de demander à quelqu'un de prendre des risques qu'on ne prend pas soi-même. Je comprends ses réticences.



À 8 heures du matin, il me rappelle : c'est non. Dans la matinée, il me fait porter la lettre ci-après, datée du 1er octobre :

« Ma chère Michèle, je pars pour la Grèce. Soulagé de t'avoir peut-être évité le pire. Soulagé mais honteux d'avoir vu de près l'affreux visage du pouvoir. Je t'embrasse. À bientôt[2]. »

Arrive le vote. Je suis battue à plates coutures par la Haute Autorité, membres de l'opposition et membres de la majorité confondus : Héberlé obtient au premier tour quatre voix, le réalisateur Pierre Badel en obtient trois. Avec mon unique voix sur Janine Langlois, je fais pâle figure. Au deuxième tour, je m'abstiens. Héberlé obtient 5 voix : assez pour être élu.

Parmi les raisons de mon geste, il y a bien sûr la volonté de mon-

---

1. Il s'agit des trois membres de la Haute Autorité nommés par le président du Sénat : Jean Autin, Gabriel de Broglie et Bernard Gandrey-Réty.

2. Jean-Marie Drot me confiera plus tard avoir reçu pendant la nuit une proposition de Jack Lang pour la Villa Médicis.

trer que je crois qu'une instance indépendante a tout bonnement mission de le rester. Même si j'ai eu peu de temps pour y réfléchir, je voulais aussi – peut-être une fois encore était-ce de la naïveté ? – préserver une chance d'unité au sein de la Haute Autorité. Deux candidats seulement restaient en présence. Si je m'étais ralliée à l'un d'eux – encore qu'il eût été un peu tard pour le faire ! –, j'aurais dressé un camp contre un autre, et je suis convaincue que les trois membres nommés par l'opposition auraient eu beau jeu de faire sécession. Ce qui me paraissait marquer la fin et surtout l'échec de l'expérience, donc du mandat qu'on m'avait confié.

Le problème est que le vote devait rester secret ; or il ne l'a pas été. Quelques minutes seulement après le scrutin, l'AFP publie une dépêche annonçant que j'ai refusé de voter Héberlé.



Il se trouve que le lendemain, je suis invitée à l'Élysée au dîner officiel donné en l'honneur d'Omar Bongo. Je croise Chaban-Delmas, toujours intéressé par ce qui se passe dans l'audiovisuel, particulièrement lorsqu'il s'agit de Pierre Desgraupes qu'il est le premier à avoir mis en place.

« Ma petite, me dit-il de sa voix toujours nasale, on vous a fait une saloperie. La prochaine fois, foutez le camp ! »

*13 octobre*

L'horreur absolue ! Comme je le prévoyais, la Haute Autorité se délite. De l'extérieur : le gouvernement, tous les ministres – sauf celui de la Communication, qui connaît Héberlé – triomphent bruyamment. De l'intérieur : chacun commente, les uns avec tristesse, les autres avec rage, les réactions à notre vote. La presse est unanime : la nomination d'Héberlé passe après le fait que j'ai refusé de voter pour lui. Une partie m'accuse d'avoir trahi Mitterrand, une autre me félicite de m'être élevée contre un choix qui n'était pas le mien, tout en ajoutant que, du coup, les jours de la Haute Autorité sont comptés.

Ceux qui, dans l'opposition, me disent de m'accrocher me font bien rire. Ce sont parfois les mêmes – ou leurs amis – qui m'attaquent au Parlement.

Ceux qui me disent de combattre en parlent à leur aise : combattre qui, comment ? Il me semble que j'en ai fait assez.

*15 octobre*

L'enfer continue : la nasse s'est refermée. Il y a Mitterrand que j'ai « trahi », disent d'aucuns. Il y a mes amis à la Haute Autorité qui m'en veulent d'avoir mis au jour ses faiblesses. Il y a Paul Guimard, malade de ce que la fidélité lui a fait faire. Il y a Marc Paillet, phraseur et brave type, qui vit, dit-il, « l'honneur perdu de Katarina Blum[1] ». Il y a Stéphane Hessel, toujours si optimiste, ébranlé cette fois par le tollé qui accueille la nomination d'Héberlé dont il ne pensait pas qu'elle serait aussi mal accueillie[2].

Gabriel de Broglie, qui a tout compris, parle dans les couloirs de déshonneur ou de quelque chose d'approchant, et publie une nouvelle déclaration dissidente. Jean Autin fait de même.

Moi, je suis au bord du départ.



Rien ne me retient plus ici, mais les choses ne sont pas si simples. Je me fiche de Laurent Fabius, je me fiche du pouvoir. Pourtant, je ne veux pas, par mon départ, mettre gravement en cause Mitterrand qui m'a nommée, et qui, d'ailleurs, en la circonstance, n'a pas exercé sur moi de pressions insupportables, même s'il m'a contournée.

En outre, comment dire – c'est bien cela le pire –, je me sens vaguement coupable : après tout, en me nommant, il m'avait demandé de « le protéger ». Eh bien, c'est réussi ! Il est vrai qu'il ne m'a pas beaucoup aidée à le faire...

En moi, au-delà de ce vague remords, la rage d'avoir vu détruire en quinze jours, avec quelle indifférence, quelle morgue, quel mépris, l'œuvre de deux ans et demi. L'œuvre ? À vrai dire, pas grand-chose. Mais qui était néanmoins compté comme une petite réussite.

Double langage, double volonté, vraie pagaille ou duplicité ? Qu'a été, dans cette affaire, Mitterrand ? Celui qui m'a dit : « Pas de veto », lorsque j'ai évoqué devant lui le nom de Janine Langlois ? Ou celui qui, juste auparavant, quand je lui parlais du conciliant Joseph

1. Titre d'un roman du Nobel allemand Heinrich Böll.

2. Interview de Stéphane Hessel au journal *La Croix* au moment où son mandat s'achève à la Haute Autorité : « Il est apparu, par un incident que je regrette et considère comme fâcheux, que le pouvoir faisait maladroitement savoir que Jean-Claude Héberlé était le candidat qui lui convenait, mettant finalement tout le monde dans l'embarras. Les membres de la Haute Autorité qui ont voté en sa faveur – j'en étais – l'ont fait parce qu'il avait le bon profil. D'autres avaient le sentiment contraire et ont voté différemment. Notre présidente, la plus gênée dans cette affaire, a préféré s'abstenir pour bien souligner qu'elle n'obéissait pas aux consignes. »

Pasteur comme successeur de Desgraupes, m'avait menacée de changer la loi sur la Haute Autorité ?

Sans doute est-ce là la loi de tout pouvoir, et j'entends d'ici les bonnes âmes : « Non, mais qu'est-ce qu'elle croyait ! » Sans doute ai-je péché par présomption. Sans doute n'ai-je que ce que je mérite. C'est parce que j'avais voulu tout autre chose, et que je croyais possible de nommer des présidents de chaînes sans que le pouvoir y mette le nez.

Mais aussi – soyons sincère jusqu'au bout –, ce qui m'est insupportable, c'est cette condamnation de l'institution par l'ensemble de la presse, en même temps que cette incompréhension infranchissable qui s'installe entre les milieux politiques et les médias.

*1984*

*17 octobre*

Au milieu de tout cela, première émission de Laurent Fabius sur TF1. Hurlements de l'opposition devant notre décision de faire répondre à Fabius par les quatre partis de l'opposition et de la majorité. On aboutit à une absurdité : le PS et le PC répondent à Fabius, Bernard Pons et Jean-Claude Gaudin refusent.

C'est bien la première fois que je vois des gens refuser d'intervenir à la télévision ! Bernard Pons me laisse aujourd'hui entendre au téléphone qu'il reviendra le mois prochain sur sa décision, qu'il voulait simplement, pour l'heure, montrer sa mauvaise humeur devant le « quart d'heure » du Premier ministre.

*19 octobre*

Les dégâts entre nous sont irréversibles. L'opposition les a accrus, en faisant une distinction entre la « bonne » Haute Autorité, celle de Gabriel de Broglie, et la « mauvaise », la mienne. Paul Guimard est désigné comme l'homme de main du Président, et moi comme une imbécile qui a essayé de s'opposer à l'inéluctable. Quant à la majorité, elle tombe sur moi qui n'ai pas su, pas pu maintenir le consensus. J'aurais voulu les y voir, ces cons !

*8 novembre*

Lettre magnifique de Jérôme Clément, qui vient de quitter, par force, le cabinet de Pierre Mauroy. Elle tombe à point nommé.

« En y réfléchissant, écrit-il, je vois dans cet épisode un recul temporaire, et qu'il faut surmonter. Que nous le voulions ou non, et surtout que F.M. et L.F. le veuillent ou pas, le train a été lancé en 1982. Il a pris de la vitesse depuis, et même s'il s'arrête un moment aujourd'hui, il repartira. Avec du recul, je suis convaincu aujourd'hui que l'on ne reviendra pas en arrière sur cette réforme qui est à l'honneur de la gauche...

« L'épisode d'aujourd'hui apparaîtra peut-être comme un des derniers sursauts, une dernière crispation. C'est pour cela qu'il faut continuer, sans faillir, car l'enjeu est d'importance et, d'une certaine façon, nous dépasse tous. J'ai toujours été convaincu qu'il faut aller vers plus de démocratie, plus d'indépendance, et que cela demande beaucoup de ténacité et de patience, y compris celle qui consiste à lutter parfois contre ses propres amis. Mais, au bout du compte, tout le monde y gagne. Un peu plus tard, c'est toi qui auras raison. Pour l'instant, il faut passer l'obstacle, redonner vie et force à tout ton monde, et regagner le terrain perdu... »



C'était la lettre qu'il fallait au moment où il le fallait. Les amis ne sont pas tous partis.

*11 novembre*

Je n'ai pas démissionné.

Long silence depuis quelques semaines.

Pas un mot, par exemple, sur le maelström qui a accompagné la nouvelle tentative de mettre au pas les radios libres, qui, par leur puissance excessive, perturbent les communications, y compris celles des aéroports et des tours de contrôle, et écrasent d'autres radios privées, plus petites, qui hurlent à la mort.

Le gouvernement nous demande de sévir, mais nous avons peur, étant donné les relations difficiles que j'ai avec le Premier ministre depuis août dernier, de tomber dans un piège. Fillioud nous dit : « Allons-y, marchons ensemble pour faire respecter la loi ! » Mais imaginons que je m'élance avec un bel enthousiasme et que je me retrouve seule en tête du combat, abandonnée en rase campagne par un gouvernement qui ne veut pas faire de vagues, et refuserait les sanctions demandées[1] ?

Bref, un maelström auquel je n'ai pas accordé toute l'attention qu'il méritait, occupée que j'étais à « récupérer », comme on dit des sportifs, après l'avalanche d'octobre dernier.

L'année se termine néanmoins par une figure imposée à la Haute Autorité : la conférence de fin d'année sur le bilan de notre action.

En réalité, si je mets à part la nomination d'un président non souhaité, nous avons fait beaucoup de choses plutôt pas mal.

J'ai commencé par énumérer les actions positives de la Haute Autorité : sur l'équilibre de l'information, sur les droits de réponse accordés à l'opposition – notamment, Laurent Fabius ayant décidé de parler chaque mois sur TF1, le droit de réponse que nous avons dû évidemment accorder au RPR, à l'UDF et même au Parti communiste !

J'ai très vite été interrompue par des questions sur Héberlé. J'avais quand même préparé de quoi répondre plus sereinement que je ne l'aurais fait il y a un mois. J'ai dit que je ne m'étais pas abstenue par hostilité, ou par irritation – ce qui était pourtant le cas –, mais tout simplement parce que j'étais favorable à une autre candidature.

J'ai bien sûr dit que nous avions tout fait pour arriver au consensus, et que cela n'a pas marché.

Bref, j'ai dit le quart de la moitié de ce que je pouvais dire. Gabriel de Broglie, qui aurait pu raconter sa version à lui, s'est tu.

À la presse aussi on peut mentir. Du moins ne pas dire toute la vérité.

---

1. Ce qui a d'ailleurs été le cas. Six radios enfreignaient de façon manifeste la loi : abus de puissance, non-respect de la fréquence et perturbation des services publics. Il s'agit de NRJ, La Voix du lézard, Radio Solidarité, 95,2 , Radio libertaire et TSF 93. Toutes émettent avec des puissances dix à trente fois supérieures aux maxima autorisés. Après beaucoup d'hésitations, la décision de la Haute Autorité de suspendre ces radios pour une durée qui va, selon les cas, de dix à trente jours, est publiée au *Journal officiel* du 9 décembre 1984 ; l'organisme de diffusion, TDF, qui s'y était engagé, ne porte pas plainte, faisant échouer la stratégie mise au point à l'instigation de ce même organisme. C'est donc le gouvernement qui, après avoir incité plusieurs fois, et avec insistance, la Haute Autorité à sévir, a reculé devant les sanctions annoncées, lesquelles n'étaient au reste pas mortelles. Dès ce jour, la Haute Autorité refusera d'émettre toute autre sanction demandée par le gouvernement.

# 1985

*27 février*

Nous avons survécu.

Je reviens, maintenant que tout cela s'éloigne, sur les événements à propos desquels je n'ai littéralement pu écrire. De colère ou de lassitude, je ne sais.

Mon abstention de l'année dernière a fait couler en une semaine des tonneaux d'encre. Le président de la République a été accusé d'intervention honteuse dans le vote de la Haute Autorité ; moi, d'avoir été emportée dans la tourmente comme un fétu de paille (ce qui n'était pas si faux). La presse quotidienne en a été remplie pendant toute une semaine. Moi, j'hésitais entre le suicide, non, j'exagère, la dépression et la démission. La presse hebdomadaire a pris le relais la semaine suivante. J'avais l'impression que ça ne s'arrêterait jamais, que la terre entière avait les yeux braqués sur moi. Sur nous.

Paul Guimard m'a dit qu'il ne me pardonnerait jamais. Quoi au juste ? lui ai-je demandé. J'ai compris que ce qu'il ne me pardonnait pas, c'était surtout d'avoir révélé, en m'abstenant, qu'il obéissait sans doute, lui, à des consignes. Lui, l'écrivain libre de ses propos et de sa vie depuis tant d'années, l'homme charmant, disert, si drôle, que j'aimais tant, ce colosse vêtu selon le temps comme un gentilhomme campagnard ou comme un vieux loup de mer, lui qui n'avait jamais sacrifié sa vie aux honneurs ni aux dorures, passait, depuis notre vote, pour un abominable « sicaire ». C'est Jean Autin qui avait employé ce mot à son propos, après la désignation d'Héberlé.

Gabriel de Broglie, qui avait politiquement des raisons de se réjouir de cet énorme raté, faisait également grise mine. Il avait fait, sans le vouloir, la preuve par l'absurde que l'indépendance de l'instance à laquelle il participait avait été mise à mal. Il m'en voulait presque de ne pas être arrivée à la protéger.

Bref, cela a duré quelque temps. Un temps trop long pour moi ; pour tout le monde aussi, évidemment.

Le président de la République était furieux d'avoir été embarqué dans une tourmente qu'il n'avait pas vu venir. À l'Élysée, l'entourage de Mitterrand, Attali plus que Bianco, abondait dans l'idée que j'aurais dû me soumettre ou me démettre, c'est-à-dire accepter Héberlé ou partir. Sans se rendre compte que j'y avais bien pensé, merci, mais que c'eût été au contraire signer non seulement mon échec, mais aussi celui de l'institution que le Président s'enorgueillissait d'avoir créée. Et que cela, je n'avais pas osé.

*1985* À Matignon, Fabius était outré par ma résistance à laquelle, jusqu'au dernier moment, il n'avait pas cru.

Le Parti socialiste n'était pas en reste, même si Pierre Mauroy tentait d'y calmer le jeu. Georges Fillioud était le seul à ne pas ajouter sa voix à celles de mes détracteurs, car il pouvait imaginer sans peine ce qui s'était passé.

De ce charivari médiatique, les hommes politiques de l'opposition se mêlaient avec délice. Oh, l'article d'Alain Peyrefitte dans *Le Figaro*, plein d'insultes entrecoupées de mensonges ! J'aurais pu en rire si je n'avais craint d'en pleurer : Alain Peyrefitte, l'ancien ministre de l'Information de De Gaulle, qui intervenait lui-même dans le contenu du journal télévisé quand il était en fonctions, faisait reproche à la Haute Autorité de ne pas s'être montrée assez indépendante ! Quelle sinistre comédie !

Et Philippe Tesson, mon ami de jeunesse et de toujours, mettant tout son talent acide, dans *Le Quotidien de Paris*, à me démolir ! Il est vrai qu'en 1983, parce que j'avais demandé à *Libé*, et pas à son journal, de rendre public un texte d'ailleurs prémonitoire sur le service public de la télévision, il m'avait traitée d'imbécile !

Difficile de passer de l'autre côté du miroir. Critiquer le pouvoir ou l'approuver, le juger en tout cas, mettre en évidence ses faiblesses, en révéler les coulisses, en expliquer le cheminement, j'ai fait cela toute ma vie.

Aujourd'hui que j'occupe un poste que je ne savais pas être aussi politique lorsque je l'ai accepté, je lis les articles de plusieurs de mes anciens amis (pas tous, heureusement) et je m'aperçois de l'effet que peut faire sur quelqu'un – homme ou femme – un pilonnage médiatique.

J'ai eu beau me répéter que je n'avais, comme dans la chanson, « pas tué, pas volé », sortir dans le monde, comme on dit, a été pour moi, pendant toute cette période, à la limite du tolérable.

Et puis, d'un seul coup, comme elle avait commencé, la tempête s'est apaisée. Le rouleau compresseur de l'actualité a changé de cours. Un silence total a succédé, en moins de temps qu'il en faut pour le dire, à l'intense agitation.

Ainsi va la presse. Ce n'est pas moi qui, croyant en son indépendance et la voulant, vais me mettre à protester ! Mon étonnement est simplement venu de la rapidité de la décrue...

On a eu tôt fait d'apprendre, il me semble, qu'il est vain de vouloir nommer tel ou tel responsable à la tête d'un journal, d'une radio ou d'une télévision. La presse, elle, a ses raisons que la raison ne connaît point.



Dans le calme revenu, un mois après qu'elle nous eut esquintés avec ardeur, nous avons tenu notre conférence de presse, désormais traditionnelle, sur le bilan de l'année. J'ai répondu d'une phrase en apparence sincère, et, ô merveille, le journaliste qui me la posait n'a pas cherché à aller plus loin. L'orage était passé, il était du passé : personne n'avait plus envie d'ajouter son petit seau d'eau au déluge.

Pourtant, rien, depuis maintenant trois mois, ne s'est vraiment arrangé. Si j'ai repris la plume aujourd'hui, ce soir, à la nuit tombée, c'est pour retrouver ma liberté d'avant et, si j'y parviens encore, mon regard d'avant sur les choses et sur les gens.

*3 avril*

Comme je m'y attendais, Jean-Claude Héberlé, parce qu'il a été élu pour le faire, a fait le ménage. Première victime : Albert Du Roy, irréprochable directeur de l'info, beaucoup plus à gauche, sans doute, qu'Héberlé lui-même.

Puis seconde victime, pour incompatibilité d'humeur avec le président de la chaîne : Christine Ockrent. Parmi les présentatrices de télévision, Christine Ockrent est de loin la plus populaire. Parce qu'elle a un art particulier, celui qui fait les stars de l'écran, de « prendre la lumière », comme nous disons dans notre jargon. Et aussi parce qu'elle est avant tout une professionnelle. Je la connais depuis des années déjà et je me demande toujours quelles sont ses options politiques. Bien malin qui pourrait dire de quel côté elle penche.

Ce double départ nous pose problème. Derrière tout cela, faut-il voir des interventions politiques, comme la presse et quelques-uns d'entre nous au sein de la Haute Autorité l'imaginent ? Héberlé s'insurge contre ces interprétations, parle de procès, d'« affirmation infamante » : ce sont ses termes. Il vient s'expliquer longuement, aujourd'hui, à notre convocation, sur le départ d'Albert Du Roy. Il prétend que celui-ci aurait trouvé « pesant » le fardeau de l'info à Antenne 2. « J'ai porté Du Roy à bout de bras », me dit-il avant de m'assurer qu'il a tout fait pour le retenir lorsque celui-ci lui a donné sa démission.

*1985* Avec Christine Ockrent, les choses sont allées plus vite. Christine lui a demandé des garanties d'autonomie le 28 mars à 13 heures, au bar du George V où il lui avait fixé rendez-vous. À 21 heures, il recevait une lettre à son domicile : les garanties n'étaient pas suffisantes. Christine tirait sa révérence.

En privé, puisque je la vois le soir même, elle avoue sans se faire prier que ses rapports avec Héberlé étaient quotidiennement conflictuels, pas seulement sur le plan politique, mais sur tout le traitement de l'information, et qu'elle a bien senti, assez vite, qu'il voulait sa peau. D'ailleurs, après son départ, me dit-elle, il a poussé la mesquinerie jusqu'à vouloir entamer contre elle une procédure en rupture de contrat abusive !

En outre, Christine a été la première femme présentatrice de JT en France. Sans être outrageusement féministe, je regrette aussi, de ce point de vue, son départ d'Antenne 2.

Bien qu'Héberlé jure le contraire, bien qu'elle-même n'en dise rien à la presse[1], je reste convaincue que des pressions politiques se sont exercées pour obtenir le départ de Christine.

Je me demande bien pourquoi. Sans doute parce qu'elle a été nommée présentatrice du JT de 20 heures par Pierre Desgraupes, et qu'à ce titre elle n'a pas la confiance de celui qui l'a remplacé. Ni davantage celle de l'actuelle majorité...

Je rigole en pensant qu'elle vit plus ou moins – et plutôt plus que moins – avec Bernard Kouchner, qui est tout sauf un homme de droite. Le procès politique serait difficile à instruire !

1. Christine Ockrent se contente de déclarer au journal *Libération* que « les exigences de la direction de la chaîne ne lui permettent plus de continuer ».

Son départ, après celui de Du Roy, est, je trouve, un inutile appauvrissement pour Antenne 2. D'autant qu'il se double d'un départ pour une année prétendue sabbatique de Michel Drucker, et de l'arrêt de son émission la plus populaire, « Champs-Élysées ».

*5 avril*

Autre départ, du gouvernement celui-ci, à la une des journaux : celui de Michel Rocard, avant-hier, après un Conseil des ministres qui adopte, à la demande de François Mitterrand, le scrutin à la représentation proportionnelle pour les élections à venir.

Rocard a toujours été hostile à la « RP ». Il le reste, considérant qu'il s'agit là d'une magouille politique inutile. Il pense aussi sans doute que la « RP » a pour inconvénient majeur de permettre aux extrêmes, gauche et droite, de s'asseoir sur les gradins de l'Assemblée nationale. Il n'a pas été convaincu par la plaidoirie de Mitterrand : le Président a déclaré au contraire, durant le Conseil, que, pour être équitable, le maintien du système majoritaire nécessiterait un redécoupage général des circonscriptions quelques mois avant l'échéance, que ce charcutage serait précisément assimilé à un magouillage de première grandeur, et que mieux valait, pour éviter justement toute polémique, adopter pour les législatives la représentation proportionnelle.



Avec un bel ensemble, le milieu politique conteste le geste de Rocard. À droite parce qu'il est à gauche, à gauche parce qu'il refuse un scrutin de nature à réduire l'échec du PS l'année prochaine. Que faire ? Nous sommes tous dans des rôles où rien n'est possible. Rester ? On s'use et on se fait dévorer. Partir ? On trahit !

« Faites ce que vous voulez, disait, paraît-il, Freud à propos de l'éducation des enfants. Ce sera mal ! »

Lassitude, quand tu nous tiens !

*11 avril*

Christine Ockrent a demandé à venir expliquer à la Haute Autorité les raisons de son départ : elle reproche à Jean-Claude Héberlé de détruire, sans le dire, l'organisation mise en place par Pierre Desgraupes. Il a instauré, selon elle, une « structure parallèle », devenue un système d'autorité qui n'a plus rien à voir avec le fonctionnement de l'équipe précédente. En une phrase, elle résume les choses : « Antenne 2, c'est le président qui dirige tout seul : les directeurs de l'information sont des chefs de service, et les chefs de service, des plantons ! »

Elle le confirme : il n'y a pas eu, à sa connaissance, d'intervention politique pour exiger son départ. Il y a tout simplement incompatibilité d'humeur avec Héberlé.

*24 avril*

Maurice Faure me raconte qu'il a vu longuement Mitterrand, à Saint-Pierre-de-Chignac, jeudi avant Pâques (lendemain du départ nocturne de Rocard). Mitterrand envisage tous les scenarii possibles pour l'après-1986 [1] : « Après l'élection, dit-il, j'ai le choix du Premier ministre. Je peux prendre celui qui m'ennuie le plus ou celui qui *les* dérange le plus ! » Sous-entendu : Chirac ou Chaban.

Plusieurs choses à tirer de cette confidence. D'abord, que Mitterrand pense qu'il n'y a aucune chance, scrutin à la proportionnelle ou pas, que la gauche remporte les élections l'année prochaine. La seconde est qu'il va prendre son Premier ministre, de façon classique, dans le parti le plus important de l'opposition : c'est-à-dire qu'il pense que Chirac et le RPR vont devancer Giscard et l'UDF.

Faure me raconte aussi que, lorsque Mitterrand a été mis au courant de l'éventuel départ de Rocard, hésitant à lui demander de ne pas partir, il a appelé Laurent Fabius. Celui ci a commenté l'affaire avec un sang-froid étonnant : « Pourquoi rappellerais-je Michel Rocard ? dit-il au Président. C'est un homme politique responsable. Il a sûrement pris sa décision en toute connaissance de cause ! Ce serait me gaspiller que d'intervenir [2] ! »

Mitterrand lui a dit qu'il avait sans doute raison. Toujours est-il que rien n'aura été fait pour retenir Rocard.

Mitterrand et Maurice Faure conviennent ensemble que Laurent Fabius est pour le moins un homme qui sait tenir ses nerfs !

1. Date des futures élections législatives.

2. Après le refus de Fabius, François Mitterrand aurait néanmoins chargé Robert Badinter d'intervenir en son nom auprès de Michel Rocard. Badinter aurait joint Rocard dans la nuit pour lui demander de reconsidérer sa position (témoignage de Tony Dreyfus, 3 août 2008).

Le plus important, en tout cas, est que Mitterrand n'envisage pas un seul instant de quitter le pouvoir l'année prochaine si la gauche est battue. Faure le voit aussi désireux d'évoluer vers la mise en place d'une « troisième force » ; il l'estime nécessaire, mais ne compte pas, pour le moment, en parler aux socialistes. Peut-être n'en parle-t-il qu'à Maurice Faure qu'il sait favorable à une telle recomposition politique ?

*27 avril*

Décidément, beaucoup de gens au gouvernement veulent la mort de Canal + quelques mois seulement après sa naissance. Aujourd'hui, *Le Figaro* annonce que Matignon envisagerait le retrait d'Havas de Canal + pour laisser le réseau à d'autres investisseurs privés. Je ne comprendrai jamais pourquoi Laurent Fabius mène ce combat contre André Rousselet. Pourquoi tous ces projets de nouvelles chaînes alors même que l'expérience de Rousselet, unique en France, et difficile, aurait absolument besoin d'être soutenue par le gouvernement ?



À ce propos, il n'était pas inscrit dans la loi que la Haute Autorité ait en charge le contrôle des nouvelles chaînes privées, non plus que de Canal +. Il reste que Rousselet me tient informellement au courant du maximum de choses. Georges Fillioud aussi. Évidemment, pas Matignon.

*28 avril*

Une heure trois quarts d'émission de Mitterrand. Pourquoi les hommes d'État cèdent-ils si volontiers à la tentation de s'octroyer une émission sur mesure. Ils refusent les émissions bien rodées sous prétexte qu'elles ont été rodées par d'autres ! Du coup, ils essuient les plâtres d'une émission balbutiante !

Cette nouvelle formule, trop ambitieuse, ne le sert pas. Il est parfait, ironique, drôle, tel qu'en lui-même. Est-il toutefois important, pour les Français, de savoir que leur président aime les châteaux, est-il utile qu'il dise des banalités sur *Cyrano de Bergerac* ? Il n'y gagne rien, je pense.

Encore que je puisse me tromper. Peut-être y a-t-il place en France pour une émission magazine sur le président de la République, toujours présenté comme un monument ?

De toute façon, l'émission manque de rythme, et la performance de Mitterrand finit par verser dans l'ennui. Et puis quelle salle ! Parisienne, mondaine, trop bien dosée. Toutes les fois que le Président fait l'éloge de quelqu'un, le quelqu'un figure au parterre.

Je n'aime pas cette émission, mais peut-être ai-je tort.

*2-3 mai*

Serge July me raconte cette incroyable histoire : samedi matin, une des secrétaires de *Libération* est en train de regarder la devanture de l'éditeur José Corti. Arrive Mitterrand avec une jolie blonde. Le Président achète trois livres, en offre deux à la dame. Revient vers le vieux monsieur qui est à la caisse et s'apprête à faire un chèque :



« Combien ? demande-t-il.

– Deux cent quatre-vingts francs », fait le vieux monsieur.

Mitterrand remplit le chèque.

« Pardon, dit le vieil employé, pour les fonctionnaires, on fait 10 % ! »

Trop beau pour être vrai ? July m'assure que la scène est authentique.

*25 juin*

J'ai reçu il y a quelques jours un coup de téléphone d'André Fontaine, directeur du *Monde,* qui m'a fait un plaisir fou et m'a dérangé la tête à tel point que je ne l'ai pas consigné ici plus tôt. Il me demande si je serais tentée par l'idée de devenir, à la rentrée, un des éditorialistes de son journal. Envahie d'un bonheur inouï à l'idée qu'il me fasse cette proposition, je lui ai dit que j'allais réfléchir, car une démission de mon poste me paraît impossible au moment précis où nous allons renommer, à l'automne, les présidents de chaînes. Il n'empêche : être journaliste au *Monde* a toujours été le rêve de ma vie ! Il m'accorde quelques jours pour réfléchir, au plus tard jusqu'au 15 juillet.

*Juillet (sans date)*

Vu une fois de plus François Mitterrand dans la bibliothèque où j'avais, il y a quelques années, dans les mêmes circonstances, c'est-à-dire en l'attendant, commencé à lire *Hernani*. Cette fois-ci, c'est moi qui ai demandé à le voir. Je ne veux pas le prendre en traître : je ne voterai pas Héberlé en octobre prochain. Je le lui dis d'entrée de jeu et s'il veut ma démission, il n'a qu'à me le dire, j'accepterai avec plaisir la proposition d'André Fontaine. J'ajoute qu'il n'a aucun souci à se faire pour moi : je retournerai immédiatement au journalisme. Il me demande où. Je le lui dis.

Il est pris d'une prompte colère, me demande quelle mouche me pique, si je ne suis pas devenue folle. Et ajoute qu'il m'a nommée pour six ans à la tête de la Haute Autorité, et que je n'ai qu'à faire mon boulot.



Je résume, mais l'esprit de la (brève) conversation était bien celui-là. Finalement, je dois bien l'aimer, ce boulot ! Ou alors, c'est que je suis maso !

*30 juillet*

Pendant ce temps-là, j'en entends parler officieusement, il n'est question que d'une cinquième chaîne, laquelle serait confiée à Silvio Berlusconi ! Jack Lang a fait connaître son sentiment : que la future chaîne ne serait pas une chaîne culturelle, et que la création française en serait tenue éloignée !

Il paraît que Berlusconi amuse beaucoup Mitterrand, avec son bagout à l'italienne.

En revanche règne toujours le flou sur l'autre – ou les autres – chaînes de télévision privées : la loi ne nous donne aucune compétence sur elles, et pas davantage le gouvernement.

Ce qui m'amuse, là-dedans, c'est qu'on a parlé toute l'année – le Président, surtout, dans une conférence de presse tenue au début de l'année[1] – de construction audiovisuelle originale, faite de chaînes verticales regroupant des réseaux de dimension nationale et chapeautant des stations locales, c'est qu'on a demandé un rapport à l'avocat Jean-Denis Bredin sur l'organisation des télés privées, et que tout cela débouche sur une chaîne à l'italienne avec paillettes et feuilletons

1. Le 16 janvier 1985.

américains ! Je n'ai rien contre les feuilletons américains : il reste que je ne comprends pas la frénésie avec laquelle le gouvernement et le Président se jettent dans cette distribution internationale de nouvelles licences de télévision.

Je suis favorable au privé, favorable à un équilibre entre le privé et le public. Mais Berlusconi, ça non, je n'aurais pas osé !

Plus sérieusement, je me demande quel bénéfice le Président attend de ces télévisions privées. Veut-il simplement faire cette sorte de cadeau aux Français avant les législatives ? Ou pense-t-il vraiment que l'information sur ces nouvelles chaînes lui sera favorable ? Je ne peux le croire.

*1985* *20 août*

Adieux émus aux trois membres de la Haute Autorité qui nous quittent, et surtout à Stéphane Hessel, éternel jeune homme à près de 68 ans, qui a fait preuve de bout en bout d'une inépuisable bonne humeur et d'un enthousiasme à toute épreuve. Il ne paraît pas affecté à l'idée de s'en aller. Il a toujours été actif et m'assure qu'il ne « se voit pas encore rangé des voitures » !

Et accueil aux trois autres fraîchement nommés[1], le 15 août. Je suis ravie de voir arriver Raymond Castans, mon ancien « patron » à RTL il y a six ans, une éternité. Le président du Sénat a choisi en lui un professionnel, et c'est tant mieux. J'apprécie moins le compagnonnage obligé avec Raymond Forni et surtout avec Gilbert Comte.

Forni, je ne le connais pas. Je sais qu'il a laissé une très bonne image au Parlement comme président de la commission des lois. Ce n'est pas suffisant pour comprendre ce qu'il vient faire, après des années de vie politique et parlementaire, dans l'audiovisuel. Nous en avons hérité, c'est un comble, à cause de Jean-Pierre Chevènement : Forni, député socialiste, n'a jamais pu être ministre parce que Chevènement, élu du même département que lui[2], a occupé de façon pratiquement ininterrompue des fonctions gouvernementales. La Haute

1. Les trois membres de la Haute Autorité qui ont été nommés pour trois ans, Stéphane Hessel, Bernard Gandrey-Réty et Marcel Huard sont remplacés, comme le veut la loi, chacun par un membre nommé par le président de la République (Raymond Forni), celui de l'Assemblée nationale (Gilbert Comte) et celui du Sénat (Raymond Castans).

2. Il s'agit du Territoire de Belfort.

Autorité est un genre de compensation qui lui a été offerte par le pouvoir politique parce que la perspective d'un poste ministériel lui était bouchée pour des raisons d'équilibre géographique !

Demander à un homme qui a fait de la politique toute sa vie de s'intéresser à autre chose est déjà difficile. Lui demander de combattre pour l'indépendance d'une institution est encore plus aberrant, il me semble. Enfin, on verra. Il n'a pas l'air lui-même ravi d'arriver parmi nous, et demande – c'est sa première interrogation à Corinne Fabre – si la Haute Autorité prendra en charge ses allers-retours à Belfort. Preuve qu'il ne renonce pas à l'action politique ni aux perspectives gouvernementales, lesquelles viendront peut-être pour lui dans des jours meilleurs.

Quant à Gilbert Comte, c'est tout simplement une catastrophe de le retrouver ici. Je suis la seule à le connaître pour l'avoir approché, il y a très longtemps, au journal *Combat* dont il était un des polémistes les plus virulents. Il avait fait la connaissance de Mitterrand (lequel me l'avait raconté) au cours de je ne sais quel meeting de droite à la Mutualité. Mitterrand était arrivé seul pour porter la contradiction, il avait été hué par l'assistance, et Gilbert Comte avait demandé qu'on le laisse s'exprimer sans chahut. Ils se sont revus assez régulièrement par la suite. Assez pour que, le fil n'ayant jamais été rompu entre eux, Comte finisse par se retrouver à la Haute Autorité !

Curieuse idée, tout de même, sauf si l'on veut me compliquer la tâche, de désigner dans un organe collectif un farouche individualiste, un polémiste avéré, plus attentif à faire battre les montagnes qu'à aplanir les difficultés !

Deux anecdotes à propos de ces nominations. La première est que personne ne nous avait consultés auparavant. On aurait pu concevoir que Mitterrand, Mermaz ou Poher ait demandé conseil à l'un d'entre nous : la loi ne les y obligeait pas ; la courtoisie, oui. Je pensais que Guimard, par exemple, aurait été au courant bien avant moi des désignations. Eh bien, pas du tout ! Quand, pour les lui communiquer, je l'ai fait joindre par ma secrétaire, en Irlande où il passait ses vacances, celle-ci, paraît-il, lui a annoncé au téléphone, de ma part, les nominations à la Haute Autorité de « MM. Arthur Conte et Fourmi » ! Guimard m'a aussitôt rappelée pour me demander de quelle fourmi il s'agissait !

La seconde est que, lors de la réunion d'aujourd'hui où nous avons accueilli les trois nouveaux, Gilbert Comte, après avoir affirmé qu'il mettrait une sourdine à son sens de la polémique et « de l'eau dans son vin » (ce qui m'étonnerait), nous a demandé tranquillement de faire installer un poste de télévision chez lui. Devant ma surprise apparente, il nous a révélé qu'il ne regardait jamais la télévision et qu'il n'avait pas de récepteur à son domicile !

Pendant qu'il s'exprimait ainsi, j'ai vu Marc Paillet plonger la tête dans ses mains tandis que ce que je croyais être des larmes coulaient entre ses doigts. Stupéfaite, je ne voyais pas ce qui le mettait dans un tel état. À peine la réunion était-elle terminée que je me suis aperçue, après le départ de Comte, que Paillet n'avait pu contrôler un énorme fou rire à l'idée que le président de la République avait désigné, ou fait désigner, dans un organisme visant au contrôle et à l'équilibre de la télévision quelqu'un qui ne l'avait jamais regardée et

qui, plus encore, en faisait étalage.

Tout cela ne va pas être commode. Je pense que « Fourmi » et Comte n'ont pas été désignés pour me faciliter la vie.

*Début septembre (feuillets séparés)*

Karlin et moi, nous avons eu aujourd'hui en fin d'après-midi une sorte de réunion fractionnelle avec les trois membres de la Haute Autorité nommés par le Sénat, pour tenter de nous mettre d'accord, avant la date officielle du vote, sur le nom des futurs présidents de chaînes que nous allons bientôt avoir à nommer ou à renommer.

Inutile de préciser que cela ne s'est pas passé dans nos locaux, mais à côté, dans le bureau de mon ami André Harris, place Victor-Hugo, après qu'il eut donné congé à tout le personnel pour que notre rencontre se déroule sans témoin.

Je le note ici, car il n'y a eu, bien sûr, aucun compte rendu de cette réunion dont nous prétendrions les uns et les autres, si nous étions interrogés, qu'elle n'a pas eu lieu.

Je vais vite. Je n'ai pas abordé là tous les problèmes de nominations qui sont devant nous. Nous sommes tous conscients qu'on nous attend au tournant, et que nous risquons tout à la fois les reproches des milieux politiques et la bronca de la presse. J'ai exprimé ma position sur les deux principales nominations à venir : je souhaite qu'Hervé Bourges soit reconduit à la tête de TF1, et qu'Héberlé ne le soit pas à la présidence d'Antenne 2. Je ne vois pas comment, en ce qui me concerne, je pourrais en 1985 retourner mon vote de 1984. Je propose que nous assurions l'élection, à sa place, de Jean Drucker[1].

Pourquoi lui ? Parce qu'il s'agit d'un professionnel reconnu, d'un homme de confiance et de concorde. J'ai eu avec lui, depuis des années, des heures et des heures de discussions passionnées sur l'avenir de l'audiovisuel, sur lequel il est intarissable. Et aussi parce que je pense que ni Gabriel de Broglie ni Raymond Castans ne s'y opposeront, pas plus que Daniel Karlin[2]. Je le trouve intelligent et beau, ce qui ne gâte rien. Et je le sais assez fin diplomate pour passer éventuellement le cap des législatives et même survivre à la Haute Autorité en cas de victoire de l'opposition au printemps prochain.

Apparemment, la solution ne déplaît à personne. Une majorité de 5 voix au moins peut se dégager en sa faveur dès le premier tour.

Quant à Hervé Bourges, au bout de quelques minutes de conversa-



1. Énarque, féru de cinéma et d'audiovisuel, peu désireux de n'occuper que des fonctions administratives, Jean Drucker est entré à la SFP en 1975. Il a été appelé auprès de lui, comme numéro 2, par Jacques Rigaud, administrateur général de la CLT en France, président de RTL en 1980. Depuis, il est en charge des dossiers sur les satellites et les nouvelles chaînes privées.

2. Parmi les problèmes qui avaient opposé la Haute Autorité au président d'Antenne 2, le plus important fut sans doute celui que la presse a baptisé l'« affaire Manouchian ». Il s'agissait d'un documentaire réalisé par Mosco, intitulé *Des terroristes à la retraite*, concernant l'action et la disparition du réseau Manouchian, composé de résistants d'origine étrangère, dont 23 furent arrêtés et fusillés par les Allemands en 1943. Le film, commandé en juillet 1981 par Maurice Ulrich, mettait violemment en cause l'attitude du Parti communiste français pendant la guerre. Prudemment, Pierre Desgraupes, ne souhaitant pas de polémique politique avant les différentes échéances életorales, l'avait mis au placard, dont Héberlé l'avait fait ressortir sur les conseils de Simone Signoret, qui avait enregistré les commentaires du film. Consultée par le président d'Antenne 2, la Haute Autorité n'avait pas été très adroite : elle avait considéré que si l'équilibre et l'honnêteté de l'information la concernait au premier chef, il n'en était pas de même de la vérité historique. Elle avait donc demandé son avis à un jury d'honneur pour tenter d'apprécier la teneur idéologique et la véracité historique du documentaire, et s'était rangée à son avis en ne « souhaitant pas voir ce film être retenu pour sa diffusion. » Devant la dénonciation de ce qui s'apparentait à un acte de censure, le 10 juin 1985, elle avait rappelé qu'elle n'avait prononcé ni recommandation ni obligation, mais laissé le président d'Antenne 2 prendre sa décision. Les membres de la Haute Autorité étaient dans leur majorité persuadés qu'il s'agissait d'une opération anticommuniste à la veille des élections cantonales de 1985, et qu'un piège leur avait été tendu par Jean-Claude Héberlé. L'« affaire Manouchian » a eu beaucoup d'importance dans la décision de Daniel Karlin, ancien communiste et réalisateur, de ne pas revoter pour Héberlé. Elle en a eu également sur la mollesse du soutien de Marc Paillet.

tion j'ai été persuadée que les trois membres de l'opposition ne voteraient pas pour lui, mais que son maintien ne ferait pas exploser la Haute Autorité.

J'ai appelé aussitôt Jean Drucker à RTL pour lui demander – incontournable précaution – s'il accepterait de se voir désigner à Antenne 2 dans quelques semaines. Mon coup de téléphone l'a pris de court. Il ne croit pas une seconde que les choses soient possibles, mais si, par hasard, elles l'étaient, il accepterait. C'est suffisant pour moi au stade où en sont les choses.

Cela dit, je ne suis pas fière. Car une telle réunion fractionnelle, qui exclut volontairement quatre membres d'une institution collégiale, dont Paul Guimard et Marc Paillet, est un peu minable, contraire en tout cas à son esprit. Il me semble que je n'ai pas le

choix. Si je ne prépare pas le terrain, je risque de connaître en 1985 la même mésaventure qu'en 1984 : la nomination, à Antenne 2, d'un président que je ne souhaite pas. Et une avalanche de commentaires que je redoute presque autant. Si j'avais pu faire confiance à Comte et à Forni, je n'aurais pas eu besoin de cette petite réunion de conjurés.

*24 septembre*

Ne manquait plus, dans tout cela, que l'affaire Greenpeace ! Le ministre le plus sympathique du gouvernement, Charles Hernu, renvoyé, acculé à la démission, puis chargé de tous les maux ! Un Premier ministre avouant devant des millions de téléspectateurs ses « doutes » et « demandant la vérité [1] ». Un rapport demandé à ce pauvre Bernard Tricot. Un cafouillage général !

La « raison d'État » justifie-t-elle cette panique ? Le Président a-t-il menti ? A-t-il donné des ordres, les a-t-il fait donner ? Savait-il, ou lui a-t-on tout caché ? Comment croire qu'il n'ait été au courant de rien ? Pourquoi diable cette expédition, ces agents secrets, cette troisième équipe de nageurs de combat ? Tel que je connais Hernu, je n'envisage pas une seconde qu'il ait pu agir tout seul ! Mais les services lui ont-ils tout dit ? L'interrogation est là.

Le feuilleton Greenpeace bat de loin *Dallas* et *Dynasty* ! Personne de sensé n'y croirait si c'était un roman. Encore moins un film.

1. Le 27 août 1985.

La Haute Autorité, dans tout cela, continue son petit bonhomme de chemin cahoteux à la veille de renommer les présidents de chaîne.

*27 septembre*

Si on me demandait aujourd'hui à quoi j'ai passé ma journée, je répondrais : à Orangina !

De temps en temps, tout de même, on finit, à force d'avoir à définir les nouvelles lois régissant l'audiovisuel, à se torturer les méninges sur des questions auxquelles on n'accorderait, ailleurs qu'ici, aucune importance.

Exemple : Orangina. Si j'écris quelques lignes ici ce soir sur ce sujet, c'est que, me semble-t-il, l'histoire est extraordinairement révélatrice du rôle de la Haute Autorité.



À la fin de l'été, Hervé Bourges me demande si je vois une contre-indication au fait qu'il monte un accord de partenariat avec Orangina. Je dis oui, bien sûr, à condition que soient respectées les règles du jeu que nous venons d'édicter[1].

Et puis, progressivement, l'émission choisie, celle de « Cocoricocoboy », se met à dériver : on voit les coco girls, si bien roulées, agiter sur l'antenne des bouteilles d'Orangina, dire qu'il faut secouer avant de consommer, etc. Bref, la bouteille jaune est devenue l'héroïne de « Cocoricocoboy » : cela s'apparente davantage à de la publicité clandestine qu'à du partenariat !

D'où lettre indignée du ministère de la Communication, protestation des publicitaires, revendications d'un certain nombre d'autres sur le thème : « Et nous, alors, pourquoi ne pouvons-nous pas faire la même chose ? »

Eh bien, nous avons passé toute la journée, à neuf, à nous casser la tête sur la lettre que nous allions adresser à Bourges pour qu'il ne fasse pas de TF1 une succursale d'Orangina !

Hervé Bourges râle : le budget mis par Orangina à la disposition de la production de l'émission est de 6 millions pour trois mois. Ce

1. La contrepartie d'un partenariat entre une chaîne de télévision et un partenaire commercial doit se limiter à la signature dans les génériques des émissions, la citation visible à l'antenne n'étant admise que dans des cas particuliers (jeux, concours, variétés) et à l'apport du partenaire (par exemple remise de lots offerts). En l'occurrence, Orangina apportait 30 % du coût de la production, TF1 gardant bien entendu la maîtrise et le contrôle du contenu de l'émission.

n'est pas rien. D'autant que le contrôleur d'État nous avait signalé, cet été, les probables problèmes financiers de TF1, et que, du coup, j'avais demandé à Hervé Bourges, en attendant sa re-nomination, qui doit avoir lieu en octobre, de serrer la vis. Il trouve saumâtre qu'au nom des principes nous lui demandions de renoncer à un contrat de partenariat aussi juteux.

Une journée de ma vie passée sur Orangina ! Ciel !

*1er octobre*

Nous avons commencé aujourd'hui à nous pencher sur les nominations des présidents de chaînes. Dans le silence et le secret, pour éviter les pressions.



À propos, personne, à l'heure qu'il est, à l'Élysée ni à Matignon, ne nous a fait connaître ses préférences. Pas le moindre coup de téléphone. C'est une grande première ! Et peut-être une victoire ?

Mitterrand, paraît-il, s'est fixé pour conduite de ne pas rééditer les couacs de l'année précédente. Je ne sais si c'est bon signe, ou si cette indifférence masque la décision de nous contourner autrement.

Je pense à ce sujet trois choses : d'abord, qu'il compte sur le vote des deux nouveaux entrants, et au moins sur celui des trois membres nommés par lui. Ensuite que, contrairement à l'année dernière, beaucoup de gens au gouvernement, et notamment le Premier ministre, se sont aperçus que le changement de Desgraupes en Héberlé n'avait pas fondamentalement modifié le cours de la politique. Il y a eu autant de problèmes, ou aussi peu, comme on voudra, avec les journalistes d'Antenne 2 dirigés par Desgraupes et les mêmes dirigés par Héberlé. Sur le *Rainbow Warrior*, par exemple – et je pense que cela a marqué –, les journalistes ont été aussi peu complaisants envers le pouvoir sur Antenne 2 que sur TF1.

L'idée que la gauche pouvait gagner les élections législatives grâce à la présence d'un président de chaîne à sa botte est maintenant abandonnée par ceux qui l'ont nourrie l'année dernière. L'idée de pouvoir gagner les élections aussi, d'ailleurs...

Et puis peut-être l'existence de nouvelles chaînes nationales privées comme la Cinq, dont la gauche pense qu'elle est ralliée à son camp, fait-elle passer au second plan le combat pour la désignation des présidents du service public ?

Pas de problème, donc, entre nous, dans cette phase de la concertation interne, pour Bertrand Labrusse et Jean-Noël Jeanneney[1]. Plus difficile s'annonce la succession d'André Holleaux à FR3. Pas seulement parce que Holleaux va avoir 65 ans et que je ne suis pas prête – ni personne d'autre, d'ailleurs – à réentamer une bataille juridique à ce sujet. Mais plutôt pour une raison que nous n'avions pas prévue : entre André Holleaux et Serge Moati, son directeur des programmes, intelligent et imaginatif, doté de toute l'énergie que n'a jamais semblé avoir Holleaux, la guerre s'est mise à faire rage depuis l'année dernière. Quelle que soit l'estime que j'ai pour le talent et le métier de Moati, il ne paraît pas possible de le nommer à la place d'Holleaux sans faire éclater FR3. Nous recevons sans arrêt en ce moment des délégations de salariés de cette chaîne qui viennent nous dire alternativement qu'il faut se débarrasser de l'un ou de l'autre ! Je sens que s'ils continuent, nous n'allons choisir ni l'un ni l'autre.



D'emblée, Jean Autin dit : je ne voterai jamais pour Hervé Bourges. Je pense que ce sera aussi la position de Gabriel de Broglie, et que Castans ne se désolidarisera pas d'eux. Tant pis. Nous sommes six à vouloir qu'il reste : l'audience de TF1 s'est redressée, les personnels ont cessé de se plaindre, les réalisateurs et les journalistes aussi, il y a une vraie équipe là où il n'y avait que des forces désordonnées. Son passage par le gouvernement de Ben Bella et, comme ne cesse de le rappeler Jean Autin, son rôle auprès du FLN pendant la guerre d'Algérie n'ont rien à voir avec sa remise en ordre de TF1.

D'entrée de jeu, Raymond Forni, l'« indépendant » Gilbert Comte et Paul Guimard annoncent qu'ils voteront – ou revoteront – Héberlé. Je comprends Paul : il a voté pour lui l'année dernière et n'entend pas se déjuger. Seulement voilà : je fais le même raisonnement : je n'ai pas voté pour lui l'année dernière, et je ne vois pas pourquoi je changerais d'avis !

Ça va être dur.

*7 octobre*

Et puis, finalement, ça ne l'a pas été autant que prévu. Ça a certes duré des heures et des heures, mais nous avons néanmoins, à ce stade, évité la fracture. En ce qui concerne FR3, le charivari qui y règne nous a conduits, sans joie, et peut-être à tort, à laisser tomber Moati,

1. Respectivement présidents de la SFP et de Radio France.

soutenu par une bonne partie des dirigeants de la chaîne, tandis que les autres juraient leurs grands dieux qu'ils étaient prêts à déclencher contre lui la guerre atomique.

Les gros morceaux ont été, comme prévu, TF1 et Antenne 2.

Gabriel de Broglie y a bien été d'un petit couplet assez sévère sur Hervé Bourges, qui n'a « de programme que celui de sa promotion personnelle ». Forni a regretté sa « mégalomanie perverse ». Autin a mis l'accent sur le déficit de TF1. Karlin et moi avons protesté que c'était nous, Haute Autorité, qui lui avions demandé, lorsque nous l'avons nommé, de rattraper le retard d'audience et de remonter la chaîne. Il a usé pour ce faire de procédés plus commerciaux que prévu, certes. Mais il ne faut nous en prendre qu'à nous-mêmes.

Au bout du compte, aujourd'hui, sans qu'on ait procédé au vote final, je suis sûre qu'il sera réélu.



Puis nous sommes passés à Antenne 2, au cœur du débat entre nous. Raymond Castans a lancé le nom de Drucker et a défendu d'autant mieux son éventuelle nomination qu'il a été proche de lui pendant des années à la CLT et à RTL. Le fait qu'il avance son nom et que Daniel Karlin l'ait prononcé dès le 1er octobre m'a facilité la tâche. Paul Guimard a fait ce qu'il a pu : il a souligné que « l'apocalypse attendue n'avait pas eu lieu », que la situation financière d'Antenne 2 était bonne, qu'il ne voyait pas de raison de retirer sa chance à Héberlé alors que nous l'avions désigné il y a seulement dix mois, ce qui serait – en cela il n'a pas tort – une « sanction écrasante ». Forni a renchéri en soulignant que balancer aujourd'hui quelqu'un que nous avons nommé il y a dix mois serait une manière de nous décrédibiliser nous-mêmes. Je ne suis à aucun moment apparue comme défendant la nomination de Jean Drucker. J'attends le moment du vote.

Nous nous sommes donné un nouveau rendez-vous pour la désignation des présidents, le 8.

*8 octobre*

Nouveau délai : nous décidons d'auditionner Bourges et Héberlé. Il n'y a aucune raison que nos délibérations s'arrêtent un jour. Je commence vraiment à en avoir ras-le-bol. Le moment est venu, et je le dis devant tous, de presser un peu le pas !

*9 octobre*

Hervé Bourges est donc venu passer son examen devant Paul Guimard et Gabriel de Broglie, tandis qu'Héberlé a plaidé sa cause devant Castans, Autin, Gilbert Comte, Guimard et Forni. Cela a conforté, sans les modifier, les avis des uns et des autres. Gilbert Comte s'est fendu d'un compliment inattendu sur Héberlé : malgré toutes les accusations qu'il a entendues formuler sur son côté caractériel, il l'a trouvé « bien gentil ».

*10 octobre*

Il est 15 h 30 quand nous passons aux choses sérieuses : le vote.

Nous sommes six à trouver que Bourges a des qualités inestimables derrière certains défauts plus apparents. Et à voter, selon l'expression de Paul Guimard, « pas les yeux fermés, mais pas non plus à reculons ». « Six contre trois ! Le corset devra être solide », commente Gilbert Comte, toujours exquis même à l'égard de ceux pour lesquels il vote !



Et cinq, comme prévu, à porter notre choix sur Jean Drucker.

Ce matin, avant le vote, en proie à un affreux doute, je l'avais appelé chez lui et lui avais demandé s'il était toujours d'accord pour devenir président de la 2 dans les heures qui suivaient. D'abord il est tombé des nues, me disant qu'il n'avait jamais cru à une telle hypothèse, même lorsque je l'en avais prévenu. Il ne la croyait pas possible à quelques mois des législatives. C'est dire les doutes qu'il nourrissait sur notre liberté d'action !

Il m'a demandé quelques minutes de réflexion, car il est fidèle à Rigaud et hésitait à le laisser tomber. Il m'a rappelée quelques minutes après seulement : c'est oui. Ouf ! J'aurais eu l'air maligne s'il m'avait dit non ce matin.

Quant à FR3, c'est Janine Langlois qui en hérite, comme si les membres de la Haute Autorité avaient voulu réparer leur peu d'empressement de l'année dernière à son endroit.

Le communiqué officiel est tombé ce soir. Pas un mot de l'Élysée ou de Matignon.

*11 octobre*

La dernière partie de la délibération a été évidemment la plus rapide, d'autant qu'elle nous a été facilitée par Bernard Miyet. Beaucoup avaient avancé son nom pour une présidence restante, celle de RFO[1].

J'ai donc joint Bernard au téléphone. Il a refusé la présidence de RFO en me disant clairement : « Non merci, il y a plus de coups à prendre que de bénéfices à retirer ! » Il m'a laissé entendre qu'il préférait partir bientôt pour Los Angeles comme consul de France. Le petit tour plutôt réussi que cet énarque a fait dans l'audiovisuel ne lui a néanmoins pas donné de ce monde une idée pleinement satisfaisante. Donc, *exit* Bernard Miyet.

À partir de là, les choses ont été vite : Jeanneney à Radio France, Jacques Vistel à RFO, et, comme convenu, sans surprise, Bertrand Labrusse est resté président de la SFP.

Ouf, c'est terminé pour aujourd'hui ! Et pour les trois ans à venir. Et aussi pour moi, nommée de toute façon jusqu'au mois d'août 1988.

Sans parler de la façon dont nous serons mangés ou pas par l'opposition, en mars prochain, si, comme prévu, elle gagne.

*17 octobre*

J'ai été réveillée à 5 h 10, ce matin, par un coup de téléphone du ministère de l'Intérieur. Dans la nuit, l'immeuble de la Haute Autorité, avenue Raymond-Poincaré, a été plastiqué. Lorsque j'arrive sur les lieux, vers 5 h 30, je retrouve Pierre Joxe et le préfet de Paris qui l'accompagne.

Qui a voulu attenter à la Haute Autorité ? Quel sens cela a-t-il ? Ce n'est quand même pas un candidat malheureux à la présidence d'une chaîne ! L'entrée et les vestibules sont partiellement détruits, bien que ce soit surtout l'immeuble voisin, occupé par les services de la Côte d'Ivoire à Paris, qui a souffert le plus.

1. Il s'agit de Réseau France Outre-Mer, télévision de service public pour les territoires et départements d'outre-mer. Bernard Miyet a commencé sa carrière, à sa sortie de l'ENA, au ministère des Affaires étrangères. Il se voit confier en 1981 la direction du cabinet de Georges Fillioud. Il sera consul à Los Angeles en 1986, avant d'être ambassadeur et représentant de la France auprès l'office des Nations unies à Genève (1991-1993), puis secrétaire général adjoint de l'ONU chargé du département des opérations de maintien de la paix.

Je sais bien que l'opposition menace régulièrement de faire disparaître notre Autorité, ou de la changer, je sais que la majorité ne l'aime plus guère aujourd'hui : de là à la faire sauter ! Pierre Joxe, à qui je dis cela, au milieu des gravats, sourit. On n'en saura pas davantage : pas de revendications, pas de motifs ; l'enquête, me dit Joxe lui-même, n'ira pas bien loin.

*20 octobre*

En gros, l'accueil a été plutôt bon. De nature à faire oublier celui qui avait été réservé à nos nominations de l'année dernière. *Le Monde* a approuvé la « logique professionnelle ». *Libération* a décerné un satisfecit : « Cette fois-ci, la H.A. n'a pas commis de faux pas... et a reconquis une crédibilité dont la future majorité devra tenir compte. » *Le Figaro* lui-même, qui ne m'a pas épargnée depuis trois ans, écrit que la Haute Autorité a donné une « leçon de cohabitation ». *Le Matin*, grinçant, estime que « la Haute Autorité vient de réaliser une belle opération de marketing politique dans un lifting que lui envierait beaucoup de monde ». Tandis que *Le Quotidien de Paris* pense que « pour la première fois depuis sa création, la Haute Autorité l'emporte haut la main. Elle justifie son existence ».



*17 novembre*

Disons les choses comme elles sont : je ne suis pas sûre que cette bataille pour l'indépendance ait été une si bonne chose pour la Haute Autorité. Parce que si personne n'a officiellement rien dit au sommet de l'État, je sais que, pour certains – pour Attali, par exemple, ou même pour Rousselet, qui, aujourd'hui président de Canal +, suit les choses d'un peu plus loin –, la nomination de Drucker apparaît comme une provocation, ce qui est un comble pour quelqu'un de si peu provocateur ! Ils en tirent la conclusion que je veux, sous prétexte d'assurer la survie de la Haute Autorité pendant une éventuelle cohabitation, tirer mon épingle du jeu et aller voir si les choses sont plus belles du côté de l'opposition.

Je pense à ce que m'a dit Maurice Faure juste avant la désignation des présidents, il y a quelques semaines : « Attention, tu peux bien sûr affirmer l'indépendance de la Haute Autorité en faisant élire un autre qu'Héberlé à la présidence d'Antenne 2. Mais la Haute Autorité sera alors tirée à vue. Transigez, et vous serez sauvés ! Si vous nommez quelqu'un d'autre, je gage que tôt ou tard la Haute Autorité sera descendue. »

Il avait raison. Mes amis politiques pensent qu'ils ont été trahis, et l'opposition ne pense de toute façon qu'à supprimer la Haute Autorité.

Ce qui se fera sans difficulté : je vois bien qu'à partir de maintenant, les grandes décisions (attributions des fréquences de télé, etc.) ne passent plus par nous. Nous étions déjà écartés en début d'année. Maintenant, c'est pire encore.

Cela n'a pas que des inconvénients. Au milieu des bagarres commerciales qui se profilent, et des réactions qu'elles suscitent chez nos amis les « créateurs », la Haute Autorité, à laquelle le gouvernement n'a pas demandé son avis, apparaît comme un havre pour tous ceux qui s'élèvent, à l'instar de Jack Lang ou de Bertrand Tavernier, contre les coupures publicitaires et les paillettes berlusconiennes. Avec mes collègues, je me paie tout de même le luxe de condamner en termes acides les « préférences » de toute nature accordées à la Cinquième chaîne. *Words, words, words...*

Autre avantage : ne pas être mêlée à la bataille de l'amendement « Tour Eiffel », qui ferait rire, si j'avais le cœur à ça. Le site choisi par TDF pour construire, à marche forcée, les émetteurs de la 5e chaîne ne convient pas. Pour que Mitterrand ait sa télévision avant les législatives, il faut émettre depuis la tour Eiffel. À qui appartient la tour Eiffel ? Au maire de Paris, car l'accord entre TDF et la société d'exploitation de la tour Eiffel stipule que le dernier étage de la tour est réservé aux chaînes nationales. La 5e chaîne n'en est pas une : Chirac commence par accepter une négociation avec TDF, pose des conditions, et finit par refuser ses émetteurs ! Avant-hier, quelques jours avant la signature du contrat de la 5e, Chirac a gardé sa tour Eiffel !

Du coup, Fillioud, au nom du gouvernement, a déposé – ou s'apprête à le faire, c'est une question d'heure – un amendement autorisant TDF à installer ses équipements, c'est-à-dire ses émetteurs, sur tous les toits des bâtiments publics et privés. Ce qui englobe évidemment la tour Eiffel.

Le ridicule ne tue pas, mais je suis assez contente que la Haute Autorité ne soit pas au milieu de la bagarre [1].

---

1. Le plus cocasse est que cet amendement sera refusé par le Conseil constitutionnel en décembre 1985.

*20 novembre*

Le contrat entre Jérôme Seydoux, Christophe Riboud et Silvio Berlusconi a été signé hier au siège même de Seydoux, aux Chargeurs réunis. C'est le gouvernement qui s'est déplacé, pas les trois nouveaux patrons de la cinquième chaîne !

*4 décembre*

Du jamais vu ! Le Président et Laurent Fabius en désaccord quasi public. Le Président a décidé de rencontrer le général Jaruzelski à Paris sans en parler à son Premier ministre. Interrogé à l'Assemblée nationale ce mercredi, dans le cadre des questions (télévisées) au gouvernement, Fabius, pâle, fait état de son « trouble » et défend le Président du bout des lèvres. Je ne sais si Mitterrand l'a vu ou entendu ; je ne suis pas du tout sûre, et c'est un euphémisme, qu'il aura apprécié.



En tout cas, en l'occurrence, Fabius, que l'on affubla d'un parapluie au moment de l'affaire Greenpeace, ne manque pas de courage, même si je ne suis pas sûre qu'il ait raison.

*17 décembre*

Je reprends ce cahier, bien décidée désormais à y écrire tous les jours jusqu'en mars.

Mercredi dernier, conseil d'administration du Siècle[1]. Bérard-Quélin y développe une théorie : Mitterrand changera de Premier ministre entre Noël et le jour de l'An. Motif : Fabius est, selon lui, complètement usé. Il n'a plus la confiance de Mitterrand. Il faut à celui-ci, pour réussir la prochaine cohabitation, négocier sans doute avant mars la composition du premier gouvernement issu des prochaines élections.

Seul Roland Dumas est en mesure de mener à bien cette négociation, avec la confiance intacte du Président et grâce à ses talents bien connus de négociateur.

1. Le Siècle est un club qui réunit, tous les troisièmes mercredis du mois, hommes politiques, hauts fonctionnaires, cadres des grandes entreprises et représentants de la société civile. Le Siècle a été créé après la guerre par Georges Bérard-Quélin, journaliste, président de *Bulletin quotidien* et de l'*Index de la presse*.

Le changement n'a pu se faire à chaud, pendant la visite du général Jaruzelski en France, après le « trouble » exprimé par Fabius à la tribune de l'Assemblée nationale. Il est néanmoins inéluctable.

Jérôme Monod paraît convaincu par la démonstration. Simon Nora et moi nous ergotons : maintenant, à trois mois des élections, changer de Premier ministre ?

Je hasarde : « Tout de même, n'est-il pas un peu bête de "brûler" Dumas, qui, éventuellement, peut servir pendant la cohabitation ? »

Monod se tourne vers moi : « Non, mais vous ne croyez pas sérieusement à un gouvernement social-démocrate de centre gauche ? Terminé, tout cela ! Fini ! Si l'opposition gagne, il ne sera pas question un seul instant d'un ami de Mitterrand à Matignon ! Chirac, et Chirac seul, peut être Premier ministre ! »



Je demande : « Et pas Chaban ? »

Réponse : « Non, évidemment, pas Chaban. Le RPR ne le tolérerait pas ! »

Jean-Claude Casanova approuve : travaillant aux côtés de Raymond Barre, il est hostile à la cohabitation, comme Barre lui-même. Il la croit néanmoins, pour un temps, inévitable.

Comme souvent dans cette enceinte, nous faisons, pour corser le débat et prendre des risques, un pari : Mitterrand sera-t-il encore à l'Élysée le 1er mai, le 14 juillet ou le 11 novembre 1986 ?

Je parie, moi, que Mitterrand sera là le 1er mai et le 14 juillet, mais qu'il s'en ira en novembre. La plupart d'entre nous ne le voient plus à l'Élysée pour le 14 juillet.

Quelques jours après cette conversation, et après une nouvelle interview de Mitterrand par Mourousi, je déjeune (donc, aujourd'hui) avec Ambroise Roux[1]. Il a rencontré le Président pendant une heure et demie, mardi dernier. Éblouissant, étincelant, définitivement acquis, il en est certain, à la cohabitation avec Chirac.

Et l'hypothèse Roland Dumas ? Ambroise Roux l'écarte : il pense lui aussi que Mitterrand a perdu confiance en Fabius, mais que c'est Pierre Bérégovoy et non pas Dumas qui sera nommé la semaine prochaine.

« Peut-on exclure, me demande-t-il, que François Mitterrand

1. Ambroise Roux est PDG de la Compagnie générale d'Électricité de 1970 à 1982. Il a été vice-président du Conseil national du patronat française, où il exercé pendant des années une influence importante.

pense à Bérégovoy pour lui succéder ? Le chef de l'État m'a dit qu'il ne se représenterait sans doute pas à la présidentielle, sauf en cas de circonstances graves. Ne peut-on pas penser qu'il ait envie de mettre le pied à l'étrier à Bérégovoy ?

– Mais le nommer pour trois mois ?

– Au contraire ! Il ne risque rien à nommer Bérégovoy dès maintenant. Si ça marche, c'est parfait. Si ça ne marche pas, ça n'aura aucune importance, puisque la cohabitation arrivera par là-dessus ! »

En revanche, toutes les hypothèses qui courent Paris – référendum le 19 janvier sur la durée du mandat présidentiel, référendum sur le cumul des mandats... –, nous n'y croyons ni l'un ni l'autre.

Pour le reste, nous glosons sur la coexistence – qui l'eût cru ? – entre Mitterrand et Chirac.

« Il y a du Gambetta, dit-il, chez ces deux hommes. L'un, Mitterrand, a choisi le romantisme de Gambetta. L'autre, Chirac, sa rigueur. »



*18 décembre*

Maurice Faure ne croit pas un seul instant au remplacement de Laurent Fabius.

Mitterrand pourrait-il néanmoins lancer un coup : un référendum, par exemple ? Tout est possible, certes, mais il n'y croit guère.

Il se lance dans des estimations pour les législatives de 1986. Le PS, selon lui, réunit 27 % des Français. Le PC : autour de 10 %. Le reste de la gauche, radicaux et autres : 5 %. Total : 42 à 44 %. Le compte n'y est pas.

La cohabitation ? Il reste sceptique. Tout ce qu'il sait de Mitterrand l'incite à penser que les deux hommes, Mitterrand et Chirac, ne s'entendront jamais. Il se dit persuadé qu'en 1986 il y aura, après les législatives, une élection présidentielle.

Moi aussi, d'ailleurs, si j'en crois le pari du Siècle !

# 1986

*7 janvier*

J'ai eu le plaisir, hier, d'être réveillée tard dans la nuit par Louis Schweitzer, le directeur de cabinet de Fabius, que je connais mal, dont la haute stature et la distinction voûtée m'ont toujours été plutôt sympathiques. Il m'appelle pour me prévenir que l'avis de la Haute Autorité sur les cahiers des charges de la Cinq et de la Six va être sollicité dans les heures à venir.

Je me marre et je lui dis pourquoi : cette soudaine et tardive prise en considération du rôle qui nous a été confié par la loi de 1982 n'est pas due à la courtoisie, mais à la nécessité. Si nous ne donnons pas un avis motivé, le Conseil constitutionnel peut, demain, annuler tous les contrats accordés à la 5e et à la 6e chaîne.

On va le leur donner, notre avis, qui n'est de toute façon que consultatif, en veillant à plafonner le volume de publicité auquel les deux chaînes ont droit, pour qu'elles ne puissent pas rafler, à elles toutes seules, tout l'argent publicitaire disponible sur le marché !

*12 janvier*

Une nouvelle fois, conversation avec l'analyste politique brillant qu'est Maurice Faure lorsqu'il ne s'agit pas de sa carrière personnelle. Il a passé plusieurs heures avec François Mitterrand : celui-ci voulait le consulter sur quelques points de politique extérieure avant la publication, en février[1], du recueil de tous ses textes et articles sur le sujet depuis les années 1950.

1. Il s'agit de *Réflexions sur la Politique extérieure de la France*, recueil des textes de François Mitterrand en politique étrangère, Paris, Fayard, 1986.

Ils ont aussi évidemment évoqué la situation politique du moment.

Maurice Faure me confirme que Mitterrand s'attend à une majorité absolue RPR-UDF à l'issue des élections, même s'il pense que d'ici là le PS va remonter légèrement. Il craint cependant d'appeler Jacques Chirac à Matignon de peur de renforcer son poids. Il pense à Chaban, qu'il juge trop mou, voire à Giscard d'Estaing. « Tout de même, lui a objecté Maurice Faure, rappeler Giscard comme Premier ministre, ça ferait un peu opérette ! »

Déjeuner avec Robert Hersant, jeudi dernier, le jour même où le sénateur Caillavet s'émeut du rachat du journal *Le Progrès*. Avec ce mélange de charme et de puissance qu'on lui connaît, Hersant me raconte qu'il ne s'attendait pas à ce que Jean-Charles Lignel, propriétaire du quotidien lyonnais, lui propose de le racheter. Il est conscient que ce rachat fait peur à tout le monde, pas seulement à gauche, mais à droite également, car aucun leader de l'opposition ne souhaite vraiment qu'Hersant fasse usage de sa puissance médiatique comme il l'entend. Il est prêt, s'il le faut, à revendre *Le Figaro* pour une télévision. Pourquoi *Le Figaro* ? « Parce que, dit-il, *Le Figaro* demande beaucoup d'efforts. À ma famille je préférerais léguer *Le Progrès* : c'est moins lourd, donc plus sûr ! »

On ne dit pas plus clairement qu'on n'a pas confiance en ses héritiers et qu'on ne les croit pas capables de faire ce qu'on a soi-même fait !

Il m'a invitée à déjeuner pour que je lui parle de la télévision. Évidemment je n'en fais rien. Je sais que le gouvernement tout entier ou presque – Fabius, Fillioud, d'autres encore – est en train d'élaborer un vaste meccano pour se doter, avec le concours actif du Président, de chaînes d'information qui résisteront à l'alternance. Officiellement, ils nous tiennent soigneusement à l'écart, ce que je préfère, les voyant sans arrêt changer de cap, promettre un jour à la CLT de disposer d'une fréquence, le lendemain assurer Publicis qu'il pourra en avoir une, la même. Le comble est atteint lorsqu'on voit le gouvernement se prosterner devant Maxwell, magnat anglais qui, sous prétexte qu'il est travailliste, est révéré en France.

Je vois les uns et les autres tirer à hue et à dia. Je ne comprends pas pour quelle raison tout le monde, y compris parfois Mitterrand, cherche à porter atteinte à la chaîne naissante d'André Rousselet. Car il est évident que si plusieurs chaînes privées, donc gratuites, voient le jour en France, la réussite d'une chaîne à péage, donc payante, déjà fragile, risque fort d'être compromise.

En fait, je crois savoir pourquoi. Toujours le problème de l'information ! Tous ces gens, aussi intelligents, aussi politiques, aussi doués soient-ils, pensent que s'ils distribuent des chaînes à ceux qu'ils croient être leurs amis, ils pourront avoir les journalistes de leur côté. Le calcul est simple : avec la cohabitation, Chirac pourra imposer sa loi au service public ; il faut donc que les chaînes privées appartiennent aux copains.

De tout cela, sur lequel je reviens ce soir, je ne dis rien à Hersant. Même si le président de la République n'est pas son ennemi personnel, il s'en faut [1], je ne le vois pas faire cadeau aujourd'hui d'une chaîne à Robert Hersant ! Il faudra qu'il attende la prochaine majorité !

Comprenant que je n'ai pas grand-chose de positif à lui dire sur ses chances de se voir attribuer une chaîne à quelques mois des législatives, il change élégamment de sujet et parle politique. Il ne craint pas du tout de dire – et de dire aux personnalités de l'opposition qu'il voit beaucoup – que François Mitterrand peut fort bien être réélu en 1988, même après une cohabitation de deux ans. Contrairement à Raymond Barre, il est partisan d'une telle cohabitation et pense que Mitterrand peut s'en sortir à son avantage, « à condition, me dit-il, qu'il se taise dans les premiers mois ».



Le reste de la majorité ? Il n'aime pas Fabius, mais a de la sympathie pour Pierre Mauroy. Quant à l'actuelle opposition, il la voit durablement désunie par l'hostilité de Raymond Barre à la notion même de cohabitation : une partie des hommes politiques de droite lui donnent raison, une autre, qui est déjà en train de se distribuer les ministères, conteste le sens politique de Barre, qui, selon eux, n'en a jamais eu.

En ce qui le concerne, il craint évidemment que le futur gouvernement ne lui donne pas ce dont il rêve : Antenne 2.

Il aime bien Mitterrand et me dit que rien ne les aurait opposés au moment où le gouvernement a essayé, sans succès, de faire passer une loi sur la presse qui l'aurait plus ou moins dépossédé. Rien ne se serait passé, m'assure-t-il, s'il avait eu directement accès à lui. Mais Rousselet a été le négociateur désigné par Mitterrand :

« Avec ce mélange de charme et de menace dans la voix, Rousselet a tout gâché. C'est lui aussi, me dit-il, qui a acculé Lignel à me vendre *Le Progrès*, car il ne voulait pas livrer combat contre lui. »

Je sais qu'André Rousselet conteste cette version des faits. Hersant me la raconte-t-il pour que je la lui rapporte ? Je n'en ferai rien.

1. Robert Hersant a été membre de l'UDSR, mouvement charnière sous la IVe République, tout comme François Mitterrand qui en fut l'un des fondateurs.

Vu Jérôme Seydoux, hier soir, avec Serge July. Nous parlons du conflit ouvert entre la future cinquième chaîne et le BLIC, association des distributeurs et des producteurs de cinéma. Ceux-ci sont venus se plaindre auprès de la Haute Autorité du peu de cas que faisait le gouvernement de ses engagements en matière de cinéma.

Seydoux en est tout à fait conscient. Il me dit que lui-même, à qui rien de ce genre ne fait peur, était partisan d'une négociation avec le BLIC, au lieu d'un passage en force qui va forcément se retourner contre sa chaîne. C'est le gouvernement, sans doute trop pressé de tenir cette chaîne sur les fonts baptismaux, qui lui a recommandé de n'en rien faire. Il n'a pas l'air de connaître Silvio Berlusconi, ni même de s'être renseigné sur l'image que celui-ci a en Italie. Lorsque Serge July lui explique que le Cavaliere a démoli le cinéma italien, que Canale 5, en Italie, a fait monter le prix des droits sportifs en Europe en surenchérissant sur la retransmission des Jeux olympiques, il en est le premier surpris.



*14 février*

J'écrirai le plus vite possible sur la Haute Autorité, dès que l'aventure sera terminée. J'en parle à Gabriel de Broglie. Trouve-t-il contraire à l'obligation de réserve d'écrire quelque chose, sous forme d'essai, dès la fin de l'année ? Il me dit qu'il ne le ferait pas lui-même, puisque après tout il est fonctionnaire. Ce qui n'est pas mon cas. Sous-entendu : je fais ce que je veux. Il ajoute comme un encouragement : « Si vous écrivez, ce sera votre version qui fera foi. Il ne faut pas la laisser faire par les autres. »

J'ai aimé travailler avec Gabriel de Broglie, même si beaucoup de choses nous ont opposés. Je sais que ce sentiment-là paraît incompréhensible aux dirigeants socialistes qui m'en font reproche.

*22 février*

La chaîne musicale TV6 diffuse ses premières émissions. La 5e aussi. Tandis que Canal +, après une période dramatique, atteint presque le million d'abonnés ! La chaîne à péage a donc réussi. Tant mieux !

*25 février*

Campagne pour les élections législatives. La pire, et depuis longtemps, pour l'opposition. Chirac, après un sans-faute de plusieurs mois, se met à dire trop haut qu'il veut être Premier ministre. L'UDF en profite pour dire que ce poste lui revient. Barre ricane. Bref, le piège de la cohabitation se referme, pour le moment, sur l'opposition. Soit qu'elle les divise, soit parce qu'elle la normalise, la banalise, ou plutôt la désacralise.

Dieu, que d'inutiles erreurs commises par la droite ! Si l'union de la gauche n'avait pas été brisée, on se prendrait à croire à la possibilité d'un succès PS-PC !



*2 mars*

Intervention de François Mitterrand à la télévision. Tollé général : le Président s'invite alors que la campagne officielle vient de commencer ! Pas le dernier jour, certes, mais dans une période où les décomptes majorité/opposition sont scrupuleusement à égalité.

La Haute Autorité est donc saisie par l'opposition, comme le Parti socialiste l'aurait sans doute fait si la situation politique avait été inversée.

Embrasement général !

Puis, plus rien. Il suffit que le Président apparaisse pour que chacun se taise. Pourquoi ? Parce que personne ne veut sans doute, dans l'opposition, risquer de mettre à mal la cohabitation qui s'annonce. Un tollé contre le Président, oui, en passant, mais pas davantage.

*7 mars*

Mitterrand à Serge July (raconté par July le 5 mars, après la sortie de son livre) : « C'est curieux, lui dit Mitterrand, vous êtes journaliste, et pourtant intuitif. Votre livre repose tout entier sur l'intuition. Il est généralement bien, avec cependant quelques erreurs de fait. Première erreur : l'élection d'Héberlé. Je ne sais si c'est Michèle qui vous l'a racontée, mais, vous savez, elle est niçoise, elle a l'exagération méridionale ! La vérité est que je ne suis pas intervenu. Si le Premier ministre l'a fait, il a eu tort !

« Deuxième erreur, poursuit Mitterrand : la semaine folle de 1983[1]. Cela fait la énième fois que vous la racontez, la énième fois que je vous dis que c'est faux. Votre version n'est pas la bonne, pourquoi n'en convenez-vous pas ? »

Suit, après que July eut plaidé qu'il avait eu accès aux meilleures sources – sans doute les mêmes que moi, à Matignon –, une conversation charmante.

En revanche, Serge me raconte que Fabius a très mal pris son livre, notamment la partie où il évoquait les éclats de voix entre Mitterrand et lui au moment de l'affaire Greenpeace.

*11 mars*

*1986* Le courage. Celui d'affronter quelqu'un les yeux dans les yeux. De monter au créneau, abattre ses cartes, disposer son jeu, préparer son tapis, imaginer des stratégies, prévoir des itinéraires de dégagement, des positions de repli. Savoir jusqu'où on peut aller sans écraser l'autre, ne pas baisser la garde, encaisser les coups avant d'en rendre d'autres, friser l'incident, frôler l'échec, se reprendre, distinguer l'essentiel de l'accessoire, ne pas reculer d'un pouce, reprendre souffle, viser à nouveau, sourire enfin. Ne pas oublier de sourire.

Tout cela, ces débats politiques, ne sont rien que de l'habileté. Mitterrand puis Chirac sont, depuis des années, les premiers à m'en avoir fait la confidence : l'essentiel, c'est d'avoir au fond de soi le plus d'énergie, le plus de volonté, le plus de force. Ce qui implique, pour les combattants, de céder sur des points de détail et de foncer sur l'essentiel.

C'est Chirac, arrêté un jour dans un embouteillage alors qu'il conduisait encore sa voiture. En accélérant un grand coup, passant au milieu des conducteurs terrorisés, il m'avait dit : « Ah ! Il n'y a pas de place pour deux, ici. Il faut en sortir le premier ! »

C'est Mitterrand me disant, à propos de Guy Mollet, dans les années 1970 : « Lui résister ? C'est simple : il travaille douze heures par jour à m'abattre. Il suffit de travailler treize heures à faire de même contre lui ! »

Il y a quelque chose d'intérieur, dur comme la pierre, qui se mobilise parfois plus fortement que chez l'autre et qui entraîne la victoire,

1. Il s'agit de la fameuse semaine où Mitterrand a hésité à garder Pierre Mauroy à Matignon.

quelque chose d'indicible que seul perçoit l'adversaire, une détermination secrète, peut-être même pas décelée par celui-là même qui en fait preuve, mais que perçoit distinctement l'autre.

Oui, je suis curieuse de savoir ce que ça donnera entre Chirac et Mitterrand ! J'imagine ces deux animaux face à face au cours d'un Conseil des ministres, ou dans un face-à-face télévisé. Je les imagine partageant le pouvoir, courtois et intraitables, à la fois ou tour à tour. La culture de l'un, le culot de l'autre. La détermination dont Mitterrand a fait preuve depuis 1965 ; la formidable énergie de Jacques Chirac, son amour de la vie, sa jeunesse.

Cette cohabitation va être extraordinaire à vivre. Pour chacun d'eux. Et pour tous ceux qui les regarderont.



Pendant ce temps, déclin d'un monde, celui de l'audiovisuel. L'opposition ne peut que donner un coup de pied dans la fourmilière, après la façon dont le pouvoir socialiste a distribué les chaînes aux uns et aux autres, à son usage exclusif – du moins le croit-il. Elle le fera sans et contre la Haute Autorité.

Nous voici, en attendant, repartis dans des temps héroïques : la Haute Autorité mourra – elle est déjà morte – d'avoir été trop indépendante. Qui voudrait de nous, à gauche comme à droite ? Bâtons merdeux nous avons été, bâtons merdeux nous resterons pour tout le monde.

### *16 mars. Élections législatives*

Mitterrand a eu raison lorsqu'il prévoyait que le PS allait remonter. Mais il n'est pas assez remonté pour sauver le gouvernement de la gauche[1]. Mitterrand a quelques heures pour choisir son Premier ministre. La chose ne s'est jamais passée ainsi sous la Ve République, aussi n'y a-t-il pas d'usages en la matière. Je pense néanmoins qu'il réagira de façon classique : le chef du parti le plus important de la coalition victorieuse a vocation à être nommé Premier ministre. Les hésitations, faibles, des tout derniers jours me semblent ce soir dépassées.

1. Le PS a obtenu près de 30 % des voix. Il reste le premier groupe à l'Assemblée nationale. Le RPR et l'UDF obtiennent la majorité à l'Assemblée, tandis que le PC voit sa chute s'accentuer.

*22 mars*

Que dire ? La France s'est donc jetée, semble-t-il, avec délice, dans la cohabitation. Pensais-je, en 1970, que ces deux hommes, Mitterrand et Chirac, se retrouveraient ainsi, objets et sujets de la même histoire ? La vie, parfois, a un goût doux-amer d'inattendu.

Ces cahiers politiques sont nés en 1965. Mitterrand et Chirac en sont, depuis l'origine, les acteurs principaux. Je crois bien les connaître : volontarisme de l'un, sens de la justice de l'autre. Respect des valeurs traditionnelles de l'un (Chirac) ; recherche, aventure, imagination de l'autre. L'un ment par gentillesse, l'autre pour se protéger. L'un n'a survécu que par son énergie vitale, aussi par son courage politique ; l'autre, qui possède ces deux qualités, y ajoute plus de réflexion, plus de calcul, davantage d'arrière-pensées.



Les deux, je pense, ont en commun d'avoir fait leur mue entre quarante et cinquante ans. L'adolescent attardé, à l'esprit potache, qu'était Jacques Chirac n'est plus celui qui entrait avant-hier, tout seul, dans la cour de l'Élysée. Le Mitterrand de 1980 n'était plus le jeune ministre de 1958, ni même l'auteur du *Coup d'État permanent*, l'homme à femmes méthodique, le jeune ministre aux yeux trop sombres de la IVe République.

Tous deux, après leur quarantième année, ont pris en main leur destin avec ce mélange d'ambition, de volonté, de certitude et de jeu qui fait les grands hommes politiques.

La droite, la gauche ? Qui est de droite ? Le jeune homme nommé Chirac qui courait pieds nus sur les plages du Rayol, celui qui signa l'appel de Stockholm[1], qui vendit à la criée des journaux de gauche, qui s'embarqua, à peine entré à Sciences Po, à bord d'improbables cargos à destination de l'Amérique ? Le jeune étudiant nommé Mitterrand qui habitait la bien-pensante pension de la rue de Vaugirard, qui fréquentait avant guerre l'Action française ?

La droite, la gauche ?

Dans l'histoire, l'un est en fait un grand radical de gauche. L'autre, un grand radical de droite.

L'un et l'autre sont désormais unis dans la Ve République, imbriqués, aussi solidaires que solitaires. Ils pourraient faire naître

1. L'appel de Stockholm est une pétition contre l'armement nucléaire lancée par le Mouvement mondial des partisans de la paix (proche des partis communistes) et par Frédéric Joliot-Curie en mars 1950.

un nouveau monde politique, un grand parti libéral ou un grand parti travailliste avalant le premier l'UDF, le second le PC.

*24 mars*

Mort de la Haute Autorité. Angoisse. À comparer, pas tout à fait quand même, avec celle de Mitterrand ! Affreuses, ces images du premier Conseil des ministres de la cohabitation telles qu'elles nous ont été livrées par la télévision. Atmosphère de plomb, visages de marbre, Mitterrand seul face à tous les autres, pâle, traits figés, Édouard Balladur l'œil ailleurs, Chirac claquemuré. Ont suivi quatre petites minutes d'échanges. La cohabitation passera-t-elle l'été ? Pourtant, pourtant, entre les hommes, tout pourrait se révéler possible, il me semble.



Mais non : la politique dépasse les individus. Classés en deux camps distincts, aucun ne veut ni ne peut enjamber, d'un sourire, d'un mot, d'un regard même, que tous gardent baissé, la frontière qui le sépare de l'autre.

Je crois que c'est à ce moment précis seulement que François Mitterrand a compris qu'il avait perdu le pouvoir.

La Haute Autorité l'a perdue avant lui, et il y a lui-même contribué.

Il n'empêche : voir Mitterrand seul, livide, au milieu de ses ennemis, serre le cœur.

*25 mars*

Comment dire ? Ma vie, depuis quatre ans, depuis que j'ai été nommée à la Haute Autorité, tient à 50 % du cauchemar. Depuis six mois, elle y a même tenu à 80 %. Depuis une semaine, ç'a été à 100 %. Desgraupes, Héberlé, Moati, Fabius, Mitterrand... Je n'ai pas eu une seconde de répit pour sauver, du moins le croyais-je, une institution et brasser du vent.

Si tout s'achève aujourd'hui, tant mieux !

Cela, c'est le raisonnement conscient.

Hélas, mon inconscient n'est pas de cet avis. J'ai une peine folle à l'idée de quitter les gens avec lesquels je partage mes journées depuis toutes ces années, avec lesquels j'ai combattu, ri aussi, et vécu beaucoup de moments charmants, instructifs, intenses.

Finir dans l'élégance : c'est à cela maintenant qu'il nous faut nous attacher.

*Sans date. Entre le 26 mars et le 1er avril*

François Léotard[1] a demandé à me voir pour me signifier qu'il allait changer la loi de 1982. Donc, en finir avec la Haute Autorité dès que ce sera fait, sans doute à l'automne.

Lorsque je pénètre dans l'antichambre de son ministère, rue de Valois, qui porte encore fortement la marque de Jack Lang, tout juste parti, je tombe sur le maître d'hôtel de ce dernier, complètement démoralisé, qui me dit, les larmes aux yeux, à quel point il regrette le précédent ministre. Il reste, me dit-il, parce qu'il ne peut faire autrement.



On me conduit aussitôt dans l'étroit salon rouge où le ministre a coutume de demander qu'on conduise ceux qui ne doivent pas être vus. À peine y suis-je assise que débarque le sympathique Jean-Paul Baudecroux.

Ici, un mot, au passage, sur NRJ dont le président, ledit Baudecroux, n'a cessé de multiplier les pressions sur les différents gouvernements socialistes en leur faisant croire, à ces benêts, qu'il allait dispenser sur ses ondes des informations allant dans le bon sens : le leur. Et qu'il fallait donc le laisser faire ce qu'il voulait, émettre avec une puissance telle qu'une dizaine de radios parisiennes ne pouvaient plus se faire entendre, écraser les autres et ne pas respecter la loi sur les fréquences. Le nombre de leaders socialistes que j'ai entendus pendant toute cette période me dire que la Haute Autorité était injuste avec Jean-Paul Baudecroux est incommensurable. Lorsque nous avons voulu le ramener à sa puissance initiale, l'ordre a été donné à qui de droit, le président de TDF, un ingénieur aux ordres, de ne pas nous obéir et d'attendre un peu.

Eh bien, ce même Baudecroux, tellement socialiste, est évidemment l'un des premiers à venir plaider sa cause auprès de Léotard. Plus giscardien que lui, désormais, il n'y a pas !

Inutile de préciser qu'il n'apprécie pas ce face-à-face avec moi dans le salon d'attente ministériel...

Léotard me reçoit avec mon ami Xavier Gouyou-Beauchamps, qui

1. Ministre de la Culture et de la Communication dans le gouvernement de Jacques Chirac.

est venu le rejoindre comme directeur de cabinet. Ils me disent ce qu'ils ont à me dire : que la loi va être changée et qu'ils me demandent de rester jusqu'à la fin du processus législatif.

Je ne m'attarde pas et dit au revoir, en repartant, à l'efficace Baudecroux.

*1er-2 avril*

Hier, ce que j'attendais depuis plusieurs jours déjà est arrivé. Au matin, mardi 1er, coup de téléphone de Jacques Chirac : la vie de la Haute Autorité s'achève, me dit-il, avec les honneurs de la guerre... et la paille aux fesses ! comme il aime lui-même à le dire (il ne me l'a pas dit, c'est moi qui imagine qu'il le pensait au moment même où il me parlait des honneurs de la guerre !). *1986*

Coup de téléphone charmant, au demeurant, voix chaleureuse, affirmation d'amitié. Suivi, sur le ton de la sympathie, d'un « Tu gicles ! » dépourvu de toute ambiguïté.

Il se croit obligé de continuer : tu dois quitter ce poste par le haut, tu peux me demander ce que tu veux, je suis ton débiteur, etc., etc.

Dans la pratique, ce discours veut dire :

– qu'il est obligé d'aller vite pour défaire ce que le gouvernement précédent a fait, notamment avec la Cinq : il entend offrir la concession à la CLT, et non pas à Jérôme Seydoux et à son tour de table. Il est tenu par le temps puisque, selon lui, le Conseil d'État va annuler la concession de la Cinq le 12 avril prochain ;

– que la majorité (notamment les giscardiens, qui ont toujours crié à l'illégitimité de la Haute Autorité) a fait pression pour la faire disparaître le plus tôt possible, quitte à en mettre une autre à la place, qui sera sans doute au moins aussi critiquée que nous l'avons été ;

– qu'il est relativement emmerdé pour moi (d'autant plus que, me rencontrant à l'occasion de l'enregistrement de la campagne officielle, il m'avait juré que la Haute Autorité ne serait pas menacée), mais que c'est la vie ! Il a raison ;

– qu'il se débarrassera de tous les présidents de chaînes que nous avons nommés dans la plus grande liberté, cette fois, en 1985, et en premier lieu d'Hervé Bourges dans les plus brefs délais.

Je me livre, en raccrochant poliment, à quelques méditations sur l'indépendance. J'ai cru qu'il était important de ménager des équilibres entre majorité et opposition, qu'il était de mon devoir – de notre devoir – d'assurer des droits de réponse à l'opposition, de surveiller de manière équitable les campagnes électorales. J'ai cru qu'il fallait préserver les chances de toutes les radios libres afin qu'elles puissent se faire également entendre, et lutter contre les trop grosses stations qui n'aspiraient qu'à les écraser.

Pour ce faire, je me suis heurtée – parfois trop – à ceux qui m'avaient nommée et se reprochaient de l'avoir fait.

Aujourd'hui, de la part de ceux qui arrivent au pouvoir, j'entends la même rengaine en matière d'audiovisuel : les présidents de chaînes doivent être changés sans doute pour mieux obéir et se conformer à la nouvelle majorité. La loi de 1982 est bonne à jeter aux chiens. Les directeurs de l'information nommés depuis 1982 sont à remercier de toute urgence. L'expérience des uns ne sert jamais aux autres : le gouvernement va vouloir nommer ses amis, croyant ainsi dominer l'information, et il n'y arrivera pas plus ni mieux que les précédents.



Je me trompe peut-être, mais il m'a semblé que Chirac lui-même trouvait absurde l'idée de Mitterrand de vouloir créer une Haute Autorité indépendante. S'il en fait une, lui, il ne commettra pas les mêmes erreurs. Il y placera des gens qu'il pense lui être solidement acquis. Il ne mettra pas un journaliste aux commandes, et ne se lancera dans aucun couplet sur l'indépendance qu'il attend !

Sans se rendre compte que, sitôt nommés, les présidents de chaînes n'auront rien de plus pressé que de montrer qu'ils ne doivent leur nomination à personne d'autre qu'à eux-mêmes, surtout pas au pouvoir politique en place.

En attendant les prochains épisodes, aujourd'hui le glas sonne pour moi. Il est bien tard, Docteur Chirac...

*4 avril*

Ah, il faut les voir, mes compagnons d'infortune ! Chacun réagit à sa manière. Avec humour, Paul Guimard s'en va au Festival du film policier de Cognac en arborant un badge ANPE au revers de sa veste de cachemire. Marc Paillet théorise la cohabitation. Gilbert Comte, toujours aussi petit, distribue les anathèmes : une partie vise à mettre dans la tête de mes collègues de la Haute Autorité l'idée que je négocierais avec Chirac un superbe poste.

Ce que je ne ferais pas, quand bien même on m'y inviterait.

Les trois membres qui appartenaient à l'opposition aujourd'hui devenue majoritaire se sentent presque coupables : ils sont assurés, eux, de rester dans la nouvelle institution qui viendra remplacer la Haute Autorité, et ne savent pas très bien quelle attitude adopter avec moi. Jean Autin pousse dix fois par jour la porte de mon bureau : « Michèle, le Conseil d'État, ça vous irait ? » Certes non. « Michèle, et la Sofirad ? » Pas davantage.

Gabriel de Broglie, une fois de plus, est à la fois plus discret et plus présent : il sait, parce que je le lui ai dit, que je veux le plus tôt possible m'en retourner au journalisme.

Il me fait valoir qu'après avoir occupé un poste comme le mien, c'est rabaisser la fonction que de recommencer à faire le journaleux sur une chaîne de radio ou de télévision.

Reste Daniel Karlin, comme moi désireux de revenir le plus vite possible à son métier, et qui a déjà en tête un tas de projets sur la justice en France. Nous sommes tous deux devenus amis pour la vie. Enfin, nous le croyons.



*9 avril*

Vu Mitterrand à 16 heures. Je note au plus vite pour oublier le moins de choses possible.

J'arrive, traversant le bureau d'Attali qui me fait la tête, sans doute parce que Mitterrand ne lui a pas demandé d'assister à notre entretien et qu'il déteste être mis à l'écart, ne serait-ce qu'une minute, de l'activité du Président.

En entrant dans le bureau de ce dernier, alors que je ne suis plus venue à l'Élysée depuis 1984 (après mon insubordination d'alors), je me dis que tout ce qui nous a opposés au cours de cette période était finalement dérisoire. Est-ce parce que le temps a passé ? Est-ce parce que l'échec de la gauche tout entière a relégué au second plan les querelles picrocholines des nominations audiovisuelles ?

En tout cas, nous sommes là tous deux et nous ne reparlons pas de ce qui a opposé le Président à l'institution qu'il m'avait demandé de présider. Il ne m'en dit pas un mot, du genre : tout ce qui s'est passé, la défaite, la montée de l'opposition, le succès de Chirac, c'est votre faute, la faute de l'audiovisuel... J'ai plutôt l'impression qu'il reprend la conversation à l'endroit où il l'avait arrêtée avec moi, en 1981 :

« Je m'y attendais, à cette défaite, me dit-il. Voilà quatre ans que je dis que nous allons perdre les élections. Le problème, avec Chirac, n'est pas dans un affrontement personnel, au contraire. Entre nous, cela ne se passe pas si mal. Le problème n'est pas là : il est dans le fait que je sois en désaccord avec le plus grand nombre des mesures qu'il propose... »

Il conclut : « Je ne sais pas combien de temps cela peut durer. Mais, pour moi, pas grand-chose ne change. Je l'ai dit à Chirac, d'ailleurs. "Avec Fabius, lui ai-je indiqué, je ne faisais rien, j'avais à rendre un arbitrage tous les quinze jours, pas plus. Avec vous, j'ai beaucoup à faire : je n'arrêterai pas de vous surveiller !" »

C'est sur l'audiovisuel que sa relation avec moi est la plus surprenante ; il m'en parle aujourd'hui comme si rien ne nous avait séparés, comme si je n'y avais joué aucun rôle au long de ces années. Il
*1986* regrette, me dit-il, l'abolition de la Haute Autorité[1].

« Je sais ce que Chirac vous a dit : il ne désirait pas y toucher, mais, vis-à-vis de l'UDF, il est obligé de le faire. Je lui ai dit, moi, que dans les périodes difficiles, on a tort de toucher trop vite aux institutions. Ceux qui viendront plus tard changeront les institutions que Chirac et sa majorité mettront demain en place. C'est idiot ! »

Il ne se battra pas pour la Haute Autorité. À vrai dire, je sais qu'il se bat pour certaines personnes, pour certaines institutions. Pas celle-là : il ne faut tout de même pas trop lui en demander, même si de l'eau a coulé sous les ponts depuis 1984 !

Et d'ailleurs, que pourrait-il faire ? Il attend la loi, comme nous tous. « Nous en reparlerons, me dit-il, lorsque le texte sera rendu public. »

Sur le plan politique, il ajoute que la composition du gouvernement a été beaucoup plus difficile qu'on ne l'a su : six ou sept noms ont été évoqués, par exemple, pour le Quai d'Orsay. Qui ? « Chirac, me dit-il, ne me proposait que des hommes politiques qu'il savait bien que je ne pouvais accepter ! » François Léotard, Jean Lecanuet...

Je demande : « Est-ce pour écarter Lecanuet du gouvernement en vous en faisant porter la responsabilité qu'il vous l'a proposé ?

– Je n'en sais rien, dit-il, mais je ne l'exclus pas. »

C'est lui, me dit-il, qui, le premier, a proposé le nom retenu, celui de Jean-Bernard Raimond, alors ambassadeur à Moscou. Chirac

1. François Mitterrand répondra en 1987, au journal *Le Point*, qui lui pose cette question : regrettez-vous la Haute Autorité ? : « Elle était composée de gens honnêtes, elle était bien présidée, mais elle avait un défaut, elle avait des compétences trop réduites. »

pouvait difficilement le refuser : Jean-Bernard Raimond a été conseiller technique auprès de Georges Pompidou lorsque celui-ci était à Matignon, et l'a également été plus tard au secrétariat général de l'Élysée.

Nous parlons de Léotard : je lui raconte qu'il m'a reçue rue de Valois avec beaucoup de courtoisie, qu'il s'est montré tout à fait correct, et que si l'entretien n'a pas duré longtemps, c'est que nous n'avions rien à nous dire. De tous les jeunes giscardiens comme celui-là, Mitterrand, je le sens, ne se préoccupe guère. En revanche, au bout de quelques jours seulement de cohabitation, il pense que Jacques Chirac ne sera pas un adversaire mineur.

Il revient sur la Haute Autorité comme si rien, absolument rien n'était advenu de ce qui nous a opposés. Ai-je rêvé les affrontements d'il y a quelques années ? Suis-je « niçoise », comme il l'a dit à Serge July, ai-je exagéré ? Hélas, mes cahiers sont là pour prouver le contraire...



Ce qui change – et sans doute n'est-il pas mécontent de cette issue –, c'est que la Haute Autorité est condamnée à mort par une opposition dont elle a prétendu, par indépendance, préserver les droits, et qui, devenue aujourd'hui majorité, s'en débarrasse prestement tandis que lui, il reste. Malmené, épié, tendu, surveillé, mais il reste.

Alors peut-être dans tout cela trouve-t-il secondaire ce qui s'est passé de 1981 à 1986 !

Voici ce qu'il me dit aujourd'hui de la Haute Autorité : « J'avais souhaité, dit-il, l'extension de ses pouvoirs, et j'en ai beaucoup voulu à Georges Fillioud de ne pas la favoriser. Mais, franchement, Fillioud a été contre les radios privées, contre la publicité sur les radios privées, contre la télévision privée. Bref, il a été contre tout ce que j'ai fait ! »

Peut-être est-il en train de me tester : comme il a tout fait pour nous opposer, Fillioud et moi, il me lance le nom de ce dernier pour que j'abonde dans le sens qu'il m'indique. Je m'en abstiens. En revanche, je ne peux m'empêcher de lui dire : « Et votre Premier ministre, Laurent Fabius, il n'a pas été non plus coopératif avec la Haute Autorité !

– C'est vrai, répond-il en souriant, il n'est pas vraiment libéral, de ce côté-là ! »

Nous évoquons enfin la cinquième chaîne, celle de Berlusconi, de Maxwell et de Riboud, dont la création a été préparée, montée, signée en l'absence de toute concertation avec la Haute Autorité, mais cela aussi il feint de ne pas s'y attacher :

« Il fait une fixation inouïe contre cette chaîne, Jacques Chirac ! Moi, vous savez, m'assure-t-il, je n'ai vu Berlusconi qu'une seule fois, une demi-heure, chez Craxi[1]. Il n'y avait pas d'autre opérateur, voilà tout, à partir du moment où le gouvernement ne voulait pas de la CLT[2] ! »

*11 avril*



Les uns, surtout autour de Gabriel de Broglie, pensent à leur avenir au sein de la future commission. Les autres, nommés par la gauche il y a un an et demi, comme Raymond Forni et surtout Gilbert Comte, continuent de m'accabler, feignant de croire et n'hésitant pas à dire que je suis seule responsable de la fin de la Haute Autorité. Ils me lestent de plomb de peur que je ne survive !

Restent autour de moi quatre personnes : Raymond Castans, merveilleux de drôlerie dans cette période chargée, Paul Guimard et Marc Paillet, enfin Daniel Karlin, seul vraiment proche. Peut-être est-ce aussi une question d'âge : plus jeune que moi, sa vie professionnelle, comme la mienne, n'est pas finie, ce qui n'est pas le cas pour Castans, Marc et Paul qui ont plus de 65 ans.

Ce sont les fonctionnaires, dans ce genre de cas, qui risquent le moins et s'en tirent le mieux : ils quittent une fonction et retrouvent immédiatement leurs émoluments, à la Cour des comptes ou au Conseil d'État. Avec Daniel Karlin, nous imaginons déjà ce que nous pourrons faire ensemble. Dans l'immédiat, pendant que s'amenuise le nombre des quémandeurs et des raseurs auprès de la Haute Autorité, nous entreprenons de refaire les dialogues du film produit par un de ses amis, le producteur Jean-François Lepetit. Il s'agit d'un film sur la Deuxième Guerre mondiale. Nous nous prenons si bien au jeu, en nous donnant la réplique, dans mon bureau, que les secrétaires, affolées, craignant que nous ne nous disputions, poussent la porte pour nous trouver, interloquées, en train de déclamer un bout de dialogue.

1. Leader socialiste italien, président du Conseil à Rome.

2. Bien d'autres versions sont à retenir sur les rencontres d'alors entre François Mitterrand et Silvio Berlusconi. Notamment celle d'une rencontre à l'Élysée où Berlusconi, à son aise comme toujours, aurait chanté *La Marseillaise*...

*14 avril*

Premier dîner de la cohabitation au Quai d'Orsay pour la visite en France du chef de l'État coréen. Spectacle étonnant : Jean-Claude Colliard, toujours à l'Élysée, flanqué de son homologue auprès de Chirac, Jean-Louis Bianco aux côtés de Maurice Ulrich, René Thomas, président de la BNP, venu avec une des plus proches collaboratrices de François Mitterrand, Laurence Soudet, qu'il a épousée.

Moi, je suis placée entre ce délicieux J.-P. Brunet et le nouveau directeur de cabinet de Jean-Bernard Raimond, Éric Desmarest, lequel me raconte qu'il a été le premier, alors que son ministre, rappelé de Moscou, était encore dans l'avion, à être convoqué par François Mitterrand en personne pour recevoir George Schulz[1] à la fin mars.

Sur le problème de la présence de Chirac à Tokyo[2], il me glisse à l'oreille : « Franchement, je trouve que Chirac aurait pu être plus adroit ! Il aurait dû s'entendre avec l'Élysée avant d'annoncer sa venue au Japon ! Dans ce cas, d'ailleurs, peut-être le Président n'y serait-il pas allé. À Tokyo, quoi qu'il fasse, Jacques Chirac passera pour le parent pauvre : tout est prévu pour que ce soit un sommet des chefs d'État. Il risque de ne pas y avoir sa place ! »



On sent, derrière cette confidence, tout l'embarras des diplomates, y compris ceux mis en place par la nouvelle majorité, à qui la cohabitation, non prévue dans les guides des bonnes manières diplomatiques, pose nombre de problèmes insolubles.

Maurice Ulrich, sincère, me prend à part : « Que peut-on faire, me dit-il, pour calmer le jeu en matière d'audiovisuel ? Tout cela va dans tous les sens, je suis très inquiet. » Il craint surtout la privatisation d'Antenne 2, qu'il a présidée et pour laquelle il éprouve une réelle tendresse.

Calmer le jeu ? Ce serait facile : il suffirait de ne pas tout bouleverser, de ne pas renverser l'échiquier. D'attendre, de prendre son temps. Ne pas penser que les présidents en place sont mauvais parce qu'ils ont été nommés par nous. Je le dis à Ulrich qui en convient, mais qui n'en fera rien.

Pourtant, je le sens à la fébrilité qui semble ici et là s'emparer du nouveau pouvoir : une fois de plus, ce sera la guerre dans l'audiovisuel.

1. Le secrétaire d'État américain.
2. À la réunion du G7 où Jacques Chirac a voulu se rendre et insisté pour se joindre au dîner des chefs de délégations.

Déjà, à l'Assemblée nationale, on se chamaille dans les couloirs, on demande que, selon la formule désormais célèbre, « des têtes tombent », et on proteste parce qu'elles ne tombent pas assez vite. Léotard verse de l'huile sur le feu en parlant à la moindre occasion des centaines, pourquoi pas des milliers de journalistes déplacés en 1981 ! Ce qui sous-entend que la même chose va devoir se passer aujourd'hui.

Laurence Soudet, restée à l'Élysée et sans doute beaucoup plus politique que moi, me glisse à l'oreille : « C'est normal qu'ils veuillent changer les gens. D'ailleurs, ce que détesterait le plus Mitterrand, c'est que ceux qui ont travaillé avec lui continuent à travailler avec Jacques Chirac et les siens. »

Lorsque Chirac sort de table, il fait dans ma direction un signe appuyé comme pour signifier publiquement une complicité que nous n'avons plus. Il suffit de ce regard, sans doute, pour qu'une partie – la plus à gauche – des convives du dîner de ce soir pense que je suis en train de « dealer » je ne sais quel poste honorifique avec Chirac !

Je vis dans un monde merveilleux : Dallas !

*21 avril*

Hier, au dîner, Catherine Rousselet-Tiek me raconte la façon dont, l'été précédent, Mitterrand, en visite chez eux, s'est montré excédé contre André Rousselet et moi. Simultanément, mais pas pour les mêmes raisons : contre Rousselet qui se battait pour Canal + et s'opposait donc à la création de la cinquième chaîne Seydoux-Berlusconi ; contre moi qui barrait ses candidats. Avec, pour nous deux, des phrases du même genre : « Tout de même, disait-il à Rousselet, cette chaîne, c'est moi qui vous l'ai donnée ! » Et parlant de moi, il prenait Rousselet à témoin : « C'est nous qui l'avons mise là où elle est ! »

Ce dont je ne disconviens pas.

« Pour lui plaire, dit l'une de mes voisines de table, il faut être atteinte d'un cancer et à l'hôpital ! »

On ne peut tout de même pas reprocher cela à Mitterrand : il est vrai qu'il appelle chaque jour et rend chaque jour visite à ses amis malades. C'est ce qu'il a fait avec Jean Riboud, il n'y a pas si longtemps, l'accompagnant ainsi jusqu'à la mort.

Ma voisine ajoute : « Tu lui demanderais un poste en pleurant qu'il t'en trouverait un dans les huit jours ! »

*2 mai*

Chirac m'a convoquée à Matignon. J'arrive dans son bureau où il m'attend, visage reposé, flamme vivante dans le regard.

Sur l'audiovisuel, hélas, son analyse ne va pas très loin : il faut changer Bourges, TF1 se conduit très mal, Pierre-Luc Séguillon et Alain Denvers sont épouvantables avec lui.

J'essaie de lui dire, ce que j'ai tant de fois répété depuis quatre ans, que les journalistes ne sont plus la voix de la France, expression qui a été employée par Pompidou il y a plus de dix ans.

« Penses-tu, me rétorque-t-il, il suffit d'un homme à poigne ! »

La vie est un éternel recommencement. Chirac a eu exactement la même formule que celui qui l'a précédé à ce poste. Il bouleverse la loi, change la Haute Autorité pour changer les présidents, à commencer, me dit-il, par ceux de RFI, de RFO et, bien sûr, de TF1. En revanche, je sens bien qu'il ne s'est pas fait une opinion définitive sur la privatisation d'Antenne 2.



Autour de lui, tout le monde en parle ; le ministre de la Communication, François Léotard, doit déjà avoir dans ses cartons les documents juridiques nécessaires. Pourtant, Chirac a sans doute entendu son directeur de cabinet, Maurice Ulrich, plaider pour le maintien d'Antenne 2 dans le service public. Mais alors, me demande-t-il en substance, quelle chaîne retenir pour la privatisation ?

Je commence par lui dire que la Haute Autorité s'est toujours, dans tous ses textes, prononcée pour la suppression du monopole de diffusion, et pour l'existence, à côté du service public, d'un secteur privé de télévision. Créer de nouvelles chaînes est une chose, mais en privatiser une, cela ne s'est jamais fait ailleurs, ni en Europe ni aux États-Unis.

Peu lui chaut. Il est pressé et veut aller vite, sans doute poussé par Léotard. Je lui fais valoir que TF1, en tête dans les audiences et dont les programmes sont volontiers populaires, quoique, selon Hervé Bourges, « de qualité », qui bénéficie en outre du plus important budget de publicité du service public, serait sûrement plus facile à privatiser qu'Antenne 2.

Il appelle Ulrich : « Michèle Cotta est de votre avis, lui dit-il.

– Cela ne m'étonne pas », répond celui-ci, courtois quoiqu'un peu surpris que Chirac ait éprouvé le besoin de solliciter mon avis. Je ne suis pas sûre que cela ait servi à quelque chose.

Quoi qu'il en soit, Chirac change de sujet et aborde le problème de la Cinq. Il annulera le précédent appel d'offres et en lancera un autre ! Pas plus compliqué que ça !

Sur le sort de la Haute Autorité en général et le mien en particulier, il me prodigue de bonnes paroles : indemnités pour ceux d'entre nous qui ne sont pas fonctionnaires – ce n'est pas dans la loi, cela ne vaudra donc pas pour nous et je le lui fais remarquer. Quant à moi, je n'ai pas de souci à me faire : Maurice Ulrich me trouvera quelque chose au Conseil d'État ou à la Cour des comptes. Je remercie poliment, ne dis pas que je préférerais un an de prison au Conseil d'État ou à la Cour des comptes, mais lui fais comprendre que mon métier est le journalisme et que j'entends bien y revenir.

Cette idée-là le stupéfie : il me parle des grands corps de l'État auxquels il a appartenu quand il était jeune et dont il est sorti à la vitesse grand V, tant il s'y ennuyait, et je préfère scribouiller quelque part ? Il n'en revient pas et me dit, comme Gabriel de Broglie, qu'une ancienne présidente d'une institution de la République ne peut pas faire les flashes de nuit dans une station de radio.

On verra. Il est égal à lui-même, plein de promesses qu'il sait ne pouvoir tenir. On ne peut pas me faire « gicler » plus gentiment ! Ce qui n'enlève rien à la chose...

Après cet échange, nous parlons politique sans difficulté.

« Mitterrand, me dit-il, a toutes les chances de monter dans les sondages, et moi, à Matignon, toutes les chances de descendre. D'ailleurs, toutes les fois que je me tais je gagne des points ; toutes les fois que je parle, je dégringole ! Donc, dans deux ans, il se peut très bien que François Mitterrand soit le meilleur candidat de la gauche et de la droite ! »

Et les militants socialistes, quelle va être leur réaction si François Mitterrand n'est plus le président des socialistes, mais celui de la cohabitation ?

« Ça, me dit-il, ce sont des raisonnements de militants. Crois-moi, les Français sont contents de la cohabitation. Et crois-moi aussi, le silence profitera à Mitterrand. »

Plus tard dans la conversation, il ajoute : « Mitterrand avait quatre pouvoirs. Il en a perdu trois. Le premier était le pouvoir de nommer le Premier ministre, il l'a perdu en me nommant. Maintenant, il ne peut plus en changer. Le deuxième était le référendum : il ne peut procéder à un référendum que sur proposition du Premier ministre, et moi, je n'ai pas envie de faire un référendum ! Le troisième est la dissolution : à ceci près que lorsque le mode de scrutin sera redevenu majoritaire, il lui faudra beaucoup de temps pour espérer gagner les élections. Dans l'immédiat, il n'a aucun espoir de victoire.

« Reste la démission, mais c'est une arme à un coup, il ne pourra s'en servir deux fois et donc réfléchira beaucoup avant de l'utiliser.

« Il adore les voyages, ajoute-t-il avec désinvolture. Je ne le savais pas. Eh bien, il en aura, des voyages ! Avec lui, je respecterai toujours les formes. Sur le fond, je n'ai rien à lui demander, ni rien à en attendre. »

Je lui pose une question d'une brûlante actualité : que se serait-il passé, par exemple, si Chirac avait été en désaccord avec François Mitterrand lorsque celui-ci s'est opposé au survol du territoire français par les avions américains [1] ?

« J'aurais imposé mon point de vue ! », répond-il sans hésiter.

Sur ce point, j'affiche mon scepticisme. Comment aurait-il été en mesure de le faire ? Il ne me dit pas comment il aurait fait, mais ajoute aussitôt : « De toute façon, sur ce point précis, c'est moi qui étais le plus hostile au survol. Avec un autre Premier ministre, il aurait peut-être hésité ! »



*12 mai*

Comme pour parachever, tragiquement, la fin de l'« expérience socialiste », Gaston Defferre est mort tout seul, dans la nuit du 7 au 8 mai, à son domicile, après une explication publique, et humiliante certainement pour lui, avec Michel Pezet au sein de la Fédération socialiste des Bouches-du-Rhône.

Est-il mort de cette empoignade avec celui qu'il a longtemps considéré comme un des siens, le plus brillant, le plus solide ? Ou s'est-il fracassé la tête sur le sol de sa salle à manger ?

En tout cas, Gaston, son chapeau sur la tête, sa pointe d'accent, son franc-parler, ses lapsus aussi, sa mairie, dont il était si fier, tout cela s'est achevé avec l'échec de la gauche aux législatives.

Je me suis retrouvée à son enterrement. Je suis rentrée de Marseille tout à l'heure. Je ne sais pas pourquoi exactement j'ai fait ce voyage. Pour les souvenirs sans doute : après tout, depuis l'épisode de Monsieur X, en 1965, en passant par l'échec colossal à la présidentielle

1. François Mitterrand s'est opposé au survol du territoire français par les avions américains qui, en guise de représailles, allaient mener une action punitive contre la Libye et le colonel Kadhafi.

de 1969 jusqu'à l'arrivée de la gauche au pouvoir, et son arrivée à lui, place Beauvau, que de discussions sur la politique, sur Mitterrand, Marseille, le socialisme, les communistes...

Bref, sans réfléchir, j'ai pris l'avion pour Marseille. Je n'ai jamais assisté à de telles obsèques.

Un long cortège, sous un soleil de plomb, de la mairie, sur le port, à la cathédrale blanche et noire. Huit jeunes socialistes, deux filles, six garçons, issus de toutes les communautés, juive, noire, asiatique, arménienne de la ville, assurant la garde d'honneur du cercueil.

À l'intérieur de l'église, une cérémonie multi-cultuelle. Je n'avais jamais vu, auparavant, alignés côte à côte autant de pasteurs, de prêtres, de patriarches orthodoxes, de religieux maronites.

J'ai trouvé cela plus qu'émouvant, symbolique de sa tolérance, de son ouverture. Pendant tout le temps qu'a duré la marche vers la cathédrale, j'ai pensé à ce qu'il m'avait dit, après son échec à la présidentielle de 1969 : « La politique, c'est comme le bateau, un jour on gagne, un jour on perd ! » Aujourd'hui, il a vraiment perdu. Adieu Gaston.

*24 mai*

Curieuse situation. Je suis condamnée, et pourtant il faut bien continuer jusqu'à ce que la loi raye d'un trait de plume la Haute Autorité. Je me sens comme un poulet qui, le cou coupé, continue à courir, sans tête, dans la basse-cour.

J'ai par exemple écouté il y a quelques jours, très intéressée, Renaud Denoix de Saint-Marc[1] venu me présenter le budget prévisionnel de la future commission sur l'audiovisuel, qui ne s'appellera sans doute plus Haute Autorité. Il m'en parle comme si j'allais assurément rester à la tête de cette future commission ! Ce qui est encore plus surprenant, c'est que je l'écoute comme si c'était le cas ! C'est surréaliste et assez marrant – au deuxième degré, à tout le moins.

1. Renaud Denoix de Saint-Marc, membre de plusieurs cabinets ministériels de 1970 à 1982, a réintégré le Conseil d'État comme commissaire du gouvernement. Il est devenu en 1986 secrétaire général du gouvernement, poste qu'il conservera jusqu'en 1995, avant de devenir vice-président du Conseil d'État, puis membre du Conseil constitutionnel.

*26 mai*

Bizarrement, le climat s'alourdit quelques semaines seulement après les législatives. Point de départ : le « forum de *L'Expansion* ». Jacques Chirac s'aperçoit à cette occasion que les patrons ne marchent pas tous derrière lui, que la reprise de l'investissement ne se fait pas. Le surlendemain, Édouard Balladur[1] le déplore publiquement. Puis, coup sur coup, tombent les chiffres du déficit du commerce extérieur, catastrophiques, et les indices de l'OCDE, exécrables. Michel Noir[2] se lamente sur la situation de l'industrie et du commerce. Et que croyez-vous qu'il se passa ? Ce fut la télévision qui paya... Coup classique : devant les difficultés, Chirac part en guerre, et de quelle façon, contre l'audiovisuel ! Quant à François Léotard, il dénonce FR3 Corse, RFI et RFO, car, dit-il, « ils ont agi contre la France sur ordre de puissances étrangères » ! *1986*

L'offensive contre l'audiovisuel est déclenchée, l'intervention du gouvernement est manifeste. Après notre conversation fort civile d'il y a quelques jours, Chirac a dû considérer qu'il avait unilatéralement dissous la Haute Autorité et qu'il n'avait donc plus du tout de gants à prendre avec elle.

Voici donc comment les choses se sont passées, samedi. Je suis de permanence à la Haute Autorité : les déclarations officielles de Chirac contre la télévision et les journalistes de TF1 sont telles que la Haute Autorité, toujours en fonctions, ne peut que protester, faute de quoi elle passerait pour moins indépendante avec Chirac qu'elle ne l'a été sous le gouvernement précédent. Ce qui serait un comble ! Je veux bien qu'on supprime la Haute Autorité, mais, tant qu'elle est en fonctions, il ne faut pas la ridiculiser.

Je prépare donc un communiqué de protestation que je soumets par téléphone à Marc Paillet, à Paul Guimard et à Jean Autin. Gabriel de Broglie n'est pas là. Je balance le communiqué à la presse.

Ce sera la première occasion grave d'affrontement, le lundi, donc aujourd'hui, entre les six membres nommés par la gauche et les trois nommés par la droite. Comme on pouvait le redouter, une partie de la Haute Autorité (moins libre, assurément, à l'égard de l'actuelle majorité que nous ne l'avions été vis-à-vis de la précédente) donne

1. Ministre de l'Économie et des Finances.

2. Michel Noir est ministre du Commerce extérieur dans le gouvernement de Jacques Chirac de 1986 à 1989

raison à Jacques Chirac dans sa condamnation de l'info de TF1 que Gabriel de Broglie trouve, il nous en fait l'aveu aujourd'hui, « pas bonne et pas équilibrée ». Toujours est-il que Broglie, Autin et Castans ont balancé de leur côté un communiqué contredisant le mien. Alors que j'avais évidemment consulté deux d'entre eux avant de publier le mien, avec l'assentiment de Marc Paillet et de Paul Guimard.

Cet affrontement me démontre que je dois faire très attention : je n'ai plus véritablement la situation en main, le passage est délicat entre mon rôle personnel au sein de l'institution, sur le déclin, puisque ses jours sont comptés, et celui de Gabriel de Broglie, qui, par la force des choses, prend de l'autorité au fur et mesure que j'en perds.



*3 juin*

L'agonie continue.

Vu Raymond Barre, qui me réconforte, mais oui !...

Le calendrier est déjà à peu près fixé. La présence de la Haute Autorité verrouille le château de cartes de l'audiovisuel : le gouvernement, si grande que soit son envie de faire sauter les présidents de chaînes, doit d'abord abroger par une loi la loi de 1982 créant la Haute Autorité. C'est donc nous qui allons être liquidés en premier. Le reste viendra après.

Apparemment, le gouvernement entend aller vite : la nouvelle loi doit être présentée au Parlement dès l'automne. D'ici là, ce sera une période difficile pour moi : la moindre de mes décisions posera problème et sera contestée à l'intérieur. Ne rien dire, je veux bien. Mais si Chirac recommence ses attaques, je serai bien obligée de répondre au nom de tous les gens que j'ai nommés en l'espace de quatre ans et que je ne veux pas entendre désavouer tous les jours.

J'appelle Chirac pour le lui dire : c'est le plus simple. Il me répond qu'il s'est laissé emporter, que cela ne se reproduira pas. J'en accepte l'augure.

*4 juin*

Je continue de faire *comme si*. Il paraît que c'est cela la continuité républicaine. Nous parlons aujourd'hui de la vie de la Haute Autorité durant l'été. Paul Guimard fait valoir que moins on en fera désormais, plus on limitera les risques de frictions entre nous. « Il faut faire notre travail », répond noblement Jean Autin, qui se prépare à faire partie de la future commission mise en place à l'automne prochain. « Je ferai ce que j'estime nécessaire », lui répond Daniel Karlin. « Je ne me tairai pas sur les conditions de l'information en France, rétorque Marc Paillet. Pas plus que sur la nécessité d'un service public fort ! » Gilbert Comte fonce dans la polémique et je dois reconnaître que, pour une fois, il n'a pas tort : « Si nous ne faisons pas de politique, dit-il brillamment, la politique s'occupe de nous !... La situation est singulière, poursuit-il ; le gouvernement s'est mis à notre égard dans la situation de dire : et si nous vendions le premier étage de la Haute Autorité ! Et si nous congédiions son concierge ! À moins qu'il ne doive rester seul pendant l'été pour faire le ménage et les escaliers ? Comment vivre normalement alors que nous ne pouvons faire abstraction de l'échéance politique qui pèse sur nous ? »



Nous concluons néanmoins que le plus sage est de démontrer, en continuant notre travail – et surtout la délivrance des autorisations d'émettre à des radios pour lesquelles certaines personnes attendent depuis de longs mois nos décisions –, que ce que nous faisons depuis plusieurs années a un sens.

Pour le reste, en effet, faisons semblant...

*29 juin*

Rencontre avec Jacques Toubon, la première depuis les élections.

Il faut l'entendre parler de la presse : il juge antigouvernemental *Le Journal du dimanche*. Et trouve, bizarrement, *Paris Match* « barriste » ! Barriste ? Je n'en crois pas mes oreilles. La vie est bien un éternel recommencement...

Cette conversation me conforte dans ma décision : il faut me tirer de l'endroit où je suis. Je veux bien attendre la loi. Mais, dès qu'elle aura été présentée au Parlement, je serai prisonnière. De quoi ? Je ne sais. En quatre ans, j'en ai beaucoup appris sur les hommes politiques. Notamment que la seule chose qu'ils aient à cœur, c'est leur avenir, proche ou lointain. Leurs petites personnes.

Ne rien attendre d'eux, ne rien faire d'autre avec eux que les regarder agir, sans les croire, dans leur bocal.

Je reviendrai au journalisme. Je ne sais trop dans quel état...

*1er juillet*

Séance à la commission des Affaires culturelles de l'Assemblée nationale. La dernière, je l'ai décidée, en ce qui me concerne.

Devant moi, sur quatre rangées, socialistes, communistes, RPR, UDF et Front national. De Michel Péricard, RPR, rapporteur pres-
 senti pour la future loi sur l'audiovisuel qui annulera en 1986 celle de 1982, à Bertrand Cousin, député breton et collaborateur d'Hersant, en passant par Jean-Jacques Queyranne, socialiste en charge de l'audiovisuel.

Les questions, sans animosité, fusent : comment m'y étais-je prise pour imposer l'équilibre et l'honnêteté de l'information ? Avions-nous finalement baissé les bras devant les radios locales ? Et pourquoi tant de discrétion avec les télévisions privées ? N'était-ce pas le gouvernement socialiste qui nous avait condamnés à mort, plus que la nouvelle majorité ?

J'ai regardé ces honorables parlementaires à travers un prisme qui, désormais, ne me quittera plus. Je n'avais que faire d'être récupérée par les uns pour être utilisée par les autres. La moindre de mes réponses mécontentait en alternance une fraction différente des députés présents.

J'ai écouté ma propre contre-performance comme si quelqu'un d'autre parlait à ma place. Trop journaliste pour accepter le langage des politiques, et trop politique pour ne pas comprendre que ce qu'une majorité a fait, une autre peut le défaire.

En sortant, sur les coups de 19 heures, assez éprouvée, j'ai fait un tour à la garden-party que Jacqueline Beytout, la patronne des *Échos*, offrait au monde de la finance et de la politique. J'embrassais ministres et anciens ministres, passés et à venir. M'amusais à l'idée que les financiers parlent déjà, avec quelle gourmandise, de la privatisation de TF1. Le sénateur Maurice Schumann (« Les Français parlent aux Français ») m'a assurée que l'on me regrettait déjà. Un autre m'a demandé gentiment comment j'allais. Bref, la Haute Autorité se mourait, la Haute Autorité était morte, couverte de fleurs par le milieu politique qui ne l'avait pas assez défendue ou immédiatement condamnée.

*Paris – La Tailhède,*
*janvier-août 2008.*

# INDEX

# Remerciements

Mes remerciements vont à tous ceux, famille et amis, qui ont supporté sans protester mes longues soirées, mes week-ends et mes vacances de travail.

Ils vont plus spécialement à tous ceux qui m'ont aidée : les services de la documentation du *Monde*, Édith Boccara, du *Point*, sans oublier l'assistance amicale d'Agnès Chauveau et de Jean-Pierre Marino.

Merci enfin à Claude Durand, qui a suivi l'écriture de ce livre comme du précédent, du premier au dernier jour. À Chantal Marion et Caroline Gutmann, des éditions Fayard. À Hélène Guillaume et Sophie Kucoyanis, enfin, premières lectrices attentives de ces pages.

# TABLE

*Composé par Nord Compo Multimédia*
*7, rue de Fives, 59650 Villeneuve-d'Ascq*

*Impression réalisée sur CAMERON par*
*BRODARD ET TAUPIN*
*La Flèche*

*pour le compte des Éditions Fayard*
*en septembre 2008*

*Imprimé en France*
Dépôt légal : septembre 2008
N° d'impression : 49349
35-57-3967-3/01